Debian GNU/Linux

Installation, Administration, Exploitation

Frank Ronneburg

CampusPress

Publié par CampusPress
47 bis, rue des Vinaigriers
75010 PARIS
Tél. : 01 72 74 90 00

Auteur : Frank Ronneburg

Mise en pages : TyPAO

ISBN : 2-7440-1941-0

Titre original :
Debian GNU/Linux Anwenderhandbuch

Traduit de l'allemand par :
Olivier Engler et Freenet Sofor Ltd

ISBN original : 3-8273-2148-4

Table des matières

Introduction

A propos de ce livre

Ce livre débute par une présentation de la procédure d'installation de la distribution Debian Linux puis aborde la mise en place de paquets logiciels supplémentaires et leur configuration afin d'aboutir à un système complet et opérationnel. Nous avons cherché à maintenir en permanence un rapport étroit avec la mise en pratique des notions. Nous n'entrerons pas dans les détails de chaque paquet Debian ni ne procéderons à leur revue exhaustive. L'objectif est de vous montrer comment réunir tous les composants logiciels permettant d'utiliser Debian pour surfer sur le Web, rédiger des textes et créer des graphiques. Les utilisateurs expérimentés trouveront de leur côté toutes les informations requises pour administrer et sécuriser le système.

Ce livre a été produit entièrement avec des logiciels libres. Le système d'exploitation est évidemment Debian GNU/Linux (*http://www.debian.org*). Les textes ont été saisis avec l'éditeur Vim (*http://www.vim.org*) puis mis en pages grâce à DocBook (*http://www.docbook.org*), produisant des fichiers au format structuré XML. Les illustrations et captures d'écran ont été produites avec le logiciel The GIMP (*http://www.gimp.org*).

Marques déposées

Les marques qui n'ont pas été liées explicitement à leur propriétaire lorsque nous les avons citées appartiennent à leurs propriétaires légaux. Linux est une marque déposée de Linus Torvalds. Debian est une marque déposée de SPI (Software in the Public Interest), Inc. UNIX est une marque déposée de The Open Group, aux Etats-Unis et dans d'autres pays. 386, 386sx, 486, Pentium, Pentium Pro, Pentium II et Pentium III sont les propriétés d'Intel. Windows, Windows 95, Windows 98, Windows NT et WinModem sont des marques déposées de Microsoft. ThinkPad et OS/2 sont des propriétés d'IBM. Netscape et Navigator sont des marques déposées de Netscape Communications Corporation.

Téléchargements

Le système Debian et tous les paquets qu'il réunit peuvent être configurés pour être installés à volonté *via* un réseau local.

Si vous désirez utiliser des paquets avec une distribution Linux qui exploite le format RPM, typique de Red Hat, de SuSE et de Mandrake, vous devez convertir les fichiers archives des paquets, par exemple au moyen du programme **alien** (décrit à la fin du Chapitre 4). Vous pouvez aussi désarchiver ces fichiers sur n'importe quel système si vous disposez des outils **ar**, **gzip** et **tar**. La commande `ar -x nompaq.deb` ouvre le paquet que vous décompressez ensuite avec **gzip** puis désarchivez avec **tar**.

1

Linux, Debian et les logiciels libres

Au sommaire de ce chapitre :

- ✔ Présentation de GNU/Linux
- ✔ Qu'est-ce que Debian GNU ?
- ✔ Debian GNU/Hurd
- ✔ Logiciels libres et open source
- ✔ Copyleft et copyright
- ✔ SPI (Software in the Public Interest)
- ✔ Comment et où se procurer Debian GNU/Linux ?

Commençons par un historique du développement de Linux et des logiciels libres et open source. Nous découvrirons des aspects historiques, des aspects techniques, mais également des aspects moins techniques ainsi que quelques exemples de contrats d'utilisation de logiciels libres et open source.

Présentation de GNU/Linux

GNU/Linux est un système d'exploitation dans l'esprit Unix, donc multi-utilisateur et multitâche. Linux, qui désigne le noyau de ce système (la partie centrale), avait été conçu à l'origine uniquement pour fonctionner sur les ordinateurs personnels basés sur la famille de processeurs Intel -x86. Ce n'est que dans un deuxième temps que le noyau a été "porté" (converti) vers d'autres architectures. En revanche, l'environnement GNU avait été prévu dès le départ de manière portable, ce qui a notamment permis d'adapter rapidement au noyau Linux les outils qu'englobe GNU.

Un système d'exploitation sert à exploiter les capacités de traitement (processeur et mémoire vive), de stockage (disques durs, disquettes, bandes) et de communication de données (réseau, écran, etc.) d'un ordinateur. Le système arbitre les besoins en ressources des programmes des utilisateurs (les applications). Le noyau (*kernel*) de ce système est un logiciel qui gère les opérations fondamentales en dialoguant avec la partie matérielle pour le compte des autres programmes.

Debian est basé sur le noyau Linux, un logiciel libre conçu en 1991 par l'étudiant finlandais Linus Torvalds, puis enrichi par des milliers de programmeurs tout autour du monde. Linus continue à superviser l'évolution du noyau. Mais le noyau seul n'a pas d'intérêt immédiat. Des centaines d'utilitaires et de modules logiciels gravitent autour du noyau Linux. Ces outils proviennent d'un projet démarré plusieurs années auparavant par Richard Stallman. Tous les outils de ce projet appelé GNU sont diffusés en tant que logiciels libres et protégés par une licence appropriée. L'acronyme GNU signifie "GNU's Not Unix !".

Au début était le projet GNU

Le projet GNU (*http://www.gnu.org*), initié en 1983, visait à créer un système d'exploitation d'inspiration Unix, c'est-à-dire totalement libre.

Rappelons que le terme "libre" désigne une manière de définir les conditions de diffusion et de duplication d'un logiciel, et non nécessairement la gratuité de ce logiciel. Cette liberté implique que les textes sources du logiciel sont librement diffusables et modifiables : aucun des utilisateurs successifs ne pourra supprimer ce régime de liberté à sa version du logiciel en se l'accaparant. Le logiciel peut être donné ou vendu, et vous pouvez l'utiliser dans n'importe quel projet, aussi bien pour contrôler une centrale nucléaire ou faire des recherches militaires que pour créer des programmes éducatifs pour écoles maternelles ! Le code source doit toujours rester accessible et modifiable, car son enrichissement successif est vivement conseillé.

Le noyau du système GNU, appelé Hurd, était encore en projet dans les années 1990. C'est pour cette raison que le noyau Linux a été associé aux outils GNU pour produire un système complet immédiatement exploitable : le système GNU/Linux, que l'on désigne souvent simplement par Linux.

Richard Stallman avait lancé le projet GNU par un courrier posté sur les deux forums de discussion *net.unix-wizards* et *net.usoft* :

```
From CSvax:pur-ee:inuxc!ixn5c!ihnp4!houxm!mhuxi!
     eagle!mit-vax!mit-eddie!RMS@MIT-OZ
From: RMS%MIT-OZ@mit-eddie
Newsgroups: net.unix-wizards,net.usoft
```

```
Subject: new UNIX implementation
Date: Tue, 27-Sep-83 12:35:59 EST
Organization: MIT AI Lab, Cambridge, MA

Libérez Unix !

A partir de la Toussaint, je me lance dans l'écriture d'un système logiciel
complet compatible Unix et appelé GNU (pour Gnu's Not Unix), système que je
fournirai ensuite gratuitement à tous ceux qui pourront en avoir l'utilité.
Je suis très demandeur de contributions en temps, en argent, en programmes
et en matériel.

Pour commencer, GNU sera un noyau, avec tous les utilitaires requis pour
écrire et exécuter des programmes en C : éditeur, interpréteur shell,
compilateur C, éditeur de liens, assembleur et quelques autres outils.
Nous y ajouterons ensuite un outil de formatage de texte, un YACC,
un jeu Empire, un tableur et des centaines d'autres programmes.
Nous espérons pouvoir fournir tout ce qui est normalement requis
dans un système Unix et tout ce qui pourrait se montrer utile, comme une
documentation en ligne et sur papier.

GNU permettra d'exécuter des programmes Unix, sans être identique à Unix.
Nous apporterons toutes les améliorations utiles en profitant de notre
expérience avec d'autres systèmes d'exploitation. Nous prévoyons
notamment de gérer les noms de fichiers longs, les numéros de versions
de fichiers, un système de fichier à l'épreuve des altérations, voire
un mécanisme de saisie assistée des fins de noms, un support de
l'affichage indépendant du terminal, et peut-être un système d'affichage
fenêtré basé sur Lisp qui permettra à divers programmes Lisp
et à des programmes classiques sous Unix de partager le même écran.
Les deux langages de programmations C et Lisp seront disponibles.
Nos logiciels réseau se baseront sur le protocole chaosnet du MIT,
bien meilleur qu'UUCP. Nous aurons aussi quelque chose de compatible
avec UUCP.

Qui je suis ?

Je suis Richard Stallman, créateur de l'éditeur EMACS, qui a été
abondamment copié. Je travaille actuellement au laboratoire d'intelligence
artificielle du MIT.
J'ai beaucoup travaillé sur les compilateurs, les éditeurs, les débogueurs,
les interpréteurs de lignes de commandes, le système ITSS (Incompatible
TimeSharing System) et le système de la machine Lisp. J'ai été un pionnier
au niveau des mécanismes de gestion d'affichage indépendants du
matériel dans ITS.
Par ailleurs, j'ai créé un système de fichiers à l'épreuve des altérations
et deux systèmes de fenêtrage pour machines Lisp.

Pourquoi je dois écrire GNU

Je suis parti de la règle d'or suivante : si un programme me plaît,
je dois pouvoir le partager avec ceux qu'il intéresse aussi. Il m'est
```

```
impossible, en mon âme et conscience, de signer un accord de
confidentialité (NDA) ou un contrat de licence de logiciel.

Pour pouvoir continuer dans ces conditions à utiliser des ordinateurs
sans aller à l'encontre de mes principes, j'ai décidé de réunir une
quantité suffisante de logiciels libres de façon à pouvoir travailler
sans dépendre d'aucun logiciel non libre.

Comment m'aider

Je demande aux fabricants d'ordinateurs de me faire don de
machines et de financement. Les particuliers peuvent me donner des
programmes ou des heures de travail.

Un constructeur m'a déjà proposé une machine, mais d'autres nous
seraient utiles. Si vous pensez pouvoir nous en donner, sachez que vous
augmentez ainsi vos chances de voir GNU rapidement utilisable sur ce
type de machines. Il est préférable que les machines envisagées
fonctionnent dans un environnement de bureau classique et n'aient besoin ni
de salle blanche, ni de climatisation, ni d'alimentation électrique
sophistiquées.

Les programmeurs peuvent contribuer individuellement en écrivant des
nouvelles moutures de certains utilitaires Unix et en me les livrant
ensuite. Pour la plupart des projets, la coordination de ce genre de
travail distribué à temps partiel serait très ardue. Les différents modules
ne pourraient pas fonctionner de concert. Mais dans le cas particulier de
la réécriture d'outils Unix, ce problème ne se pose pas. Les spécifications
de la plupart des interfaces logicielles sont définies par les règles de
compatibilité Unix. Si chacune des contributions fonctionne sous Unix,
elles fonctionneront sans aucun doute sous GNU avec les autres logiciels.

Si je reçois quelques dons en argent, je pourrai embaucher une ou deux
personnes à temps partiel ou complet. Les salaires ne seront pas
mirobolants, mais je cherche des gens qui savent qu'aider les autres
est aussi important que gagner de l'argent. J'envisage cela comme
une manière de permettre à des gens dévoués de consacrer toute
leur énergie à travailler sur le projet GNU, en les libérant
du besoin de gagner de l'argent ailleurs.

Pour d'autres informations, contactez-moi.
Arpanet mail:
RMS@MIT-MC.ARPA

Usenet:
  ...!mit-eddie!RMS@OZ
  ...!mit-vax!RMS@OZ

US Snail:
Richard Stallman
166 Prospect St
Cambridge, MA 02139
```

Pour gérer les aspects juridiques et administratifs du projet GNU et promouvoir le concept de logiciel libre, Richard Stallman a mis en place la fondation FSF (*Free Software Foundation*). Celle-ci est à l'origine de la licence GPL (*GNU General Public License*) et de sa variante LGPL (*GNU Lesser General Public License*), cette dernière ayant été au départ prévue pour les bibliothèques de code exécutable, le L en préfixe désignant le terme *Library*. Ces deux licences sont devenues les plus utilisées au monde pour protéger les logiciels libres. La principale contrainte de ces licences est l'obligation de maintenir toute version dérivée d'un logiciel GPL sous le même régime GPL. C'est un peu comme une licence virale, qui se propage sans blocage possible, et permet de ce fait de partager à grande échelle les connaissances que représente le code source des programmes.

Il existe d'autres licences réunies sous le terme de "licences de logiciels libres" (*http://www.gnu.org/licenses/license-list.html*).

Le projet GNU est distribué en sous-projets (*http://www.gnu.org/directory*) gérés par des bénévoles ou des entreprises qui se chargent de créer et/ou de maintenir des éléments fonctionnels. Les sous-projets sont désignés en tant que "projets GNU" ou "projets officiels GNU".

Le nom "Projet GNU" utilise l'acronyme récursif GNU ("GNU's Not Unix Not Unix", et ainsi de suite). "Unix" désigne non seulement un type de système d'exploitation, mais c'est aussi une marque commerciale. Le choix du nom GNU permet de ce fait de signifier clairement que GNU est un système compatible avec Unix, sans qu'il faille les confondre.

La fondation FSF

La fondation des logiciels libres FSF (Free Software Foundation, *http://www.fsf.org*) est une organisation à but non lucratif dont le but est de trouver des financements pour les efforts menés dans le cadre du projet global GNU, dont la FSF est d'ailleurs le sponsor principal.

L'objectif de la FSF est de garantir et de protéger la liberté d'utiliser des logiciels informatiques, d'en étudier le code source, de les modifier, les dupliquer et les partager, ainsi que de préserver les droits de tous les utilisateurs de ces logiciels libres.

La FSF européenne (*http://www.fsfeurope.org*), sœur de la précédente, se consacre aux activités liées à la défense des logiciels libres sur le territoire européen. Créée le 10 mars 2001, elle ne se limite pas au projet global GNU et mène par exemple une lutte contre la brevetabilité des logiciels.

L'objectif majeur de la FSF Europe est de coordonner les actions en faveur des logiciels libres en Europe, en gérant un centre de compétences destiné aux hommes politiques et journalistes, ainsi qu'une infrastructure, notamment juridique, destinée aux logiciels libres et au projet GNU en particulier.

Historique du noyau Linux

On ne sait plus exactement quel jour a marqué le début du travail sur Linux. Le créateur est un étudiant finlandais d'origine suédoise nommé Linus Benedict Torvalds (que tout le monde appelle Linus). Voici une adaptation du premier message posté par Linus sur le forum Usenet :

```
From: torvalds@klaava.Helsinki.FI (Linus Benedict Torvalds)
Newsgroups: comp.os.minix
Subject: Gcc-1.40 and a posix-question
Message-ID: <1991Jul3.100050.9886@klaava.Helsinki.FI>
Date: 3 Jul 91 10:00:50 GMT

Salut les netsurfeurs,

Suite à un projet que j'ai commencé (autour de Minix), il me faudrait
avoir accès à la définition du standard de programmation POSIX.
Quelqu'un pourrait-il m'indiquer où les plus récentes règles POSIX
seraient disponibles (de préférence sous forme électronique) ?
L'adresse d'un site Ftp serait l'idéal.
```

En partant de Minix, Linus a commencé à créer un nouveau noyau de système Unix libre.

```
From: torvalds@klaava.Helsinki.FI (Linus Benedict Torvalds)
Newsgroups: comp.os.minix
Subject: What would you like to see most in minix?
Summary: small poll for my new operating system
Message-ID: <1991Aug25.205708.9541@klaava.Helsinki.FI>
Date: 25 Aug 91 20:57:08 GMT
Organization: University of Helsinki

Salut à tous les utilisateurs de Minix -

Je suis en train d'écrire un système d'exploitation (libre)
pour compatibles AT386/486 (seulement un loisir, il ne sera
pas imposant et professionnel comme GNU). Les travaux avancent
depuis avril et j'arrive à quelque chose qui est utilisable.
J'aimerais recevoir vos réactions sur ce que vous aimez ou
n'aimez pas dans Minix, car mon système lui ressemble par
certains aspects (même implantation physique du système de
fichiers, pour des raisons pratiques, et d'autres choses).
```

```
Pour l'instant, j'ai porté l'interpréteur bash (1.08) et le
compilateur gcc (1.40), et cela semble tourner. Il en découle que
je vais parvenir à quelque chose qui sera exploitable d'ici
quelques mois et cela m'intéresse de savoir quelles sont les
fonctions dont les gens auraient besoin en priorité. Toutes les
suggestions sont les bienvenues, mais je ne m'engage pas à les
prendre en compte :-)

Linus (torvalds@kruuna.helsinki.fi)

PS : Mon code est exempt de tout code source Minux et
son système de fichiers est multi-thread. Le système n'est PAS
portable (commutation de tâches spécifiques au 386, par exemple),
et ne gérera sans doute jamais d'autres disques que ceux qui sont
au standard PC-AT, car je n'en ai pas d'autre.
```

La première version du noyau Linux a été annoncée publiquement par Linus Torvalds le 17 septembre 1991 sur Usenet. Peu de temps après, plusieurs personnes compétentes ont offert avec enthousiasme leurs services pour aider au développement du système.

Voici un bref historique des évolutions successives de Linux :

- **Lancement :** 3 juillet 1991

  Mise en place de quelques pilotes de périphériques, parmi lesquels le pilote de disque dur ainsi que quelques fonctions de niveau utilisateur.

- **Version 0.01 :** 17 septembre 1991

  Linus publie la version 0.01 du noyau à destination d'un petit cercle de personnes intéressées par la poursuite du projet. L'archive contenant cette version initiale est toujours accessible à l'adresse suivante :

  http://www.kernel.org/pub/linux/kernel/Historic/linux-0.01.tar.gz

- **Version 0.02 :** 5 octobre 1991

  Première version officielle du noyau Linux dotée des outils *bash*, *gcc*, *gnu-make*, *gnu-sed* et *compress*. Linus annonce celle-ci *via* le message suivant sur Usenet :

```
From: torvalds@klaava.Helsinki.FI (Linus Benedict Torvalds)
Newsgroups: comp.os.minix
Subject: Free minix-like kernel sources for 386-AT
Message-ID: <1991Oct5.054106.4647@klaava.Helsinki.FI>
Date: 5 Oct 91 05:41:06 GMT
Organization: University of Helsinki

Avez-vous la nostalgie des temps anciens, quand les hommes étaient des
hommes et écrivaient eux-mêmes les pilotes pour leurs périphériques ?
```

Etes-vous actuellement sans projet précis et prêt à vous faire les dents sur un nouveau système d'exploitation que vous pourriez modifier à votre guise ? Cela vous énerve de voir que tout fonctionne sous Minix ? Plus de nuits blanches à faire tourner ce joli petit programme? Alors ce message est peut-être pour vous :-)

Comme annoncé voici environ un mois (?), je travaille sur une version libre d'un système du type Minix pour ordinateurs PC AT-386. Le projet est enfin arrivé dans un état d'avancement utilisable (mais cela dépend de ce que vous voulez), et je suis prêt à ouvrir l'accès aux fichiers sources. La version actuelle n'est que la 0.02 (+1 retouche (très petite) déjà), mais j'ai réussi à exécuter bash/gcc/gnu-make/gnu-sed/compress, etc.

Les sources de ce passe-temps sont accessibles sur nic.funet.fi (128.214.6.100) dans le répertoire /pub/OS/Linux. Ce répertoire contient aussi quelques README et une paire d'exécutables pour Linux (bash, update et gcc, que demander de plus :-). Tous les sources du noyau sont fournis et aucun code Minix n'en fait partie.
Les sources des librairies ne sont pas entièrement libres, ce qui m'empêche de les fournir intégralement. Le système peut être compilé "tel quel" et est dit fonctionnel. He,he... Les sources des exécutables bash et gcc se trouvent sur le même serveur, dans /pub/gnu.

ALERTE ! ATTENTION ! NOTE ! Ces sources ont encore besoin de minix-386 pour être compilés (et gcc-1.40, voire 1.37.1, mais je n'ai pas testé), et vous devez avoir Minix pour la configuration si vous voulez faire des tests, ce qui fait que ce n'est pas encore un système indépendant. Cette remarque vaut pour ceux qui n'ont pas Minix. J'y travaille. Vous devez aussi avoir quelques notions pour réussir la configuration (?). Ceux qui cherchent un Minix-386 de rechange peuvent m'oublier. Le système n'est pour l'instant destiné qu'aux amateurs éclairés qui se passionnent pour les systèmes d'exploitation et le 386, et qui ont accès à Minix. Le système requiert une machine avec disque dur compatible AT (IDE est parfait) et un affichage EGA/VGA. Si vous êtes toujours intéressé, récupérez par FTP le fichier README/RELNOTES, et/ou écrivez-moi pour tout détail.

J'entends déjà (enfin presque) certains se demander : "Pourquoi ? Puisque le noyau Hurd va sortir dans un an (ou quelques mois, qui sait ?), et que j'ai déjà Minix pour patienter ?" Ce programme est fait par un hacker pour des hackers. J'ai pris du plaisir à le concevoir, et d'autres peuvent en trouver à l'étudier et à l'adapter à leurs besoins. Il est suffisamment petit pour rester facile à comprendre, à utiliser et à modifier, et j'attends maintenant tous les commentaires que vous pourriez faire.

J'attends aussi des nouvelles de toute personne ayant écrit un utilitaire ou une librairie pour Minix. Si votre travail est librement diffusable, (avec copyright ou du domaine public), je suis impatient d'avoir de vos nouvelles, pour pouvoir ajouter ces outils au système. J'utilise déjà estdio de Earl Chews (merci pour ce programme qui marche bien, Earl), et tous les projets similaires sont les bienvenus.

```
Votre mention de copyright (C) sera laissée intacte.
Envoyez-moi un mot si vous êtes prêt à me laisser utiliser
votre code.

Linus
```

- **Version 0.03 :** 26 octobre 1991

Autre version déjà utilisable.

- **Version 0.10 :** novembre 1991

Nouvelle version pleine d'améliorations. Requiert encore un autre système pour l'installation.

- **Version 0.11 :** 19 décembre 1991

  Première version pour laquelle il n'est plus besoin d'avoir un autre système. Aucun support SCSI mais quelques programmeurs se sont attelés à la tâche. Le prérequis était un disque dur sur bus AT.

  Il n'y avait ni **init**, ni **login**, et on arrivait directement au niveau de l'interpréteur bash au démarrage. Un début de sous-système de gestion de mémoire virtuelle était en place, mais il fallait quand même disposer de 4 Mo de mémoire vive RAM (quatre !), pour exécuter les outils GNU, notamment le compilateur **gcc**. Un démarrage allégé était cependant possible avec seulement 2 Mo.

- **Version 0.11 + VM** : décembre (Noël) 1991

  De nombreuses personnes ont essayé de recompiler le noyau avec seulement 2 Mo, mais cela ne fonctionnait pas. Cette version a donc été diffusée à quelques personnes pour tester son embryon de gestion de mémoire virtuelle.

- **Version 0.12 :** 5 janvier 1992

  Première version disposant d'un plus grand nombre de fonctions que strictement nécessaire. A partir de cette version, le noyau est régi par la licence GPL. Plusieurs aspects de l'ancienne licence la rendaient trop stricte. En raison du caractère virulent de la licence GPL, cette décision a sans doute été capitale dans le succès de Linux.

- **Version 0.95 :** mars 1992

  Version assez aboutie mais pas encore dotée d'un serveur d'affichage graphique X-Window.

- **Version 0.96 :** avril 1992

  Première version équipée du sous-système d'affichage graphique fenêtré X-Window (sans S final). Durant cette année 1992, le noyau Linux se poursuit. La page suivante propose un schéma interactif des constituants du noyau :

  http://lug.oregonstate.edu/projects/kernelmap/map.php

Linux ou Minix ?

Le 29 janvier 1992, Andrew Tanenbaum, le renommé professeur néerlandais, concepteur du système d'exploitation à visée pédagogique Minix, a publié un billet d'humeur dans le forum *comp.os.minix*. Cet article a été à l'origine d'un débat passionné.

Voici une adaptation française de ce fameux article de A. Tanenbaum (l'original, avec des dizaines de commentaires, se trouve à l'adresse *http://alge.anart.no/linux/history/linux_is_obsolete.txt*).

```
From: ast@cs.vu.nl (Andy Tanenbaum)
Newsgroups: comp.os.minix
Subject: LINUX is obsolete
Date: 29 Jan 92 12:12:50 GMT
Organization: Fac. Wiskunde & Informatica, Vrije Universiteit, Amsterdam

J'étais aux Etats-Unis pendant quelques semaines, et je n'ai pas eu
l'occasion de donner mon avis sur LINUX (ce n'est pas que j'aie beaucoup
à en dire), mais j'ai maintenant quelques remarques à émettre.

La plupart d'entre vous savent que MINIX est pour moi un passe-temps,
auquel je me consacre le soir quand j'en ai assez d'écrire des livres et
que CNN ne retransmet aucune guerre, révolution ni audition magistrale du
Sénat.
En réalité, je suis professeur et chercheur dans le domaine des systèmes
d'exploitation.

Du fait de mes activités, je pense pouvoir faire part de quelques
réflexions concernant l'évolution prévisible des systèmes d'exploitation
dans les prochaines décennies. Deux points me semblent essentiels :

1. MICRONOYAU OU NOYAU MONOLITHIQUE

   La plupart des anciens systèmes sont monolithiques, c'est-à-dire qu'ils
   sont rassemblés dans un seul gros fichier exécutable, a.out, qui
   s'exécute en mode 'kernel'. Ce fichier binaire contient la gestion de
   processus, la gestion mémoire, le système de fichiers et tout le reste.
   Sont concernés UNIX, MS-DOS, VMS, MVS, OS/360, MULTICS et bien d'autres.
   L'autre approche possible se base sur le concept de micro-noyau,
   dans laquelle la plupart des processus système s'exécutent de
   façon indépendante, souvent à l'extérieur du noyau, et communiquent
   en échangeant des messages. Le travail du noyau se résume alors à gérer
```

les échanges de messages, les interruptions, les processus à bas niveau et éventuellement les entrées/sorties I/O.

Comme exemples de cette approche, citons RC4000, Amoeba, Chorus, Mach et le système Windows/NT qui est annoncé.

Je vais vous éviter un comparatif détaillé entre les deux approches. Il suffit de prévenir les personnes qui sont actuellement chargées de créer de nouveaux systèmes d'exploitation qu'elles ne se posent plus la question : les micro-noyaux ont gagné. Le seul argument concret qui restait aux noyaux monolithiques était le niveau de performances, mais nous disposons de preuves suffisantes pour affirmer que les micro-noyaux peuvent être aussi performants que les monolithes (voyez par exemple la comparaison faite par Rick Rashid entre Mach 3.0 et les noyaux monolithiques). Tout le reste n'est plus que discussion d'arrière-garde.

MINIX est donc un système à micro-noyau. Le système de fichiers et la gestion mémoire forment des processus séparés qui s'exécutent en dehors de l'espace de privilèges du noyau. Les pilotes d'entrées/sorties sont également distincts (dans le noyau, mais seulement parce qu'une autre solution serait difficile à apporter, en raison de la nature inefficace de l'architecture des processeurs Intel). LINUX est en revanche un vrai système monolithique, ce qui constitue un énorme saut en arrière dans les années 1970. C'est comme si vous preniez un programme C existant et fonctionnel pour le récrire en BASIC. A mon avis, concevoir un noyau monolithique en 1991 est une mauvaise idée.

2. PORTABILITE

Il était une fois le processeur Intel 4004. Il grandit pour devenir le 8008. Un peu de chirurgie esthétique et vint le 8080, qui donna naissance au 8086, puis au 8088, au 80286, au 80386 et au 80486, et ainsi de suite jusqu'à la génération N. Pendant ce temps, les processeurs RISC sont apparus, certains d'entre eux offrant plus de 100 MIPS de puissance, et la barre des 200 MIPS va sans doute être franchie dans les prochaines années.
Cet élan ne va pas s'arrêter du jour au lendemain. On va assister au remplacement progressif des processeurs de la famille 80x86.
Les vieux programmes MS-DOS seront exécutés par émulation logicielle du 80386. (J'ai écrit mon propre émulateur IBM PC en langage C, et vous pouvez le récupérer *via* FTP à l'adresse ftp.cs.vu.nl = 192.31.231.42 dans le répertoire Minix/simulator.) A mon avis, c'est une grosse erreur de concevoir un système d'exploitation lié à une architecture matérielle qui va sans doute perdre de l'importance à moyen terme.

MINIX avait été conçu pour offrir une portabilité convenable, et il a été porté d'Intel vers les processeurs 680x0 (Atari, Amiga, Macintosh), SPARC et NS32016. *A contrario*, LINUX est pieds et poings lié à l'architecture 80x86. Ce n'est pas la bonne voie.

```
Ne vous méprenez pas… Je ne suis pas malheureux de l'existence de LINUX !
Au contraire, ce projet éloignera de moi tous ceux qui veulent convertir
MINIX en Unix BSD. Mais honnêtement, à ceux qui désirent disposer d'un
système d'exploitation "moderne" et libre, je conseille de se tourner vers
un système portable et articulé autour d'un micro-noyau, comme GNU et les
projets similaires.

Andy Tanenbaum (ast@cs.vu.nl)

P.S. : Incidemment, notez qu'Amoeba dispose d'un émulateur UNIX
(s'exécutant dans l'espace utilisateur), mais il est loin d'être achevé.
Si des volontaires se présentent pour travailler sur ce projet,
veuillez m'en faire part. Pour exécuter Amoeba, il vous faut
quelques machines 386, dont une dotée de 16 Mo et toutes équipées d'une
carte réseau WD Ethernet.
```

La marque déposée Linux

En 1996-1997, une énorme polémique s'est engagée concernant le nom Linux. L'éditeur américain IDG Books avait à cette époque publié un livre de Naba Barkakati intitulé *Linux Secrets*. En couverture, le livre affirmait : "*Linux est une marque déposée de William R. Della Croce, Jr.*" Effectivement, ce William R. Della Croce avait enregistré le nom Linux à son profit. Fort heureusement, l'affaire s'est résolue, et les droits ont été restitués à Linus Torvalds. Plusieurs documents sur le Web permettent de revoir les grandes lignes de cette aventure :

- "Action Taken on Linux Trademark", *Linux Journal*, mars 1997 (*http://www2.linuxjournal.com/lj-issues/issue35/2098.html*)
- "Linux Trademark Dispute", *Linux Journal*, août 1997 (*http://www2.linuxjournal.com/ljissues/issue40/2425.html*)
- *Ownership of Linux Trademark Resolved*, *Linux Journal*, nov 1997 (*http://www2.linuxjournal.com/lj-issues/issue43/2559.html*)

D'où vient le pingouin ?

Au début de l'année 1996, certains ont pensé qu'il fallait trouver un logo ou une mascotte pour symboliser Linux (*http://www.uwsg.indiana.edu/hypermail/linux/kernel/9605*).

Linus a répondu le 9 mai 1996 par le message suivant :

```
Re: Linux Logo prototype.
Linus Torvalds (torvalds@cs.helsinki.fi)
Thu, 9 May 1996 17:48:56 +0300 (EET DST)

Quelqu'un a annoncé un concours de création de logo, peut-être que
ceux qui sont intéressés pourraient déposer leurs idées sur un
site Web…
```

```
En tout cas, le pauvre petit pingouin que je vois ne semble pas taillé
pour affronter le vaste monde et risque vite de se faire écraser.
Pas un logo très enthousiasmant de ce point de vue…

Avant de vous pencher sur les pingouins, reprenez votre calme,
respirez et pensez au terme "sympa". Respirez encore et pensez
à "futé". Repensez à "sympa" (sans arrêter d'inspirer calmement)
et pensez alors à "satisfait".

Vous suivez toujours ? Bien.

Maintenant, quand un pingouin (sympa) est satisfait, cela signifie
qu'il vient de naître ou qu'il vient de faire un bon repas de harengs.
Croyez-moi, je suis expert en pingouins, ils n'ont que ces deux traits
de caractère.

Maintenant que nous avons le non-angle d'approche, nous ne voudrions pas
être associés à un pingouin grivois (en fait, si, mais pas pour des
raisons politiques, donc plutôt non). Nous devons donc ici nous
concentrer sur le côté "repu de harengs".

Ainsi, en pensant à notre pingouin, vous devez imaginer un animal un
poil en surcharge pondérale (*), assis après avoir mangé tout son soûl
et venant de roter. Il est assis là avec un sourire de béatitude, comme
s'il était juste où il faut après avoir ingurgité un tonneau de
harengs frais et sentait qu'un autre rot de satisfaction se préparait…

(*) Pas OBESE, mais on doit voir qu'il est assis parce qu'il a
vraiment mangé son compte de harengs pour se mettre debout.
Pensez à un sac de blé.

Maintenant, si vous avez un problème pour imaginer le sentiment de
complétude que procure un tonneau de harengs crus, remplacez les harengs
par du chocolat (ou autre chose) afin de bien saisir l'idée.

Ok, nous devons donc penser à un mignon pingouin qui est repu sans être
Lourd, et assis après avoir fait bombance. Vous suivez toujours ?

Passons MAINTENANT à la partie ardue. Gardez en tête cette image et
cherchez à en dessiner mentalement une version stylisée. Ne vous perdez
pas dans les détails, un trait de silhouette suffit (vous savez quel
effet on obtient lorsque l'épaisseur de trait varie !). Voilà un travail
qui réclame du TALENT. Dessinez cette silhouette de sorte
qu'en la voyant, les gens aient ce type de réaction [petite voix douce,
presque enfantine]:
"Oooh, qu'il est mignon ce pingouin, je suis sûr qu'il vient de se faire
une ventrée de harengs !" Et les petits enfants devront sauter de joie
et s'écrier "Maman, Maman, je peux avoir le même ?"
```

```
Nous pourrions ensuite dessiner une version plus grande et plus
détaillée, (par exemple un pingouin appuyé sur un globe terrestre, mais
je ne crois pas qu'il faille lui donner une image de dominateur, du
style Atlas ou autre). Cette version détaillée devrait faire fondre
n'importe qui et laisser penser que notre pingouin va faire une partie
de hockey avec le petit démon de FreeBSD. Cela dit, le pingouin simple
servira au logo, et toutes les autres variantes serviront à mettre en
scène notre pingouin dans des compositions graphiques.

Linus
```

Les avis ont évidemment divergé quant à l'intérêt de choisir le pingouin comme emblème pour Linux. Des projets très divers ont vu le jour.

Figure 1.1
Tux, le pingouin emblématique de Linux.

Linus Torvalds a fini par trancher en faveur du pingouin, par le message définitif suivant :

```
Re: Linux Logo
Linus Torvalds (torvalds@cs.helsinki.fi)
Sun, 12 May 1996 09:39:19 +0300 (EET DST)

...
"Linus aime les pingouins". Un point, c'est tout. Cette vérité a même
fait la une d'un journal Web traitant de Linux il y a peu (j'ai été
mordu par un pingouin tueur en Australie, sans rire). Les pingouins
sont marrants.

Pourquoi choisir un pingouin comme logo ? IL n'y a pas de raison
impérieuse, en fait. Mais un logo n'a pas besoin de signifier quelque
chose par lui-même. Ce qui compte, c'est l'association d'idées qu'il
suggère. Et je peux imaginer d'autres associations bien moins agréables
pour Linux que celles véhiculées par les pingouins.
```

```
En optant pour un pingouin, nous laissons plus de liberté aux gens
pour "suggérer" Linux dans leur communication : au lieu d'être limités
à reproduire un logo tel quel (un triangle, ou la mention "Linux 2.0"
stylisée ou un autre graphisme abstrait), ils peuvent créer des
variations autour du pingouin sans nuire à l'identification.

Vous pourrez ainsi voir un pingouin en situation sur la pochette d'un CD
et les gens le reconnaîtront immédiatement. Vous pourrez imaginer un
pingouin en train de faire quelque chose de précis (saisir du texte
avec un traitement de texte pour le CD de WordPerfect pour
Linux, etc.). Vous avez compris le principe ?

Comparez cela à un logo plus abstrait (par exemple le logo de Windows -
qui n'est pas mal en soi). Vous ne pouvez pas vraiment dériver grand
chose d'un tel logo. Vous pouvez seulement l'utiliser "tel quel".

Bref, visitez la page "http://www.isc.tamu.edu/~lewing/linux/"
pour trouver quelques exemples...

Linus
```

Mais le bébé avait encore besoin d'être baptisé. La première mention connue du nom qui a finalement été choisi se trouve dans le message suivant :

```
Re: Let's name the penguin! (was: Re: Linux 2.0 really _is_ released..)
James Hughes (jamesh@interpath.com)
Mon, 10 Jun 1996 20:25:52 -0400

(T)orvalds (U)ni(X) -> TUX!
```

Autrement dit, l'initiale de Torvalds (le patronyme de Linus), suivie de deux des lettres de "Unix", donne **TUX**. C'est ce nom qui a été accepté par la communauté des linuxiens. Bien d'autres histoires seraient à raconter au sujet de la mascotte de Linux et du mythe qui s'y est greffé. Il existe de nos jours des peluches, des porte-clés, des tasses à café TUX, parmi les nombreux types d'objets promotionnels qui ont été imaginés.

Qu'est-ce que Debian GNU ?

Debian (*http://www.debian.org*) est un système d'exploitation libre pouvant fonctionner sur une multitude de plates-formes et architectures matérielles. Debian utilise comme noyau le système Linux (*http://www.kernel.org*). Mais la plupart des outils qui entourent ce noyau proviennent du projet GNU (*http://www.gnu.org*). Cette fusion de deux sources est à l'origine du nom GNU/Linux.

Debian GNU/Linux n'est pas qu'un système d'exploitation : il comprend des milliers de logiciels présentés sous forme de paquets (des logiciels déjà compilés et directement installables).

Le projet Debian est un collectif de personnes travaillant de façon décentralisée à la création d'un système d'exploitation totalement libre. En général, le projet est désigné sous le nom abrégé "Debian", bien qu'il doive normalement se dire "Debian GNU/ Linux".

A la différence des autres distributions, Debian, comme le noyau Linux lui-même, est créé et maintenu par un groupe de bénévoles répartis dans le monde entier. Vous pouvez trouver une présentation graphique de la localisation des développeurs Debian à l'adresse : *http://www.debian.org/devel/developers.loc*.

A partir des données statistiques recueillies, un certain Edward Betts a réussi à créer l'affichage graphique de la figure suivante. Nous y voyons que le centre de gravité des développeurs Debian est situé au Groenland (voyez aussi l'adresse *http:// people.debian.org/~edward/globe/average*).

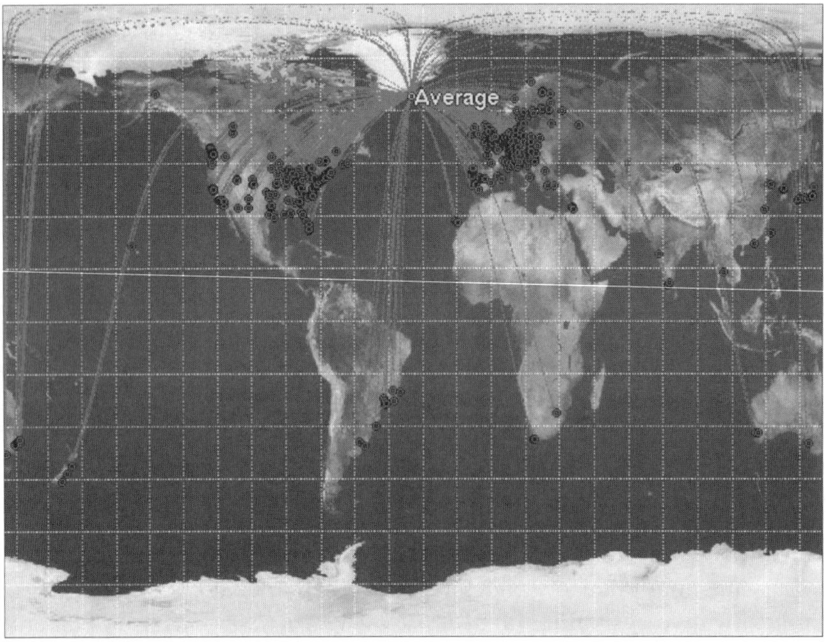

Figure 1.2

Répartition des développeurs Debian.

Les développeurs dialoguent et échangent les paquets *via* Internet. Pour chacun des paquets logiciels de Debian GNU (il y en a plusieurs milliers actuellement), une personne est désignée comme mainteneur officiel du paquet. De nombreux mainteneurs gèrent plusieurs paquets.

Les développeurs Debian ont consigné leur dévouement et leur volonté de voir Debian diffusé le plus librement possible dans un *Contrat Social Debian* (une traduction en est donnée à la fin du Chapitre 15).

Origine du nom "Debian"

Le nom Debian a été trouvé par le créateur de la distribution, Ian Murdock. Il est parti du prénom de sa femme, Debra et de son propre prénom (Deb-Ian). La prononciation varie d'un pays à l'autre, mais vous pouvez vous baser sur "Deb-iin".

Historique de Debian

- **Debian 0.01 à 0.90** (août-décembre 1993) : lancement officiel du projet Debian par Ian Murdock, le 16 août 1993. Ian Murdock a envisagé cette nouvelle distribution en tant que projet de développement ouvert, tout à fait dans l'esprit de GNU et du noyau Linux. Aucune autre distribution ne visait cet objectif à cette époque. A partir de novembre 1994 et pour douze mois, le projet de Debian a été financé par le projet GNU de la fondation FSF.

  Il est intéressant de nos jours de relire ce que Ian Murdock avait à l'esprit lors du lancement de sa distribution.

```
Newsgroups: comp.os.linux.development
From: imurdock@shell.portal.com (Ian A Murdock)
Subject: New release under development; suggestions requested
Message-ID: <CBusDD.MIK@unix.portal.com>
Sender: news@unix.portal.com
Nntp-Posting-Host: jobe.unix.portal.com
Organization: Portal Communications Company - 408/973-9111 (voice)
408/973-8091 (data)
Date: Mon, 16 Aug 1993 13:05:37 GMT
Lines: 86

Chers collègues Linuxiens,

Ce message pour vous annoncer l'achèvement proche d'une toute nouvelle
version de Linux que j'appelle Debian Linux. C'est une version que
j'ai construite à partir de zéro. Autrement dit, je ne me suis
pas contenté d'apporter des modifications à SLS puis de changer de
nom. J'ai créé cette version après avoir longuement
utilisé SLS et avoir subi beaucoup de frustrations. Après avoir
énormément retouché SLS, j'ai pensé qu'il me serait plus simple de
reprendre tout à zéro. Le système de base est maintenant quasiment
terminé mais je vérifie encore si j'ai bien récupéré les sources les
plus récents pour chaque composant). J'aimerais maintenant recevoir
vos avis avant de commencer à ajouter des compléments.
```

```
Notez bien que cette version n'est pas encore complète et que cela
peut encore prendre quelques semaines. J'ai cependant pensé qu'il
était intéressant de l'annoncer maintenant afin d'attirer quelques
personnes. Voilà ce que je voudrais tout d'abord :

1) Une personne qui accepterait de me laisser stocker la version
     sur son site FTP anonyme. Qu'elle me contacte, mais qu'elle sache
     que l'ensemble est assez volumineux :)

2) Des commentaires, des suggestions, des conseils, etc., provenant
     de la communauté Linux. C'est l'occasion pour vous de me proposer
     d'ajouter des paquets, des séries ou tout élément que vous
     aimeriez voir dans la version finale.

Ne croyez pas que le fait qu'un paquet fasse partie de SLS
entraînera son inclusion dans Debian ! Bien sûr, les commandes
telles que LS et CAT sont obligatoires. S'il y a quelque chose
dans SLS qui vous semble indispensable, faites-le moi savoir !

J'aimerais également recevoir vos avis concernant des
caractéristiques spécifiques. Ainsi, un de mes amis m'a suggéré
de demander la sélection des paquets indésirables avant de
commencer l'installation pour que celui qui installe n'ait pas
à rester bloqué devant l'écran pendant celle-ci. Toutes suggestions
de ce genre seront vivement appréciées.

En quoi cette version sera-t-elle meilleure que SLS ?
Voici :

1) Debian sera plus compact. Il n'y aura plus à gérer plusieurs
     versions des fichiers binaires et des pages man.

2) Debian contiendra les versions les plus récentes de tout.
     Le système sera facile à mettre à jour au moyen d'un script
     d'actualisation dans le système de base, qui permettra
     d'intégrer totalement les paquets de mises à jour.

3) Debian sera fourni avec une procédure d'installation ne
     requérant pas votre présence. Il suffira d'installer le disque de
     base, de copier les disques de la distribution sur le disque dur,
     de répondre à quelques questions concernant les paquets désirés
     puis de laisser la machine installer l'ensemble pendant que vous
     vaquerez à des tâches plus passionnantes.

4) Debian sera doté d'une procédure de configuration système
     qui essayera de configurer tout, de fstab à Xconfig.

5) Debian sera doté d'un système de menu qui fonctionne.
     L'utilitaire d'installation et de mise à jour des paquets sera
```

```
     piloté par menus, de même que la configuration du système, le
     système d'aide et l'administration du système.

6) Debian rendra l'utilisation de Linux plus simple aux personnes
     qui n'ont pas accès à Internet. A l'heure actuelle, ces
     utilisateurs sont limités aux éléments qui sont livrés avec SLS. Les
     utilisateurs qui n'ont pas Internet pourront recevoir des paquets
     de mises périodiques. Ils pourront également choisir parmi
     une très grande bibliothèque de paquets complémentaires, qui ne
     feront pas partie du système de base. Vous y trouverez notamment
     des paquets tels que le serveur vidéo IS3, Nethack et Seyon. Il s'agit
     en général de paquets qu'il est possible de récupérer par FTP,
     mais pas sans accès à Internet.

7) Une documentation exhaustive (bien plus importante
     que quelques fichiers LISEZ-MOI) accompagnera Debian.

8) Tandis que je rassemble les éléments constituant Debian, je
     conserve une trace de tous leurs lieux d'origine. Cela permettra
     aux utilisateurs de savoir où récupérer les fichiers sources, et
     de vérifier s'ils disposent de la version la plus récente dans
     Debian. C'est ce qui permettra de faire de Debian la distribution
     la plus à jour possible.

9) Et bien d'autres choses dont je donnerai les détails
     plus tard…

Bref, j'en saurai plus dans une semaine ou deux après avoir
reçu suffisamment de réactions.

Veuillez tous répondre par messagerie électronique. Je posterai
un compte rendu. Si vous voulez en discuter dans le forum, évitez
de vous laisser submerger par la passion dans les débats. :)

A plus tard,

Ian
```

- **Debian 0.91** (janvier 1994) : cette version était munie d'un système de gestion de paquets simplifié qui savait installer et supprimer des paquets. Quelques dizaines de développeurs travaillaient à cette époque sur Debian.
- **Debian 0.93R5** (mars 1995) : à cette époque, un ou plusieurs développeurs étaient responsables de chaque paquet. Le système de gestion de paquets est alors devenu **dpkg**, qui s'installait après l'installation du système de base.

En août 1995, Hartmut Koptein a commencé le premier portage de Debian GNU/Linux sur une plate-forme autre qu'Intel. Voici ce qu'il a écrit lors de son premier essai de portage vers l'architecture m68k Motorola :

```
Vraiment beaucoup de paquets étaient
spécifiques au i386 (little endian, -m486, -O6 et tout ce qui concerne
libc4). Il était difficile d'avoir une base de départ sur ma machine
(un Atari Medusa 68040, 32 MHz). Au bout de trois mois (en
novembre 1995), j'ai pu télécharger 200 paquets à partir des
250 disponibles. Tous étaient destinés à libc5 !
```

Plus tard, la même personne a commencé, avec Vincent Renardias et Martin Schulze ("Joey"), à réaliser un portage vers la plate-forme PowerPC.

- **Debian 0.93R6** (novembre 1995) : création de **dselect**. C'était la dernière version Debian utilisant le format binaire *a.out*. Elle rassemblait environ 60 développeurs.
- **Debian 1.1 Buzz** (juin 1996) : première version à être dotée d'un nom de code. Comme toutes les versions ultérieures, le nom provient du film *Toy Story*. L'idée est de Bruce Perens, qui était alors chef de projet. La version utilisait exclusivement le format binaire ELF, ainsi que la version 2.0 du noyau Linux. Elle rassemblait 474 paquets.

  Voici ce qu'Ian disait de ce nouveau chef de projet : "Bruce était la personne la plus qualifiée pour me succéder puisqu'il maintenait le système de base depuis presque un an et qu'il a pu se consacrer de plus en plus au projet, pendant que je pouvais en consacrer de moins en moins."

  Bruce a lancé plusieurs projets fondamentaux au sein du projet Debian. Citons en particulier les règles de programmation Debian Free Software Guidelines, le contrat social Debian et le projet Open Hardware. Par ailleurs, Bruce a été l'un des fondateurs de la Société SPI (*Software in the Public Interest, Inc.*).
- **Debian 1.2 Rex** (décembre 1996) : 848 paquets, 120 développeurs.
- **Debian 1.3 Bo** (juillet 1997) : 974 paquets, 200 développeurs.
- **Debian 2.0 Hamm** (juillet 1998) : première version de Debian supportant, outre les processeurs i386 (*http:// www.debian.org/ports*), les Motorola m68k (*http:// www.debian.org/ports/m68k*), autrement dit les machines Amiga, Atari et Macintosh. Cette version, dont le chef de projet était Ian Jackson, utilisait la librairie **glibc2** (au niveau historique, **libc6**). Elle comprenait plus de 1 500 paquets et rassemblait environ 400 développeurs.

  Wichert Akkerman a remplacé Ian Jackson comme chef de projet en janvier 1999.

- **Debian 2.1 Slink** (9 mars 1999) : à partir de cette version, Debian a également supporté les architectures Alpha (*http://www.debian.org/ports/alpha*) et SPARC (*http://www.debian.org/ports/sparc*). Le chef de projet était Wichert Akkerman. L'ensemble réunissait 2 250 paquets sur 2 CD officiels. A partir de cette version, l'utilitaire **apt** a été intégré pour gérer les paquets.

  La détection d'une erreur au dernier moment a fait repousser la sortie de Debian 2.1 d'une semaine. La date de lancement d'origine était le 2 mars 1999. Le problème était lié au gestionnaire de paquets **dpkg**, qui ne fonctionnait que si la variable de pays locale correspondait à la valeur par défaut (anglais).

  Les développeurs ont considéré qu'il était plus important de livrer Debian sans aucun défaut plutôt que de tenir le délai.

  Le 21 avril 1999, la Société Corel, l'équipe du projet K-Desktop (KDE) et le projet Debian se sont alliés après que Corel a annoncé sa décision de sortir une distribution Linux basée sur Debian. Au cours de l'été, une nouvelle distribution basée sur Debian est ainsi sortie sous le nom de Storm Linux (*http://www.stormix.com*).

  C'est à cette époque que le projet Debian a opté pour un nouveau logo en deux versions : le logo officiel pour les pages Web et pour tous les éléments officiels de Debian, et un logo non officiel pour les éléments provenant d'autres sources.

- **Debian 2.2 Potato** (15 août 2000) : la grande nouveauté de cette version est APT. Le nombre de paquets a presque doublé par rapport à la version 2.1. Ont également été intégrés GNOME, glibc 2.1, le noyau 2.2.13/14 et XFree 3.3.6.

  Cette version a vu apparaître le support des architectures PowerPC (*http://www.debian.org/ports/powerpc*) et ARM (*http://www.debian.org/ports/arm*).

  La version Potato est dédiée à Joel Klecker, un développeur Debian disparu prématurément à l'âge de 21 ans (*http://www.debian.org/News/2000/20000815*).

  La sous-version (Release 1, *http://www.debian.org/News/2000/20001114*, également appelée Debian GNU/Linux 2.2 R1) a été diffusée le 14 novembre 2000. La Release 2 (*http://www.debian.org/News/2000/20001205*) date du 5 décembre 2000. La dernière sous-version, Release 3 (*http://www.debian.org/News/2001/20010417*) est sortie le 17 avril 2001.

  Le 29 mars 2001, Ben Collins est devenu le nouveau chef de projet DPL (*Debian Project Leader*).

  La Release 3 a été rendue publique par le chargé de relations du projet, Martin Joey Schulze, dans un message du 17 avril 2001.

```
Date: Tue, 17 Apr 2001 00:43:00 +0200
From: Martin Schulze <joey@finlandia.infodrom.north.de>
To: Debian Announcements <debian-announce@lists.debian.org>
Subject: Debian GNU/Linux 2.2r3 released
Content-Length: 4923
Lines: 134
--------------------------------------------------------------------
The Debian Project                                http://www.debian.org/
Debian GNU/Linux 2.2r3 released                        press@debian.org
avril 17, 2001
--------------------------------------------------------------------

(détails concernant les correctifs de sécurité)
```

Le 5 novembre 2001 est apparue la Release 4 de Debian 2.2. Elle contenait pour l'essentiel des correctifs de sécurité et des corrections d'erreurs.

La cinquième révision de Debian GNU/Linux 2.2 (Potato) est parue le 10 janvier 2002. Comme la précédente, elle contenait surtout des correctifs de sécurité. Les utilisateurs qui puisaient régulièrement sur le site *http://security.debian.org* n'avaient quasiment aucun paquet à mettre à jour. Vous trouverez une présentation des paquets modifiés à l'adresse *http://www.debian.org/News/2002/20020110.*

La sixième Release, sortie le 3 avril 2002, est encore pour l'essentiel une série de correctifs de sécurité et de défauts majeurs. Vous pouvez obtenir la liste des paquets modifiés à l'adresse *http://http.us.debian.org/debian/dists/Debian2.2r6/ChangeLog* ou bien *http://non-us.debian.org/debian-non-US/dists/Debian2.2r6/non-US/ChangeLog.*

Avant le lancement de la version majeure Debian 3.0, est encore apparue le 13 juillet 2002 la septième Release de Debian 2.2 (*http://www.debian.org/News/2002/20020713*). Elle aussi vise à corriger quelques défauts de sécurité dans la version stable.

- **Debian 3.0**, surnommée "Woody" : cette version majeure est sortie le 19 juillet 2002, après presque deux ans de développement. Le nom de code de la version avait été choisi lors de la phase de gel de la version précédente, Potato, le 15 janvier 2000. Le 1er juillet 2001, Anthony Towns (responsable des parutions/nouvelles versions de cette version) a diffusé le message suivant pour enclencher la phase de gel (*freeze*) :

```
To: debian-devel-announce@lists.debian.org
Subject: Debian 3.0 (woody) Freeze Begins
From: Anthony Towns <ajt@debian.org>
Date: Sun, 1 Jul 2001 11:04:48 +1000
```

```
Mail-Followup-To: debian-devel-announce@lists.debian.org
Sender: Anthony Towns <aj@azure.humbug.org.au>
User-Agent: Mutt/1.2.5i

Salut tout le monde et bienvenue dans une nouvelle semaine, un
nouveau mois et une nouvelle phase du cycle de développement
de Woody !

Bienvenue dans la phase de gel freeze de woody.

Comme indiqué auparavant, ce gel va s'opérer en quatre étapes.
Nous allons d'abord geler la stratégie, puis le système de base,
puis les installations standard et enfin le reste de Debian. Le but
de cette première phase est de finaliser nos objectifs pour la
version (comment doivent se présenter les paquets, quelles
architectures nous allons supporter). Nous allons également
nous préparer à geler le système de base.

Sachez que cela ne suppose pas que l'on gèle le développement des
paquets
pour l'instant. Les correctifs et les nouvelles fonctions sont
toujours les bienvenus et pourront être ajoutés à Woody de la
manière habituelle. Cela signifie seulement que la date de gel
des paquets est proche. Il est donc conseillé de vous limiter à
ajouter seulement les nouveautés qui ont déjà été correctement
testées, et bien sûr à corriger vos bogues.

Voici le détail des objectifs de cette phase :

* Finalisation de la charte Debian : nous acceptons toute proposition
  concernant les paquets de Woody et nous vérifions que
  la charte est un document qui sera utile aux gens s'occupant du
  contrôle qualité.

  Date limite : la version finale de la charte Debian pour Woody doit
  être stockée dans les archives le 21 juillet.

* Finalisation des architectures cibles. En plus d'Alpha, ARM,
  i386, m68k, PowerPC et SPARC, nous avons la possibilité d'ajouter
  ia64 (la nouvelle architecture Itanium d'Intel), hppa (les machines
  PA-RISC de HP), MIPS et Mipsel (les machines SGI et Decstation).
  Les conditions pour permettre l'inclusion dans Woody sont très
  simples et ont été satisfaites ou en passe de l'être. Rappelons qu'il
  faut qu'il y ait une chaîne d'outils fonctionnelle et relativement
  stable, un système utilisable (et notamment toute la
  base et le standard, agrémentés de quelques suppléments), ainsi
  qu'une procédure d'installation opérationnelle. (Les gens concernés
  par Hurd liront la suite.)

  Date limite : pour chaque architecture à intégrer, une personne doit
  envoyer un message avec le fichier -release indiquant le statut en
  cours, et un rapport d'installation réussie pour le 24 juillet.
```

```
* Décision de déplacer ou non les logiciels de cryptographie
  depuis non-US/main vers main. Ben Collins (chef de projet) se charge
  de faire progresser ce projet.

  Date limite : le feu vert juridique doit être obtenu le 21 juillet.

* Vérification de la diffusion possible du système de base pour
  toutes les architectures : cela signifie que nous savons
  exactement quels paquets constituent le système de base sur chacune
  des architectures. Nous devons également pouvoir corriger tous
  les bogues critiques (de sévérité Critical, grave ou Serious) dans ces
  paquets.

  Date limite : les paquets de base doivent être diffusés libres de
  tout bogue RC le 21 juillet.

  Si tout va bien, nous pourrons engager la prochaine phase le
  premier août. Si tout va très bien, nous pourrons diffuser en
  novembre.

  Le principal problème qui peut nous empêcher d'engager la phase
  suivante
  est la détection de bogues critiques dans le système de base,
  bogues qui peuvent prendre un certain temps à être corrigés.

  Si vous avez bien lu la ligne Subject en début de message, vous
  savez que la version Woody portera le numéro Debian 3.0, suite au
  grand nombre d'évolutions réalisées depuis Potato. Cette décision
  peut être débattue, mais j'ai décidé de la prendre. Je suis humblement
  satisfait de la progression de Woody et je suis persuadé qu'au moment
  où elle sera diffusée, elle pourra fièrement arborer ce numéro majeur
  de version qu'est le 3 (pas le .0).

  Puisque nous en sommes aux décisions controversées, il y en a une
  que je ne prendrai pas aujourd'hui ; c'est le nom à choisir après
  Woody. Nous verrons cela lorsque Woody sera diffusé et qu'une
  nouvelle diffusion de test sera lancée à partir de Woody.
  D'ailleurs, je n'ai toujours pas eu l'occasion de revoir Toy Story.

  Si je ne suis pas trop concerné par le nom que portera la
  prochaine version, j'ai en revanche quelques idées quant à
  l'organisation
  de celle-ci. Mon objectif principal pour la présente version était
  de parvenir à une phase de gel courte et facile à contrôler, une
  phase que l'on puisse réaliser en quelques mois au lieu de la laisser
  s'étendre sur sept mois en perdant de vue les objectifs. Cela n'a
  finalement été possible qu'en laissant le cycle de développement
  s'allonger : dix mois et demie ont été nécessaires. Dans le cycle
  suivant (à supposer que cette phase de gel reste courte), je pense
  qu'il serait
  intéressant d'essayer de faire de même, avec un cycle de
```

```
développement bref (deux ou trois mois) et un cycle de release
de cinq à sept mois.

Autrement dit, si cela peut vous consoler, ne vous souciez pas trop de
ne pas voir incorporer la nouvelle fonction que vous attendez tant dans
Woody.

A ce sujet, je pense que Hurd ferait mieux de viser la phase de
gel suivante (soit entre six à huit mois à partir d'aujourd'hui)
plutôt que de tenter d'intégrer Woody. En effet, Hurd est
actuellement une cible de portage difficile (et la quantité
de logiciels disponibles est faible comparée à celle des portages
Linux de Debian). Enfin, il n'y a pas encore d'installation
automatique.

Pour résumer, la phase freeze est commencée. Allez-y.

Salut à tous,

aj
```

Le 16 décembre 2002 est parue la première Release de Debian 3.0 (la 3.0R1). Quelques petits problèmes ont été corrigés et divers paquets mis à jour. Immédiatement après est apparue la Release 1a, qui apportait quelques autres paquets corrigés. La plupart des utilisateurs n'ont pas vu la différence. Vous trouverez des détails à ce sujet à la page :

http://lists.debian.org/debian-announce/debian-announce-2002/msg00005.html

A ce jour, la dernière Release de Woody (3.0R2) a été diffusée le 21 novembre 2003. Elle est annoncée à la page *http://lists.debian.org/debian-announce/debian-announce-2003/msg00002.html*. Une dernière Release (3.0R3) est prévue. Vous trouverez des informations dessus à l'adresse *http://people.debian.org/~joey/3.0r3*.

- **Debian 3.1** : la version actuelle de Debian porte le nom de code Sarge. A l'origine, la diffusion avait été prévue pour le 15 septembre 2004, mais elle a été repoussée de quelques semaines en raison de quelques problèmes.
- **Debian ?** : la version de Debian qui suivra Sarge ne possède pas encore de numéro. Il peut s'agir de la version 3.5 ou 4.0. La date de sortie ne peut pas encore être indiquée, mais on connaît déjà le nom : ce sera Etch.

Organisation de Debian

La grande ouverture des distributions Debian peut laisser croire que le développement est peu organisé ou même chaotique. En réalité, c'est exactement l'inverse. Debian bénéficie d'une structure strictement définie, qui désigne pour chacun les domaines de compétence, les responsabilités et les charges de travail. L'organigramme suivant présente les grandes lignes de la structure du projet Debian.

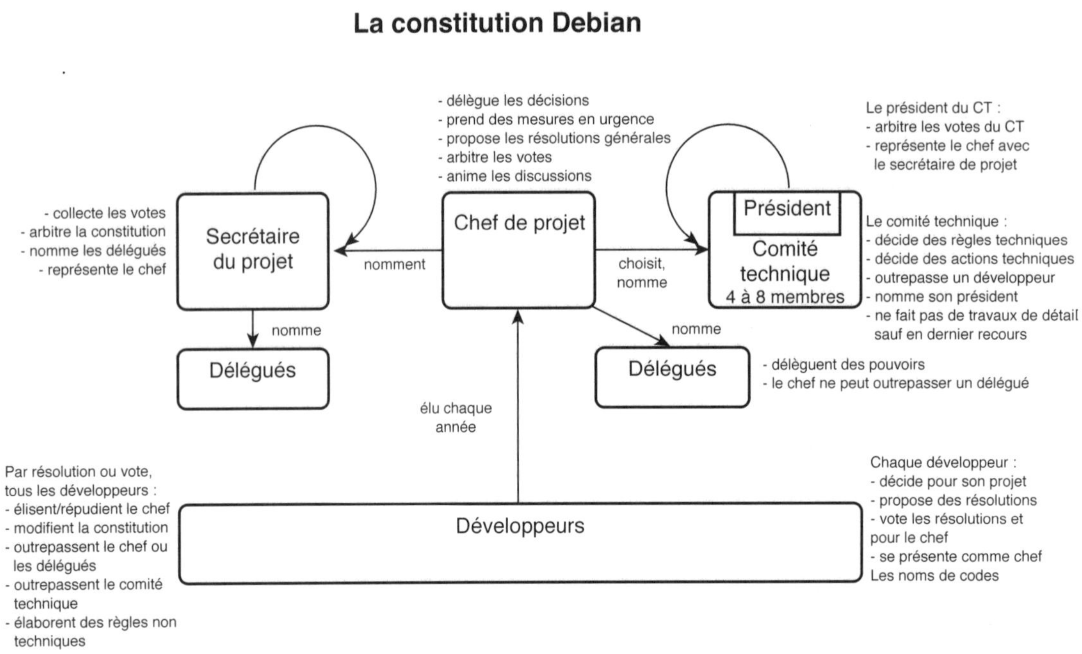

Figure 1.3

Organigramme de l'équipe du projet Debian.

Les noms de codes

Nous avons vu plus haut que les noms de codes des différentes versions de Debian étaient issus du film *Toy Story*, de la société Pixar. Voici les noms de personnages qui ont été utilisés jusqu'à présent :

- **Buzz** : Buzz Lightyear, l'astronaute ;
- **Rex** : le dinosaure ;
- **Bo** : Bo Peep, la petite bergère ;
- **Hamm** : le petit cochon ;
- **Slink :** Slinky Dog, le chien jouet ;

- **Potato :** Monsieur tête de patate, la pomme de terre ;
- **Woody :** le cow-boy ;
- **Sarge :** le soldat vert ;
- **Etch :** Etch-A-Sketch, la table à dessin.

Le personnage **Sid** est également utilisé (c'est le jeune garçon qui aime détruire les jouets), mais le nom **Sid** est réservé à la version en cours de développement, car **SID** est également l'acronyme de *Still In Development*.

A l'époque où le mécanisme SID n'existait pas encore, les archives Debian ne comprenaient qu'une seule branche pour tous les paquets non finalisés. Il était prévu alors que tous les paquets provenant de cette branche restent diffusables jusqu'à la sortie de la prochaine version stable. Mais ce n'était pas le cas dans de nombreuses architectures, ce qui provoquait des déplacements du contenu des répertoires pendant la mise à disposition. Cela avait un impact très négatif sur la bande passante lors des accès aux serveurs.

Les administrateurs des serveurs Debian ont trouvé, voici quelques années, la solution : les paquets pour les architectures qui ne sont pas encore disponibles sont stockés dans un répertoire spécial appelé *sid*. Pour chaque architecture de processeur qui devenait disponible, un lien était créé entre la version actuelle dans *stable/* et le contenu de *sid/* ; par la suite, elles étaient rendues disponibles comme d'habitude dans *unstable/*. Mais ce procédé était assez complexe à comprendre pour les utilisateurs.

Avec l'apparition du réservoir de paquets *packet-pool* lors du développement de la distribution Woody, tous les paquets binaires ont été réunis dans le Pool, indépendamment de la distribution. Cela permet de réduire la consommation de bande passante réseau sur les serveurs lors de la mise à disposition d'une nouvelle distribution.

Debian pour tous !

Debian GNU/Linux est à double titre un système d'exploitation universel.

Tout d'abord, sa gratuité totale le rend financièrement accessible à tous, et permet à tout individu, de Wall Street à Banda Aceh, de disposer d'un système d'exploitation complet réunissant des centaines de programmes. Des versions sur CD sont disponibles pour une poignée d'euros. Généralement, les distributions Debian GNU/Linux sur CD sont encore moins chères que les autres distributions, mais cela ne signifie pas que Debian GNU/Linux soit moins intéressant. Tout simplement, il n'y a derrière Debian aucune des contraintes de rentabilité que rencontre une entreprise. La copie des CD par les amis et les connaissances est tout à fait autorisée, et même encouragée ! La licence permet d'installer le même exemplaire de Debian GNU/Linux sur un nombre de machines illimité.

Debian GNU/Linux est également quasi universel au niveau de l'architecture matérielle. Vous pourrez installer Debian sur pratiquement toutes les machines que vous rencontrerez. Debian fonctionne évidemment sur les ordinateurs les plus répandus actuellement, qui sont basés sur l'architecture x86 (processeurs Intel, AMD, Cyrix, etc.). Il fonctionne également sur PowerPC (Apple PowerMac, IBM RS/6000), sur Sun SPARC et UltraSPARC, sur les stations DEC Alpha et même sur des machines plus anciennes basées sur un processeur Motorola de la famille 68000 (Amiga, Atari et anciens Macintosh) ! Dans ce dernier cas de figure, il faut disposer au minimum d'un processeur 68020 avec un circuit de gestion mémoire MMU, ce qui est le cas par exemple des Amiga 3000/4000 et du Macintosh SE/30.

A l'heure actuelle, voici les architectures matérielles sur lesquelles vous pouvez installer Debian GNU/Linux :

- **Intel x86** ("i386", *http://www.debian.org/ports*) : première architecture prévue pour Debian GNU/Linux.
- **IA-64** ("ia64", *http://www.debian.org/ports/ia64*) : architecture 64 bits d'Intel, un portage assez récent.
- **DEC Alpha** ("alpha", *http://www.debian.org/ports/alpha*) : la première version est apparue avec Debian 2.1. C'est un portage assez stable car un des plus anciens.
- **ARM** ("arm", *http://www.debian.org/ports/arm*) : portage récent apparu avec la version Potato. Suscité par l'intéressante machine NetWinder de Corel.
- **Motorola m68k** ("m68k", *http://www.debian.org/ports/m68k*) : apparu avec la Version 2.0. Portage le plus fiable après celui pour Intel x86. Le portage m68k fonctionne sur des machines très diverses, toutes basées sur la famille de processeurs 68000, et notamment les stations Sun3, les anciens Macintosh, les Atari et Amiga.
- **MIPS** ("mips", *http://www.debian.org/ports/mips*) : portage assez récent destiné aux stations de travail graphique SGI (debian-mips – big-endian) et Digital DECstations (debian-mipsel – little-endian).
- **HP PA-RISC** ("hppa", *http://www.debian.org/ports/hppa*) : portage destiné aux processeurs PA-RISC venant de débuter. Pour plus de détails, voyez la page *http://parisc-linux.org*.

- **Motorola/IBM PowerPC** ("powerpc", *http://www.debian.org/ports/powerpc*) : portage apparu avec la Debian 2.2 (Potato). Permet d'utiliser Debian sur de nombreuses machines telles que les Macintosh/PowerMac, les calculateurs CHRP et PReP et quelques machines d'IBM RS/6000.
- **Sun SPARC** ("sparc", *http://www.debian.org/ports/sparc*) : portage apparu avec la Debian 2.1. Permet d'utiliser les stations SPARCstation et certaines des machines de la série Sun4.
- **Sun UltraSPARC** ("sparc64", *http://www.debian.org/ports/sparc64*) : portage en cours pour la famille de stations de travail Sun UltraSPARC (sun4u). Ces processeurs 64 bits sont compatibles avec leurs prédécesseurs. Cela permettra au portage UltraSPARC d'exécuter les fichiers binaires Sparc.
- **S/390** ("s390", *http://www.debian.org/ports/s390*) : portage de Debian GNU/Linux vers les super-calculateurs à architecture S/390 d'IBM. Ce portage vient de commencer.

Il existe en outre des variantes du système Debian GNU consistant à remplacer le noyau Linux par un autre :

- **Debian GNU/Hurd** (" hurd-i386", *http://www.debian.org/ports/hurd*) : GNU Hurd tire profit du noyau du projet GNU et permet de constituer un système d'exploitation Unix complet. Le projet est actuellement conçu pour l'architecture i386. La seule différence est que le noyau HURD remplace le noyau Linux.
- **Debian GNU/NetBSD** (*http://www.debian.org/ports/netbsd*) : il s'agit d'un portage du système Debian avec **dpkg**, **apt** et les logiciels GNU pour le noyau NetBSD. A l'heure actuelle, le portage n'en est qu'à ses débuts. Cependant, NetBSD étant un noyau destiné à une utilisation intensive en production, la disponibilité de Debian GNU/NetBSD devrait s'accélérer. Pour le moment, Debian GNU/NetBSD est réservé aux machines Intel x86, mais le support des machines basées sur les processeurs Alpha a commencé.
- **Debian GNU/FreeBSD** (*http://www.debian.org/ports/freebsd*) : il existe pour l'instant deux tentatives pour créer une distribution Debian s'articulant autour du noyau FreeBSD. Les deux sont encore à un stade préliminaire et il n'est pas possible de savoir laquelle deviendra la version officielle Debian GNU/FreeBSD. Pour en savoir plus, reportez-vous aux pages de ces deux projets :
  - *http://www.debian.org/ports/freebsd/gnu-libc-based* : cette version Debian GNU/kFreeBSD exploite la librairie de fonctions GNU-C (**glibc**). Le projet a déjà réussi à diffuser un CD Live qui permet de réaliser les premiers essais

(*http://people.debian.org/~rmh/livecd*). Les instructions d'installation complètes sont à l'adresse *http://glibcbsd.alioth.debian.org/kfreebsd/install.html*.

– *http://www.debian.org/ports/freebsd/bsd-libc-based* : cette variante Debian GNU/FreeBSD exploite la librairie de fonctions BSD C (**libc5**).

- **Debian GNU/MiNT** (*http://debian-mint.nocrew.org*) : il s'agit d'un portage expérimental de Debian avec le noyau MiNT, un noyau Unix destiné aux ordinateurs Atari-m68k.

- **Debian Beowulf** (*http://www.debian.org/ports/beowulf*) : il ne s'agit pas véritablement d'un portage, mais d'une architecture pour exploiter des traitements parallèles intensifs à des fins de recherche fondamentale. Le but est de pouvoir employer Debian sur des grappes de calculateurs (Beowulf-cluster).

D'une architecture à l'autre, la procédure d'installation varie peu. Vous noterez une différence au démarrage du noyau Linux et au moment de la mise en place du chargeur d'amorce Bootloader.

Une fois que le programme d'installation de Debian GNU/Linux a démarré, la suite de l'installation reste la même, quelle que soit l'architecture.

Certains détails divergent, ce qui est normal en raison du matériel différent, mais c'est également le cas dans différentes configurations toutes basées sur le processeur i386. Il y a par exemple plusieurs types de souris pour les processeurs i386. Certaines se connectent sur le port série, d'autres sur le port PS/2, d'autres encore sur le port USB. Sur Macintosh (m68k ou PowerPC), la souris se connecte à un port ADB, et le fichier de périphérique correspondant se nomme dans ce cas */dev/adbmouse*.

Autrement dit, si votre machine n'est pas basée sur un processeur i386, ne refermez pas ce livre et ne vous découragez pas : vous pouvez installer Debian GNU/Linux.

Debian GNU/Linux est totalement en accord avec l'esprit des logiciels libres. Si vous avez besoin d'un système uniquement constitué de logiciels libres, sachez que l'équipe Debian en a préparé un pour vous. Tous les programmes du domaine *main* ont été vérifiés par les responsables des différents paquets par rapport à la licence par laquelle ils sont protégés. Aucun des paquets de ce domaine n'est limité dans son utilisation ou dans sa diffusion. Tous ces programmes peuvent par exemple être utilisés pour des manipulations génétiques, et cela dans tous les pays du monde. Vous pouvez avoir votre avis sur les manipulations génétiques, mais les licences de ces logiciels ne posent *a priori* aucune contrainte.

Les avantages de Debian

La distribution Debian est réputée pour être de grande qualité. Les administrateurs qui travaillent déjà avec Debian savent profiter de ces avantages. Malgré cette réputation établie, le débat continue quant aux raisons pour lesquelles cette distribution serait meilleure que les distributions du commerce. Des questions se posent notamment lors de choix stratégiques, quand il s'agit de basculer un grand nombre d'ordinateurs d'un système à un autre. Les arguments qui suivent pourront vous servir.

Vous trouverez les avantages de la distribution Debian, rassemblés par son équipe, à la page : *http://www.debian.org/intro/why_debian*.

- **La maintenance est réalisée par les utilisateurs :** tout le système Debian a été conçu par ses utilisateurs. Ils sont plusieurs centaines à gérer chacun un ou plusieurs paquets qu'ils intègrent ensuite eux-mêmes. Il en résulte une grande vigilance au niveau des possibilités fonctionnelles et d'intégration des différents paquets. Si un problème se présente malgré tout, le concepteur est immanquablement concerné et cherche à résoudre celui-ci au plus vite.

- **Priorité à la fiabilité** : Debian est assez conservateur au niveau des choix des composants. Il est plus important de maintenir le bon fonctionnement global du système que de rechercher le confort à tout prix. Ainsi, c'est la version 2.2.x du noyau qui est encore utilisée dans Debian 3.0. L'intégration de la version 2.4.x du noyau Linux a été repoussée, car l'équipe a considéré que cette nouvelle version n'était pas encore suffisamment mûre et que le noyau 2.2 contenait toutes les fonctions dont ils avaient besoin. Des paquets dotés du noyau 2.4 ont bien sûr été mis à disposition, et peuvent être installés au besoin.

- **Longs cycles de mises à jour :** la durée de vie d'une version Debian est de l'ordre d'un an. La version Potato 2.2 a même vécu dix-huit mois. Cela permet de mieux rentabiliser les efforts consacrés à la configuration. Il n'en découle pas que les versions deviennent obsolètes : des mises à jour de logiciels sont disponibles en permanence et l'installation en est très simple.

- **Sécurité :** dans Debian, la sécurité est essentielle. La plus grande partie des problèmes détectés par l'équipe sont corrigés en moins de 48 heures.

  L'expérience a montré que la sécurité par la dissimulation (en anglais, "*security through obscurity*") n'était pas une bonne solution. En donnant accès aux sources et en annonçant les problèmes, les solutions aux failles de sécurité sont trouvées plus facilement. La page Web *http://www.debian.org/security* montre en permanence le statut de Debian par rapport aux failles de sécurité les plus répandues, car certaines peuvent également affecter Debian.

Pour obtenir les plus récentes alertes de sécurité Debian, vous disposez de la liste de diffusion **debian-security-announce** (*http://www.debian.org/MailingLists/subscribe#debiansecurity-announce*). Chaque alerte indique pour quelle version de Debian les paquets mis à jour sont disponibles, où vous pouvez télécharger ces paquets et comment vous pouvez les installer.

Si vous avez détecté une faille de sécurité dans un paquet Debian ou dans un programme livré avec Debian, vous pouvez en faire part à l'adresse **security@debian.org**. (Les développeurs Debian utilisent les listes de diffusion **debian-security** et **debian-security-private** pour informer les membres de l'équipe de sécurité des problèmes survenus dans leurs paquets).

- **Installation simple :** une rumeur tenace prétend qu'installer un système Debian GNU est difficile. Ceux qui propagent cette rumeur n'ont certainement jamais essayé d'en installer une version récente. En effet, l'installation est de plus en plus simple. Vous pouvez la lancer depuis le DOS, en démarrant depuis un CD ou *via* le réseau. Parce que l'installateur cherche toujours le plus petit dénominateur commun, on est assuré de pouvoir installer Debian sur tous les matériels et processeurs supportés.

- **Possibilités de mises à jour :** tout système Debian GNU peut être mis à jour, par exemple de la version 2.2 à la 3.0, de différentes manières. Vous pouvez vous servir des CD-ROM ou du réseau en vous connectant à un serveur. Il n'est pas nécessaire de redémarrer le système. Vous pouvez même effectuer les mises à jour avec un grand écart, par exemple de la 1.3 vers la 3.0, grâce à un outil de gestion de paquets sophistiqué. Dans un environnement commercial, ce n'est pas un mince avantage car cela garantit que les systèmes peuvent être mis à jour en limitant la durée d'indisponibilité.

  La comparaison avec d'autres distributions a montré que c'était un avantage majeur de Debian.

- **Disponibilité :** Debian n'est pas fourni que sur CD-ROM. Vous disposez de plus de 150 serveurs FTP dans le monde : il y en a toujours un dans votre zone géographique. Vous en trouverez la liste à la page *http://www.debian.org/misc/README.mirrors*.

- **Architectures :** comme nous l'avons vu dans la section précédente, Debian supporte un très grand nombre d'architectures matérielles et permet même d'utiliser un autre noyau que Linux.

  Les administrateurs des réseaux hétérogènes (regroupant des machines différentes) en tirent un grand avantage. En exploitant le même système d'exploitation sur toutes les machines, ils bénéficient d'une homogénéité de leurs interfaces, ce qui simplifie la maintenance.

- **Grand choix de logiciels :** Debian propose plusieurs milliers de paquets logiciels, qui sont tous des logiciels libres. Lorsque des logiciels propriétaires apparaissent sous Linux, ils peuvent malgré tout être utilisés. Il peut même arriver que Debian prévoie une routine d'installation pour installer certains logiciels propriétaires et les configurer.

- **Distinction claire avec les logiciels non libres :** Debian privilégie les logiciels véritablement libres. Vous pouvez être certain que votre système ne contient que des logiciels libres si vous n'installez que ceux du domaine *main*. Autrement dit, lorsque vous utilisez un tel système dans un environnement commercial ou chez vos clients, vous n'avez pas à vous préoccuper des licences d'utilisation.

  Vous pouvez cependant exploiter des logiciels non libres, en allant chercher dans le domaine intitulé *non-free*.

- **Intégration :** tous les paquets Debian sont finement intégrés au système global. Les programmes et les outils produisent de ce fait un système cohérent et bien organisé.

  Cette cohérence est rendue possible par un contrôle très précis des dépendances entre paquets. Par exemple, le système de menus (qui propose les principaux programmes dans des menus déroulants) est le même pour les différents gestionnaires d'environnements fenêtrés, la documentation des paquets est disponible en ligne de commande et *via* le Web, et différentes versions d'un même programme sont supportées (par exemple, plusieurs versions de l'éditeur Vim). Tous ces éléments rendent Debian unique.

  Lorsque vous installez un paquet, tous les autres paquets qui doivent être installés pour que celui choisi fonctionne sont automatiquement sélectionnés. Autrement dit, il n'existe pas sous Debian de paquets qui ne fonctionne pas une fois installé.

L'implémentation complète des scripts *SysV-Bootscripts* simplifie l'administration et aide à détecter les problèmes. Les mises à jour sont également simplifiées, même si vous avez modifié les scripts.

Vous pouvez même recourir à **update-rc.d** et **rc** afin de remplacer les scripts *SysV-Initscripts* par les vôtres.

- **Code source :** le code source de tous les paquets de la distribution est disponible. En effet, la distribution est libre, selon les règles des logiciels libres Debian présentées au Chapitre 15. Il en découle que tous les programmes peuvent être améliorés puis rediffusés.

  Le code source des paquets et les modifications réalisées par l'équipe Debian sont placés dans des fichiers différents. Cela permet de ne pas fournir tout le code source pour produire un nouveau paquet Debian. Ce mécanisme est particulièrement intéressant pour les paquets volumineux (emacs, XFree86, gcc, etc.).

- **Qualité supérieure :** les responsables des paquets sont personnellement concernés par leur qualité. La plupart des responsables se chargent de la maintenance de leurs paquets parce qu'ils s'en servent eux-mêmes. Cela aboutit à une grande qualité des paquets, qui sont gérés par des personnes très calées techniquement et très motivées. Rien d'étonnant à ce qu'il en résulte une distribution haut de gamme.

- **Préconfiguration :** chacun des paquets Debian est accompagné d'une configuration par défaut qui permet d'exploiter immédiatement le paquet après son installation. Vous pouvez bien sûr modifier la configuration ensuite. Notez que les modifications sont préservées lors des mises à jour.

- **Base de données des bogues :** le système de suivi des bogues permet de gérer tous les défauts détectés dans la distribution Debian, et l'accès à cette base est libre. En général, les bogues sont corrigés en quelques jours.

  Il n'y a aucune tentative de dissimulation des défauts. L'équipe Debian reconnaît que les logiciels ne fonctionnent pas toujours comme prévu. Les utilisateurs sont invités à transmettre des rapports de bogues et sont tenus informés de la résolution des défauts. C'est ce qui permet à l'équipe Debian de réagir très vite et en toute honnêteté aux problèmes. Comme nous l'avons dit plus haut, dissimuler n'est pas la solution la plus efficace pour corriger les problèmes, notamment de sécurité.

- **Assurance qualité :** le projet Debian préfère privilégier la qualité et la stabilité plutôt que de s'empresser à sortir des nouveautés. Lorsqu'une nouvelle version Debian apparaît, tous les gros défauts ont été corrigés et une phase de test soutenue a été réalisée.

  La totalité de la distribution est testée dès le début par les développeurs et par les utilisateurs intéressés. L'intégralité de la version de développement est disponible en permanence au téléchargement pendant son développement.

  Vous pouvez à tout moment connaître le statut des différents paquets par rapport aux problèmes détectés en vous rendant sur la page Web de l'assurance qualité Debian (*http://qa.debian.org*) et dans le Bug Tracking System (*http://bugs.debian.org*).

- **Administration à distance :** le système Debian GNU peut être totalement administré à distance, qu'il s'agisse de la configuration ou de la gestion des paquets.

  Cette caractéristique unique à Debian permet de mettre à jour un système à distance sans en demander le redémarrage. Seuls les services en cours de mise à jour sont éventuellement indisponibles pendant quelques minutes.

- **Journal système (syslog) :** les journaux d'activité des programmes sous Debian s'appuient sur une structure unifiée. Le répertoire */var/log/* contient les fichiers des journaux de tous les programmes, généralement dans des sous-répertoires. Cette approche permet de trouver aisément les fichiers en un endroit bien défini du système de fichiers.

- **Support technique :** Debian ne gère aucune équipe de support technique dans un quelconque centre d'appel sous les tropiques. Dans la pratique, il s'avère que cela ne pose aucun problème, les réponses dans les listes de diffusion étant réglées en l'espace de quelques heures.

  La responsabilité du support est ainsi à la charge de la communauté des utilisateurs de Debian et n'est pas laissée à une structure extérieure.

  Lorsque vous postez une question sur une liste de diffusion, il arrive souvent que vous receviez la réponse dans le quart d'heure qui suit, gratuitement et de la part d'un développeur chevronné.

  Il faut cependant toujours se souvenir que les développeurs Debian font cet effort parce qu'ils sont satisfaits de disposer d'un système de bonne qualité. Il ne s'agit pas pour eux d'une obligation morale. L'expérience montre qu'il ne faut jamais attendre longtemps pour obtenir une réponse si la question a été formulée de façon intelligente et précise.

Etendue de la distribution Debian

Au niveau du volume que représente la distribution, Debian est parmi les premières. Il ne s'agit pas que du nombre de paquets logiciels, mais surtout du nombre de lignes de code que représentent ces paquets. Un groupe espagnol d'utilisateurs de Debian a pris la peine de réunir des données correspondant à la version Potato. Elles ont été publiées dans différents magazines, mais sont également disponibles dans cette page : *http://people.debian.org/~jgb/debian-counting*. On y apprend que la version Potato réunissait plus de 55 millions de lignes de code source (soit environ le double de la version Red Hat Linux de la même époque).

Concours Debian Popularity Contest

Ce concours de popularité permet de savoir quels sont les paquets logiciels des systèmes Debian qui sont le plus utilisés. Le grand nombre de paquets qui se chevauchent en partie au niveau fonctionnel rend difficile la détection du paquet le plus approprié à chaque problème. Il est dans ce cas utile de savoir quel est le paquet que la plupart des autres utilisateurs de Debian ont adopté. On peut alors en déduire que ce paquet sera probablement la bonne solution à notre problème.

Pour que chaque système puisse participer à ce concours, il faut y installer le paquet de sondage **popularity-contest**. Les résultats sont transmis à un serveur centralisé (*http://popcon. debian.org*). Les données sont triées selon l'architecture matérielle (pour les versions antérieures à Woody).

Le script de sondage collecte de nombreuses informations et les envoie (automatiquement sur demande) par message au serveur Debian. Le même script permet également de détecter les programmes qui n'ont jamais été utilisés ou pas depuis longtemps. Il suffit d'utiliser la commande suivante :

```
popularity-contest | grep '<OLD>'
```

Le résultat n'est pas fiable à 100 %, car il n'est par exemple pas possible pour les librairies de savoir quand une de leurs fonctions a été appelée pour la dernière fois. Mais cela donne une bonne appréciation générale.

Distributions dérivées de Debian GNU

Debian GNU/Linux sert de point de départ à un grand nombre de distributions dites dérivées. Ces distributions enrichissent Debian sur certains points précis, par exemple au niveau de l'installation ou du nombre de paquets. Certaines distributions sont configurées pour une utilisation dans un domaine spécifique.

Pour rester dans l'esprit du logiciel libre, les concepteurs de ces distributions dérivées renvoient dans le circuit libre tout ou partie de leurs propres programmes. Certains des programmes sont même ensuite réintégrés dans la distribution Debian GNU/Linux.

Les concepteurs de ces distributions sont souvent amenés à détecter des erreurs dans les logiciels ou dans les paquets Debian. Ils en avertissent l'équipe Debian ou corrigent eux-mêmes les problèmes, ce qui bénéficie au projet Debian.

Voici une liste non exhaustive de distributions dérivée de Debian GNU/Linux :

- **AGNULA (The AGNULA project)** *http://www.agnula.org*
- **ALT Linux (ALT Linux Team)** *http://www.altlinux.org*
- **Adamantix (Adamantix Project)** *http://www.trusteddebian.org*
- **BlackRhino Linux (xRhino)** *http://blackrhino.xrhino.com/*
- **Bluewall (Luis Araujo)** *http://www.bluewall.za.net*
- **Damn Small Linux (John Andrews)** *http://www.damnsmalllinux.org*
- **floppyfw (Zelow Consulting)** *http://www.zelow.no/floppyfw/*
- **FREEDUC (FREEDUC Project)** *http://www.ofset.org/freeduc-cd/*
- **Flonix (Flonix project)** *http://linuxdocs.tuxfamily.org/flonix/index.php*
- **Gibraltar (ViaNova)** *http://www.gibraltar.at*
- **Guadalinex (Junta de Andalucia)** *http://www.guadalinex.org*
- **Hiweed-Debian GNU/Linux (Hiweed-Debian GNU/Linux Project)** *http://linux .hiweed.com*
- **ION (Element Computer)** *http://www.elementcomputer.com*
- **KNOPPIX (Knopper.net)** *http://www.knopper.net/knoppix/index-en.html*
- **Kalango Linux (Kalango Project)** *http://www.kalango.org*
- **Kurumin (Carlos E. Morimoto)** *http://www.kurumin.org*
- **LinEx (Junta de Extremadura)** *http://www.linex.org*
- **Linspire (Lindows.com, Inc.)** *http://www.linspire.com/*

- **Linux by LibraNet (Libranet)** *http://www.libranet.com/*
- **MEPIS Linux (MEPIS LLC)** *http://www.mepis.org/book/view/1*
- **MNIS/RTLinux et MNIS/SXLinux (MNIS)** http://www.mnis.fr
- **Morphix (Morphix Project)** *http://morphix.sourceforge.net*
- **Morphix-NLP (Zhang Le)** *http://www.nlplab.cn/zhangle/morphix-nlp*
- **Munjoy Linux (David Chester)** *http://www.munjoylinux.org*
- **PROSA Debian (PROSA)** *http://www.prosa.it*
- **Progeny Debian (Progeny Linux Systems)** *http://www.progeny.com*
- **Quantian (Dirk Eddelbuettel)** *http://dirk.eddelbuettel.com/quantian.html*
- **Skolelinux (Skolelinux Project)** *http://developer.skolelinux.no/index.html.en*
- **TelemetryBox (FoundryOne Corporation)** *http://www.telemetrybox.org*
- **UHU-Linux (UHU-Linux project)** *http://www.uhulinux.hu*
- **Ubuntu Linux (Canonical Ltd.)** *http://www.ubuntulinux.org*
- **UserLinux (UserLinux Organization)** *http://userlinux.com*
- **Xandros (Xandros Corporation)** *http://www.xandros.com*
- **2-Disk Xwindow Linux (Mungkie Associates Inc.)** *http://www.thepub.nildram.co.uk/mirrors/2diskxwin/2diskXwin.htm*

Le logo Debian GNU

Il existe deux versions du logo Debian : une version officielle et une version sans contraintes d'utilisation. Cette dernière est à employer dès que vous avez besoin de faire référence au projet Debian sans en être officiellement partie prenante. En général, prévoyez un lien vers le site Web de Debian.

En revanche, le logo officiel ne doit être utilisé que pour des produits qui ont été réalisés avec une procédure documentée, par exemple les CD-ROM officiels de Debian, ou lorsqu'une autorisation spécifique a été donnée par l'équipe du projet.

Figure 1.4

Logo Debian à utilisation sans contrainte.

Figure 1.5

Le logo officiel de Debian.

Vous trouverez les deux logos sous différents formats dans la page *http://www.debian.org/logos*.

Le logo Debian est également disponible au format texte ASCII. Cette variante permet par exemple de remplacer le contenu du fichier */etc/issue*. Vous trouverez même des versions texte en couleurs aux deux adresses *http://people.debian.org/~arthur/debian-issue.sh* et *http://people.debian.org/~jaqque/debian-issue.sh*.

Voici un exemple de ce logo en version texte :

```
        _,met$$$$$gg.
     ,g$$$$$$$$$$$$$$$P.
   ,g$$P""       """Y$$.".
  ,$$P'              `$$$.
',$$P       ,ggs.     `$$b:
`d$$'     ,$P"'   .    $$$
 $$P      d$'     ,    $$P
 $$:      $$.   -    ,d$$'
 $$;      Y$b._   _,d$P'         _,           _,      ,'`.
 Y$$.    `.`"Y$$$$P"'          `$$'         `$$'     `.  ,'
 `$$b      "-.__                $$           $$        `'
  `Y$$b                         $$           $$          _,           _
   `Y$$.                  ,d$$$g$$  ,d$$$b.  $$,d$$$b.`$$' g$$$$$b.`$$,d$$b.
     `$$b.               ,$P'  `$$ ,$P' `Y$. $$$'  `$$ $$  "'   `$$ $$$' `$$
       `Y$$b.            $$'    $$ $$'   `$$ $$'    $$ $$  ,ggggg$$ $$'   $$
         `"Y$b._         $$     $$ $$ggggg$$ $$     $$ $$ ,$P"   $$ $$    $$
             `""""       $$    ,$$ $$.       $$    ,$P $$ $$'   ,$$ $$    $$
                         `$g. ,$$$ `$$._ _., $$ _,g$P' $$ `$b. ,$$$ $$    $$
                           Y$$P'$$. `Y$$$$P',$$$$P"'  ,$$. `Y$$P'$$.$$.  ,$$
```

Debian GNU/Hurd

GNU Hurd est un noyau de système d'exploitation Unix conçu par l'équipe du projet GNU (*http://www.gnu.org/software/hurd/gnumach.html*). Hurd se distingue fondamentalement des noyaux monolithiques tels que Linux, car Hurd est un micro-noyau entouré d'un ensemble de modules appelés *serveurs*.

Il est possible, avec le noyau Linux, d'externaliser un grand nombre de fonctions sous forme de modules extérieurs au noyau, pour diminuer la taille de ce dernier. Cependant, le noyau Linux n'a pas été conçu dès le départ en tant que noyau modulaire, ce qui limite les possibilités. Par exemple, si un pilote de disque dur SCSI est en défaut, il peut entraîner des perturbations au niveau du système, ce qui n'est pas le cas d'un micro-noyau.

Certains développeurs Debian ont décidé depuis quelques mois d'aider au développement du noyau Hurd en convertissant des paquets logiciels pour ce noyau et en les mettant à disposition sur Internet. Tous les outils pour gérer ces nouveaux paquets sont rendus disponibles.

L'installation de Debian GNU/Hurd est déjà possible, au moyen des images de CD téléchargeables. Pour l'instant, il est nécessaire de disposer également des disquettes d'amorçage de Debian GNU/Linux-i386. Autrement dit, pour installer Hurd, il faut d'abord installer un noyau Linux. Les images CD permettent le démarrage et sont adaptées à l'installation de Debian GNU/Hurd.

Debian GNU/Hurd est donc un système Debian GNU dans lequel le noyau Hurd remplace le noyau Linux. Au niveau de l'administration du noyau, l'installation et la maintenance sont exactement les mêmes que sous Debian GNU/Linux. Pour l'instant, Hurd ne fonctionne que sur les infrastructures Intel i386, mais des portages vers d'autres plates-formes sont en cours.

Logiciels libres et open source

Debian GNU/Linux est un logiciel libre, que l'on appelle également logiciel *open source* (sources accessibles ou ouverts). Vous pouvez vous demander pourquoi il est nécessaire de payer pour obtenir Debian GNU/Linux.

Rappelons que "libre" ne signifie pas obligatoirement "gratuit". Vous pouvez très bien vous faire prêter une série de CD Debian GNU/Linux et les installer en toute légalité. Cependant, la notion de logiciel libre, n'a aucun rapport (surtout en anglais) avec le fait qu'il soit gratuit ou pas. Le prix que vous avez à payer pour une distribution Debian GNU/Linux sur CD comprend les coûts de préparation (téléchargement, compilation, vérification), de production (pressage, pochette) et de commercialisation. Vous pouvez installer votre exemplaire de Debian GNU/Linux sur autant de machines que vous le souhaitez. Aucun coût de licence n'est à prévoir. Vous pouvez prêter ou même donner vos CD de Debian GNU/Linux à vos amis et à vos collègues et les installer aussi bien à la maison que dans votre entreprise. Vous n'aurez rien de plus à payer et serez en parfaite légalité.

Vous pouvez bien sûr également télécharger Debian GNU/Linux depuis Internet, en vous connectant à l'un des nombreux serveurs FTP. Ceux qui utilisent une connexion Internet limitée en volume et en temps doivent cependant se méfier du volume important que cela représente. Dans ce cas, un jeu de CD peut être plus économique.

Pour chaque paquet logiciel de Debian GNU/Linux, les serveurs FTP incluent un répertoire appelé *source/* qui contient les fichiers du code source du programme. Ces fichiers sont disponibles en accès libre, et chacun peut prendre part à l'évolution du logiciel.

C'est un des points forts de l'esprit du logiciel libre et open source que de permettre de modifier le code source et de réinjecter les modifications et améliorations auprès des programmeurs de la version d'origine. Notez cependant que tous les programmes qui se prétendent "open source" ne satisfont pas aux critères correspondants. Il ne s'agit pas en effet seulement de permettre de lire le code source, mais de permettre aussi de le modifier et de rendre la version modifiée disponible, y compris de réinjecter les améliorations dans la base du code source d'origine.

Un troisième point important concernant les logiciels libres est lié au fait qu'ils doivent rester accessibles à tous en permanence. Cette précaution évite au projet de logiciel libre d'être "kidnappé" par une personne qui déclarerait par exemple que la version modifiée lui appartient et qu'elle a décidé de la commercialiser sans le code source. Pour que ce genre de détournement soit possible, il faudrait que le programme soit régi par une licence restrictive, ce qui est interdit.

INFO

Autres sources d'information

Le site *http://www.logiciellibre.net* donne des informations permettant de répondre aux questions suivantes : qu'est-ce qu'une licence de logiciel ? Comment distinguer les différentes licences ? Qu'est-ce que le copyleft ? Que peut faire l'utilisateur ? Que peut faire le développeur ?

Sur le site de la FSF Europe (*http://fsfeurope.org/documents*), il est expliqué pourquoi il faut privilégier le terme "logiciel libre" au terme "open source".

Un logiciel libre se caractérise par le fait que l'utilisation de ce logiciel est véritablement libre. Vous pouvez l'employer pour n'importe quel usage : à la maison, au bureau, pour des raisons commerciales, pour des raisons ludiques, pour produire des films ou pour étudier des armes. Ce dernier point peut vous étonner, mais personne ne doit restreindre les domaines d'utilisation des logiciels libres.

Il existe plusieurs licences de logiciels libres, certaines étant plus libres que d'autres. Lorsque vous avez besoin d'un programme spécifique pour l'utiliser dans un domaine spécifique (commercial, par exemple), prenez toujours le temps de lire les conditions de la licence. Vous trouverez les textes des licences dans le répertoire */usr/doc/* ou bien */usr/share/doc*.

Au cours des années 1980, Richard Stallman avait formulé les quatre libertés fondamentales des logiciels libres :

Liberté 1. La liberté d'utiliser un programme pour n'importe quel besoin.

Liberté 2. La liberté de pouvoir étudier comment fonctionne un programme et de modifier son fonctionnement pour l'adapter à ses propres besoins.

Liberté 3. La liberté d'effectuer autant de copies que nécessaire pour les destiner à d'autres personnes.

Liberté 4. La liberté d'améliorer le programme et de rendre ces améliorations libres à tous.

L'initiative OSI (*Open Source Initiative*)

OSI est une organisation à but non lucratif dont l'objectif est de structurer et de promouvoir la définition de logiciels à sources ouverts Open Source, pour régir les logiciels destinés à tous.

Figure 1.6
Le logo d'OSI.

Vous trouverez des informations sur l'organisation d'OSI ainsi que le texte des différentes licences pour les logiciels open source sur la page Web d'Open Source (*http://opensource.org*).

La définition d'un logiciel *open source* utilisée par OSI est inspirée par la première version de Bruce Perens, dans le document intitulé *Debian Free Software Guidelines* (DFSG) que nous avons mentionné plus haut. Les règles DFSG ont été édictées en juin 1997, après un mois de débats par messagerie. Bruce a ensuite supprimé les passages spécifiques à Debian, afin d'obtenir la première version du document "Open Source Definition".

Historique d'OSI

La préhistoire de l'Initiative Open Source date de la grande époque du développement Unix, de l'apparition des premiers logiciels libres sur Internet et de la naissance de la culture "hacker" (dans le sens d'informaticien enthousiaste et non de pirate).

Le label "open source" est apparu dans le cadre d'une réunion qui s'est tenue le 3 février 1998 à Palo Alto, en Californie. Citons parmi les membres de cette réunion Todd Anderson, Chris Peterson (Foresight Institute), John ("maddog") et Larry Augustin (tous deux de Linux International), Sam Ockman (du Silicon Valley Linux User's Group) et Eric S. Raymond.

Cette réunion et les nombreuses discussions qui l'ont précédée et suivi sont nées en réaction à l'annonce par la société Netscape de la mise à disposition libre du code source de son navigateur. C'est ce projet qui est ensuite devenu le projet Mozilla. Eric S. Raymond a été prié par la société Netscape d'aider à organiser la mise à disposition du code source et à gérer les formalités juridiques correspondantes.

L'initiative OSI a été déclarée en tant qu'entreprise non commerciale ("California public benefit"). L'adresse à laquelle vous pouvez faire parvenir vos dons est la suivante :

```
Law Offices of Lawrence E. Rosen
702 Marshall St. Ste. 301
Redwood City, CA 94063
```

Définition des logiciels à sources ouverts ("open source softwares")

Version 1.9

Introduction

L'expression "open source" (source accessible ou ouvert) ne signifie pas seulement que vous avez un accès libre au code source du programme. Un logiciel open source doit satisfaire aux conditions de la licence, notamment en termes de rediffusion du logiciel. Les critères sont les suivants :

1. Libre rediffusion

La licence ne doit restreindre pour personne le droit d'intégrer le logiciel dans un paquet de logiciels, avec d'autres programmes provenant d'autres sources, pour les donner ou les vendre. Dans le cas d'une vente, la licence ne doit stipuler aucune redevance de licence ou autre.

2. Code source

Le programme doit être livré avec le code source. La rediffusion doit concerner aussi bien le code source que le code compilé. Lorsque le programme est fourni sans code source, une méthode simple doit être prévue pour permettre d'accéder à ce code source moyennant le simple coût de connexion pour le téléchargement depuis Internet. Le code source doit se présenter dans un format utilisable par un programmeur. Un code source volontairement obscur n'est pas acceptable. Les codes intermédiaires tels que ceux produits par les préprocesseurs de P-code ou les convertisseurs sont interdits.

3. Logiciels dérivés

La licence doit autoriser les modifications et les versions dérivées. Elle doit également autoriser les programmes ainsi produits à être diffusés dans les mêmes conditions de licence que le logiciel d'origine.

4. Intégrité du code source de l'auteur

La licence ne doit limiter les possibilités de retransmettre le code source modifié que si elle prévoit explicitement que seront disponibles les fichiers correctifs (*patchs*) qui permettent de modifier le programme en complément du code source d'origine. La licence doit autoriser explicitement la rediffusion des logiciels produits à partir du code source modifié. Cette licence peut indiquer que le programme dérivé porte un autre nom ou un autre numéro de version que le programme d'origine.

5. Aucune discrimination de personne ou de groupe

La licence ne doit interdire l'accès à personne.

6. Aucune limitation de domaine d'emploi

La licence ne doit interdire à personne d'utiliser le programme dans un domaine particulier. Le programme doit pouvoir être employé aussi bien dans une boutique que dans un laboratoire de recherche génétique.

7. Retransmission de la licence

Les droits liés à un programme doivent pouvoir être transmis à toutes les personnes qui prennent possession de ce programme, sans que ces personnes soient obligées de contracter une licence complémentaire.

8. La licence ne doit pas être limitée à l'existence d'un paquet de logiciels

Les droits concernant un programme ne doivent pas dépendre de la présence de ce programme dans le cadre d'un ensemble de logiciels (un paquet). Si le programme est extrait du paquet et s'il est utilisé dans le cadre de la licence applicable à ce programme ou s'il est retransmis, toutes les personnes qui prennent possession du programme ont tous les droits qui étaient en vigueur pour le paquet de logiciels d'origine.

9. La licence ne doit pas limiter la retransmission du logiciel avec d'autres

La licence ne doit pas imposer de limites par rapport à d'autres logiciels qui sont retransmis en même temps que le logiciel concerné par la licence. Par exemple, la licence ne peut pas obliger à ce que les programmes qui sont distribués sur le même support que le programme concerné soient eux aussi de type open source.

Copyleft et copyright

La manière la plus simple de diffuser un programme librement consiste à le verser au domaine public, sans aucune protection ni copyright. Cela permet à tout le monde de réutiliser le programme d'origine et de rediffuser des versions améliorées. Mais cela autorise également des personnes moins altruistes à faire entrer ce programme dans la sphère des logiciels fermés (logiciels propriétaires). Il est ainsi possible de modifier le programme et de commercialiser le résultat, et cela rompt la chaîne d'améliorations successives. En général, les logiciels propriétaires ne permettent pas de rediffuser le code source, ce qui empêche de faire progresser le logiciel grâce à l'effort commun.

Le projet GNU a pour objectif principal de donner à tous les utilisateurs la liberté de rediffuser les logiciels et de les améliorer. Voilà pourquoi les logiciels GNU ne font pas partie du domaine public. Ils sont régis par ce qui s'appelle un *copyleft*. Ce copyleft signifie que tous les logiciels (avec ou sans modifications) peuvent être rediffusés, et qu'à chaque fois qu'ils sont retransmis, les droits de modifier et de rediffuser le sont également. Le copyleft garantit donc la liberté que demandent les utilisateurs.

Pour placer un programme sous le régime du copyleft, il faut d'abord le placer sous un régime de copyright (de droits d'auteur). Dans un deuxième temps, des aménagements juridiques permettent de stipuler que toute personne doit pouvoir accéder au code source original ou à celui des versions modifiées et propager à son tour ce code source avant ou après l'avoir modifié. Cela n'est cependant possible que si les conditions de droit sont inchangées et s'appliquent de la même manière aux versions modifiées. C'est pour cette raison que la notion de copyleft a été considérée comme ayant un caractère de "propagation virale".

Les programmeurs qui créent des logiciels propriétaires se fondent sur la notion de droits d'auteur (copyright) pour limiter la liberté des utilisateurs. Les programmeurs qui créent des logiciels libres retournent ce droit pour garantir la liberté des utilisateurs. C'est pour cette raison que le terme *copyright* a été détourné pour donner naissance à celui de *copyleft*.

Le concept de copyleft est générique : concrètement, il peut être appliqué de différentes manières. Au niveau du projet GNU, les considérations juridiques concrètes sont réunies dans la licence intitulée GPL (*GNU General Public License*).

Il existe une version modifiée de cette licence, appelée LGPL (*GNU Lesser General Public License*). Elle s'applique à certaines des librairies de fonctions GNU (pas toutes). Par le passé, cette licence était intitulée *Library GPL*, mais le nom a été modifié parce qu'il incitait trop les gens à utiliser cette licence pour toute librairie créée en tant que logiciel libre.

Il existe également une licence pour les documentations, FDL ou GFDL. Elle est destinée aux documentations, aux manuels de formation et à tout document destiné aux utilisateurs. La licence garantit le maintien de l'autorisation de copier et de rediffuser les documents, avec ou sans modification, commercialement ou non.

La licence GPL a été conçue de façon à pouvoir être adaptée aisément aux programmes de chacun, à partir du moment où la personne possède les droits sur le programme. Il ne faut jamais modifier le texte de la licence GPL, mais vous pouvez ajouter des indications au niveau de votre programme pour renvoyer au texte de cette licence. En protégeant de nombreux programmes différents avec les mêmes considérations juridiques, il devient beaucoup plus simple d'échanger et de partager du code source entre les différents programmes. Il est alors inutile de se soucier de savoir si les conditions d'utilisation sont compatibles entre un programme et un autre. La variante appelée *Lesser GPL* contient un article qui autorise l'utilisation de la licence GPL normale en remplacement de LGPL. C'est ce qui permet d'utiliser dans tous les projets du code source régi par la licence GPL.

SPI (*Software in the Public Interest*)

SPI est une association à but non lucratif destinée à promouvoir les projets de logiciels conçus pour une diffusion en masse. Elle incite les programmeurs à adopter la licence GPL ou une licence dérivée afin de promouvoir la plus grande diffusion et la plus grande utilisation possible des logiciels. Parallèlement, SPI invite les concepteurs de matériels à rendre public l'accès à la documentation de leurs produits, afin de faciliter l'écriture de pilotes de périphérique pour ceux-ci.

SPI a été créée le 16 juin 1997 dans l'état de New York. Depuis lors, cette organisation chapeaute plusieurs projets communautaires. A l'heure actuelle, SPI soutient les projets suivants : Berlin, Debian, GNOME, LSB, Open Source et Open Hardware.

Si vous voulez faire un don à SPI ou la contacter par voie postale, utilisez l'adresse suivante :

`Software in the Public Interest, Inc. PO BOX 273 Tracy, CA 95378-0273 USA`

Visitez également le site de SPI à l'adresse *http://www.spi-inc.org*.

Comment et où se procurer Debian GNU/Linux ?

Vous pouvez vous procurer Debian de différentes manières, même si ce n'est pas la distribution la plus répandue dans la presse spécialisée.

Internet

La solution privilégiée consiste évidemment à recourir à l'un des serveurs FTP Debian. Le serveur FTP principal est à l'adresse suivante :

ftp://ftp.debian.org

Nous vous conseillons vivement d'utiliser un miroir proche géographiquement afin d'obtenir une meilleure bande passante.

La liste de tous les sites FTP miroir Debian est à l'adresse suivante :

http://www.debian.org/CD/http-ftp

L'équipe Debian distingue les **serveurs FTP primaires** et les **serveurs miroirs secondaires**. Les serveurs primaires disposent d'une connexion à très haut débit, sont accessibles 24 heures sur 24 et possèdent une adresse facile à mémoriser, du type *ftp.<pays>.debian.org*. Ces serveurs sont actualisés en permanence à partir du serveur maître.

Les serveurs miroirs secondaires n'offrent pas toujours une connexion d'aussi bonne qualité et ne contiennent pas toujours la copie complète du serveur Debian maître.

Cherchez toujours à accéder au serveur le plus efficace pour vous. Vous obtiendrez ainsi le meilleur débit. Le serveur le plus proche au niveau géographique n'est pas toujours le plus rapide, et l'utilitaire **netselect** vous permettra de trouver le serveur le plus approprié.

Pour la France, vous disposez des deux serveurs *ftp://ftp.fr.debian.org* et *ftp://ftp2.fr.debian.org*. Vous y avez accès aux programmes non américains (qui ne peuvent pas être diffusés sur le territoire des Etats-Unis pour des raisons de licence, de brevet ou d'interdiction d'exportation).

L'accès au serveur FTP est gratuit, mais n'en abusez pas car tous les transferts de données sont facturés à quelqu'un. Si votre accès ADSL est limité, vous le constaterez sur votre prochaine facture.

Distribution sur CD-ROM ou DVD-ROM

Il est souvent plus simple et parfois plus économique de se procurer Debian GNU/ Linux sur une série de CD ou de DVD. Vous trouverez des informations à ce sujet sur le site de Debian.

Vous pouvez bien sûr télécharger les images ISO des CD et des DVD pour les graver chez vous. Vous emploierez dans ce cas l'un des utilitaires Jigdo ou BitTorrent que nous évoquons à la fin du Chapitre 5. Voyez également l'adresse *http://www.debian.org/distrib/cd*.

Vous pouvez bien sûr tout à fait demander à un ami de vous passer ces CD ou ces DVD et les copier en toute légalité.

2

Installation de Debian GNU/Linux

Au sommaire de ce chapitre :

- ✔ Installation rapide
- ✔ Mise à jour de Debian 2.2 Potato vers 3.0 Woody
- ✔ Actualisation de Debian GNU/Linux 2.2 de Potato
- ✔ Mise à jour de Debian 3.0 Woody vers 3.1 Sarge
- ✔ Installation de Debian 3.1 Sarge
- ✔ Autres installateurs Debian
- ✔ Migration depuis une autre distribution
- ✔ Debian sans installation : KNOPPIX
- ✔ FAI (Fully Automatic Installation)

Installation rapide

Si vous avez déjà installé une distribution Linux, vous en connaissez les étapes principales. Debian GNU/Linux ne se distingue que par quelques points de détails. Vous profitez d'une grande liberté de choix et pouvez intervenir à plusieurs étapes (mais ce n'est pas obligatoire).

Une différence importante par rapport aux autres distributions Linux est que Debian GNU/Linux ne propose pas d'interface utilisateur graphique pendant l'installation. Tous les réglages doivent être faits au clavier. Il y a à cela deux raisons : Debian GNU/Linux doit également supporter les anciennes plates-formes matérielles, par exemple celles basées sur le processeur Motorola m68k. Sur de tels systèmes, l'ajout d'une couche d'affichage graphique dégraderait trop les performances. D'autre part, c'est un principe de base dans Debian que de se limiter à installer les composants absolument nécessaires. Il en découle que le plus petit dénominateur commun d'un système Debian, correspondant au "système de base", ne dispose pas d'interface utilisateur graphique. Tous les administrateurs système et réseau n'ont d'ailleurs que faire d'une interface graphique pour administrer leurs serveurs (pour des raisons de sécurité et parce que c'est totalement inutile).

Si vous rencontrez des problèmes lors d'une installation rapide, reportez-vous quelques pages plus loin à la section qui décrit l'installation de Debian 3.1 (Sarge). Nous y présentons en détail une procédure d'installation. La présente procédure est destinée aux utilisateurs GNU/Linux déjà expérimentés dans la mise en place rapide d'un système.

- **Espace disque :** vous devez avoir à disposition une partition libre ou dont vous n'avez plus besoin, voire un disque dur inutilisé. Si aucune partition n'est disponible, vous devez défragmenter un disque sur lequel il reste suffisamment de place (quelques Go peuvent suffire) puis utiliser le programme fips.exe (dans le sous-répertoire install/ du DVD) pour réduire la taille de la partition DOS ou Windows existante.
- **Démarrage :** vous devez redémarrer l'ordinateur de façon à démarrer directement depuis le CD ou le DVD (modifiez si nécessaire l'ordre de démarrage dans le BIOS). Vous pouvez également créer des disquettes de démarrage comme indiqué un peu plus loin.
- **Questions :** répondez aux questions de l'installateur de Debian en validant par la touche Entrée. Ne changez pas la valeur par défaut si vous ne savez pas quoi répondre.
- **International :** choisissez le clavier français.
- **Partitionnement :** créez au moins deux partitions dans l'espace libre sur le disque dur. Une partition servira à l'espace de remisage swap et l'autre à la racine du système de fichiers *root*.
- **Système de base :** installez le système de base depuis le CD ou le DVD (ou une autre source).
- **Conclusion :** redémarrez le système et terminez la configuration. Vous pouvez ensuite installer d'autres paquets logiciels.

Mise à jour de Debian 2.2 Potato vers 3.0 Woody

Cette mise à jour ne pose généralement aucun problème. Il suffit d'indiquer la source d'installation dans le fichier */etc/apt/sources.list* et de lancer la mise à jour par `apt-get update`. La mise à jour est ensuite réalisée en lançant `apt-get dist-upgrade`.

Parfois, un problème survient lors de la mise à jour de Potato vers Woody *via* un CD-ROM. Ce problème semble lié au fait que la sous-version de Debian 2.2 soit la Release 0. Sur les systèmes ainsi dotés, aucune mise à jour n'a été réalisée après la Release vers Potato R1-R6. Entre les deux sous-versions R0 et R1, un basculement a été réalisé vers les réservoirs de paquets (*package-pools*). Il en résulte que les paquets ne se trouvent plus sous */dists/woody/main/...* mais dans */pool/main/...* Les fichiers des paquets (les descriptions) se trouvent pourtant encore à l'ancien emplacement (dans certaines conditions).

Dans ce contexte, la version d'APT qui est installée avec la Release 1 de Potato ne peut pas travailler. La seule solution consiste à mettre à jour manuellement APT, mais cela n'implique que quelques étapes simples :

1. Connectez-vous au système en tant que super-utilisateur *root*.
2. Montez le premier CD de Debian GNU/Linux 3.0 (mount /cdrom). Vous devrez éventuellement indiquer le nom du fichier de périphérique correspondant si la configuration matérielle n'est pas standard (mount /dev/hdd /cdrom).
3. Installez la nouvelle librairie C par dpkg -i /cdrom/pool/main/g/glibc/libc6_*.
4. Installez la librairie libstd par find /cdrom/ -name libstd*glib* | xargs dpkg –i .
5. Installez l'outil apt par find /cdrom/ -name apt_* | xargs dpkg –i .
6. Enregistrez les CD de Debian 3.0 dans le fichier sources.list avec apt-setup.
7. Vous pouvez ensuite procéder à votre mise à jour normale. A la question posée par apt-get dist-upgrade, répondez positivement ("Yes, do as I say !") afin de lancer la mise à jour de Perl.

Actualisation de Debian GNU/Linux 2.2 de Potato

La version Potato était livrée avec la version 2.2 du noyau Linux. Il peut être intéressant de mettre à jour ce noyau vers la version 2.4, par exemple pour disposer du support USB sans avoir à appliquer des additifs au noyau.

En plus du noyau, il faut mettre à jour quelques paquets si vous ne voulez pas passer directement à la version Woody de Debian.

N'hésitez pas à vous renseigner sur le statut actuel des paquets en vue de cette mise à jour à l'adresse suivante : *http://www.fs.tum.de/~bunk/kernel-24.html*.

Pour effectuer la mise à jour par **apt**, vous devez ajouter les deux descriptions suivantes dans le fichier */etc/apt/sources.list* :

```
deb http://people.debian.org/~bunk/debian potato main
deb-src http://people.debian.org/~bunk/debian potato main
```

Vous lancez ensuite la mise à jour avec les deux commandes suivantes :

```
apt-get update
apt-get -u dist-upgrade
```

Une fois l'installation achevée, le système dispose du noyau 2.4.

Mise à jour de Debian 3.0 Woody vers 3.1 Sarge

Aucun problème n'a été détecté pour cette mise à jour. Il suffit de déclarer la source d'installation dans le fichier */etc/apt/sources.list* et lancer la mise à jour par **apt-get update**, puis par **apt-get dist-upgrade**.

Installation de Debian 3.1 Sarge

Lors de la mise à disposition de la version 3.1 de Debian, un tout nouvel installateur a été introduit. Sa conception avait commencé dès l'an 2000, avant même l'annonce de la version Debian 3.0 Woody. A cette époque, Adam Di Carlo et Joey Hess avaient décidé, lors d'une soirée de clôture du salon LinuxWorld, d'écrire un tout nouvel installateur. Hélas, il n'a pas pu être achevé pour la diffusion de Woody et son développement a duré plus de quatre ans. Vous pouvez en lire toute l'histoire dans le blogue de Joey (*http://www.kitenet.net/~joey/blog/entry/d-i_retrospective-2004-08-07-19-46.html*).

Pour le projet Debian, il aurait été plus simple, et surtout plus rapide, de repartir d'un installateur existant (par exemple PGI, le Progeny Installer ou bien Anaconda, l'installateur de Red Hat). Mais le nouvel installateur devait se distinguer de tous ceux qui existaient. Debian devait gérer des architectures matérielles très nombreuses et offrir un concept modulaire. Voilà pourquoi le nouvel installateur Debian dispose de son propre système de gestion de paquets, d'une détection des systèmes d'exploitation déjà installés (les diverses versions de Windows et les systèmes qui ne sont pas prévus pour les processeurs Intel, comme ceux pour Mac OS, Solaris, etc.). L'installateur comprend bien d'autres fonctions qui ne font habituellement pas partie d'un tel programme, mais plutôt d'une distribution Linux en format réduit.

Parmi les nombreuses innovations, il faut particulièrement remarquer le concept modulaire et la détection des matériels de ce nouvel installateur.

Dorénavant, d'autres méthodes d'installation que par disquettes ou CD sont possibles. Vous pouvez effectuer une installation *via* le réseau en vous connectant aux serveurs Debian pour en récupérer les images, mais vous pouvez également effectuer une installation depuis une clé USB. Les détails de l'installation restent les mêmes quelle que soit la méthode. La création des supports d'installation (gravure des CD ou des DVD ou stockage sur une clé USB) ainsi que le choix des sources des paquets diffèrent. Dans tous les cas, le système sur lequel l'installation se produit doit permettre un démarrage depuis le support choisi. En ce qui concerne les clés mémoire USB notamment, ce n'est pas encore le cas car tous les BIOS ne savent pas démarrer depuis ce genre de périphérique.

La procédure d'installation est presque entièrement automatique. Les seules questions posées concernant des paramètres de configuration indispensables. Il en découle que les différents menus auxquels vous pouvez avoir été habitué avec les anciens installateurs ne sont plus affichés. Pour y accéder, il faut installer en mode expert, en spécifiant **expert** à l'invite de démarrage.

L'installateur dispose dorénavant d'un support complet de XML (*http://www.debian.org/News/2004/20040506*) qui s'étend à la totalité de la distribution. Vous disposez donc d'un environnement de développement complet pour XLS, avec tous les outils et un système de catalogue conforme au standard, un ensemble de règles XML pour Debian destiné aux développeurs comme aux utilisateurs, et des modules correspondants pour l'éditeur Emacs. L'ensemble est conforme au standard de stockage FHS (*Filesystem Hierarchy Standard*, *http://www.path-name.com/fhs*).

Parmi les nouveautés, citons également le support des langues s'écrivant de droite à gauche, telles que l'arabe, l'hébreu et le farsi. Plus de 40 langues sont supportées. D'après des statistiques (voyez *http://lists.debian.org/debian-i18n/2004/10/msg00022.html*), environ deux tiers des langues utilisées sur terre sont reconnues par l'installateur Debian. Vous pouvez modifier les partitions NTFS pendant l'installation, démarrer depuis le LVM (*Logical Volume Manager*) ou depuis des disques RAID 1 ou RAID 5. Pour installer, il faut disposer d'au moins 24 Mo de mémoire vive et 110 Mo de disque dur pour un système minimal. Si vous comptez ajouter une interface utilisateur graphique, prévoyez 64 Mo de mémoire vive et 400 Mo d'espace disque. Evidemment, l'espace disque nécessaire augmente en fonction du nombre d'applications que vous installez ensuite ; prévoyez donc plusieurs Go d'espace disque et beaucoup de mémoire vive.

L'installateur Debian comprend plus de 51 000 lignes de code source, ce qui correspond à 12 années/homme de travail. Heureusement que de nombreux développeurs se sont réunis pour créer ce logiciel !

Nous décrirons pas à pas l'installation *via* un CD ou un DVD et passerons rapidement en revue les autres méthodes possibles.

Vous pouvez obtenir Debian GNU/Linux en téléchargeant les images des CD ou des DVD sur le Net. Si vous vous rendez à l'adresse *http://cdimage.debian.org*, il vous suffit de lire ensuite les sections concernant Jigdo et BitTorrent au Chapitre 5 pour savoir comment télécharger ces images. Vous pouvez également vous procurer les CD ou les DVD de Debian GNU/Linux dans le commerce (revoir la fin du Chapitre 1 à ce sujet).

Architectures matérielles supportées

A partir de la version 3.1 de Debian, treize architectures matérielles et de nombreuses sous-architectures sont reconnues. Debian Sarge accepte les architectures suivantes (les sous-architectures sont données entre parenthèses) :

Alpha, AMD64, ARM (Netwinder, bast, lart, riscpc, RiscStation, iyonix, Baloon), hppa, hurd, i386, m68k (Amiga, Atari, Mac, bmve6000, mvme147, mvme16x), Mips (r4k-ip22, r5k-ip22), Mipsel (r3k-kn02, r3k-kn04, cobalt), PowerPC (APUS, PowerPC IBM RS6000, Power3 IBM RS6000, Power4 IBM RS6000, IBM pSeries, IBM iSeries, chrp, prep, NewWorld, Apple PowerMac G5, OldWorld), s390, sh et Sparc (Sparc32, Sparc64).

Supports d'installation

Vous pouvez donc installer Debian GNU/Linux à partir de différentes sources. En général, vous partirez d'un jeu de CD ou de DVD. Si cela n'est pas possible, vous pouvez utiliser une autre source, comme indiqué ci-après.

CD-ROM ou DVD-ROM

Debian vous propose de télécharger depuis Internet les images ISO pour graver chez vous des CD ou des DVD. La version 3.1 de Debian s'étend sur 13 CD ou 2 DVD. Si vous avez besoin du code source de tous les paquets, vous pouvez doubler ces valeurs.

Installation via le réseau local

Avec ce procédé, vous pouvez partir de deux séries d'image différentes sur les serveurs Debian. Les deux permettent de démarrer l'installateur depuis un CD et de poursuivre l'installation des autres paquets *via* le réseau. Ceci explique le nom **netinst** pour les deux images. Elles se distinguent par le fait que la plus volumineuse des deux contient également tous les paquets du système de base. Sa taille est de plus de 100 Mo. L'autre image ne contient pas le système de base et peut tenir sur un seul CD de petit diamètre, puisque seulement 30 Mo sont nécessaires.

Lecteurs de CD SCSI

Si vous avez besoin d'utiliser un adaptateur hôte SCSI moins répandu qu'un aic7xxx, un BusLogic ou un sym53c8xx, vous devez utiliser une disquette supplémentaire pour son pilote. Elle est également disponible sur les serveurs FTP et vous la produisez au moyen de la commande suivante :

```
dd if=disk.img of=/dev/fd0
```

Si aucun CD n'est accessible pendant l'installation en raison de l'absence du pilote dans le noyau, vous verrez apparaître un menu dans lequel vous pourrez choisir le pilote à charger à partir de la disquette. L'installateur Debian doit ensuite détecter correctement le lecteur de CD pour poursuivre l'installation.

Disquettes

Si le système ne permet pas de démarrer depuis un CD, vous pouvez effectuer une installation depuis des disquettes. Vous devez copier sur disquettes les deux images */install/floppy/boot.img* et */install/floppy/root.img*. Sous Linux, l'outil de copie est **dd** (voir ci-dessus) ; sous DOS, c'est **rawrite2.exe**.

Il faudra peut-être prévoir une disquette supplémentaire pour des pilotes (selon le matériel). Certaines cartes réseau moins répandues peuvent être exploitées en utilisant l'image */install/floppy/net-drivers.img*. Enfin, l'image */install/floppy/cd-drivers.img* contient des pilotes pour les lecteurs de CD. Vous pouvez ainsi démarrer d'abord sur disquette puis poursuivre l'installation depuis un CD.

Après démarrage de l'ordinateur, l'installateur démarre depuis la disquette et accède au fichier *boot.img* qui s'y trouve. Vous êtes ensuite invité à insérer la deuxième disquette, qui contient l'image *root.img*.

Clés mémoire USB

Les versions récentes du BIOS permettent de démarrer le système depuis un périphérique de stockage USB. Cependant, vous pouvez avoir de mauvaises surprises : même si le BIOS permet ce genre de démarrage, il peut ne l'accepter que pour un lecteur de disquette externe branché sur un port USB, non pour une clé mémoire USB. De même, vous pouvez avoir des soucis avec un périphérique USB 2.0, si le BIOS n'autorise le démarrage que depuis un périphérique à l'ancienne norme USB 1.1.

La solution la plus facile pour créer de quoi démarrer l'installation de Debian depuis un tel support consiste à désarchiver d'abord le fichier nommé *hd-media/boot.img.gz* au moyen de l'utilitaire **gzip** (par la commande `gzip -d boot.img.gz`). Vous pouvez ensuite copier le résultat sur la clé USB (offrant au moins 128 Mo) par la commande `dd if=boot.img.gz of=/dev/sdxN`. Dans cette commande, le **x** désigne le numéro du périphérique et le **N** le numéro de partition. Notez que cette opération supprime la totalité du contenu du périphérique. Les deux étapes peuvent être réunies en une seule au moyen de la commande :

```
zcat boot.img.gz > /dev/sdxN
```

Il suffit ensuite de monter le contenu du périphérique dans le système de fichiers au moyen de `mount /dev/sdxN /mnt` puis de copier une image CD d'installation réseau Debian sur le périphérique. Le nom du fichier n'a pas d'importance, mais il doit se terminer par l'extension *.iso*.

Il est possible de démarrer l'installation depuis une clé USB de plus petite taille, comme l'indique la page *http://d-i.pascal.at*.

Démarrage depuis un lecteur ZIP USB

Certains des BIOS les plus récents permettent de démarrer directement le système depuis un périphérique USB. Il faut dans ce cas choisir comme premier périphérique de démarrage dans le BIOS la mention "removable drive" ou encore "USB-ZIP".

Si votre système ne permet pas ce genre de démarrage, vous pouvez toujours démarrer depuis la première disquette. Cela vous permet ensuite d'accéder tôt dans le processus à un périphérique USB pour poursuivre l'installation depuis cette source. Il faut pour cela préparer au moins une disquette contenant l'image *floppy/boot.img*.

Démarrage depuis le réseau

Il est possible de démarrer l'installateur Debian depuis un réseau, mais les détails de la procédure dépendent de l'architecture matérielle et de la configuration du réseau.

Nous vous conseillons à ce sujet de lire la page *http://wiki.debian.net/index.cgi?Debian-InstallerNetbootPXE*.

Les fichiers nécessaires sont tous réunis dans le répertoire *netboot/*. L'image intitulée *netboot/mini.iso* permet de préparer un CD minimal pour démarrer l'installation *via* le réseau.

Démarrage depuis un disque dur

Vous pouvez démarrer l'installation depuis une autre partition contenant déjà un système. Il faut dans ce cas que les deux fichiers *hd-media/initrd.gz* et *hd-media/vmlinuz*, ainsi qu'une image de CD (à extension .iso) se trouvent dans le répertoire racine. Mais il reste encore à gérer le problème du démarrage du noyau Linux depuis un disque d'initialisation en mémoire (Init-RAM).

A partir du moment où le gestionnaire d'amorce GRUB est installé, vous pouvez y accéder *via* l'invite de commande de GRUB de la manière suivante :

```
grub>kernel (hd0,0)/vmlinuz root=/dev/ram ramdisk_size=8192
devfs=mount,dall
grub>initrd (hd0,0)/initrd.gz
grub>boot
```

Notez que la partition à partir de laquelle les fichiers ont été chargés ne peut pas être reformatée.

Réglages au niveau du BIOS

Comme le BIOS de la machine doit recevoir Debian, il faut qu'il permette le démarrage depuis le support d'installation choisi. L'accès à la configuration du BIOS varie d'un constructeur et d'un ordinateur à l'autre. En général, l'écran d'accueil du BIOS qui est affiché brièvement au démarrage rappelle quelles touches ou combinaisons de touches il faut utiliser pour accéder à la configuration. Ce n'est hélas pas toujours le cas.

Une des combinaisons les plus utilisées pour accéder au Setup est la touche [Suppr]. D'autres systèmes utilisent la touche [F2] ou une des combinaisons [Ctrl]+[Alt]+[Suppr], [Ctrl]+[Alt]+[Echap], ou [Ctrl]+[Alt]+[Inser]. Parfois, il suffit d'appuyer sur la touche [Echap].

Il existe de nombreux créateurs de BIOS et de nombreuses versions. Vous devez vous référer à la documentation de l'ordinateur pour savoir comment choisir l'ordre de démarrage. En général, il existe plusieurs possibilités (disquette puis disque dur, puis CD, puis lecteur SCSI, etc). L'objectif est de sélectionner en premier le périphérique voulu pour le démarrage.

Démarrage de l'installateur

Une fois que l'ordinateur a démarré, le chargeur d'amorce (*boot loader*) est exécuté depuis le CD. Il affiche un écran d'accueil Debian et une invite de commande.

Figure 2.1
Ecran d'accueil avec l'invite de commande de l'installateur.

Autres informations

A ce niveau, les touches F1 à F10 permettent d'obtenir des informations avant de lancer réellement l'installation. Vous pouvez notamment spécifier des paramètres de démarrage. Tous les paramètres disponibles pour le noyau Linux ne sont pas accessibles à ce niveau. Vous ne disposez que des paramètres principaux utiles pendant l'installation. Vous trouverez une présentation complète de tous les paramètres du noyau Linux dans le fichier de documentation "HowTo" intitulé *Linux BootPrompt-HowTo* (*http://www.tldp.org/HOWTO/BootPrompt-HOWTO.html*).

- F1 Présentation des fonctions d'aide
- F2 Préconfiguration de l'installation
- F3 Méthodes de démarrage spéciales

- F4 Aperçu des paramètres de démarrage spéciaux
- F5 Paramètres de démarrage pour des matériels spécifiques
- F6 Paramètres de démarrage pour des contrôleurs de disque spécifiques
- F7 Paramètres de démarrage pour l'installateur
- F8 Informations pour obtenir plus d'aide
- F9 Informations concernant le projet Debian
- F10 Informations de Copyright

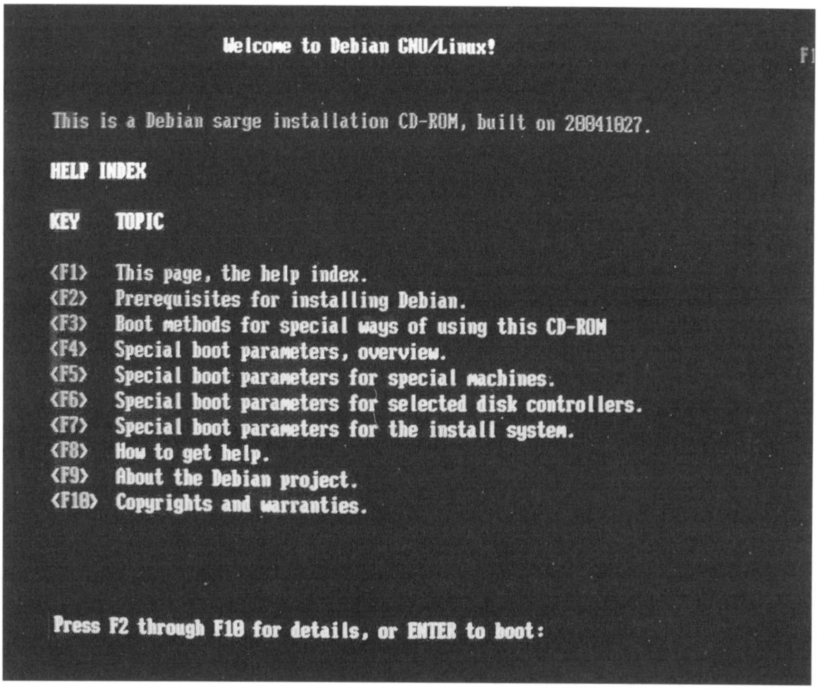

Figure 2.2
Informations concernant l'installateur.

Les paramètres de démarrage

Vous pouvez démarrer l'installation de Debian en mode normal ou en mode expert. Dans la mesure où vous pouvez également choisir entre le noyau 2.4 (standard) et le nouveau noyau 2.6, cela vous donne quatre possibilités de démarrage.

Pour une installation simple, il suffit de valider simplement en appuyant sur la touche **Entrée**, ce qui équivaut à saisir la commande **linux** à l'invite de démarrage.

Pour passer en mode expert, saisissez la commande **expert**.

Choix du noyau en version 2.6

Dès l'installation de Debian, vous pouvez choisir la version 2.6 du noyau. Il suffit de saisir une des deux commandes **linux26** ou **expert26**.

L'invite de commande du chargeur d'amorce accepte tous les paramètres qui peuvent être transmis au noyau. Vous trouverez quelques exemples en accédant à l'aide au moyen des touches F1 et F6. Si ces informations ne suffisent pas, reportez-vous au fichier "HowTo" déjà mentionné plus haut.

Choix de la résolution d'écran lors de l'installation

Par défaut, l'installation sélectionne une résolution d'écran minimale VGA (640 × 480) qui est accessible à tous les moniteurs actuels. Il peut être intéressant de sélectionner une résolution supérieure, en utilisant le paramètre de noyau **vga**. Vous devez fournir comme valeur au paramètre l'expression décimale de la valeur choisie. La valeur correspond au code du mode VESA auquel est ajoutée la valeur 0x200 en hexadécimal. Cela semble compliqué, mais ça ne l'est pas...

Voici les différentes résolutions d'affichage VESA. La première colonne correspond au nombre de couleurs (profondeur).

```
    | 640x480 800x600 1024x768 1280x1024
----+----------------------------------
256 | 0x101 0x103 0x105 0x107
32k | 0x110 0x113 0x116 0x119
64k | 0x111 0x114 0x117 0x11A
16M | 0x112 0x115 0x118 0x11B
```

Il suffit d'ajouter à chacune des valeurs la valeur 0x200 :

```
    | 640x480 800x600 1024x768 1280x1024
----+----------------------------------
256 | 0x301 0x303 0x305 0x307
32k | 0x310 0x313 0x316 0x319
64k | 0x311 0x314 0x317 0x31A
16M | 0x312 0x315 0x318 0x31B
```

Il ne reste plus qu'à calculer la valeur en base décimale. Vous pouvez vous servir d'une calculatrice scientifique ou tout simplement de la ligne de commande Unix. Vous disposez en effet de la commande **bc**, qui autorise les conversions entre plusieurs bases numériques. Notez que vous devez écrire les lettres hexadécimales en capitales. Voici quelques exemples :

```
$ echo "ibase=16;311" | bc
785
```

```
$ echo "ibase=16;317" | bc
791
$ echo "ibase=16;31A" | bc
794
```

En conséquence, le paramètre vga=791 demande de sélectionner un affichage en 1024 × 768 et le paramètre vga=794 correspond à 1280 × 1024, dans les deux cas en 64 000 couleurs.

Paramètres de démarrage de l'installateur Debian

En dehors des quatre modes indiqués plus haut (classique ou expert, avec noyau 2.4 ou 2.6), vous pouvez transmettre un certain nombre de paramètres dès l'amorçage du système, à destination de l'installateur.

- **DEBCONF_PRIORITY :** ce paramètre permet de choisir le niveau de priorité des messages affichés par Debconf. Tous les messages dont la priorité est inférieure à celle choisie ne sont plus affichés.
  - Si vous indiquez DEBCONF_PRIORITY=critical, seuls les messages critiques sont affichés. Tous les autres messages et questions ne sont pas présentés, les paramètres correspondant étant choisis avec une valeur par défaut cohérente. Si des problèmes surviennent dans ce cas, le niveau de priorité de l'installateur est automatiquement abaissé.
  - Si vous indiquez DEBCONF_PRIORITY=high (valeur par défaut), tous les messages des niveaux high et critical sont affichés et ceux des niveaux medium et low sont ignorés. Le choix DEBCONF_PRIORITY=low fait apparaître tous les messages et questions.
- **DEBCONF_FRONTEND :** ce paramètre contrôle l'interface utilisateur de l'installateur. Vous avez le choix entre noninterative, text, newt, slang, ncurses, bogl, gtk et corba.
  - Toutes ces valeurs ne sont pas encore fonctionnelles. La valeur par défaut est newt. Pour installer *via* une console connectée sur un port série, vous pouvez employer la valeur text. Les versions ultérieures de l'installateur proposeront sans doute d'autres interfaces.
- **BOOT_DEBUG :** sous l'effet de cette option, la phase d'amorçage est accompagnée de l'affichage d'un grand nombre de messages. Par défaut, la valeur est 0 ; la valeur maximale est 3. Avec cette dernière, un interpréteur shell est démarré pendant l'installation pour pouvoir surveiller l'avancement de celle-ci. En quittant l'interpréteur, vous reprenez la suite de l'amorçage.

- **INSTALL_MEDIA_DEV :** ce paramètre permet de spécifier le chemin d'accès à partir duquel l'installateur doit être lancé. Si vous indiquez INSTALL_MEDIA_DEV=/dev/floppy/0, vous pouvez, avec un noyau en version 2.6, charger l'installateur depuis une disquette. Tous les périphériques sont normalement analysés. Ce paramètre permet donc de désigner directement l'un d'eux.
- **bootkbd :** permet de choisir la configuration clavier à utiliser pendant l'installation, par exemple bootkbd=fr.
- **debconf/priority :** variable utilisée par l'installateur pour connaître le niveau de détail des questions que l'utilisateur veut se voir poser. Avec la valeur debconf-priority=low, seules les questions de la priorité low et supérieures sont posées. Cela correspond à la variable vue plus haut DEBCONF_PRIORITY. Voyez aussi la section consacrée à Debconf au début du Chapitre 4.
- **debian-installer/framebuffer :** certains systèmes ou architectures matérielles peuvent poser problème lors de l'utilisation d'un périphérique à tampon framebuffer. Vous pouvez désactiver l'emploi de ce framebuffer au moyen du paramètre debian-installer/framebuffer=false. C'est à ce niveau que vous pouvez indiquer le paramètre video=vga16:off qui a le même effet.
- **debian-installer/probe/usb :** si la valeur de ce paramètre est *false*, les périphériques USB ne sont pas détectés.
- **netcfg/use_dhcp :** si la valeur de cette variable est *false*, aucune tentative n'est faite pour découvrir la configuration réseau au moyen d'une requête DHCP.
- **hw-detect/start_pcmcia :** en cas de problème pour démarrer avec un périphérique PCMCIA, vous pouvez désactiver ceux-ci en donnant la valeur *false* à cette variable.

L'installateur Debian est en fait un séquenceur qui enchaîne l'exécution d'une série de composants et de modules, chacun d'eux réalisant une des tâches d'installation. Les composants posent des questions à l'utilisateur pour obtenir les informations requises. Si aucun problème n'est survenu, le processus se poursuit avec le composant suivant. La plupart des messages ne servent qu'à indiquer la progression dans le processus. En cas de problème, vous obtenez un message d'erreur, et le niveau de priorité Debconf est automatiquement abaissé. Le menu de l'installateur est alors affiché pour vous laisser choisir une action de rechange. Si aucun problème ne se produit, l'utilisateur ne voit pas apparaître le menu d'installation. Les questions lui sont posées par chacun des composants de la séquence (en fonction du niveau de priorité défini au démarrage pour Debconf).

Les messages d'erreurs sont affichés sur la troisième console virtuelle, à laquelle vous accédez au moyen de la combinaison Alt + F3. Pour revenir à l'écran de l'installateur, utilisez Alt + F1. La deuxième console (Alt + F2) donne accès à un interpréteur de commande shell. A l'heure actuelle, le système est démarré depuis un disque virtuel en mémoire RAM, ce qui ne permet d'accéder qu'à un nombre restreint d'outils Unix. Vous pouvez obtenir la liste des programmes disponibles au moyen de la commande suivante :

```
ls /bin /sbin /usr/bin /usr/sbin
```

L'éditeur de texte proposé est nano. L'interpréteur shell vous offre un certain confort, notamment avec le remplissage automatique de fin de ligne au moyen de la touche Tab ; un historique des commandes est également proposé.

Nous avons vu que l'interface utilisateur de l'installateur Debian est en mode texte (à la différence de celles de la plupart des distributions dérivées actuelles, qui utilisent la souris). Voici une sélection de touches utilisables pour naviguer dans les boîtes de dialogue et les menus. La flèche droite et la touche Tab permettent de passer à l'élément de menu suivant et la flèche gauche ou la combinaison Maj + Tab à l'élément de menu précédent. Les deux touches ↑ et ↓ permettent de choisir un élément dans une liste et de faire défiler un contenu (lorsque la totalité de celui-ci n'est pas affichable). Vous pouvez généralement appuyer sur l'initiale d'une option de menu pour vous rendre directement à l'entrée correspondante. La barre d'espace permet de sélectionner un élément ou de changer l'état d'une case à cocher. La touche de validation Entrée permet de valider la sélection et de passer à l'étape suivante dans l'installation.

La troisième console des messages d'erreurs est également appelée *tty3*. Les messages sont stockés dans le journal */var/log/messages*. En fin d'installation, ce fichier est recopié dans un fichier nommé */var/log/installer.log* sur le nouveau système. Les autres messages d'installation sont réunis dans */target/var/log/debian-installer/* puis recopiés dans le répertoire */var/log/debian-installer*.

Procédure d'installation simplifiée

Une fois le noyau Linux chargé, l'installateur démarre. La première étape consiste à choisir la langue d'installation et la configuration du clavier.

Vous pouvez, mais c'est illogique, choisir une configuration clavier différente de la langue choisie. Cela peut avoir un intérêt lorsque le système est installé par un administrateur qui ne connaît pas la langue du pays ou qui est par exemple davantage habitué au clavier américain.

Figure 2.3

Choix de la langue.

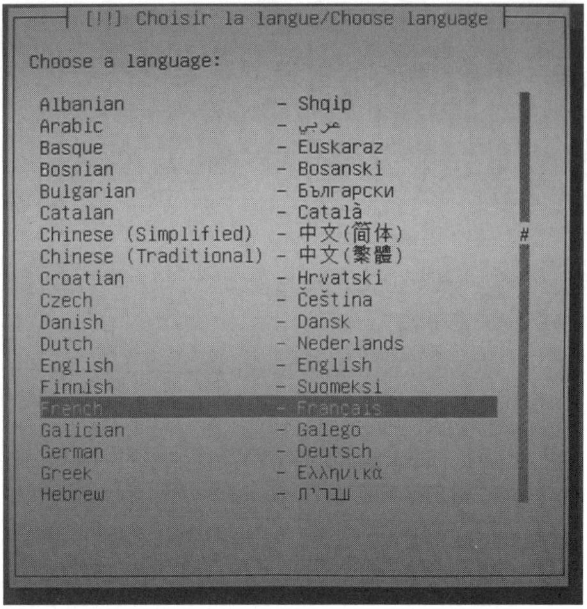

Figure 2.4

Choix du pays ou de la zone géographique.

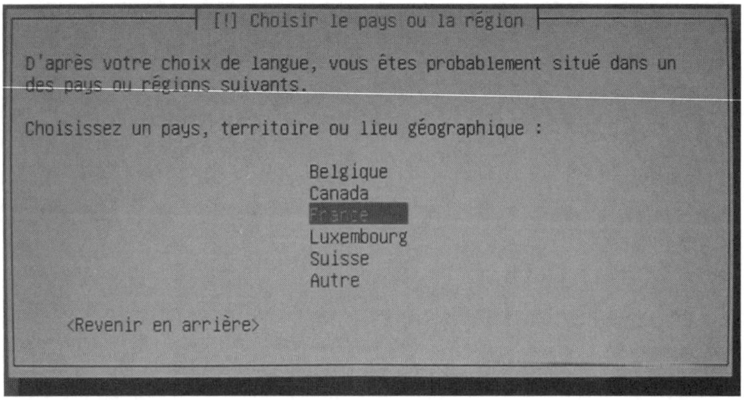

Certaines langues sont employées dans plusieurs pays, mais avec des variantes. L'installateur Debian reconnaît ces dialectes et permet de procéder à un choix parmi plusieurs variantes. La sélection a un effet sur les paramètres locaux. L'installateur Debian se sert de cette valeur pour prédéfinir le fuseau horaire et sélectionner le serveur Debian le plus proche. Mais ce n'est qu'une suggestion et vous pouvez modifier le serveur à tout moment.

Figure 2.5
Choix de la configuration clavier.

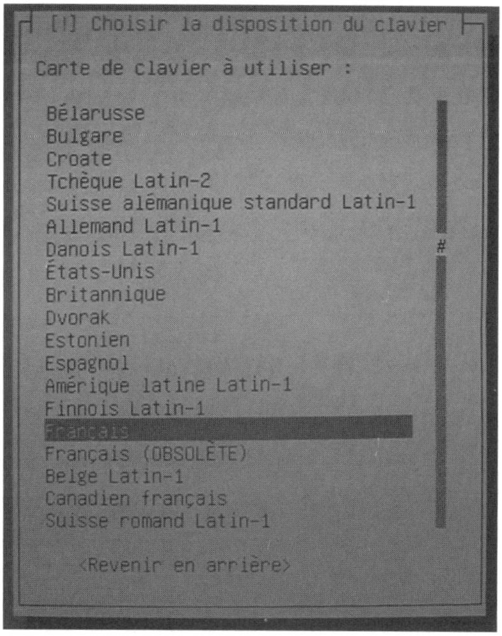

Rappelons que Linux est un système d'exploitation multi-utilisateur. Lorsque vous créerez plus tard des comptes utilisateur supplémentaires, vous pourrez sélectionner une langue différente pour chacun d'eux. Ce que vous choisissez ici est la langue employée pendant l'installation et non celle du système en régime d'utilisation normal.

L'étape suivante consiste à détecter les éléments matériels.

Figure 2.6
Détection du matériel.

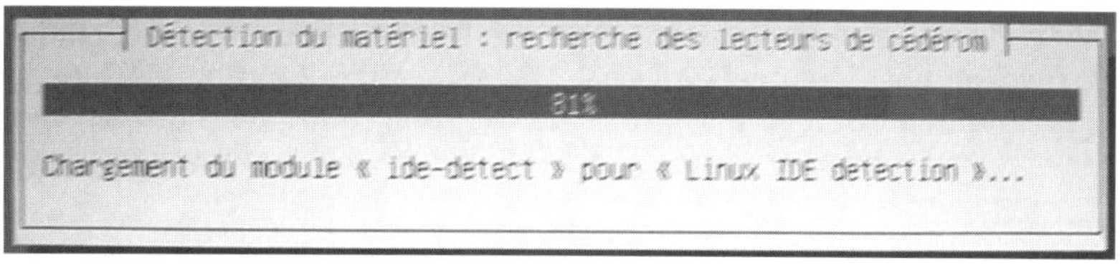

L'installateur ne charge que les modules indispensables à la détection plus précise de la configuration matérielle.

Il procède ensuite à l'installation des composants supplémentaires. Ce travail en deux étapes permet de ne pas faire augmenter les besoins mémoire de l'installateur en ne chargeant que les composants absolument nécessaires. Cela permet également de développer et de tester des modules supplémentaires *via* un concept de processus de géométrie fonctionnelle variable.

L'installateur essaye ensuite de détecter la configuration du réseau au moyen d'une requête DHCP. Si elle ne réussit pas, vous pouvez la relancer. Certains serveurs DHCP sont en effet assez longs à la détente.

Si la configuration *via* DHCP a réussi, l'utilisateur en est informé.

Figure 2.7
Détection du matériel (chargement des modules).

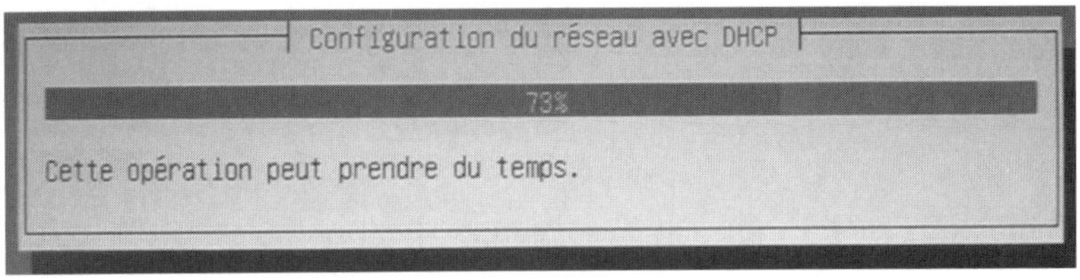

Figure 2.8
Configuration du réseau via DHCP.

INFO

Présupposés concernant le réseau
Lorsqu'il configure le réseau, l'installateur Debian règle automatiquement certains paramètres. Il part des suppositions suivantes : l'adresse IP réseau est produite par le ET logique entre l'adresse IP de votre système et le masque réseau. L'adresse de diffusion broadcast est le résultat du OU logique binaire entre l'adresse IP du système et l'inverse du masque réseau. L'adresse de passerelle est ensuite devinée. Le réseau peut ultérieurement être reconfiguré en accédant au fichier */etc/network/interfaces* ou à l'aide du programme **etherconf**.

Si la configuration du réseau *via* DHCP n'a pas été possible, vous pouvez faire une nouvelle tentative ou bien passer à une nouvelle configuration manuelle. Dans ce cas, utilisez le bouton "Précédent" pour accéder au menu principal de l'installateur Debian. Dans une configuration manuelle, vous devez fournir une série de paramètres : l'adresse IP, le masque réseau, l'adresse de passerelle, les adresses du serveur de noms DNS et le nom d'hôte. Dans le cas d'une liaison sans fil WiFi, vous devez également fournir l'identificateur ESSID et la clé WEP.

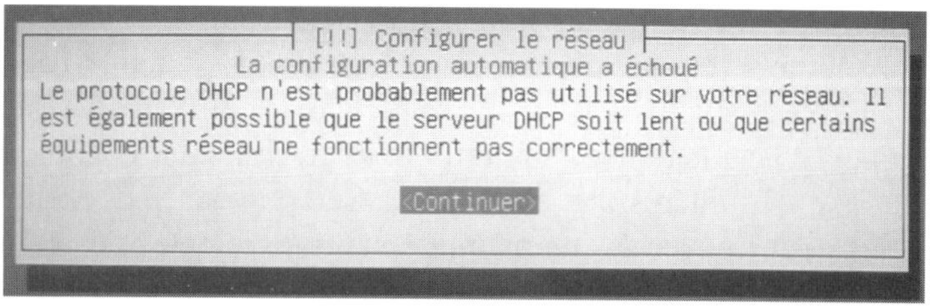

Figure 2.9
Configuration DHCP réussie.

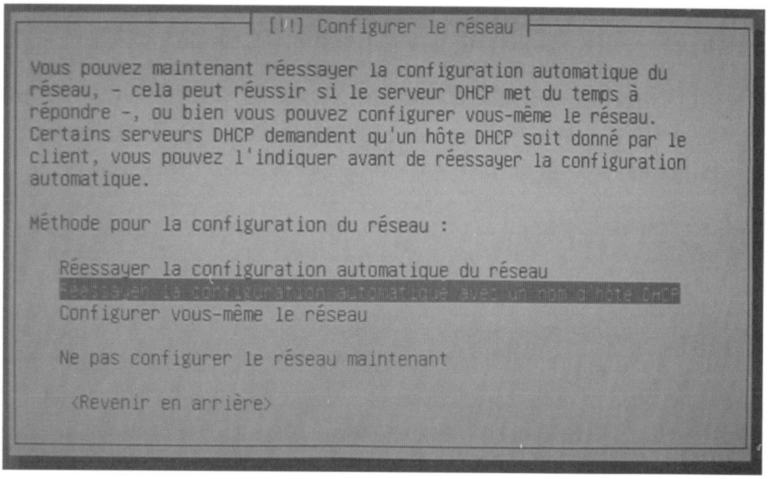

Figure 2.10
Nouvelle tentative de requête DHCP.

Dans certains cas, une partie de la configuration automatique *via* DHCP fonctionne, mais vous devez fournir quelques paramètres manuellement, comme le nom de l'ordinateur (nom d'hôte).

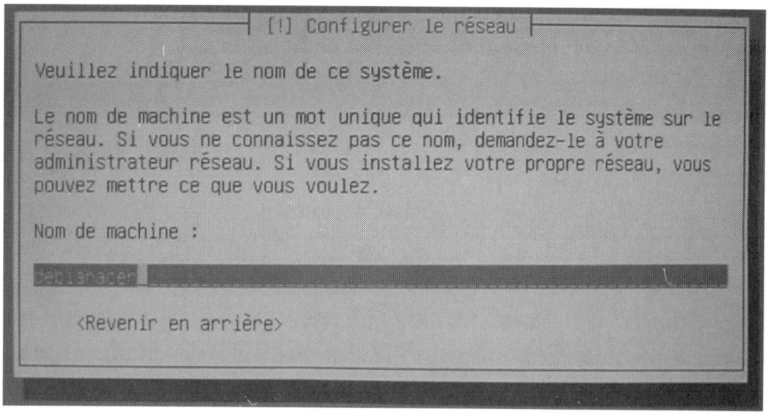

Figure 2.11
Saisie du nom d'hôte (hostname)/.

Pour éviter tout conflit, les noms d'hôtes doivent être uniques dans chaque réseau. Parfois, le nom d'hôte doit également être unique sur Internet s'il est accessible. Les noms d'hôtes apparaissent quelquefois dans les en-têtes des messages émis depuis la machine. Evitez de donner un nom qui pourrait inciter d'éventuels pirates à venir voir ce qu'il y a d'intéressant chez vous. Servez-vous par exemple des catalogues de meubles pour trouver des noms intéressants ou adoptez des grands noms de l'histoire. N'utilisez pas de lettres accentuées.

Notez qu'il n'est pas obligatoire de configurer le réseau pour réussir l'installation. Vous pouvez procéder à cette configuration ultérieurement.

Lors de la première installation d'un système Linux sur une machine, prenez le temps de bien lire ce qui suit concernant la préparation du disque dur. En effet, pour l'instant, l'installateur Debian n'a encore rien modifié sur votre disque dur.

L'étape d'installation concernant l'aménagement des partitions sur lesquelles vont être installés les fichiers du système est celle qu'il faut réaliser avec la plus grande vigilance. Selon le contexte, vous pouvez laisser l'installateur procéder complètement ou en partie à une installation automatique. Vous n'hésiterez pas si le disque dur destinataire ne contient aucune donnée à conserver. Mais vous pouvez également définir une table de partitions manuellement. Vous procéderez ainsi lorsque vous désirerez conserver l'accès à un autre système d'exploitation sur le même disque dur, ou si votre configuration est particulière.

Si, comme dans notre exemple, vous devez installer le système de façon à conserver l'accès à une installation Windows, vous pouvez prévoir un espace libre sur le même disque (après défragmentation de la partition Windows et réduction de sa taille). Dans ce cas, vous pouvez choisir l'option **Utiliser le plus grand espace disponible**. C'est dans cet espace non encore formaté que l'installateur va créer ses partitions. Les partitions existant déjà sur le disque ne seront pas modifiées.

Si vous voulez réutiliser la totalité d'un disque, vous pouvez choisir l'option **Utiliser intégralement le disque**. Notez que dans ce cas, toutes les données qui se trouvent encore sur le disque vont être irrémédiablement perdues !

A l'étape suivante, nous procédons à la création des nouvelles partitions. Commencez par sélectionner l'espace dans lequel ces partitions seront créées (espace libre).

L'installateur Debian offre plusieurs possibilités pour exploiter l'espace qui lui est offert. Vous pouvez définir une seule partition à la main. Si elle n'a pas consommé tout l'espace libre, il suffit de répéter cette création manuelle pour obtenir le nombre de partitions souhaitées. Une solution plus simple consiste à sélectionner l'option

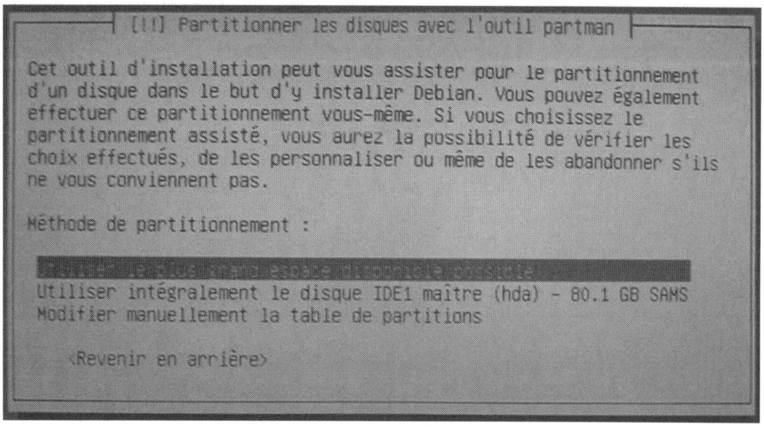

Figure 2.12
Choix du mode de partitionnement du disque dur.

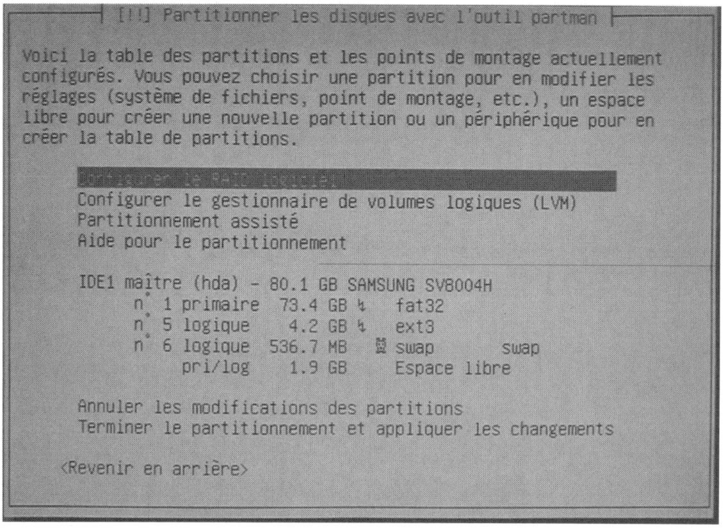

Figure 2.13
Démarrage du partitionnement d'un disque.

"Partitionner automatiquement l'espace disponible" pour laisser faire l'installateur. Vous pourrez apporter des modifications (notamment concernant le choix du type de système de fichiers) ultérieurement.

L'approche la plus simple consiste à ne définir qu'une partition pour la totalité du disque. Dans ce cas, l'étape suivante propose de choisir le mode d'utilisation de la machine. Dans le cas d'une machine destinée à la bureautique, une partition distincte sera créée pour tous les sous-répertoires du répertoire */home*. Si la machine doit servir en tant que serveur, plusieurs partitions seront créées.

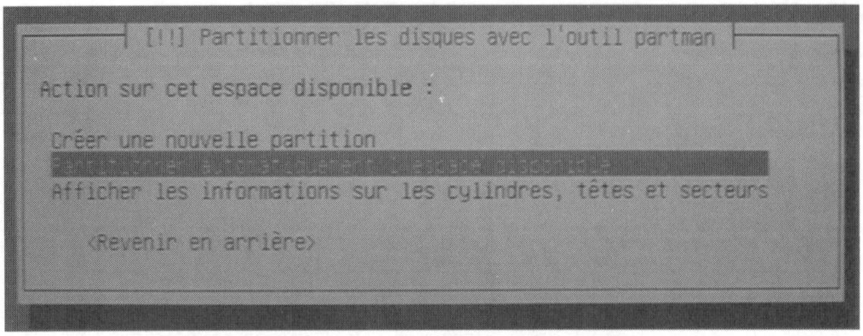

Figure 2.14
Choix d'un mode de partitionnement.

Tout système Linux peut fonctionner avec une seule partition dans laquelle seront mélangés les fichiers du système, les fichiers des applications et les données personnelles créées par les utilisateurs. Même le fameux espace de remisage *swap* peut être implanté dans cette partition unique, sous forme d'un fichier d'échange. Rappelons que le remisage consiste à étendre artificiellement l'espace de la mémoire de travail RAM en reléguant les données les moins fréquemment accédées dans un fichier disque (ou une partition). Pour améliorer les temps d'accès à cette fausse mémoire vive, il est fortement conseillé de définir une partition spéciale pour le fichier d'échange, même si ce n'est pas obligatoire.

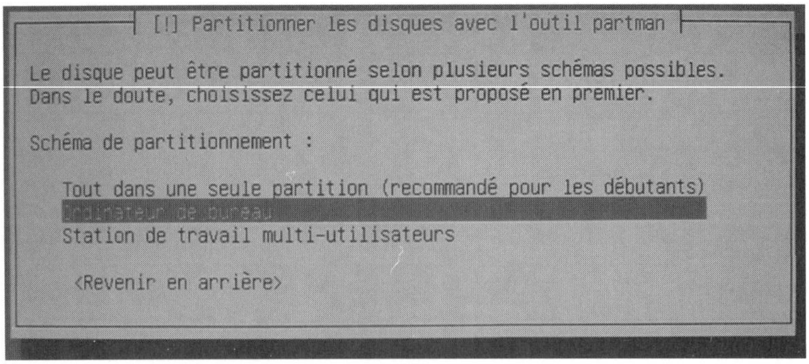

Figure 2.15
Choix du mode d'utilisation de l'ordinateur.

Nombreux sont les administrateurs qui ne définissent qu'une seule partition, ce qui simplifie la surveillance, mais cette approche a de sérieux inconvénients. En distribuant les données dans plusieurs partitions, vous améliorerez la sécurité du système. En outre, si un problème se produit au niveau d'un système de fichiers, il suffira de reformater la partition correspondante puis de restaurer les données de cette seule partition. Si la partition défectueuse n'est pas celle du système de base, le problème n'entraîne aucun arrêt système.

Le second argument en faveur des partitions multiples est lié à l'utilisation du système. S'il sert de serveur de messagerie par exemple, une attaque par des pourriels qui saturent l'espace de stockage des boîtes de réception sera bien moins grave si le répertoire */var/mail/* est situé dans une partition indépendante. Dans ce cas, le seul problème est qu'il n'est plus possible de recevoir de nouveaux messages lorsque la partition est saturée, mais les autres services de la machine continuent à fonctionner normalement.

Il n'est pas simple de choisir les tailles des différentes partitions sans un minimum d'expérience. L'espace requis dépend largement du régime d'exploitation du système, et il est conseillé de bien y réfléchir avant de faire vos choix.

Hiérarchie du stockage d'un système Debian

Debian GNU/Linux s'appuie sur une structure arborescente de stockage conforme au standard FHS. Voici les répertoires principaux en partant du répertoire racine :

Répertoire	*Contenu*
`bin`	Programmes indispensables
`boot`	Images du noyau et fichiers du chargeur d'amorce
`dev`	Fichiers des périphériques
`etc`	Fichiers de configuration du système
`home`	Racine relative des répertoires des utilisateurs
`lib`	Librairies de fonctions du système
`media`	Répertoires des périphériques amovibles
`mnt`	Répertoires des périphériques de stockage permanent
`proc`	Répertoires virtuels pour les données système
`root`	Racine relative du super-utilisateur (administrateur)
`sbin`	Programmes système essentiels
`tmp`	Données temporaires
`usr`	Racine relative de nombreux programmes
`var`	Données variables
`opt`	Implantation des logiciels non Debian

Le répertoire racine (/) doit contenir au minimum les cinq répertoires */etc*, */bin*, */sbin*, */lib* et */dev*. Ces cinq répertoires ne doivent jamais être stockés sur une autre partition que celle de la racine, pour que le système puisse démarrer. En général, il faut compter au moins 100 Mo d'espace pour cette partition, mais vous pouvez prévoir un peu plus. (Le sous-répertoire */boot* est très petit, car il contient seulement le ou les fichiers du noyau.)

Le répertoire */usr* comprend normalement les sous-répertoires */usr/bin* (qui contient les programmes des utilisateurs) et */usr/lib* (qui contient les librairies correspondantes) ainsi que */usr/share/doc* (pour la documentation) et quelques autres. Vous pouvez prévoir environ 500 Mo pour la partition correspondante, mais cela dépend du nombre de programmes à installer.

Le répertoire */home* va recevoir autant de sous-répertoires que d'utilisateurs créés sur le système. La taille à prévoir dépend énormément de ce que les utilisateurs vont faire de leur compte. Dix utilisateurs qui se limiteront à écrire des textes auront besoin de beaucoup moins d'espace que deux utilisateurs qui feront du montage vidéo.

Le répertoire */var* sert à stocker les articles des groupes de discussions, les pages Web et les messages électroniques. L'outil de gestion de paquets Debian stocke ici la description des paquets installés, et y place les paquets qu'il vient de récupérer sur le réseau. C'est pour cette dernière raison que les systèmes Debian doivent prévoir un peu plus d'espace que les autres pour cette partition. Vous devrez également être plus généreux pour cette partition si le système doit servir à recevoir et émettre de nombreux messages et à consulter de nombreuses pages Web.

Le répertoire */tmp* d'un système Debian ne sert qu'à stocker des données transitoires et il vous faut prévoir entre 40 et 100 Mo. Notez que le contenu de ce répertoire est véritablement temporaire. Debian efface ce contenu à chaque démarrage du système.

La partition pour le fichier d'échange d'un système doté d'un processeur 32 bits ne peut pas occuper plus de 2 Go. Dans la plupart des cas, cet espace est largement supérieur aux besoins. Notez qu'il est possible de prévoir plusieurs partitions pour le fichier d'échange, éventuellement sur des disques durs différents connectés à des bus distincts, ce qui améliore encore les temps d'accès.

Dans la figure suivante, nous utilisons un disque de 16 Go. Nous avons prévu une partition assez réduite pour le système de fichiers de la racine (/) et des partitions distinctes pour */usr*, */var*, */tmp* et */home*. Nous n'avons pas oublié la partition pour le fichier d'échange *swap*. Toutes les partitions seront du type ext3.

Figure 2.16

Exemple de distribution des partitions.

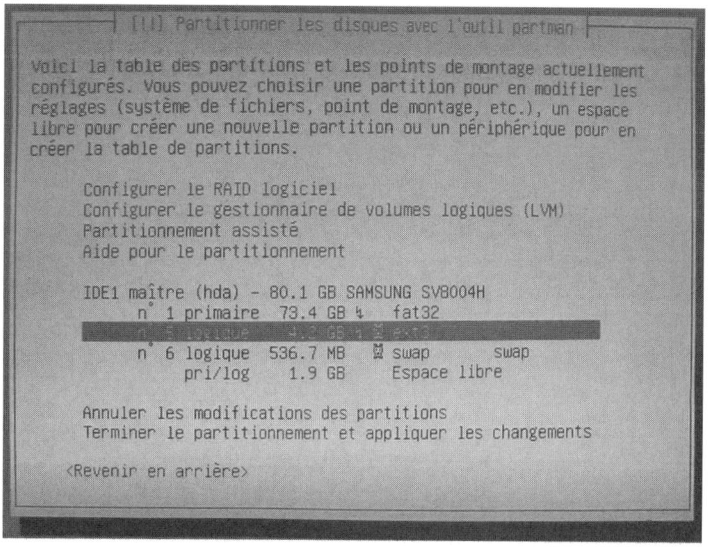

La liste des partitions affichée indique pour chacune d'elle son numéro, son type (primaire ou logique), la taille choisie et deux colonnes de symboles avant la mention du type de système de fichiers. Dans ces deux colonnes, un éclair ou une flèche signifie que vous pourrez démarrer depuis cette partition. Dans la seconde des deux colonnes, la tête de mort rappelle que la partition sera formatée. Une tête souriante (*smiley*) indique que la partition va être connectée logiquement mais qu'aucun nouveau système de fichiers n'y sera implanté (les données qu'elle contient resteront inchangées).

Figure 2.17

Symboles utilisés pour les partitions.

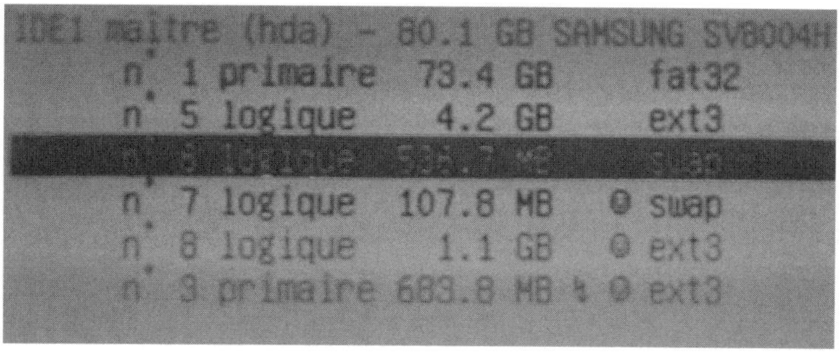

Pour chaque partition, vous choisissez le type du système de fichiers, le point de montage et certaines options. Vous choisissez également de formater ou non la partition et de la rendre démarrable.

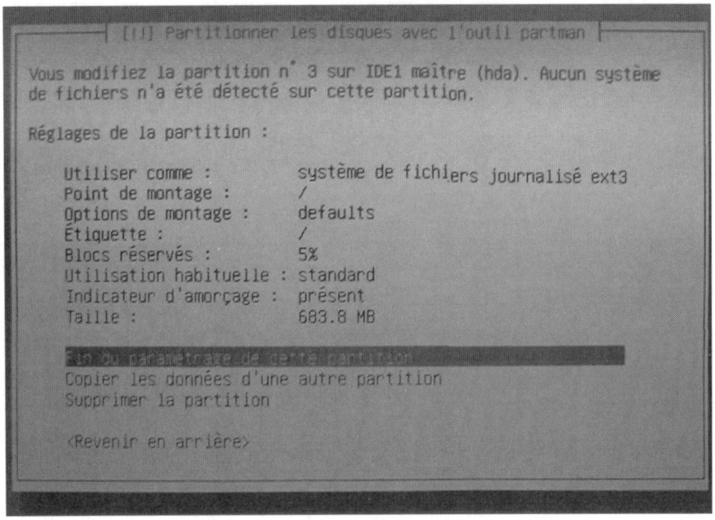

Figure 2.18
Les options d'une partition.

Revenons sur les types de systèmes de fichiers. Si vous ne modifiez rien, toutes les partitions seront créées avec le type **ext3** (Extended 3). Il peut être utile d'opter pour un autre type dans certains domaines d'utilisation particuliers. La liste de la figure suivante montre les types de systèmes de fichiers utilisables.

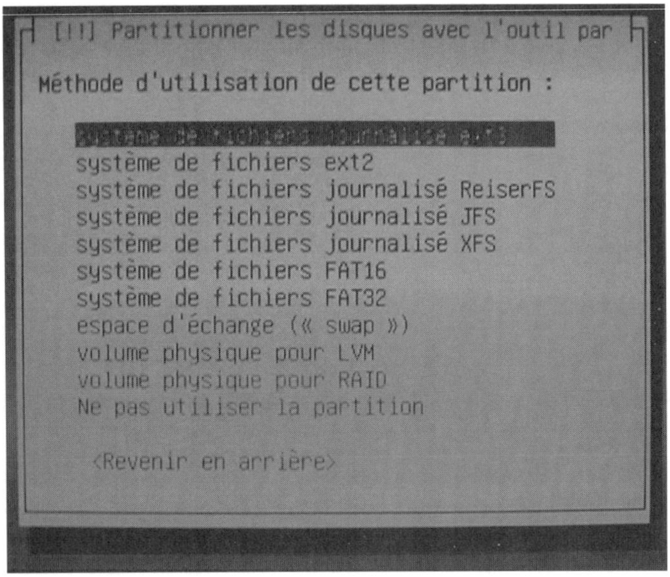

Figure 2.19
Les types de systèmes de fichiers de Debian GNU Linux.

L'étape suivante consiste à formater les partitions et à les connecter logiquement au système (à les monter). Selon la taille et le nombre de partitions, la durée du processus est variable. Pour plus de sécurité, il vous est une dernière fois montré quelle configuration de partitions vous avez choisi de créer.

Vous démarrez ensuite la procédure d'installation à proprement parler, c'est-à-dire le transfert des fichiers sur le disque. La durée de cette étape peut être assez importante si vous avez demandé une installation complète. Tous les paquets sont transférés sur le nouveau système (lorsqu'ils ne sont pas disponibles sur un disque accessible) puis l'intégrité des paquets est vérifiée par calcul de leur somme de contrôle (*checksum*). Les paquets sont ensuite décompressés puis distribués dans les sous-répertoires adéquats. Les dépendances d'un paquet par rapport à d'autres sont prises en compte pour garantir un fonctionnement correct de tous les paquets et aboutir à un système cohérent une fois l'installation achevée.

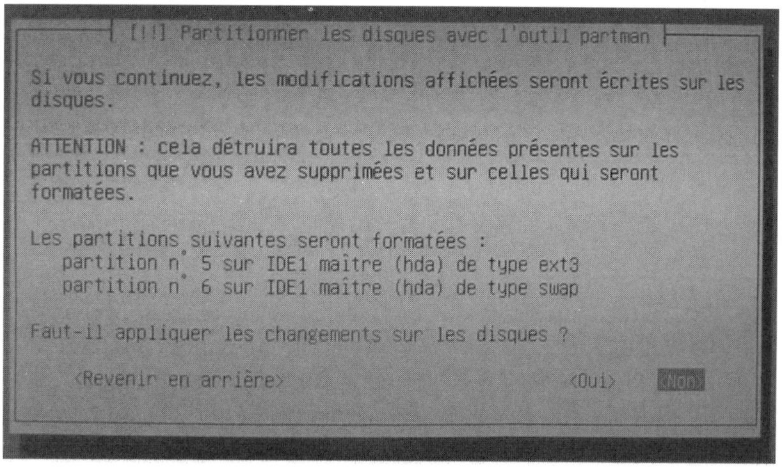

Figure 2.20
Demande de confirmation de formatage des partitions.

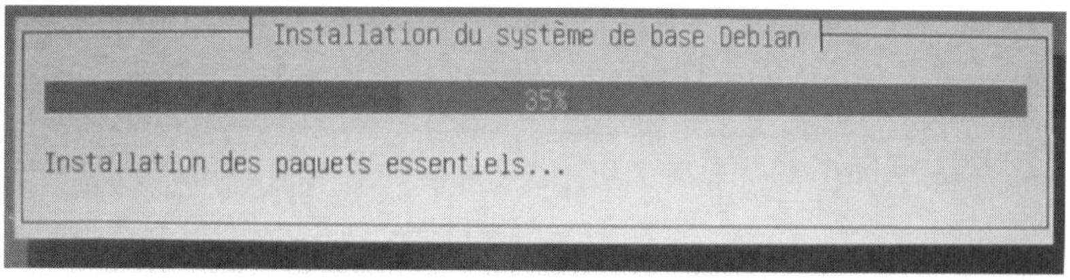

Figure 2.21
Processus d'installation des paquets logiciels.

Une fois les fichiers transférés, un noyau Linux est transféré. S'il existe plusieurs versions du noyau sur la source d'installation, vous pouvez en sélectionner un. Privilégiez le noyau qui a été utilisé pour l'installation. Si celle-ci s'est bien déroulée avec ce noyau, vous pouvez en déduire que le système pourra fonctionner correctement avec la même version. Vous pourrez toujours changer de noyau, notamment en le mettant à jour, une fois l'installation achevée, comme nous l'indiquons au Chapitre 4.

Les scripts d'installation contenus dans les paquets du noyau permettent d'ajouter les entrées appropriées dans le chargeur d'amorce Bootloader que vous allez choisir.

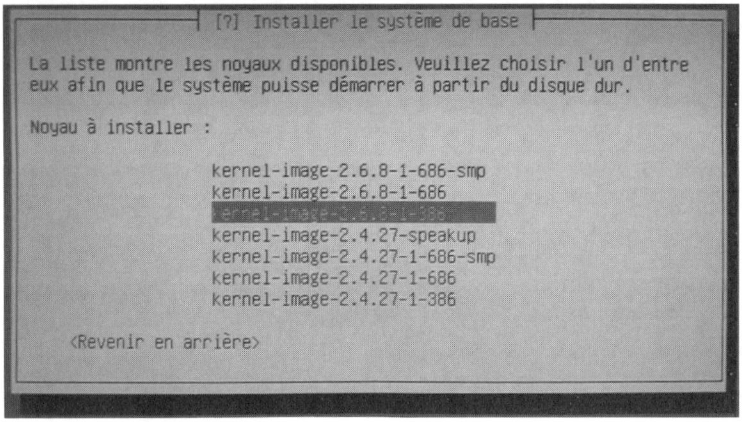

Figure 2.22
Choix du noyau.

Si les sources d'installation ne contiennent qu'un seul paquet de noyau, il est installé sans que l'on vous demande quoi que ce soit. Vous pourrez installer un nouveau noyau plus tard, par exemple pour mieux prendre en compte les périphériques. Il est préférable de conserver le noyau ayant servi à l'installation pour votre premier démarrage du système, car il est généralement conçu pour s'adapter au plus grand nombre de configurations matérielles.

La dernière étape de l'installation consiste à installer le chargeur d'amorce GRUB. Une détection de toutes les partitions contenant d'autres systèmes d'exploitation est alors lancée. Si d'autres systèmes sont trouvés, des entrées correspondantes sont automatiquement ajoutées dans le fichier de configuration du chargeur d'amorce.

Vous parvenez alors à une étape capitale. La question qui vous est posée permet de décider d'installer le chargeur d'amorce dans la zone d'amorce principale MBR du premier disque dur. En général, vous pouvez accepter cette idée, mais sachez que Windows NT et XP sont chatouilleux lorsque cette zone est modifiée sur leur disque de démarrage.

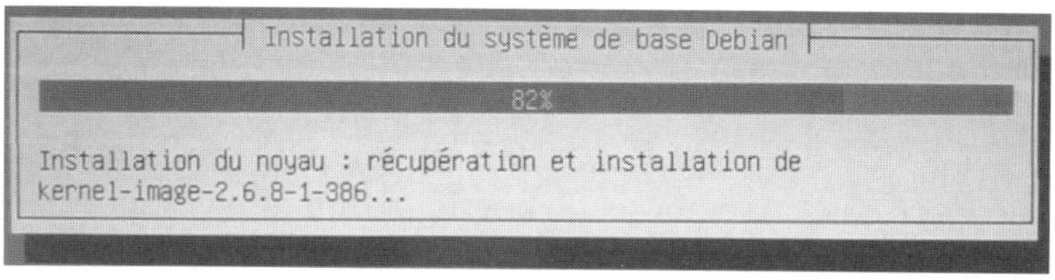

Figure 2.23
Installation du noyau.

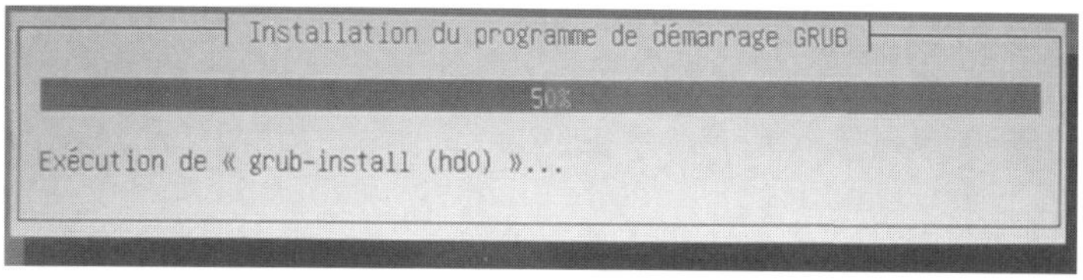

Figure 2.24
Installation du chargeur d'amorce GRUB (détection des systèmes).

Si un autre chargeur d'amorce se trouve déjà au début de ce disque dur, il est préférable de demander l'installation de GRUB ailleurs. Si aucun autre système n'est installé sur le même disque, vous pouvez sans problème installer GRUB dans la zone MBR.

Dans notre exemple, nous avons installé Debian sur un disque contenant déjà une installation de Windows. Si nous demandons d'installer GRUB dans le MBR, la configuration de GRUB est modifiée pour qu'il reste possible de démarrer avec Windows, *via* un menu de sélection qui sera dorénavant présenté au démarrage. Vérifiez bien que tous les systèmes avec lesquels vous voulez démarrer à l'avenir sont présentés dans la liste. Seuls ces systèmes seront mentionnés dans le fichier de configuration de GRUB. Il est cependant possible d'ajouter manuellement une entrée pour un système dans le fichier de configuration *boot/grub/menu.lst*.

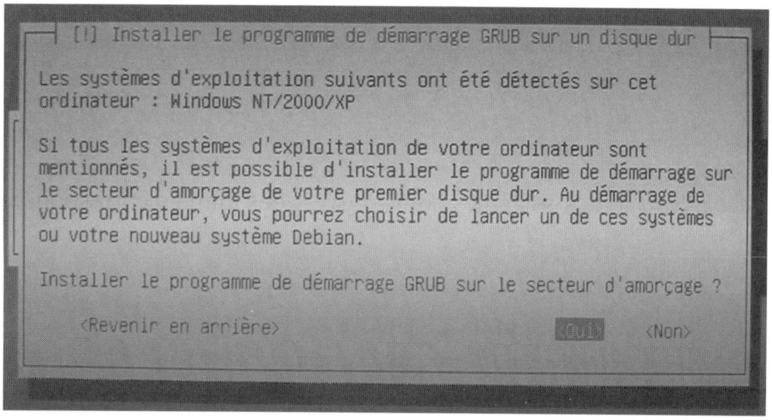

Figure 2.25
Installation de GRUB (détection d'un autre système).

Vous en avez terminé avec l'installation. Ejectez le CD ou le DVD du lecteur (il l'est automatiquement dans certains cas) et validez par Entrée pour redémarrer le système.

Au premier démarrage du système, le programme **base-config** est lancé pour effectuer quelques dernières opérations de configuration du système. Cette phase ne fait cependant plus partie des tâches de l'installateur Debian. Vous pouvez la réaliser ultérieurement à la demande.

Nous avons parlé d'un fichier de configuration pour le chargeur d'amorce GRUB (*/boot/grub/menu.list*). Pour chaque noyau Linux installé, deux entrées sont ajoutées dans ce fichier. La première des deux permet un démarrage normal du système ; la seconde, un démarrage en mode maintenance avec un seul utilisateur. Dans ce mode, vous pouvez accomplir des tâches d'administration, mais seuls les services indispensables sont activés. Pendant l'installation du système de base, seul un paquet de noyau est installé, ce qui affiche deux entrées dans le menu.

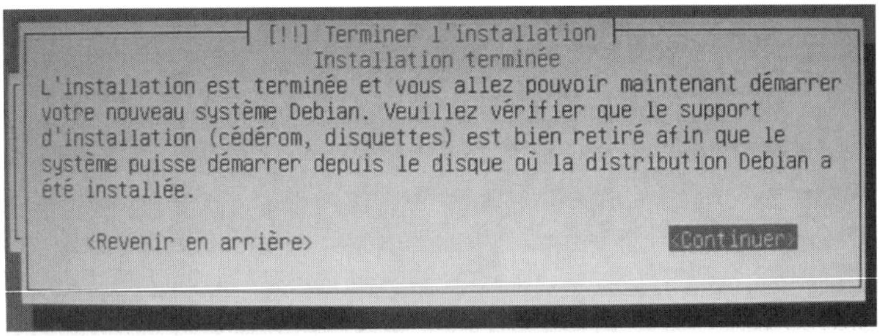

Figure 2.26
Redémarrage du système après installation.

Figure 2.27
Menu de sélection du système dans le chargeur d'amorce GRUB.

Si d'autres systèmes sont présents, vous pouvez en sélectionner un pour démarrer la machine à partir de celui-ci. Les autres systèmes sont présentés dans la dernière section du menu. Notez que l'installateur Debian ne peut pas reconnaître automatiquement la version exacte de Windows lorsqu'il en a détecté une. Vous pouvez modifier le texte qui apparaît en retouchant le fichier de configuration de GRUB si nécessaire, par exemple lorsque plusieurs versions de Windows sont installées.

Les deux sections suivantes traitent de l'installation en mode expert et de l'installation automatique. Vous pouvez les ignorer si vous avez réussi votre installation simplifiée sans problème. Dans ce cas, passez directement à la configuration du système de base de Debian.

Installation en mode expert

Pour démarrer l'installation mode expert, il suffit de saisir la commande **expert** au niveau de l'invite de commande du démarrage (avant le chargement du noyau Linux, donc). Vous pouvez démarrer avec le noyau 2.6 au lieu du 2.4 en indiquant la commande **expert26** puis en validant avec la touche Entrée.

Après quelques instants, vous voyez apparaître le menu principal de l'installateur. Le contenu du menu est variable selon les modules qui ont été chargés. L'installateur propose toujours la prochaine étape logique. Si la suggestion ne vous convient pas, sélectionnez une autre entrée de menu.

Figure 2.28
Menu de l'installation en mode expert.

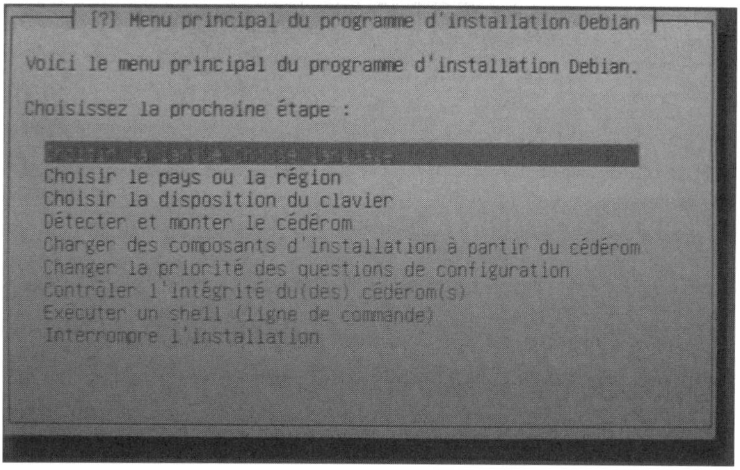

Lorsque vous choisissez une option qui nécessite des étapes supplémentaires de configuration, celles-ci sont en général réalisées automatiquement. Pour en rester à une installation simple, sélectionnez la dernière option du menu. Dans ce cas, toutes les étapes précédentes sont effectuées dans la mesure du possible.

La première étape concerne le choix de la langue. Sélectionnez cette option puis optez pour votre langue préférée. Vous choisissez ensuite le pays, ce qui permet de définir le fuseau horaire. Si vous passez directement à la sélection du pays, un choix de langue est suggéré.

Il en va de même pour le choix du clavier, qui comprend une présélection.

L'étape suivante consiste à détecter un lecteur de CD ou de DVD contenant un CD. Quelques modules supplémentaires sont chargés. Ils permettent de reconnaître la plupart des lecteurs de CD du marché. L'installateur essaye ensuite de monter le contenu du CD.

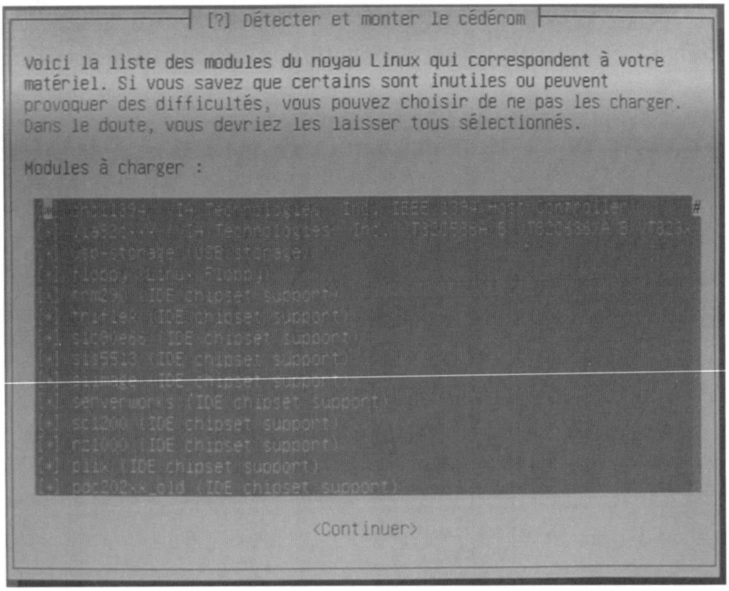

Figure 2.29

Mode expert : choix d'un pilote de CD.

Les étapes suivantes sont les mêmes que pour l'installation normale, mais vous pouvez contrôler plus précisément le processus. Ainsi, l'installateur ne cherche pas à charger automatiquement tous les modules pour détecter le lecteur de CD (cela peut entraîner parfois des problèmes, voire un blocage du système). L'installateur vous propose de sélectionner le module le plus approprié. Vous pouvez même spécifier les paramètres pour le chargement du module.

Dans le menu suivant, vous sélectionnez des composants dans une liste assez longue. Ceux qui sont le plus souvent demandés sont déjà présélectionnés. Vous pouvez en ajouter d'autres, par exemple pour des matériels spéciaux. Notez que le chargement des composants peut prendre quelques instants.

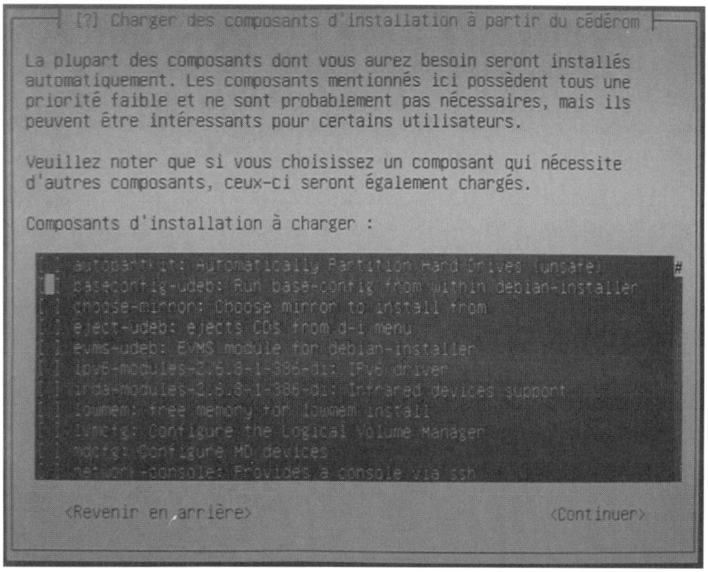

Figure 2.30
Mode expert : installation des composants.

Une fois ces composants complémentaires installés, de nouvelles fonctions apparaissent dans le menu principal.

L'étape suivante concerne la configuration du réseau. Si tous les paquets logiciels sont trouvés sur le CD, vous pouvez ignorer cette étape. Si vous utilisez un CD d'installation réseau de type Netinstall, tous les paquets sont récupérés depuis un serveur réseau. Il faut donc dans ce cas avoir configuré correctement l'accès à ce réseau.

Vous devez à ce moment sélectionner l'option de détection du matériel. Au démarrage de l'installateur, une détection minimale des matériels a été réalisée. Vous pouvez maintenant faire charger des modules de noyau afin de détecter d'autres composants.

Vous passez ensuite à la préparation des partitions du disque. L'option de partitionnement du disque permet d'afficher tous les disques durs détectés sur le système avec toutes les partitions qu'ils contiennent, et éventuellement les espaces non partitionnés. Le menu permet de créer de nouvelles partitions, d'en supprimer et d'en modifier la taille. Vous pouvez également décider du type de système de fichiers et du point de montage.

Rappelons qu'il faut créer au moins deux partitions : la partition racine "/", et une partition pour le fichier d'échange *swap*.

Une des dernières commandes du menu permet de préparer un disque ou une partition automatiquement. Si le disque est déjà prêt, vous pouvez choisir l'option de fin de partitionnement, qui provoque la création des systèmes des fichiers et la mise en place du système.

La partie la plus longue est l'installation physique des paquets du système de base. Vous devez choisir l'option d'installation du système de base. Si plusieurs paquets pour le noyau sont disponibles, vous devez sélectionner le plus approprié.

La dernière étape concerne l'installation du chargeur d'amorce Bootloader. Vous pouvez choisir entre GRUB et LILO. Vous devez également choisir où installer ce chargeur d'amorce. En général, il est installé dans la zone d'amorce maître du disque MBR (*master boot record*) du premier disque dur.

Il ne reste plus qu'à éjecter le CD du lecteur pour empêcher le redémarrage depuis ce CD. Sélectionnez enfin l'option "Terminer l'installation et redémarrer".

Vous en avez terminé avec l'installation. Dès que le système redémarre, le programme **base-config** est exécuté. Vous pourrez le relancer ultérieurement en mode administrateur. Notez que base-config ne fait plus partie du processus d'installation.

Les composants de l'installateur

L'installateur Debian est constitué de nombreux composants, chacun accomplissant une tâche précise. Ceux qui sont les plus utiles ont déjà été présentés dans la description ci-dessus. Voici une présentation brève de tous les composants disponibles.

Les différents composants de l'installateur

- **Menu principal :** ce menu présente la liste des composants de l'installation et sert à les activer un à un. Les questions qui concernent Debconf sont réglées avec le niveau de priorité medium. Autrement dit, le menu principal n'est pas affiché si vous réglez la priorité sur hugh ou sur critical. (high est le niveau standard lorsqu'aucun autre niveau de priorité n'est défini par un paramètre *via* l'invite de démarrage de l'installateur.) Le niveau de priorité peut diminuer lorsqu'une erreur survient, ce qui provoque automatiquement l'apparition du menu.
- **languagechooser :** propose une liste de langues et de dialectes. Les affichages suivants seront présentés dans la langue choisie à ce niveau. Si tous les éléments de l'interface ne sont pas traduits dans la langue choisie, ils apparaîtront en anglais.

- **countrychooser :** propose une liste de pays.
- **ddetect :** sert à détecter les disques durs installés dans la machine.
- **pcmcia :** permet à l'utilisateur de configurer une carte réseau PCMCIA.
- **kbd-chooser :** permet de sélectionner un clavier.
- **netcfg :** sert à configurer les connexions réseau.
- **iso-scan :** recherche des systèmes de fichiers au format ISO (des images CD) se trouvant sur un CD ou sur le disque dur.
- **choose-mirror :** présente une liste de sites d'archives miroirs Debian. L'utilisateur choisit ainsi la source d'installation. En général, vous choisissez ici le lecteur de CD local ou bien une source miroir du réseau.
- **cdrom-detect :** sert à détecter les lecteurs de CD (internes ou externes).
- **anna :** signifie Anna's Not Nearly APT. Version spéciale de l'APT pour l'installateur Debian. Sert à installer des paquets en les récupérant sur la source d'installation choisie.
- **partman :** sert à créer les partitions sur un disque dur, à créer un système de fichiers et à monter les volumes (connexion logique). L'outil contient des fonctions intéressantes, notamment un mode entièrement automatique et le support des volumes LVM.
- **autopartkit :** permet de partitionner un disque complet en fonction des paramètres de l'utilisateur.
- **partitioner :** autre outil pour créer des partitions. Utilise un programme de partitionnement différent selon l'architecture de la machine.
- **partconf :** affiche la liste des partitions puis crée des systèmes de fichiers sur les partitions sélectionnées selon les paramètres de l'utilisateur.
- **base-installer :** installe les paquets indispensables qui représentent le système de base Debian après le redémarrage.
- **kernel-chooser :** sert à sélectionner une version du noyau, dans le cas où plusieurs paquets de noyau ont été détectés dans la source.
- **bootloader-installer :** sert à installer le chargeur d'amorce sur le disque dur pour permettre le démarrage depuis ce disque (sans disquette ni CD). La plupart des chargeurs autorisent la sélection parmi plusieurs systèmes. Le chargeur est différent selon l'architecture matérielle.

- **baseconfig :** propose des boîtes de dialogue pour configurer le paquet du système de base en fonction des paramètres de l'utilisateur (voyez aussi la description de Baseconfig au Chapitre 4).
- **shell :** permet d'exécuter des commandes *via* un interpréteur Shell (depuis le menu ou sur la deuxième console).
- **bugreporter :** permet à l'utilisateur d'envoyer des informations décrivant un problème sur une disquette afin de pouvoir donner aux programmeurs tous les détails dont ils pourraient avoir besoin pour le résoudre.

Installation automatisée

Vous pouvez utiliser l'installateur Debian pour réaliser en série des installations automatisées, c'est-à-dire sans aucune interaction de l'utilisateur. D'autres paquets Debian permettent ce genre d'installation : **replicator**, **systemimager**, **autoinstall** et **FAI** (nous reparlons de ce dernier plus loin). Chacun de ces programmes offre une approche différente : certains partent d'une image du disque dur et d'autres utilisent un serveur d'installation centralisé en réseau (FAI).

Le principe d'automatisation de l'installateur Debian consiste à puiser les réponses dans un fichier. Ce fichier de préconfiguration peut donc être implanté sur la source d'installation (le CD, le DVD ou une disquette) ou en réseau. Le format du fichier doit correspondre aux données générées par la commande **debconf-get-selections**. (Cette commande fait partie du paquet **debconf-utils**.)

Pour générer un tel fichier de configuration à partir d'un système existant, vous devez réunir les informations qui ont été fournies pendant l'installation du système ainsi que toutes celles fournies lors de l'installation de paquets logiciels complémentaires. A cet effet, utilisez les deux commandes suivantes :

```
debconf-get-selections --installer > config.cfg
debconf-get-selections >> config.cfg
```

Le fichier résultant doit être retouché avec un éditeur de texte puis stocké sur un serveur ou sur le support d'installation. Dans tous les cas, vous devez indiquer cette source au noyau Linux dès le démarrage, afin que l'installateur Debian puisse disposer dès le départ des informations. Si le fichier se trouve sur un serveur, vous pouvez spécifier un paramètre de démarrage du type `preseed/url=http://nomserveur/chemin/config.cfg`. Cela n'est évidemment possible que si l'installateur réussit à se connecter au réseau automatiquement *via* DHCP. Dans le cas contraire, il faut préciser la source à la main. Si le fichier se trouve sur un support local, l'accès au réseau n'est pas obligatoire. Dans ce cas, le paramètre s'écrira `preseed/file=/floppy/config.cfg` (dans le cas d'une disquette). Si vous démarrez depuis une clé USB, vous devez ajouter dans le fichier *syslinux.cfg* le paramètre `preseed/file=/hd-media/config.cfg`. Rappelons que certains systèmes de fichiers ne reconnaissent pas les noms de fichiers longs. Pour éviter tout problème, conservez des noms courts.

Voici un long exemple de fichier de configuration d'installateur contenant de nombreux commentaires. Notez que certaines lignes sont trop longues et se poursuivent sur la ligne suivante. Ce sont celles qui se terminent par le signe \ (qui ne fait pas partie du fichier).

```
# d-i preseed file, version 0.1. Copyright 2004 by Joey Hess.
# Version française trouvée sur
# http://d-i.alioth.debian.org/manual/fr.i386/apcs01.html

#### Modification de syslinux.cfg.

# Editez le fichier syslinux.cfg, et ajoutez les paramètres après
# les lignes "append" pour le noyau.
#
# Vous voudrez au moins dire à l'installateur où se trouve ce fichier
# de préconfiguration.
# Si vous faites une installation à partir d'un support USB, utilisez ce
# paramètre et mettez le fichier de préconfiguration dans le répertoire
# racine de la clé USB.
#   preseed/file=/hd-media/preseed
# Si vous faites une installation par le réseau, utilisez ce paramètre :
#   preseed/url=http://host/path/to/preseed
# Si vous recréez un cédérom, vous pouvez utiliser celui-ci :
#   preseed/file=/cdrom/preseed
# N'oubliez pas de mettre le fichier à l'endroit que vous indiquez.
#
# Pendant que vous y êtes, vous pourriez déclarer un debconf/
priority=critical
# pour éviter la plupart des questions, même s'il n'y en a pas beaucoup dans
# la préconfiguration qui suit.
# Et vous pourriez aussi mettre le compte à rebours à 1 dans syslinux.cfg et
# éviter ainsi d'avoir à appuyer sur la touche Entrée pour lancer
# l'installateur.
#
# Langue, pays et clavier ne peuvent être présélectionnés dans ce fichier
# car ces questions sont posées avant que le fichier ne soit chargé.
# Pour éviter ces questions, il faut ajouter ces paramètres aux paramètres du
# noyau :
#
#    languagechooser/language-name=English
#    countrychooser/shortlist=US
#    console-keymaps-at/keymap=us
#
```

```
# Il faut savoir que le noyau accepte un maximum de huit options en ligne
# de commandes et huit variables d'environnement. Et les options ajoutées
# par l'installateur sont comprises dans ces chiffres. S'il y a
dépassement,
# les noyaux 2.4 ignorent les options en trop et les noyaux 2.6 paniquent.
# On peut sans risque supprimer certaines options par défaut, comme
# 'vga=normal' ou 'devfs=mount'. Cela permet de rajouter autant d'options
# pour la préconfiguration.

#### Les commandes du shell.

# La préconfiguration de l'installation n'est pas sécurisée. Rien dans
# dans l'installateur ne surveille les dépassements de tampons ou les
# exploitations quelconques des valeurs données dans ce fichier.
# N'utilisez que les fichiers dont vous connaissez la provenance !
# Pour tout dire, et parce que c'est en général utile, voici un
# moyen d'exécuter automatiquement une commande dans l'installateur.

# La première commande est exécutée aussi tôt que possible, juste après
# la lecture du fichier.
#d-i preseed/early_command    string \
#    wget http://url/to/my.udeb -O /tmp/my.udeb; udpkg -i /tmp/my.udeb

# Cette commande est exécutée juste avant que l'installation ne se termine,
# mais quand le répertoire /target est encore utilisable.
#d-i preseed/late_command    string \
#    for deb in /hd-media/*.deb; do cp $deb /target/tmp; \
#    chroot /target dpkg -i /tmp/$(basename $deb); done

# Cette commande est exécutée au moment où base-config commence.
#base-config base-config/early_command  string echo hi mom

# Cette commande est exécutée après base-config, juste avant la connexion.
# C'est un bon moyen d'installer les paquets que vous voulez ou d'affiner
# la configuration du système.
#base-config base-config/late_command  string \
#    apt-get install zsh; chsh -s /bin/zsh

#### Configuration du réseau.

# Bien sûr, si vous récupérez le fichier de préconfiguration sur le réseau,
# cela ne marchera pas ! Mais c'est parfait si vous amorcez à partir d'un
# cédérom ou d'une clé USB. Vous pouvez aussi ajouter des paramètres réseau
# aux paramètres du noyau si vous récupérez le fichier de préconfiguration
# sur le réseau.

# Choisir une interface précise pour netcfg. Ce n'est normalement pas
# nécessaire puisque netcfg utilise toute interface connectée
#d-i netcfg/choose_interface  select auto

# Si vous préférez configurer vous-même le réseau, voici comment faire :
#d-i  netcfg/disable_dhcp  boolean true
#d-i  netcfg/get_nameservers  string 192.168.1.1
```

```
#d-i  netcfg/get_ipaddress  string 192.168.1.42
#d-i  netcfg/get_netmask  string 255.255.255.0
#d-i  netcfg/get_gateway  string 192.168.1.1
#d-i  netcfg/confirm_static  boolean true

# Remarquez que les valeurs données par dhcp, nom de domaine ou nom de
# machine, prennent le pas sur les valeurs déclarées ici. Cependant,
# cette déclaration empêche que les questions ne soient posées même si les
# valeurs viennent de dhcp.
d-i  netcfg/get_hostname  string unassigned-hostname
d-i  netcfg/get_domain          string unassigned-domain

# Supprimer le dialogue irritant sur la clé WEP.
d-i netcfg/wireless_wep          string
# Et l'étonnant nom de machine dhcp que certains FAI utilisent comme mot de
# passe.
#d-i netcfg/dhcp_hostname  string radish

# Valeurs pour les miroirs

d-i  mirror/country    string enter information manually
d-i  mirror/http/hostname  string http.us.debian.org
d-i  mirror/http/directory  string /debian
d-i  mirror/suite    string testing
d-i  mirror/http/proxy  string

### Partitionnement.

# Si le système possède un espace libre, vous pouvez ne partitionner que cet
# espace.
#d-i partman-auto/init_automatically_partition  \
#    select Use the largest continuous free space

# Vous pouvez aussi choisir un disque entier. Le format de son nom peut être
# donné selon le format devfs ou le format traditionnel.
# Par exemple, pour utiliser le premier disque connu sous devfs :
d-i  partman-auto/disk  string /dev/discs/disc0/disc

# Vous pouvez choisir parmi tous les schémas prédéfinis :
d-i partman-auto/choose_recipe      select all files in one partition
#d-i  partman-auto/choose_recipe  select Desktop machine
#d-i  partman-auto/choose_recipe  select Multi-user workstation

# Ou donner vous-même votre schéma...
# Le format des schémas est expliqué dans le fichier
# devel/partman-auto-recipe.txt.
# Si vous avez la possibilité d'obtenir un schéma dans l'environnement de
# l'installateur, vous pouvez simplement pointer sur lui.
#d-i  partman-auto/expert_recipe_file  string /hd-media/recipe

# Sinon, vous pouvez écrire un schéma en une seule ligne. L'exemple suivant
# crée une petite partition /boot, une partition swap convenable, et utilise le
# reste de l'espace libre pour la partition racine :
```

```
#d-i partman-auto/expert_recipe       string boot-root :: \
#    20 50 100 ext3 $primary{ } $bootable{ } method{ format } format{ } \
#    use_filesystem{ } filesystem{ ext3 } mountpoint{ /boot } .  \
#    500 10000 1000000000 ext3 method{ format } format{ } \
#    use_filesystem{ } filesystem{ ext3 } mountpoint{ / } .  \
#    64 512 300% linux-swap method{ swap } format{ } .
# A titre d'explication, voici le même schéma dans une forme plus lisible :
#   boot-root ::
#   40 50 100 ext3
#    $primary{ } $bootable{ }
#    method{ format } format{ }
#    use_filesystem{ } filesystem{ ext3 }
#    mountpoint{ /boot }
#   .
#   500 10000 1000000000 ext3
#    method{ format } format{ }
#    use_filesystem{ } filesystem{ ext3 }
#    mountpoint{ / }
#   .
#   64 512 300% linux-swap
#    method{ swap } format{ }
#   .

# Partman créera automatiquement les partitions sans demander de confirmation.
d-i partman/confirm_write_new_label    boolean true
d-i partman/choose_partition  select Finish partitioning and write changes
d-i partman/confirm           boolean true

#### Installation du programme d'amorçage.

# Grub est le programme d'amorçage par défaut (pour x86). Si vous préférez
# LILO, décommentez la ligne suivante :
#d-i  grub-installer/skip    boolean true


# Il n'y a aucun danger à donner ce paramètre : il installe GRUB sur le
# secteur d'amorçage principal s'il n'existe aucun autre système
# sur la machine.
d-i  grub-installer/only_debian  boolean true

# Ce paramètre installe GRUB sur le secteur d'amorçage principal, même s'il
# existe un autre système d'exploitation, ce qui est moins sûr car il
# pourrait ne pas savoir amorcer cet autre système.
d-i  grub-installer/with_other_os  boolean true

# Vous pouvez aussi l'installer ailleurs que dans le secteur d'amorçage
# principal. Décommentez et modifiez les lignes suivantes :
#d-i  grub-installer/bootdev    string (hd0,0)
#d-i  grub-installer/only-debian  boolean false
#d-i  grub-installer/with_other_os  boolean false
```

```
# TODO comment présélectionner l'installation de LILO ? Les questions posées
# rendent la tâche difficile.

##### Terminer la première étape de l'installation.

# Pour éviter le dernier message, qui indique que l'installation est terminée :
d-i  prebaseconfig/reboot_in_progress  note


##### Préconfiguration de base-config.

# Pour éviter le message d'introduction :
base-config  base-config/intro  note

# Pour éviter le dernier message :
base-config  base-config/login  note

# Si vous installez un gestionnaire d'affichage et si vous ne voulez pas le
# lancer immédiatement après base-config :
#base-config base-config/start-display-manager  boolean false

###### Configuration du fuseau horaire.

# Cette commande règle l'horloge matérielle sur GMT ou non :
base-config tzconfig/gmt    boolean true

# Si vous avez indiqué à l'installateur que vous habitez aux USA, vous pouvez
# utiliser cette valeur pour déclarer le fuseau horaire.
# (Le choix est le suivant : Eastern, Central, Mountain, Pacific,
# Alaska, Hawaii, Aleutian, Arizona East-Indiana, Indiana-Starke, Michigan,
# Samoa, autre)
base-config tzconfig/choose_country_zone/US  select Eastern

# Si vous avez indiqué à l'installateur que vous habitez au Canada.
# (Choix : Newfoundland, Atlantic, Eastern, Central,
# East-Saskatchewan, Saskatchewan, Mountain, Pacific, Yukon, autre)
base-config tzconfig/choose_country_zone/CA  select Eastern

# Si vous avez indiqué à l'installateur que vous habitez au Brésil. (Choix :
# East, West, Acre, DeNoronha, autre)
base-config tzconfig/choose_country_zone/BR  select East

# Beaucoup de pays n'ont qu'un seul fuseau horaire. Si vous avez indiqué à
# l'installateur que vous habitez dans l'un de ces pays, vous pouvez
# le sélectionner avec cette question.
base-config tzconfig/choose_country_zone_single boolean true

# Cette question est posée pour les pays qui n'appartiennent pas à la liste
# précédente et qui ont plusieurs fuseaux horaires. Vous pouvez préconfigurer
# l'un des fuseaux ou "autre".
#base-config tzconfig/choose_country_zone_multiple    select
```

```
###### Configuration des comptes.

# Pour préconfigurer le mot de passe de root, vous devez le mettre en clair
# dans le fichier. Mais ce n'est pas une très bonne idée, faites attention !
#passwd    passwd/root-password    password r00tme
#passwd    passwd/root-password-again  password r00tme

# Si vous voulez ne pas créer d'utilisateur :
#passwd    passwd/make-user    boolean false

# Vous pouvez aussi présélectionner le nom de l'utilisateur et son identifiant
# de connexion.
#passwd    passwd/user-fullname    string Debian User
#passwd    passwd/username      string debian

# Et le mot de passe, mais faites attention !
#passwd    passwd/user-password    password insecure
#passwd    passwd/user-password-again  password insecure

###### Configuration d'Apt.

# Il s'agit de contrôler la source des paquets qui sera utilisée dans la
# deuxième étape de l'installation. Vous pouvez choisir : cdrom, http, ftp,
# filesystem, ou modifier vous-même le fichier sources list.
base-config  apt-setup/uri_type  select http

# Si vous choisissez ftp ou http, on vous demandera un pays et un miroir.
base-config  apt-setup/country  select enter information manually
base-config  apt-setup/hostname  string http.us.debian.org
base-config  apt-setup/directory  string /debian

# Choisir uniquement un miroir.
base-config  apt-setup/another  boolean false

# Vous pouvez choisir d'installer des paquets de non-free et contrib.
#base-config  apt-setup/non-free  boolean true
#base-config  apt-setup/contrib  boolean true

# Pour autoriser les mises à jour de sécurité :
base-config  apt-setup/security-updates  boolean true

###### Sélection des paquets.

# Vous pouvez installer toute combinaison de tâches parmi celles qui
  ➥sont disponibles.
# Pour l'heure, les tâches disponibles sont les suivantes : environnement
# de bureau, serveur Web, serveur d'impression, serveur DNS, serveur de
# fichiers, serveur de courrier, base SQL, sélection manuelle des paquets.
# La dernière utilise aptitude. Vous pouvez ne pas installer de tâches
```

```
# et forcer l'installation de paquets par un autre moyen.
tasksel    tasksel/first  multiselect Desktop environment
#tasksel  tasksel/first  multiselect Web server, Mail server, DNS server

###### Configuration du MTA.

# Lors d'une installation normale, Exim pose seulement deux questions. Voici
# comment les éviter. Une préconfiguration plus complexe est possible.
exim4-config exim4/dc_eximconfig_configtype \
    select no configuration at this time

# Il est judicieux d'indiquer ici le nom de l'utilisateur que vous avez
# créé. Si vous n'indiquez aucune valeur, le courrier destiné à postmaster
  ➥ira dans
# /var/mail/mail.
exim4-config  exim4/dc_postmaster    string

###### Configuration du serveur X.

# Préconfigurer le serveur X est possible, mais il vous faudra sans doute
# connaître les caractéristiques du matériel vidéo de votre machine. Le
# configurateur Debian du serveur X ne configure rien automatiquement.

# X peut détecter le bon pilote pour certaines cartes, mais si vous faites une
# préconfiguration, vous annulerez ce qu'il aura choisi. Cependant, vesa
# fonctionne la plupart du temps.
#xserver-xfree86  xserver-xfree86/config/device/driver  select vesa

# Concernant la détection automatique de la souris, il faut savoir que si elle
# échoue, X recommence sans fin le processus. Donc, s'il y a
préconfiguration,
# une boucle infinie peut apparaître si la souris n'est pas détectée.
#xserver-xfree86  xserver-xfree86/autodetect_mouse  boolean true

# La détection automatique du moniteur est recommandée.
xserver-xfree86    xserver-xfree86/autodetect_monitor  boolean true
# Décommentez la ligne suivante si vous possédez un écran LCD.
#xserver-xfree86  xserver-xfree86/config/monitor/lcd  boolean true
# X possède trois adresses pour la configuration du moniteur. Voici comment
# présélectionner l'adresse "medium", qui est toujours disponible.
# L'adresse "simple" peut ne pas être disponible et l'adresse
# "advanced" pose trop de questions.
xserver-xfree86  xserver-xfree86/config/monitor/selection-method  \
    select medium
xserver-xfree86  xserver-xfree86/config/monitor/mode-list \
    select 1024x768 @ 60 Hz

###### Les autres questions.

# Selon les logiciels que vous avez installés et s'il y a eu des problèmes
# pendant le processus d'installation, d'autres questions peuvent être posées.
# Vous pouvez bien sûr les préconfigurer ! Pour obtenir la liste de toutes
# les questions possibles, faites une installation et exécutez ces
```

```
# commandes :
#   debconf-get-selections --installer > fichier
#   debconf-get-selections >> fichier

# Si vous voulez, vous pouvez inclure dans ce fichier d'autres fichiers de
# de préconfiguration. Toutes les valeurs de ces fichiers annuleront les
# valeurs préexistantes. Vous pouvez indiquer plus d'un fichier, en les
# séparant par des espaces ; tous seront chargés. Ces fichiers peuvent
# à leur tour contenir d'autres directives de préconfiguration ou d'inclusion.
# Notez que si les fichiers sont relatifs, ils seront pris dans le répertoire
# où se trouve le fichier qui les inclut.
#d-i preseed/include  string x.cfg

# D'une manière plus souple, cela exécute des commandes du shell et si le
# résultat donne les noms de ces fichiers, ils sont inclus. Par exemple,
# pour changer de configuration en fonction du périphérique de stockage USB,
# un lecteur carte intégré :
#d-i preseed/include_command  string \
#    if $(grep -q "GUID: 0aec3050aec305000001a003" /proc/scsi/usb-storage-*/*); \
#   then echo kraken.cfg; else echo otherusb.cfg; fi
```

Rappelons que vous pouvez exécuter des commandes avant ou après l'installation du système de base pour apporter des modifications.

Configuration du système de base

Une fois que le système a redémarré, ce qui est normalement le seul redémarrage requis, vous passez à la configuration du système de base. Toutes les étapes que nous présentons ci-après peuvent être réintégrées en lançant le programme **base-config**.

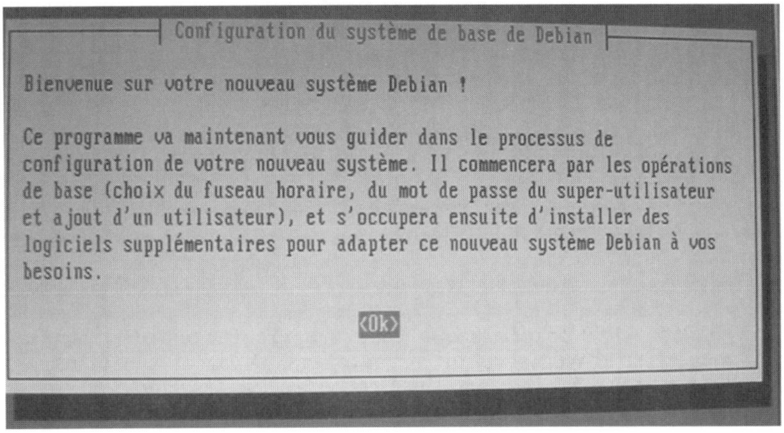

Figure 2.31
Ecran d'accueil de la configuration du système de base.

La première étape consiste à régler éventuellement l'horloge et le fuseau horaire. Si la machine n'héberge qu'un système Linux, il est conseillé de configurer l'horloge système au fuseau GMT. Si d'autres systèmes sont installés, il peut être préférable de choisir le fuseau horaire local.

Figure 2.32

Configuration de l'horloge système.

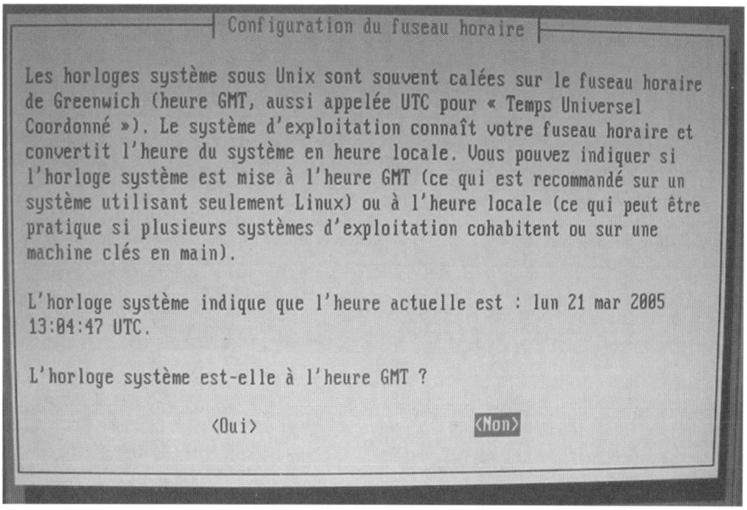

Le fuseau horaire est déduit de la langue sélectionnée pendant l'installation.

Figure 2.33

Choix du fuseau horaire.

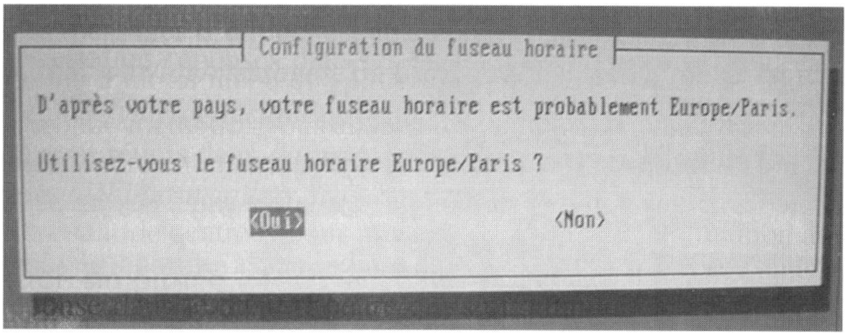

Vous devez ensuite choisir un mot de passe pour le super-utilisateur *root* (l'administrateur). Nous vous déconseillons de choisir un mot de passe facile à deviner. De nombreuses pages sur le Web décrivent amplement les stratégies de choix de mots de passe. Avec un moteur de recherche, cherchez l'expression "Choix mot de passe".

Le mot de passe du super-utilisateur et la création d'un premier compte d'utilisateur ne sont pas demandés lorsque vous relancez l'outil **base-config** après la première configuration.

Figure 2.34

Saisie du mot de passe du super-utilisateur root.

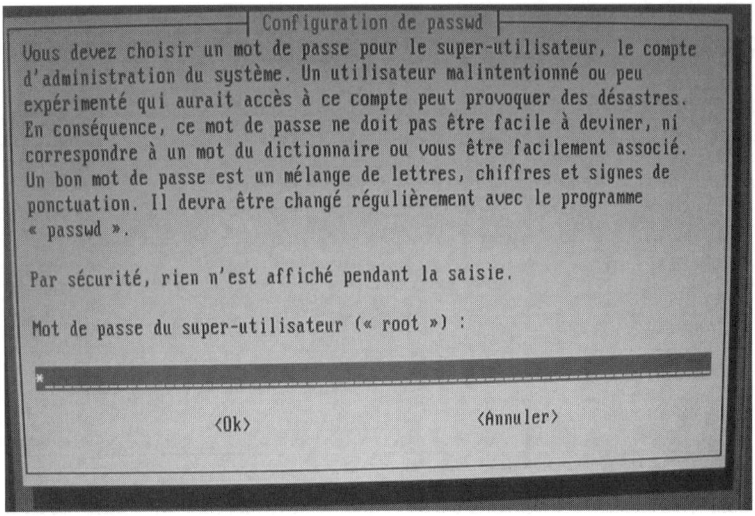

Pour pallier toute faute de frappe pendant la saisie du mot de passe, il vous est demandé de le saisir une seconde fois.

Dans tous les systèmes, il faut au moins définir un compte utilisateur régulier en plus du compte d'utilisateur *root*. Vous vous servirez de ce compte pour toutes les opérations habituelles. Vous passerez en super-utilisateur soit lorsque vous y serez convié par un outil, soit lorsque vous aurez à réaliser des opérations au niveau du système. Lorsque vous avez terminé de travailler en tant que super-utilisateur, pensez à fermer la session et à en ouvrir une nouvelle en tant qu'utilisateur normal.

Vous devez fournir le nom (l'identifiant) qui sera employé pour ce compte.

L'identifiant (le nom utilisé pour la connexion) est stocké avec le mot de passe, pour constituer la clé d'accès au système. Certains choisissent le prénom de l'utilisateur comme identifiant pour le compte, mais tout est possible.

A chaque utilisateur doit être associé un mot de passe. Vous devez saisir une seconde fois le mot de passe pour éviter toute faute de saisie.

Figure 2.35

Seconde saisie du mot de passe du super-utilisateur.

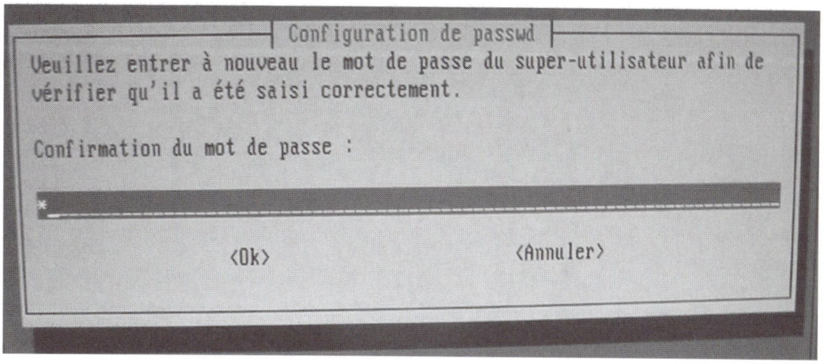

Figure 2.36

Saisie du nom complet d'un compte utilisateur.

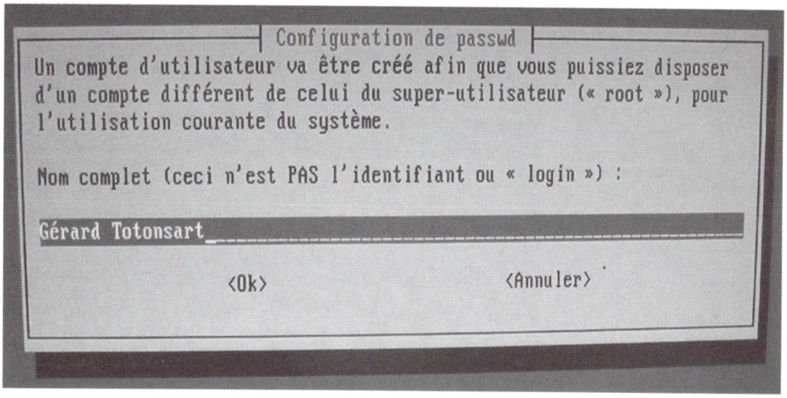

Figure 2.37

Choix de l'identifiant d'un compte utilisateur.

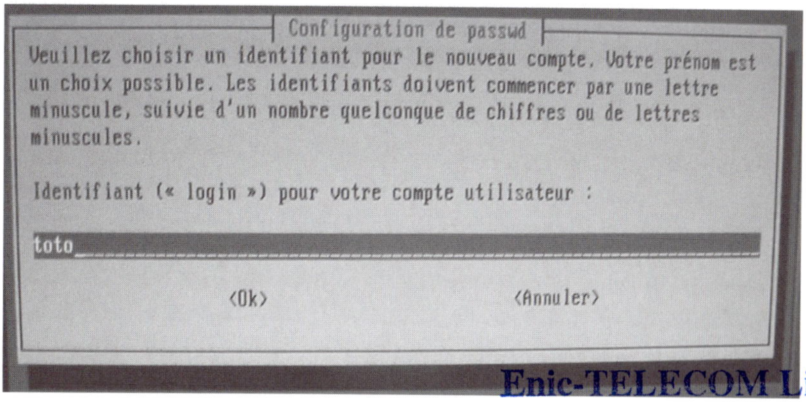

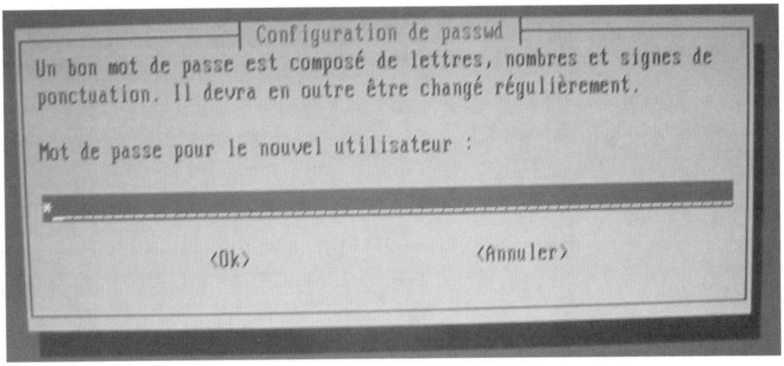

Figure 2.38

Choix du mot de passe du compte utilisateur.

Si un CD ou un DVD est inséré dans le lecteur, l'installateur en analyse le contenu pour trouver des paquets logiciels à installer.

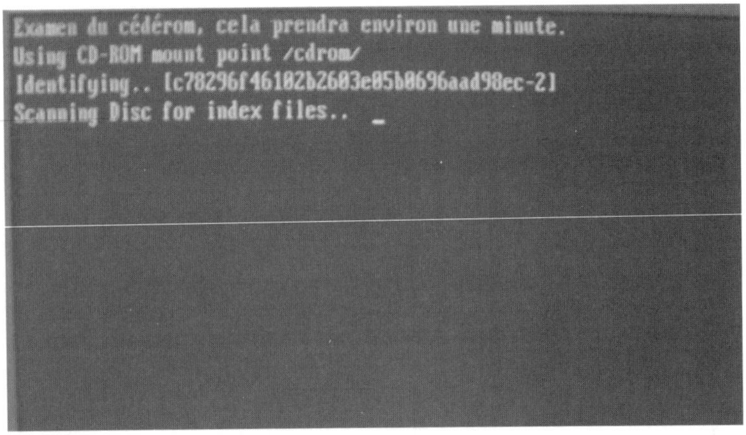

Figure 2.39

Analyse d'un CD contenant des sources de paquets APT.

Les paquets logiciels trouvés sur le support sont configurés pour en permettre l'accès par l'outil de gestion de paquets Debian. Notez que vous pouvez choisir des sources assez diverses : CD, serveur HTTP, serveur FTP ou système de fichiers local.

Pour faire lire un autre CD ou DVD, vous utilisez l'option de menu **cdrom**. Dans ce cas, vous devez insérer tour à tour les différents supports. Notez que l'analyse du contenu des supports peut prendre un certain temps, notamment s'il s'agit d'un DVD.

Figure 2.40

Choix de la source des paquets APT.

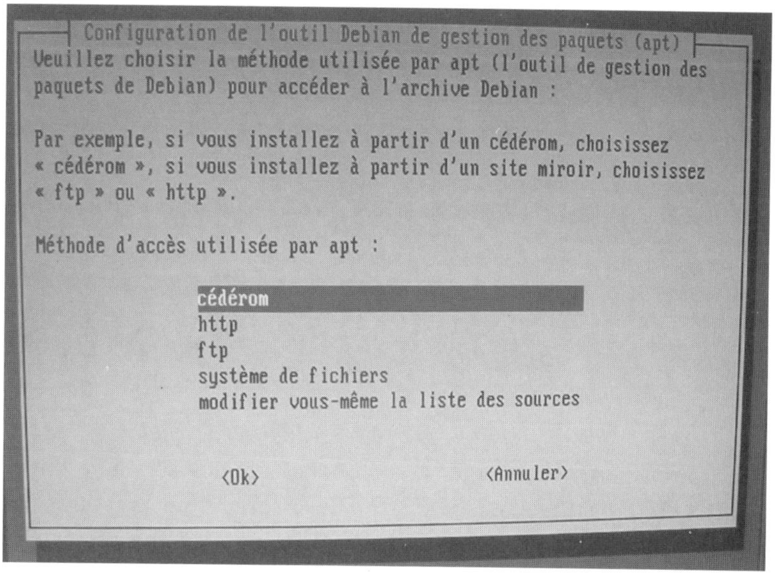

Si vous choisissez une source sur le Web, HTTP ou FTP, vous devez également sélectionner le pays pour permettre de trouver le serveur le plus proche géographiquement.

Recherche du serveur le plus proche

L'outil nommé **netselect** analyse la liste des serveurs miroirs Debian pour évaluer leur disponibilité et leur taux de transfert. Cela permet de sélectionner le serveur le plus efficace. Les données servent à ajouter une entrée dans le fichier nommé *sources.list*.

Une option qui s'écrit –**vv** permet d'obtenir des statistiques détaillées sur les serveurs interrogés. Vous pouvez également spécifier une sélection de serveurs sur la ligne de commande. Seuls ces serveurs seront analysés à la recherche du plus rapide.

Vous sélectionnez donc le pays dans une liste de serveurs. Si un serveur Proxy est utilisé, vous pouvez spécifier les données correspondantes. S'il faut lui fournir un identifiant ou un mot de passe pour accéder au serveur Proxy, vous devez vous conformer au format suivant :

```
http://[[Utilisateur][:Mot de passe]@]Nommachine[:Port]
```

Une fois toutes ces données saisies, les listes de paquets sont extraites du serveur choisi.

Figure 2.41

Extraction des listes des paquets APT.

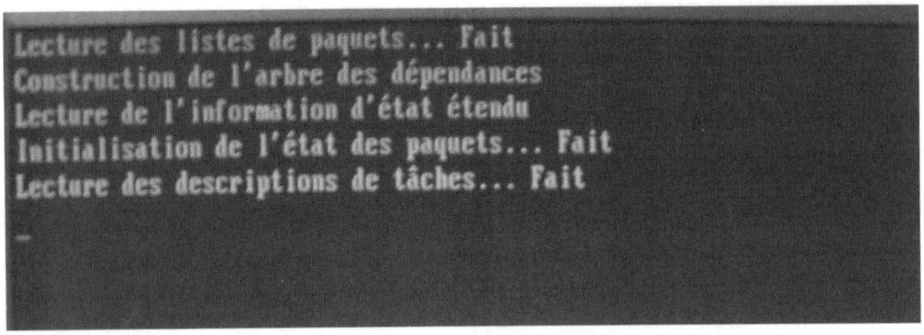

Une option permet d'obliger à se connecter à des serveurs contenant des sources de paquets qui constituent des correctifs de sécurité pour les autres paquets. Si la machine est connectée à Internet, il est conseillé de toujours activer cette option de sécurité. Pour exploiter ces paquets correctifs, l'administrateur doit non seulement penser à effectuer régulièrement des installations de ces paquets correctifs, mais également les mentionner dans le fichier de configuration APT.

Cette actualisation automatique n'est possible que si vous disposez d'un accès à Internet. Si aucune connexion ne peut être réalisée avec les serveurs concernés, vous voyez apparaître un message d'erreur.

Dans tous les cas, le fichier nommé */etc/apt/sources.list* reçoit des entrées supplémentaires vous permettant d'accéder aux correctifs de sécurité. Si la connexion n'est pas possible, ces entrées sont neutralisées par mise en commentaire. Elles peuvent ainsi être réactivées plus tard manuellement, une fois que la configuration réseau a été réparée.

Les paquets logiciels à installer peuvent être sélectionnés par groupes fonctionnels. Ces groupes se nomment des paquets de tâches. Vous les sélectionnez au moyen d'un outil appelé **tasksel**. Chaque groupe de tâche correspond à une orientation d'utilisation de l'ordinateur. Vous pouvez par exemple sélectionner le groupe correspondant à une utilisation bureautique normale, ce qui évite d'avoir à sélectionner tous les paquets correspondants un à un.

Si votre but est de mettre en place un système le plus compact possible, n'utilisez pas **tasksel**. Vous pourrez toujours ajouter les paquets qui vous manquent au moyen d'APT ou d'Aptitude (tous deux décrits au Chapitre 4).

La nature et le nombre de paquets logiciels sélectionnés déterminent la durée de l'installation et le nombre d'opérations de configuration qui seront requises par la suite. Le Chapitre 4 donne d'autres détails au sujet de l'outil **tasksel** et de l'espace de stockage requis pour les paquets correspondants.

Figure 2.42
Sélection des groupes de paquets logiciels.

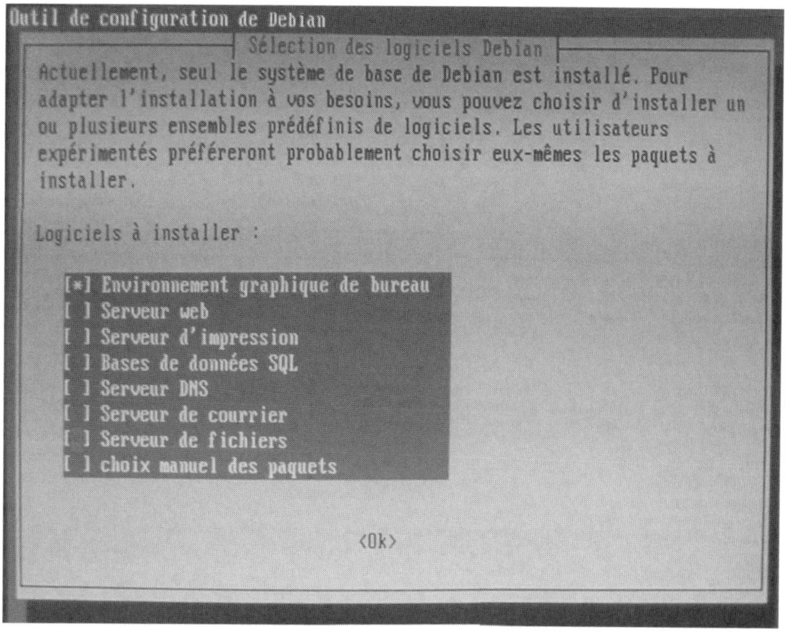

Tout système Debian implique l'installation d'un serveur de messagerie. La tâche de base de ce serveur est de transmettre les messages d'erreurs système à l'administrateur. Debian a opté pour le programme nommé **Exim4** dont la configuration minimale sert à envoyer des messages au système local.

La configuration d'Exim s'appuie sur des menus déroulants, ce qui la rend simple. Un système de base minimal ne requiert pas une telle configuration, qui peut donc être reportée à plus tard.

Vous devez spécifier le nom de l'utilisateur qui recevra les messages générés par le système. Cette définition termine la configuration minimale du système de messagerie.

Une fois que tous les paquets sont configurés et installés, vous en avez terminé avec la configuration du système de base.

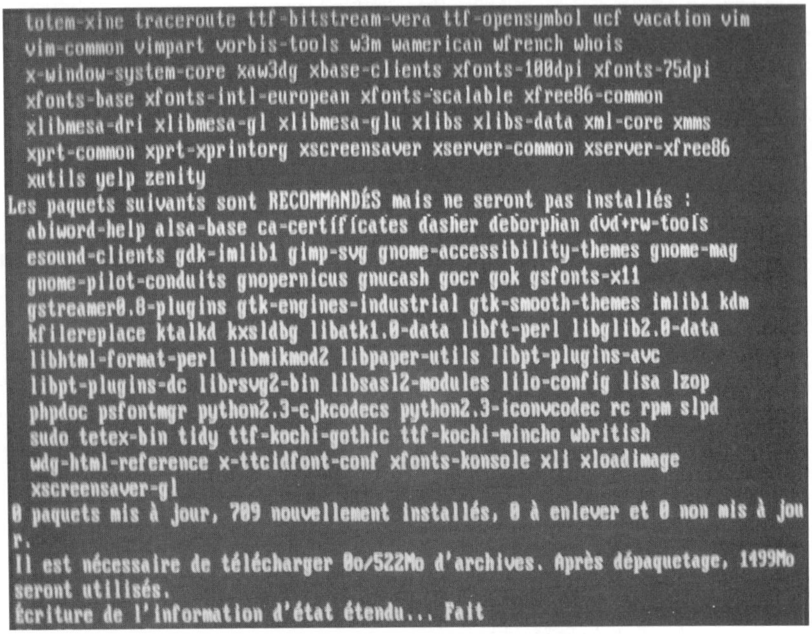

Figure 2.43

Installation de paquets complémentaires.

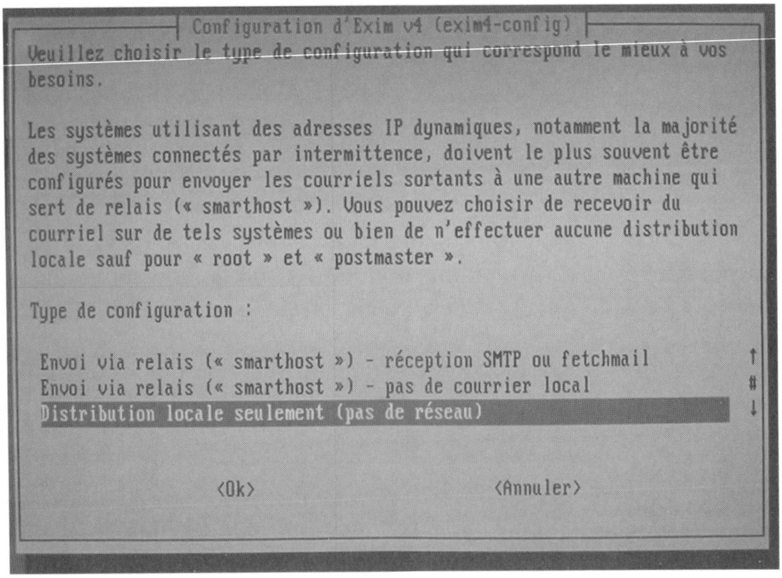

Figure 2.44

Configuration du serveur de messagerie Exim.

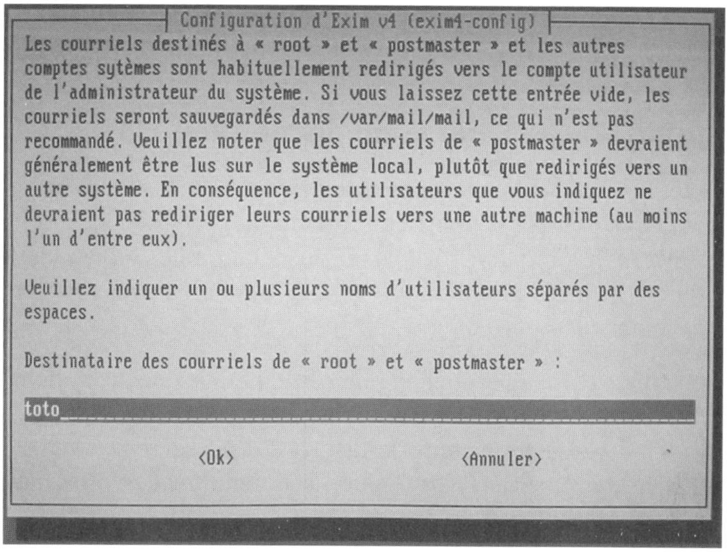

Figure 2.45

Choix de l'utilisateur destinataire des messages de Exim.

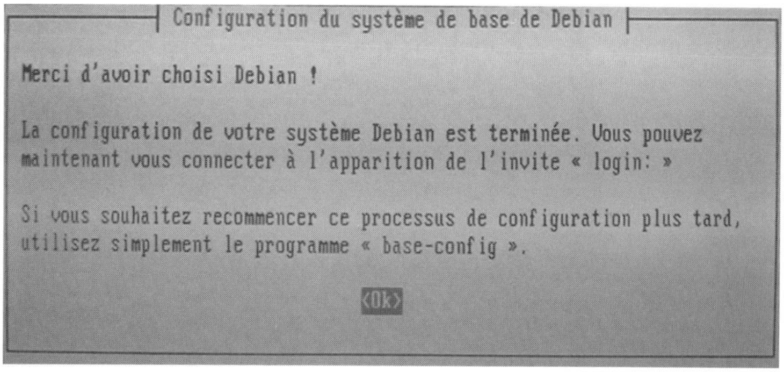

Figure 2.46

Fin de la configuration du système de base.

Autres installateurs Debian

Vous pouvez opter pour un autre installateur que celui proposé par l'équipe Debian en standard. Ces installateurs servent notamment pour des configurations matérielles et logicielles particulières, non gérées par l'installateur standard. Par ailleurs, le noyau Linux intègre de nouvelles caractéristiques et de nouveaux pilotes, éléments qui ne sont pas encore pris en charge par l'installateur Debian pendant la phase de maturation de la version Debian stable courante.

Vous trouverez une présentation des autres installateurs à la page suivante :

http://linuxmafia.com/faq/Debian/installers.html

Cette page donne également une description de l'environnement *chroot* dans lequel Debian peut être installé pour permettre, par exemple, un accès à distance.

Migration depuis une autre distribution

Si vous utilisez déjà une autre distribution Linux sur le système, la migration vers Debian GNU/Linux est en général fort simple. Vous sauvegardez les données dont vous avez encore besoin puis procédez à l'installation de Debian comme indiqué plus haut. Cela n'est bien sûr possible que si vous avez déjà accès physiquement au système à mettre à jour.

Cette migration est cependant plus difficile lorsque le système à mettre à jour est hébergé dans un centre de calcul auquel vous n'avez pas d'accès direct. De nombreux fournisseurs vous permettent de disposer d'un serveur *root*, ce qui offre un accès à distance au système sans permettre d'installer une autre distribution.

Un développeur de Debian nommé Guillem Jover a écrit un programme permettant d'effectuer cette migration vers Debian GNU/Linux lorsque ce système fonctionne avec une autre distribution (SUSE, Red Hat, Mandrake, Slackware, Gentoo, etc.). Le processus ne met pas à jour la totalité du système. Il met en place un élément nommé *deboostrap* qui permet de démarrer avec un nouveau système de base. L'ancien noyau, l'ancien chargeur d'amorce et toutes les applications qui étaient installées restent utilisables et peuvent être mises à jour à la demande.

Vous trouverez une description de cet outil **debtakeover** à la page :

http://www.hadrons.org/~guillem/debian/debtakeover

Le processus d'installation de Debian sur un système existant est également détaillé à la page suivante :

http://d-i.alioth.debian.org/manual/de.i386/apbs03.html

Debian sans installation : KNOPPIX

KNOPPIX (*http://knoppix.net*) est une distribution GNU/Linux complète que vous pouvez employer depuis un CD, sans rien installer sur un disque dur. Cette distribution offre une détection automatique des matériels et supporte de nombreuses cartes vidéo et son et de nombreux périphériques SCSI, USB et autres. KNOPPIX peut servir de démonstration Linux, de CD pédagogique, de système de secours ou même de plate-forme pour des démonstrations de produits commerciaux. Aucune installation sur disque dur n'est nécessaire. Un mécanisme de décompression transparent permet de stocker jusqu'à 2 Go de logiciels sur un seul CD. KNOPPIX est également disponible sur DVD.

Le CD de KNOPPIX

Ce CD comprend une sélection du contenu de la distribution Debian GNU/Linux représentant environ 900 paquets logiciels, qui contiennent plus de 2 000 programmes, outils et jeux. La version actuelle utilise le noyau Linux 2.4, l'environnement utilisateur KDE V3.1 avec K Office et le navigateur Web Konqueror.

KNOPPIX permet donc de découvrir sans danger un système Debian GNU/Linux assez complet et préconfiguré.

Configuration requise pour KNOPPIX

La machine cible doit disposer d'un lecteur de CD et d'un BIOS permettant d'effectuer un démarrage depuis ce lecteur. Les conditions minimales requises pour exécuter KNOPPIX sont limitées puisque la page Web de la distribution requiert un 486 avec 20 Mo de mémoire vive. Notez que vous prendrez plus de plaisir à la découverte si vous disposez d'un lecteur de CD performant, d'une bonne quantité de mémoire vive et d'un processeur efficace.

Démarrage de KNOPPIX

Pour démarrer depuis le CD, vous devez d'abord configurer le BIOS pour permettre ce démarrage. Insérez ensuite le CD et redémarrez la machine. Si le démarrage depuis le CD n'est pas possible, vous devez préparer une disquette de démarrage en y copiant l'image se trouvant dans *KNOPPIX/boot.img*. Cette copie peut se réaliser sur un système Linux au moyen de la commande `dd if=boot.img of=/dev/ fd0`.

Dans la plupart des cas, le démarrage se déroule sans problème, la configuration matérielle étant détectée automatiquement. Lorsqu'un problème survient, vous pouvez essayer de le résoudre en ajoutant des paramètres au niveau de l'invite de démarrage. Notez que KNOPPIX sert également de solution de secours, car il reconnaît de nombreux systèmes de fichiers. Voici un bref aperçu des paramètres de démarrage disponibles :

```
knoppix lang=cn|de|da|es|fr|it|nl     Choix clavier et langue
knoppix lang=pl|ru|sk|tr|tw|us        Choix clavier et langue
knoppix alsa (or alsa=es1938)         Pilote son ALSA (à vos risques !)
knoppix desktop=fluxbox|icewm         Autre gestionnaire que KDE
knoppix desktop=kde|larswm|twm        idem
knoppix desktop=wmaker|xfce           idem
```

```
knoppix screen=1280x1024              Résolution écran X Window
knoppix xvrefresh=60                  Fréq. verticale 60 Hz
knoppix xserver=XFree86|XF86_SVGA     Serveur X Window
knoppix xmodule=ati|fbdev|i810|mga    Module XFree4-Module (1)
knoppix xmodule=nv|radeon|savage|s3   Module XFree4-Module (2)
knoppix xmodule=radeon|svga|i810      Module XFree4-Module (3)
knoppix 2 Runlevel 2,                 Mode texte
knoppix floppyconfig                  Lance "knoppix.sh" depuis disquette
knoppix myconf=/dev/sda1              Lance "knoppix.sh" d'une partition
knoppix myconf=scan                   Cherche "knoppix.sh"
knoppix home=/dev/sda1/knoppix.img    Monte loopback dans /home/knoppix
knoppix home=scan                     Cherche knoppix homedir automatique
knoppix no{apic,agp,apm,audio,ddc}    Saute certaines détections mat. (1)
knoppix no{firewire,pcmcia,scsi}      idem (2)
knoppix no{swap,usb}                  idem (3)
failsafe                              Démarre presque sans rien détecter
knoppix pci=irqmask=0x0e98            Pour portables si pas de souris PS/2
knoppix pci=bios                      Si contrôleur PCI rétif
knoppix ide2=0x180 nopcmcia           Démarre sur PCMCIA (portables
transmeta)
knoppix mem=128M                      Taille mémoire en Mo
knoppix dma                           Active le DMA pour tous les disques IDE
knoppix noeject                       Pas d'éjection du CD après arrêt
knoppix-txt                           Pas de mémoire d'image au départ
knoppix vga=normal                    Pas de mémoire d'image mais X
knoppix blind                         Terminal braille (pas de X)
knoppix brltty=type,port,table        Paramètres braille
knoppix wheelmouse                    Protocole IMPS/2 pour souris
molette
knoppix nowheelmouse                  Force proto. souris PS/2
fb1280x1024                           Mémoire d'image graphique fixe
fb1024x768                            idem
fb800x600                             idem
knoppix keyboard=us xkeyboard=us      Autre clavier (texte/X)
knoppix testcd                        Teste le CD
expert                                Setup interactif (experts)
```

Installation de KNOPPIX sur disque dur

Le CD de KNOPPIX contient un programme permettant d'installer KNOPPIX sur un disque dur. Vous pouvez même enrichir le système après l'installation et procéder à ses mises à jour. Tout cela permet une découverte plus approfondie de ce système. L'outil s'appelle **knoppix-installer**. Il copie tous les fichiers sur le disque dur. Rappelons que, démarré depuis le CD, KNOPPIX exploite des fichiers compressés. Lorsque vous les installez sur le disque dur, ce n'est pas l'équivalent du volume d'un CD qu'il faut prévoir, mais beaucoup plus. En général, l'installation de KNOPPIX requiert 2,5 Go d'espace libre.

L'outil **knoppix-installer** doit être démarré depuis un interpréteur de commande au moyen de la commande `sudo knoppix-installer`. Dans certains cas, vous ne parviendrez pas à préparer les partitions, notamment avec les disques durs les plus récents. Vous pouvez contourner le problème en créant les partitions désirées au moyen de l'outil **cfdisk** puis reprendre l'installation.

Une fois que tous les fichiers ont été transférés sur le disque dur, il ne reste plus qu'à modifier le fichier */etc/apt/sources.list* après le redémarrage du système. Notez que KNOPPIX utilise pour son installation quelques outils qui ne font pas partie en standard de la distribution Debian. C'est pour cette raison qu'il faut définir quelques entrées du fichier *sources.list*. Vous pouvez vous aider du contenu de la page Web *http://apt-get.org*. Nous vous prévenons qu'il est préférable d'avoir un certain intérêt pour l'expérimentation ! Si vous pouvez vous satisfaire de ne pas actualiser jusqu'au dernier paquet logiciel de KNOPPIX, les valeurs proposées par défaut peuvent vous suffire.

FAI (*Fully Automatic Installation*)

L'installation d'un système GNU par Linux a été fortement simplifiée grâce aux efforts des éditeurs des principales distributions dans la création de leurs installateurs. En effet, cet installateur est démarré automatiquement après que le système a été lancé depuis une disquette, un CD ou un DVD. L'administrateur est guidé dans toute la procédure d'installation et de configuration, ce qui permet d'aboutir à un système totalement prêt (ou presque).

Dans tous les cas, il est nécessaire de pouvoir prendre quelques décisions liées à la configuration pendant l'installation, et de sélectionner des composants logiciels. Lorsque le système devient inaccessible, il est nécessaire de procéder à sa réinstallation. Vous gagnerez du temps en ayant bien réalisé les sauvegardes au préalable (à supposer que la restauration fonctionne).

Le mécanisme d'installation entièrement automatique "FAI" (*Fully Automatic Installation*) permet, comme son nom l'indique, de procéder à l'installation de plusieurs systèmes en exploitant les paramètres d'un profil stockés sur un serveur.

A la différence d'une installation locale, il faut prévoir un serveur FAI sur un réseau. Ce serveur contient les données de configuration permettant de piloter l'installation sur les différents systèmes destinataires. Le même serveur permet de rendre disponibles d'autres services utiles pendant l'installation (par exemple un serveur FTP/HTTP pour télécharger les paquets ou un mécanisme DHCP pour attribuer automatiquement des adresses IP). Si ces services sont déjà fournis par d'autres serveurs du même réseau, il est possible de les exploiter. Par la suite, nous supposerons que tous les services sont réalisés par un serveur FAI centralisé et configurés par ce même serveur.

L'outil FAI (*http://www.informatik.uni-koeln.de/fai*) a été conçu par Thomas Lange à l'université de Cologne pour permettre l'installation de groupes d'ordinateurs. FAI est fondé sur une distribution Debian et exploite les possibilités de plusieurs scripts shell et Perl pendant l'installation. Les modifications des fichiers de configuration permettant d'adapter le système à l'emploi exact sont également réalisables au moyen de scripts **cfengine**.

Il existe une version pour Sun Solaris de FAI.

Présentation de l'installation automatisée FAI

Il est intéressant de se forger un aperçu du processus d'installation automatisé FAI. En voici les étapes principales :

- Configuration du client sur le serveur FAI. Extraction de l'adresse MAC dans le fichier de configuration du serveur DHCP et génération de la configuration voulue (les classes) pour ce client.

  – La configuration des classes constituera le bloc central de la configuration globale et de l'installation. Elle permet de définir comment partitionner le ou les disques, quels systèmes de fichiers y mettre en place et quels paquets y installer.

  – En fin d'installation, les classes permettront de réaliser des réglages fins, notamment de modifier les mots de passe ou les modes d'intégration de ce client dans ce réseau (NIS, NFS etc.), ou encore de configurer un système d'impression et de personnaliser les menus de l'environnement GNOME ou KDE.

- Démarrage du client *via* une disquette ou le réseau (PXE). Le client obtient son adresse IP *via* DHCP, *via* BOOTP ou de façon statique par la disquette de démarrage, puis il charge le noyau Linux *via* le réseau à partir du serveur FAI. Ce noyau Linux est démarré sur le client.
- Montage du système de fichiers racine. Le système est logiquement connecté au client *via* NFS depuis le serveur FAI, puis démarré. Les scripts d'initialisation personnalisés sont exécutés afin d'activer un système minimal et de préparer un environnement FAI. Le script principal est dans ce cas rcS_fai.
- Grâce à la configuration du client, toutes les tâches requises sont réalisées et toutes les classes définies. Ces opérations sont réparties en tâches obligatoires (partitionnement

du disque, installation du système de base, etc.) et tâches facultatives (ajout des logiciels ou création des comptes utilisateur supplémentaires).

- L'étape suivante consiste à créer les partitions sur le disque, à les formater et à les monter sur le client.
- Puis nous passons au désarchivage du système de base sur le client. Ce système a été généré sur le serveur à partir du répertoire racine NFS.
- Si d'autres classes de paquets logiciels ont été demandées, elles sont installées à ce moment sur le client.
- Le système est ensuite personnalisé grâce à plusieurs scripts. Cette phase correspond notamment à la configuration de la messagerie et des comptes utilisateur.
- Enfin, nous redémarrons le client et terminons la configuration avec les paquets logiciels requis.

Installation automatique de Windows

Dans les réseaux d'une certaine importance, l'administrateur doit souvent gérer l'installation de systèmes sous Windows. Même s'il cherche à privilégier Linux, il doit faire avec. Il existe plusieurs projets de logiciels visant à permettre une installation automatique de systèmes Windows. Consultez le site de SourceForge, aux adresses *http://unattended.sourceforge.net* et *http://ani.sourceforge.net.*

Installation et configuration de FAI

FAI est rendu disponible au moyen d'une série de paquets qui font partie de la distribution Debian à partir de la version 3.1 Sarge. Vous pouvez lancer l'installation au moyen de **apt-get**. Outre le paquet principal FAI, qui contient les programmes scripts et fichiers de configuration principaux, vous devez également installer le paquet nommé **fai-kernels**, avec des noyaux spécialement adaptés au mode d'installation FAI.

```
apt-get install fai fai-kernels
Reading Package Lists... 100%
Building Dependency Tree... Done
The following extra packages will be installed:
 debootstrap nfs-user-server
Suggested packages:
 debmirror
Recommended packages:
 netboot bootp tftpd
The following NEW packages will be installed:
 debootstrap fai fai-kernels nfs-user-server
```

```
0 packages upgraded, 4 newly installed, 0 to remove and 528 not
upgraded.
Need to get 7575kB of archives.
After unpacking 9611kB of additional disk space will be used.
Do you want to continue? [Y/n]
```

Comme le montre l'exemple, il est obligatoire de disposer d'un serveur de fichiers réseau NFS pour accéder au serveur FAI. Ce serveur permet de rendre accessible le système de fichiers racine du client. Vous pouvez installer les services tels que DHCP, DNS ou FTP sur d'autres systèmes. Tout au long de l'installation, l'outil FAI rend accessible au client un répertoire racine NFS depuis lequel peuvent être lancés tous les autres scripts. Ce répertoire, NFS-Root, est généré *via* **debootstrap** au moyen de la commande **fai-setup**.

Configuration

Tous les paramètres concernant FAI sont stockés dans le fichier */etc/fai/fai.conf*.

Ce fichier permet de réaliser de nombreux réglages, même si la plupart des variables possèdent des valeurs par défaut cohérentes. Il contient de nombreux commentaires, et seules quelques retouches sont parfois nécessaires.

Paramètres principaux du fichier de configuration FAI

installserver : indique le nom du serveur de l'installation FAI. Il doit pouvoir être résolu par le client *via* DNS. Vous pouvez également indiquer ici directement l'adresse IP du système.

httpserver ou **ftpserver :** nom d'un serveur Debian FTP ou HTTP contenant les paquets.

debdist : distribution Debian à installer (par exemple "Woody", "Sarge" ou "sid").

FAI_DEBOOTSTRAP : source des paquets requis par debootstrap. Il peut s'agir d'un répertoire local ou d'un serveur FTP ou HTTP.

FAI_DEBOOTSTRAP_OPTS : options de debootstrap. Vous pouvez spécifier ici toutes les options reconnues par l'outil, par exemple l'indication de l'architecture à utiliser ou les paquets à ajouter ou à supprimer, en plus de ceux qui sont obligatoires.

FAI_SOURCES_LIST : cette variable peut s'étendre sur plusieurs lignes. Elle décrit le fichier */etc/apt/ sources.list* à utiliser sur le client et dans le répertoire NFS-Root. La variable peut contenir les entrées habituelles d'APT.

NFSROOT_PACKAGES : désigne les paquets complémentaires à prendre en compte dans le répertoire NFS-Root. Ce paramètre est utile pour les serveurs, par exemple, puisque vous pouvez y déclarer des outils tels que lvm, raidtools ou xfstools. Notez que ces suppléments peuvent requérir un noyau adapté.

FAI_ROOTPW : version cryptée du mot de passe de l'administrateur système. Par défaut, ce mot de passe s'écrit "fai". Vous pouvez récupérer un mot de passe depuis le fichier */etc/shadow* ou en générer un avec l'outil makepasswd.

KERNELPACKAGE : désigne un paquet de noyau Debian à installer sur le client. Ce noyau sera activé après l'installation du premier redémarrage. Pendant l'installation, le client fonctionne avec le noyau qui était installé dans la racine NFS.

Configuration de FAI

Après chaque modification dans */etc/fai/fai.conf*, il faut lancer la commande **fai-setup**. Elle provoque l'exécution de l'autre commande **make-fai-nfsroot**, qui permet de supprimer un répertoire NFS-Root existant et d'en créer un autre.

Vous pouvez également lancer cette dernière commande directement pour générer ce répertoire.

Notez que des problèmes peuvent survenir avec cette commande dans le cas d'une distribution de test (comme Sarge). Cela vient de l'évolution rapide des distributions Debian, qui fait que les paquets requis par **debootstrap** ne sont plus disponibles ou ont été déplacés. Vous pouvez vous en sortir en procédant à une mise à jour de **debootstrap** sur le serveur FAI pour resynchroniser les listes internes avec le serveur miroir.

Création et adaptation des classes

Chacun des clients d'installation est identifié par le FAI *via* le nom d'hôte. Pour chaque action à réaliser, il existe une classe "DEFAULT" qui est appelée lorsqu'aucune classe n'a été définie pour le client.

Le répertorie */usr/share/doc/fai/examples/simple/* donne quelques exemples pour les classes principales, et vous pouvez vous en servir pour vos personnalisations.

Il est conseillé de toujours prévoir quelques classes au minimum. Une bonne classe de départ est celle qui sert à configurer le disque dur.

Configuration du disque dur

Lors de l'installation FAI d'un client, la première étape est toujours la création des partitions sur le disque et la mise en place des systèmes de fichiers. Ces deux étapes sont définies au moyen d'entrées dans une classe, par exemple /usr/share/doc/fai/examples/simple/disk_config/SMALL_IDE.

```
# Configuration disque générique pour un disque IDE (la taille va de
# 530 Mo au maximum
#
# <type> <mountpoint> <taille Mo> [options mount] [;autres options]

disk_config hda
primary  /          30-100    rw,errors=remount-ro ;-c -j ext3
primary  /fai-boot  7         rw                   ; -j ext3
logical  swap       50-500    rw
logical  /var       50-1000   rw                   ; -m 5 -j ext3
logical  /tmp       50-1000   rw                   ;-m 0 -j ext3
logical  /usr       300-4000  rw                   ; -j ext3
logical  /home      50-4000   rw,nosuid            ;-m 1 -j ext3
logical  /scratch   0-        rw,nosuid            ;-m 0 -i 50000 -j
ext3
```

Ce genre de fichier permet de configurer plusieurs disques durs, avec une section par disque (par exemple, `disk_config hda` pour le premier disque et `disk_config hdb` pour le second). Dans la première colonne du fichier, nous indiquons s'il s'agit d'une partition primaire ou logique. Les numéros des partitions sont attribués dans l'ordre croissant.

La deuxième colonne indique à quel sous-répertoire du système de fichiers va correspondre la racine de cette partition lors du montage (son point de montage).

La colonne suivante indique la taille de la partition en Mo. Vous pouvez spécifier des valeurs fixes ou des plages. Dans ce dernier cas, la répartition entre les partitions est réalisée selon la quantité d'espace disponible au total. Si aucune taille maximale n'est fournie, le plus grand espace possible est attribué à la partition. Si vous devez préserver des partitions existantes (qui contiennent par exemple un autre système ou des données), il suffit d'utiliser l'option **preserve** en indiquant le numéro de partition (par exemple `preserve3`). Notez qu'il n'est pas possible de protéger ainsi des partitions étendues, mais vous pouvez préserver les partitions qu'elles contiennent. L'indicateur de partition démarrable (**bootable**) n'est pas préservé. Toutes les partitions qui sont protégées par l'option **preserve** sont reconfigurées en lecture seule pendant l'installation.

La quatrième colonne correspond aux options de la commande de montage **mount**. La dernière colonne, après le signe point-virgule, accepte les options à utiliser pendant la création du système de fichier. Vous pouvez notamment indiquer ici le type de ce système (ext2, ext3 ou XFS). Voici les valeurs autorisées :

- **boot** Désigne la partition comme partition de démarrage.

- **-i** Nombre d'octets par i-node (pour ext2 et ext3 uniquement).
- **-m** <blocs> Nombre de blocs réservés à l'administration (ext2 et ext3 seulement).
- **-j** Génération d'un journal ext3.
- **-c** Contrôle du disque dur à la recherche des blocs défectueux.
- **ext2** Utilisation de l'entrée ext2 au lieu d'auto dans le fichier */etc/fstab*.
- **ext3** Utilisation de l'entrée ext3 au lieu d'auto dans le fichier */etc/fstab*.
- **swap** Partition pour le fichier d'échange swap.
- **dosfat16** Partition DOS 16 Bits.
- **winfat32** Partition Windows 95 FAT32.
- **reiser** Système de fichiers Reiser.
- **xfs** Système de fichiers XFS.
- **format** Formatage obligatoire de la partition, même avec preserve.
- **writeable** Permet d'utiliser une partition sauvée par preserve en lecture et en écriture.
- **lazyformat** Formatage de la partition seulement si elle n'a pas été déplacée.

Pour choisir un système de fichiers XFS, il faut que le paquet nommé **xfs-utils** ait été installé dans le répertoire NSF-Root. Si vous utilisez le format XFS pour les très petites partitions, telles que */boot*, sachez que la taille minimale des partitions dans ce format est de 70 Mo.

Sources des paquets

L'outil FAI doit disposer d'une ou de plusieurs sources pour les paquets Debian à installer. Si vous avez un accès direct à Internet, vous utiliserez bien sûr un des serveurs Debian disponibles. Il peut être plus intéressant de choisir un serveur miroir Debian du réseau local, par exemple sur le serveur FAI, afin d'abréger l'installation (à condition de bénéficier d'une bonne bande passante pour accéder à ce serveur).

Nous décrivons l'installation et la configuration d'un serveur FTP tel que ProFTP au Chapitre 8. Les informations que vous y trouverez permettent d'exploiter un tel outil en combinaison avec FAI.

Installation d'un client

Le démarrage d'un client peut suivre différentes approches. Pour vos premiers essais, nous vous conseillons d'utiliser une disquette de démarrage. Il va sans dire que le processus est plus rapide si vous disposez d'une possibilité de démarrer *via* une carte réseau, mais cela suppose des efforts de configuration au niveau du serveur, et notamment l'adaptation du serveur DHCP.

Disquette de démarrage

Une fois que vous avez créé le répertoire NFS-Root sur le serveur, vous pouvez générer une disquette de démarrage différente pour chaque client. Les temps de chargement du noyau Linux à partir d'un tel support sont évidemment plus longs, mais vous n'avez pas besoin de réaliser d'autres opérations de configuration. Nous vous conseillons de privilégier ce support pour vos premiers essais.

La disquette de démarrage doit être générée sur le serveur FAI. Insérez une disquette dans le lecteur correspondant à */dev/fd0* puis générez son contenu au moyen de la commande **make-fai-bootfloppy**. Vous pouvez ajouter d'autres options, notamment le choix du chargeur de démarrage (s'il ne s'agit pas de GRUB) ou l'indication d'un serveur fixe (ce sont deux des options les plus utiles pour contrôler le FAI).

Les options doivent être spécifiées à la suite de la commande entre guillemets. Elles sont exploitées au démarrage du FAI afin d'initialiser les variables d'environnement correspondantes.

Vous pouvez obtenir un rappel de toutes les options au moyen de la commande `make-fai-bootfloppy -h`.

Comme le montre la page d'aide de l'outil, vous pouvez créer de nombreuses variantes de disquettes de démarrage grâce à lui.

CD de démarrage FAI

L'outil FAI BootCD (*http://members.iinet.net.au/~niall/fai*) sert à créer un CD de démarrage contenant tout un environnement FAI avec tous les paquets logiciels. Vous pouvez de ce fait réaliser une installation complète depuis un CD sans aucune connexion réseau.

FAI BootCD exploite de nombreux outils du paquet FAI. Il est donc obligatoire d'avoir installé et configuré FAI sur le système sur lequel va être utilisé FAI BootCD. Avant d'engager les premières étapes avec FAI BootCD, il faut pouvoir réaliser une installation complète depuis le système FAI.

Si cette condition est satisfaite, vous devez ensuite préparer le fichier de configuration de FAI à l'intention de FAI BootCD :

```
cp -f /etc/fai/fai.conf /etc/fai-bootcd/fai.conf
```

Vous pouvez effectuer quelques personnalisations de ce fichier, et notamment préparer deux répertoires pour les environnements NFS-Root de FAI et de FAI BootCD.

Noyau système

Le noyau du système sur lequel est générée l'image CD doit être doté, en tant que module, d'un support pour le périphérique réseau de boucle locale *loopback*. Il est à souhaiter que les versions ultérieures de **mkinitrd-cd** prévoient en standard l'utilisation de cette fonction au sein du noyau.

Il faut également prévoir un support du système de fichiers en mémoire vive RAM.

Les deux options correspondantes dans la configuration du noyau dans le fichier *.config* du répertoire source du noyau sont les suivantes :

```
CONFIG_BLK_DEV_LOOP=m
CONFIG_CRAMFS=y
```

Noyau de FAI BootCD

Les noyaux qui sont jusqu'à présent intégrés au paquet **fai-kernel** n'offrent pas toutes les fonctions requises par FAI BootCD. Il faut donc générer un noyau doté des fonctions suivantes :

```
CONFIG_BLK_DEV_INITRD=y
CONFIG_IDE=y
CONFIG_BLK_DEV_IDE=y
CONFIG_ISO9660_FS=y
CONFIG_EXT2_FS=y
CONFIG_ZISOFS_FS=y
```

Cette configuration permet de générer un paquet noyau Debian avec **make-kpkg** puis de le lier *via* la variable *KERNELPACKAGE* dans le fichier */etc/fai-bootcd/fai.conf*.

Finalement, le noyau est utilisé sur le CD FAI de démarrage pour l'installation. Si le même noyau doit être exploité pendant l'installation sur le système cible, vous devez prévoir l'ajout de tous les pilotes nécessaires (notamment les pilotes de disques durs IDE/SCSI, mais aussi ceux de tous les autres périphériques matériels). Vous pouvez bien sûr décider d'installer un autre noyau sur le système cible.

Modification de la configuration

Il ne reste plus qu'à faire des retouches dans le répertoire */etc/fai-bootcd/*. Le fichier nommé *id.txt* permet de définir un texte servant à identifier les différents CD lorsque le système comprend plusieurs lecteurs.

Le fichier nommé *bootmsg.txt* contient le texte qui est affiché au chargement par ISOLINUX et SYSLINUX. En général, le chargeur d'amorce employé est GRUB, ce qui fait que ce fichier est ignoré.

Le fichier nommé *updatebase.DEFAULT* contient des déclarations FAI permettant de trouver le répertoire */fai/* sur le CD dans l'environnement **chroot** pendant l'installation. Si vous utilisez un autre fichier nommé *updatebase.DEFAULT* dans le répertoire *FAI_CONFIGDIR/hooks/*, vous pouvez combiner les deux fichiers.

Le fichier nommé *menu.lst* est un fichier de configuration du chargeur d'amorce GRUB. La configuration par défaut nécessite le chargement du noyau Linux */vmlinuz* depuis la deuxième partition du premier disque dur (*hd0,1*). En conséquence, lorsque vous insérez un CD FAI-Boot, une procédure est lancée sur le disque dur local pour y vérifier l'existence d'un système. Si un tel système est trouvé, il est démarré. Si aucune image de noyau n'est trouvée, une installation est démarrée.

Si vous voulez provoquer une nouvelle installation, il suffit de supprimer l'image de noyau sur le disque puis de redémarrer depuis le CD FAI-Boot.

Enfin, le fichier *fai-variables.conf* contient des variables FAI qui sont normalement préparées par l'environnement NFS-Root ou la disquette de démarrage FAI. Vous pouvez retoucher ces variables.

Génération d'un fichier ISO

Toutes les conditions sont alors satisfaites pour générer le CD de démarrage FAI. La commande `make-fai-bootcd -r -n` sert à générer un nouveau répertoire NFS-Root en fonction des classes définies *via FAI_CONFIGDIR*. Un référentiel des paquets est créé par **make-fai-repository** afin de déclarer tous les paquets logiciels nécessaires.

La précédente étape provoque la génération d'un fichier *fai-bootcd.iso* dans le répertoire courant. Vous pouvez directement graver ce fichier sur un CD. Vous pouvez également utiliser la commande suivante :

```
make-fai-bootcd -r -n -b
```

Elle appelle en dernier l'outil **cdrecord** pour graver directement l'image sur un CD.

Lors de vos premiers essais, il est conseillé de ne pas graver cette image immédiatement. Testez d'abord le fichier généré *via* le périphérique de boucle locale *loopback* en le montant puis en jetant un œil sur le contenu. Voici la commande correspondante :

```
mount -o loop ./fai-bootcd.iso /mnt
```

Démarrage depuis le CD FAI-Boot

La configuration GRUB sur laquelle s'appuie le CD sert à vérifier au démarrage du système s'il existe déjà un noyau sur le disque. S'il n'y en a pas, l'installation est lancée. S'il y en a un, ce système est démarré, sauf si vous choisissez l'entrée **cdrom** dans le menu de démarrage.

Le système est démarré automatiquement en fin d'installation. Nous vous conseillons d'éjecter le CD avant le redémarrage, notamment si vous n'avez pas mis en place le noyau sur la seconde partition du premier disque (valeur par défaut).

3

Utilisation de Debian

Au sommaire de ce chapitre :

- ✔ Principes généraux d'Unix
- ✔ Généralités sur votre nouveau système
- ✔ Un système multi-utilisateur, multitâche
- ✔ Ouverture de session (login)
- ✔ Ouverture de session comme administrateur root
- ✔ Gestion des utilisateurs
- ✔ Consoles virtuelles
- ✔ Arrêt du système
- ✔ Ligne de commande et documentation
- ✔ Edition de la ligne de commande bash
- ✔ Fichiers et répertoires
- ✔ Groupes d'utilisateurs et droits d'accès
- ✔ Pour s'orienter dans les fichiers Debian
- ✔ Gestion des fichiers
- ✔ Quelques fonctions de l'interpréteur bash
- ✔ Canaux interprocessus (pipes)
- ✔ ps (suivi des processus)

- Liens
- L'éditeur de texte vi
- Systèmes de fichiers
- hdparm
- Internationalisation et localisation
- Configuration du clavier
- La souris en mode texte : gpm
- Midnight Commander (mc)
- Gnome Midnight Commander (gmc)
- Screen
- Ssh

Principes généraux d'Unix

Ce chapitre vous propose un aperçu rapide des principales commandes Unix ainsi qu'une description de l'éditeur vi. A la différence des autres systèmes d'exploitation, Debian GNU/Linux stocke tous les paramètres dans des fichiers texte purs et non dans des fichiers binaires. Cela permet de configurer le système au moyen d'un éditeur de texte simple tel que vi. Aucune interface utilisateur graphique ne doit être installée au préalable. L'administrateur système accède à tous les paramètres, et le mode texte permet facilement d'y accéder *via* une simple liaison téléphonique lente (mais aussi *via* Telnet ou ssh). Nous allons présenter les grands principes de l'administration système pour que vous puissiez maintenir en état vos machines dans toutes les situations.

Il existe bien sûr des éditeurs de texte plus récents et plus pratiques que vi. Cependant, vi est disponible dans l'installation de base de Debian GNU/Linux (la version améliorée se nomme **vim**) et il est répandu sur tous les systèmes Unix. Vous pouvez donc profiter de l'expérience que vous avez acquise avec cet éditeur.

Depuis le début du livre, nous n'avons encore installé aucune interface utilisateur graphique (ce genre d'interface est d'ailleurs totalement inutile pour un serveur). Nous n'allons donc présenter que des programmes et utilitaires en mode texte dans ce chapitre.

Cela dit, Debian GNU/Linux propose plusieurs environnements graphiques sur lesquels on peut s'appuyer pour l'administration. Nous en verrons un plus loin.

Généralités sur votre nouveau système

Si vous avez poursuivi votre lecture jusqu'ici, Debian GNU/Linux est installé sur le système et vous avez démarré. Vous êtes maintenant face à un système d'exploitation opérationnel de style Unix. Tous les services système et utilitaires ont été installés. Vous pouvez à présent procéder à l'installation d'autres programmes et à la configuration pour adapter le système à vos besoins particuliers.

Notez que les programmes déjà installés fonctionnent avec une configuration par défaut. Il peut être utile de retoucher certains paramétrages. Nous verrons cela au Chapitre 6 notamment. Voyons maintenant comment est structuré et comment fonctionne un système Debian GNU/Linux.

Un système multi-utilisateur, multitâche

Debian GNU/Linux se fonde sur un concept inventé dans les années 1960 pour les systèmes Unix. A la différence des systèmes d'exploitation d'ordinateurs personnels tels que DOS, Windows et Mac OS, Unix a été conçu pour les serveurs et les systèmes multi-utilisateurs.

Il en découle que Debian GNU/Linux propose dès le départ de nombreuses fonctions qui ne sont pas disponibles dans d'autres systèmes ou qui doivent être ajoutées. Debian permet à plusieurs utilisateurs d'exploiter le même ordinateur simultanément. Chaque utilisateur peut exécuter un programme différent, ce qui est rendu possible par le fonctionnement multitâche.

Une partie de la complexité et de la richesse fonctionnelle des systèmes Unix découle de ces deux fonctions principales. Lorsque plusieurs utilisateurs sont acceptés, le système doit par exemple gérer et prévenir les conflits d'accès aux mêmes données par plus d'une personne à la fois.

Une fois que vous avez compris ces enjeux, il est beaucoup plus simple de saisir les particularités d'un système Unix. Nous vous indiquons ici comment exploiter au mieux ces deux caractéristiques.

Ouverture de session (*login*)

Pour pouvoir utiliser un système Debian GNU/Linux, vous devez ouvrir une session (vous "loguer"). Il faut fournir un identifiant et un mot de passe, ces éléments servant à vérifier quels sont les droits d'accès de ce compte et quels sont les paramètres spécifiques à mettre en vigueur.

Si vous avez installé vous-même le système, vous avez déjà créé un compte d'utilisateur pendant l'installation. Si vous voulez ouvrir une session sur un système qui n'est pas le vôtre, vous devez demander au responsable de ce système de vous créer un compte.

Ne cédez pas à la facilité en ne spécifiant pas de mot de passe lors de la création du compte (même si c'est possible en théorie et si vous pensez être seul à travailler avec la machine chez vous). S'il n'y a pas de mot de passe, les attaques depuis Internet auront de grandes chances de réussir. Ne l'oubliez jamais.

Pendant l'installation, il est possible de refuser de créer un compte utilisateur. Cela peut s'avérer utile dans quelques rares cas. Le compte créé d'office est celui du super-utilisateur *root*. Il dispose de tous les droits d'accès au système. Par sécurité, Debian GNU/Linux installe certains paquets de sorte que les programmes qu'ils contiennent ne puissent pas être exécutés par l'administrateur. En standard, il n'est pas possible au départ d'ouvrir une session en tant qu'administrateur *via* le réseau. Il peut donc en résulter des blocages si vous avez refusé de créer au moins un compte utilisateur normal.

Au démarrage de votre système Debian, vous voyez apparaître une invite d'ouverture de session. Selon la configuration, elle peut être en mode texte ou en mode graphique. Dans le cas le plus simple, vous voyez une ligne qui ressemble à ceci :

```
Debian GNU/Linux woody surimi tty1
surimi login:
```

Si l'installation Debian est standard, la mention en première ligne "Debian GNU/Linux" est suivie du nom de la version Debian (ici, Woody) du nom de la machine ("surimi") puis du nom et du numéro de la console.

Vous pouvez directement indiquer l'identifiant, valider par [Entrée] et saisir votre mot de passe :

```
Mot de passe:
```

Saisissez votre mot de passe lentement, d'autant que les caractères saisis ne sont pas affichés. Si le mot de passe semble erroné, vérifiez que la touche de verrouillage en majuscules n'est pas active.

Si l'ouverture de session réussit, vous voyez apparaître un message de bienvenue de ce type :

```
Linux surimi 2.4.4 #1 Wed May 16 09:21:01 EST 2001 i686 unknown
Copyright (C) 1993-1999 Software in the Public Interest, and others
```

```
Most of the programs included with the Debian GNU/Linux system are
freely redistributable; the exact distribution terms for each program
are described in the individual files in /usr/doc/*/copyright

Debian GNU/Linux comes with ABSOLUTELY NO WARRANTY, to the extent
permitted by applicable law.
Last login: Sat Jul 3 21:53:40 on tty4.
You have mail.
$
```

La dernière ligne indique le signe **$**. Il est affiché par le programme interpréteur de commandes (appelé le *shell*). Ce signe correspond à l'invite de commande, le lieu à partir duquel vous pouvez saisir une commande. En anglais, l'invite se nomme le *prompt*.

Comme premier essai, essayez par exemple la commande **whoami** ("Who am I ?", en anglais, signifie "Qui suis-je ?").

Vous voyez le curseur de saisie sous la forme d'un caractère de soulignement (_) clignotant. Il montre l'endroit où va apparaître le prochain caractère que vous allez frapper. Saisissez le mot **whoami** puis validez par la touche [Entrée].

La commande affiche votre identifiant puis vous ramène au niveau de l'invite du shell.

Lorsque vous en avez terminé avec la ligne de commande, vous pouvez sortir du système au moyen de la commande **exit** ou **logout**. Vous pouvez également employer le raccourci clavier [Ctrl] + [D], qui permet de sortir lui aussi de l'interpréteur en cours.

Rappelons que si vous oubliez de fermer votre session, d'autres utilisateurs peuvent profiter de la machine si vous vous en éloignez !

Ouverture de session comme administrateur *root*

Etant conçu dès le départ comme système multi-utilisateur, Debian GNU/Linux protège chacun des utilisateurs des mésaventures des autres. Si un programme se bloque, il ne faut pas qu'il entraîne le blocage des programmes des autres, ni celui du système. Par ailleurs, chaque utilisateur possède des droits d'accès aux données, droits qui sont attribués par l'administrateur. Ces droits déterminent quels sont les fichiers que l'utilisateur a le droit de modifier et de lire.

Il est parfois nécessaire de modifier des fichiers système. D'autres opérations de maintenance sont régulièrement requises, comme l'installation de nouveaux programmes (par l'outil **APT** ou **dselect**) ou la modification de la configuration réseau.

Pour toutes ces opérations de maintenance, il vous faut disposer de droits d'accès plus importants que ceux attribués à un utilisateur normal. C'est pourquoi vous devez ouvrir une session en tant que super-utilisateur *root*.

Le plus simple consiste à ouvrir directement la session en fournissant **root** comme identifiant, puis le mot de passe correspondant. C'est le mot de passe que vous avez spécifié pendant l'installation. Si vous utilisez la machine d'une autre personne, demandez à l'administrateur s'il veut bien vous fournir le mot de passe, ou s'il accepte de réaliser les modifications à votre place.

Parfois, plusieurs personnes connaissent le mot de passe de l'administrateur, ce qui est le cas dans les universités ou les services techniques des entreprises. Il faut en effet pouvoir accéder au système même si une personne est absente.

Ouvrez donc une session en tant qu'administrateur *root*. Vérifiez votre identité au moyen de la commande **whoami**. Vous penserez à quitter la session de super-utilisateur dès que vous n'aurez plus besoin des droits d'accès étendus. Vous pouvez en effet détruire totalement le système avec ces droits. Inutile de prendre des risques. Procédez aux modifications requises puis refermer la session et ouvrez une nouvelle session en tant qu'utilisateur normal.

Il existe une autre solution pour devenir super-utilisateur, c'est la commande **su**. Sans fermer la session d'utilisateur normal, cette commande permet de basculer dans l'environnement du super-utilisateur.

Essayez-la. Ouvrez une session en tant qu'utilisateur normal puis saisissez la commande **su** et fournissez le mot de passe du super-utilisateur. Vous devez voir le symbole de l'invite de commande passer du signe **$** au signe **#**. Ce signe permet de savoir immédiatement que la session courante est une session d'administrateur.

Qui peut le plus peut le moins. La commande **su** permet de changer d'identité d'utilisateur, si vous connaissez l'identifiant et le mot de passe. Après cette commande, il faut introduire un espace, comme dans `su donald`.

Lorsque vous aurez pris l'habitude d'utiliser la commande **su**, vous remarquerez que certains paramètres ne sont pas dans l'état attendu. Pour que tous les paramètres soient configurés comme si vous aviez ouvert une nouvelle session, vous devez recourir à la commande **su --donald**.

Gestion des utilisateurs

La gestion des comptes utilisateur est une prérogative de l'administrateur système. En général, il existe au moins un compte créé pendant l'installation. Une fois le système placé en exploitation, vous aurez à créer et à supprimer des comptes utilisateur, à modifier les droits d'accès et les quotas (qui permettent de limiter la quantité d'espace disque disponible à chaque utilisateur).

Voyons comment créer et supprimer des comptes utilisateur.

Création d'un compte utilisateur

Ce genre de création n'est possible qu'avec les droits de l'administrateur système. La solution la plus simple consiste à utiliser un éditeur pour modifier les fichiers adéquats. Vous pouvez également vous servir de l'outil **adduser**.

```
adduser [--home DIR] [--shell SHELL] [--no-create-home] [--uid ID]
[--firstuid ID] [--lastuid ID] [--gecos GECOS] [--ingroup GROUP | --gid ID]
[--disabled-password] [--disabled-login] user
  Add a normal user

adduser --system [--home DIR] [--shell SHELL] [--no-create-home] [--uid ID]
[--gecos GECOS] [--group | --ingroup GROUP | --gid ID]
[--disabled-password]
[--disabled-login] user
Add a system user

adduser --group [--gid ID] group
addgroup [--gid ID] group
  Add a system group

adduser user group
Add an existing user to an existing group

Global configuration is in the file /etc/adduser.conf.
Other options are [--quiet] [--force-badname] [--help] [--version]
[--conf
FILE].
```

Pour un rappel des options de cette commande, il suffit d'utiliser l'option **-h** comme dans `adduser -h`. Pour les tâches courantes, vous pouvez utiliser le programme sans indiquer aucune option. Vous disposez en effet d'un mode interactif qui pose des questions adéquates.

```
sushi:~# adduser
Nom d'utilisateur à ajouter: toto
Ajout de l'utilisateur toto...
Adding new user toto (1001) with group 'users'
Création du répertoire personnel /home/toto.
```

```
Copie des fichiers depuis /etc/skel
Enter new UNIX password:
Retype new UNIX password:
passwd: password updated successfully
Modification des informations relatives à l'utilisateur toto
Entrez la nouvelle valeur ou "Entrée" pour conserver la valeur proposée
  Nomcvomplet  []: Antoine Lebrus
  N° de bureau []: 23
  Téléphone professionnel []:
  Téléphone personnel []:
  Autre []:
Ces informations sont-elles correctes? [o/N] o
```

Vous devez notamment bien choisir l'identifiant de l'utilisateur. Choisissez-le bref car vous devrez le saisir à chaque ouverture de session.

Sous Debian GNU, chaque compte utilisateur provoque la création d'un groupe. Le répertoire racine de l'utilisateur est implanté sous le répertoire */home/*. Le nom du répertoire correspond à l'identifiant. Tous les fichiers se trouvant dans le répertoire */etc/skel/* sont copiés dans ce répertoire. Ces fichiers contiennent des paramètres par défaut, par exemple pour l'interpréteur bash.

```
sushi:~# ls -a /etc/skel/
. .. .alias .bash_logout .bash_profile .bashrc .cshrc
```

Vous indiquez ensuite le mot de passe de l'utilisateur, puis le nom complet. Les données suivantes ne sont plus tellement utilisées, mais elles l'étaient beaucoup aux premiers temps d'Unix. Finalement, vous voyez apparaître une confirmation qui vous permet de revenir sur la saisie. Dès que vous validez, le compte est créé et devient immédiatement utilisable. Si vous abandonnez la création du compte en appuyant sur la touche [n] ou sur [Ctrl] + [c], tous les fichiers, répertoires et paramètres sont supprimés.

Suppression d'un compte

La suppression d'un compte utilisateur est très simple au moyen de la commande **deluser**. Elle est utilisable de façon interactive. Voici comment l'employer dans la méthode rapide :

```
sushi:~# deluser toto
Suppression de l'utilisateur toto...
fait.
```

Notez que le répertoire principal de cet utilisateur n'est pas supprimé. C'est à l'administrateur de réaliser cette opération à la main.

Consoles virtuelles

Le noyau Linux sait gérer plusieurs écrans appelés *consoles virtuelles*. Une console virtuelle est un couple clavier-écran (et souris, si le programme **gpm** est installé) indépendant. En basculant d'une console virtuelle à une autre, vous disposez en réalité de plusieurs accès au même ordinateur.

Les consoles virtuelles sont très simples à utiliser, puisque vous pouvez vous servir des raccourcis clavier Alt + F1 jusqu'à Alt + F6 pour basculer dans l'une des six consoles disponibles. Faites des essais en ouvrant des sessions différentes sur les différentes consoles.

Par défaut, Debian GNU/Linux propose six consoles virtuelles sur lesquelles est automatiquement lancé au démarrage le programme d'ouverture de session **login**. En théorie, vous pouvez créer plus de consoles. Par défaut, la septième console (accessible par Alt + F7) sert à accéder au serveur d'affichage graphique X Window.

Si vous exploitez le serveur X Window, la console est automatiquement activée, que vous ayez utilisé **startx** pour lancer le serveur, **xdm** ou un autre programme.

Pour revenir de l'interface graphique à l'interface texte, utilisez la combinaison Ctrl + Alt + F1 (remplacez F1 par une des autres touches de fonction).

Bien sûr, cela est également possible dans l'environnement graphique, en passant d'une fenêtre à une autre. Mais il est fréquemment inutile d'installer une interface graphique sur une machine destinée à une utilisation en réseau, telle qu'un serveur.

Il est même possible de démarrer plusieurs serveurs d'affichage X sous plusieurs consoles, ce qui permet d'exploiter X Window avec différentes profondeurs de couleurs.

Arrêt du système

Vous ne devez jamais arrêter votre système Debian GNU/Linux à l'aide du bouton de mise hors tension. Vous risquez de perdre des données !

Si vous utilisez la machine à la maison, vous aurez sans doute envie de l'éteindre la nuit pour avoir un peu de silence (mais un vrai linuxien n'éteint jamais son ordinateur).

Pourquoi ne faut-il pas arrêter une machine sous Linux au moyen du bouton Marche/Arrêt ou du bouton RESET ? Pour améliorer les performances, le noyau Linux stocke les données destinées au disque dur dans un cache mémoire. Il en découle que certaines données se trouvent dans ce cache, mais ne sont pas encore écrites réellement sur le disque dur. Ce mécanisme de cache disque accélère de nombreuses opérations.

De façon périodique, le contenu de ce tampon mémoire est écrit sur le disque, et vous pouvez forcer cette écriture au moyen de la commande **sync**.

En conséquence, vous devez recourir à la commande **reboot** pour redémarrer la machine proprement (vous devez être connecté en tant qu'administrateur). Le raccourci clavier équivalent est Ctrl + Alt + Suppr. En réponse à cette commande, le système provoque la fin de tous les programmes et processus.

Pour arrêter le système, vous devez également être administrateur. Indiquez la commande `shutdown -h now`. Dès que vous voyez apparaître, parmi les nombreuses lignes qui s'affichent, "System halted, it's safe to turn off the computer" (système arrêté, vous pouvez éteindre en toute sécurité), vous pouvez éteindre l'ordinateur.

Les machines plus récentes disposant du mécanisme de gestion d'alimentation APM (*Advanced Power Management*) et pour lesquelles le noyau reconnaît cette fonction peuvent être mises hors tension par logiciel.

Vous pouvez également arrêter le système correctement en tant qu'utilisateur normal au moyen de la combinaison Ctrl + Alt + Suppr. Il ne faut pas que l'administrateur ait interdit cette possibilité par une modification dans le fichier */etc/inittab.*

Ligne de commande et documentation

Découvrons maintenant des exemples concrets d'utilisation au quotidien.

Au minimum, une ligne de commande doit comprendre un nom de commande, sans aucun paramètre, par exemple : **whoami**. Dès que vous spécifiez un paramètre, vous devez le séparer du nom de commande par un espace, comme dans `man whoami`.

La commande **man** (manuel) permet d'accéder à une documentation en ligne, ici pour l'outil **whoami**. Vous faites défiler les pages au moyen de la touche Bar. espace et vous sortez du manuel par la touche q.

Voici un exemple plus complet :

```
man -k Postscript
```

Cette ligne de commande contient trois éléments : le nom de la commande (**man**) une option pour cette commande (**-k**) et enfin le paramètre (**Postscript**).

Les options et paramètres servent à modifier le comportement d'un programme. Presque toujours, les options des programmes Linux commencent par le signe **-**. Les programmes GNU proposent en général une version plus explicite de leurs options. Ainsi, l'option **-k** de la commande **man** équivaut à l'option **--apropos**.

Avec la commande **man**, vous pouvez essayer par exemple l'option **-h** puis l'option **--help**. Les résultats sont identiques.

Chaque commande possède des options particulières. Dans la mesure du possible, les options qui sont partagées entre les commandes portent toujours le même nom. Ainsi, les deux options **--help** et **--version** sont disponibles dans tous les programmes GNU.

Pour des raisons historiques, il existe des exceptions à cette règle qui sont toujours en vigueur. Les commandes **tar** et **ps** peuvent ainsi être utilisées sans le tiret avant la lettre d'option.

Tous les signes qui ne sont pas reconnus comme des lettres d'options sont des arguments ou des paramètres. Les paramètres servent d'abord à désigner les fichiers sur lesquels les commandes s'appliquent. Dans notre précédent exemple, le mot "Postscript" est celui qui doit être cherché dans la base documentaire de **man**. La commande provoque l'affichage de l'aide du programme Postscript, mais également de toutes les sections de documentation dans lesquelles ce mot est présent.

Si vous n'avez pas installé beaucoup de programmes sur votre système, l'exemple précédent peut renvoyer peu de résultats, voire aucun, avec le message :

```
Postscript: rien d'adéquat.
```

Edition de la ligne de commande bash

Tout ce que vous saisissez sur l'invite de commande d'un interpréteur (le shell) est une commande. L'interpréteur qui est employé en standard sous Debian GNU/Linux est **bash**. Il présente plusieurs mécanismes pour modifier et rappeler des lignes de commandes, ce qui permet de travailler confortablement.

Pour réutiliser une commande déjà saisie, en la modifiant éventuellement si nécessaire, il suffit d'utiliser la touche [↑] du curseur. Vous voyez réapparaître la dernière commande exécutée. Si vous voulez relancer cette même commande, il suffit de valider par [Entrée].

Si vous avez exécuté plusieurs commandes, utilisez les deux touches de curseur [↑] et [↓] pour circuler parmi toutes les commandes mémorisées. Cette astuce permet également de corriger une commande mal saisie.

Pour vous déplacer au sein de la commande, vous utilisez les deux touches [←] et [→] du curseur. Commencez par taper directement une commande, par exemple **whoamo** (pour qu'il y ait une faute). Placez-vous ensuite à l'endroit de la faute de frappe et utilisez la touche **Retour Arrière** ou la touche [Suppr]. Saisissez le caractère adéquat et validez par [Entrée].

L'interpréteur offre d'autres fonctions très intéressantes dont vous obtiendrez une description détaillée avec la commande `man bash`. La documentation complète se trouve dans le répertoire */usr/share/doc/bash/*.

Passons en revue quelques-unes de ces possibilités. La combinaison [Ctrl] + [A] amène le curseur en début de ligne. La combinaison [Ctrl] + [K] supprime tout depuis la position actuelle jusqu'à la fin de la ligne (le **k** signifie *kill*, tuer). Si vous faites suivre la combinaison [Ctrl] + [A] de la combinaison [Ctrl] + [K], vous supprimez la totalité de la ligne. Mais les lignes supprimées sont mémorisées et peuvent être rappelées avec [Ctrl] + [Y] à la position du curseur. Enfin, [Ctrl] + [E] amène le curseur en fin de ligne.

Faites quelques essais. Vous allez vite constater que cela vous procure un grand confort.

Description de la ligne de commande

Les commandes saisies sur la ligne d'invite de l'interpréteur doivent obéir à une syntaxe bien précise. Pour illustrer notre propos, nous allons nous servir de la commande **man**, car elle est totalement inoffensive. Voici un premier exemple d'utilisation de la commande avec des options :

```
man -k [-M chemin] motclé ...
```

Dans la documentation, les options qui sont indiquées entre crochets droits ([]) sont facultatives. Autrement dit, vous pouvez employer la commande **man** sans l'option **-M**. Si vous l'utilisez, vous devez spécifier à la suite de l'option le chemin d'accès. Dans le cas de l'option **-k**, vous devez fournir un mot clé de recherche. Les trois points signifient que vous pouvez ajouter d'autres clés de recherche, en les séparant par des espaces.

Voici une description plus complexe :

```
man [-c|-w|-tZT device] [-adhu7V] [-m system[,...]] [-L
    locale] [-p string] [-M path] [-P pager] [-r prompt] [-S
    list] [-e extension] [[section] page ...] ...
```

Nous n'allons pas présenter chacune de ces options ici, car c'est le principe qui nous intéresse.

La nouveauté de cette description complète est le signe barre verticale (|) qui correspond à un OU logique. Il ne faut pas le confondre avec le symbole d'enchaînement de commandes que nous verrons plus tard. Ici, il signifie que vous pouvez recourir à l'une ou l'autre des options séparées par le symbole. Autrement dit, vous pouvez utiliser soit **-c**, soit **-w** soit **-tZT** avec un nom de périphérique (*device*).

Lorsque des options sont agglutinées comme dans **-adhu7V**, cela signifie que vous pouvez employer une ou plusieurs des options ensemble. Dans certains cas, les combinaisons n'ont aucun sens ou aucun effet. Vous devez donc lire la documentation complète de la commande.

Remarquez enfin de quelle manière les crochets droits sont imbriqués : **[[section] page]**. Cela signifie que lorsque vous indiquez une section, vous devez également indiquer une page.

Fichiers et répertoires

Les données informatiques sont manipulées dans l'espace de mémoire vive RAM (des circuits électroniques). Le contenu de ces puces disparaît lorsqu'elles ne sont plus alimentées en énergie. Par ailleurs, le coût au méga-octet de la mémoire vive est plusieurs centaines de fois supérieur à celui d'autres supports, tels les disques durs. Ces derniers constituent donc depuis plusieurs décennies le média de prédilection pour stocker les données sous forme de fichiers de façon quasi-permanente, avec toute la souplesse que permet l'effacement à volonté. Mais les disques sont spacieux. Il faut établir une stratégie pour organiser le stockage des fichiers. Sur tous les systèmes d'exploitation modernes, les fichiers sont stockés dans des répertoires (appelés "dossiers" dans les récentes versions de Windows et sur Mac). Passons en revue les principes d'organisation des fichiers et des répertoires de Debian GNU/Linux.

Le symbole / (attention, c'était une barre oblique inverse sous Windows) désigne le répertoire racine du système. Tous les autres répertoires sont implantés à partir de cette racine. Vous avez certainement déjà rencontré une structure équivalente sous DOS, sous Windows ou sous Mac OS (qui ont tous trois hérité cela d'Unix). D'une certaine manière, vous pouvez comparer le répertoire racine de Linux à l'unité de disque **C:** d'une machine Windows à un seul disque. Sachez cependant qu'il n'existe pas de lettres d'unités sous Linux. Tous les périphériques de stockage de données (disques, lecteur de CD et de disquette, clés USB, etc.) sont implantés quelque part dans un sous-niveau du répertoire racine.

Par exemple, le sous-répertoire */home/toto* correspond au répertoire principal d'un utilisateur dont l'identifiant est **toto**. Dans un système Debian GNU/Linux, il existe toujours un répertoire */home* à la racine. Dans ce répertoire sont créés autant de sous-répertoires que d'utilisateurs déclarés sur le système.

Le chemin d'accès qui s'écrit */etc/X11/XF86Config* désigne le fichier de configuration *XF86Config* stocké dans le sous-répertoire */X11* du répertoire */etc* (c'est un composant du sous-système d'affichage graphique X Window).

Attention : Linux distingue toujours les majuscules des minuscules dans les chemins d'accès et les noms de fichiers.

L'ensemble des répertoires forme une structure arborescente inversée. Au départ, nous trouvons le répertorie racine (/). Voici les répertoires de premier niveau d'un système Debian :

```
/
|--System.map
|--bin
|--boot
|--cdrom
|--dev
|--etc
|--floppy
|--home
|--initrd
|--lib
|--lost+found
|--mnt
|--proc
|--root
|--sbin
|--tmp
|--usr
|--var
|--vmlinuz
```

Et voici les sous-répertoires principaux du répertoire */usr* (il contient surtout des programmes que doivent pouvoir employer tous les utilisateurs) :

```
/usr/
|--X11R6
|--bin
|--dict
|--doc
|--games
|--i486-linuxlibc1
|--include
|--info
|--lib
|--local
|--man
|--openwin -> X11R6
|--sbin
|--share
|--src
```

La plupart des distributions Linux s'appuient sur la même structure principale (basée sur le standard FHS). Vous constaterez cependant des divergences dans les sous-répertoires de */home*. Voici un exemple avec trois utilisateurs :

```
/home
|--toto
|--ftp
|--patrick
```

Les trois sous-répertoires sont les répertoires de travail des trois utilisateurs dont les identifiants ont été utilisés pour nommer les répertoires. A vrai dire, il n'y a ici que deux utilisateurs réels, **toto** et **patrick**. Le sous-répertoire **ftp** a été créé lors de l'installation d'un logiciel serveur FTP sur la machine. Le super-utilisateur **root** ne possède pas de sous-répertoire dans */home*. Il dispose de son répertoire personnel directement depuis la racine, sous le nom */root/*. Cette distribution permet de répartir les répertoires sur différentes partitions ou même plusieurs disques durs. Lorsque le système rencontre un problème au démarrage, le super-utilisateur peut ainsi continuer à accéder à ses données si la partition endommagée est celle des autres utilisateurs.

Vous constatez que Linux n'utilise pas de lettre pour identifier les unités de disques. La structure arborescente est une abstraction des périphériques de stockage. Vous pouvez donc naviguer dans la structure sans savoir à quel disque dur exact correspond chaque sous-répertoire. Toutes les données du système peuvent être réunies sur un seul disque, une seule partition ou bien être distribuées en autant de partitions que de sous-répertoires principaux.

Ne vous inquiétez pas si vous ne comprenez pas ce qui précède. Sachez seulement que l'approche est différente de celles des systèmes d'exploitation habituels pour ordinateurs personnels. Vous retrouverez les disques à un endroit particulier de la structure, notamment dans les répertoires */cdrom* et */floppy*. Toutes les partitions des disques durs se trouvent dans des sous-répertoires du répertoire */mnt* (*mnt* signifie *mount*, ou montage).

Groupes d'utilisateurs et droits d'accès

Tous les systèmes de style Unix ont été conçus dès l'origine pour que plusieurs utilisateurs à la fois puissent les utiliser. Pour permettre ce genre d'accès multiples, il faut pouvoir protéger les données personnelles de chacun des utilisateurs ainsi que les données système. Nous allons vérifier que les fichiers système sont protégés contre toute erreur de manipulation d'un utilisateur, en nous appuyant sur un petit exemple.

Ouvrez une session en tant qu'utilisateur normal (n'accédez pas en tant qu'utilisateur *root*) puis spécifiez la commande `rm /etc/resolv.conf` pour essayer de supprimer ce fichier :

```
bash-2.03$ rm /etc/resolv.conf
rm: remove write-protected file `/etc/resolv.conf'? y
rm: cannot unlink `/etc/resolv.conf': Permission denied
```

Vous constatez que le système a refusé d'exécuter cette commande. Il a protégé le fichier mentionné de la suppression par un utilisateur autre que l'administrateur. Si tous les utilisateurs pouvaient modifier les fichiers système, l'avenir du système serait en effet rapidement menacé ! Voyons plus précisément comment se présente le précédent fichier.

Entrez la commande `ls -l /etc/resolv.conf` pour afficher les attributs du fichier :

```
-rw-r--r--1 root root 119 Nov 02 1999 /etc/resolv.conf
```

L'option **-l** de la commande d'affichage **ls** demande d'afficher les informations détaillées. Nous constatons que la taille du fichier est de 119 octets et qu'il a été modifié pour la dernière fois le 2 novembre 1999. Le nom est */etc/resolv.conf*. La partie gauche est un peu plus complexe à lire.

Le groupe de lettres et de tirets de gauche correspond aux droits d'accès à ce fichier. Le chiffre **1** isolé qui suit ces lettres rappelle le nombre de liens réels qui font référence à ce fichier (pour un répertoire, cela correspond au nombre de fichiers dans ce répertoire). Enfin, l'indication **root** désigne le propriétaire du fichier et le groupe correspondant.

Voyons ce que sont les groupes d'utilisateurs.

Groupes d'utilisateurs

Tous les fichiers de données d'un système Debian GNU/Linux possèdent deux propriétaires : un utilisateur et un groupe. Le précédent exemple n'était pas très clair à ce niveau puisqu'il existe toujours un utilisateur nommé **root** et un groupe nommé **root**. Comme dans la vie, les groupes sont des ensembles de personnes, donc d'utilisateurs. Tous les membres d'un groupe peuvent accéder aux fichiers attribués à ce groupe. Ce mécanisme permet par exemple à tous les membres d'un même groupe d'accéder aux fichiers du sous-répertoire */var/www/projet/debian/*, s'il s'agit d'un projet de site Web. Un autre exemple consiste à faire entrer plusieurs utilisateurs dans un groupe nommé **dialout** pour permettre à tous ses membres d'établir une connexion au réseau *via* un modem.

La commande intitulée **groups** affiche les groupes dont vous êtes membre, en fonction de l'identité avec laquelle vous avez ouvert la session.

Affichez le contenu du fichier nommé */etc/group*. Vous pouvez le faire au moyen de la commande d'affichage **more** (en écrivant `more /etc/group`). Repérez bien le groupe nommé **root** (il ne doit comprendre qu'un membre, **root**). Repérez votre groupe (*a priori*, il n'y a que vous). Vous constatez qu'il existe quelques autres groupes, et par exemple **dialout**, dont nous avons parlé, **floppy** (les utilisateurs qui peuvent accéder à la disquette), etc. Juste après l'installation, il n'y a aucun autre utilisateur dans ces différents groupes. C'est à l'administrateur d'ajouter des membres aux différents groupes selon les besoins. Voici un exemple de fichier */etc/group* personnalisé sur un système en exploitation :

```
root:x:0:
daemon:x:1:fr
bin:x:2:
sys:x:3:
adm:x:4:
tty:x:5:
disk:x:6:
lp:x:7:lp
mail:x:8:fr,mw
news:x:9:
uucp:x:10:
proxy:x:13:
kmem:x:15:
dialout:x:20:fr
fax:x:21:fr
voice:x:22:fr
cdrom:x:24:fr
floppy:x:25:fr
tape:x:26:fr
sudo:x:27:fr
audio:x:29:fr
dip:x:30:
majordom:x:31:majordom
postgres:x:32:
www-data:x:33:fr
backup:x:34:fr
msql:x:36:fr
operator:x:37:fr
list:x:38:fr
irc:x:39:fr
src:x:40:fr
gnats:x:41:
shadow:x:42:
utmp:x:43:telnetd
video:*:44:
staff:x:50:fr
games:x:60:fr
qmail:x:70:
users:x:100:fr
telnetd:x:101:
```

```
fr:x:1000:
mw:x:1001:
fr2:x:1003:
nogroup:x:65534:
mysql:x:102:
```

Pour obtenir d'autres détails au sujet de cette commande, vous accédez à la documentation par `man group`.

La commande d'affichage `ls -l /home` permet de voir quels sont les répertoires de travail des utilisateurs. *A priori*, chaque sous-répertoire doit être associé à l'utilisateur auquel il appartient. Voici un exemple des sous-répertoires de */home* après création d'un second utilisateur :

```
bash-2.03$ ls -l /home/
total 8
drwxr-sr-x 65 toto     toto       5120     Jan 1 02:48 toto
drwxr-sr-x  5 patrick  patrick    1024     Jan 4 08:27 parick
```

Les droits d'accès

En plus du propriétaire et du groupe, chaque fichier possède une série de droits d'accès qui déterminent qui est autorisé à lire, à exécuter le fichier et à écrire dedans. (Nous n'irons pas trop dans les détails.)

Nous avons vu un peu plus haut que la commande **ls -l** permettait d'afficher la chaîne des droits d'accès sous forme de 10 caractères en début de ligne. En fait, le premier caractère ne concerne pas les droits d'accès mais le type du fichier. Si c'est un signe **-**, c'est un fichier normal ; un **d** indique un répertoire (*directory*) et un **l** indique un lien.

Les neuf positions suivantes doivent se lire trois par trois. De gauche à droite, nous trouvons les droits du propriétaire, ceux du groupe et ceux de tous les autres. Le premier caractère de chaque bloc de trois peut contenir un **r** (lecture, *read*) ou un tiret. La deuxième peut contenir un **w** (écriture, *write*) ou un tiret et le troisième un **x** (exécution) ou un tiret.

Voici la signification de ces trois lettres :

- **r** Lecture : le fichier concerné peut être lu. Dans le cas d'un répertoire, le contenu du répertoire peut être consulté.
- **w** Ecriture : le contenu du fichier peut être modifié. Dans le cas d'un répertoire, de nouveaux fichiers peuvent être créés et les fichiers existants supprimés.

- **x** Exécution : le fichier peut être exécuté (si cela a un sens). Vous pouvez rendre un fichier d'image graphique exécutable, mais cela ne sert à rien. Dans le cas des répertoires, la présence d'un x signifie que vous pouvez faire du répertoire votre répertoire courant. Autrement dit, pour pouvoir manipuler le contenu d'un répertoire, vous devez disposer des trois attributs.

Voyons plus précisément les droits d'accès concernant un répertoire :

- **r--** Le propriétaire, le groupe et les autres peuvent voir le contenu. L'accès aux fichiers du répertoire dépend de leur propre droit d'accès.
- **r-x** Dans cette configuration, vous n'êtes pas autorisé à créer de nouveaux fichiers ni à supprimer des fichiers existants, mais vous pouvez consulter et modifier des fichiers, selon les droits d'accès spécifiques de ceux-ci.
- **--x** Vous pouvez accéder aux fichiers du répertoire mais pas les afficher. Vous devez donc savoir quels fichiers se trouvent dans ce répertoire pour pouvoir les exploiter. Dans le cas d'un répertoire, cette option permet d'y entrer.
- **rwx** Vous pouvez réaliser toutes les opérations requises à partir du moment où les droits d'accès des fichiers l'autorisent.

Quelques précisions s'imposent en ce qui concerne les relations entre les fichiers et les répertoires.

Ce sont les droits d'accès en écriture d'un répertoire qui déterminent si vous pouvez supprimer un fichier. Même si le fichier est déclaré comme ne pouvant être que lu, il pourra être supprimé si les droits du répertoire vous permettent d'y écrire ! En revanche, vous ne pouvez pas supprimer un fichier dans un répertoire en lecture seule même si ce fichier permet l'écriture.

Autrement dit, si vous êtes propriétaire d'un répertoire, vous pouvez supprimer les fichiers qu'il contient, même si les fichiers appartiennent à l'administrateur *root*.

Les droits d'accès d'un répertoire ont par ailleurs un impact direct sur les données. Mais les droits d'accès des fichiers jouent un rôle. Evidemment, si vous n'avez pas accès au répertoire, peut importent les droits d'accès des fichiers qu'il contient puisque vous ne pouvez pas y accéder.

Quelques exemples

La commande qui permet d'intervenir sur les droits d'accès des fichiers et des répertoires dans Debian GNU/Linux se nomme **chmod**. Faisons quelques essais.

Commencez par créer un fichier, par exemple avec la commande `touch fictest`. La commande **touch** sert normalement à modifier la date de création et de modification du fichier. Si vous faites suivre cette commande d'un nom de fichier, vous créez un fichier portant ce nom avec une taille nulle. Vous pouvez le vérifier au moyen de la commande **ls -l** :

```
bash-2.03$ touch fictest
bash-2.03$ ls -l fictest
-rw-r--r--1 fr          fr        0 Jan 19 18:15 fictest
```

La date du fichier de votre essai sera évidemment différente de celle de notre exemple, de même que le nom du propriétaire. Les droits d'accès (**-rw-r--r--**) sont attribués automatiquement par le système pour tout nouveau fichier. Ces valeurs par défaut peuvent être modifiées au moyen de la commande **umask**.

Pour en savoir plus sur la commande **chmod**, accédez à la page de documentation correspondante au moyen de `man chmod`. Nous allons nous limiter à quelques exemples pratiques.

Lancez la commande `chmod u+x fictest`. Vérifiez ensuite au moyen de `ls -l fictest`. Nous venons d'attribuer un droit en exécution (**x**) pour le propriétaire (**u**) au moyen du signe **+**.

```
bash-2.03$ chmod u+x fictest
bash-2.03$ ls -l fictest
-rwxr--r--1 fr          fr        0 Jan 19 18:15 fictest
```

Ce genre de commande est très utile lorsque vous venez d'écrire le texte d'un script ou d'un programme Perl afin de rendre le fichier exécutable.

Si vous souhaitez rendre un fichier absolument confidentiel, vous devez ôter les droits en écriture à ce fichier pour le groupe (**g**) et pour tous les autres utilisateurs (**o**), au moyen du signe moins. Cela correspond à la commande `chmod go-r fictest` :

```
bash-2.03$ chmod go-r fictest
bash-2.03$ ls -l fictest
-rwx------1 fr          fr        0 Jan 19 18:15 fictest
```

Vous constatez que le signe + et le signe - permettent d'ajouter et d'enlever des droits. Dans certains cas, vous pouvez vous y perdre. **chmod** propose à cet effet l'option **=** qui détermine les droits indiqués en supprimant tous les autres. Vous pouvez utiliser cette option avec les trois symboles **ugo** (*User*, *Group*, *Other*) :

```
bash-2.03$ chmod ugo=rx fictest
bash-2.03$ ls -l fictest
-r-xr-xr-x 1 fr          fr        0 Jan 19 18:15 fictest
```

Dans cet exemple, tous les utilisateurs peuvent ensuite lire et exécuter le fichier, mais aucun ne peut le modifier.

Si vous supprimez les droits d'exécution pour tous les utilisateurs avec `chmod a-x fictest`, il n'y a aucune conséquence puisqu'un fichier de données pur ne peut pas être exécuté.

Essayez de supprimer le fichier. Dans la dernière étape, nous avions interdit l'écriture dans le fichier, et donc la suppression de celui-ci. Essayez de le supprimer au moyen de la commande suivante :

```
bash-2.03$ rm fictest
rm: supprimer le fichier "fictest" protégé?
```

Notez que si vous n'avez pas modifié la variable d'environnement de la langue, le message d'erreur apparaît en anglais.

Personne n'a le droit d'écrire dans ce fichier. C'est pourquoi la commande **rm** vous demande de confirmer l'action. Il s'agit ici d'une fonction spéciale de **rm** qui n'a que peu à voir avec les droits d'accès. Pour supprimer réellement le fichier, il suffit de confirmer. Ne vous inquiétez pas du mode de saisie numérique des droits d'accès pour la commande **rm** ; tout cela est expliqué en détail dans la documentation *man*.

Pour s'orienter dans les fichiers Debian

Debian GNU/Linux se distingue des autres distributions par certains points. Vous devez connaître ces particularités pour assurer une maintenance correcte. Cette section vous propose quelques conseils pour mieux vous orienter dans le système.

Le concept principal qu'il faut avoir compris est l'approche de gestion de paquets de Debian. Vous devez accepter dès le départ de laisser l'outil de gestion des paquets gérer la plus grande partie du système. Vous ne pouvez pas mettre à jour manuellement un logiciel (par exemple en recompilant les fichiers sources du serveur Apache). Vous devez laisser l'outil de gestion de paquets de Debian faire le travail de mise à jour. Voici les sous-ensembles de la structure arborescente qui sont à la charge du gestionnaire de paquets :

```
/usr (A l'exception de /usr/local)
/var (Vous pouvez créer si nécessaire /var/local)
/bin
/sbin
/lib
```

Si vous procédez par exemple à la mise à jour du contenu */usr/bin/perl* à partir d'un CD comprenant une version plus récente (ce qui se produit rarement dans la réalité), cela sera possible.

En revanche, si vous installez un paquet au moyen de l'outil **dselect** et que cet outil recherche une version de Perl, l'outil ira toujours chercher la version qui se trouve dans le chemin indiqué pour l'installation. Autrement dit, **dselect** peut très bien installer une version plus ancienne que celle que vous avez installée entre-temps. Tenez-en compte.

Pour mettre à jour un paquet Perl, utilisez donc **dpkg**, **dselect** ou **apt** afin de partir du paquet de programmes Debian. Les utilisateurs chevronnés peuvent contourner cette contrainte en attribuant au paquet concerné le statut "hold" (dans l'écran de sélection de **dselect**, avec la touche =) ou en utilisant **dpkg-divert**.

Avant de mettre à jour un paquet avec une version que vous avez actualisée vous-même, prenez le temps de bien comprendre comment fonctionne le système de gestion des paquets de Debian.

Vous devez notamment vous habituer au fait que tous les fichiers de configuration sont réunis dans */etc/*. Souvent, des répertoires supplémentaires sont créés pendant l'installation. C'est notamment le cas des logiciels qui savent exploiter plusieurs fichiers de configuration, comme le serveur Web Apache.

Dans le sous-répertoire */usr/doc/* ou */usr/share/doc/*, vous trouverez la documentation des paquets installés sur le système. Vous y trouverez également un fichier intitulé *README.Debian* (ou un nom similaire), qui présente les caractéristiques spécifiques à Debian GNU/Linux.

Vous trouverez également dans chaque sous-répertoire les fichiers des licences d'utilisation des logiciels.

Fichiers des périphériques dans */dev*

Sous Linux, le répertoire */dev* contient des fichiers très spéciaux, qui sont des fichiers de périphériques (*DEVice files*). Comme dans toutes les variantes d'Unix, l'accès à un périphérique ou à un élément du système passe par un tel fichier spécial, qui permet aux programmes d'accéder au périphérique *via* un pilote interne. Autrement dit, le fichier de périphérique sert d'interface. Du point de vue des utilisateurs, les fichiers de périphériques n'ont rien à voir avec les fichiers de données. Nous allons découvrir les principaux fichiers de périphériques..

Les lecteurs de CD et les interfaces correspondantes sont très variés. Il existe des lecteurs à interface SCSI et des lecteurs à interface IDE. Dans tous les cas, l'exploitation du lecteur de CD suppose l'existence d'un fichier spécial qui a été mis en place dès l'installation. Le nom du fichier est en général une abréviation qui désigne le lecteur de CD. Pour simplifier l'accès au lecteur, vous pouvez utiliser un lien symbolique, qui s'écrit */dev/cdrom*. Ce lien est créé pendant l'installation et permet d'accéder aux fichiers du périphérique. La commande `ls -l /dev/cdrom` permet de savoir à quel fichier de périphérique correspond le lien *cdrom*.

```
fr@sushi:~$ ls -l /dev/cdrom
lrwxrwxrwx 1 root root 3 Sep 1 16:06 /dev/cdrom -> hdc
```

Voici les principaux fichiers de périphérique du sous-répertoire */dev/* :

```
fd0     Lecteur de disquettes 1
fd1     Lecteur de disquettes 2

hda     Disque dur IDE 1 maître
hdb     Disque dur ou CD IDE 1 esclave
hdc     Disque dur ou CD IDE 2 maître
hdd     Disque dur ou CD IDE 2 esclave
hda1    1re partition du premier disque IDE
hda15   15e partition du premier disque IDE

sda     Disque SCSI (fixe ou amovible) de plus petit ID
sdb     Disque SCSI (fixe ou amovible) avec ID suivant
sdc     Disque SCSI (fixe ou amovible) avec ID suivant
sda1    1re partition de sda
sda15   15e partition de sda
scd0    1er lecteur de CD SCSI
scd1    2e lecteur de CD SCSI

cdrom   Lien symbolique vers lecteur de CD
mouse   Lien symbolique vers fichier dev de souris

ttyS0   1er port série (COM1)
ttyS1   2e port série (COM2)

lp0     1er port parallèle
lp1     2e port parallèle

null    Poubelle sans fond pour les données inutiles
zero    Source de données nulles
```

Attention : les données des supports amovibles Zip formatés sous DOS sont stockées sur la partition 4. Il en découle que vous devez procéder comme suit pour effectuer le montage d'une disquette Zip formatée DOS.

```
mount -t vfat /dev/sdc4/zip
```

Dans le précédent exemple, le lecteur Zip est le troisième périphérique SCSI amovible (la lettre **c** dans **sdc**) et la disquette ZIP sera montée dans le sous-répertoire */zip*.

Gestion des fichiers

Pour être à l'aise avec votre nouveau système, vous devez savoir comment créer, déplacer, renommer et supprimer des fichiers et des répertoires.

pwd (répertoire courant)

Il est fondamental de savoir dans quel répertoire vous vous trouvez par rapport à la structure arborescente. Lorsque vous ouvrez la session, vous êtes *a priori* dans votre répertoire de travail sous */home*. Vous pouvez le vérifier au moyen de la commande **pwd** :

```
bash-2.02$ pwd
/home/toto
```

Sur votre système, la mention **toto** sera remplacée par le nom choisi pour l'identifiant.

ls (affichage d'un contenu)

Cette commande que nous avons déjà rencontrée affiche les noms des fichiers et des sous-répertoires du répertoire courant. Si vous l'utilisez sans paramètre juste après l'ouverture de la session utilisateur, la commande n'affiche aucun nom (en réalité, votre répertoire de travail n'est pas vide, mais il faut ajouter des paramètres pour rendre visibles les fichiers cachés).

Les fichiers cachés

Chaque utilisateur possède quelques fichiers cachés dans son répertoire principal de travail. Ces fichiers sont créés lors de la création du compte par l'administrateur. Il s'agit pour la plupart de fichiers de configuration qui ne sont que rarement modifiés. Voilà pourquoi ils ne sont pas visibles *a priori*. Vous évitez ainsi un affichage inutile.

Il n'y a pas d'astuce particulière pour cacher un fichier dans un système Unix. Il suffit de faire en sorte que le nom du fichier commence par le signe point. Tous les fichiers commençant par un signe point ne sont pas affichés par les commandes d'affichage. En revanche, si vous utilisez la commande **ls** avec l'option **-a**, vous faites apparaître les fichiers cachés.

Vous pouvez employer la commande **ls** avec un chemin d'accès. Par exemple, `ls /` affiche le contenu du répertoire racine.

cd (changement de répertoire)

Cette commande permet de naviguer dans la structure en passant dans un autre répertoire. Par exemple, `cd /tmp` fait du répertoire */tmp* le répertoire courant.

Deux remarques s'imposent, même si elles ne sont pas directement liées à la commande **cd**.

Le caractère ~ (le tilde du *n* espagnol) symbolise le chemin d'accès complet menant à votre répertoire de travail. Autrement dit, si vous écrivez `cd ~`, vous revenez dans votre répertoire principal.

Il est souvent nécessaire de remonter d'un niveau dans la structure arborescente (en direction de la racine). Au lieu de recourir à la commande **pwd** pour savoir où vous êtes puis à la commande **cd** avec un chemin long à saisir, servez-vous du symbole **..** (deux points à la suite), qui désigne le répertoire parent du répertoire courant. Ainsi, `cd ..` fait remonter d'un niveau dans les répertoires (n'oubliez pas l'espace).

Il existe un second symbole qui est le point isolé. Il représente le répertoire courant, mais nous allons découvrir son intérêt dans un autre exemple.

mkdir (création d'un répertoire)

Cette commande sert tout simplement à créer un répertoire dans le répertoire courant ou celui indiqué par le chemin. Avec **cd ~**, revenez à votre répertoire principal puis créez par exemple un sous-répertoire *test* au moyen de `mkdir test`. Vérifiez ensuite avec **ls**. Le nombre de sous-niveaux de répertoires n'est pas limité.

cp (copie de fichier)

Cette commande permet de créer une copie d'un fichier existant. Par exemple, pour copier le fichier nommé */etc/profile* :

```
cp /etc/profile .
```

Vous obtenez ainsi une copie du fichier dans votre répertoire principal (symbolisée par le point en fin de commande). Vérifiez le résultat avec **ls**.

more (affichage contrôlé)

La commande `more fic` permet d'afficher le contenu du fichier nommé *fic* à l'écran. La touche [Bar. espace] permet de passer à la page suivante et la touche **Q** de sortir du programme. La position courante dans le fichier en pourcentage est indiquée en bas d'écran. En fin de fichier, vous quittez **more** automatiquement. La commande reconnaît plusieurs options qui peuvent également être mémorisées dans la variable d'environnement nommée **MORE** (en capitales). Dans ce cas, ces options sont prises en compte à chaque utilisation de **more**.

Pour plus de détails au sujet de cette commande, voyez la page de documentation **man more**.

INFO

Affichage du contenu des fichiers archivés
Si vous rencontrez un fichier compressé, vous pouvez le visualiser avec la variante nommée zmore.

La presque totalité de la documentation des paquets Debian est fournie dans un format compressé. Rendez-vous dans les différents répertoires de */usr/share/doc/*.

A la place de **more**, vous pouvez adopter le programme **less** qui offre les mêmes caractéristiques, avec quelques enrichissements intéressants.

mv (déplacement et changement de nom)

Pour déplacer un fichier, la commande **mv** doit être suivie d'au moins deux paramètres. Le premier est le nom du fichier source et le deuxième le nom du fichier cible. La commande `mv profile test` permet ainsi de déplacer le fichier *profile* dans le sous-répertoire *test*. La même commande permet de changer le nom d'un fichier. Descendez dans le répertoire *test* et lancez la commande `mv profile fictest`.

mv permet également de déplacer ou de changer le nom d'un répertoire, sans que la syntaxe diffère par rapport à celle qui est utilisable pour les fichiers.

Notez qu'il n'est pas possible avec **mv** de renommer plusieurs fichiers à la fois. Vous devez dans ce cas prévoir un petit script ou un autre outil.

rm (suppression de fichiers et de répertoires)

rm permet de supprimer un ou plusieurs répertoires. L'utilisation la plus simple consiste à faire suivre le nom de la commande du nom du fichier, comme dans `rm fichier.txt` (si le fichier n'existe pas, vous pouvez le créer pour faire l'essai avec `touch fichier.txt`). Vous pouvez indiquer plusieurs noms de fichiers en les séparant par des espaces, comme dans :

```
rm fichier.txt fichier2.txt fichier3.asc fichier4.txt fichier.sh
```

La précédente commande supprime cinq fichiers. Soyez averti : il n'existe pas de commande d'annulation de suppression sous Linux ! Il existe en revanche un projet de programmes complémentaires fonctionnant avec le système de fichiers **ext3** pour récupérer des fichiers supprimés, mais ce projet n'est pas encore terminé.

Pour supprimer un répertoire et son contenu, vous devez ajouter l'option **-rf**, comme dans :

```
rm -rf /home/fr/test/
```

Tous les sous-répertoires du répertoire indiqué sont également supprimés. Mal employée, la commande est très dangereuse. Si vous êtes connecté en tant que super-utilisateur, la saisie de la commande `rm -rf /` (ne l'essayez surtout pas !) provoque la suppression de la totalité des fichiers du système en un millième de seconde…

rmdir (suppression d'un répertoire vide)

Une commande moins dangereuse est la variante **rmdir**, qui ne supprime un répertoire que si celui-ci est vide. Elle équivaut à la commande **rm** avec les options appropriées.

Retour sur les fichiers cachés (.nomfic)

Nous avons vu un peu plus haut que tous les fichiers dont le nom commençait par un point n'étaient pas affichés, sauf utilisation d'une option particulière (**-a**) pour la commande **ls**. Ces fichiers correspondent pour la plupart à des données de configuration du compte utilisateur.

Deux fichiers cachés spéciaux sont ceux qui correspondent au point isolé et à la suite de deux points (qui représentent respectivement le répertoire courant et le répertoire parent). Pour ne pas afficher ces deux fichiers cachés tout en affichant tous les autres, vous utilisez l'option **-lA** pour la commande **ls**.

Les fichiers ne sont pas cachés pour des raisons de confidentialité, mais pour alléger l'affichage du contenu des répertoires. Si vous modifiez des paramètres dans un des fichiers de configuration cachés, cela n'aura d'effet que si vous avez ouvert la session avec l'identité de l'utilisateur donc c'est le répertoire de travail.

Les fichiers de configuration globaux, valables pour tous les utilisateurs, sont réunis dans le répertoire */etc*.

find et locate (recherche de fichiers)

Pour trouver un fichier dans le système, vous disposez de deux outils : **find** et **locate**. Le premier des deux effectue une recherche physique du disque dur, ce qui peut prendre un certain temps. **find** offre de nombreux paramètres rappelés ci-après :

```
bash-2.03$ find --help
Usage: find [CHEMIN] [EXPRESSION]
Le répertoire utilisé par défaut est le répertoire courant;
par défaut, l'option -print est active.
Une expression peut être constituée d'opérateurs,
```

```
(par précédence décroissante, '-and' est implicite
lorsque aucun autre paramètre n'est fourni), par exemple :
      ( EXPR ) ! EXPR -not EXPR EXPR1 -a EXPR2 EXPR1 -and EXPR2

      EXPR1 -o EXPR2 EXPR1 -or EXPR2 EXPR1 , EXPR2
les options (toujours 'true'):
      -daystart -depth -follow --help
      -maxdepth NIVEAUX -mindepth NIVEAUX -mount -noleaf --version -xdev
les tests (N peut être  +N ou -N ou N):
      -amin N -anewer FICHIER -atime N -cmin N
      -cnewer FICHIER -ctime N -empty -false -fstype TYPE -gid N -group NOM
      -ilname PATRON -iname PATRON -inum N -ipath PATRON -iregex PATRON
      -links N -lname PATRON -mmin N -mtime N -name PATRON -newer FICHIER
      -nouser -nogroup -path PATRON -perm [+-]MODE -regex PATRON
      -size N[bckw] -true -type [bcdpfls] -uid N -used N -user NOM
      -xtype [bcdpfls]
actions:
      -exec COMMANDE ; -fprint FICHIER -fprint0 FICHIER -fprintf FICHIER FORMAT
      -ok COMMANDE ; -print -print0 -printf FORMAT -prune -ls

Rapporter toutes anomalies à <bug-findutils@gnu.org>.
```

Dans une utilisation normale, il suffit de vous inspirer de l'exemple suivant :

```
bash-2.02$ find / -name resolv.conf
/etc/resolv.conf
find: /var/spool/cron/atjobs: Permission refusée
find: /var/spool/cron/atspool: Permission refusée
find: /var/lib/xdm/authdir: Permission refusée
```

Dans le précédent exemple, **find** trouve le fichier dans le répertoire */etc*. Un message d'erreur apparaît lorsque vous n'avez pas accès au répertoire. Vous pouvez indiquer comme paramètre de la commande **find** le répertoire dans lequel la recherche doit commencer. Dans l'exemple, nous sommes partis de la racine (/). Si vous ne connaissez pas exactement le nom du fichier à trouver, vous pouvez utiliser les caractères génériques. Mais les commandes que vous saisissez sur la ligne sont d'abord analysées par l'interpréteur. C'est pourquoi vous devez coder le caractère générique * (qui remplace x caractères) en ajoutant une barre oblique inverse. Vous demandez ainsi à l'interpréteur de ne pas essayer d'interpréter le signe * et de transmettre la commande telle quelle au programme correspondant :

```
bash-2.02$ find / -name resol\*
/etc/resolv.conf
find: /var/spool/cron/atjobs: Permission refusée
find: /var/spool/cron/atspool: Permission refusée
find: /var/lib/xdm/authdir: Permission refusée
```

L'autre solution pour trouver un fichier se fonde sur le programme **locate**, qui est plus rapide car il exploite une base de données de tous les noms de fichiers, cette base étant mise à jour au quotidien. Cela vous évite d'avoir à scruter la totalité du disque.

Sachez que la mise à jour de la base ne fonctionne que si l'ordinateur est allumé au moment où cette mise à jour est programmée. La mise à jour peut prendre un certain temps car elle suppose une analyse minutieuse de la totalité du ou des disques.

Vous pouvez forcer une mise à jour manuelle de la base de **locate** avec la commande **updatedb**. Il est plus simple d'ajouter une ligne dans le fichier de programmation d'événements */etc/crontab* pour démarrer **updatedb** périodiquement ou modifier l'heure de lancement.

Si ces retouches vous semblent trop complexes, vous pouvez installer le paquet nommé **anacron**, qui permet d'exécuter les travaux programmés dès que possible (à l'origine, c'était lorsque la machine était éteinte à l'heure prévue). C'est le programme d'automatisation **cron** qui se charge de lancer aux heures programmées les différents utilitaires d'administration.

Puisque la mise à jour n'est effectuée *a priori* qu'une fois par jour, **locate** ne peut pas trouver des fichiers qui ont été créés après la dernière mise à jour. Voyons un exemple d'utilisation :

```
bash-2.02$ locate XF86Config
/etc/X11/XF86Config
/usr/X11R6/lib/X11/XF86Config
/usr/X11R6/lib/X11/XF86Config.eg
/usr/X11R6/man/man5/XF86Config.5x.gz
```

Vous constatez que **locate** trouve tous les fichiers contenant le critère indiqué, sans que vous ayez à fournir un caractère générique (*).

Si vous comparez **find** et **locate**, vous constaterez que **find** est plus puissant mais que **locate** est plus rapide pour les recherches simples.

Si vous lancez une mise à jour de la base de données de **locate** sans être administrateur, vous constaterez que tous les fichiers ne sont pas proposés dans certains cas. La raison en est que seuls sont pris en compte les fichiers auxquels le programme **updatedb** peut accéder.

Par ailleurs, **locate** affiche les noms des fichiers qu'un utilisateur normal ne devrait pas voir.

Pour répondre à ce problème, Debian GNU/Linux propose la variante nommée **slocate**, qui n'affiche que les fichiers autorisés. Si vous installez également le paquet **suidmanager**, **slocate** peut employer l'outil **suidregister** pour afficher en option les fichiers auxquels vous n'avez normalement pas accès, à condition de fournir le mot de passe approprié.

Notez enfin les messages indiqués à la fin de l'installation de **slocate** :

```
sushi:/root# apt-get install slocate
Lecture des listes de paquets... Fait
Construction de l'arbre des dépendances... Fait
Les NOUVEAUX paquets suivants seront installés:
    slocate
0 mis à jour, 1 nouvellement installé, 0 à enlever et 27 non mis à jour.
Il est nécessaire de prendre 0o/23.2ko dans les archives.
Après dépaquetage, 143ko d'espace supplémentaires seront utilisés.
Sélection du paquet slocate.
(Lecture de la base de données... 67742 fichiers et répertoires installés.)
Dépaquetage de slocate (de .../utils/slocate_2.1-5.1.deb) ...
Adding `diversion of /usr/bin/locate to /usr/bin/locate.notslocate by
➥slocate'
Adding `diversion of /usr/bin/updatedb to /usr/bin/updatedb.notslocate by
➥slocate'
Adding `diversion of /usr/share/man/man1/locate.1.gz to /usr/share/man/
➥man1/locate.°
notslocate.1.gz by slocate'
Adding `diversion of /usr/share/man/man1/updatedb.1.gz to /usr/share/ man/man1/°
updatedb.notslocate.1.gz by slocate'
Adding `diversion of /etc/cron.daily/find to /etc/cron.daily/
➥find.notslocate by slocate'
Setting up slocate (2.1-5.1) ...
Adding group slocate (104)...
Done.
Changing permissions on: /usr/bin/slocate
Changing permissions on: /var/lib/slocate to: 0750

ATTENTION: Vous devez exécuter '/etc/cron.daily/slocate' comme root.
Sinon, locate ne fonctionnera pas bien sauf si lancé par cron
(il l'est tous les jours).
```

gzip (compression/décompression de fichiers)

Il est souvent utile de compresser les fichiers, pour économiser de l'espace disque et réduire les temps de transfert en réseau. Le programme à privilégier pour ces travaux est **gzip** sous Debian GNU/Linux (GNU Zip).

Commencez par créer un fichier test pour faire des essais :

```
bash-2.03$ cd
bash-2.03$ cp  /etc/profile  ./fictest
bash-2.03$ ls -l fictest
-rw-r--r--1 fr          fr          359 Jan 20 20:10 fictest
```

Vous pouvez maintenant compresser le fichier test avec gzip pour voir le résultat :

```
bash-2.03$ gzip fictest
bash-2.03$ ls -l fictest.gz
-rw-r--r--1 fr          fr          275 Jan 20 20:10 fictest.gz
```

Vous constatez que le fichier porte dorénavant l'extension **.gz**, ce qui permet de rappeler qu'il s'agit d'un fichier compressé.

Pour restaurer le fichier dans son format d'origine, vous utilisez l'option **-d** :

```
bash-2.03$ gzip -d fictest.gz
bash-2.03$ ls -l fictest
-rw-r--r--1 fr          fr          359 Jan 20 20:10 fictest
```

Le taux de compression n'est pas très important pour les petits fichiers. Essayez avec un fichier volumineux.

split (débitage de fichiers)

Il vous est peut-être déjà arrivé de devoir copier un fichier trop gros pour le support destinataire. Sous Debian GNU/Linux, vous disposez du programme **split** et du programme **cat** pour couper un fichier en plusieurs tronçons puis les réunir.

Commencez par copier le fichier */bin/bash* dans votre répertoire de travail (la taille du fichier est d'environ 450 Ko).

```
bash-2.03$ cd
bash-2.03$ cp /bin/bash .
bash-2.03$ ls -l bash
-rwxr-xr-x 1 fr          fr          461720 Jan 22 15:42 bash
```

Servez-vous de la commande **split** pour diviser le fichier en plusieurs morceaux. En paramètre, vous indiquez la taille maximale de chaque tronçon et l'extension du nom de fichier à appliquer à chaque tronçon.

Pour indiquer la taille, vous utilisez l'option **-b**. Si vous ne précisez rien, cette taille est considérée comme étant en octets. Dans la pratique, ce n'est pas très intéressant. Utilisez donc la lettre **k** pour les kilo-octets ou la lettre **m** pour les méga-octets.

Les noms des tronçons générés sont déduits du nom du fichier d'origine, suivi de la mention **aa** pour le premier tronçon, **ab** pour le deuxième, etc. Si vous désirez attribuer un autre nom, il suffit de l'indiquer. Dans l'exemple suivant, nous choisissons morceau :

```
bash-2.03$ split -b100k bash morceau
bash-2.03$ ls -l morceau*
-rw-r--r--   1 fr     fr      102400 Jan 22 15:42 morceauaa
-rw-r--r--   1 fr     fr      102400 Jan 22 15:42 morceauab
-rw-r--r--   1 fr     fr      102400 Jan 22 15:42 morceauac
-rw-r--r--   1 fr     fr      102400 Jan 22 15:42 morceauad
-rw-r--r--   1 fr     fr       52120 Jan 22 15:42 morceauae
```

Pour réunir les morceaux d'un fichier divisé par **split**, vous utilisez la commande **cat** :

```
bash-2.03$ cat morceau* > bash-refait
bash-2.03$ ls -l bash*
-rwxr-xr-x   1 fr      fr      461720 Jan 22 15:42 bash
-rw-r--r--   1 fr      fr      461720 Jan 22 15:43 bash-refait
```

La longueur nous prouve que le fichier a été restauré.

tar (archivage du fichier)

Pour simplifier leur transfert, les fichiers des programmes disponibles sur le réseau sont généralement regroupés dans un gros fichier que l'on nomme une *archive*, qu'elle soit compressée ou non. Les archives ont deux buts : regrouper toute une série de fichiers et réduire le volume. Pour des raisons historiques, le regroupement et la compression correspondent sous Unix à deux programmes différents. Le regroupement est réalisé par le programme **tar** (*Tape Archive*) et la compression par le programme **gzip**. Le programme **bzip2**, plus récent, offre des taux de compression légèrement meilleurs. La version GNU du programme **tar** que l'on trouve dans Debian sait utiliser les deux méthodes de compression.

Les outils qui ont une longue existence, et c'est le cas de **tar**, offrent souvent un grand nombre d'options qui se sont accumulées au cours du temps. Certaines de ces options ne sont plus du tout employées de nos jours mais restent disponibles à des fins de compatibilité. Vous pouvez par exemple définir la taille de bloc des données à stocker sur le support. Ce genre d'option n'a que très peu d'intérêt de nos jours.

Voyons d'abord les options proposées par le programme d'archivage **tar** (lancez le programme avec l'option --**help**) :

```
bash-2.03$ tar --help
GNU " tar " sauvegarde plusieurs fichiers sur un ruban ou une archive sur
disque et peut restaurer des fichiers individuellement d'une archive.

Usage: tar [OPTION]... [FICHIER]...

Exemples:
  tar -cf archive.tar foo bar  # Create archive.tar from files foo and bar.
  tar -tvf archive.tar         # List all files in archive.tar verbosely.
  tar -xf archive.tar          # Extract all files from archive.tar.

Si un argument est obligatoire pour une option de forme longue, il
l'est aussi pour une option de forme courte.  La même règle s'applique
à un argument optionnel.
```

```
Mode principal d'exécution:
  -t, --list                  afficher le contenu d'une archive
  -x, --extract, --get        extraire les fichiers d'une archive
  -c, --create                créer une archive
  -d, --diff, --compare       comparer le contenu de l'archive et
                              le système de fichier
  -r, --append                accoler les fichiers à la fin de l'archive
  -u, --update                accoler seulement les nouveaux fichiers
                              et ensuite les copier dans l'archive
  -A, --catenate              accoler les fichiers "tar" à l'archive
      --concatenate           identique à -A
      --delete                éliminer des entrées (mais pas pour les rubans)

Operation modifiers:
  -W, --verify                attempt to verify the archive after writing it
      --remove-files          remove files after adding them to the archive
  -k, --keep-old-files        don't replace existing files when extracting
      --keep-newer-files      don't replace existing files that are newer
                              than their archive copies
      --overwrite             overwrite existing files when extracting
      --no-overwrite-dir      preserve metadata of existing directories
  -U, --unlink-first          remove each file prior to extracting over it
      --recursive-unlink      empty hierarchies prior to extracting directory
  -S, --sparse                handle sparse files efficiently
  -O, --to-stdout             extract files to standard output
  -G, --incremental           handle old GNU-format incremental backup
  -g, --listed-incremental=FILE
                              handle new GNU-format incremental backup
      --ignore-failed-read    do not exit with nonzero on unreadable files
      --occurrence[=NUM]      process only the NUMth occurrence of each file
                              in the archive. This option is valid only in
                              conjunction with one of the
                              subcommands --delete,
                              --diff, --extract or --list and when a list of
                              files is given either on the command line or
                              via -T option.
                              NUM defaults to 1.

Traitement des attributs de fichiers:
      --owner=PROPRIETAIRE    attribuer au PROPRIETAIRE les fichiers
                              ajoutés
      --group=GROUPE          attribuer au GROUPE les fichiers
                              ajoutés
      --mode=MODE             modifier les MODES d'accès des fichiers
                              à la manière de " chmod "
      --atime-preserve        ne pas modifier les dates d'accès
                              des fichiers traités
  -m, --modification-time     ne pas extraire les fichiers dont
                              les dates ont été modifiées
      --same-owner            essayer d'extraire les fichiers ayant
                              le même propriétaire
```

```
      --numeric-owner        utiliser les valeurs numériques
                             d'appartenance pour les noms
                             d'usager/groupe
  -p, --same-permissions     extraire toutes les informations de protection
      --preserve-permissions identique à -p
  -s, --same-order           trier les noms afin d'extraire ceux
                             qui concordent dans l'archive
      --preserve-order       identique à -s
      --preserve             identique à l'utilisation combinée
                             de -p et -s

Device selection and switching:
  -f, --file=ARCHIVE             use archive file or device ARCHIVE
      --force-local              archive file is local even if has a colon
      --rmt-command=COMMAND      use given rmt COMMAND instead of /etc/rmt
      --rsh-command=COMMAND      use remote COMMAND instead of rsh
  -[0-7][lmh]                    specify drive and density
  -M, --multi-volume             create/list/extract multi-volume archive
  -L, --tape-length=NUM          change tape after writing NUM x 1024 bytes
  -F, --info-script=FILE         run script at end of each tape (implies -M)
      --new-volume-script=FILE   same as -F FILE
      --volno-file=FILE          use/update the volume number in FILE

Facteur de blocage du périphérique:
  -b, --blocking-factor=N    utiliser un facteur de blocage de
                             512 octets par enregistrement
      --record-size=N        utiliser un facteur de blocage de
                             N octets par enregistrement
                             (N doit être un multiple de 512)
  -i, --ignore-zeros         ignorer les blocs de zéros de l'archive
                             (c'est-à-dire les EOF)
  -B, --read-full-records    changer le facteur de blocage lors
                             de la lecture (pour les pipes de BSD 4.2)

Archive format selection:
      --format=FMTNAME               create archive of the given format.
                                     FMTNAME is one of the following:
                                     v7        old V7 tar format
                                     oldgnu    GNU format as per tar <= 1.12
                                     gnu       GNU tar 1.13 format
                                     ustar     POSIX 1003.1-1988 (ustar) format
                                     posix     POSIX 1003.1-2001 (pax) format
      --old-archive, --portability   same as --format=v7
      --posix                        same as --format=posix
  --pax-option keyword[[:]=value][,keyword[[:]=value], ...]
                                     control pax keywords
  -V, --label=NAME                   create archive with volume name NAME
              PATTERN                at list/extract time, a globbing PATTERN
  -j, --bzip2                        filter the archive through bzip2
  -z, --gzip, --ungzip               filter the archive through gzip
  -Z, --compress, --uncompress       filter the archive through compress
      --use-compress-program=PROG    filter through PROG (must accept -d)
```

```
Local file selection:
  -C, --directory=DIR          change to directory DIR
  -T, --files-from=NAME        get names to extract or create from file NAME
      --null                   -T reads null-terminated names, disable -C
      --exclude=PATTERN        exclude files, given as a PATTERN
  -X, --exclude-from=FILE      exclude patterns listed in FILE
      --anchored               exclude patterns match file name start (default)
      --no-anchored            exclude patterns match after any /
      --ignore-case            exclusion ignores case
      --no-ignore-case         exclusion is case sensitive (default)
      --wildcards              exclude patterns use wildcards (default)
      --no-wildcards           exclude patterns are plain strings
      --wildcards-match-slash  exclude pattern wildcards match '/' (default)
      --no-wildcards-match-slash exclude pattern wildcards do not match '/'
  -P, --absolute-names           don't strip leading `/'s from file names
  -h, --dereference              dump instead the files symlinks point to
      --no-recursion             avoid descending automatically in directories
  -l, --one-file-system        stay in local file system when creating archive
  -K, --starting-file=NAME     begin at file NAME in the archive
      --strip-path=NUM         strip NUM leading components from file names
                               before extraction
  -N, --newer=DATE-OR-FILE     only store files newer than DATE-OR-FILE
      --newer-mtime=DATE       compare date and time when data changed only
      --after-date=DATE        same as -N
      --backup[=CONTROLE]        archiver avant le retrait, utiliser la
                                 version de contrôle
      --suffix=SUFFIXE           archiver avant le retrait, en remplaçant
                                 le suffixe usuel par le SUFFIXE

Informative output:
      --help              print this help, then exit
      --version           print tar program version number, then exit
  -v, --verbose           verbosely list files processed
      --checkpoint        print directory names while reading the archive
      --check-links       print a message if not all links are dumped
      --totals            print total bytes written while creating archive
      --index-file=FILE send verbose output to FILE
      --utc               print file modification dates in UTC
  -R, --block-number      show block number within archive with each message
  -w, --interactive       ask for confirmation for every action
      --confirmation      same as -w

Compatibility options:
  -o                               when creating, same as --old-archive
                                   when extracting, same as --no-same-owner

Le suffixe d'archive est ~, à moins que l'option --suffix ou
SIMPLE_BACKUP_SUFFIX en utilise un autre. Le contrôle de version peut être
initialisé avec --backup ou VERSION_CONTROL selon les valeurs suivantes:
```

```
  t, numbered     faire des archives numérotées
  nil, existing   numéroter si des archives  numérotées existent,
                  ne pas numéroter autrement
  never, simple   toujours faire des archives de type simple

ARCHIVE may be FILE, HOST:FILE or USER@HOST:FILE; DATE may be a textual date
or a file name starting with `/' or `.', in which case the file's date is used.
*This* `tar' defaults to `--format=gnu -f- -b20'.

Report bugs to <bug-tar@gnu.org>.
```

INFO

Contrôle de l'affichage

Lorsque l'affichage dépasse la hauteur d'un écran, vous pouvez utiliser le programme d'affichage avec pause. Il suffit de retransmettre les données générées par la commande au programme more :

```
tar --help |more
```

Ne prenez pas peur ! Au quotidien, vous aurez au maximum besoin d'une dizaine d'options. Voyons quelques exemples pratiques :

tar -cf (création d'une archive)

Pour regrouper plusieurs fichiers dans une archive, vous employez les options **-cf** :

```
linux:/home/fr# tar -cf /tmp/test.tar /etc/
```

La commande provoque la création du fichier */tmp/test.tar* contenant tous les fichiers et sous-répertoires trouvés dans le répertoire */etc*.

Notez que **tar** supprime automatiquement la barre oblique au début de chaque chemin avant de stocker les fichiers dans l'archive. Cela évite que des données soient involontairement écrasées lors du désarchivage.

tar -x (désarchivage)

Pour retrouver les fichiers d'une archive, vous utilisez l'option **-x** (extraction).

Par défaut, les fichiers sont créés dans le répertoire courant. Pour plus de sécurité, vous pouvez créer d'abord un répertoire temporaire. Vous déplacerez ensuite les fichiers vers leur destination finale.

```
linux:/home/fr# mkdir bla
linux:/home/fr# cd bla
linux:/home/fr/bla# tar -xf /tmp/test.tar
linux:/home/fr/bla# ls
```

INFO

Affichage des opérations de tar

L'option **-v** permet d'afficher les détails de l'archivage ou du désarchivage, comme dans `tar -xvf /tmp/test.tar`.

tar -z ou -j (compression d'une archive)

tar permet de combiner l'archivage et la compression au moyen d'une des deux options suivantes : **-z** (pour gzip) ou **-j** (pour bzip2). Le procédé est fort simple : vous utilisez **tar** comme dans les exemples précédents, en ajoutant la lettre **z** ou **j** au groupe d'options.

INFO

Ecriture simplifiée des options

tar est une des rares commandes dans lesquelles vous pouvez supprimer le tiret avant le groupe d'options, comme dans `tar xvf /tmp/test.tar`.

Voici un exemple de création d'une archive compressée :

```
linux:/home/fr# tar cvfz /tmp/test.tar.gz /etc/
```

Notez que par convention, on choisit l'extension **.gz** ou **.tgz**.

tar sait gérer les deux extensions, et d'ailleurs le nom de fichier lui est tout à fait indifférent. Mais les extensions renseignent mieux les utilisateurs.

tar et les dérouleurs de bandes (streamers)

Pour stocker des données sur un dérouleur de bande, vous pouvez spécifier directement le fichier de périphérique correspondant. Au lieu d'indiquer un nom de fichier, vous indiquez le nom du périphérique.

```
linux:/home/fr# tar cvfz /dev/st0 /etc/
```

Le fichier de périphérique s'intitule ici */dev/st0*. Il correspond à un périphérique de type dérouleur de bande SCSI. Pour restaurer les données depuis un tel périphérique, vous faites appel à la commande suivante :

```
linux:/home/fr# tar xvfz /dev/st0
```

file (détection du type de fichier)

Par convention, tous les fichiers informatiques comportent une extension de nom qui permet de connaître le type du fichier. Sous Unix et Linux, ce n'est pas cette extension qui détermine la manière dont le fichier va être manipulé. L'extension sert surtout aux utilisateurs (certains fichiers système portent des noms qui sont définis dans le programme, notamment les fichiers de configuration). Par convention, les fichiers contenant du texte possèdent l'extension .txt, les programmes sources en Perl l'extension .pl, les images portent les extensions .jpg ou .tif (etc.). Il arrive parfois que l'extension d'un nom de fichier soit défectueuse ou qu'il n'en ait pas. Debian propose l'outil **file** pour permettre de retrouver le type de fichier.

L'outil est très simple d'emploi. Vous indiquez après un espace le nom du ou des fichiers à analyser et vous pouvez inclure des caractères génériques :

```
bash-2.03$ file /bin/bash /etc/passwd /etc/init.d/lpd
/bin/bash: ELF 32-bit LSB executable, Intel 80386, version 1,
   ➥dynamically°
linked (uses shared libs), stripped
/etc/passwd: ASCII text
/etc/init.d/lpd: Bourne shell script text
```

Vous constatez que **file** indique le type de fichier pour chacun des noms de fichiers indiqués.

Quelques fonctions de l'interpréteur bash

Voyons très brièvement l'interpréteur de commande standard sous Debian GNU/Linux qui s'appelle **bash**. Pour tous détails, reportez-vous à la documentation au moyen de la commande **man bash**.

Une des fonctions les plus utiles de **bash** est celle qui propose la fin d'un nom de fichier avant que vous ayez terminé de le saisir. Tapez quelques caractères correspondant au début d'une commande puis appuyez sur la touche **Tab**. Si ce qui a été saisi suffit à désigner sans ambiguïté une des commandes connues par l'interpréteur : la fin du nom de la commande est insérée automatiquement. S'il existe plusieurs possibilités, vous entendez un bip. Appuyez une fois de plus sur la touche **Tab** pour voir apparaître les différentes possibilités. Supposons par exemple que nous désirions afficher le contenu du fichier */var/log/syslog*. Nous allons utiliser le programme **more** pour cet affichage. Tapez les deux lettres **mo** et appuyez sur la touche **Tab**. Il existe un autre programme commençant par les deux mêmes lettres, **mount**.

Tapez la troisième lettre pour qu'il n'y ait plus d'ambiguïté (un **r**). Dès que vous appuyez sur la touche **Tab**, la dernière lettre de la commande est insérée. Tapez le début du nom de fichier */var/log/syslog* en essayant à chaque fois d'appuyer sur la touche **Tab** pour voir ce que le système trouve.

Une autre fonction très pratique est le rappel des lignes de commandes antérieures, au moyen des deux flèches **Haut** et **Bas** du curseur.

L'aide de bash

Au lieu d'accéder à la documentation man de **bash**, vous pouvez revoir la liste de toutes les options disponibles au moyen de la commande **help** :

```
GNU bash, version 2.05a.0(1)-release (i386-pc-linux-gnu)
GNU bash, version 3.00.0(1)-release (i386-pc-linux-gnu)
These shell commands are defined internally.  Type `help' to see this list.
Type `help name' to find out more about the function `name'.
Use `info bash' to find out more about the shell in general.
Use `man -k' or `info' to find out more about commands not in this list.

A star (*) next to a name means that the command is disabled.

 %[DIGITS | WORD] [&]                (( expression ))
 . filename [arguments]              :
 [ arg... ]                          [[ expression ]]
 alias [-p] [name[=value] ... ]      bg [job_spec]
 bind [-lpvsPVS] [-m keymap] [-f fi break [n]
 builtin [shell-builtin [arg ...]]  caller [EXPR]
 case WORD in [PATTERN [| PATTERN]. cd [-L|-P] [dir]
 command [-pVv] command [arg ...]   compgen [-abcdefgjksuv] [-o option
 complete [-abcdefgjksuv] [-pr] [-o continue [n]
 declare [-afFirtx] [-p] [name[=val dirs [-clpv] [+N] [-N]
 disown [-h] [-ar] [jobspec ...]    echo [-neE] [arg ...]
 enable [-pnds] [-a] [-f filename]  eval [arg ...]
 exec [-cl] [-a name] file [redirec exit [n]
 export [-nf] [name[=value] ...] or false
 fc [-e ename] [-nlr] [first] [last fg [job_spec]
 for NAME [in WORDS ... ;] do COMMA for (( exp1; exp2; exp3 )); do COM
 function NAME { COMMANDS ; } or NA getopts optstring name [arg]
 hash [-lr] [-p pathname] [-dt] [na help [-s] [pattern ...]
 history [-c] [-d offset] [n] or hi if COMMANDS; then COMMANDS; [ elif
 jobs [-lnprs] [jobspec ...] or job kill [-s sigspec | -n signum | -si
 let arg [arg ...]                  local name[=value] ...
 logout                             popd [+N | -N] [-n]
 printf format [arguments]          pushd [dir | +N | -N] [-n]
 pwd [-PL]                          read [-ers] [-u fd] [-t timeout] [
 readonly [-af] [name[=value] ...]  return [n]
 select NAME [in WORDS ... ;] do CO set [--abefhkmnptuvxBCHP] [-o opti
 shift [n]                          shopt [-pqsu] [-o long-option] opt
 source filename [arguments]        suspend [-f]
 test [expr]                        time [-p] PIPELINE
```

```
times                               trap [-lp] [[arg] signal_spec ...]
true                                type [-afptP] name [name ...]
typeset [-afFirtx] [-p] name[=valu ulimit [-SHacdflmnpstuv] [limit]
umask [-p] [-S] [mode]              unalias [-a] name [name ...]
unset [-f] [-v] [name ...]          until COMMANDS; do COMMANDS; done
variables - Some variable names an wait [n]
while COMMANDS; do COMMANDS; done   { COMMANDS ; }
```

Pour obtenir plus de détails sur une commande de l'interpréteur, indiquez `help nomcommande`, commande dans `help shift` :

```
shift: shift [n]
The positional parameters from $N+1 ... are renamed to $1 ... If N is
not given, it is assumed to be 1.
```

Pour avoir encore plus de détails, vous vous tournerez vers la documentation de **bash**.

Canaux interprocessus (*pipes*)

Le principe consistant à connecter le canal d'entrée d'un processus au canal de sortie d'un autre processus porte le nom de *pipe* (tuyau). Vous avez peut-être constaté que les systèmes Unix regroupaient un très grand nombre d'utilitaires, chacun étant très spécialisé. Tous ces utilitaires forment des briques fonctionnelles élémentaires ; un des grands attraits d'Unix est de permettre de combiner ces briques de façon dynamique. Vous avez déjà utilisé la commande **ls** pour afficher le contenu d'un répertoire. Si le répertoire contient de très nombreux fichiers, il devient peu pratique d'en requérir l'affichage tel quel. Vous pouvez donc demander à dénombrer les fichiers au moyen de l'outil **wc** (Word Count). La technique consiste à injecter les données générées par la commande d'affichage `ls -l` en entrée de la commande **wc** (avec l'option **-l** pour compter le nombre de lignes).

Le symbole qui permet de connecter une sortie de données à une entrée de données est la barre verticale (|). Sur un clavier français, elle se trouve sur la touche du **6** au-dessus du clavier alphanumérique. Vous pouvez ainsi lancer la commande suivante pour lier la commande **ls** à la commande **wc** :

```
ls -l | wc -l
```

Le résultat est le nombre de fichiers du répertoire courant. Pour être précis, ce résultat doit être retouché, car la commande **ls** ne renvoie pas un nom de fichier en première ligne, mais des informations concernant le répertoire.

Nous verrons un autre exemple de canal dans la section suivante, qui décrit la commande **ps**. Vous trouverez au cours du temps de nombreuses utilisations des canaux interprocessus.

ps (suivi des processus)

Pour surveiller les nombreux processus qui s'exécutent en tâche de fond et au premier plan dans un système Debian GNU/Linux, il faut pouvoir afficher leurs noms. C'est exactement l'objectif de la commande **ps**. Elle récupère les informations trouvées dans le pseudo-répertoire */proc* (qui n'est pas stocké sur un disque dur mais implanté en mémoire et mis à jour en permanence par le noyau). Son existence permet aux utilisateurs d'accéder aisément aux informations concernant les processus en cours d'exécution.

Commencez par lancer la commande **ps** sans fournir aucun paramètre. Vous allez obtenir un résultat qui ressemble à ceci :

```
bash-2.02$ ps
PID TTY         TIME      CMD
3522 pts/5      00:00:00  bash
3523 pts/5 0    0:00:00   ps
```

L'outil n'affiche ainsi que les processus concernant l'interpréteur de commande shell courant. Vous reconnaissez le processus correspondant à **bash** et celui du programme **ps** lui-même. La première colonne montre l'identificateur de processus PID, qui permet d'atteindre de manière unique chacun des processus du système. **ps** propose de nombreuses options permettant d'effectuer une enquête plus approfondie.

Comme pour tous les outils GNU, utilisez l'option **--help** pour un rappel des options disponibles.

```
bash-2.02$ ps --help
********* simple selection ********* ********* selection by list *********
-A all processes                     -C by command name
-N negate selection                  -G by real group ID (supports names)
-a all w/ tty except session leaders -U by real user ID (supports names)
-d all except session leaders        -g by session leader OR by group name
-e all processes                     -p by process ID
T all processes on this terminal     -s processes in the sessions given
a all w/ tty, including other users  -t by tty
g all, even group leaders!           -u by effective user ID (supports
                                        names)
r only running processes              U processes for specified users
x processes w/o controlling ttys      t by tty
*********** output format ********** *********** long options ***********
-o,o user-defined   -f full            --Group --User --pid --cols
-j,j job control    s signal           --group --user --sid --rows
-O,O preloaded -o   v virtual memory   --cumulative --format --deselect
-l,l long           u user-oriented    --sort --tty --forest --version
                    X registers        --heading --no-heading
```

```
                        ********* misc options *********
-V,V show version          L list format codes      f ASCII art forest
-m,m show threads          S children in sum        -y change -l format
-n,N set namelist file     c true command name      n numeric WCHAN,UID
-w,w wide output           e show environment       -H process hierarchy
```

Les quatre options les plus employées sont **a**, **u**, **x** et **w**. Vous pouvez les regrouper après le nom de la commande, comme dans `ps auxw`.

Voyons à présent un exemple illustrant les canaux interprocessus pipes. Supposez qu'il nous faille connaître l'identificateur d'un processus pour en provoquer la fin prématurée au moyen de la commande d'arrêt **kill**. La solution, si le système exécute de nombreux processus, consiste à exploiter les deux commandes **ps** et **grep** en les enchaînant. La commande requise prend l'aspect suivant :

```
ps aux | grep netscape.ps
```

L'option **aux** de la commande **ps** affiche tous les processus de façon détaillée. L'outil **grep** filtre les données générées pour ne conserver que celles contenant le terme *netscape.ps*. Dans cet exemple, nous obtenons immédiatement l'identificateur du processus correspondant au navigateur Netscape.

Pour d'autres détails au sujet de **ps**, faites appel à la commande `man ps`.

Liens

Sous Unix, le concept de lien logique (*link*) existe depuis des années. Vous en avez peut-être rencontré une sorte d'équivalent sous Windows : les *raccourcis* du Bureau (sous Mac OS, ce sont des *alias*). Un lien est un descripteur qui renvoie vers un fichier et permet d'y faire référence sous un autre nom et/ou depuis un autre répertoire. Pour créer un lien, utilisez la commande **ln**. En lançant la commande avec l'option **--help**, vous affichez un rappel des options :

```
ln --help
Usage: ln [OPTION]... CIBLE [NOM-DU-LIEN]
  ou:  ln [OPTION]... CIBLE... REPERTOIRE
  ou:  ln [OPTION]... --target-directory=REPERTOIRE CIBLE...
Créer un lien vers la CIBLE spécifiée avec optionnellement un NOM_DE_LIEN.
Si le NOM_DE_LIEN est omis, un lien ayant la même base comme CIBLE est
créé dans le répertoire courant. Lors de l'utilisation de la seconde forme
avec plus d'une CIBLE, le dernier argument doit être un répertoire;
créer des liens dans le REPERTOIRE pour chaque CIBLE.  Créer des liens directs
par défaut et des liens symboliques avec l'option --symbolic.  Lors de la
création de liens directs, chaque CIBLE doit exister.

Les arguments obligatoires pour les options de formes longues le sont aussi
pour les options de formes courtes.
```

```
      --backup[=CONTROLE]      archiver chaque fichier existant de
destination
  -b                         identique à --backup mais n'accepte pas
                              ➥d'argument
  -d, -F, --directory          permettre au super utilisateur de créer des
                               ➥liens directs (hard)
                                sur des répertoires (note: va probablement
                                ➥échouer en
                               raisons de restrictions système même pour le
                                ➥super utilisateur)
  -f, --force                  détruire les destinations,
                               sans demander confirmation
  -n, --no-dereference        avec --force, détruire la destination qui
                              est un lien symbolique vers un répertoire
  -i, --interactive           demander confirmation avant de détruire
                              les destinations
  -s, --symbolic              créer un lien symbolique au lieu d'un
                              lien direct
  -S, --suffix=SUFFIXE        écraser le suffixe d'archivage par le SUFFIXE
      --target-directory=REPERTOIRE
                              déplacer tous les fichiers SOURCE en arguments
                              vers le REPERTOIRE
  -v, --verbose               afficher le nom de chaque fichier avant de
                              ➥créer un lien
      --help     afficher l'aide-mémoire
      --version  afficher le nom et la version du logiciel

Le suffixe d'archive est « ~ », initialisé autrement avec --suffix ou
SIMPLE_BACKUP_SUFFIX.  La méthode du contrôle de version peut être sélectionnée
par l'option --backup ou par VERSION_CONTROL par le bias des variables
d'environnement selon les valeurs suivantes:

  none, off       ne jamais archiver (même si --backup est utilisé)
  numbered, t     faire des archives numérotées
  existing, nil   numéroter si des archives  numérotées existent déjà,
                  ne pas numéroter autrement
  simple, never   toujours faire des archives de type simple

Rapporter toutes anomalies à <bug-coreutils@gnu.org>.
```

Toutes ces options peuvent sembler bien complexes. Dans 98 % des cas, vous n'aurez besoin que de l'option **-s**, comme ceci : `ln -s fichorig nomlien`. Voyez aussi la page *man* appropriée.

L'éditeur de texte vi

L'éditeur de texte le plus répandu depuis des années sur tous les systèmes d'esprit Unix (et donc Linux) se nomme **vi** (pour *Visual Interactive editor*). Il est disponible dans Debian dès que vous avez installé le système de base. Pour le débutant habitué aux interfaces graphiques et aux menus déroulants, c'est un choc ! Pour comprendre comment ce dinosaure est encore vivant et bien vivant, il est indispensable de remonter un peu dans l'histoire d'Unix.

A l'aube des systèmes informatiques, il n'était pas question d'avoir des affichages graphiques. Le dialogue avec la machine passait par une sorte de descendant du téléscripteur (télex) qui combinait un clavier de machine à écrire électrique et un ruban d'impression, vite remplacé par un écran en mode texte. C'est ainsi que sont apparus les terminaux comme le fameux VT100 (de la société Digital Equipment), qui reste utilisable sous Debian. Ce genre de terminal est connecté par un port série (RS-232) à l'unité centrale.

Notez que Debian propose une version moderne de l'éditeur "vi" appelée "nvi", ainsi que l'évolution appelée "vim" (*vi improved*).

Même de nos jours, il est toujours utile de connaître les bases de l'utilisation de vi puisqu'il est disponible dans tous les cas. De toute manière, un administrateur système Linux qui se respecte se doit de connaître vi.

Le point essentiel de vi est son double mode de fonctionnement : vous êtes soit en mode commande, soit en mode saisie de texte. La touche **I** (pour "Input") fait basculer en mode saisie et la touche [Echap] sort de ce mode pour activer le mode commande. Le mode saisie ne nécessite pas de commentaires, puisque ce que vous tapez est ajouté au contenu du fichier en cours.

Le mode commande de vi est plus complexe. Dans ce mode, certaines touches alphanumériques du clavier peuvent être frappées seules pour naviguer dans le texte ou le modifier. Commencez par faire une copie d'un fichier (par exemple avec la commande `cp /etc/hosts`) puis lancez l'éditeur *via* `vi ./hosts` (qui charge la copie de *.hosts* du répertoire courant). Au départ, vous êtes en mode commande. Pour supprimer un caractère, vous appuyez sur directement la touche [x]. Pour annuler la suppression, appuyez sur la touche [u].

Vous déplacez le curseur avec les flèches curseur du clavier. Si ces touches ne fonctionnent pas (cela peut vous étonner, mais cela arrive dans le cas de liaisons à distance de type Telnet à partir d'un terminal), utilisez les quatre touches [h] (vers la gauche), [j] (ligne suivante), [k] (ligne précédente) et [l] (vers la droite). Les combinaisons de défilement sont [Ctrl] + [U] (vers le haut) et [Ctrl] + [D] (vers le bas).

La plupart des commandes de vi possèdent un mode multiplicateur. Par exemple, la touche [x] en mode commande sert à supprimer un caractère ; en appuyant sur **9x**, vous supprimez d'un coup neuf caractères depuis la position du curseur.

Pour sauvegarder un document modifié, tapez la commande :**w** (le signe deux-points suivi de la touche [w]). Si le fichier doit porter un autre nom, vous écrivez `:w nomfic.txt`. Pour quitter l'éditeur, vous tapez :**q**. Les commandes peuvent être combinées : en tapant :**wq**, vous sauvegardez et quittez.

Pour les copies de caractères, vous faites appel à **yy**, qui fait une copie de la ligne courante dans un tampon mémoire. Vous collez le contenu du tampon avec **p**. Par exemple, **7yy** copie sept lignes.

Quelques commandes suffisent pour modifier les fichiers de configuration de Debian GNU/Linux.

Tour d'horizon des commandes de vi

Nous vous suggérons de passer cette section en revue si vous prévoyez de réaliser des tâches avec l'éditeur `vi`.

Lancement du programme

Vous pouvez indiquer des options sur la ligne de commande de démarrage de l'éditeur :

- **vi nom** Démarre l'éditeur et charge le fichier désigné.
- **vi nom1 nom2 nom3** Démarre l'éditeur et charge les trois fichiers désignés.
- **vi -R nom** Démarre l'éditeur et charge le fichier désigné en lecture seule.
- **vi -r nom** Démarre l'éditeur et restaure le fichier désigné après une avarie.

Travailler sur plusieurs fichiers en parallèle

L'éditeur vim propose un mode à fichiers multiples. La commande :**vsplit** divise la surface d'affichage en deux fenêtres et la commande :**bn** affiche le contenu du tampon suivant dans la fenêtre active. Vous pouvez coupler les déplacements du curseur dans les deux fenêtres avec :**set scrollbind** (la commande doit être émise dans les deux fenêtres).

Vous pouvez automatiser ce couplage de curseurs *via* un petit fichier script (nous l'appellerons *coupler.scr*) :

```
:vsplit^M:bn^M:set scrollbind^M^W^W:set scrollbind^M^W^W
```

Pour entrer un code de contrôle tel que **^M**, appuyez sur les deux touches [Ctrl] + [M]. Vous activez ce script ainsi :

```
vim -s coupler.scr fica.txt ficb.txt
```

Paramètres

Vous pouvez retoucher certains paramètres de l'éditeur une fois qu'il est démarré. Mais vous pouvez aussi rendre vos personnalisations permanentes en les stockant dans le fichier nommé *~/.vimrc*.

- **:set** Affiche les paramètres actuels de l'utilisateur.
- **:set all** Affiche tous les paramètres actuels.
- **:set<option>** Active une option. Par exemple, **set number** affiche les numéros de lignes.
- **:set no<option>** Désactive une option. Par exemple, **set nonumber** masque les numéros de lignes.
- **:set option?** Rappelle les valeurs possibles pour l'option.

Gestion des fichiers

- **ZZ** Enregistre les données dans le fichier et quitte l'éditeur.
- **:wq** Enregistre les données dans le fichier et quitte l'éditeur.
- **:w** Enregistre les données dans le fichier.
- **:w!** Enregistre les données dans le fichier même si le fichier a été ouvert en lecture seule.
- **:w nom** Enregistre les données dans le fichier désigné.
- **:e nom** Charge le contenu du fichier *nom*.
- **:e! nom** Recharge le contenu du fichier *nom* en abandonnant les modifications en cours.
- **:e+nom** Charge le contenu du fichier *nom* et saute en fin de fichier.
- **:e+<n> nom** Charge le contenu du fichier *nom* et saute à la ligne <n>.
- **:n** Passe au prochain fichier ouvert.
- **:args** Affiche la liste des fichiers ouverts.
- **:rew** Passe au premier fichier de la liste.
- **:f** Affiche le nom du fichier et du numéro de ligne actuels.

- **:q!** Quitte le programme en abandonnant les modifications éventuelles.
- **:q** Quitte le programme.

Navigation

- **curseur** Se déplace d'un caractère ou d'une ligne à la fois.
- Ctrl + d Descend d'une demi-page.
- Ctrl + u Remonte d'une demi-page.
- Ctrl + f Descend d'une page.
- Ctrl + b Remonte d'une page.
- **:0** Revient en début de fichier.
- **:<n>** Va à la ligne <n>.
- **:$** Va en fin de fichier.
- **0** Revient en début de ligne.
- ^ Va au premier caractère qui n'est pas un espace.
- **$** Va en fin de ligne.
- Entrée Va au début de la ligne suivante.
- % Montre le délimiteur correspondant.
- **G** Va en dernière ligne.
- **H** Va à la première ligne de la portion affichée.
- **L** Va à la dernière ligne de la portion affichée.
- **M** V a au milieu de la portion affichée.
- **-** Va au premier caractère de la ligne précédente qui n'est pas un espace.
- **+** Va au premier caractère de la ligne suivante qui n'est pas un espace.
- **j** Va à la ligne suivante, même colonne.
- **k** Va à la ligne précédente, même colonne.
- **h** Remonte d'un caractère à gauche.
- **l** Avance d'un caractère à droite.

- **w** Va au mot suivant.
- **b** Va au mot précédent.
- **e** Va en fin de mot.
-) Va à la phrase suivante.
- (Va à la phrase précédente.
- } Va au paragraphe suivant.
- { Va au paragraphe précédent.

Suppression de caractères

- **x** Supprime le caractère au curseur.
- **X** Supprime le caractère avant le curseur.
- **D** Supprime tous les caractères jusqu'en fin de ligne.
- **d^** Supprime tous les caractères jusqu'en début de ligne.
- **dd** Supprime toute la ligne.
- **<n>dd** Supprime <n> lignes.
- **d<n>w** Supprime <n> mot depuis le curseur.

Insertion et modification de caractères

- **i** Active le mode "saisie" avant le curseur.
- **I** Active le mode "saisie" avant le premier caractère de la ligne courante qui n'est pas un espace.
- **a** Active le mode "saisie" après le curseur.
- **A** Active le mode "saisie" après la fin de la ligne.
- **o** Insère une ligne vide après la ligne courante et active le mode "saisie".
- **O** Insère une ligne vide avant la ligne courante et active le mode "saisie".
- **r<n>** Remplace le caractère au curseur par <n> sans passer en mode "saisie".
- **R** Active le mode "saisie" en sous-mode refrappe (écrase les caractères).

- **C** Modifie le texte jusqu'en fin de ligne.
- **D** Efface le texte jusqu'en fin de ligne.
- **s** Remplace des caractères.
- **S** Remplace des lignes.
- **J** Supprime le saut de ligne, ce qui colle la ligne suivante à la fin de la ligne courante.

Copie et collage

- **yy** Fait une copie de la ligne courante.
- **<n>yy** Copie <n> lignes.
- **p** Insère les lignes copiées après la ligne courante.
- **P** Insère les lignes copiées avant la ligne courante.

Les lignes coupées peuvent être réinsérées de la même manière.

Recherches et remplacements

- **/texte** Recherche texte dans le sens normal de lecture.
- **?texte** Recherche texte en remontant vers le début du fichier.
- **n** Cherche l'occurrence suivante dans le même sens.
- **N** Cherche l'occurrence précédente (dans le sens inverse).
- **[adr] s/de/vers/ [g]** Remplace une seule occurrence de **de** en **vers**. L'option **adr** sert à désigner une plage limitant l'action. Vous séparez les numéros de ligne par une virgule. L'option **g** répète l'action pour toutes les occurrences. Par exemple, `2,10s/a/b/g` remplace toutes les lettres **a** par des lettres **b** dans les lignes 2 à 10.

Actions diverses

- **u** Annule la dernière action d'édition.
- **U** Restaure la dernière ligne.
- **~** Bascule entre caractères majuscules et bas de casse.
- **.** Répète la dernière commande.

Suppression des sauts de lignes

Les fichiers créés sous DOS/Windows semblent contenir des séquences de sauts de lignes redoublés sous GNU/Linux. En effet, sur ces systèmes, on utilise deux caractères de contrôle : un retour chariot **CR** (*Carriage Return*) de valeur ASCII 13, puis un saut de ligne **LF** (*Line Feed*) de valeur ASCII 10.

La conversion de ces fichiers suppose qu'on lance une commande appropriée. Dans l'éditeur vi, cette commande s'écrit `:se ff=unix`. Si vous constatez qu'il reste des caractères ^M superflus en fin de ligne, vous les supprimez par la commande `:1,$s/^M//g`. Dans cette commande, la saisie du caractère de contrôle ^M est réalisée en appuyant sur [Ctrl] + [V] puis [Ctrl] + [M]. Le raccourci [Ctrl] + [V] indique que la prochaine frappe clavier doit être insérée littéralement dans le texte.

Systèmes de fichiers

Sous Debian GNU/Linux comme sous tous les Unix, un système de fichiers est un ensemble arborescent de fichiers et de répertoires dont le point de départ est le répertoire racine symbolisé par **/** (répertoire "root"). Le système de fichiers se caractérise par un format de stockage et de description des données. Il existe différents formats de systèmes de fichiers en fonction du support (disque dur, disquette, etc.) et du système d'exploitation (Linux ext2 ou ext3, Windows FAT16 ou FAT32, etc.).

Chaque périphérique de stockage matériel doit héberger un système de fichiers reconnu par Linux pour pouvoir être exploité. Si vous créez plusieurs partitions sur un support, chaque partition peut être d'un format différent.

Dans les environnements Debian, il est fréquent de rencontrer des combinaisons de systèmes de fichiers Linux et Windows. Debian GNU/Linux reconnaît un grand nombre de formats de systèmes. Cela permet d'exploiter les fichiers de données des autres systèmes d'exploitation sans quitter Debian GNU/Linux.

cfdisk et mount (montage d'un système de fichiers)

Debian GNU/Linux gère toutes les données permanentes dans un seul arbre dont la racine est symbolisée par **/**. Les périphériques de stockage physiques sont implantés dans des sous-répertoires de cette structure. La notion de lettre d'unité (A:, C:) n'a pas cours.

A l'exception du répertoire racine "/", qui est obligatoirement monté (connecté logiquement au noyau) lors du démarrage, tous les autres supports de données logiques (partitions) doivent faire l'objet d'une opération de montage. Un même disque dur peut être divisé en plusieurs partitions. Dans la hiérarchie, l'endroit où une partition est rendue accessible se nomme le *point de montage*.

Avec la commande **mkdir**, vous pouvez créer un sous-répertoire qui servira de point de montage. Ensuite, la commande **mount** suivie des paramètres adéquats permet de monter la partition. Lors de l'installation de Debian GNU/Linux depuis un CD, le sous-répertoire */cdrom* est nécessairement créé pour extraire les données du CD. Dans ce cas précis, il s'agit d'un lien qui renvoie au fichier de périphérique */dev/cdrom*. Cela vous évite de devoir mémoriser le chemin d'accès menant au lecteur de CD. Pour rendre accessible le contenu du CD, il faut ensuite lancer la commande `mount /dev/cdrom /cdrom`.

Mais vous pouvez aussi monter le lecteur de CD ailleurs que dans le répertoire */cdrom*.

Notez que les répertoires destinés à servir de points de montage doivent être vides avant ce montage. Si des données s'y trouvaient, elles deviennent inaccessibles tant que le périphérique n'est pas démonté.

En pratique, vous aurez parfois besoin d'augmenter votre espace de stockage. Vous commencerez par installer physiquement un nouveau disque IDE ou SCSI.

Dans le cas d'un disque IDE, vous devez noter comment le disque est installé, parmi les trois possibilités restantes si un disque maître est déjà présent : second disque (esclave) du bus 0, disque maître ou esclave du bus 1, car le nom du périphérique à monter en dépend.

Dans le cas d'un disque SCSI, vous devez noter le numéro ID du disque et vérifier si d'autres périphériques SCSI sont connectés au même bus (et, le cas échéant, noter leurs identifiants ID). N'oubliez pas les périphériques externes !

Une fois le disque branché et identifié, vous devez créer au moins une partition qui peut s'étendre sur la totalité de l'espace ou non. Debian GNU/Linux propose deux outils pour créer et gérer les partitions : **fdisk** et **cfdisk**. Nous avons choisi de présenter **cfdisk**, car son interface est plus avenante.

Déterminez le fichier de périphérique correspondant à votre disque. Dans le cas d'un disque IDE, les affectations sont les suivantes :

- **/dev/hda** Disque maître du premier bus
- **/dev/hdb** Disque esclave du premier bus
- **/dev/hdc** Disque maître du second bus
- **/dev/hdd** Disque esclave du second bus

A ce niveau, les disques durs ne sont pas distingués des lecteurs ou graveurs de CD.

Dans le cas d'un disque SCSI, les choses divergent un peu, car les disques durs ne sont pas confondus avec les lecteurs/graveurs de CD et les autres périphériques. Les disques durs SCSI correspondent aux fichiers de périphériques de la famille */dev/sdX* (le *X* est une lettre commençant par **a** pour distinguer les périphériques). Voici un exemple concret :

- **/dev/sda** Disque dur SCSI ayant le plus petit ID (par exemple ID=0)
- **/dev/sdb** Disque dur SCSI ayant l'ID suivant (par exemple ID=2)
- **/dev/sdc** Disque dur SCSI ayant l'ID le plus grand (par exemple ID=3)

Pour les lecteurs et graveurs de CD SCSI, la logique est la même, sauf que les fichiers de périphériques s'appellent */dev/scdX*. Exemple :

- **/dev/ scd0** Premier graveur de CD SCSI (par exemple, ID=3)
- **/dev/ scd1** Second graveur de CD SCSI (par exemple, ID=5)

Dans le cas d'un lecteur, vous ne pouvez évidemment pas écrire de données vers le fichier de périphérique correspondant, vous pouvez seulement en lire.

Une fois le fichier de périphérique du disque dur déterminé, vous démarrez l'outil **cfdisk** en indiquant ce fichier, comme dans `cfdisk /dev/hdb`. Si le disque sort d'usine, aucune partition n'est affichée au démarrage. Dans l'exemple suivant, plusieurs partitions ont été détectées (ce n'est pas un disque neuf).

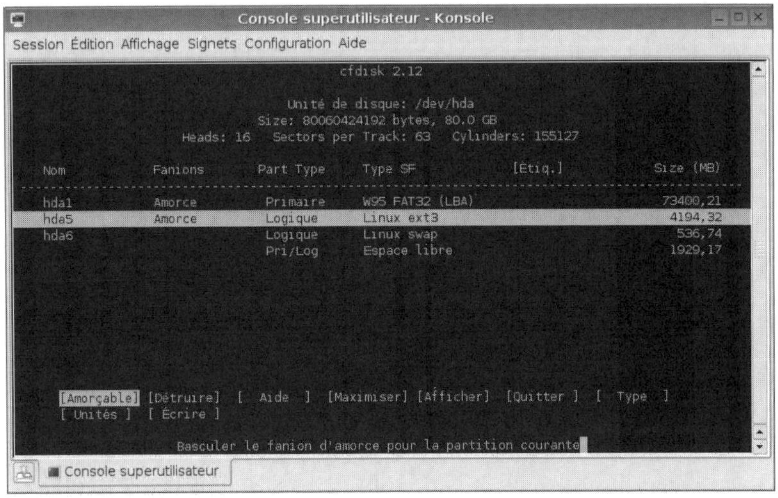

Figure 3.1
L'outil cfdisk.

Dans l'exemple, la première partition correspond à */dev/hda1*, la deuxième à */dev/hda2*, etc.

Dans cfdisk, vous utilisez le curseur et la touche ENTREE pour naviguer dans les menus.

Une fois les partitions créées, vous implantez le système de fichiers désiré sur chacune d'elles. Sous Debian GNU/Linux, vous disposez à cet effet de l'outil **mke2fs**. Vous devez indiquer la partition à traiter (le numéro après la lettre de disque). Supposons que nous souhaitions formater la première partition (1) du second disque (hdb), soit */dev/hdb1* :

```
sushi:~# mke2fs /dev/hdb1
mke2fs 1.15, 18-Jul-1999 for EXT2 FS 0.5b, 95/08/09
Filesystem label=
OS type: Linux
Block size=4096 (log=2)
Fragment size=4096 (log=2)
128256 inodes, 256032 blocks
12801 blocks (5.00%) reserved for the super user
First data block=0
8 block groups
32768 blocks per group, 32768 fragments per group
16032 inodes per group
Superblock backups stored on blocks:
32768, 98304, 163840, 229376

Writing inode tables: done
Writing superblocks and filesystem accounting information: done
```

Vos valeurs seront bien sûr différentes de celles données dans l'exemple.

Il ne reste plus qu'à monter la nouvelle partition :

```
mount /dev/hdb1 /mnt
```

La commande **df** permet de vérifier que la partition est bien créée telle que prévue :

```
sushi:~# df
Sys. de fich. 1k-blocs Occupé   Dispon. Capacité% Monté sur
/dev/hda1      5767132  4352356 1121804 80%       /
/dev/hdb1     16247612 14355348 1066928 94%       /home/ftp
/dev/hdc1     24597980 21574360 1774080 93%       /home/ftp/debian
/dev/hda2     18263244 15157492 2178016 88%       /home/ftp/images
```

La liste doit mentionner votre nouvelle partition, puisqu'elle a été montée. L'option **-h** de **df** donne un affichage plus lisible, car les tailles sont fournies en Mo ou en Go.

Occupation de l'espace en couleur

L'outil supplémentaire **pydf** (à installer à part) affiche l'occupation d'espace des disques en couleur et avec des effets graphiques.

```
wasabi:~# pydf

Filesystem   Size    Used  Avail   Use% [         ] Mounted on
/dev/hdc3    758M     86M   671M   11.0 [#        ] /
tmpfs         58M       0    58M    0.0 [         ] /dev/shm
/dev/hdc1     90M   7604k    83M    8.0 [#        ] /boot
/dev/hdc5   1902M    913M   988M   48.0 [####     ] /usr
/dev/hdc6   1902M   1579M   323M   83.0 [#######  ] /var
/dev/hdc7    949M    916k   948M    0.0 [         ] /tmp
/dev/hdc8     49G     36G    13G   73.0 [######   ] /home
```

/etc/fstab (montage automatique de systèmes de fichiers)

Vous constaterez que certains disques ou partitions (notamment les nouveaux) ne sont pas disponibles lorsque vous redémarrez. Leur montage n'est pas automatique. Vous pouvez monter ces partitions en plus de la racine / (*root*) en ajoutant une ligne de définition dans un fichier système appelé */etc/fstab* ("*file system table*"). Vous définirez aussi dans ce fichier des unités qui ne doivent pas être montées systématiquement, mais pour lesquelles vous voulez disposer de paramètres par défaut pour simplifier leur montage (par exemple pour les lecteurs de CD).

Après l'installation de Debian GNU/Linux, le fichier */etc/fstab* contient ceci :

```
# /etc/fstab: static file system information.
#
# <file system> <mount point> <type> <options> <dump > <pass>
/dev/hda1       /             ext2   defaults   0       1
/dev/hda2       none          swap   sw         0       0
proc            /proc         proc   defaults   0       0
```

Autrement dit, l'installation définit au minimum le système de fichiers racine (/) et une partition pour le fichier d'échange swap. La 3e entrée de l'exemple correspond au système virtuel */proc*, qui mémorise des données concernant les processus système en cours d'exécution et l'infrastructure matérielle. Il ne consomme aucun espace disque.

La première colonne indique le nom du fichier de périphérique avec le numéro de partition. La deuxième colonne indique le point de montage par rapport à la racine. Pour la partition swap, il n'y a pas de point de montage ("none"). La troisième colonne rappelle le type (le format). Les trois autres colonnes sont des options décrites plus loin. Laissez les valeurs telles quelles.

Voyons comment monter automatiquement la partition */dev/hdb* créée un peu plus haut. Nous ajoutons la ligne suivante dans le fichier *fstab* :

```
/dev/hdb1      /mnt       ext2   defaults  0  2
```

Voici deux exemples d'entrées souvent ajoutées :

```
/dev/hdc      /cdrom    iso9660 ro          0  0
/dev/fd0      /floppy   auto noauto,sync 0  0
```

La première ligne sert à monter un lecteur de CD *via* la commande `mount /cdrom`, ce qui est plus court que `mount /dev/cdrom /cdrom`. Le principe est le même dans la seconde ligne, mais pour le lecteur de disquette. Pour lire des disquettes formatées DOS, vous utilisez le paquet logiciel **mtools**.

Détails du fichier /etc/fstab

Revoyons le format tabulaire du fichier */etc/fstab* :

```
# /etc/fstab: static file system information.
#
# <file system> <mount point> <type> <options> <dump > <pass>
/dev/hda1       /             ext2   defaults   0      1
/dev/hda2       none          swap   sw         0      0
proc            /proc         proc   defaults   0      0
```

Les lignes qui débutent par le signe de commentaires # (dièse) peuvent être ignorées.

Nous avons déjà décrit les trois premières colonnes (périphérique, point de montage et type).

La cinquième colonne (nous verrons la quatrième en dernier) sert à l'outil **dump** pour savoir quand il doit sauvegarder la partition. **dump** se combine à **restore** pour les sauvegardes.

La sixième colonne est exploitée au démarrage par le programme **fsck** afin de savoir dans quel ordre il doit tester les systèmes de fichiers. La partition racine / doit toujours porter le numéro 1. Les systèmes qui ne doivent pas être testés (par exemple le swap ou les lecteurs de CD-ROM), reçoivent la valeur 0. Tous les autres reçoivent la valeur 2.

Voyons maintenant la quatrième colonne qui mérite plus d'explications. Son contenu sert au moment du montage. Vous pouvez y définir une valeur (par défaut) ou plusieurs.

- **async** ou **sync :** règle les transferts de données en entrée/sortie (I/O) en mode synchrone ou asynchrone. Dans le mode synchrone, toutes les données modifiées sont recopiées immédiatement sur le support physique. Dans le mode asynchrone, elles sont placées dans un tampon mémoire intermédiaire et écrites plus tard en bloc (moins sûr, mais plus performant).

- **ro** ou **rw :** monte le système de fichiers en lecture seule (**ro**, *read-only*) ou en lecture/écriture (**rw**, *read-write*). Le mode **ro** est adapté par définition aux CD mais aussi lorsque vous voulez empêcher toute modification du contenu d'une partition.
- **auto** ou **noauto :** tous les systèmes de fichiers définis avec l'option **auto** sont montés au démarrage du système (ou avec la commande `mount -a`). Les supports temporaires (disquettes, CD, clés USB, etc.) doivent normalement recevoir l'option **noauto**. Vous évitez ainsi que ne s'affichent à chaque démarrage des messages d'erreurs inutiles liés au fait que le support n'est pas trouvé. Ces supports temporaires sont en général montés explicitement avec **mount**.
- **dev** ou **nodev : nodev** fait ignorer les fichiers de périphériques du système de fichiers concerné.
- **user** ou **nouser :** normalement, seul l'administrateur *root* peut monter des systèmes de fichiers. Avec l'option **user**, tous les utilisateurs le peuvent aussi. Cela permet par exemple d'autoriser tous les accès à un lecteur de CD ou de disquette.
- **exec** ou **noexec :** autorise ou interdit l'exécution de programmes stockés sur ce système de fichiers.
- **suid** ou **nosuid :** arme ou non le bit **suid** de superutilisateur.
- **defaults :** valeur la plus importante de ce champ. Active les sept options rw, dev, suid, exec, auto, nouser et async. Vous modifiez chaque valeur par défaut au moyen des options décrites ci-dessus.

hdparm

Ce programme sert à afficher et à modifier (d'où son danger potentiel) les paramètres des disques durs. **hdparm** modifie les paramètres des disques durs tels qu'ils sont connus dans le noyau Linux. Il n'accepte les noyaux qu'à partir de la version 1.2.13 (qui est déjà ancienne).

Options de hdparm

Si vous n'indiquez aucune option en lançant **hdparm**, la série d'option **-acdgkmnru** est appliquée (pour un disque SCSI, s'y ajoutent les deux options **-gr**).

Voici une présentation de chaque option :

-A Contrôle l'activité de la fonction de lecture provisionnelle "read-lookahead" pour les disques IDE (active par défaut).

-c Indique ou modifie le statut du support des entrées/sorties (E)IDE-32 bits. La valeur 0 demande la désactivation et la valeur 1 l'activation. La valeur 3 active le mode 32 bits avec une séquence de synchronisation spéciale (certains circuits contrôleurs en ont besoin). L'option convient à presque tous les contrôleurs, mais au prix d'une légère perte de performances. Sans paramètre, l'option indique la valeur courante.

-C Affiche la valeur courante du mode "Power-Mode" d'un disque IDE. La valeur "**unknown**" indique que le disque ne supporte pas la fonction, la valeur "**active**"/ "**idle**" qu'il est en régime normal ; la valeur "**standby**" qu'il est en mode basse consommation *Low Power* (le disque ne tourne plus ou est en veille totale). Les options -S, -y, -Y et -Z servent à modifier le mode IDE-Power.

-d Indique si le mode de transfert direct entre disque et mémoire DMA est actif pour le disque ou modifie ce statut. La valeur "**using_dma**" n'est applicable qu'à un faible nombre de couples disque/contrôleur. Avec le chipset Intel Triton, le mode *DMA Bus-Master* est supporté pour de nombreux disques. Si possible, utilisez l'option **-X34** avec **-d1** pour garantir que le disque supporte le mode *Multiword DMA 2*.

-f Synchronise et mémorise le contenu du tampon cache disque en fin de programme. Cette opération est également réalisée avec les options **-t** et **-T**.

-g Affiche la géométrie du disque (cylindres, têtes, pistes, secteurs, taille en secteurs et déplacement offset en secteurs de la partition depuis le début du disque physique).

-h Affiche l'aide.

-i Si ces données sont disponibles, l'option affiche les données d'identification du disque collectées au démarrage. N'est supporté que par les disques récents. Les données peuvent être rendues obsolètes par une longue période d'utilisation du disque.

-I Affiche l'identification du disque dur. Se distingue de **-i** en relisant les données qui sont donc à jour.

-k Lit ou écrit le drapeau **keep_settings_over_reset** du disque. Si ce drapeau est armé, les trois options **-dmu** sont mémorisées *via* un reset logiciel.

-K Ecrit la valeur du drapeau **keep_features_over_reset**. Si ce drapeau est activé, les trois options **--APSWXZ** sont mémorisées *via* un reset logiciel. Pas supporté par tous les disques.

-m Affiche ou modifie le mode bloc IDE. La valeur 0 désactive la fonction.

-p Tente de forcer le circuit d'interface IDE dans le mode PIO indiqué ou essaye d'activer le meilleur mode PIO possible.

-q Interdit l'affichage des messages pour les options qui suivent celle-ci sur la ligne. Utile lorsque **hdparm** est exécuté depuis un script au démarrage. N'a aucun effet sur **-i**, **-v**, **-t** et **-T**.

-r Affiche ou modifie la valeur du drapeau "Read-Only".

-S Définit le délai de mise en veille (Standby) du disque. Au bout de ce délai, le disque se place en veille. La valeur 0 désactive la fonction.

-T Lance un test en écriture pour le cache. Pour de meilleurs résultats, lancez le test deux ou trois fois en maintenant le minimum d'autres processus en activité.

-t Lance un test en lecture du disque. Pour de meilleurs résultats, lancez le test deux ou trois fois en maintenant un nombre minimum d'autres processus en activité.

-u Affiche ou modifie le drapeau de démasquage des interruptions "interrupt-unmask", ce qui peut améliorer les performances sur de nombreux systèmes mais pas sur tous (tous les circuits contrôleurs ne supportent pas la fonction correctement). La valeur 1 active la fonction.

-v Affiche les valeurs des paramètres sauf **-i**. Si vous n'avez indiqué aucune option sur la ligne de commande, **-v** est affichée aussi. Pour un disque SCSI, cela correspond aux options **-gr**, et aux options **-acdgkmnru** pour un disque IDE.

-W Pour un disque IDE, active ou inhibe la fonction de cache en écriture **write-caching** (inactive par défaut).

-X Définit le mode de transfert IDE pour les disques récents à la norme (E)IDE/ATA2. Cette option est normalement utilisée en combinaison avec le couple **-d1**, pour activer le mode DMA d'un disque dont le contrôleur supporte ce mode comme l'Intel 430FX Triton. Dans ce cas, vous pouvez aussi, avec **-X34**, activer le mode Multiword-DMA-mode2. L'option **-X66** active le mode UltraDMA-Mode2.

-y Active immédiatement le mode économie d'un disque IDE.

-Y Active immédiatement le mode économie maximale d'un disque IDE.

-Z Désactive la fonction d'économie d'énergie de certains modèles de disques Seagate qui exploitent cette fonction de façon erronée.

Programmation du lancement de hdparm

Pour ne pas avoir à exécuter manuellement hdparm (en tant que superutilisateur) à chaque démarrage, il est avisé d'aménager en conséquence les scripts d'initialisation système Init-Scripts. Dans le cas le plus simple, il suffit d'ajouter une entrée dans le fichier */etc/init.d/bootmisc.sh.*

Mais il est plus élégant de créer un nouveau script de démarrage comme ceci :

```
#!/bin/sh
HDPARM=`which hdparm`

if [ $UID != 0 ]; then
exit 0

else
  if [ -f `which hdparm` ] ; then
    if [ -f "/etc/hdparm.conf" ] ; then
      { while read dummy
        do IN="$dummy"
        $HDPARM `echo $IN | cut -d : -f 2` /dev/`echo $IN | cut -d : -f 1`
    done
  } < /etc/hdparm.conf
else
  # no config file: guess params

  for i in `ls -1 /proc/ide/|grep hd[a-d]` ; do
    if [ `cat /proc/ide/$i/media` = "disk" ] ; then
      $HDPARM -d1 -c1 -S12 /dev/$i
  else
     echo; echo "/dev/$i: no disk! media is: `cat /proc/ide/$i/media`"
      fi
    done
    fi
  fi
fi
```

Dans ce script, **hdparm** est lancé avec les options **-c1 -d1 -S12**. Ce choix d'options peut aussi être défini dans le fichier de configuration */etc/hdparm.conf* :

```
hda:-c1d1
hdc:-c1d1
```

Les paramètres peuvent être différents pour chaque disque.

Internationalisation et localisation

Les logiciels du projet Debian ont presque tous été francisés. Pourtant, la localisation de logiciels n'est pas une mince affaire, d'autant que les créateurs des programmes ont souvent d'autres priorités. Si les menus peuvent supporter une traduction mot à mot, la traduction de l'aide et de la documentation nécessite des compétences spécifiques.

Un gros avantage des logiciels libres dans ce domaine est leur diffusion. Tout utilisateur, même non programmeur, peut participer au projet en prenant en charge une partie du travail de localisation d'un logiciel dans sa langue maternelle.

Comment choisit-on la langue à appliquer ? Au moyen d'une variable d'environnement nommée **LANG**, dont la valeur est C si vous n'avez rien changé à l'installation, ce qui correspond à l'anglais. La commande **echo** permet de vérifier la valeur de LANG :

```
fr@sushi:~$ echo $LANG
C
```

De nombreuses commandes de l'interpréteur bash disposent d'un texte d'aide traduit. Faisons l'essai avec la commande **ls**, d'abord en anglais :

```
fr@sushi:~$ ls --help
Usage: ls [OPTION]... [FILE]...
List information about the FILEs (the current directory by default).
Sort entries alphabetically if none of -cftuSUX nor --sort.


-a, --all do not hide entries starting with .
...
```

Si vous modifiez la valeur de la variable LANG (LANG=fr_FR), le texte d'aide s'affiche en français :

```
fr@sushi:~$ export LANG=fr_FR
fr@sushi:~$ ls --help
Usage: ls [OPTION]... [FICHIER]...
Afficher les informations au sujet des FICHIERS (du répertoire
courant par défaut). Trier les entrées alphabétiquement si aucune
des options  -cftuSUX  ou  --sort n'est utilisée.

Les arguments obligatoires pour les options de formes longues le sont
aussi
pour les options de formes courtes.
  -a, --all                  ne pas cacher les entrées débutant par .
...
```

La valeur de la variable ainsi définie sur la ligne de commande ne s'applique qu'à la session bash courante. Pour la modifier au niveau global du système, il faut modifier un fichier de configuration dans le répertoire */etc*. Mais il est plus pratique de profiter d'un outil Debian conçu à cet effet.

Le paquet nommé *locales* contient tous les fichiers de support des langues Debian. Mais l'installation de fichiers de toutes les langues entraîne une perte d'espace disque inutile. Normalement, il ne faut installer que les fichiers des langues qui vous intéressent. Si vous installez le paquet d'outils **localepurge**, ce dernier vérifie périodiquement quels fichiers sont vraiment utiles et supprime les autres.

La configuration des langues est réalisée pendant l'installation. Pour y revenir après coup, faites appel à la commande `dpkg-reconfigure locales`.

Au démarrage de l'outil, vous devez d'abord sélectionner les langues et les jeux de caractères. Ces choix sont copiés dans le fichier */etc/locale.gen*. Vous pouvez aussi modifier les entrées manuellement dans le fichier (mais dans ce cas, il faut ensuite le programme **locale-gen**). Choisissez par exemple toutes les entrées commençant par **fr_ FR**, y compris la variante Euro.

L'utilisation du symbole euro est tout à fait possible sous Debian, en mode texte comme en mode graphique X Window. Javier Fernandez-Sanguino Pea a rédigé un guide intitulé "Debian Euro HOWTO" (*http://www.debian.org/doc/manuals/debian-euro-support*) à ce sujet. Vous disposez des deux paquets spécifiques **euro-support** et **tetex-eurosym**.

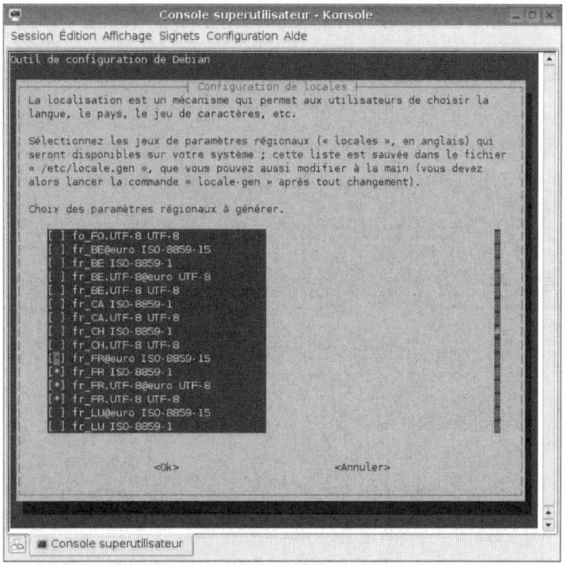

Figure 3.2

*Ecran de choix de langue de **dpkg-reconfigure locales**.*

A la seconde étape, vous choisissez la langue globale par défaut. Ne changez la valeur C initiale que si vous savez que cela n'aura pas d'effet négatif sur vos programmes. Il est possible que certains scripts d'administration système ne fonctionnent correctement qu'avec des données ou des messages générés dans une certaine langue (mais voyez aussi la note qui suit).

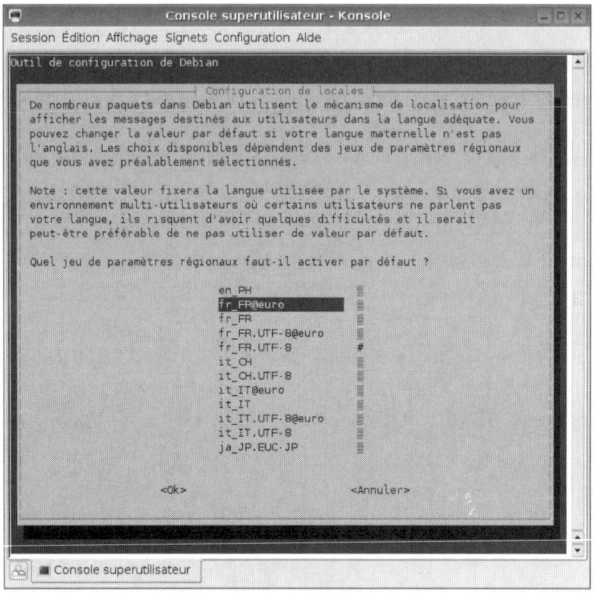

Figure 3.3

Choix de la langue par défaut.

INFO

Valeur des variables d'environnement

Tout script doit vérifier que les variables d'environnement dont dépend son fonctionnement correct possèdent les valeurs attendues. Ainsi, vous pouvez définir la valeur de la variable de langue au moyen d'une ligne `export LANG=C`.

Configuration du clavier

En plus de la langue, l'utilisateur doit disposer d'une configuration clavier adaptée à ses habitudes. Le clavier sélectionné pendant l'installation de Debian est supposé être celui que vous utiliserez par la suite.

C'est normalement le cas, mais vous pouvez changer de clavier de manière provisoire ou définitive, que ce soit pour livrer la machine à un client étranger ou pour corriger une erreur de sélection pendant l'installation.

La configuration clavier se distingue du choix de la langue car elle est toujours globale au système, mais pour le mode texte seulement (les interfaces graphiques proposent des options pour changer de clavier très simplement).

Pour changer temporairement de clavier, utilisez la commande `loadkeys <LANGUE>`. Vous indiquez **fr** pour *LANGUE* dans le cas d'un clavier français et **en** dans le cas d'un clavier QWERTY anglais. Ce réglage est perdu en sortie de session.

Pour changer définitivement votre clavier, lancez l'outil **dpkg-reconfigure console-data** (sur certains systèmes, **dpkg-reconfigure console-common**). Le changement n'entre en vigueur qu'après avoir fermé puis rouvert une session.

La souris en mode texte : gpm

Gpm est une fonction additionnelle qui permet de tirer profit de la souris en mode texte, ce qui sert notamment à faire des copier/coller de portions de lignes de commandes dans la fenêtre de console. Vous installez le paquet **gpm** avec `apt-get install gpm`. Un script de configuration est exécuté pendant l'installation pour détecter le port de la souris et ses caractéristiques.

Vous pouvez relancer ce script à tout moment, par exemple si vous changez de souris, en lançant le programme **gpmconfig** en tant que super-utilisateur.

Au départ, le programme va vous demander si vous voulez modifier la configuration :

```
Do you want to change anything (Y/n)?
```

Si aucune souris n'a été détectée ou que vous ayez changé d'interface, répondez par Y (majuscule) et validez. Vous entrez alors dans l'outil de configuration qui vous demandera notamment de déplacer la souris pour qu'il tente de la détecter.

Rappelons que le port PS/2 (habituel pour la souris) correspond au périphérique *psaux*, alors que les ports série correspondent à la famille *tty*.

Une fois la configuration achevée, le script démarre le serveur **gpm**. Un des programmes en mode texte qui profite de l'utilisation de la souris est Midnight Commander.

Midnight Commander (mc)

Mc est un gestionnaire de fichiers en mode texte, un équivalent de l'explorateur de Windows ou de Nautilus sous GNOME. **Mc** et sa variante **gmc** (décrite plus loin) sont basés sur le paquet **mc-common**, qui réunit les fonctions de base.

Le gestionnaire **mc** s'inspire d'un utilitaire DOS en mode texte qui a connu son heure de gloire à la fin des années 1980 : *Norton Commander*, qui utilisait déjà une émulation de la souris en mode texte.

En plus des fonctions de base, **mc** propose deux fonctions assez évoluées :

- la possibilité de manipuler des fichiers compressés ;
- celle de restaurer un fichier effacé par mégarde (à partir de la version 2.1.x du noyau).

Ceux qui ont utilisé *Norton Commander* seront en terrain connu.

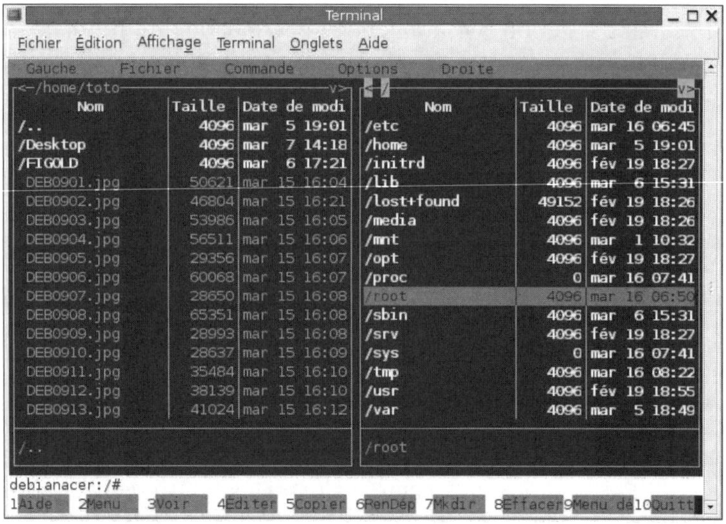

Figure 3.4
Midnight Commander.

Gnome Midnight Commander (gmc)

Ceux qui sont habitués à **mc** seront ravis de pouvoir recourir à **gmc** ("*GNOME Midnight Commander*"), qui est une reformulation de l'outil dans l'environnement graphique GNOME. Cela suppose bien sûr que le serveur X-Window et GNOME soient installés.

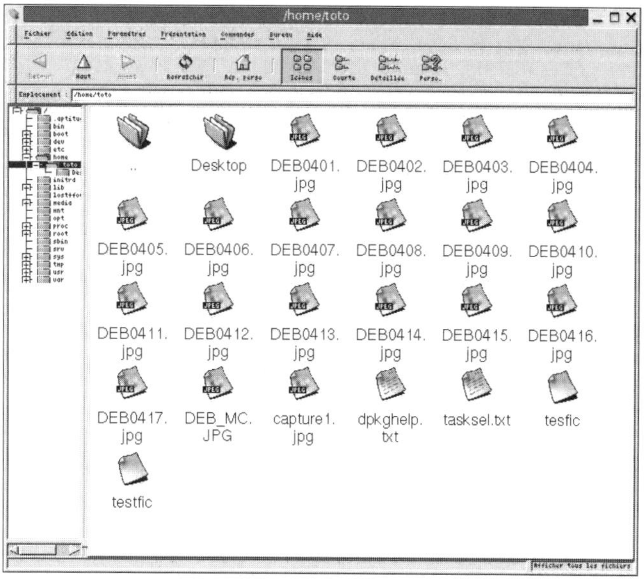

Figure 3.5
GNOME Midnight Commander.

Comme les autres explorateurs de fichiers actuels, **gmc** propose deux volets principaux, le gauche pour la structure de répertoire, le droit pour le contenu du répertoire sélectionné à gauche. Vous cliquez sur les icônes des répertoires pour naviguer et ouvrez/fermez les détails avec les symboles + et –.

Screen

Screen est un programme qui permet d'exploiter plusieurs consoles lorsque vous vous connectez à distance à un système Debian. Aux débuts d'Unix, les utilisateurs disposaient de terminaux en mode texte (terminaux ASCII) reliés par des liaisons série à l'ordinateur. Il existe encore ce genre de terminaux, par exemple dans certaines chaînes de magasins. Si vous disposez du câble adéquat, vous pouvez brancher un tel terminal sur le port série d'un compatible PC. Le problème est qu'un terminal ASCII ne permet d'afficher qu'un écran.

La même limitation s'impose lorsque vous vous connectez à distance à la machine *via* une liaison modem et le port série.

Le programme **screen** émule les consoles virtuelles auxquelles vous avez accès lorsque vous êtes directement sur la console du système. Ce programme permet aussi de reprendre une session interrompue. Si votre connexion est performante, vous pouvez par exemple vous connecter au système distant, démarrer un téléchargement puis vous déconnecter. Plus tard, vous ouvrirez une session **screen** et constaterez que le téléchargement est terminé.

Screen est donc une sorte de gestionnaire d'écrans en mode texte capable de gérer plusieurs processus (normalement des interpréteurs de commandes shell). Chaque console virtuelle offre les fonctions d'un terminal de type VT100 enrichi de fonctions ANSI X3.64 et ISO 2022 (permettant d'insérer et de supprimer des lignes et d'accéder à plusieurs jeux de caractères). Chaque console dispose d'un historique de ligne de commande et vous pouvez copier/coller des données d'une console à une autre.

Au démarrage, un seul interpréteur (ou un autre programme) est lancé. Vous ne verrez pas la différence avec un terminal normal. A tout moment, vous pouvez ouvrir de nouvelles consoles, chacune avec un shell. Vous pouvez fermer une console, afficher la liste, stocker les données dans un fichier, etc. Tous les programmes démarrés continuent à fonctionner, même lorsque vous passez à une autre console virtuelle.

Les commandes de **screen** démarrent souvent par la combinaison [Ctrl] + [A]. Voici les plus importantes :

- **(?)** Affiche un rappel des commandes.
- **(c)** Ouvre un nouveau terminal.
- **(n)** Bascule dans le terminal suivant.
- **(w)** Affiche le nombre de terminaux actifs.

Voyez aussi la page suivante :

http://www.gnu.org/software/screen

Ssh

Ssh (*Secure Shell*) est une solution de remplacement sécurisée aux fonctions d'ouverture de session à distance **rlogin** et **rsh**. Elle propose une connexion sécurisée pour pouvoir faire transiter les données sur un réseau non sûr tel qu'Internet. Evitez en général d'utiliser des programmes non sécurisés, notamment ceux qui transfèrent les mots de passe non cryptés, et évitez l'outil **telnet** standard. La version durcie de **telnet** fournie avec Debian GNU/Linux supporte les connexions sécurisées, mais ne vous y habituez pas car ce n'est pas le cas des autres versions.

Ssh sécurise la liaison avant même l'envoi du mot de passe, ce qui permet d'envisager un accès à votre machine depuis vraiment n'importe quel endroit, car vous rendez ainsi les piratages de la liaison très difficiles. Le pirate devrait intercepter exactement le paquet de données qui est transmis au moment de l'échange des clés entre les deux instances de **ssh** !

L'utilisation classique de **ssh** consiste à indiquer l'adresse de la machine cible :

```
ssh hoshi.monserveur.fr
```

La session est ouverte à distance avec le même identifiant que celui que vous utilisez sur la machine locale. Vous pouvez préciser un autre identifiant *via* l'option **-l** :

```
ssh -l toto hoshi.monserveur.fr
```

ou encore comme ceci :

```
ssh toto@hoshi.monserveur.fr
```

Vous pouvez vous connecter sans fournir de mot de passe si l'identifiant est le même des deux côtés et si le nom de la machine d'appel est mentionné dans le fichier */etc/hosts.equiv* ou dans */etc/ssh/shosts.equiv*.

Pour d'autres détails, voyez la page `man ssh`.

4

Gestion des paquets

Au sommaire de ce chapitre :

- ✔ Organisation des paquets
- ✔ Release
- ✔ Distributions
- ✔ Architectures
- ✔ Groupes fonctionnels
- ✔ Backports
- ✔ Le format des paquets Debian : .deb
- ✔ debconf
- ✔ dselect
- ✔ L'outil APT et sa suite
- ✔ Le fichier sources.list
- ✔ apt-setup
- ✔ apt-cdrom
- ✔ apt-get
- ✔ apt utilisé hors ligne
- ✔ apt-rdepends
- ✔ apt-cache
- ✔ apt-cacher
- ✔ apt-proxy
- ✔ apt-move

- ✔ apt-ftparchive
- ✔ apt-show-source
- ✔ apt-extracttemplates
- ✔ apt-file
- ✔ apt-show-versions
- ✔ auto-apt
- ✔ apt-listchanges
- ✔ apt-listbugs
- ✔ apt-config
- ✔ apt-spy
- ✔ aptitude
- ✔ GNOME-Apt
- ✔ Synaptic
- ✔ APT pinning
- ✔ dpkg
- ✔ configure-debian
- ✔ debsums
- ✔ netselect
- ✔ deborphan
- ✔ debfoster
- ✔ Les paquets de tâches (ensembles)
- ✔ Les paquets de noyau
- ✔ base-config
- ✔ debootstrap
- ✔ modconf
- ✔ shadowconfig
- ✔ tzconfig
- ✔ dlocate
- ✔ Le système de menus
- ✔ Installation de paquets étrangers
- ✔ Désarchivage manuel d'un paquet

Une fois le système de base installé, vous disposez de plusieurs outils pour installer d'autres paquets logiciels. Dans les premiers temps de Debian, vous disposiez de **dpkg**, qui ne fonctionnait qu'en ligne de commande. Puis est apparu **dselect**, qui offre une interface en mode texte. Mais tous les utilisateurs (notamment les débutants) attendaient quelque chose de plus moderne. dselect est livré avec une aide en ligne, mais sa consultation n'est pas des plus confortables. Celui qui a quelques connaissances de dselect peut malgré tout s'en contenter, l'outil étant très polyvalent.

La nouvelle génération des programmes d'installation pour Debian GNU/Linux est **apt**. La version 3.0 de Debian GNU/Linux coïncide avec la maturité de cet installateur.

Quel que soit l'outil que vous adoptez, vous devez savoir quels paquets vous désirez installer, ce qui n'est pas chose simple sous Debian, puisque vous faites face à plusieurs milliers de paquets ! Pour simplifier la sélection, les programmeurs ont conçu des groupes de paquets appelés *tâches*. Si vous demandez par exemple l'installation du groupe **task-gnome-desktop**, tous les paquets logiciels requis pour un environnement de bureau graphique GNOME seront sélectionnés puis installés. Nous revenons sur les tâches un peu plus loin dans ce chapitre.

apt-get ou **gnome-apt** permettent aussi de sélectionner et d'installer les paquets un à un.

La gestion des paquets de Debian GNU/Linux est un des points forts de cette distribution. Voyons les grands principes qui régissent l'installation d'un paquet logiciel.

Chaque paquet de programmes contient plusieurs fichiers destinés à sa propre gestion. Il contient également tous les fichiers qui représentent le programme, avec ses librairies de fonctions, les données associées (par exemple les images pour un jeu) la documentation (les pages man), etc. Lors de l'installation d'un programme, il faut être certain que toutes les données ont été installées à l'endroit approprié dans la sous-structure de répertoires.

De même, lorsque vous désinstallez un programme, il faut savoir quels fichiers supprimer et où ils se trouvent. Il faut également vérifier que d'autres programmes n'ont pas de dépendances par rapport à certains des fichiers, auquel cas la suppression du paquet doit être interdite.

Il faut également gérer les mises à jour des programmes. Dans une nouvelle version, certains fichiers sont remplacés et d'autres deviennent inutiles. Ces opérations doivent pouvoir être réalisées de sorte que les autres programmes qui dépendent des mêmes fichiers continuent à fonctionner.

Le système de gestion des paquets de Debian GNU/Linux prend toutes ces opérations en charge et maintient votre système dans un état opérationnel.

Organisation des paquets

Les paquets logiciels de Debian GNU/Linux obéissent à une hiérarchie fixe. Elle définit d'abord des domaines qui réunissent tous les logiciels généraux libres (le domaine *main*), c'est-à-dire les programmes conformes aux recommandations des règles DFSG (*Debian Free Software Guidelines*, que nous verrons au Chapitre 15). La hiérarchie définit également un domaine pour les logiciels auxquels ne s'applique pas la licence libre (le domaine *non-free*) et un troisième domaine pour les logiciels libres qui se basent sur des paquets non libres. Les responsables du projet Debian ont décidé de ne plus supporter à l'avenir le domaine *non-free*. Tout est ainsi mis en œuvre pour que les auteurs des logiciels adoptent une licence totalement libre. S'ils ne s'y décident pas, ils devront composer avec le fait que leurs paquets ne seront prochainement plus disponibles sur les serveurs Debian.

Au niveau suivant, nous trouvons les différentes architectures supportées, c'est-à-dire les familles de processeurs. Les textes sources des paquets sont stockés au même endroit. Au dernier niveau dans la hiérarchie se trouvent les différents sous-répertoires dans lesquels sont répartis les paquets logiciels, par exemple *Games* ou *X11*.

Découvrons en détail ces différents niveaux.

Release

Debian met à disposition à tout moment quatre variantes de Release. La plus récente version rendue publique se nomme **stable**. Les paquets qu'elle contient ont été testés intensivement et les mises à jour correspondantes sont fournies très rapidement. Une version stable paraît environ tous les deux ans. Cette version est mise à jour par des versions intermédiaires appelées **releases** et numérotées (par exemple 3.1 R2) dont la parution est irrégulière. Ces mises à jour sont elles aussi fournies dans les plus brefs délais. La version stable de Debian peut servir de base pour tous les systèmes utilisés en production.

Il existe deux autres branches rendues disponibles mais non déclarées aptes à un environnement de production par l'équipe Debian : **unstable** (le développement est encore en cours) et **testing** (lieu de rassemblement des composants de la prochaine version officielle). La branche **testing** contient les paquets pour lesquels de 10 à 14 jours se sont écoulés dans la branche **unstable** sans qu'aucun défaut majeur n'ait été détecté. Dans ces conditions, ils sont basculés dans la branche **testing**. Ces paquets sont très stables et peuvent même être mis en exploitation sur des systèmes non stratégiques. Vous devez cependant vous attendre à quelques petits problèmes et indisponibilités. Les paquets les plus à jour se trouveront plutôt dans le domaine **unstable**, mais les mises à jour de sécurité ne sont pas garanties pour ces Releases. En général, les paquets correspondant sont disponibles, mais vous devez vérifier.

Certains paquets sont envoyés dans une branche particulière appelée **experimental**. Elle contient des versions très récentes des logiciels, mais ces logiciels ont subi d'importantes évolutions. C'est dans cette branche que sont placés les paquets de la distribution Debian les plus récents ou bien les paquets de grande taille qui ont été totalement restructurés. Ne faites appel au contenu de cette branche que si vous connaissez bien les mécanismes de gestion des paquets Debian (après la lecture de ce chapitre par exemple). Les paquets de cette branche ne reçoivent pas de numéro de sous-version, à la différence des autres.

Juste avant la diffusion d'une nouvelle release, une branche supplémentaire est mise en place de façon temporaire : **frozen** (gel). Cette branche accueille les composants issus de la branche **testing** lorsque plus aucune modification ne peut y être apportée, juste avant de les promouvoir dans la branche **stable**.

Les quatre variantes de Release sont reliées au moyen de liens avec les noms des releases. Autrement dit, juste avant la mise à disposition de Sarge, la branche **stable** correspond à un lien vers "Woody" et la branche **testing** à un lien vers "Sarge".

Dans cet état d'avancement, aucun nouveau code n'est accepté, mais des corrections de bogues peuvent encore être insérées. Un nouvel arbre de répertoires est créé dans le sous-répertoire *dists/* avec un nouveau nom de code. La distribution gelée subit alors pendant quelques mois des tests avec des mises à jour et des versions intermédiaires, qui correspondent à des cycles de tests.

Distributions

Les distributions qui constituent une distribution globale Debian GNU/Linux désignent des domaines au niveau des licences par lesquelles sont régis les paquets qu'ils contiennent.

- **main** Constituant principal de Debian. Les paquets de ce groupe sont régis par une licence qui autorise une rediffusion avec la totalité du code source.
- **contrib** Les paquets de ce sous-répertoire sont destinés aux programmes libres qui utilisent des logiciels ou des librairies non libres (par exemple Motif ou Qt). C'est la raison pour laquelle ils ne peuvent pas être versés dans le domaine **main** de Debian.

- **non-free** Les paquets de ce répertoire ne sont pas nécessairement payants, mais ils subissent des contraintes qui en interdisent la libre rediffusion. L'auteur d'un paquet **non-free** peut par exemple interdire la diffusion de son logiciel sur un CD.
- **non-us** Ce sont les paquets qu'il n'est pas possible d'exporter depuis les Etats-Unis. Il s'agit surtout de logiciels de cryptage. Certains sont même payants, du fait de leurs conditions de licence.

Architectures

Nous avons présenté les différentes architectures matérielles supportées par Debian au Chapitre 1. Dans cette section, nous vous proposons un rappel de ces catégories.

Notons que toutes les architectures ne sont pas disponibles sur les CD du commerce. La plus répandue est évidemment l'architecture i386, qui est celle des ordinateurs compatibles PC.

Vous trouverez une description complète des architectures à l'adresse *http://www.debian.org/ports*.

- Intel x86/IA-32 (i386)
- Intel IA-64 (ia64)
- S/390 (s390)
- DEC Alpha (alpha)
- ARM (arm)
- Motorola 68k (m68k)
- MIPS (mips)
- Motorola/IBM PowerPC (powerpc)
- HP PA-RISC (hppa)
- Sun SPARC (sparc)
- Sun UltraSPARC (sparc64)
- Debian GNU/Hurd (hurd-i386)
- Debian GNU/NetBSD (netbsd-i386 et netbsd-alpha)

- Debian GNU/FreeBSD (freebsd-i386)
- Debian Beowulf

Groupes fonctionnels

Le concepteur ou le mainteneur d'un paquet faisant partie de Debian peut lui affecter un domaine fonctionnel. Ces domaines fonctionnels incarnent des modes d'utilisation. Ce concept simplifie la sélection d'un ensemble de paquets.

Les domaines fonctionnels sont définis dans les fichiers *Packages.gz* et l'installateur réalise les conversions vers les chemins d'accès réels. Les paquets sont déclarés dans une structure de données simple : */pool/main/a/paketname/paket.deb.*

Voici les domaines fonctionnels de Debian :

- **Administration** Les programmes de l'administration système
- **Base** Une partie du système de base (par exemple les noyaux)
- **Communication** Les programmes de terminal, etc.
- **Development** Compilateurs, interpréteurs, fichiers d'en-tête C, C++ et autres langages de programmation
- **Documentation** Fichiers HOWTO, FAQ et autres documentations et outils pour les consulter
- **Editors** Programmes de traitement de texte et éditeurs de code source
- **Electronic** Simulateurs de circuits électroniques, etc.
- **Games** Jeux vidéo
- **Graphic** Programmes à interface graphique
- **Ham Radio** Programmes pour radioamateurs
- **Interpreters** Langages Perl, Python et Tcl/Tk
- **Libraries** Librairies de fonctions utilisées par d'autres programmes
- **Mail** Tous les programmes de gestion de messageries
- **Mathemacs** Programmes scientifiques et mathématiques
- **Miscellaneous** Fourre-tout pour ce qui n'entre dans aucun autre groupe

- **Network** Serveur et client réseau
- **Newsgroups** Logiciels pour les forums de discussions
- **Old Libraries** Versions anciennes des librairies de fonctions
- **Other Operating Systems and File Systems** Accès à d'autres systèmes de fichiers et d'exploitation
- **Shells** Interpréteurs de commandes
- **Sound** Programmes et données audio
- **TeX** Programme de mise en page de Donald Knuth
- **Text Processing** Outils de manipulation des fichiers texte
- **Utilities** Outils divers
- **Web** Programmes d'accès au réseau Web, serveurs et clients
- **X Window** Serveur d'affichage X Window, gestionnaires de fenêtres, etc.

Backports

Le *backporting* désigne la rétrogradation d'un paquet logiciel d'une version récente vers une version plus ancienne. Il existe deux usages pour ce genre de rétrogradation.

Les cycles de diffusion de versions stables Debian étant assez longs, il est parfois intéressant d'installer un logiciel qui se trouve dans l'état **testing** ou **unstable**. Mais cela n'est pas directement possible si les dépendances entre les paquets ne sont pas satisfaites. Par exemple, les librairies qui servaient pour une ancienne version n'ont pas été installées dans la nouvelle version parce qu'elle ne s'en sert plus.

Vous trouverez des informations détaillées concernant la rétrogradation de versions de logiciels dans le document Backporting HOWTO à l'adresse suivante :

http://www.debianhowto.de/howtos/de/backports/c_backports.html

Le format des paquets Debian : .deb

Le format des paquets caractéristiques de Debian permet d'associer de nombreuses informations à chaque paquet logiciel afin d'assurer une intégration parfaite du contenu du paquet au système existant. Les fichiers des paquets Debian portent toujours l'extension **.deb**, ce qui permet de les distinguer aisément des paquets d'autres distributions.

La caractéristique principale de ce format de paquet est la gestion complète des dépendances entre paquets.

Une dépendance permet par exemple de gérer l'installation et la suppression de différents programmes qui dépendent tous d'autres paquets communs. Il s'agit surtout de librairies de fonctions. Cela évite d'installer certains fichiers en double. L'espace disque occupé en est fortement réduit.

Prenons un exemple simple. Supposons un paquet *mail-crypt*, c'est-à-dire une extension de l'éditeur Emacs qui lui permet de crypter les messages avec PGP. Ce paquet nécessite la présence d'un autre paquet pour fonctionner. Si PGP n'est pas installé, *mail-crypt* ne peut pas fonctionner. Le responsable Debian de ce paquet doit donc définir une dépendance par rapport à PGP. De même, *mail-crypt* n'a d'intérêt que si *emacs* est installé, puisqu'il s'agit d'une extension.

Les descriptions des paquets permettent également de gérer les conflits entre paquets. Il est par exemple interdit sous Debian GNU/Linux d'installer plus d'un seul des programmes *exim*, *smail*, *sendmail*, *postfix* ou *qmail*. Tous utilisent le même paquet virtuel *mail-transport-agent*. Du fait de ces dépendances, un seul de ces programmes de transport de messagerie peut être installé à la fois. C'est vous qui décidez lequel.

INFO

Affichage du nom d'un paquet virtuel
La commande `apt-cache showpkg exim` indique dans la section *Provides* le paquet virtuel exim qui est disponible.

Il est possible qu'un programme de création de messages (comme *mutt*) soit rendu dépendant d'un outil pour émettre des messages, par exemple *smail*.

L'utilisateur de *mutt* est de ce fait interrogé, pour savoir quel outil MTA (*Mail Transfer Agent*) il a installé. Les paquets Debian se singularisent à ce niveau par le concept de paquet virtuel. Pour tous les outils *exim*, *smail*, *sendmail* et *qmail*, il est stipulé que le recours à un agent de transport de messagerie est obligatoire, mais sans qu'aucun programme en particulier soit cité. Le paquet *mutt* est donc rendu dépendant d'un nom virtuel (une sorte de "générique"). Cela laisse à l'utilisateur le choix de l'outil MTA.

Le gestionnaire de paquets Debian gère en permanence toutes les dépendances afin de maintenir le système dans un état cohérent et fonctionnel.

debconf

L'outil **debconf** est un système de gestion de paquets Debian. (Un programme en ligne de commande, que nous décrivons un peu plus loin, porte le même nom.) debconf permet de choisir parmi plusieurs interfaces utilisateur. Il sait également demander les paramètres requis avant l'installation des paquets : ainsi, l'installation se poursuit sans aucune intervention de votre part. Pour l'utiliser, vous devez disposer de **apt** dans la version 0.5 ou ultérieure, car debconf a besoin du paquet **apt-utils**.

Si vous ne voulez pas configurer les paquets avant l'installation, vous pouvez modifier les paramètres dans le fichier */etc/apt/apt.conf.d/70debconf*. Il suffit d'y neutraliser une ligne en ajoutant un symbole de commentaire au début. Vous pouvez préconfigurer chaque paquet individuellement avant l'installation au moyen de la commande **dpkg-preconfigure** (qui appartient au paquet **apt-utils**).

Même après qu'un paquet a été installé, et même si vous avez répondu à toutes les questions posées par debconf pendant l'installation, il peut malgré tout être nécessaire de retoucher la configuration ultérieurement. Cela ne se fait pas en installant à nouveau le paquet, car les réponses ont été stockées dans la base de données de debconf (le système tentera de trouver les réponses dans la base et ne posera aucune question qui pourrait permettre de modifier la configuration). Pour reconfigurer un paquet, par exemple debconf, il faut utiliser la commande **dpkg-reconfigure** de la manière suivante :

```
dpkg-reconfigure debconf
```

Dans ce cas, toutes les questions sont à nouveau posées. Vous devez bien sûr disposer des droits d'administrateur.

Interfaces utilisateur (*frontend*)

Nous avons vu que debconf permettait de choisir l'interface. Voici les différentes interfaces utilisateur disponibles :

- **dialog** : c'est l'interface utilisée en standard (voir aussi **whiptail**). C'est une interface semi-graphique en mode texte.
- **readline** : interface texte pur. Les questions sont posées et les réponses attendues. Adapté aux accès à distance à un système.
- **noninteractive :** il ne s'agit pas d'une interface puisqu'aucune question n'est posée. Les valeurs sont tirées des valeurs par défaut trouvées dans le paquet. Des messages sont transmis à l'administrateur pour l'avertir des paquets configurés et des réglages en attente. C'est l'interface destinée aux installations automatisées.

- **gnome** : interface moderne en mode graphique basée sur l'environnement GNOME et les librairies GTK. N'a d'intérêt que si un serveur graphique X Window a été installé localement ou si la variable DISPLAY a été renseignée de façon à afficher les boîtes de configuration sur un autre système. Si l'interface n'est pas utilisable, l'outil rebascule sur une interface plus simple.
- **KDE** : interface graphique basée sur les librairies QT. Les mêmes remarques et limitations que pour GNOME s'appliquent.
- **editor :** l'interface préférée des nostalgiques d'Unix qui veulent tout réaliser depuis leur éditeur de texte. Les fichiers de configuration ne sont pas liés à un paquet. Les paramètres de debconf sont modifiés directement dans l'éditeur.
- **Web :** interface de style Web. Tous les paramètres peuvent être définis *via* le navigateur. Ce mode est encore en développement.

L'interface à faire adopter par debconf peut être modifiée en reconfigurant debconf. Pour n'utiliser une interface que de façon transitoire, vous pouvez donner la valeur appropriée à la variable d'environnement DEBIAN_FRONTEND :

```
DEBIAN_FRONTEND=readline apt-get install slrn
```

Vous pouvez également fournir aux commandes **dpkg-reconfigure** et **dpkg-preconfigure** l'option `--frontend=readline` pour définir ensuite l'interface.

Priorités

Les priorités de debconf permettent de décider du niveau de détail des questions posées. Toutes les questions relatives à une option de configuration possèdent un niveau de priorité. Le responsable d'un paquet attribue les priorités en fonction de l'importance des questions pour le bon fonctionnement du logiciel. Si vous n'avez pas besoin de régler les moindres détails d'un logiciel, vous pouvez laisser debconf poser seulement les questions principales.

Voici les priorités dans l'ordre croissant :

- **low** questions très simples munies de valeurs par défaut généralement satisfaisantes.
- **medium** questions normales avec valeurs par défaut satisfaisantes.
- **high** questions sans valeurs par défaut.
- **critical** questions incontournables.

Seules les questions de priorité égale ou supérieure au niveau choisi sont posées. Pour modifier le niveau de priorité, vous pouvez reconfigurer debconf ou utiliser l'option `--priority=medium` de la commande **dpkg-reconfigure** ou **dpkg-preconfigure**, ou bien modifier la variable d'environnement DEBIAN_PRIORITY.

La base de données de debconf

debconf adopte une structure très souple pour stocker les réponses aux questions dans une base de données. C'est le fichier */etc/debconf.conf* qui crée le lien avec cette base. Normalement, la base se présente dans un format ASCII dans le sous-répertoire */var/cache/debconf/* du système local. Le fichier de configuration contient des exemples d'exploitation de cette base *via* une liaison NFS ou LDAP.

---

debconf et les sauvegardes

Lorsque vous sauvegardez un nouveau système, vous devez prendre en compte le répertoire */var/cache/debconf/*. Même si le répertorie */var/cache/* contient des données qui vont être modifiées, le fait de sauvegarder le contenu de ce répertoire évite d'avoir à répondre à nouveau aux mêmes questions lors d'une nouvelle installation.

Installation automatisée

A l'occasion d'une installation ou d'une mise à jour automatisée, il est souvent intéressant de n'exploiter qu'une partie des réponses prédéfinies, afin de permettre l'adaptation de quelques paramètres.

Plusieurs approches sont possibles pour atteindre cet objectif. Vous pouvez préparer une base de données debconf contenant les informations désirées. Vous pouvez très simplement créer une telle base en procédant à la même installation sur un autre système puis en faisant une copie de la base. Vous pouvez également faire appel à **dpkg-preconfigure** pour configurer les paquets sélectionnés sans les installer. Vous pouvez aussi créer la base debconf avec un éditeur de texte.

A partir du moment où la base de votre choix existe, vous devez réfléchir comment le ou les systèmes à installer vont pouvoir accéder aux fichiers de cette base. Si vous disposez d'un serveur d'annuaire LDAP centralisé, l'accès à la base est possible par ce mécanisme. debconf emploie les deux variables d'environnement DEBCONF_DB_FALLBACK et DEBCONF_DB_OVERRIDE pour accéder à une autre base que la base par défaut. Voici un exemple (rappelons que la barre oblique inverse en fin de ligne ne fait pas partie du fichier ; dans ce livre, elle signale une rupture de ligne) :

```
cat /var/cache/debconf/config.dat | \
```

```
ssh root@target "DEBCONF_FRONTEND=noninteractive \
DEBCONF_DB_FALLBACK=Pipe apt-get upgrade"
```

Dans cet exemple, nous utilisons la base locale, qui est rapatriée sur le système *via* ssh. Lorsqu'une réponse à une question est introuvable au niveau local, la base distante est exploitée en secours. Les écritures ne sont réalisées que dans la base locale. Les lectures se font *via* ssh depuis la base à laquelle l'accès est temporaire :

```
ssh -R 389:ldap:389 root@target \
    "DEBCONF_DB_FALLBACK='LDAP{host:localhost}' apt-get upgrade"
```

Dans cet exemple, nous exploitons une base LDAP connectée par tunnel *via* ssh. Comme dans le précédent exemple, cette base sert de secours en lecture seule.

```
scp config.dat root@target:
ssh root@target "DEBCONF_DB_FALLBACK='File{/root/config.dat}' apt-get
➥upgrade
```

Dans cet exemple, la base est copiée au moyen de ssh. La seconde commande lance une mise à jour *via* ssh à partir de la base venant d'être copiée.

Dans tous les cas, la base centralisée sert de secours. Cela permet de répondre à des questions qui ne sont pas encore apparues sur le système cible. Les valeurs trouvées sont employées si aucune information n'existe dans les autres bases (d'où le nom "secours"). Pour remplacer des valeurs existantes, vous devez recourir à la variable d'environnement DEBCONF_DB_OVERRIDE, qui permet d'utiliser une autre base debconf avant de lire toutes les autres bases existantes.

Création de paquets pour debconf

Vous trouverez des informations détaillées pour créer des paquets Debian avec la base de debconf dans les pages de documentation man de **debconf-devel**. En général, debconf communique avec les scripts *via* les canaux standard d'entrée et de sortie, à l'aide d'un protocole du type SMTP. Les questions sont rassemblées dans un fichier modèle dont le format est proche de celui des fichiers *control* de Debian.

Variables d'environnement debconf

Voici les variables d'environnement que reconnaît debconf :

DEBIAN_FRONTEND : détermine l'interface utilisateur.

DEBIAN_PRIORITY : règle la priorité minimale pour les questions.

DEBCONF_DEBUG : active l'affichage de messages d'erreurs. Plusieurs catégories sont disponibles mais vous pouvez également indiquer une expression régulière (du style .* pour tous les messages). Les catégories sont **user :** (informations pour les développeurs), **developer :** (informations pour les développeurs) et **db :** (informations concernant la base de données).

DEBCONF_NOWARNINGS : désactive les avertissements de debconf. Les messages d'erreurs continuent à être affichés.

DEBCONF_TERSE : si la variable vaut YES, debconf affiche le minimum de messages.

DEBCONF_DB_FALLBACK : définit une base de données de secours a priorité moindre. Les autres bases (issues de */etc/debconf.conf*) sont exploitées en priorité. La base de secours n'est qu'en lecture seule.

DEBCONF_DB_OVERRIDE : définit une base supplémentaire à haute priorité. Les autres bases ne sont utilisées que si cette base ne contient pas les informations requises.

DEBCONF_SYSTEMRC : au démarrage de debconf, un fichier nommé *~/.debconfrc* est employé, s'il est trouvé dans le répertoire de travail de l'utilisateur. Cette variable permet d'en empêcher la lecture.

DEBCONF_FORCE_DIALOG : permet d'utiliser **dialog** au lieu de **whiptail** pour les affichages dans l'interface.

DEBCONF_FORCE_XDIALOG : permet d'utiliser **Xdialog** au lieu de **dialog** ou de **whiptail**.

debconf (en ligne de commande)

Nous avons vu qu'il existait un programme en ligne de commande également intitulé debconf.

Avec ce programme, il est possible d'exécuter un programme ou un script tel qu'il l'est normalement pendant l'installation d'un paquet, ce qui permet par exemple de tester les scripts lors de la création des paquets. Voici la syntaxe :

```
debconf [options] commande [args]
```

Options de debconf

-opackage, --owner=package Désignation du paquet propriétaire d'un script, afin de gérer correctement les droits d'accès de l'utilisateur et du groupe.

-ftype, --frontend=type Désignation de l'interface pour debconf.

-pvalue, --priority=value Choix de la priorité minimale des questions posées par debconf.

Voici par exemple comment tester un script de shell :

```
DEBCONF_DEBUG=developer debconf my-shell-prog
```

Voici une commande équivalente :

```
debconf --frontend=readline sh -x my-shell-prog
```

debconf-show

Cet outil permet d'extraire des informations concernant un paquet à partir de la base de données. Voici la syntaxe :

```
debconf-show packagename [...] [--db=dbname]
debconf-show --listowners [--db=dbname]
debconf-show --listdbs
```

Vous utiliserez d'abord cet outil pour obtenir des informations à propos d'un paquet. Voici un exemple concernant Apache :

```
wasabi:/home/fr# debconf-show apache
* apache/server-name: hoshi.homeunix.net
* apache/document-root: /var/www
* apache/server-port: 80
* apache/enable-suexec: false
* apache/init: true
* apache/server-admin: webmaster@wasabi
```

Les questions qui ont déjà été posées à l'utilisateur portent le signe * en début de ligne. Voici les options :

- **--db=dbname** Nom de la base de données à interroger.
- **--listowners** Propriétaire des questions dans la base. Il y a toujours un propriétaire pour chaque paquet.
- **--listdbs** Nom de toutes les bases de données disponibles.

debconf-get-selections

Cet outil extrait les informations de la base de debconf pour les afficher. Voici la syntaxe :

```
debconf-get-selections [--installer]
```

Le format de sortie est tel qu'il est directement réutilisable en entrée dans la commande **debconf-set-selections**. Si vous en avez besoin sur un autre système, il suffit de stocker les données générées dans un fichier que vous transférez ensuite. Ce principe est d'ailleurs utilisé pour réaliser les installations automatisées sur Debian (nous les avons vues au Chapitre 2).

Les informations qui sont définies pendant l'installation sont stockées dans une base distincte (*/var/log/debian-installer/cdebconf*). Vous pouvez les extraire au moyen de la seule option de **debconf-get-selection**, qui s'écrit **--installer**. Pour stocker tous les paramètres de debconf pour un système dans un fichier, il faut deux commandes :

```
debconf-get-selections --installer > config.cfg
debconf-get-selections >> config.cfg
```

debconf-set-selections

Cette commande permet de modifier ou de créer des valeurs dans la base de debconf. Les questions possédant déjà des réponses sont marquées comme déjà vues, ce qui évite qu'elles soient reposées lors de l'installation du système ou d'un paquet. Voici la syntaxe :

```
debconf-set-selections nomfic
```

Si aucun nom de base de données n'est fourni, l'outil tente de lire les valeurs depuis l'entrée standard.

Pour transférer les informations d'un système vers un autre, utilisez la commande suivante (cela suppose que le réseau fonctionne) :

```
debconf-get-selections | ssh nomsys debconf-set-selections
```

Le format du fichier est fort simple. Les lignes vides sont ignorées, ainsi que celles commençant par le commentaire #. Toutes les autres lignes sont interprétées. Elles doivent inclure quatre valeurs séparées par des espaces. La première valeur indique le nom du paquet propriétaire de la question. La deuxième valeur est le nom de la question. La troisième est le type de question, et la quatrième la réponse. Voici un exemple simple :

```
# Comment out extension_dir config from /etc/php4/apache/php.ini?
php4   php4/update_apache_php_ini   boolean   true
```

Options

--verbose, -v Affichage de toutes les informations possibles.

--checkonly, -c Recherche d'erreurs de format dans le fichier, sans stockage de données dans la base.

dselect

Jusqu'à la version 2.2 de Debian, l'outil principal pour installer et gérer des paquets était **dselect**. De nombreux utilisateurs n'étaient pas très satisfaits de son interface. Les développeurs ont donc créé d'autres solutions et notamment **apt-get** et **aptitude**. Il reste cependant possible d'employer **dselect** dans les récentes versions de Debian ; les utilisateurs chevronnés continuent donc à s'en servir. Nous n'en fournirons pas les détails ici.

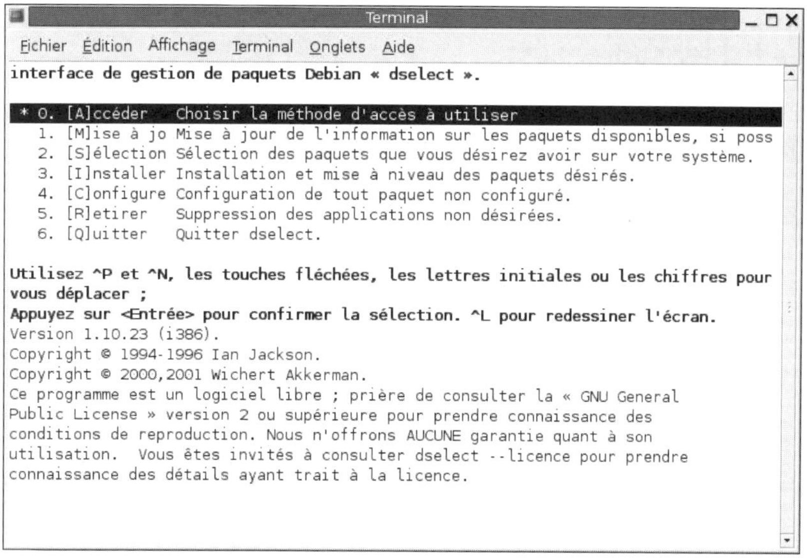

Figure 4.1
Ecran principal de dselect.

L'outil APT et sa suite

APT est mis pour *A Package Tool*. Il s'agit de la génération actuelle des outils de gestion de paquets Debian GNU/Linux.

Nous allons découvrir la configuration et l'emploi des outils en ligne de commande tels que APT. Nous verrons dans un deuxième temps les interfaces graphiques qui ont été créées pour piloter APT.

Remplissage de ligne de commande

Vous savez que l'interpréteur bash de Linux dispose d'un processus pour compléter un nom de commande au moyen de la touche **Tab**. Mais cela ne fonctionne que pour les noms des programmes et pas pour les commandes et les options.

Vous pouvez activer une série de macros complémentaires pour l'interpréteur shell au moyen de la commande `source /etc/bash_completion`. Cela permet ensuite de compléter les noms d'options. Essayez par exemple `dpkg -` puis deux fois la touche **Tab** pour afficher les options de la commande. Cela fonctionne bien sûr avec toutes les commandes, et non seulement celles liées à la gestion des paquets.

Vous pouvez même compléter les noms des paquets. Essayez par exemple `apt-get install im` puis deux fois la touche [Tab]. Vous voyez apparaître tous les noms de paquets qui commencent par **im**.

Le fichier sources.list

Il est possible au moyen du programme dselect de désigner APT comme installateur par défaut, mais ce n'est pas obligatoire. La première étape dans l'utilisation de APT consiste à personnaliser le fichier de configuration */etc/apt/sources.list*. Ce fichier indique le nom de la source des paquets. APT permet de choisir parmi un grand nombre de sources, et notamment **cdrom**, **file**, **http** et **ftp**. Chaque source est décrite par une ligne différente. L'ordre des lignes est significatif. Les lignes sont lues dans l'ordre des priorités décroissantes.

Voici le format d'une entrée dans le fichier :

```
deb uri distribution [composant1] [composant2] [...]
```

Voici un exemple concret :

```
deb ftp://ftp.debian.org/debian stable main
```

Le premier élément indique le type de source, qui peut être **deb** pour les paquets Debian au format binaire (c'est le cas général), ou **deb-src** pour les paquets de code source. Vous avez besoin de ce type lorsque vous devez recompiler un paquet à partir des fichiers sources.

Le deuxième élément est le champ **uri**, qui décrit la source d'installation (le chemin d'accès au répertoire racine de la distribution). Sur les CD et sur la plupart des serveurs FTP de Debian, le chemin s'écrit normalement */debian*.

Le champ **distribution** permet de choisir la version à installer. Vous indiquez **stable** pour la version stable la plus récente ou **unstable** pour la version en cours de développement. L'indication **testing** correspond à la prochaine version à diffuser. En début d'ouvrage, nous avons vu que chaque version de Debian possédait un nom. Vous pouvez indiquer ici le nom, par exemple **woody** pour la version 3.0, ou **sarge** pour la version 3.1. Rappelons que **sid** correspond au paquet le plus récent en développement.

Les champs **composant** reçoivent les domaines de la distribution, par exemple **main**, **contrib**, **non-free** ou **non-US**. Vous pouvez indiquer plusieurs éléments en les séparant par des espaces.

Voici quelques précisions concernant les sources d'installation :

File : utilise un répertoire comme source des paquets (répertoire local ou répertoire réseau monté *via* NFS).

cdrom : la source est un lecteur de CD local. Si la distribution comprend plusieurs CD, le multivolume est géré. L'outil **apt-cdrom** permet de prendre en compte les entrées requises dans le fichier */etc/apt/sources.list* (vous pouvez aussi faire appel à l'outil **apt-setup**).

http : la source de données est un serveur HTTP. Si la valeur de la variable d'environnement **$http_proxy** est du type *http://server:port*, cette valeur est employée à la place d'une liaison directe vers le serveur. Vous pouvez définir un serveur Proxy avec une authentification éventuelle. L'adresse du serveur Proxy doit être au format `http://user:pass@server:port/`. Notez que le nom de l'utilisateur et le mot de passe ne sont pas cryptés.

ftp : choisit la méthode qui, par serveur de fichier, est la plus fréquemment utilisée. Les données sont transférées *via* le protocole FTP. Nous en donnons un exemple.

copy : méthode équivalente à **file**, à la différence que les paquets sont d'abord stockés dans le répertoire */var/apt/cache/archives/* avant d'être installés. Peut s'avérer utile lorsque la machine ne possède pas d'accès permanent au réseau et que vous utilisez un support amovible pour la mise à jour.

Voyons maintenant quelques exemples. Souvenez-vous que vous pouvez insérer simultanément plusieurs des entrées suivantes dans le fichier de configuration.

```
deb http://www.debian.org/archive stable main contrib
```

La ligne précédente utilise l'archive à l'adresse *http://www.debian.org* pour récupérer les domaines **stable/main** et **stable/contrib**.

L'exemple qui suit extrait les données *via* FTP depuis le répertoire */debian*. Nous demandons la version non stable de Debian GNU/Linux, avec les domaines **main**, **contrib** et **non-free** :

```
deb ftp://ftp.debian.org/debian unstable main contrib non-free
```

L'exemple qui suit demande la version stable et le domaine **main** :

```
deb ftp://ftp.debian.org/debian stable main
```

Le dernier exemple s'appuie sur une copie locale des données stockées sur le disque dur. Il pourrait également s'agir d'un répertoire réseau monté *via* NFS :

```
deb file:/home/fr/debian stable main contrib non-free
```

Description des paquets

A chaque paquet correspond une description fournie en deux exemplaires : une description abrégée sur une ligne et une description complète. Les descriptions sont stockées dans des fichiers *Package.gz* sur les serveurs miroirs, et disponibles seulement en langue anglaise.

Un projet nommé DDTP (*Debian Description Translation Project, http://ddtp.debian.org*) permet de traduire les descriptions en différentes langues. Pour disposer des versions traduites, vous devez retoucher le fichier */etc/apt/sources.list*. L'entrée correspondant à la release choisie doit être remplacée par une entrée correspondante du serveur DDTP. La ligne suivante :

```
deb ftp://ftp.de.debian.org/debian sarge main
```

doit être remplacée par celle-ci :

```
deb http://ddtp.debian.org/aptable fr/sarge main
```

Après avoir exécuté la commande `apt-get update`, vous devriez voir apparaître les descriptions dans votre langue :

```
Package: bash
Essential: yes
Priority: required
Section: base
Installed-Size: 1228
Maintainer: Matthias Klose <doko@debian.org>
Architecture: i386
Source: bash (2.05b-2-15)
Version: 2.05b-15
Replaces: bash-doc (<= 2.05-1), bash-completion
Depends: base files (>- 2.1.12)
Pre-Depends: libc6 (>= 2.3.2.ds1-4), libncurses5 (>= 5.4-1)
Suggests: bash-doc
Conflicts: bash-completion
Filename: pool/main/b/bash/bash_2.05b-15_i386.deb
Size: 622470
MD5sum: b804b1efff12046675a8826b41de7a37
Description: BASH (GNU Bourne Again SHell)
 Bash est un interpréteur compatible sh servant à exécuter des commandes
 saisies sur la ligne de commande ou lues dans un fichier. Bash
 est doté de certaines fonctions des interpréteurs Korn et C-Shell
 (ksh et csh).
 .
```

```
 Bash tend à devenir une implémentation du shell IEEE POSIX
 (IEEE Working Group 10003.2) sein.
.
 Le paquet bash contient le Programmable Completion Code de Ian
MacDonald.
```

Accès à des releases anciennes de Debian

Il est parfois obligatoire ou utile de mettre en place d'anciennes releases de Debian, par exemple pour exploiter un matériel ancien. La présentation des anciennes releases de Debian est fournie à l'adresse suivante :

http://www.debian.org/distrib/archive

Accès aux versions quotidiennes des paquets

La version de Debian en cours de développement ("testing" ou "unstable") connaît de très fréquents changements de versions des paquets. Certains paquets ne conservent le même numéro de version que pendant quelques jours. Mais certaines améliorations n'en sont pas toujours, et il faut avoir la possibilité de revenir à une version plus ancienne d'un paquet.

Hélas, les serveurs Debian ne conservent pas les paquets anciens. L'adresse *http://snapshot.debian.net* propose en revanche tous les paquets, y compris les versions anciennes.

Pour accéder à ces archives, vous ajoutez des entrées spéciales dans le ficher */etc/sources.list*. Vous pouvez indiquer une date relative (à la date du jour) ou une date absolue (les signes \ en fin de ligne ne font pas partie des lignes) :

```
deb http://snapshot.debian.net/archive/YYYY/MM/DD/debian unstable main \
  contrib non-free
deb http://snapshot.debian.net/archive/YYYY/MM/DD/debian-non-US \
  unstable/non-US main contrib non-free
deb-src http://snapshot.debian.net/archive/YYYY/MM/DD/debian unstable \
  main contrib non-free
deb-src http://snapshot.debian.net/archive/YYYY/MM/DD/debian-non-US \
  unstable /non-US main contrib non-free
```

Le précédent exemple permet d'accéder à la version du jour. Vous remplacez la combinaison AAAA/MM/DD par la date de votre choix :

```
deb http://snapshot.debian.net/archive/date/datestr/debian unstable \
  main contrib non-free
deb http://snapshot.debian.net/archive/date/datestr/debian-non-US \
  unstable/non-US main contrib non-free
deb-src http://snapshot.debian.net/archive/date/datestr/debian unstable \
  main contrib non-free
```

```
deb-src http://snapshot.debian.net/archive/date/datestr/debian-non-US \
  unstable/non-US main contrib non-free
```

Dans cet autre exemple, vous devez remplacer **datestr** par une chaîne dont le format est conforme à celui de la commande **date**. Vous pouvez par exemple indiquer **yesterday**, **2-days-ago** ou encore **last-week**.

apt-setup

Cet outil permet d'ajouter des entrées dans le fichier */etc/apt/sources.list*. Vous pouvez choisir parmi les méthodes "http","ftp" et "filesystem" ainsi que la méthode "cdrom", qui fait appel à l'autre outil nommé **apt-cdrom**. Vous disposez enfin d'une possibilité d'édition directe des fichiers par l'éditeur vi. Une fois que vous quittez l'éditeur, les fichiers des paquets sont recherchés dans la source indiquée.

La seule option consiste à ajouter la valeur **probe** au démarrage pour lire immédiatement le contenu du lecteur de CD.

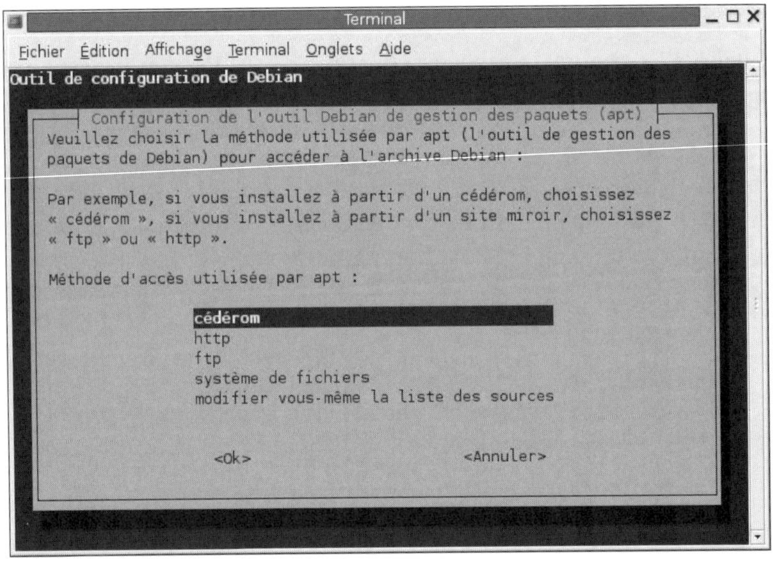

Figure 4.2

L'outil apt-setup.

apt-cdrom

Cette commande, appelée par **apt-setup**, est également utilisable directement.

Elle sert à analyser le contenu du CD et à le confronter aux valeurs trouvées dans le fichier *sources.list*. Pour accéder au lecteur de CD, il faut avoir prévu une entrée pour son montage dans le fichier */etc/fstab*. Cette entrée est normalement créée lors de l'installation et vous n'aurez normalement besoin de la retoucher qu'en cas de changement de la configuration matérielle.

Si vous ne fournissez aucune option, **apt-cdrom** rappelle les options disponibles.

apt-get

apt-get est l'outil à interface utilisateur le plus répandu pour gérer les paquets Debian (mais il est possible d'utiliser **dpkg** pour installer un paquet qui se trouve sur le disque dur). **apt-get** doit disposer d'une liste de paquets et d'un fichier *sources.list*. Cela permet de garantir que le système reste dans un état cohérent. Cet outil procure à l'administrateur de puissantes possibilités et une interface efficace. Comme d'autres distributions ont adopté **apt-get**, il est également disponible pour les paquets au format RPM tels que ceux des distributions SuSE ou RedHat. Le développement est coordonné *via* la page *http://apt4rpm.sourceforge.net*. Vous pouvez consulter à la page suivante une présentation des référentiels utilisant des paquets au format RPM qui peuvent s'installer par APT :

http://freshrpms.net/apt/repositories.html

Bien qu'il ne présente pas d'interface graphique, le programme est très simple à utiliser. Il est cependant possible d'exploiter une des interfaces graphiques telles que **aptitude**, **gnome-apt** ou encore **synaptic**.

Rapport sur le statut actuel

Avant toute action d'installation ou de suppression d'un paquet, **apt-get** génère un bilan de l'état actuel du système. Ce bilan indique le nombre de paquets à mettre à jour, le nombre de paquets à ne pas modifier (*kept back*), le nombre de paquets à supprimer et le nombre de paquets à installer.

Si vous indiquez l'option **install**, les paquets sont sélectionnés et affichés en fonction des dépendances des paquets qui doivent être aussi installés. Voici un exemple :

```
The following extra packages will be installed:
libdbd-mysql-perl xlib6 zlib1 xzx libreadline2 libdbd-msql-perl
mailpgp xdpkg fileutils pinepgp zlib1g xlib6g perl-base
bin86 libgdbm1 libgdbmg1 quake-lib gmp2 bcc xbuffy
squake pgp-i python-base debmake ldso perl libreadlineg2
ssh
```

Si certains paquets doivent être supprimés ou sont sélectionnés pour la suppression, ils sont présentés à part :

```
The following packages will be REMOVED:
xlib6-dev xpat2 tk40-dev xkeycaps xbattle xonix
xdaliclock tk40 tk41 xforms0.86 ghostview xloadimage xcolorsel
xadmin xboard perl-debug tkined xtetris libreadline2-dev perl-suid
nas xpilot xfig
```

Vérifiez bien le contenu de cette liste afin qu'aucun paquet ne soit supprimé par mégarde.

Les paquets à installer sont également présentés :

```
The following NEW packages will installed:
zlib1g xlib6g perl-base libgdbmg1 quake-lib gmp2 pgp-i python-base
```

Il s'agit dans ce cas de paquets qui ne sont pas encore présents sur votre système.

Il peut arriver qu'en raison de liens de dépendance non satisfaits (paquets introuvables), certains paquets de la version actuelle ne soient pas sélectionnés pour la mise à jour ou la suppression. Si tous les composants ne peuvent pas être installés, il n'est pas possible de mettre à jour les paquets (ils sont dans l'état *kept back*).

```
The following packages have been kept back
compface man-db tetex-base msql libpaper svgalib1
gs snmp arena lynx xpat2 groff xscreensaver
```

Lorsque vous procédez à une mise à jour au moyen de l'option **upgrade**, il peut arriver que certains paquets ne soient pas mis à jour : parce qu'ils dépendent d'autres paquets qui ne sont pas encore disponibles dans la version demandée, ou parce que cela provoquerait un conflit avec un paquet présent. Les paquets sont de ce fait maintenus dans leur version actuelle. Vous pouvez forcer la mise à jour de ces paquets au moyen de **apt-get install** :

```
The following held packages will be changed:
cvs
```

Si vous demandez la mise à jour d'un paquet ayant le statut bloqué (*hold*), un message vous avertit que le paquet va être modifié (*changed*). Ce message peut également survenir avec **apt-get dist-upgrade**.

Le bilan se termine par un compte des paquets concernés. Un message précise les volumes de données à transmettre et l'espace disque nécessaire (ou l'espace qui sera libéré) :

```
206 packages upgraded, 8 newly installed, 23 to remove and 51 not upgraded.
12 packages not fully installed or removed.
Need to get 65.7M/66.7M of archives. After unpacking 26.5M will be used.
```

Dans la deuxième ligne, le programme cite les paquets qui sont installés mais non encore configurés ("*N packages not fully installed or removed*"). La troisième ligne rappelle l'espace requis. Le premier chiffre concerne les données qui restent à transmettre et le second chiffre concerne le total. Si des paquets ont déjà été transmis lors d'une installation antérieure (éventuellement en partie seulement) mais qu'ils n'aient pas pu être installés, ces paquets sont conservés et ne sont pas retransmis.

Lorsque vous lancez l'installation (en répondant par **y** dans **apt-get install**), les paquets sont lus puis installés.

Affichage de l'avancement

Pendant le transfert des archives et des paquets, **apt-get** affiche des messages :

```
sushi:/root# apt-get update
Get:1 ftp://linux frozen/main Packages [833kB]
Get:2 ftp://linux frozen/main Release [93B]
Get:3 ftp://linux frozen/contrib Packages [33.4kB]
Get:4 ftp://linux frozen/contrib Release [96B]
Get:5 ftp://linux frozen/non-free Packages [78.1kB]
Get:6 ftp://linux frozen/non-free Release [97B]
Get:7 ftp://linux stable/non-US Packages [8880B]
Get:8 ftp://linux stable/non-US Release [95B]
Fetched 953kB in 12s (74.1kB/s)
Reading Package Lists... Done
Building Dependency Tree... Done
```

Pendant le téléchargement, un message indique le pourcentage d'avancement du transfert :

```
11% [5 frozen/non-free 'Waiting for file' 0/32.1k 0%] 2203b/s 1m52s
```

Toutes les lignes qui commencent par **get:** rappellent la méthode de transfert (par exemple **ftp**) et le serveur source. Dans un réseau local, le nom du serveur peut être fourni sous forme abrégée, comme ici *linux*. Les domaines (**frozen** et **stable** ici) et les répertoires (**main**, **contrib**, etc.), ainsi que les noms de fichiers et leur taille sont indiqués sur chaque ligne.

L'installation des paquets produit le même genre de messages :

```
sushi:/root# apt-get install aptitude
Reading Package Lists... Done
Building Dependency Tree... Done
The following NEW packages will be installed:
aptitude
4 Paketmanagement
238
```

```
0 packages upgraded, 1 newly installed, 0 to remove and 3 not upgraded.
Need to get 148kB of archives. After unpacking 471kB will be used.
Get:1 ftp://ftp.debian.de potato/main aptitude 0.0.4a-3 [148kB]
Fetched 148kB in 5s (25.3kB/s)
Selecting previously deselected package aptitude.
(Reading database ... 22625 files and directories currently installed.)
Unpacking aptitude (from .../aptitude_0.0.4a-3_i386.deb) ...
Setting up aptitude (0.0.4a-3) ...
```

Les lignes "Get:" indiquent dans ce cas les noms des paquets.

Options et commandes

Voici la syntaxe générique de **apt-get** :

```
apt-get [options] [commande] [nompaquet ...]
```

Vous aurez rarement besoin de recourir aux options, mais les commandes vous seront souvent utiles. Voici ces commandes :

- **check :** à chaque démarrage de apt (lorsque vous indiquez l'option **update**), toute une série de tests sont réalisés pour vérifier que apt fonctionne bien et que l'état du système est correct. Vous pouvez relancer ce genre de test à tout moment :

  ```
  sushi:/root# apt-get check
  Reading Package Lists... Done
  Building Dependency Tree... Done
  ```

  Les fichiers des paquets sont d'abord lus en fonction des informations de */etc/apt/sources.list*. Si vous relancez la même opération, vous constatez que le deuxième test est beaucoup plus rapide, car les informations sont mémorisées par apt. Un message apparaît lorsqu'un paquet n'est pas trouvé. Il est dans ce cas ignoré.

  La deuxième étape consiste à analyser en détail le système, pour trouver toutes les dépendances. Celles-ci sont vérifiées pour tous les paquets installés ou bien déjà désarchivés mais non encore configurés. Si un problème survient, un message apparaît et **apt-get** abandonne le traitement.

  ```
  sushi:/root# apt-get check
  Reading Package Lists... Done
  Building Dependancy Tree... Done
  You might want to run apt-get -f install' to correct these.
  Sorry, but the following packages have unmet dependencies:
   9fonts: Depends: xlib6g but it is not installed
   uucp: Depends: mailx but it is not installed
   blast: Depends: xlib6g (>= 3.3-5) but it is not installed
   adduser: Depends: perl-base but it is not installed
   aumix: Depends: libgpmg1 but it is not installed
   debiandoc-sgml: Depends: sgml-base but it is not installed
   bash-builtins: Depends: bash (>= 2.01) but 2.0-3 is installed
  ```

```
cthugha: Depends: svgalibg1 but it is not installed
         Depends: xlib6g (>= 3.3-5) but it is not installed
libreadlineg2: Conflicts:libreadline2 (<< 2.1-2.1)
```

Le précédent exemple montre de nombreux problèmes : certains paquets n'ont pas été installés et d'autres n'ont pas été installés avec la bonne version. Pour chaque paquet ayant posé problème, une ligne est générée afin de permettre à l'utilisateur de savoir de quoi il s'agit.

Ce genre de problème peut avoir deux causes : lors d'une mise à jour (*upgrade*), un paquet peut manquer ou peut avoir connu un problème pendant son installation. Dans ce deuxième cas, le paquet a été désarchivé, mais pas correctement configuré.

Les deux situations peuvent en général être résolues par apt lui-même au moyen de l'option **-f**. Si vous exploitez **dselect** avec la méthode apt, cette option **-f** est toujours employée, pour simplifier l'utilisation.

Il peut pourtant se produire des problèmes sérieux que l'outil ne pourra pas résoudre. Vous devez dans ce cas utiliser manuellement le programme **dpkg** pour résoudre le conflit, puis reprendre avec **apt-get**.

update : réalise une mise à jour de la description des paquets en lisant les informations à partir des fichiers *Packages.gz* de la distribution. Employez toujours **update** lorsque vous savez que le contenu des fichiers des paquets a changé par rapport aux paquets disponibles sur le serveur. Dans tous les cas, servez-vous d'**update** avant d'utiliser **upgrade** ou **dist-upgrade**.

upgrade : met à niveau tous les paquets actuellement installés sur le système par rapport à la version la plus récente. Cela concerne tous les paquets pour lesquels il existe une version récente. Aucun paquet n'est supprimé (même s'ils ne font plus partie des nouveaux fichiers de paquets). Aucun nouveau paquet n'est installé s'il n'existe pas encore sur le système. Lorsqu'un paquet à mettre à niveau requiert une évolution d'un autre paquet, il ne l'est pas. Vous devez d'abord utiliser **apt-get update** pour garantir que les descriptions des paquets sont à jour.

dist-upgrade : il s'agit d'une extension de **upgrade** qui s'assure que les paquets les plus importants sont installés en premier lieu. Dans certaines limites, les dépendances sont modifiées afin de permettre l'installation d'un paquet. Cette manière de faire est obligatoire lorsque la totalité d'un système est mise à niveau vers une nouvelle version et qu'il n'existe pas de migration "douce".

dselect-upgrade : sous l'effet de cette option, les descriptions des paquets "*recommends*" et "*suggests*" sont également prises en compte. Normalement, seul dselect permet cela. Ces recommandations de paquets supplémentaires ne sont pas indispensables aux paquets choisis, mais elles peuvent être intéressantes.

install : cette option doit être suivie d'un ou de plusieurs noms de paquets. Chacun des noms de paquets, ainsi que les paquets dont ils ont besoin (qui sont déterminés automatiquement) sont extraits et installés en se fondant sur les données du fichier */etc/apt/sources.list*. Si vous ajoutez un signe **-** sans espace à la fin du nom du paquet, le paquet est désinstallé (s'il est présent, bien sûr). Notez qu'il ne faut pas d'espace avant ce signe moins (ou tiret). La fonction est très utile pour résoudre des conflits d'installation, puisqu'il suffit d'une seule passe pour supprimer et réinstaller un paquet. L'option choisit toujours la version la plus récente de chaque paquet. Il peut cependant s'avérer utile de demander une version antérieure. Depuis la version 0.5.3, apt autorise la syntaxe `apt-get install sane/unstable`. Un identifiant de sous-version de release peut être accolé à la fin d'un nom de paquet, sans espace mais avec une barre oblique (/).

Lorsqu'il existe plusieurs versions d'un paquet, vous pouvez aussi directement indiquer le numéro de version. Vous devez utiliser **apt-cache** pour vérifier les versions disponibles. La commande `apt-get install vim=6.0.093-2` permet par exemple d'installer une version précise de l'éditeur vim.

--reinstall : cette option provoque une nouvelle installation complète d'un paquet, même s'il existe déjà. Notez qu'il faut également fournir l'option **install** !

remove : cette fonction est complémentaire de **install** puisqu'elle supprime des paquets. Vous pouvez utiliser un signe plus pour en inverser l'effet, c'est-à-dire installer un paquet.

--purge remove : supprime le paquet désigné et tous les paquets qui en dépendent directement. Les fichiers de configuration des paquets sont supprimés aussi.

clean : vide le répertoire local qui contient les paquets à installer. Tout le contenu, à l'exception des fichiers de verrouillage, est supprimé dans */var/cache/apt/archives/* et dans */var/cache/apt/archives/partial/*.

source : cette commande extrait les fichiers nécessaires à la génération d'un paquet binaire. Elle permet de générer des paquets spécifiques ou destinés à une autre architecture. Il doit exister une entrée **deb-src** correspondante dans le fichier *sources.list*. Pour récupérer depuis un serveur tous les fichiers d'un paquet, vous utilisez la commande `apt-get source nompaquet`. Cela provoque le stockage dans le répertoire courant des versions les plus récentes des fichiers *nompaquet.orig.tar.gz*, *nompaquet.dsc* et *nompaquet.diff.gz*.

Pour générer un paquet binaire depuis les sources, vous utilisez l'option **-b**. Dans ce cas, une commande complète s'écrira par exemple `apt-get source -b nompaquet`. Si les paquets sources sont déjà disponibles, vous pouvez également générer le paquet binaire avec `dpkg-buildpackage -rfakeroot -us -uc`.

build-dep : pour être compilés depuis les sources, la plupart des paquets nécessitent d'autres paquets de développement, et notamment des librairies et des fichiers d'en-têtes. Ces fichiers ne sont généralement pas livrés avec les paquets. Ils font l'objet de paquets supplémentaires. Les dépendances de compilation (*build*) du système de gestion de paquets de Debian décrivent toutes les dépendances permettant de compiler un paquet.

La commande `apt-get build-dep nompaquet` garantit que tous les paquets nécessaires à la compilation sont disponibles sur le système.

moo : il s'agit tout simplement d'un œuf de Pâques (fantaisie de programmeurs) qui affiche ceci :

```
fr@nigiri:~$ apt-get moo
         (__)
         (oo)
   /------\/
  / |    ||
 *  /\---/\
 /    ~~ ~~
...."Have you mooed today?"...
```

Passons maintenant aux paramètres. Ils permettent de contrôler **apt-get** :

-h Affiche l'aide de **apt-get**.

-m Ignore les paquets manquants.

-d Transfère les paquets du serveur sans les installer.

-f Corrige les dépendances erronées entre paquets. La commande `apt-get -f install` essaye de réparer automatiquement.

-s Mode simulation sans action réelle.

-u Affiche également les paquets à mettre à jour.

-y Met à jour automatiquement tous les paquets en répondant par Oui à toutes les questions.

Voyons maintenant un exemple pratique. Rappelons d'abord que les paquets ne peuvent être installés qu'avec les droits de super-utilisateur, *root*.

apt doit d'abord disposer des informations concernant les paquets disponibles. Vous employez à cet effet la commande `apt-get update` :

```
sushi:/root # apt-get update
Hit ftp://192.168.0.5 potato/main Packages
Hit ftp://192.168.0.5 potato/main Release
Get:1 ftp://192.168.0.5 potato/non-free Packages [78.6kB]
4 Paketmanagement
242
Get:2 ftp://192.168.0.5 potato/non-free Release [99B]
Fetched 68.5kB in 0s (104kB/s)
Reading Package Lists... Done
Building Dependency Tree... Done
```

Une fois le système à jour, vous pouvez installer les paquets avec apt, comme dans l'exemple concernant le programme **sane** :

```
sushi:/root# apt-get install sane
Reading Package Lists... Done
Building Dependency Tree... Done
The following extra packages will be installed:
  libgimp1 libsane
The following NEW packages will be installed:
  libgimp1 libsane sane
0 packages upgraded, 3 newly installed, 0 to remove and 3 not upgraded.
Need to get 703kB of archives. After unpacking 1729kB will be used.
Do you want to continue? [Y/n]
```

Vous constatez que les paquets requis, *libgimp1* et *libsane*, ont été automatiquement sélectionnés, ce qui installe au total trois paquets. L'espace disque requis et leur volume sont indiqués à titre de rappel (puisqu'ils doivent parfois être transférés d'abord par FTP). Si ces éléments vous conviennent, il suffit de valider par la touche [Entrée]. Pour abandonner, appuyez sur la touche [N] puis sur [Entrée].

Lorsque plusieurs paquets doivent être installés en même temps, vous pouvez les indiquer l'un après l'autre sur la ligne de commande.

Téléchargement des paquets à installer

Il est parfois utile de retransférer sur la machine tous les paquets déjà installés, par exemple pour créer une copie de sécurité ou pour faire un double d'un système. Bien sûr, vous pouvez aussi graver les paquets sur un CD ou un DVD ou les stocker sur un serveur miroir. Le grand avantage de cette méthode est de garantir que le système est placé ensuite dans un état cohérent, au niveau des dépendances.

Voici comment télécharger les paquets souhaités :

```
# COLUMNS=200 dpkg -l | grep '^ii' | awk '{ print $2 }' > /tmp/pkgliste
# cat /tmp/pkgliste | xargs apt-get --download-only --reinstall -y install
```

La première ligne utilise **dpkg** pour lire tous les paquets et établir la liste de ceux à transférer *via* un filtrage par **grep**. La deuxième ligne transfère les données à partir des noms que contient le fichier */tmp/pkgliste*.

xargs transmet chaque ligne à la commande **apt-get**, qui dispose des options **--reinstall** et **--download-only**, ainsi que **-y**, pour transférer les paquets *via* le réseau même s'ils ne sont pas installés.

Tous les paquets sont stockés ensuite dans le répertoire */var/ cache/apt/archives/*. Ils peuvent être placés sur un miroir au moyen de **apt-move** (cette commande sait également générer les fichiers *Packages.gz* correspondants).

apt utilisé hors ligne

En temps normal, vous faites appel à apt lorsque vous disposez d'un accès à une archive, qu'il s'agisse d'un répertoire de disque dur, d'un CD ou d'un réseau. Il est parfois utile de copier puis d'installer les paquets lorsqu'ils sont stockés sur un autre support amovible, par exemple un disque ZIP.

Le problème est qu'un tel support n'offre généralement pas une capacité suffisante pour stocker la totalité d'une distribution Debian. Vous pouvez vous contenter de ne copier que les paquets souhaités, mais il faut alors créer une liste de sélection avec apt puis télécharger les paquets concernés au moyen de **wget**.

Il faut enfin indiquer à apt comment lire les fichiers des paquets sur le support amovible. Le système de fichiers du support doit permettre le stockage de noms de fichiers longs, comme c'est le cas pour les formats **ext2**, **vfat** ou **fat32**.

apt sur deux machines

Lorsque apt est installé sur les deux machines, vous pouvez déterminer les noms des paquets qui manquent sur la machine cible au moyen du statut. Voici comment doit se présenter la structure des répertoires sur le support amovible :

```
/medium/
  archives/
    partial/
  lists/
  partial/
  status
  sources.list
  apt.conf
```

Le fichier de configuration apt.conf

Dans ce fichier, vous indiquez à apt que les paquets Debian doivent être stockés sur le support amovible avec les fichiers de configuration. Le fichier *sources.list* doit désigner le serveur source des paquets. Le fichier nommé *status* est une copie de */var/lib/dpkg/status* du système cible.

Voici un exemple de fichier *apt.conf* pour utiliser un support amovible:

```
APT
 {
  /* Requis seulement si les deux machines
     ne sont pas de la même architecture */
    Architecture "i386";

    Get::Download-Only "true";
  };
Dir
{
  /* Utiliser le fichier status sur le support. */
  State "/medium/";
  State::status "status";

  /* Créer le cache sur le support */
  Cache::archives "/medium/archives/";

  /* Le fichier sources.list aussi */
  Etc "/medium/";
};
```

Sur le système cible, vous commencez par monter le support amovible puis vous copiez le fichier */var/lib/dpkg/status*. Vous créez ensuite les répertoires comme indiqué plus haut (*archives/partial/* et *lists/partial/*).

Passez ensuite sur l'autre machine. Vous devez adapter le fichier *sources.list* puis lancer les commandes suivantes :

```
export APT_CONFIG="/medium/apt.conf"
apt-get update
apt-get dist-upgrade
```

Vous pouvez recourir à toutes les autres options de apt ou au programme **gnome-apt**.

Une fois tous les fichiers copiés sur le support amovible, placez le support sur la machine cible puis installez les paquets comme ceci :

```
export APT_CONFIG="/medium/apt.conf"
apt-get check
apt-get --no-d -o dir::etc::status=/var/lib/dpkg/status dist-upgrade
```

Notez que nous utilisons ici le fichier *status* local à la machine cible !

Copie des fichiers avec wget

Si vous ne pouvez pas copier les fichiers *via* apt depuis une machine en réseau local, utilisez le programme **wget**. Il ne fait pas partie de l'installation de base de Debian GNU/Linux : vous devez donc l'installer à part.

Cet outil permet de copier des pages Web ainsi que tous les fichiers image intégrés à cette page. Nous allons les utiliser de manière détournée, en exploitant **wget** pour copier des paquets Debian depuis un serveur.

Pour profiter de cette copie, faites appel à **apt-get** avec l'option **--print-uris**, afin de générer la liste des paquets avec l'adresse URL complète à l'intention de **wget**.

En reprenant le précédent exemple, aucun fichier de configuration supplémentaire n'est requis (en dehors de */etc/apt/sources.list*, dont apt a besoin). Employez les trois commandes suivantes sur la machine cible :

```
apt-get update
apt-get -qq --print-uris dist-upgrade > uris
awk '{print "wget -O " $2 " " $1}' < uris > /medium/wget-script
```

Après la première commande, appuyez sur la touche **N** et vérifiez que la sélection vous convient. Pour l'instant, les paquets sont seulement marqués pour installation. Dans la deuxième ligne, **apt-get** avec les options appropriées génère la liste des paquets à installer dans le fichier *uris*. Dans la dernière ligne, la liste est enrichie pour contenir les appels à la commande **wget**.

Suite à ces étapes, le fichier */medium/wget-script* contient la liste des commandes permettant de transférer les paquets en réseau. Il ne reste plus qu'à exécuter le script depuis le support amovible :

```
cd /medium
sh -x ./wget-script
```

Logiquement, le support amovible devra se trouver sur la machine disposant d'un accès rapide au réseau, afin d'y copier les paquets à installer.

Il ne reste ensuite qu'à transporter le support vers la machine cible puis à lancer l'installation des paquets :

```
apt-get -o dir::cache::archives="/medium/" dist-upgrade
```

apt-rdepends

Cette commande permet de connaître les dépendances inverses d'un paquet (à l'instar de **apt-cache**). Si vous ne fournissez pas de paramètre, vous obtenez la liste complète de toutes les dépendances, qui ressemblera à ceci :

```
fr@inari:~$ apt-rdepends bash
bash
  Depends: base-files (>= 2.1.12)
base-files
  Depends: awk
  Depends: base-passwd (>= 2.0.3.4)
awk
base-passwd
  Depends: libc6 (>= 2.3.1-1)
libc6
```

apt-cache

Cette commande permet d'interroger tous les paquets connus (y compris ceux qui ne sont pas encore installés). Vous pouvez ainsi connaître les noms des paquets, les noms des fichiers correspondants et extraire les informations des métadonnées.

La commande doit toujours être suivie d'une option, au minimum **-h** ou **--help** pour rappeler les options.

add : ajoute le fichier de paquets au cache des paquets.

gencaches : équivaut à `apt-get check`. Génère les caches sources et de paquets à partir des informations trouvées dans */etc/apt/sources.list* et */var/lib/dpkg/status*.

showpkg : affiche des informations concernant les paquets indiqués sur la ligne de commande. Indique les numéros de versions des paquets et toutes les dépendances. Les dépendances avant et les dépendances arrière sont distinguées. Les dépendances avant sont les dépendances normales : ce sont les paquets dont le paquet concerné a besoin pour fonctionner. Les dépendances arrière sont les paquets qui ont besoin du paquet concerné pour fonctionner. Voici par exemple ce que donne la commande `apt-cache showpkg bash` :

```
Package: bash
Versions:
2.05a-12(/var/lib/apt/lists/192.168.1.1_home_ftp_debian_dists_sid_ \
  main_binary-i386_Packages)(/var/lib/dpkg/status)
2.05a-11(/var/lib/apt/lists/192.168.1.1_home_ftp_debian_dists_woody_ \
  main_binary-i386_Packages)
Reverse Depends:
  kernel-patch-ltt,bash 2.0
```

```
    kernel-patch-lkcd,bash 2.0
    kernel-patch-kdb,bash 2.0
    kernel-patch-acl,bash 2.0
    horde2,bash
    cron-apt,bash 2.03-6
    common-lisp-controller,bash 2.04-9
    cdcontrol,bash 2.0
    bash-doc,bash 2.03-1
    bash-builtins,bash 2.05a-12
    base-files,bash 2.03-3
    txt2regex,bash 2.04
    openmosix,bash 2.0
    mosix,bash 2.0
    mkrboot,bash
    mason,bash
    kernel-patch-ulog,bash 2.0
    kernel-patch-ttl,bash 2.0
    kernel-patch-ltt,bash 2.0
    kernel-patch-kiobuf-bigmem,bash 2.0
    kernel-patch-kiobuf,bash 2.0
    kernel-patch-kdb,bash 2.0
    kernel-patch-irc,bash 2.0
    kernel-patch-badram,bash 2.0
    htmlheadline,bash 2.04-1
    horde,bash 2.03-6
    gopherweblink,bash
    gibraltar-bootsupport,bash
    foomatic-bin,bash 2.05
    diffmon,bash 2.0
    cron-apt,bash 2.03-6
    common-lisp-controller,bash 2.04-9
    colorgcc,bash
    cdcontrol,bash 2.0
    bug,bash 2.04-1
    bash-doc,bash 2.03-1
    bash-builtins,bash 2.05a-11
    base-files,bash 2.03-3

Dependencies:
2.05a-12 - base-files (2 2.1.12) libc6 (2 2.2.4-4) libncurses5
(2 5.2.20020112a-1) grep-dctrl (0 (null)) bash-completion (0
(null)) bash-doc (1 2.05-1) bash-completion (0 (null))
2.05a-11 - base-files (2 2.1.12) libc6 (2 2.2.4-4) libncurses5
(2 5.2.20020112a-1) bash-completion (0 (null)) bash-doc (1 2.05-1)
bash-completion (0 (null))

Provides:
2.05a-12 -
2.05a-11 -
Reverse Provides:
```

Pour que le paquet fonctionne, tous les paquets désignés dans la section "Dependencies" doivent donc être installés aussi. La longue section "Reverse Depends" désigne les paquets qui ont besoin du paquet bash.

stats : génère des statistiques concernant le cache utilisé. Aucun autre paramètre n'est requis. Voici un exemple :

```
fr@sushi:~$ apt-cache stats
Total Package Names : 8953 (358k)
  Normal Packages: 6872
  Pure Virtual Packages: 259
  Single Virtual Packages: 176
  Mixed Virtual Packages: 115
  Missing: 1531
Total Distinct Versions: 9133 (438k)
Total Dependencies: 47613 (1143k)
Total Ver/File relations: 19322 (309k)
Total Provides Mappings: 1889 (37.8k)
Total Globbed Strings: 110 (1273)
Total Dependency Version space: 179k
Total Slack space: 86.3k
Total Space Accounted for: 2374k
```

- *Total Package Names* Nombre de paquets trouvés dans le cache.
- *Normal Packages* Paquets cités dans la dépendance d'un autre paquet (concerne un grand nombre d'entre eux).
- *Pure Virtual Packages* Nombre de paquets virtuels dans le cache. Les paquets virtuels sont ceux dont le nom n'est pas figé par rapport à un paquet réel. C'est l'exemple de **mail-transport-agent**. Les paquets **exim**, **qmail** et **sendmail** exploitent ce paquet virtuel pour permettre à l'utilisateur de choisir un paquet de transport de messagerie réel.
- *Single Virtual Packages* Nombre de paquets qui procurent un paquet virtuel n'existant qu'en un exemplaire dans le cache. Le paquet virtuel **X11-text-viewer** n'est par exemple proposé que par **xless**.
- *Mixed Virtual Packages* Nombre de paquets qui existent en tant que paquets virtuels et réels. Par exemple, **debconf** est un paquet réel mais il est également cité par **debconf-tiny**.
- *Missing* Paquet cité dans une dépendance mais non trouvé dans le cache. Cela peut se produire lorsque la distribution Debian n'est pas complète ou lorsque des paquets ont été supprimés de cette distribution.
- *Total Distinct Versions* Nombre de versions de paquets dans le cache, normalement égal au nombre de paquets. Lorsque deux distributions sont utilisées (par

exemple "stable" et "testing"), il peut exister plusieurs versions du même paquet, ce qui fait diverger les deux nombres.

– *Total Dependencies* Nombre total de dépendance entre tous les paquets du cache.

dump : affiche un bref descriptif de chaque paquet. N'a que peu d'intérêt pour l'utilisateur, mais est utile aux programmeurs.

dumpavail : affiche une liste des paquets disponibles.

unmet : affiche une synthèse de toutes les dépendances non résolues.

show : résultat similaire à celui de la commande `dpkg --print-avail` pour afficher les informations du paquet indiqué.

search : effectue une recherche plein texte dans tous les fichiers de paquets. Vous pouvez employer des expressions régulières. Les noms des paquets et les descriptifs sont scrutés et le résultat affiche le nom du paquet et le descriptif le résumé. Avec l'option **--full**, le résultat est le même que celui de **show**. Avec l'option **--names-only**, seuls les noms de paquets sont scrutés et non les descriptifs.

Vous pouvez indiquer plusieurs critères de recherche qui sont reliés par une liaison ET logique.

depends : affiche toutes les dépendances d'un paquet. Tous les paquets similaires pouvant résoudre les dépendances sont indiqués.

```
fr@surimi@sushi:~$ apt-cache depends bash
bash
  Depends: base-files
  PreDepends: libc6
  PreDepends: libncurses5
  Suggests: grep-dctrl
  Conflicts: <bash-completion>
  Replaces: bash-doc
  Replaces: <bash-completion>
```

policy : affiche pour un paquet la version installée et les versions disponibles à partir des sources accessibles.

```
fr@nigiri:~$ apt-cache policy bash
bash:
  Installed: 2.05b-5
  Candidate: 2.05b-5
  Version Table:
  *** 2.05b-5 0
        500 ftp://ftp.freenet.de sid/main Packages
        100 /var/lib/dpkg/status
      2.05b-3 0
```

```
        500 ftp://ftp.freenet.de testing/main Packages
        500 ftp://ftp.freenet.de sarge/main Packages
     2.05a-11 0
        500 ftp://ftp.freenet.de woody/main Packages
```

pkgnames : liste de tous les noms de paquets. Vous pouvez spécifier une chaîne de caractères servant de préfixe pour la recherche.

dotty : cette option accepte une liste de noms de paquets. Le format d'affichage est compatible avec le format d'entrée du programme **dot** du paquet **GraphVis** (*http://www.research.att.com/sw/tools/graphviz*). Cela permet de créer un affichage graphique des dépendances (le fichier résultant peut être très volumineux). Vous pouvez ajouter l'option **APT::Cache::GivenOnly** dans le fichier */etc/apt/config* pour désactiver cette recherche complète des dépendances. Voici deux exemples d'utilisation pratique de l'option :

```
apt-cache dotty vim | dot -Tps > packgraph.ps

apt-cache dotty $(dpkg --get-selections | grep -v deinstall \
       | awk 'print $1') | dot -Tps > packgraph.ps
```

Dans les deux cas, un fichier Postscript nommé *packgraph.ps* est généré, et peut ensuite être affiché au moyen de l'outil **gv**.

INFO

Recherche sans apt-cache (touche TAB)
Le mécanisme de remplissage de fin de nom de l'interpréteur bash avec la touche **Tab** peut être utilisé pour les paquets Debian. Il faut pour cela exploiter comme source le fichier */etc/bash_completion*, par exemple au moyen de la commande `source /etc/bash_completion`. A partir de ce moment, vous pouvez utiliser **apt-get install** avec la touche **Tab** pour trouver la fin des noms des paquets.

apt-cacher

Bien que leurs noms se ressemblent, **apt-cacher** et **apt-cache** se distinguent largement. Les administrateurs réseau ont souvent à faire face à un problème d'optimisation : il est absurde de transférer sur chaque système cible l'ensemble des paquets d'une installation. L'outil **apt-cacher** propose une solution élégante qui est particulièrement intéressante dans un réseau dont l'accès à Internet n'est pas très performant.

A l'origine, **apt-cacher** a été écrit par Nick Andrew pour alimenter deux systèmes Debian à partir d'une seule connexion modem. Le programme a beaucoup évolué, pour devenir un système de mise en cache des paquets Debian très efficace. L'outil est également exploitable sur d'autres distributions Linux, et notamment Red Hat et SuSE, en combinaison avec APT, et même *via* l'outil **Fink** sous Mac OS.

Fink : ajout de logiciels libres sous Mac OS X

Fink est un projet dont le but est de rendre disponibles tous les logiciels libres du monde Unix sur Darwin et Mac OS X. Ses deux objectifs principaux sont : l'adaptation des logiciels libres existants pour permettre leur compilation et leur exécution sous Mac OS X (le portage) ; le conditionnement des logiciels compilés pour obtenir une distribution cohérente et confortable, caractéristiques auxquelles les utilisateurs Linux sont habitués (c'est le "packaging"). Le projet comprend des paquets binaires précompilés ainsi qu'un système entièrement automatique pour recompiler depuis le code source.

Pour atteindre ces objectifs, l'outil Fink exploite les outils Debian de gestion de paquets (**dpkg**, **dselect** et **apt-get**). Mais Fink propose l'interface de son propre gestionnaire, appelé Fink. Vous pouvez le considérer comme un moteur de compilation, puisqu'il permet de partir des descriptifs des paquets pour produire des paquets binaires. Le code source est récupéré sur Internet avec les correctifs éventuels. Puis l'outil réalise une configuration et une construction complète du paquet. Il stocke les résultats dans une archive qui peut ensuite être installée par **dpkg**.

Fink est basé sur Mac OS X. Il ne doit donc pas interférer sur le système de base Debian. C'est pourquoi il définit une structure de répertoires indépendante et simple d'emploi.

Principes

A la différence des autres programmes de mises en cache, **apt-cacher** n'est pas fourni en tant que serveur autonome mais en tant que script CGI dans le serveur Web Apache. Cela permet de garder une taille réduite et d'exploiter les protocoles (par exemple http) fournis par Apache. Vous pouvez même profiter des contraintes d'accès définies au niveau d'Apache pour limiter l'accès à certains systèmes du réseau.

apt-cacher est installé sur une machine reliée au réseau qui sert de cache local. Tous les autres systèmes du réseau doivent être configurés pour utiliser le serveur de **apt-cacher**.

apt-cacher traite les questions des autres systèmes et récupère si nécessaire les paquets Debian du réseau. Ils sont stockés localement sur le serveur et ainsi rendus disponibles aux autres systèmes. Pour les autres machines, toutes ces opérations sont transparentes et l'on peut continuer à employer les outils habituels de gestion de paquets.

Installation

L'installation de **apt-cacher** se réalise uniquement sur le serveur. Seuls quelques réglages seront nécessaires sur les autres systèmes qui utiliseront **apt-cacher**.

Le serveur

Il n'y a pas de contraintes matérielles particulières pour mettre en place un serveur **apt-cacher**. Vous pouvez vérifier les performances du disque dur. Si les adresses réseau sont distribuées *via* DHCP, vous devez vérifier que la paire Nom/Adresse IP du serveur ne change pas.

L'exemple suivant installe les logiciels requis sur le serveur :

```
apt-get install apt-cacher
```

Si nécessaire, le serveur Web Apache et quelques autres paquets sont installés aussi. Il suffit ensuite de redémarrer le serveur :

```
/etc/init.d/apache restart
```

Vous pouvez tester l'installation depuis un navigateur Web en accédant à l'adresse *http://localhost/apt-cacher*. Si le navigateur n'est pas sur le serveur, vous devez remplacer la mention *localhost* par le nom et l'adresse IP du serveur. Si tout se passe bien, vous verrez la page d'accueil de **apt-cacher**.

Les clients

Aucun logiciel supplémentaire n'est installé sur les clients. Il suffit de modifier le fichier de configuration de APT. Vous pouvez conserver les entrées existantes, puisqu'il suffit d'ajouter une entrée pour le serveur de cache :

```
deb http://cacheserver/apt-cacher/ftp.de.debian.org/debian stable main
contrib non-free
```

Il est essentiel que l'entrée soit la même sur tous les clients du réseau.

Configuration

Vous disposez maintenant d'un serveur cache opérationnel. Il est parfois nécessaire d'effectuer quelques réglages de configuration. Le fichier de configuration est */etc/apt-cacher/apt-cacher.conf*.

admin_email : adresse de messagerie qui est affichée dans les rapports et qui reçoit les messages en cas de problème.

generate_reports : si la valeur de l'option est 1, des rapports quotidiens d'utilisation sont générés.

cache_dir : nom du répertoire dans lequel sont stockés les paquets et les listes de paquets sur le serveur.

logfile : fichier journal de l'utilisation du serveur. Le contenu sert notamment à générer les rapports.

errorfile : fichier journal des messages d'erreurs.

expire_hours : les listes de paquets sont supprimées lorsque ce délai en heures est écoulé. Les paquets eux-mêmes sont seulement supprimés lorsqu'ils n'apparaissent plus dans les listes.

http_proxy : adresse et numéro de port d'un serveur Proxy externe.

use_proxy : activation de l'utilisation du serveur Proxy.

debug : activation du mode de débogage.

Rapports de apt-cacher

Si l'option correspondante est activée, l'outil **apt-cacher** génère un rapport quotidien accessible à l'adresse suivante :

http://localhost/apt-cacher/report

apt-proxy

apt-proxy permet de constituer un serveur cache utilisable avec apt depuis tous les systèmes Debian d'un réseau local. Généralement, les réseaux locaux offrent des taux de transfert plus rapides que l'accès à Internet. Un cache partagé permet de proposer une source pour tous les paquets de logiciels à destination des autres systèmes, ce qui évite d'avoir à transférer les paquets depuis Internet pour chaque poste.

apt-proxy est plus efficace comme cache pour les paquets Debian que Squid, par exemple. En effet, **apt-proxy** analyse les fichiers des paquets et supprime les anciennes versions inutiles. Par ailleurs, il utilise le programme **rsync** pour les transferts, ce qui permet de reprendre un transfert interrompu. Il est également possible d'utiliser les protocoles HTTP ou FTP.

Une fois l'installation réalisée, vous devez désigner un serveur Debian facilement accessible dans le fichier *apt-proxy.conf*. Ce sera la source de tous les paquets. Tous les clients qui veulent exploiter le serveur Proxy APT doivent être modifiés pour utiliser ce serveur apt-proxy comme source des paquets. Notez que apt-proxy s'appuie sur le port 9999. Voici le format que doivent avoir les entrées dans le fichier *sources.list* sur les postes clients :

```
deb http://SERVER:9999/main woody main contrib non-free
deb http://SERVER:9999/non-US woody/non-US main contrib non-free
```

```
deb-src http://SERVER:9999/main woody main contrib non-free
deb-src http://SERVER:9999/non-US woody/non-US main contrib non-free
```

Dans les lignes précédentes, la mention "SERVER" doit être remplacée par le nom de la machine ou son adresse IP. Une fois la configuration ainsi modifiée, vous pouvez vous servir de la commande `apt-get update` sur chaque client pour réinitialiser les répertoires sur le serveur et rendre disponibles les listes des paquets. Tous les clients peuvent ensuite utiliser le serveur centralisé.

Si le serveur comprend déjà un répertoire avec des paquets Debian, il est possible de les intégrer au cache de **apt-proxy** au moyen de la commande `apt-proxy-import`.

apt-move

Cet outil correspond à un script shell qui permet de déplacer un certain nombre de paquets Debian locaux dans une structure de répertoires correspondant à celle d'une archive Debian. La structure est située sous *$LOCALDIR/pool/...*. La variable $LOCALDIR peut être déterminée dans le fichier de configuration. La principale raison d'être de cet outil est de permettre de récupérer des fichiers du réseau *via* **apt-get** dans le cache de fichier d'une archive Debian. Vous pouvez adapter la configuration pour que n'importe quelle collection de paquets soit insérée dans une archive (par exemple depuis des CD).

Au moyen des deux options **sync** et **mirror**, vous pouvez créer une copie (partielle ou totale) d'un serveur Debian. Vous pouvez supprimer les paquets obsolètes et générer des versions locales des deux fichiers *Packages.gz* et *Sources.gz*.

apt-move reconnaît une vingtaine de commandes et une demi-douzaine d'options.

Avant d'utiliser **apt-move**, vous devez adapter */etc/aptmove.conf*. Ce fichier est très bien commenté (comme tous les fichiers de configuration Debian). Vous devez absolument adapter les valeurs des trois options APTSITES (en fonction des entrées dans le fichier */etc/apt/sources.list*), LOCALDIR et DIST. Elles permettent de connaître respectivement la description du serveur source, celle du domaine local qui est la cible et le nom de la distribution voulue.

Une fois ces trois options réglées, **apt-move** peut être exécuté sans problème particulier. Vous pourrez effectuer des réglages fins plus tard. Il est par exemple possible que certains fichiers soient reconnus comme inutiles ; dans ce cas, vous pouvez les supprimer, en attribuant la valeur **yes** à l'option DELETE.

Dans tous les cas, commencez par lancer **apt-move** avec le paramètre **-t** afin de tester la configuration sans effectuer aucune action.

Si certains fichiers doivent être exclus (par exemple les sources du noyau), vous pouvez les inscrire dans un fichier d'exclusion. Vous en trouverez un exemple dans */usr/share/doc/apt-move/examples/SAMPLE.exclude*.

apt-ftparchive

Cet outil génère des fichiers d'index à destination de apt pour accélérer les accès aux répertoires des paquets. Le résultat est proche de ce que permettent **dpkg-scanpackages** et **dpkg-scansources**. **apt-ftparchive** remplace ces deux programmes.

Voici sa syntaxe générique :

```
apt-ftparchive [-hvdsq] [- -md5] [- -delink] [- -readonly] [- -contents]
  [-o= config string] [-c=file] {packages path... [override [pathprefix]] |
  sources path... [override [pathprefix]] | contents path | release path |
  generate config-file section... | clean config-file}
```

En interne, **apt-ftparchive** génère une base de données binaire qui sert de mémoire intermédiaire pour les paquets Debian. A l'exception de **gzip**, aucun autre programme externe n'est requis.

Commandes de apt-ftparchive

packages : génère un nouvel index (fichier *Packages*) à partir du répertoire indiqué. Les paquets Debian sont scrutés de manière récursive. Pour chaque paquet trouvé, le programme génère une entrée correspondante pour le fichier *Packages*. Les résultats sont affichés sur la sortie standard et doivent être redirigés vers un fichier (*a priori*, *Packages*). La commande équivaut à **dpkg-scanpackages**. L'option **--db** permet d'activer l'utilisation d'une base binaire pour le stockage intermédiaire des résultats.

sources : génère un fichier d'index pour un paquet de code source à partir de la structure de répertoires indiquée. La commande recherche les fichiers portant l'extension **.dsc**. Pour chaque fichier trouvé, elle génère une entrée sur la sortie standard. La commande équivaut à **dpkg-scansources**. L'option **--source-override** permet de recourir à un fichier de remplacement.

contents : génère le fichier *Contents*. La commande analyse récursivement le répertoire indiqué, à la recherche de paquets Debian. Chaque paquet est analysé et les fichiers qu'il contient sont triés puis stockés dans le fichier *Contents*. Les répertoires vides ne sont pas indiqués. Lorsqu'un fichier se trouve dans plusieurs paquets, les paquets indiqués sont séparés par des virgules. L'option **--db** permet de faire appel à une base binaire pour le stockage intermédiaire des résultats.

release : cette commande permet de générer un fichier *Release*. Elle analyse récursivement le répertoire désigné, à la recherche des fichiers nommés *Packages*, *Packages.gz*, *Packages.bz2*, *Sources*, *Sources.gz*, *Sources.bz2*, *Release* et *md5sum.txt*. Les résultats présentés sur la sortie standard correspondent aux paquets pour lesquels ont été trouvés un fichier MD5 et un fichier SHA1-Extract.

Vous pouvez insérer d'autres champs pour les métadonnées *via* le fichier de configuration, à l'aide de la variable *APT::FTPArchive::Release*. Exemple d'utilisation : `APT::FTPArchive::Release::Origin`. Les valeurs autorisées sont **Origin**, **Label**, **Suite**, **Version**, **Codename**, **Date**, **Architectures**, **Components** et **Description**.

generate : cette commande est normalement lancée depuis une tâche *cron* programmée pour générer des fichiers d'index à partir d'un fichier de configuration.

clean : supprime toutes les entrées inutiles dans les bases indiquées par la configuration.

Toutes les options de lignes de commandes peuvent être placées dans le fichier de configuration. Vous pouvez les combiner par des opérateurs logiques comme `-f-`, `--no-f`, `-f=no`.

Options de apt-ftparchive

--md5 : génère une somme de contrôle MD5 pour le paquet. Les valeurs sont placées dans le fichier d'index. Si l'option est inactive, aucune somme MD5 n'est générée. L'entrée correspondante dans le fichier de configuration est *APT::FTPArchive::MD5*.

-d, --db : demande l'utilisation d'une base de cache binaire pour accélérer les accès. L'entrée correspondante dans le fichier de configuration est *APT::FTPArchive::DB*.

-q, --quiet : génère un nombre inférieur de données. Les étapes d'avancement ne sont pas générées. Vous pouvez indiquer deux fois l'option (ou employer la syntaxe `-q=2`) pour doubler l'effet. L'entrée correspondante dans le fichier de configuration est *quiet*.

--delink : active la suppression des fichiers. Vous désactivez l'option par **--no-delink**. L'entrée correspondante dans le fichier de configuration est *APT::FTPArchive::DeLinkAct*.

--contents : cette option génère les fichiers *Contents* à partir des informations de la base de données cache. L'entrée correspondante dans le fichier de configuration est *APT::FTPArchive::Contents*.

-s, --source-override : en combinaison avec la commande source, cette option indique le fichier de remplacement pour les sources. L'entrée correspondante dans le fichier de configuration est *APT::FTPArchive::SourceOverride*.

--readonly : ouvre la base de données cache en lecture seule. L'entrée correspondante dans le fichier de configuration est *APT::FTPArchive::ReadOnlyDB*.

-h, --help : affiche l'aide de **apt-ftparchive**.

-v, --version : affiche le numéro de version.

-c, --config-file : désigne un fichier de configuration. Le fichier standard est lu en premier, puis c'est le tour de celui qui est défini par cette option. La syntaxe du fichier correspond à celle de **apt.conf**, présentée plus haut.

-o, --option : permet de définir n'importe quelle option, selon la syntaxe `-o Foo::Bar=bar`.

Pour générer un fichier compressé *Packages.gz* par rapport à un répertoire contenant quelques paquets binaires, utilisez **apt-ftparchive** ainsi :

```
apt-ftparchive packages directory | gzip > Packages.gz
```

apt-show-source

Ce programme compare les listes apt contenant des fichiers sources au fichier de statut de dpkg. Vous déterminez ainsi quel paquet possède une version plus récente que la version installée. Pour connaître les versions des sources d'un programme, il faut que les entrées correspondantes soient présentes dans le fichier *sources.list*. Vous devez dans ce cas tenir compte de la release (Woody, Sarge etc.) indiquée dans les lignes correspondantes.

```
fr@surimi:~$ apt-show-source -p bash
Sorry, no newer source package available for bash
```

L'exemple précédent montre qu'il n'existe pas de version plus récente au niveau des sources. Lorsque la ligne **deb-src** indique une version plus ancienne, cela peut indiquer que le paquet source disponible est plus ancien.

```
fr@surimi:~$ apt-show-source -p bash
Inst. Package (Version)        | Newest Source Package (Version)
--------------------------------------------------------------------
bash (2.05a-12)                | bash (2.05a-11)
```

apt-extracttemplates

Cet outil sert à extraire des paquets Debian des informations concernant debconf, la configuration et les modèles. Vous pouvez spécifier les noms des paquets en paramètres (ils doivent être locaux). Les données liées à la configuration et au modèle sont placées dans un répertoire temporaire (*/tmp/*).

Voici la syntaxe générique de **apt-extracttemplates** :

```
apt-extracttemplates [-hv] [-t=reptemporaire] fichier...
```

Pour chaque paquet est générée une ligne dans le format suivant :

```
package version template-file config-script
```

Voici un exemple simple :

```
wasabi:/home/fr# apt-extracttemplates /var/cache/apt/archives/console-
➥data_2002.12.04°
dbs-42_all.deb
console-data 2002.12.04 dbs-42 /tmp/console-data.template.5090 /tmp/
➥console-data.config.5091
```

Options :

-t, --tempdir sert à désigner le répertoire destinataire des données.

-h,--help affiche l'aide de **apt-extracttemplates**.

-v, --version affiche le numéro de version du programme.

-c,--config-file permet de spécifier un fichier de configuration supplémentaire qui est lu avant le fichier de configuration */etc/apt/apt.conf*.

-o,--option définit une option de configuration. La syntaxe est `-o Foo::Bar=bar`.

apt-file

Cet outil permet de chercher des fichiers dans des paquets Debian. Les paquets peuvent se situer sur le système local ou non. **apt-file** se sert du fichier *Contents-<ARCHITECTURE>.gz* trouvé sur un serveur miroir Debian.

Voici la syntaxe générique :

```
apt-file [ options ] [ action ] [ pattern ]
```

Actions

update : met à jour les informations des paquets et des fichiers en récupérant le ou les fichiers *Contents-<ARCHITECTURE>.gz* depuis les serveurs en fonction du contenu du fichier */etc/apt/sources.list*.

search : recherche le paquet possédant le fichier indiqué. Tous les paquets contenant le fichier sont présentés :

```
fr@wasabi:~$ apt-file search sources.list
apt: usr/share/doc/apt/examples/sources.list
apt: usr/share/doc/apt/examples/sources.list
apt: usr/share/man/es/man5/sources.list.5.gz
apt: usr/share/man/fr/man5/sources.list.5.gz
apt: usr/share/man/fr/man5/sources.list.5.gz
apt: usr/share/man/man5/sources.list.5.gz
apt: usr/share/man/man5/sources.list.5.gz
cdd-dev: etc/cdd/sources.list
cdd-dev: etc/cdd/sources.list.local
cdd-dev: etc/cdd/sources.list.stable
cdd-dev: etc/cdd/sources.list.testing
cdd-dev: etc/cdd/sources.list.unstable
crosshurd: etc/crosshurd/sources.list/gnu
crosshurd: etc/crosshurd/sources.list/gnu
crosshurd: etc/crosshurd/sources.list/kfreebsd-gnu
...
```

- **list** : affiche le contenu d'un paquet correspondant aux critères de recherche. Le résultat est très proche de celui de la commande **dpkg -S**, sauf que le paquet peut ne pas être installé sur le système.
- **purge** : purge tous les fichiers *Contents-<ARCHITECTURE>.gz* du répertoire cache (normalement */var/cache/apt/*).

Options

--cache, -c cache-directory change le répertoire du cache (qui est normalement */var/cache/apt/*). Permet d'utiliser **apt-file** sans les droits de super-utilisateur.

--verbose, -v génère plus d'informations liées au statut.

--cdrom-mount, -d cdrom-mount-point permet de désigner un chemin dans le système de fichiers correspondant au point de montage d'un CD.

--ignore-case, -i ignore la distinction entre majuscules et minuscules.

--regexp, -x interprète le critère de recherche comme une expression régulière.

--version, -V affiche le numéro de version de **apt-file**.

--architecture –a détermine l'architecture matérielle de la recherche. Notez que les fichiers *Contents-<ARCHITECTURE>.gz* correspondants doivent être disponibles (*via* **update**).

--sources-list, -s sources.list utilise un fichier *sources.list* plutôt qu'un fichier standard */etc/apt/sources.list.*

--package-only, -l n'affiche que les noms des paquets et pas les noms des fichiers.

--fixed-string, -F recherche exactement la chaîne de caractères indiquée.

--dummy, -y n'effectue aucune action. Mode simulation.

--help, -h écran d'aide.

Vous pouvez effectuer des adaptations dans le fichier de configuration */etc/apt/apt-file.conf* :

```
# Apt-file configuration file

# Substitutions are made as follow:
#  host => remote hostname
#  port => port
#  uri => complete URI from sources.list
#  path => path from /
#  dist => the distrib name
#  comp => the component name
#  cache => path to the cache dir
#  dest => the destination file name
#  cdrom => cdrom mount point

# Where are located Packages (relative to <comp> directory)
destination = <host>_<path>_dists_<dist>_Contents-<arch>gz

# Fetch methods
http = wget -N -P "<cache> -O "<cache>lt;dest> "<uri>dists/<dist>\
  Contents-<arch>gz" || rm -f "<cache>lt;dest>
ftp = wget -N --passive-ftp -P "<cache> -O "<cache>lt;dest> \
  "<uri>dists/<dist>Contents-<arch>gz" || rm -f "<cache>lt;dest>
ssh = scp -l <user> -P <port|22> "<host>lt;path>dists/<dist>\
  Contents-<arch>gz" "<cache>lt;dest>
rsh = rcp -l <user> "<host>lt;path>dists/<dist>Contents-<arch>\
  gz" "<cache>lt;dest>
file = cp "/<path>dists/<dist>Contents-<arch>gz" "<cache>lt;dest>
copy = cp "/<path>dists/<dist>Contents-<arch>gz" "<cache>lt;dest>
cdrom = echo "Put CDROM labeled <path> in the cdrom device" > \
  /dev/stderr ; read ; mount "<cdrom> \
cp "<cdrom>dists/<dist>Contents-<arch>gz" "<cache>lt;dest> umount "<cdrom>
```

apt-show-versions

Cette commande affiche le numéro de version et de release pour les paquets installés. L'option **-p** permet de limiter l'affichage à un paquet. L'option **-r** permet de filtrer avec des caractères génériques. Enfin, l'option **-u** affiche tous les paquets pouvant nécessiter une mise à jour.

auto-apt

Cette commande permet d'installer des programmes à la demande, ce qui est par exemple utile pour le développement de logiciels ou lors de la création d'un nouveau noyau. Rappelons qu'un système Debian venant d'être installé ne contient pas encore le paquet nommé **bin86**, qui est nécessaire pour générer un noyau. Pour installer automatiquement les paquets manquants, il suffit de fournir la commande **make** comme argument de la commande **auto-apt**, de la manière suivante : `auto-apt make bzImage`. Si des programmes manquent pendant le traitement, **auto-apt** détermine automatiquement à quel paquet ils appartiennent et les installe en gérant toutes les dépendances.

apt-listchanges

La plupart des paquets Debian contiennent des fichiers de journalisation des modifications ("changelog") qui permettent au concepteur du paquet d'indiquer les modifications d'une version à l'autre. Il est donc utile de jeter un œil sur ces fichiers en cas de problèmes lors d'une mise à jour, ou par la suite. Certains fichiers peuvent par exemple avoir été placés ailleurs, ou un service peut se placer à l'écoute d'un port dont le numéro a changé.

Ces modifications ne peuvent être détectées qu'après l'installation, ce qui peut donc entraîner des interruptions de service indésirables. Le présent outil sert à gérer ce problème. Il affiche, avant l'installation d'un paquet, les modifications qui ont été trouvées dans le fichier Changelog. L'administrateur peut ainsi décider de poursuivre ou non l'installation.

```
fr@surimi:~# apt-get install libmng1

...

Reading changelogs... Done
libmng (1.0.3-4) unstable; urgency=low

* Build with renamed version of lcms.

-- Luis Arocha <data@debian.org> Mon, 3 Jun 2002 18:27:19 +0100
```

```
apt-listchanges: Mailing changelogs to fr
Selecting previously deselected package liblcms1-dev.
(Reading database ... 115754 files and directories currently
installed.)

...
```

apt-listchanges est configuré par debconf pendant l'installation. Vous indiquez à ce moment une adresse de messagerie à laquelle sont envoyées les informations Changelog. Vous pouvez également décider, pendant la configuration, de poursuivre ou non l'installation après l'affichage de ces données.

apt-listbugs

Ce programme très simple se limite à afficher les messages critiques concernant un paquet avant l'installation. Cela permet à l'administrateur de décider d'installer ou non un paquet, selon la gravité de l'erreur.

L'outil est appelé automatiquement pendant la mise à jour d'un paquet par APT. Il analyse la base DBTS (*Debian Bug Tracking System*, *http://www.debian.org/Bugs*) à la recherche de messages pour le paquet à installer. S'il y en a, ils sont affichés et l'installation peut être abandonnée.

Si vous utilisez une version stable de Debian, il est peu probable que des erreurs critiques surviennent dans la mise à jour d'un paquet. Vous pouvez dans ce cas éviter de faire appel à **apt-listbugs**.

En revanche, si vous utilisez une version de développement, il est tout à fait conseillé d'exploiter **apt-listbugs**.

apt-config

Cet outil permet d'afficher le contenu du fichier *apt-config*. Vous pouvez également modifier une valeur au moyen de l'option **-o=**.

apt-config ne doit pas être employé en tant que commande. Il est normalement appelé dans un script d'installation.

apt-spy

Cet outil permet de renseigner des entrées dans le fichier */etc/apt/sources.list*. Il analyse le fichier Web à l'adresse *http://http.us.debian.org/debian/README.mirrors.txt* pour renseigner les adresses des serveurs miroirs Debian.

Voici la syntaxe générique de apt-spy :

```
apt-spy -d distribution [ -a area ] [ -c config ] [ -e number ] [ -f
file ]
  [ -i file ] [ -m mirror-list ] [ -o output-file ] [ -p proxy ]
  [ -s country-list ] [ -t time ] [ -u update-URL ] [ -w file ]
  [ -n number ] [ -h ] [ -v ] [ update ]
```

Le seul paramètre obligatoire est celui qui désigne la distribution avec **-d** (stable, unstable ou testing). Tous les serveurs disponibles sont testés pour trouver ceux qui offrent les meilleurs temps d'accès (dans le fichier */etc/apt/sources.list*). Les données antérieures sont stockées dans le fichier *sources.list.bak*.

Options

-d distribution Désigne la distribution stable, unstable ou testing. Cette option est obligatoire, sauf si vous utilisez l'option **update**.

-a area Permet de restreindre l'analyse à une zone géographique (Africa, Asia, Europe, North-America ou Oceania). Vous pouvez spécifier cette restriction dans le fichier */etc/apt-spy.conf*.

-c config Fichier de configuration pour remplacer */etc/apt-spy.conf*.

-enumber Arrêt de l'analyse après un nombre de serveurs indiqués.

-ffile Fichier à employer pour tester la vitesse d'accès des serveurs. Normalement, il s'agit du fichier *ls-lR* dans le répertoire racine des serveurs Debian. Si vous indiquez un nom de fichier, le chemin d'accès doit être relatif à la racine du serveur.

-ifile Fichier d'entrée représentant la liste des serveurs pour **apt-spy**. Vous générez une telle liste avec l'option **-w**.

-mmirror-list Fichier local contenant les données des serveurs miroirs. Normalement, le fichier utilisé est */usr/share/apt-spy/README.mirrors.txt*. Si vous vous servez de cette option avec **update**, le fichier est stocké à l'endroit désigné.

-ooutput-file Fichier dans lequel sont stockées les données des serveurs sélectionnés, le fichier standard étant */etc/apt/sources.list*.

-pproxy Désignation d'un serveur Proxy, au format `nomhôte:port`.

-scountry-list Liste à virgule de noms de pays dans lesquels les serveurs miroirs doivent être cherchés. Actuellement, l'option ne peut pas être utilisée en combinaison avec **area**.

-ttime Délai autorisé pour les tests d'accès. Par défaut, le délai est de 15 secondes.

-u update-URL Adresse source de la liste des serveurs miroirs Debian.

-w file Ecriture d'un nombre maximal de serveurs dans un fichier. Le fichier peut ensuite être traité avec l'option **-i**. Par défaut, la valeur est égale à 5 et peut être modifiée avec l'option **-n**.

-n number Nombre de serveurs à exploiter avec l'option **-w**.

update Mise à jour de la liste des miroirs serveurs à partir de *http.us.debian.org* dans le fichier */usr/share/apt-spy/README.mirrors.txt*.

-v Affichage du numéro de version de **apt-spy**.

-h Affichage d'un écran d'aide.

aptitude

Cet outil propose une approche différente de celle de dselect. Le programme distingue clairement les paquets installés, non installés, virtuels et ceux qui sont disponibles dans une mise à jour. Dans chacun des quatre groupes de paquets, l'outil crée une structure arborescente qui correspond à la structure des répertoires dans les archives Debian, sous la forme **main/admin** ou encore **non-US/non-free**.

Vous avez accès à tous les détails de la structure dans les différents domaines.

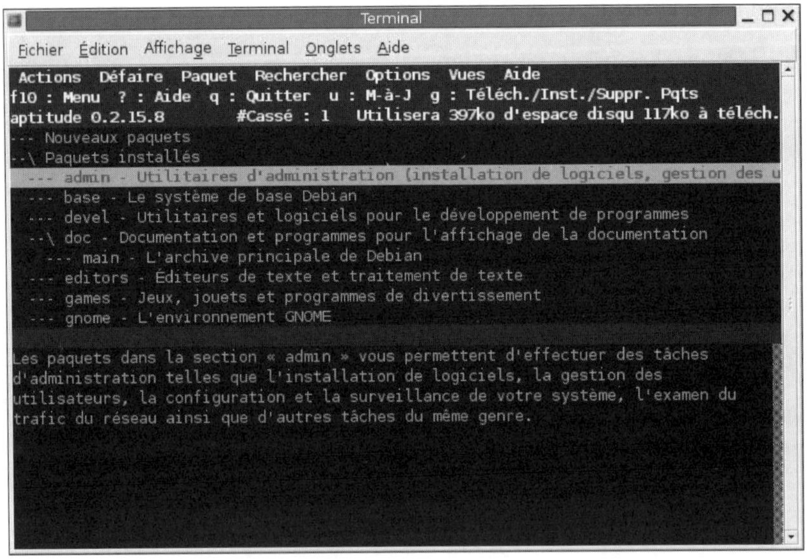

Figure 4.3

Vue générale d'aptitude.

La plupart des touches de commandes d'aptitude sont les mêmes que celles de dselect :

Bas Entrée suivante dans la liste.

Haut Entrée précédente dans la liste.

Entrée Ouverture et fermeture des détails d'un répertoire.

^ Retour au répertoire contenant le paquet.

+ Sélection d'un paquet pour installation.

- Sélection d'un paquet pour suppression.

I Affichage de la description du paquet.

D Affichage des dépendances du paquet.

V Affichage des versions disponibles du paquet.

U Mise à jour de la liste des paquets disponibles.

G Lancement de l'installation des paquets sélectionnés.

Les couleurs d'arrière-plan du programme sont significatives :

noir Etat normal d'un paquet. Le paquet ne sera pas modifié lors de la prochaine installation. Les paquets affichés en gras sont déjà installés.

rouge Le paquet est inutilisable et ne peut être installé.

bleu Le paquet sera mis à jour avec une nouvelle version.

blanc Le paquet pourra être mis à jour mais il a été bloqué dans son état actuel (hold).

vert Le paquet sera installé.

magenta Le paquet sera supprimé.

A côté de son interface utilisateur, aptitude permet de réaliser différentes actions sur la ligne de commande. Voici la syntaxe formelle :

```
aptitude [Options] <Action> ...
```

Si vous n'indiquez aucune action sur la ligne de commande, aptitude passe en mode interactif. Voici les actions disponibles :

install Installation ou mise à jour.

remove Suppression.

purge Suppression des paquets et de leur configuration.

hold Blocage de paquets dans l'état actuel.

markauto Marquage des paquets pour installation automatique.

unmarkauto Marquage des paquets pour installation manuelle.

update Chargement d'une nouvelle liste des paquets nouveaux ou à mettre à jour.

upgrade Exécution d'une mise à jour sécurisée.

dist-upgrade Exécution d'une mise à jour avec installation et suppression de paquets.

search Recherche de paquets d'après le nom ou une expression.

show Affichage des détails d'un paquet.

clean Suppression des paquets téléchargés.

autoclean Suppression des paquets téléchargés obsolètes.

download Chargement du fichier .deb d'un paquet.

L'outil reconnaît également une série d'options sur la ligne de commande. Il n'est en effet pas obligatoire de l'utiliser en mode interactif.

Options

-h Rappel de l'aide pour l'outil aptitude.

-s Simulation sans exécution réelle.

-d Téléchargement des paquets sans installation ni suppression.

-P Demande de confirmation.

-y Prédéfinition de réponses positives à toutes les questions.

-F format Format des résultats de recherche.

-O ordre Ordre de tri des résultats de recherche.

-w largeur Largeur des résultats de recherche.

-f Tentative d'installation des paquets défectueux.

-V Affichage du numéro de version d'un paquet installé.

-D Affichage automatique des dépendances des paquets modifiés.

-Z Affichage des changements de taille des paquets.

-trelease Numéro de release dont est issu le paquet installé.

--with(out) -recommends Utilisation (with) ou non (without) des recommandations, comme celles concernant les dépendances fortes.

-S nomfic Chargement des informations de statut étendues depuis le fichier indiqué.

-u Chargement des nouvelles listes de paquets au démarrage.

-i Lancement du processus d'installation au démarrage.

Une des options les plus intéressantes d'aptitude permet d'installer automatiquement les paquets recommandés avec le paquet choisi. Cette possibilité correspond à la combinaison des deux options **install** et **--with[out]-recommends**.

Sachez que cela n'est possible qu'avec des paquets non encore installés, mais pas avec ceux dont une partie est déjà en place.

Voici un exemple d'installation simple d'un paquet sans paquets recommandés :

```
wasabi:~# aptitude install --without-recommends minicom
Reading Package Lists... Done
Building Dependency Tree
Reading extended state information
Initializing package states... Done
Reading task descriptions... Done
The following NEW packages will be installed:
  minicom
0 packages upgraded, 1 newly installed, 0 to remove and 0 not upgraded.
Need to get 280kB of archives. After unpacking 922kB will be used.
Writing extended state information... Done
Get:1 ftp://ftp.de.debian.org sarge/main minicom 2.1-7 [280kB]
86% [1 minicom 241920/280kB 86%]
...
```

Dans cet autre exemple, nous installons le paquet **minicom** au moyen de la commande `apt-get install minicom` :

```
wasabi:~# apt-get install minicom
Reading Package Lists... Done
Building Dependency Tree... Done
```

```
Recommended packages:
lrzsz
The following NEW packages will be installed:
minicom
0 upgraded, 1 newly installed, 0 to remove and 0 not upgraded.
Need to get 280kB of archives.
After unpacking 922kB of additional disk space will be used.
Get:1 ftp://ftp.de.debian.org sarge/main minicom 2.1-7 [280kB]
88% [1 minicom 247680/280kB 88%]
...
```

Le paquet nous recommande d'installer également **lrzsz**. Normalement, aptitude l'installe automatiquement. Voici un exemple :

```
wasabi:~# aptitude install minicom
Reading Package Lists... Done
Building Dependency Tree
Reading extended state information
Initializing package states... Done
Reading task descriptions... Done
The following NEW packages will be automatically installed:
  lrzsz
The following NEW packages will be installed:
  lrzsz minicom
0 packages upgraded, 2 newly installed, 0 to remove and 0 not upgraded.
Need to get 373kB of archives. After unpacking 1111kB will be used.
Do you want to continue? [Y/n/?]
...
```

GNOME-Apt

Voici un programme de gestion de paquets à interface graphique basé sur GTK+. Il s'intègre parfaitement à l'environnement graphique GNOME fourni avec Debian. Toutes les opérations de gestion de paquets habituelles sont réalisables.

Découvrons quelques-uns des menus de ce programme.

File (Fichier)

Outre la commande Quitter, ce menu contient une commande d'accès aux préférences. Parmi ces préférences, il en existe une qui permet de masquer les descriptifs de paquets afin d'avoir plus de place pour afficher la liste des paquets avec les différentes catégories. Vous pouvez même trier l'ordre des colonnes dans cette liste.

La commande **Fichier/Repository lists** permet de choisir les sources des descriptifs des paquets et les paquets eux-mêmes. Grâce à ces commandes, vous n'êtes plus obligé d'intervenir directement dans le fichier */etc/apt/sources.list* avec un éditeur.

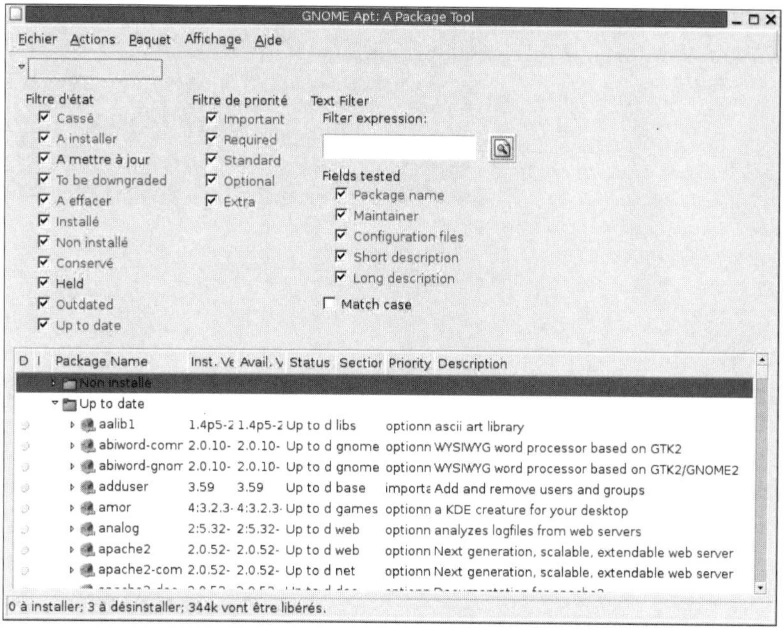

Figure 4.4

Fenêtre principale de GNOME-Apt.

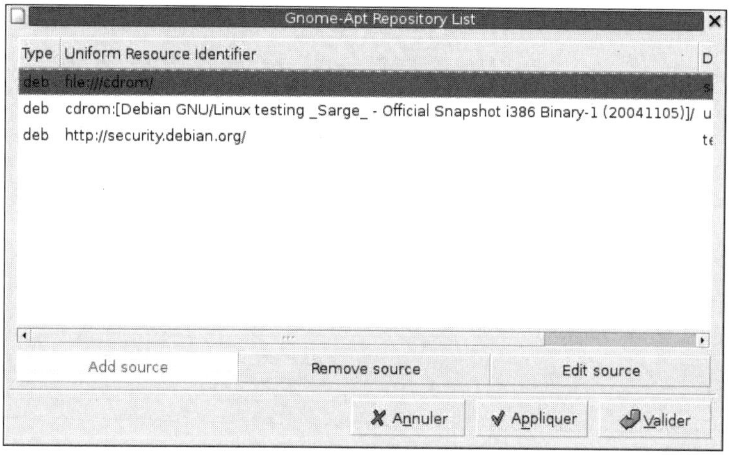

Figure 4.5

Source d'installation dans GNOME Apt.

Le bouton **Add source** donne accès à un assistant qui vous guide au long des différentes étapes.

Dans la première étape de l'assistant, vous choisissez une version de Debian GNU/ Linux. Vous avez le choix entre la version stable, la version unstable et l'option other.

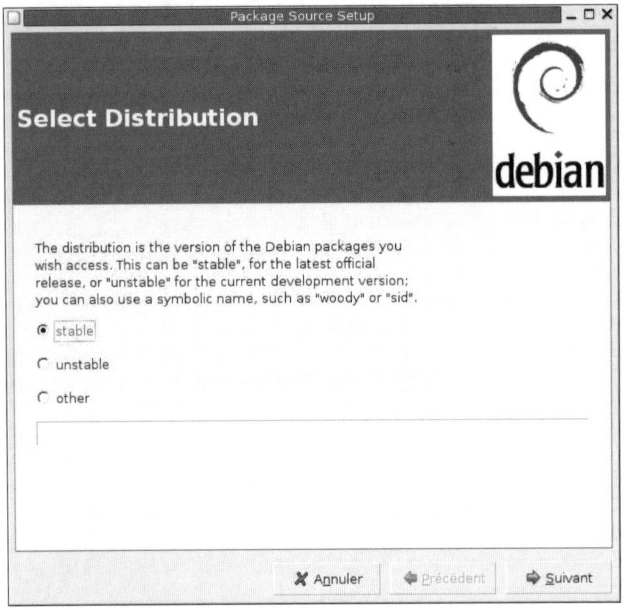

Figure 4.6

Choix d'une distribution.

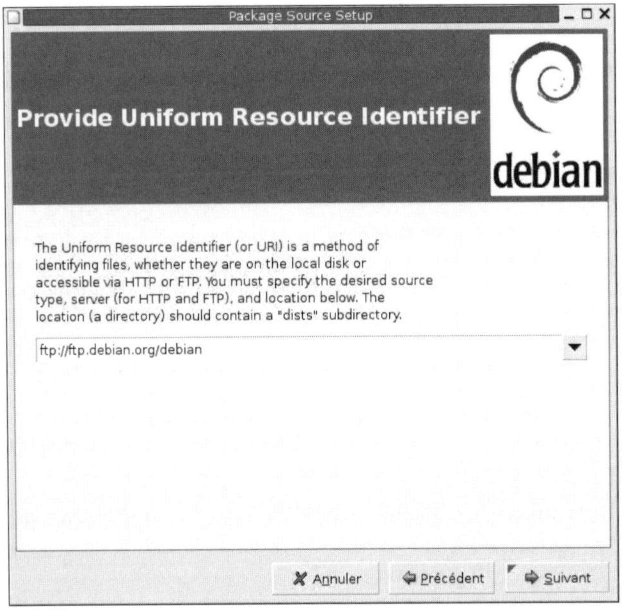

Figure 4.7

Indication de l'adresse d'accès à un serveur.

A l'étape suivante, vous indiquez l'adresse de la source des paquets. Cette adresse correspond au point dans la structure arborescente où se trouve le répertoire *dists*. Vous pouvez choisir une entrée existante dans la liste.

Figure 4.8

Choix des domaines pour les sources d'installation.

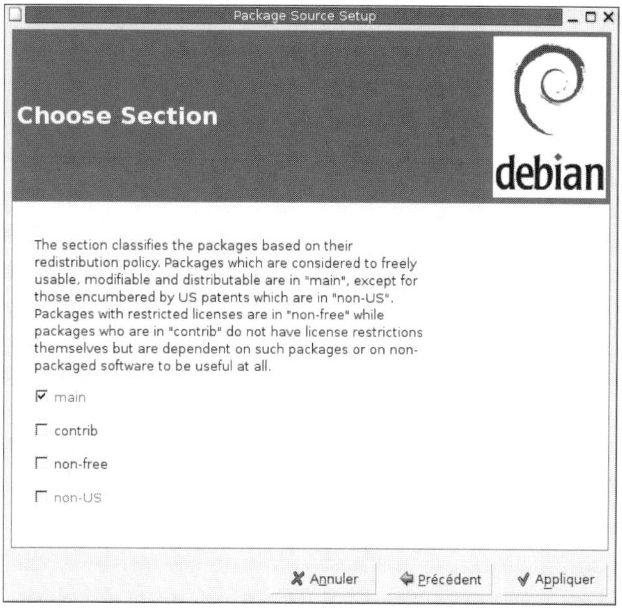

Il ne reste plus qu'à choisir un ou plusieurs domaines de distribution à installer.

La nouvelle source apparaît dorénavant dans la liste. Vous pouvez supprimer une source au moyen du bouton **Remove source** ou modifier les détails à l'aide du bouton **Edit source**.

Actions

Le menu Actions réunit les fonctions de traitement effectif de la liste de paquets. La commande **Update Package list** fait relire la liste des paquets. Si la source n'est pas locale, les données sont extraites du Web *via* ftp ou http. **Complete run** installe les paquets sélectionnés et supprime ceux qui ne sont plus à conserver. La commande **Mark upgrades** correspond à **apt-get upgrade**. Elle sélectionne tous les nouveaux paquets pour qu'ils soient mis à jour ou installés lors de la prochaine exécution de **Complete run**. **Smart mark upgrade** met à jour tout le système avec la nouvelle version, ce qui équivaut à **apt-get dist-upgrade**. Enfin, la commande **Fix broken** permet de réparer les paquets cassés.

Paquet

Ce menu contient trois commandes pour supprimer, conserver ou mettre à jour le paquet sélectionné.

Affichage

Le menu **Affichage** permet d'intervenir sur l'aspect des listes de paquets.

Avec le sous-menu **Colonne**, vous choisissez le nombre de colonnes à afficher. Le sous-menu **Sort order** sert à trier les noms des paquets, dans l'ordre alphabétique, par section, par statut ou par priorité. Le sous-menu **Catégorie** permet de réaliser des regroupements selon les mêmes critères que pour l'ordre de tri. Enfin, vous disposez d'un sous-menu **Color markers** pour afficher en rouge les paquets cassés et en vert les paquets orphelins.

Synaptic

Synaptic est un autre programme de gestion de paquets à interface graphique. Sa version française est plus aboutie que celle de GNOME-Apt. Synaptic a été conçu à l'origine par la société Conectiva, puis repris par l'équipe Debian et intégré à la distribution officielle.

Vous devez installer Synaptic au moyen de la commande `apt-get install synaptic`. Vous n'aurez ensuite plus besoin d'utiliser **apt-get**, car Synaptic vous permettra d'atteindre les mêmes objectifs plus confortablement. Notez qu'il faut disposer du mot de passe du super-utilisateur pour exploiter la commande Quitter Synaptic.

Vous pouvez lancer directement Synaptic depuis les menus de GNOME. Par défaut, l'appel au programme est configuré pour faire appel à l'outil **gksu** (qui n'a pas besoin de librairies GNOME, à la différence de **gnomesu**) afin de demander le mot de passe du super-utilisateur.

Une fois Synaptic lancé, vous devez le laisser analyser les listes de paquets présentes (la durée d'attente dépend du matériel et du nombre de paquets installés). Ceux qui sont habitués à APT trouveront aisément leur chemin dans Synaptic. Presque toutes les actions APT sont disponibles sous forme d'une commande dans Synaptic. Le gros avantage de ce programme est qu'il permet de créer une file d'attente de traitements à réaliser pour ne les lancer qu'une fois les actions vérifiées.

Synaptic présente tous les groupes de paquets. Cliquez sur un groupe pour accéder aux détails. La fenêtre principale de Synaptic propose plusieurs volets (voir Figure 4.9).

Il suffit de faire un clic droit sur un nom de paquet dans le volet droit pour accéder au menu local. Choisissez alors la commande voulue (installation, réinstallation, mise à jour, suppression, etc.).

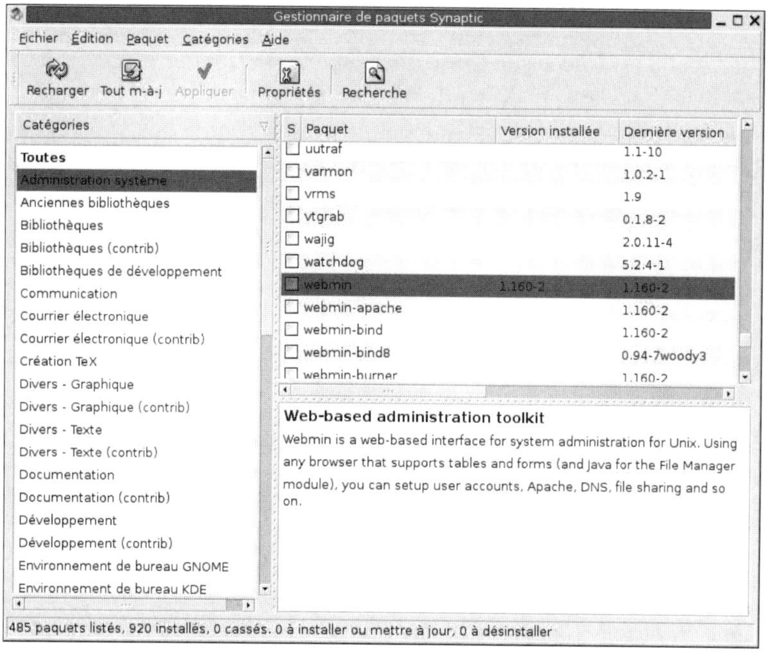

Figure 4.9

Fenêtre principale de Synaptic.

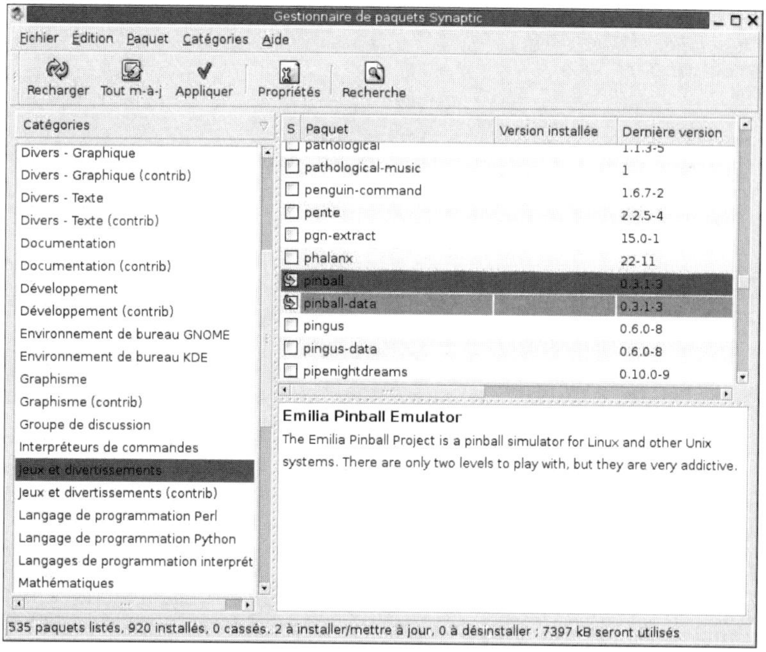

Figure 4.10

Sélection d'un paquet.

Mise à jour de la liste

Pour accélérer l'accès aux informations, le gestionnaire de paquets Debian s'appuie sur une liste interne qui doit être resynchronisée de temps à autre avec une source de paquets Debian. Pour réaliser cette mise à jour, vous pouvez cliquer sur le bouton **Recharger** (ou la commande **Edition/Actualiser la liste des paquets**).

Recherche de paquets

La commande **Catégories/Filtres** donne accès à une boîte de dialogue dans laquelle vous pouvez choisir de nombreux critères pour restreindre le nombre de paquets à trouver. Vous disposez dans la liste de gauche de quelques filtres préconfigurés.

Installation ou suppression d'un paquet

Pour installer ou supprimer un paquet, il suffit de le sélectionner puis de faire un clic droit dessus, comme indiqué plus haut.

Ensuite, vous utilisez le bouton **Appliquer** de la barre d'outils.

Toutes les dépendances entre les paquets sont gérées.

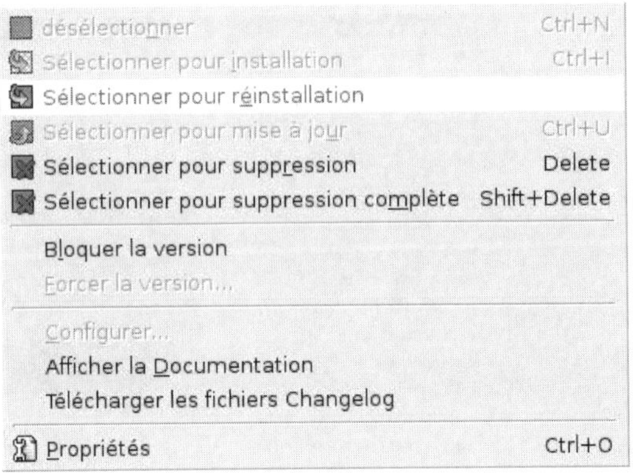

Figure 4.11
Menu local d'actions sur un paquet.

Choix des sources de paquets

La commande **Catégories/Dépôts** permet de sélectionner les sources de données, telles qu'elles sont spécifiées dans le fichier */etc/apt/sources.list*. Lorsque vous sélectionnez une source, vous pouvez décider du type de distribution (stable, unstable, testing) et des domaines (main, contrib, non-free).

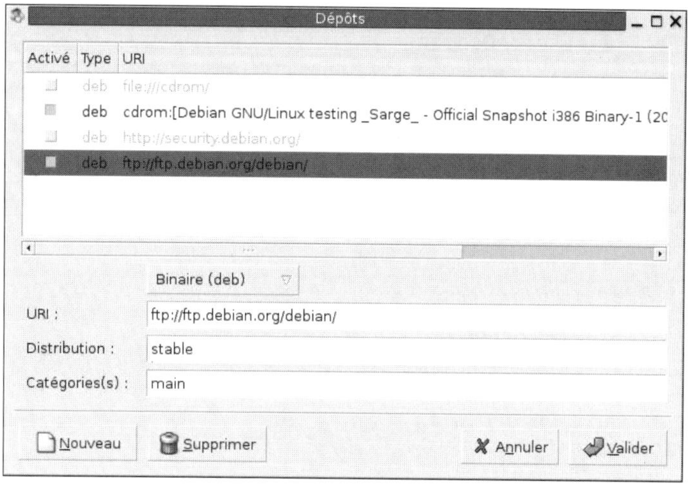

Figure 4.12

La boîte de dialogue des dépôts.

APT pinning

Une fonction intéressante de la gestion de paquets Debian est de permettre la gestion de plusieurs releases. Il faut disposer de deux releases différentes (par exemple woody et testing) pour lesquelles il existe des entrées appropriées dans le fichier */etc/apt/sources.list*. Dès lors, vous pouvez recourir à la commande `apt-get --target-release` pour sélectionner le niveau de release souhaité pour un paquet.

Cette possibilité disparaît si vous utilisez plus de deux releases ou si vous incorporez une source de données qui n'est pas Debian. Les résultats sont d'ailleurs imprévisibles dans ce dernier cas, à moins d'aménager le fichier */etc/apt/preferences*.

Voici justement un exemple de fichier */etc/apt/preferences*. Sur la plupart des systèmes, un tel fichier n'existe pas et vous devrez le créer :

```
* Track stable:
Explanation: see http://www.argon.org/~roderick/apt-pinning.html
Package: *
Pin: release o=Debian,a=stable
Pin-Priority: 900

Package: *
Pin: release o=Debian,a=testing
Pin-Priority: 400

Package: *
Pin: release o=Debian,a=unstable
Pin-Priority: 300
```

```
Package: *
Pin: release o=Debian
Pin-Priority: -1
* Track testing:

Explanation: see http://www.argon.org/~roderick/apt-pinning.html
Package: *
Pin: release o=Debian,a=testing
Pin-Priority: 900

Package: *
Pin: release o=Debian,a=unstable
Pin-Priority: 300

Package: *
Pin: release o=Debian
Pin-Priority: -1
```

Lorsque vous lancez **apt-get** avec l'option **-t**, vous pouvez définir la valeur pour *APT::Default-Release*. Votre choix n'est cependant valable que pour la durée de l'exécution de **apt-get**. Vous écrirez par exemple `apt-get -t unstable install nompaquet`. Dans certains cas, cette possibilité est intéressante ; dans d'autres, elle peut engendrer des problèmes.

Voyons le bon côté des choses. Si le fichier *sources.list* définit les deux releases **testing** et **unstable** et si le fichier *apt.conf* contient la valeur **testing** pour *APT::Default-Release*, le paquet appelé **monpaq** obéit aux priorités suivantes :

```
release version priority
                no -t switch -t unstable
testing     1.1   990           500
unstable    1.2   500           990
```

Si ce paquet n'est pas installé et si vous l'installez *via* `apt-get install monpaq`, c'est la version 1.1 de **testing** qui est installée, car elle possède la plus haute priorité.

En écrivant `apt-get -t unstable install monpaq`, vous pouvez installer précisément la version 1.2 de **unstable**, car sa priorité est augmentée temporairement pour cet appel à **apt-get**.

dpkg

L'outil dpkg (*http://www.dpkg.org*) est un composant de base de la gestion des paquets Debian. dpkg (mis pour "Debian GNU/Linux package manager") est utilisé par d'autres distributions telles que SuSE et Red Hat. En général, vous n'aurez pas affaire directement à dpkg car vous vous servirez d'une interface telle que Synaptic.

Voici un tour d'horizon des nombreuses options proposées par **dpkg**. Pour les afficher, vous écrivez `dpkg --help` :

```
Syntaxe :
  dpkg -i|--install      <nom fichier .deb> ... | -R|--recursive <rép> ...
  dpkg --unpack          <nom fichier .deb> ... | -R|--recursive <rép> ...
  dpkg -A|--record-avail <nom fichier .deb> ... | -R|--recursive <rép> ...
  dpkg --configure           <nom paquet> ... | -a|--pending
  dpkg -r|--remove | -P|--purge <nom paquet> ... | -a|--pending
  dpkg --get-selections [<motif> ...]     Afficher la liste des sélections
                                             sur la sortie standard
  dpkg --set-selections                   Paramétrer la liste des sélections
                                             à partir de l'entrée standard
  dpkg --update-avail <fichier paquets>   Remplacer les informations sur
                                             les paquets disponibles
  dpkg --merge-avail <fichier paquets>    Fusionner les informations avec
                                             celles issues du fichier
  dpkg --clear-avail                      Effacer les informations sur les
                                             paquets
  dpkg --forget-old-unavail               Oublier les paquets non installés
                                             et non disponibles
  dpkg -s|--status <nom paquet> ...       Afficher les détails de l'état du
                                             paquet
  dpkg -p|--print-avail <nom paquet> ...  Afficher les détails de la
                                             version disponible
  dpkg -L|--listfiles <nom paquet> ...    Lister les fichiers appartenant
                                             au(x) paquet(s)
  dpkg -l|--list [<motif> ...]            Lister les paquets en condensé
  dpkg -S|--search <motif> ...            Trouver le(s) paquet(s) contenant
                                             le(s) fichier(s)
  dpkg -C|--audit                         Chercher d'éventuel(s) paquet(s)
                                             abîmé(s)
  dpkg --print-architecture               Afficher l'architecture cible
                                             (utilise GCC)
  dpkg --print-gnu-build-architecture     Afficher la version GNU de
                                             l'architecture cible
  dpkg --print-installation-architecture  Afficher l'architecture de la
                                             machine (pour l'installation)
  dpkg --compare-versions <a> <rel> <b>   Comparer les numéros de versions
                                             (voir ci-après)
  dpkg --help | --version                 Afficher cette aide et le numéro
                                             de version
  dpkg --force-help | -Dh|--debug=help    Afficher l'aide respective sur
                                             le forçage et
                                             le débogage
  dpkg --licence                          Afficher les termes de la licence

Utiliser dpkg -b|--build|-c|--contents|-e|--control|-I|--info|-f|--field|
  -x|--extract|-X|--vextract|--fsys-tarfile sur les archives
  (taper dpkg-deb --help.)
```

```
A usage interne : dpkg --assert-support-predepends | --predep-package |
  --assert-working-epoch | --assert-long-filenames | --assert-multi-conrep

Options :
  --admindir=<rép.>            Utilise le répertoire <rép.> au lieu de /var/
                                  lib/dpkg
  --root=<rép.>                Installe sur un autre système dont la
                                  racine est située à un autre endroit
  --instdir=<rép.>             Change la racine d'installation sans changer
                                  le répertoire d'administration
  -O|--selected-only           Ignore les paquets non sélectionnés pour être
                                  installés/mis à niveau
  -E|--skip-same-version       Ignore les paquets dont la version est la même
                                  que celle installée
  -G|--refuse-downgrade        Ignore les paquets dont la version est moins
                                  récente que celle installée
  -B|--auto-deconfigure        Installe même si cela entraîne la rupture
                                  d'autres paquets
  --no-debsig                  Ne pas tenter d'authentifier les signatures
                                  des paquets
  --no-act|--dry-run|--simulate
                               Seulement exprimer ce que l'on voudrait faire
                                  sans rien faire
  -D|--debug=<octal>           Activer le débogage - voir -Dhelp ou
                                  --debug=help
  --status-fd <n>              Envoyer les mises à jour d'états au descripteur
                                  de fichier <n>
  --ignore-depends=<paquet>,... Ignorer les dépendances impliquant <paquet>
  --force-...                   Outrepasser les problèmes - voir --force-
help
  --no-force-...|--refuse-...   Arrêter en cas de problèmes
  --abort-after <n>             Arrêter après avoir rencontré <n> erreurs

Les opérateurs de comparaison pour --compare-versions sont les suivants :
 lt le eq ne ge gt       (ne considérer aucune version comme plus tardive
                          que n'importe quelle version)
 lt-nl le-nl ge-nl gt-nl (ne considérer aucune version comme plus récente
                          que n'importe quelle version)
 < << <= = >= >> >       (uniquement pour des raisons de compatibilité avec
                          la syntaxe du fichier control)

Utilisez "dselect" ou "aptitude" pour gérer les paquets de manière
plus conviviale.
```

configure-debian

Lors de l'installation des paquets, l'administrateur voit de temps à autre apparaître des questions liées à la configuration de certains paquets. Les questions sont stockées dans une base centralisée (voir aussi **debconf** en début de chapitre). Vous pouvez retoucher la configuration au moyen de **dpkg-reconfigure**. Mais vous voudrez peut-être savoir quels paquets peuvent être configurés ainsi.

Le programme **configure-debian** permet d'afficher les noms de tous les paquets qui peuvent être configurés par **debconf**.

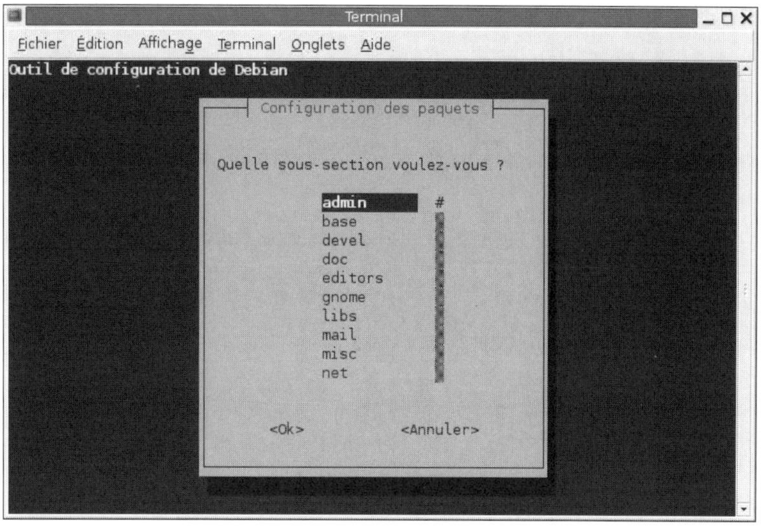

Figure 4.13

Le programme configure-debian.

Lorsque le programme démarre, vous devez choisir la section contenant le programme de votre choix (par exemple **admin**, **base**, **devel**, etc.).

Affichage des paquets reconfigurables

Au lieu de faire appel à **configure-debian**, vous pouvez directement afficher les noms des fichiers de configuration des paquets qui peuvent être configurés par debconf. Les fichiers portent toujours un nom du style *nompaquet.config*. Une simple commande de listage détaillée `ls -l` permet de les afficher :

```
fr@wasabi:~$ ls -1 /var/lib/dpkg/info/*.config
/var/lib/dpkg/info/adduser.config
/var/lib/dpkg/info/apache-common.config
/var/lib/dpkg/info/apache.config
/var/lib/dpkg/info/apache-ssl.config
/var/lib/dpkg/info/bsdmainutils.config
/var/lib/dpkg/info/console-data.config
/var/lib/dpkg/info/cupsys.config
/var/lib/dpkg/info/cvs.config
/var/lib/dpkg/info/dash.config
...
```

debsums

Cette commande permet de recalculer les sommes de contrôle des fichiers pour vérifier l'intégrité des paquets Debian. L'administrateur système peut ainsi voir si les fichiers du système ont été altérés. Parfois, les modifications sont souhaitées (changement de configuration, installation d'une version localisée d'un programme, etc.), mais l'altération peut être l'indice d'une action malveillante (par exemple au niveau de */bin/login*).

```
fr@inari:~$ debsums --help
debsums checks the MD5 sums of installed debian packages.

Usage: debsums [OPTIONS] [PACKAGE|DEB] ...

Options:
-a, --all check configuration files (normally excluded)
-c, --changed report changed files (implies -s)
-l, --list-missing list packages which don't have an md5sums file
-s, --silent only report errors
-m, --md5sums=FILE read list of deb checksums from FILE
-r, --root=DIR root directory to check (default /)
-d, --admindir=DIR dpkg admin directory (default /var/lib/dpkg)
-p, --deb-path=DIR[:DIR...] search path for debs
-g, --generate=[all][,keep[,nocheck]] generate md5sums from deb
contents
    --help print this help, then exit
    --version print version number, then exit
```

En plus des options, vous pouvez indiquer au lancement du programme des noms de paquets à tester. Si aucun nom n'est fourni, tous les paquets installés sont testés.

-a, --all Teste également les sommes de contrôle des fichiers de configuration, qui ne sont normalement pas testés car ils évoluent souvent.

-c, --changed Affiche seulement les fichiers modifiés. A utiliser avec l'option **-s** car tous les résultats sont normalement affichés.

-l, --list-missing Affiche les noms des fichiers qui ne disposent pas d'une somme de contrôle MD5. Vous pouvez la générer avec l'option **-g**. Ne procédez ainsi que si vous êtes absolument certain que les fichiers n'ont pas été modifiés entre-temps par un pirate !

-s, --silent N'affiche que les messages d'erreurs.

-m, --md5sums=FILE Extrait les sommes de contrôle à partir du fichier FILE et non de la base de données Debian.

-r, --root=DIR Remplace le répertoire de départ ("/") par la valeur indiquée. Permet de tester les sommes de contrôle d'un sous-ensemble du système de fichiers.

-d, --admindir=DIR Modifie le répertoire d'administration de **dpkg**, qui est normalement */var/lib/dpkg/*.

-p, --deb-path=DIR[:DIR...] Modifie le répertoire de recherche des paquets Debian.

-g, --generate=[all][,keep[,nocheck]] Génère les sommes de contrôle manquantes.

netselect

La mise à jour d'un système Debian grâce à **apt-get** et au fichier *sources.list* est très simple depuis Internet. L'accès à un serveur Debian *via* HTTP ou FTP est très rapide. Il semble logique de vouloir sélectionner un serveur très performant, mais comment faire pour le déterminer ? C'est l'objectif de **netselect**.

Ce programme analyse la liste des sites miroirs Debian et teste leur disponibilité et leur taux de transfert. Le serveur le plus performant est présenté. Vous pouvez alors ajouter une entrée dans le fichier *sources.list* en conséquence.

L'option **-vv** permet d'obtenir des statistiques détaillées. Vous pouvez également n'indiquer qu'une sélection de serveurs sur la ligne de commande :

```
fr@sushi:~$ netselect ftp.debian.org ftp.de.debian.org
ftp.fr.debian.org
    0 ftp.debian.org

fr@sushi:~$ netselect -vv ftp.debian.org ftp.de.debian.org
ftp.fr.debian.org
Running netselect to choose 1 out of 3 addresses.
..............................
ftp.debian.org        0 ms 2 hops 90% ok (9/10) [ 0]
ftp.de.debian.org     0 ms 2 hops 90% ok (9/10) [ 0]
ftp.fr.debian.org     0 ms 2 hops 90% ok (9/10) [ 0]
0 ftp.debian.org
```

Une version plus évoluée du même programme se nomme **netselect-apt** (du même paquet). Vous lui fournissez en paramètre la release souhaitée ("potato", "woody", "sid" etc.) et l'outil analyse tous les miroirs Debian pour trouver le plus rapide afin de générer un fichier *sources.list* correspondant (attention, dans le répertoire courant !)

```
fr@sushi:~$ netselect-apt woody
Retrieving the list of mirrors from www.debian.org...
--16:09:46-- http://www.debian.org/mirror/mirrors_full
              => 'mirrors_full'
```

```
...(autres activités)
Writing the sources.list in the current directory.
Done.
fr@sushi:~$ ls -l sources.list
-rw-rw-r-- 1 fr fr 545 Mai 23 2002 sources.list
```

Vous pouvez ajouter le contenu de ce fichier au fichier *sources.list* principal ou le remplacer entièrement.

deborphan

Cet outil permet de repérer les paquets orphelins, c'est-à-dire ceux dont aucun autre paquet ne dépend plus. Il sert principalement à rechercher des librairies obsolètes.

```
surimi:~# deborphan
libxosd0
libwww0
libgsm1
libqxt0
libwnck4
libavifile0.6
lapack
libzvt2-0
libid3-3.7-13
libgtop2
libflac1
libnautilus0
libpanel-applet2-0
libstdc++2.10
```

Les paquets dont les noms apparaissent peuvent ensuite être supprimés par les outils habituels. Vérifiez d'abord précisément que chacun de ces paquets n'est vraiment plus utile puis utilisez l'une des trois commandes suivantes pour supprimer les paquets :

```
dpkg --purge 'deborphan'
dpkg --purge 'deborphan --guess-all'
apt-get --purge remove 'deborphan'
```

Vous disposez de deux programmes d'interface. Le premier se nomme **orphaner** et permet de supprimer récursivement des paquets.

L'autre programme se nomme **editkeep**. Il permet de générer une liste des paquets qui ne doivent plus être affichés par **deborphan**. Ces paquets sont ainsi assurés de ne pas être supprimés du système.

Figure 4.14

Le programme orphaner.

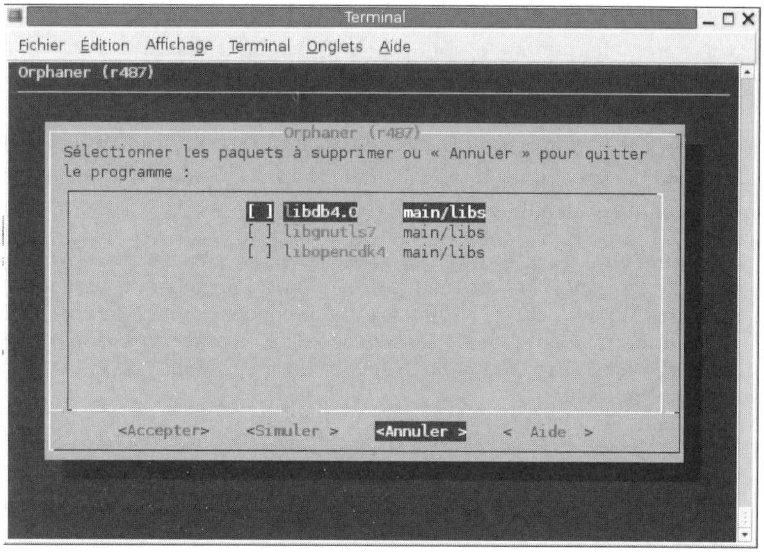

Figure 4.15

Le programme editkeep.

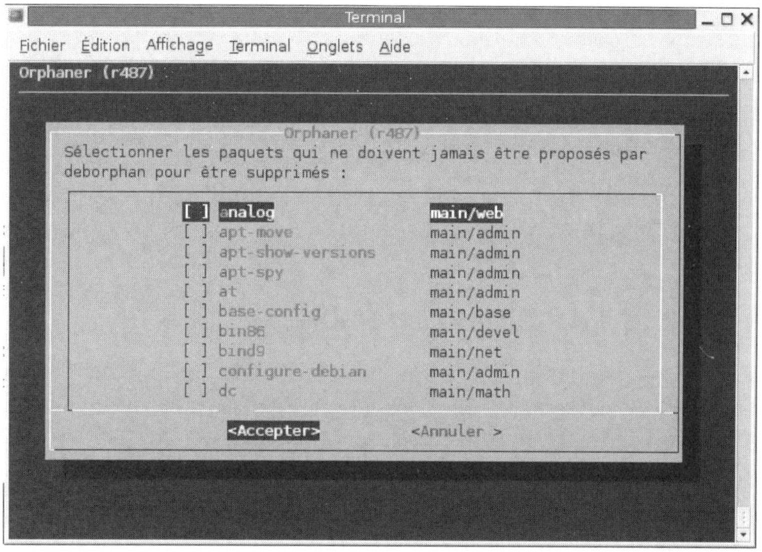

debfoster

Cet outil permet de supprimer tous les paquets devenus inutiles. Il génère une liste des paquets qui ont été sélectionnés pour installation. La liste ne contient aucun paquet ayant été installé en raison d'une dépendance de la part d'un autre paquet. Seuls les paquets explicitement demandés à l'installation sont mentionnés. **debfoster** peut être appelé après chaque lancement de **dpkg** ou de **apt** pour purger le système des paquets inutiles.

Le premier démarrage prend un certain temps car l'outil doit créer la liste de tous les paquets et stocker les réponses ; cela permet de poser moins de questions lors des prochaines utilisations.

```
gnome-office is keeping the following 24 packages installed:
  abiword-gnome bonobo-conf dia-common dia-gnome evolution ganso gnucash
  gnumeric gtkhtml guile1.4-slib libbonobo-conf0 libcamel0 libdate-manip-perl
  libfinance-quote-perl libgnome-pilot1 libgtkhtml-data libguppi16
  libgwrapguile1 libhtml-tableextract-perl libole2-0 libpisock4 libunicode0
  mrproject slib
Keep gnome-office? [Ynpsiuqx?], [H]elp: Y

nautilus1.1 is keeping the following 10 packages installed:
libeel2-1 libeel2-data libgail-common libgail13 libgail15
libgnome-desktop-0 libgtkhtml2-0 libnautilus1.1-2 nautilus1.1-data
nautilus1.1-gtkhtml
Keep nautilus1.1? [Ynpsiuqx?], [H]elp: Y

aptconf is keeping the following 11 packages installed:
  configlet-frontends gnome-sudo libxml-grove-perl libxml-perl
  python-configlet python-gdk-imlib python-glade python-gnome python-gtk
  python-xml python2.1-xml
Keep aptconf? [Ynpsiuqx?], [H]elp:
```

Vous pilotez **debfoster** depuis la ligne de commande, ce qui permet d'automatiser de nombreuses actions.

Les paquets de tâches (ensembles)

Choisir des paquets parmi les milliers proposés par Debian GNU/Linux n'est pas une tâche aisée, notamment pour un débutant. Même les professionnels se perdent dans cette foule de paquets. Si vous n'avez pas le temps de lire la description de chaque paquet afin de décider de l'installer ou pas, sachez que vous pouvez faire confiance aux programmeurs Debian et adopter un ensemble de paquets prédéfinis. Vous disposez d'une famille complète de paquets de tâches. Tous commencent par le nom **task-**, ce qui permet de les repérer facilement dans votre outil de gestion de paquets.

Les paquets **task-** répondent aux besoins fonctionnels de très nombreux domaines. Le nom du domaine et le nom du groupe permettent déjà de deviner ce qu'il réunit. Le domaine **net** contient par exemple les groupes de paquets **task-dialup-isdn**, **task-gnome-net** et **task-samba**. Chacun des groupes réunit un ensemble de paquets au niveau des connexions réseau. En font partie les liaisons modem classiques et les liaisons ADSL.

Si vous installez le groupe de paquets **task-dialup-isdn**, cela provoque la sélection de toute une série de paquets et la recommandation de paquets supplémentaires. Voici par exemple la liste des paquets qui sont proposés et installés en même temps que celui choisi :

```
dselect - recursive package listing mark:+/=/- verbose:v help:?
EIOM Pri Section Package Description
_* Opt net       task-dialup-  Dialup utilities
_* Opt net       task-dialup   Dialup utilities
_* Xtr net       isdnutils     ISDN utilities
_* Xtr net       diald         dial on demand daemon for PPP and SLIP.
_* Xtr admin     dialdcost     Cost estimation and X Control panel for DI
_* Opt mail      fetchmail     POP2/3, APOP, IMAP mail gatherer/forwarder
_* Opt Web       junkbuster    The Internet Junkbuster!
_* Xtr Web       wwwoffle      World Wide Web OFFline Explorer
__ Xtr news      leafnode      NNTP server for small leaf sites
_* Opt news      inn           News transport system 'InternetNews' by th
__ Xtr news      cnews         Simple News Server for Usenet news.
__ Opt non-free  diablo        News transport system without reader suppor
_* Opt net       lftp          Sophisticated command-line FTP/HTTP client
_* Opt admin     suidmanager   Manage File Permissions
__ Xtr comm      mgetty        Smart Modem getty replacement
__ Xtr net       isdnbutton    Start and Stop ISDN connections and display
__ Opt interpre  python-tk     Writing Tk applications with Python (Tkinter
__ Opt Web       htdig         WWW search system for an intranet or small i
_* Opt news      inewsinn      NNTP client news injector, from InternetNews
__ Opt news      innfeed       This is the new INN feeder program 'innfeed.
```

Si cette sélection vous convient, il suffit de valider par la touche [Entrée]. Vous pouvez sélectionner d'autres paquets, par exemple **isdnbutton**.

Vous disposez d'un programme spécialisé pour gérer les ensembles de paquets **task-**. Il se nomme **tasksel**.

tasksel

Avec ce programme, vous accédez à tous les groupes de paquets **task-**. Lorsque vous démarrez le programme, vous obtenez une liste des paquets disponibles. Vous naviguez avec les touches du curseur et sélectionnez un paquet à installer avec la touche [Entrée] ou la barre d'espace. Une seconde frappe de la même touche annule la sélection.

La touche **A** sélectionne tous les paquets. La touche **N** désélectionne les paquets sélectionnés. La touche **I** affiche des informations concernant le paquet actuellement sélectionné, avec tous les paquets dépendants. La touche **Q** permet de sortir du programme.

Figure 4.16

Sélection de paquets task- dans tasksel.

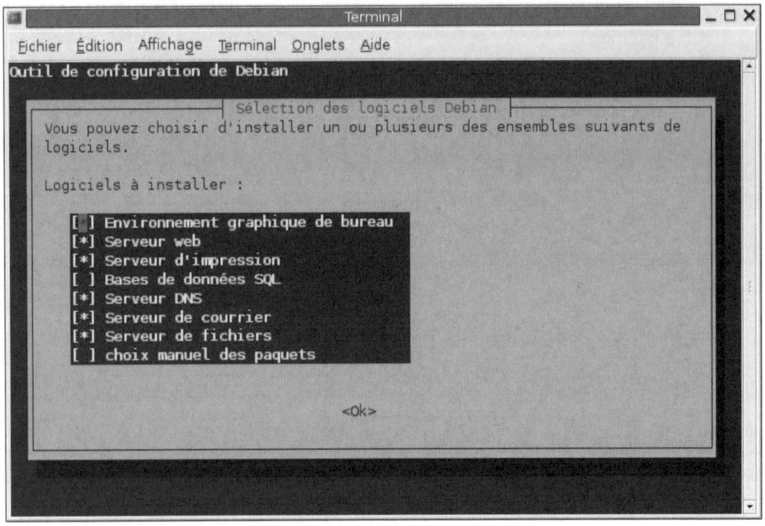

Occupation d'espace des groupes de paquets task-

L'installation de base d'un système Debian occupe environ 120 Mo. Les paquets supplémentaires recommandés correspondent à environ 130 Mo, dont 40 Mo sont récupérés sur le réseau. Vous pouvez donc prévoir environ 300 Mo d'espace disque pour un système Debian minimal.

Si vous sélectionnez des paquets **task-** supplémentaires, il est conseillé de faire une évaluation préalable de l'espace disque requis. Le tableau suivant donne quelques ordres de grandeur. Notez que certains paquets se recoupent, ce qui donne au final une valeur moindre.

Ensemble Task (en Mo)	Volume occupé	Volume téléchargé	Volume (Mo) pour installer
Environnement de bureau	345	118	463
Système d'affichage X Window	78	36	114
Jeux	49	14	63
Debian Jr.	340	124	464
Accès à distance	28	8	36
Ordinateurs portables	3	1	4
Applications scientifiques	110	30	140
C et C++	32	15	47
Python	103	30	133
Tcl/Tk	37	11	48
Fortran	10	4	14
Serveur de fichiers	1	-	1
Serveur de messagerie	4	3	7
Serveur news Usenet	6	2	8
Serveur d'impressions	48	18	66
Serveur Unix standard	55	19	74
Serveur Web	4	1	5
Environnement TeX/LaTeX	171	64	235

```
Environnement Chinois simplifié     80          29            109
Environnement Chinois traditionnel 166          68            234
Environnement Cyrillique            29          13             42
Environnement Français              60          18             78
Environnement Allemand              31           9             40
Environnement Japonais             110          53            163
Environnement Coréen               178          72            250
Environnement Polonais              58          27             85
Environnement Russe                 12           6             18
Environnement Espagnol              15           4             19
```

L'outil **tasksel** est très pratique lorsque vous ne voulez pas passer trop de temps à sélectionner les paquets un à un. Les utilisateurs de la version 2.1 de Debian se souviennent d'une fonction similaire qui permettait d'effectuer une présélection avant de lancer **dselect**. Hélas, cette préparation n'est plus disponible, mais ce programme constitue un excellent remplacement.

Voici les options de ligne de commande de **tasksel** :

```
debian:~# tasksel -h

Unknown option: h
Usage:
tasksel install <tâche>
tasksel remove  <tâche>
tasksel [Options]; ou Options est une combinaison de :
    -t, --test      Mode d'essai. Aucune action
    -r, --required  Installe tous les paquets requis
    -i, --important Installe tous les paquets importants
    -s, --standard  Installe tous les paquets standard
    -n, --no-ui     Pas d'interface utilisateur,
                    à combiner à -r ou à -i
        --new-install   Installe automatiquement certaines tâches
        --list-tasks    Affiche les tâches et termine
        --task-packages Affiche les paquets disponibles d'une tâche
        --task-desc     Affiche la description d'une tâche
```

Les paquets de noyaux

Vous pouvez installer un nouveau noyau en recompilant les sources ou bien installer un noyau déjà compilé. Vous avez le choix parmi plusieurs noyaux optimisés selon les processeurs. Pour la version 2.4.5, vous disposez par exemple des paquets suivants :

```
fr@surimi:~$ apt-cache search kernel-image-2.4.5
kernel-image-2.4.5-386 - Linux kernel image for version 2.4.5 on 386.
kernel-image-2.4.5-586 - Linux kernel image for version 2.4.5 on 586/K5/
➥5x86/6x86/6x86MX.
kernel-image-2.4.5-586tsc - Linux kernel image for version 2.4.5 on
➥Pentium-Classic.
```

```
kernel-image-2.4.5-686 - Linux kernel image for version 2.4.5 on PPro/
➥Celeron/PII/PIII.
kernel-image-2.4.5-686-smp - Linux kernel image 2.4.5 on PPro/Celeron/
➥PII/PIII SMP.
kernel-image-2.4.5-k6 - Linux kernel image for version 2.4.5 on AMD K6/
➥K6-II/K6-III
```

Vous choisirez le paquet le plus approprié à votre matériel pour l'installer par exemple avec **apt-get** :

```
surimi:~# apt-get install kernel-image-2.4.5-686
Reading Package Lists... Done
Building Dependency Tree... Done
The following extra packages will be installed:
ash initrd-tools mkcramfs
The following NEW packages will be installed:
ash initrd-tools kernel-image-2.4.5-686 mkcramfs
0 packages upgraded, 4 newly installed, 0 to remove and 6 not upgraded.
Need to get 7769kB of archives. After unpacking 21.5MB will be used.
Do you want to continue? [Y/n]
```

Une fois l'installation achevée, le noyau (*vmlinuz-2.4.5-686-smp*), le fichier système *.map* correspondant (*System.map-2.4.5-686-smp*) et le fichier de configuration qui a servi à générer le noyau (*config-2.4.5-686-smp*) sont tous stockés dans le répertoire */boot*.

Les modules correspondants à ce noyau sont stockés dans */lib/modules/2.4.5-686-smp/*.

Vous devez encore adapter la configuration en fonction du chargeur d'amorce. Certains des noyaux Linux fournis par le projet Debian recourent à un disque virtuel en mémoire au démarrage (**initrd**). Il faut dans ce cas indiquer ce disque dans la configuration du chargeur. Pour le chargeur GRUB, la configuration est la suivante :

```
title GNU/Linux 2.4.5 686
root (hd0,8)
kernel /vmlinuz-2.4.5-686 root=/dev/hda1
initrd /initrd-2.4.5-686
```

Lorsque le noyau n'utilise pas de disque virtuel en RAM, vous pouvez ignorer la ligne correspondante. Si vous employez le chargeur **lilo**, le principe est le même.

Nous présentons la création d'un paquet de noyau Debian personnalisé au Chapitre 5 (**make-kpkg**).

base-config

Cette commande permet de redéfinir les paramètres définis lors de l'installation pour le fuseau horaire et les sources utilisés par APT pour l'installation d'autres paquets.

Vous pouvez lancer ensuite directement une interface pour sélectionner les paquets (en choisissant parmi **dselect**, **aptitude**, **tasksel**, etc.).

Les deux étapes (fuseau horaire et source des paquets) peuvent être réalisées au moyen des outils **tzconfig** et **apt-setup**.

debootstrap

debootstrap permet de redémarrer à zéro l'installation d'un système Debian. L'opération peut être réalisée sur un système opérationnel en direction d'une autre partition ou dans un nouveau répertoire du système actuel. Cela permet par exemple de tester une autre release Debian. L'outil permet également de lancer une installation Debian depuis une autre distribution Linux. Vous trouverez les paquets au format RPM pour **debootstrap** à l'adresse suivante :

http://people.debian.org/~blade/install/debootstrap

Voici la syntaxe générique de **debootstrap** :

```
debootstrap [OPTION]... SUITE TARGET [MIRROR [SCRIPT]]
```

En complément des options décrites ci-après, **debootstrap** a besoin de connaître la version Debian installée (SUITE) et le répertoire cible (TARGET). Vous pouvez également définir un serveur miroir Debian (MIRROR) à partir duquel seront extraits les paquets. Vous pouvez même spécifier un script à exécuter pendant l'installation.

Options

--arch architecture pour laquelle le système doit être généré.

--download-only téléchargement des paquets sans installation.

--include=a,b,c... chargement des paquets supplémentaires et installation. Vous devez gérer les dépendances, c'est-à-dire prévoir tous les paquets requis.

--exclude=a,b,c... interdiction d'installer les paquets désignés et suppression des listes internes. Notez que cette action risque de supprimer des paquets indispensables.

--variant=buildd installation d'un système comprenant tous les paquets requis pour le programme **buildd**.

--verbose affichage d'un plus grand nombre d'informations pendant l'installation.

--print-debs génération d'une liste des paquets à installer puis fin du programme.

--unpack-tarballFIC désarchivage des paquets depuis l'archive FIC. Aucun paquet n'est récupéré depuis un serveur.

--boot-floppies option à usage interne lors de la génération des disquettes de démarrage spécifiques.

--debian-installer pour usage interne de l'installateur Debian.

Voici un exemple de ligne de commande pour la version Woody. Nous demandons l'installation d'un système de base dans le répertoire *woody-chroot/* du répertoire actuel :

```
debootstrap woody ./woody-chroot http://ftp.debian.org/debian
```

modconf

L'outil **modconf** sert à charger des modules supplémentaires dans le noyau. Il propose une interface simplifiée pour les outils en ligne de commande **insmod** et **modprobe**. Vous lancez **modconf** sans aucun paramètre.

Figure 4.17

Installation de modules par modconf.

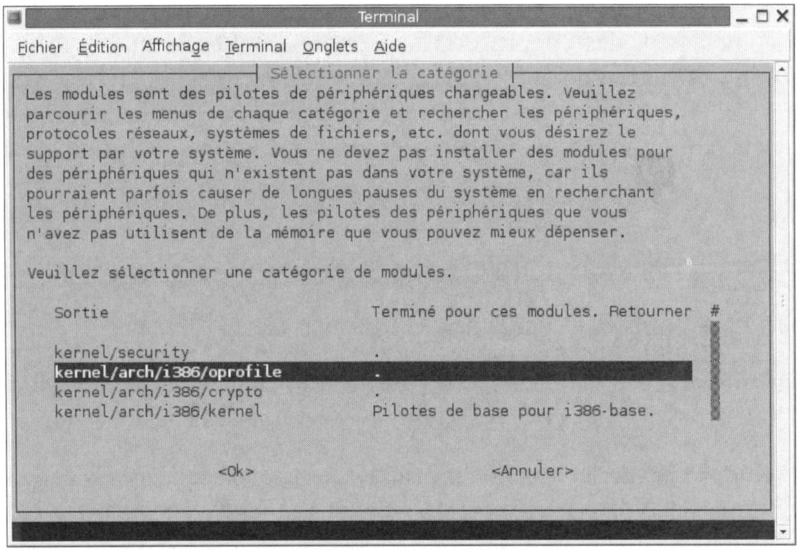

Comme lors de l'installation du système de base, les modules doivent correspondre au matériel et vous devez fournir les paramètres adéquats.

shadowconfig

Cette commande permet d'activer ou d'inhiber l'utilisation des mots de passe fantômes. L'option peut être sélectionnée dès l'installation du système.

```
nigiri:~# shadowconfig
Usage: /sbin/shadowconfig on | off
```

Cette commande a pour seules options "on" et "off". Notez que lorsque vous changez l'état de cette option, toutes les options dans le domaine de validité temporelle d'un mot de passe sont perdues.

tzconfig

Avec cette commande, vous redéfinissez le fuseau horaire en vigueur. Voici un exemple d'utilisation :

```
nigiri:~# tzconfig
Your current time zone is set to Australia/Victoria
Do you want to change that? [n]: y
Please enter the number of the geographic area in which you live:
1) Africa                    7) Australia
2) America                   8) Europe
3) US time zones             9) Indian Ocean
4) Canada time zones        10) Pacific Ocean
5) Asia                     11) Use System V style time zones
6) Atlantic Ocean           12) None of the above
Then you will be shown a list of cities which represent the time zone
in which they are located. You should choose a city in your time zone.
Number: 8
Amsterdam Andorra Athens Belfast Belgrade Berlin Bratislava Brussels
Bucharest Budapest Chisinau Copenhagen Dublin Gibraltar Helsinki
Istanbul
Kaliningrad Kiev Lisbon Ljubljana London Luxembourg Madrid Malta Minsk
Monaco Moscow Nicosia Oslo Paris Prague Riga Rome Samara San_Marino
Sarajevo Simferopol Skopje Sofia Stockholm Tallinn Tirane Tiraspol
Uzhgorod Vaduz Vatican Vienna Vilnius Warsaw Zagreb Zaporozhye Zurich
Please enter the name of one of these cities or zones
You just need to type enough letters to resolve ambiguities
Press Enter to view all of them again
Name: [] Paris
Your default time zone is set to 'Europe/Paris'.
Local time is now:     Mer Oct 30 08:32:26 CET 2005.
Universal Time is now: Mer Oct 30 07:32:26 UTC 2005.
nigiri:~#
```

dlocate

Après quelques heures d'utilisation du système de paquets Debian, vous aurez certainement l'occasion de rencontrer l'outil **dpkg**, qui est celui employé à l'origine. Ses deux options **-L** et **-S** permettent de trouver des noms de paquets contenant des fichiers que vous cherchez, mais une solution plus efficace consiste à recourir à l'outil spécifique nommé **dlocate**. Il exploite l'outil GNU appelé **locate** et permet de trouver, grâce à des paramètres, tous les fichiers appartenant à un paquet et l'espace disque nécessaire. Il peut même calculer les sommes de contrôle et les pages de documentation **man**.

Lorsque vous lancez **dlocate** sans paramètre, vous obtenez son écran d'aide :

```
linux:/home/fr/truc# dlocate
Usage: dlocate [option] [string...]

Options:
    (no option) string       list all records that match
    -S          string       list records where files match
    -L          package      list all files in package
    -l          package      almost-emulation of 'dpkg -l'
    -s          package      print package's status
    -ls         package      'ls -ldF' of all files in package
    -du         package      'du -sck' of all files in package
    -conf       package      list conffiles in package
    -lsconf     package      'ls -ldF' of conffiles in package
    -md5sum     package      list package's md5sums (if any)
    -md5check   package      check package's md5sums (if any)
    -man        package      list package's man pages (if any)

The -L, -s, and -S commands are roughly analagous to the
equivalent dpkg commands.
```

Recherche de fichiers non installés

dlocate ou `dpkg -S` ne peuvent trouver que les fichiers qui sont installés sur le système. Parfois, vous connaissez le nom d'un fichier ou d'un programme mais vous ne savez pas dans quel paquet il se trouve. Dans ce cas, vous utilisez la commande `apt-cache search nomfic`.

Sachez aussi que le fichier nommé *Contents-i386.gz* contient la liste de tous les fichiers avec les noms de paquets (vous remplacez **i386** par l'indicateur d'architecture si elle est différente). La commande `zcat Contents-i386.gz | grep exim.conf` recherche par exemple le fichier de configuration de messagerie et affiche le nom du paquet qui le contient.

Le système de menus

Le système de menus de Debian GNU permet de proposer une entrée pour chacun des paquets installés, à l'attention des gestionnaires de fenêtres tels que GNOME. Lorsqu'un paquet est installé, une entrée est automatiquement créée dans les menus au moyen du script d'installation du paquet. L'administrateur système peut modifier les menus pour tous les utilisateurs et créer de nouveaux menus à portée globale.

Voici la structure générale des menus de Debian GNU :

```
Apps            -- Menu principal des applications
 Editors        -- Programmes de traitement de texte
 Net            -- E-mail, news, navigateurs, IRC, etc.
 Programming    -- Débogueur, etc.
 Shells         -- Interpréteurs bash, ksh, zsh, etc.
 Tools          -- Divers : xclock, xmag, xman, etc.
 Viewers        -- Visionneuses gs, xawtv, etc.
 Math           -- gnuplot, octave, oleo, etc.
 Graphics       -- xpaint, xfig, xtiff, etc.
 Emulators      -- dosemu, etc.
 Sound          -- Outils audio, TkMidity, etc.
 System         -- Gestion et surveillance système
Games           -- Sous-menu des jeux
 Adventure      -- Aventure, zork, MOO's, etc.
 Arcade         -- Action...
 Board          -- Plateau : Gnuchess, pente, gnugo
 Card           -- Solitaire, etc.
 Puzzles        -- xpuzzles...
 Sports         -- Jeux de sport
 Strategy       -- lincity, freeciv
 Tetris-like    -- Tout ce qui tombe...
 Toys           -- oneko, xeyes etc.
Screen          --
 Lock           -- xlock, etc.
 Screen-saver   -- Economiseurs d'écrans
 Root-window    -- Fonds d'écrans
Window-managers -- Choix d'un gestionnaire de fenêtres
 Modules        -- modules fvwm, etc.
XShells         -- shells (xterm, rxvt...)
```

Ne modifiez pas cette structure. Les responsables des paquets peuvent y apporter des modifications, mais les utilisateurs ne doivent jamais y toucher.

Vous pouvez en revanche retoucher le contenu des entrées des menus. Dans ce cas, vous devez toujours appeler ensuite le programme nommé **update-menus**. Notez que la commande doit être suivie de l'identifiant de l'utilisateur pour lequel les menus doivent être modifiés. Les modifications globales pour tous les utilisateurs sont faites par le super-utilisateur *root*. L'outil **update-menus** est appelé automatiquement lors de l'installation d'un paquet.

Pour chaque paquet Debian GNU/Linux, le répertoire */usr/lib/menu/* contient un fichier portant le même nom que le paquet. Le fichier rappelle le nom du paquet, le texte de l'entrée de menu correspondante et la position de l'entrée dans les menus. Ne modifiez jamais ces fichiers puisqu'ils seront écrasés en cas de mise à jour des paquets. Les modifications valables globalement sont placées dans le répertoire */etc/menu/*. L'administrateur système peut y créer des fichiers ou copier certains des fichiers depuis */usr/lib/menu/* puis les modifier.

Voici un exemple de fichier d'entrée de menu, pour l'outil GNUPlot :

```
?package(gnuplot):\          Nom du paquet
needs=text\                  Interface requise. Paramètres possibles:
needs=X11:                   Requiert X11
needs=text:                  Accepte le mode texte (sous X11, le
                             gestionnaire doit lancer xterm ou rxvt)
needs=vc:                    Requiert la console Linux
needs=wm:                    Requiert un autre gestionnaire de fen.
section=Apps/Math\           Entrée dans les menus
title="Gnuplot"\             Texte de l'entrée (restez court)
command="/usr/bin/gnuplot"   Chemin d'accès et nom de l'exécutable
```

Pour changer par exemple le texte de l'entrée de menu pour GNUPlot, vous modifiez ce qui est placé entre guillemets dans la ligne *title=\"Gnuplot"*. Pensez à appeler ensuite **update-menus**.

Pour déplacer un programme dans la structure des menus, il suffit de modifier la ligne **section=Apps/Math**.

Chaque utilisateur peut effectuer les aménagements spécifiques de la structure de menus Debian GNU/Linux en modifiant le fichier *~/.menu* de son répertoire de travail. Si le sous-répertoire n'existe pas, vous le créez par la commande `mkdir .menu`. Vous pouvez ensuite créer des fichiers dans ce répertoire, éventuellement en les copiant depuis */usr/lib/menu/*. Les modifications ne sont valables que pour chaque utilisateur. Il faut penser à appeler le programme **update-menus** après la modification, sans passer en mode super-utilisateur.

Vous pouvez également masquer totalement certaines entrées de menu. Il suffit de créer un fichier vide correspondant au nom du paquet qui doit être rendu invisible. La commande **touch** est très pratique pour créer un fichier vide :

```
cd ~/.menu
touch gnuplot
```

L'exemple précédent supprime toute mention de Gnuplot dans les menus. Pour appliquer cette modification à tous les utilisateurs, il faut intervenir dans le sous-répertoire */etc/menu/* en tant que super-utilisateur. Vous trouverez d'autres détails concernant le système de menus de Debian GNU/Linux dans la documentation du paquet **menu** ou à la page *http://www.debian.org/doc/packaging-manuals/menu.html*. Dans cette page est également expliquée la façon de créer une entrée de menu pour un nouveau paquet Debian.

Installation de paquets étrangers

Le format des paquets Debian GNU/Linux est spécifique. Aucune autre distribution ne l'utilise (sauf bien sûr celles qui sont basées sur Debian). Tous les programmes servant à l'installation sont de ce fait spécifiques à ce format. Nous sommes persuadés que vous trouverez tous les paquets dont vous avez besoin dans la distribution Debian GNU/Linux. Voyons cependant comment installer des paquets qui se présentent dans un autre format sur un système Debian. Cela permet par exemple d'installer des logiciels commerciaux qui sont fréquemment fournis au format RPM.

alien

Le programme **alien** sert à installer des paquets d'un autre format sur un système Debian. Il fonctionne bien sûr sur toutes les distributions Linux et sait gérer les formats étendus pour convertir les paquets dans le format de la distribution souhaitée. Des problèmes peuvent survenir pendant la conversion. Le paquet à installer dépend normalement de quelques librairies de fonctions qui ne sont pas nécessairement disponibles sur le système cible ou pas dans la version recherchée. Vous devez dans ce cas installer également les librairies avec **alien**. Mais en général, le processus se déroule sans souci.

Lancez **alien** sans paramètre pour obtenir un rappel de ses nombreuses options :

```
linux:/home/fr/rpm2deb# alien
Usage: alien [options ...] file [...]
file [...]              Package file or files to convert.
-d, --to-deb            Generate a Debian deb package. (default)
    Enables the following options:
       --patch=<patch>  Specify patch file to use instead of
                        automatically looking for patch in/var/lib/
alien.
  --nopatch             Do not use patches.
  -r, --to-rpm          Generate a RedHat rpm package.
  -t, --to-tgz          Generate a Slackware tgz package.
  --to-slp              Generate a Stampede .slp package.
  -i, --install         Install generated package.
  -g, --generate        Unpack, but do not generate a new package.
  -s, --single          Like --generate, but do not create .orig
                        directory.
  -c, --scripts         Include scripts in package.
```

```
-k, --keep-version     Do not change version of generated package.
--description=<desc>  Specify package description.
-h, --help             Display this help message.
-v, --version          Display alien's version number.
```

L'utilisation est fort simple. Généralement, vous faites suivre le nom de la commande du nom du paquet à convertir. **alien** génère un fichier avec l'extension **.deb**, que vous pouvez ensuite installer comme d'habitude sous Debian. Prenons comme exemple le programme nommé **pilot-address**. Si vous utilisez un assistant personnel Palm-Pilot, vous pourrez tirer profit de ce paquet après sa conversion.

```
linux:/home/fr/rpm2deb# alien pilot-address-0.3.0-1.i386.rpm
-- Examining pilot-address-0.3.0-1.i386.rpm
-- Unpacking pilot-address-0.3.0-1.i386.rpm
2813 blocks
----
-- Automatic package debianization
-- Building the package pilot-address_0.3.0-2_i386.deb
dh_testdir
# Nothing to do.
dh_testdir
dh_testroot
dh_clean -k
dh_installdirs
cp -a 'ls |grep -v debian' debian/tmp
dh_installdocs
dh_installexamples
dh_installmenu
dh_installcron
dh_installchangelogs
dh_compress
dh_suidregister
dh_installdeb
dh_shlibdeps
dh_gencontrol
dh_makeshlibs
dh_md5sums
dh_builddeb
dpkg-deb: building package 'pilot-address' in
'../pilot-address_0.3.0-2_i386.deb'.

Generation of pilot-address_0.3.0-2_i386.deb complete.

-- Successfully finished
linux:/home/fr/rpm2deb# ls -l
total 860
-rw-r--r-- 1 root root 437258 Feb 2 16:22 pilot-address-0.3.0-1.i386.rpm
-rw-r--r-- 1 root root 435982 Feb 2 16:23 pilot-address_0.3.0-2_i386.deb
```

Pour convertir un paquet au format Red Hat, faites appel à la commande `alien paquet.rpm`. Le résultat est un fichier nommé *paquet.deb* que vous installez avec `dpkg -i paket.deb`.

Désarchivage manuel d'un paquet

Vous pouvez savoir ce que contient un paquet Debian sans procéder à son installation. En effet, les paquets Debian utilisent un format d'archive standard exploitable par la commande **ar**. Notez cependant que cette manière de faire ne placera pas les fichiers du paquet à l'endroit prévu lors d'une installation normale. Vous obtiendrez tous les fichiers qui étaient réunis dans le paquet.

Pour désarchiver un paquet, employez la commande suivante :

```
ar -x paquet.deb /tmp/ paquet
```

Les fichiers du paquet sont ensuite rangés dans le répertoire */tmp/paquet/*.

Pour ne désarchiver que quelques fichiers du paquet, vous pouvez lancer :

```
ar -x paquet.deb data.tar.gz
```

Nous présentons en détail le format des paquets Debian au début du Chapitre 5.

5

Les paquets Debian en détail

Au sommaire de ce chapitre :

- ✔ Le format des paquets Debian
- ✔ Création d'un paquet de noyau Debian
- ✔ Les fichiers des paquets
- ✔ Les référentiels Debian
- ✔ Téléchargement d'images de CD ou de DVD

Nous allons dans ce chapitre étudier en détail le format des paquets Debian et la génération d'un paquet de noyau Debian. Nous passerons également en revue les référentiels, les réservoirs de paquets Pools et le téléchargement d'images de CD ou de DVD au moyen des outils Jigdo et BitTorrent.

Le format des paquets Debian

Dans le système Debian, les paquets sont exclusivement au format **.deb**. Les principes en sont très simples :

- Le paquet doit pouvoir être désarchivé avec des commandes Unix standard.
- Le format doit facilement permettre des extensions.

Le format des paquets est donc l'archive **ar**. Cette archive contient trois fichiers :

- *Debian-binary :* indique le numéro de version du format du paquet Debian, par exemple 2.0.

- *control.tar.gz :* archive tar compressée contenant les métadonnées du paquet.
- *data.tar.gz :* archive tar compressée contenant les fichiers réels constituant le programme.

Dépendances

Aucun paquet n'est un objet isolé dans le système Debian. Les paquets connaissent les relations qu'ils ont les uns par rapport aux autres. Pour contrôler ces dépendances, vous disposez d'une série de mots clés qui servent à les décrire.

- **Pre-Depends :** cette section indique les noms des autres paquets qui doivent être installés pour que le paquet puisse l'être.
- **Depends :** indique les noms des paquets qui doivent être installés avant que dpkg puisse configurer le paquet concerné.
- **Conflicts :** paquets qui ne peuvent pas être installés simultanément avec le paquet.
- **Provides :** noms des paquets virtuels fournis par ce paquet.
- **Replaces :** noms des paquets qui sont remplacés par le présent paquet.
- **Recommends, Suggests :** liste de recommandations d'autres paquets convenant à ce paquet.

Processus d'installation ou de désinstallation

L'installation et la désinstallation d'un paquet Debian reposent sur un schéma figé. Voici le schéma de l'installation :

– <new-preinst> install

– Désarchivage du paquet

– <new-postinst> configure

En revanche, la mise à jour est un peu plus complexe car elle concerne le paquet déjà installé et le nouveau paquet :

– <old-prerm> upgrade <new-version>

– <new-preinst> install <old-version>

– Désarchivage du paquet

– <old-postrm> upgrade <new-version>

– `<new-postinst> configure <old-version>`

La suppression d'un paquet suppose que l'on distingue bien les deux commandes **remove** et **purge**, car la seconde supprime également les fichiers de configuration.

Voici le processus de suppression d'un paquet :

– `prerm remove`

– Suppression des fichiers (mais pas des fichiers de configuration)

– `postrm remove`

Suppression des scripts d'aide (à l'exception de **postrm**)

Si vous utilisez en revanche la commande **purge**, les deux étapes suivantes ont également lieu :

– Suppression des fichiers de configuration et de toutes leurs copies éventuelles

–`postrm purge`

– Effacement du paquet de la base de données des paquets

Création d'un paquet de noyau Debian

Vous disposez de deux approches pour générer un noyau spécifique sur un système Debian GNU/Linux. Vous pouvez utiliser l'approche purement manuelle, comme dans n'importe quel autre système Linux. Cependant, il est mieux de générer un paquet de noyau Debian puis de l'installer.

Voyons d'abord cette seconde méthode. Nous aborderons la méthode classique ensuite.

Génération d'un noyau Debian (kernel-package)

Le paquet nommé **kernel-package** aide l'administrateur système Debian dans la gestion des noyaux Linux.

Vous avez sans doute déjà rencontré les différents paquets de noyaux livrés avec votre distribution Debian. Ces noyaux sont configurés de façon à ce qu'ils s'adaptent à la plupart des systèmes, mais il est parfois nécessaire de générer un nouveau noyau pour lui faire supporter un élément matériel spécifique ou résoudre un conflit entre deux matériels. C'est le but de l'outil **kernel-package**. Il génère un paquet Debian contenant un noyau spécifique et tous les modules appropriés.

En plus de ce paquet que vous pouvez installer immédiatement, vous devez mettre en place un paquet contenant le code source du noyau souhaité. Les archives se trouvent à l'adresse *ftp://ftp.kernel.org* ou sur les serveurs miroirs du noyau.

Détection de la version du noyau le plus récent

Si vous ne voulez pas tâtonner *via* FTP dans les nombreux répertoires du serveur de noyaux pour trouver la version la plus récente, vous pouvez utiliser la commande `finger @www.kernel.org`. N'utilisez pas cette commande dans les scripts pour ne pas surcharger le serveur. Vous trouverez la même information sur la page Web *http://www.kernel.org/kdist/finger_banner*.

Voici les noms des autres paquets qu'il faut installer pour pouvoir générer un noyau :

- **gcc**
- **libc5-dev** (ou mieux encore parce que plus récent, libc6-dev)
- **binutils**
- **make**
- **gawk ou mawk**
- **gzip**
- **shellutils**
- **grep et**
- **bin86** (sur la plate-forme i386).

Si vous désirez utiliser `make menuconfig` pour configurer le noyau, il faut également installer le paquet **libncurses5-dev**. Vous aurez certainement déjà installé la plupart de ces paquets.

Une fois ces paquets présents, vous pouvez désarchiver le code source du noyau, ce qui se fait généralement dans */usr/src/*.

Si vous employez des paquets de source de noyau Debian, l'archive à décompresser se trouve normalement déjà dans */usr/src/*. Rappelons que vous pouvez recourir à n'importe quelle autre source de noyau Linux.

Lors du désarchivage des sources, prenez garde que le contenu du répertoire */usr/src/linux/* ne soit pas écrasé par le contenu de l'archive. Si vous comptez jongler avec plusieurs versions du noyau, il est conseillé de changer le nom du sous-répertoire */usr/src/linux/*, par exemple en *kernel-source-2.2.14*.

Assurez-vous que le répertoire */usr/src/* est implanté dans une partition offrant suffisamment d'espace libre. Les versions les plus récentes du noyau occupent environ 17 Mo en version compressée, mais presque 100 Mo ou 120 Mo une fois que tout est mis en place (pour chaque version !).

Vous pouvez ensuite entrer dans le répertoire contenant le code source du noyau.

Le nom des paquets de noyaux Linux pour Debian est toujours basé sur le nom principal (dans notre cas, *kernel-image*), suivi du numéro de version du noyau (par exemple *2.2.14*, ce nom étant attribué par le fichier Make), et enfin du numéro de révision, que vous pouvez choisir librement (au moyen de l'option **--revision** que nous présentons plus loin avec l'outil **make-kpkg**). Choisissez un numéro de révision unique pour éviter d'écraser un noyau existant. Notez que vous ne pouvez pas employer le caractère de soulignement. Vous pouvez utiliser une autre approche consistant à donner la valeur de votre choix à la variable d'environnement DEBIAN_REVISION.

Augmentez toujours le numéro de révision à chaque régénération de noyau. Cela permet au système de gestion des paquets Debian d'effectuer des mises à jour automatiques.

Le paquet **kernel-package** est doté d'un fichier de configuration qui se trouve comme d'habitude dans le répertoire */etc/* sous le nom *kernel-pkg.conf*. Nous vous conseillons d'indiquer au moins votre nom et votre adresse de messagerie, ce qui permettra à tout moment de savoir qu'il ne s'agit pas d'un paquet d'origine Debian. Si nécessaire, vous pouvez utiliser d'autres variables dans le fichier. Voici les options actuellement supportées :

- **maintainer** : le responsable du paquet de noyaux. Si vous avez besoin d'utiliser l'apostrophe dans le nom, il faut le délimiter comme dans `John O'&'Brien`.
- **email :** votre adresse de messagerie.
- **pgp :** le nom à chercher dans la base de données PGP. Vous indiquez normalement ici le nom du responsable. La valeur peut être remplacée par celle de la variable PGP_SIGNATURE.
- **debian** : le numéro de révision du paquet. La valeur standard est 1.00. Vous pouvez aussi employer la variable DEBIAN_REVISION.
- **image_in_boot** : si la valeur de cette variable est TRUE, le noyau est placé dans */boot/* puis un lien symbolique est créé. Dans le cas contraire, il est stocké dans le répertoire racine (/). Vous pouvez également utiliser la variable IMAGE_IN_BOOT.

- **kimage** : type de l'image du noyau, par exemple **zImage** ou **bzImage** (**bzImage** est standard). Vous pouvez aussi employer la variable IMAGE_TYPE.

- **no_symlink :** option à ne pas exploiter en même temps que **reverse_symlink**. Cette option s'utilise en combinaison avec **image_in_boot**. Lorsque vous l'employez, l'image du noyau est toujours stockée sous le nom *vmlinuz* (et non */boot/vmlinuz-x.x.xx*). S'il existe déjà une image du noyau et si elle se distingue de la nouvelle image, le fichier est renommé *vmlinuz.old*. Il en découle que vous ne pouvez gérer que deux images de noyau à la fois. Les versions ultérieures doivent être gérées manuellement. Vous utiliserez cette option sur un système ne supportant pas les liens symboliques (par exemple en cas d'utilisation de **loadlin**). Considérez-la plutôt comme une option pour les hackers.

- **reverse_symlinks** : permet d'attribuer un lien symbolique avec numéro de version pour l'image du noyau ne possédant pas de numéro de version. L'option est écrasée par la valeur d'une variable d'environnement nommée REVERSE_SYMLINK. Elle ne peut pas être combinée à **no_symlinks**, mais on l'associe à **link_in_boot**. Comme l'option **no_symlink**, vous ne pouvez gérer ainsi que deux images. Vous ne l'utiliserez qu'en cas de nécessité absolue, par exemple si vous exploitez un système de fichier **umsdos** sur la partition */boot*.

- **patch_the_kernel** : cette variable est réservée aux experts. Si vous lui donnez la valeur YES (sa valeur peut être écrasée par la variable PATCH_THE_KERNEL), la génération des paquets Debian provoque la génération du script */usr/src/kernel-patches/$(architecture)/apply* et tous les correctifs de noyau installés sont appliqués au code source du noyau. Vous annulez ce comportement en appelant `make-kpkg clean`, en exécutant */usr/src/kernel-patches/$(architecture)/unpatch*. Pour profiter des correctifs indépendants de l'architecture, vous pouvez indiquer "**all**" pour l'architecture.

- **config_target :** désigne l'étape de configuration à réaliser. La valeur par défaut, **oldconfig**, convient bien à la génération d'un noyau ne nécessitant que peu d'interventions supplémentaires. Si l'option **patch_the_kernel** est active, des retouches seront sans doute requises pour les nouvelles fonctions. Dans ce cas, vous attribuerez à cette option la valeur **menuconfig** ou **xconfig**.

  La variable d'environnement CONFIG_TARGET écrase la valeur dans le fichier de configuration. Si la valeur de **config_target** n'est pas **config**, **oldconfig**, **menuconfig** ou **xconfig**, la valeur prise en compte est **oldconfig**.

- **use_saved_config :** si cette variable reçoit la valeur NO, le fichier *.config.save* est ignoré.

- **root_cmd** : permet de définir une commande attribuant les droits d'administrateur à tous les utilisateurs de façon temporaire. Les commandes correspondantes sont notamment **sudo** et **fakeroot**. La variable d'environnement correspondante est ROOT_CMD.
- **delete_build_link** : si la valeur de cette variable est YES, le lien désignant le fichier */lib/modules/$VERSION/build* du paquet généré est supprimé. La variable d'environnement correspondante est DELETE_BUILD_LINK.
- **do_clean :** si la valeur de cette variable est YES, l'appel à `make clean` est activé après la génération du paquet. Toute autre valeur empêche cet appel. La variable d'environnement correspondante est CLEAN_SOURCE.
- **install_vmlinuz :** si la valeur de cette variable est YES, l'outil installe, en plus de l'image de noyau compressée *vmlinuz*, l'image non compressée.
- **source_clean_hook :** point d'ancrage permettant de lancer un programme avant la compression des sources dans une archive, ce programme pouvant par exemple supprimer les fichiers inutiles. Il peut s'agir de répertoires qui servent à contrôler les versions ou de fichiers correspondant à une architecture non souhaitée.

  L'action n'est appliquée qu'à la structure de noyau temporaire sous *./debian/tmp-source/usr/src/kernel-source-X.X.XX*.
- **header_clean_hook :** comme pour **source_clean_hook**, sauf que les effets ne concernent que les fichiers d'en-tête du noyau.
- **doc_clean_hook** : comme **source_clean_hook**, sauf que les effets ne concernent que la documentation du noyau.
- **extra_docs** : sert à désigner un répertoire contenant des documentations supplémentaires qui doivent être stockées dans le répertoire */usr/share/doc/kernel-image-X.X.XX/*. Les données ne sont pas compressées et aucun test n'est réalisé pour détecter les conflits au niveau des noms. Vous pouvez spécifier ce chemin avec la variable d'environnement EXTRA_DOCS.
- **kpkg_follow_symlinks_in_src :** cette option sert aux programmeurs qui utilisent intensivement les liens symboliques pour créer des noyaux. Les liens dans les paquets générés sont convertis de sorte que tous les fichiers soient incorporés. La variable d'environnement équivalente est KPKG_FOLLOW_SYM-LINKS_IN_SRC.
- **make_libc_headers :** cette variable ne doit être employée que par le concepteur de la librairie **libc** lorsqu'il veut convertir à nouveau **libc6**. N'utilisez jamais cette

variable ! La variable d'environnement correspondante est MAKE_LIBC_HEADERS.

- **CONCURRENCY_LEVEL** : permet de décider du nombre d'instances du compilateur que l'on peut lancer par **make**, avec l'option **-j**. La valeur doit être entière et rester raisonnable.
- **ARCH_IN_NAME :** avec cette variable, un nom complémentaire est inséré pour le paquet du noyau dans la sous-architecture. Vous pouvez ainsi générer, *via* un petit script, plusieurs noyaux pour des architectures différentes. Notez que c'est le nom du paquet qui est modifié par la variable et non l'ordre des données dans le système de fichier.
- **CONFDIR** : permet de définir le chemin d'accès à un répertoire contenant les fichiers de configuration de l'architecture concernée (*.config*). Par défaut, le répertoire est */usr/share/kernel-package/Config*.
- **IMAGEDIR :** cette variable permet de mémoriser le nom du répertoire devant contenir */boot* pour recevoir les images de noyau. Très utile aux amateurs de **loadlin**.
- **MODULE_LOC :** désigne un répertoire pour stocker des modules complémentaires. Par défaut, c'est */usr/src/modules*.
- **PATCH_DIR :** désigne un répertoire contenant des correctifs de noyau qui doivent être appliqués au code source avant la compilation. Par défaut, la valeur de la variable est */usr/src/kernel-patches/ARCHITECTURE*.
- **ALL_PATCH_DIR :** désigne un répertoire contenant des correctifs de noyau indépendants de l'architecture. Par défaut, c'est */usr/src/kernel-patches/all*.

Voici l'ordre de priorité :

- Une variable est définie dans le fichier *rules* (choix par défaut).
- Une variable est définie dans le fichier */etc/kernel-pkg.conf* et sa priorité est supérieure.
- Vous pouvez définir des variables au moyen des variables d'environnement dont la valeur remplace les valeurs des fichiers de configuration et des valeurs par défaut.
- Si vous utilisez des options pour **make-kpkg** sur la ligne de commande, ces valeurs remplacent toutes les autres. Le paquet de noyau Debian peut ensuite être généré avec **make-kpkg** et les options adéquates.

make-kpkg

Ce programme sert à générer un paquet de noyau Debian à partir du code source du noyau. L'outil peut prendre en compte la configuration du noyau et réaliser le processus de compilation proprement dit du code source.

make-kpkg doit être lancé depuis le répertoire contenant le code source du noyau. Il faut disposer des droits d'administrateur, c'est-à-dire le lancer en tant que super-utilisateur. Vous pouvez également recourir au programme **fakeroot**.

Voici la syntaxe générique de **make-kpkg** :

```
make-kpkg [options] [target [target ...]]
```

Voici un exemple concret que vous pouvez tester en tant qu'utilisateur régulier :

```
make-kpkg --rootcmd fakeroot kernel_image
```

La ligne précédente provoque la génération d'un noyau et son stockage dans un sous-répertoire du répertoire courant.

Options

--help : affiche une aide des options de **make-kpkg**.

--revision number : définit le numéro de révision du paquet Debian.

La modification n'a d'effet que pendant la phase de configuration (autrement dit, lorsque le fichier *stamp-configure* n'existe pas). Avant toute utilisation de cette option, lancez `make-kpkg clean`. Vous obtenez le même effet en supprimant les fichiers *stamp-configure* et *stamp-debian*.

D'après les indications du *Debian Policy Manual*, la chaîne de caractères du numéro de version peut contenir des chiffres et les deux signes + et **.**, et comprendre au moins un chiffre. Les paquets Debian officiels s'écartent de cette norme car ils utilisent également le signe -.

La valeur par défaut du paramètre est *1.00.Custom*. La variable d'environnement DEBIAN_REVISION_MANDATORY peut afficher un avertissement si le numéro de version n'est défini ni sur la ligne de commande ni sur le fichier de configuration.

--append-to-version foo, --append_to_version foo : l'argument "foo" est ajouté à la fin de la valeur de la variable EXTRAVERSION qui est produite à partir des données trouvées dans le fichier make du noyau. Puisque EXTRAVERSION devient un composant du numéro de version du noyau, l'information apparaît également dans le nom du paquet de noyau et doit donc obéir aux règles de nommage correspondantes. Il en découle que vous ne pouvez employer que des lettres en minuscule et les trois signes -, + et ..

En utilisant l'option, vous remplacez la valeur de la variable APPEND_TO_VERSION. Vous devez dans ce cas toujours appeler `make-kpkg clean` après avoir configuré le noyau pour que le fichier *include/linux/version.h* contienne la valeur souhaitée. Un appel simple de **make-kpkg** ne modifierait pas le fichier *version.h* existant. En conséquence, le noyau ne trouverait plus les modules car ils seraient stockés dans un répertoire dont le nom s'écarte de la syntaxe définie dans le noyau.

Si vous générez ultérieurement un paquet avec des modules du noyau, pensez à donner également l'option pour adapter les modules à ce noyau.

--flavor foo : option devenue inutile et conservée à des fins de compatibilité. A l'avenir, n'utilisez que --**append_to_version**.

--added-modules foo, --added_modules foo : l'argument de l'option correspond à un nom de module ou à une liste de noms de modules séparés par des virgules (qui ne sont pas dans le noyau standard). Vous indiquez le chemin d'accès complet au module s'il ne se trouve pas dans le chemin courant (*/usr/src/modules*, que vous pouvez modifier avec la variable MODULE_LOC).

--added-patches foo, --added_patches foo : l'argument de l'option est une liste de noms de correctifs séparés par des virgules, correctifs à ajouter au code source du noyau. A l'aide de cette option, vous donnez automatiquement la valeur YES à l'option **patch_the_kernel**.

Si vous appelez ensuite `make-kpkg clean`, tous les correctifs sont à nouveau supprimés. Vous pouvez empêcher cela en définissant la variable d'environnement NO_UNPATCH_BY_DEFAULT.

--arch foo : désigne l'architecture matérielle souhaitée. L'option ne sert que si le noyau n'est pas généré sur la plate-forme cible (*cross-compilation*). Si vous définissez la variable KPKG_ARCH avec l'architecture de votre choix, cela a le même effet. Normalement, l'architecture est déterminée automatiquement.

--cross-compile foo, --cross_compile foo : option à employer pour générer un noyau pour une autre architecture. La variable d'environnement correspondante est CROSS_COMPILE.

--subarch foo : sur certaines plates-formes (par exemple Alpha ou m68k), il doit être possible de générer des noyaux différents selon la famille de processeurs. La variable correspondante est KPKG_SUBARCH.

--arch-in-name, --arch_in_name : cette option permet de définir un autre nom pour le paquet de l'image de noyau afin de générer plusieurs images de sous-architecture dans le même script. La variable correspondante est ARCH_IN_NAME. L'option influe sur le nom du paquet mais pas sur le répertoire dans lequel sont stockés les modules correspondants.

--pgpsign name : définit la chaîne de caractères qui sert à signer numériquement les fichiers de modification des modules externes. L'option remplace les valeurs définies dans les fichiers */etc/kernel-pkg.conf* ou *~/.kernel-pkg.con*.

--config target : change l'option de configuration du noyau. Par défaut, la valeur est **oldconfig**, mais vous pouvez choisir **config**, **menuconfig**, **xconfig**, **old**, **menu** ou **x**.

L'option s'utilise normalement avec PATCH_THE_KERNEL lorsque de nouvelles options de configuration apparaissent suite à l'ajout des correctifs.

--targets : affiche une liste des cibles disponibles (paquets à générer). Nous y revenons plus loin.

--noexec : transfère l'option **-n** à la commande **make** pour interdire toute exécution de commande. Affiche en revanche ce qui serait exécuté.

--initrd : si vous transférez à **make-kpkg** l'option **kernel-image**, cette option permet d'appeler toutes les autres options requises pour créer un disque virtuel Init-RAM adéquat.

Sachez que dans ce cas, un correctif supplémentaire incorporé au code source du noyau Debian est utilisé. Si vous ne voulez pas exploiter ce correctif **cramfs**, il faut modifier la configuration de **mkinird** afin que **cramfs** ne soit pas employé.

--zimage : génère un noyau au format **zImage** et non **bzImage**.

--bzimage : génère un noyau au format **bzImage**.

--rootcmd foo : sert à vous attribuer des droits d'accès spéciaux. Il peut s'agir de **sudo** ou de **fakeroot**. L'option est retransmise au programme **dpkg-buildpackage**.

--us : option retransmise à **dpkg-buildpackage** pour ne pas signer numériquement le code source.

--uc : option retransmise à **dpkg-buildpackage** pour ne pas signer numériquement le fichier Changelog.

Toutes les options ci-dessus peuvent être abrégées tant qu'aucune ambiguïté n'en découle. Vous pouvez utiliser un ou deux signes moins en préfixe. Les arguments peuvent être séparés des noms d'options par un espace ou un signe égale.

Cibles

clean : efface tous les fichiers inutiles du code source du noyau qui ont été générés par la cible **build** puis exécute la commande `make distclean`.

buildpackage : exécute les cibles **clean** et **binary** pour générer un paquet de noyaux.

binary : génère les quatre paquets de noyaux Debian possibles en exécutant les cibles **kernel_source**, **kernel_headers**, **kernel_doc** et **kernel_image**.

kernel_source : génère un paquet Debian avec le code source. Renseigne la variable d'environnement SOURCE_CLEAN_HOOK avec le nom d'un fichier exécutable qui sera exécuté dans le répertoire du code source du noyau avant de générer le paquet. Vous pouvez de ce fait supprimer les fichiers et répertoires inutiles (par exemple les fichiers dépendants de l'architecture) ou les répertoires qui servent aux contrôles de version. Utilisez `find . -type d -name CVS -prune -exec rm -rf {}`.

Cette option ne concerne que le code source du noyau qui sert à créer un paquet Debian (les variables d'environnement correspondantes sont HEADER_CLEAN_HOOK et DOC_CLEAN_HOOK). Elle provoque l'exécution d'un programme qui traite respectivement les en-têtes du noyau et les répertoires de documentation du noyau.

kernel_headers : génère un paquet avec les en-têtes du noyau.

kernel_doc : génère un paquet avec la documentation du noyau.

kernel_image : génère un paquet avec le noyau Linux à partir du code source. Si aucun fichier de configuration de noyau (*.config*) n'est disponible, la configuration utilisée ressemble beaucoup à celle des disquettes de démarrage de Debian.

Selon l'architecture matérielle, le paquet est généré pour lancer le chargeur d'amorce approprié afin que le nouveau noyau puisse être démarré correctement. Les chargeurs de noyau utilisables sont LILO, SILO, QUIK, VMELILO, ZIPL, yaboot, PALO ou encore GRUB. Pendant l'installation du paquet, il est proposé à l'administrateur de créer une disquette d'amorçage. Elle est formatée si nécessaire.

build : lance le compilateur et compile le code source du noyau. Cette cible est exploitée par **kernel_image**.

modules : génère tous les modules et les paquets Debian correspondants.

modules_config : configure tous les modules se trouvant dans */usr/src/modules*.

modules_image : génère des paquets pour les modules de */usr/src/modules*, sans générer de paquet pour le code source ni de fichiers de différences Diff. Les fichiers de modifications ne sont pas signés numériquement.

modules_clean : supprime tous les fichiers inutiles du répertoire */usr/src/modules*.

debian : génère un répertoire *debian/* sous le répertoire du code source et applique les correctifs disponibles.

libc-kheaders : option spécifique aux gestionnaires des librairies de fonctions C.

L'outil **make-kpkg** utilise la valeur des variables d'environnement suivantes si elle est disponible : DEBIAN_REVISION_MANDATORY, APPEND_TO_VERSION, VERSION_H_OK, PATCH_THE_KERNEL, NO_UNPATCH_BY_DEFAULT, KPKG_ARCH, CROSS_COMPILE, KPKG_SUBARCH, ARCH_IN_NAME, INITRD, SOURCE_CLEAN_HOOK, MODULE_LOC, INITRD_OK.

En plus de toutes ces options d'exécution, vous pouvez contrôler **make-kpkg** au moyen des fichiers de configuration */etc/kernel-pkg.conf* (configuration globale) et *~/.kernel-pkg.conf* (configuration spécifique à l'utilisateur).

La configuration usine des paquets Debian permet de remplacer les noms et les adresses de messagerie. Tous les fichiers de configuration sont à considérer comme des éléments d'un fichier make. Autrement dit, toutes les fonctions accessibles dans un fichier make sont appelables.

Correctifs du noyau Debian

Dans la distribution Debian, vous trouverez, en plus des fichiers sources correspondant au noyau utilisé, toute une série de correctifs de noyau qui peuvent être intégrés à des noyaux personnalisés. Pour vos premiers essais de personnalisation, vous pouvez recourir à **kernel-patch-debianlogo**, qui permet de remplacer au démarrage le logo normal par un logo spécifique. Lors de la première installation de ce correctif, un répertoire nommé *Kernel-Patches* est créé sous le répertoire */usr/src/*.

Le fait d'installer le correctif ne l'instaure pas. Il faut encore appeler **make-kpkg** :

```
bash$ fakeroot make-kpkg --append-to-version=030825 \
--added-patches=debianlogo kernel_image modules_image
```

Nous faisons appel à la commande **fakeroot** pour disposer de droits d'accès d'administrateur limités tout en restant un utilisateur normal.

Si vous avez besoin de mettre en place d'autres correctifs dans le noyau, indiquez leurs noms en les séparant par des virgules à la suite de l'option **--added-patches**.

En temps normal, **make-kpkg** utilise "**make oldconfig**" après avoir exploité les correctifs. Lorsqu'il vous faut employer des options différentes de noyau en raison de la présence des correctifs, ces options sont demandées. Vous pouvez vérifier toute la configuration au moyen de l'option **--config=menuconfig**.

Noyau classique

Adaptation manuelle du noyau

Il est parfois utile d'adapter le noyau Linux à vos besoins précis. En effet, Debian GNU/Linux installe un noyau standard qui convient à la majorité des situations. Les pilotes de périphériques supplémentaires peuvent toujours être chargés pendant le fonctionnement *via* des modules.

Programmes nécessaires pour la génération

Pour générer un noyau opérationnel à partir des sources, vous devez disposer d'un compilateur. Le noyau Linux est écrit en langage C, à l'exception de quelques centaines de lignes qui sont écrites en assembleur pour des raisons de performances. Sous Linux, vous disposez du compilateur GCC (*GNU Compiler Collection*), qui est une version libre du compilateur C.

Voici les paquets qu'il faut installer pour pouvoir générer un noyau :

binutils l'assembleur, l'éditeur de liens (lieur) et quelques programmes GNU.

libc6-dev la librairie de fonctions GNU en version développeur.

gcc le compilateur c gnu (egcs).

make la version GNU de make.

bin86 un assembleur 16 bits.

Par ailleurs, même si ce n'est pas obligatoire, les paquets suivants sont conseillés :

libncurses5-dev les librairies de développeur et la documentation de ncurses.

tkstep8.0-dev une version semblable à NeXTStep du kit Tk-Toolkits (ou bien **tk8.0-dev** ou **tkstep4.2-dev ou tk4.2-dev**).

kernel-package les scripts du paquet de noyaux Debian Linux.

Désarchivage des sources

Pour générer un nouveau noyau, il faut disposer des sources. Lors de vos premiers essais, nous vous conseillons d'installer les sources de la même version de noyau que celle qui est en vigueur suite à l'installation. La commande suivante indique le numéro de la version en vigueur :

```
cat /proc/version
```

Il ne reste plus qu'à installer les sources du noyau avec **dselect**, **dpkg** ou **apt**.

Les fichiers sources sont stockés sous */usr/src/* dans le fichier *kernel-source-2.x.x.tgz*. Il vous reste à les désarchiver manuellement au moyen de la commande suivante :

```
tar xvfz kernel-source-2.x.x.tgz
```

Les fichiers individuels se trouvent ensuite dans le sous-répertoire *kernel-source-2.x.x/*.

Vous serez peut-être étonné de constater que les fichiers sources du noyau sont installés en tant qu'archives et non directement désarchivés. Il y a une bonne raison à cela. Vous savez que l'outil de gestion de paquets Debian gère une base de données de tous les paquets installés et des fichiers correspondants. Si le paquet des sources d'un noyau était directement désarchivé, les utilisateurs pourraient avoir accès à ces fichiers, au risque de les altérer. Cela mettrait à mal le principe de centralisation du contrôle d'accès.

Les archives de noyaux Linux sur les serveurs Debian sont proposées au format compressé **bzip2** (et non **gzip**), ce qui permet de gagner un peu d'espace. Les noms des fichiers d'archives se terminent donc par **.bz2**. Vous pouvez les désarchiver avec **tar** mais en utilisant l'option **-j** au lieu de **-z**. Notez que certaines versions de **tar** requièrent l'option **-I** pour décompresser les archives **bzip2**.

Configuration du noyau

Entrez dans le répertoire dans lequel vous avez désarchivé les sources du noyau. Vous générez les fichiers de configuration avec la commande `make config`. Vous pouvez alors adapter exactement le noyau à vos besoins matériels. Pour la plupart des options, vous pouvez choisir d'intégrer les pilotes correspondants au noyau (*) ou de les gérer sous forme de modules (**M**). N'intégrez que les pilotes absolument nécessaires au démarrage initial dans le noyau pour éviter de le faire grossir (cela pourrait empêcher son chargement par LILO). Vous pouvez désigner comme modules tous les pilotes qui ne sont pas requis dans la première phase du démarrage (réseaux, dérouleurs de bande).

Au lieu de `make config`, vous pouvez recourir à `make menuconfig` pour obtenir une interface en mode texte similaire à celle de **dselect**. Vous pouvez même vous servir de `make xconfig` pour effectuer la configuration dans un environnement graphique sous X Window. Ces deux possibilités simplifient les petites retouches car vous pouvez directement sélectionner les paramètres.

Notez que pour utiliser l'option **menuconfig**, il faut avoir installé le paquet **libncurses5-dev**, qui contient les fonctions requises pour cette interface en mode texte.

Compilation du noyau

Une fois vos réglages effectués, vous devez vérifier les dépendances avec `make dep`. Si nécessaire, supprimez les fichiers inutiles au moyen de `make clean`. Lancez alors la génération du nouveau noyau avec `make bzImage` (rappelons qu'il faut disposer de **bin86** et de **make** en plus du compilateur). Après quelques instants de traitement (si aucun message d'erreur n'est apparu), vous disposez du nouveau noyau dans */usr/src/kernel-source-2.x.x/arch/ i386/boot/*. Il ne reste plus qu'à le copier à l'endroit désiré (sous Debian, c'est normalement dans */boot/*). Pour finir, vérifiez la configuration de LILO et adaptez-la si nécessaire.

Au lieu de `make bzImage`, vous pouvez lancer la commande `make bzlilo`, qui copie le noyau dans */vmlinuz* en renommant le noyau préexistant sous le nom *vmlinuz.old*. La commande appelle automatiquement LILO pour que le nouveau noyau soit utilisé au prochain démarrage.

Compilation des modules

Il ne reste plus qu'à compiler les pilotes qui ont été désignés comme modules. Faites appel à la commande `make modules` puis transférez les fichiers générés à l'endroit souhaité avec `make modules_install`.

Conseils

Vous pouvez utiliser le signe ";" pour relier plusieurs commandes. Cela vous évite d'avoir à attendre la fin de chaque étape pour lancer la suivante. Voici par exemple comment enchaîner toutes les étapes :

```
make dep && make clean && make bzlilo && make modules && make modules_install
```

Pour afficher tous les messages et avertissements en provenance du noyau au démarrage, générez le noyau avec l'option **-s**, comme dans `make -s zImage` ou `make -s bzImage`.

Pour accélérer la compilation, vous pouvez ajouter le paramètre **-j #** (le **#** étant un chiffre entier). Sur un système multiprocesseur, cela permet de lancer plusieurs processus simultanément. La valeur dépend surtout de la quantité de mémoire vive disponible. L'option a encore plus d'intérêt sur un système multiprocesseur que sur un système standard. Notez qu'une valeur trop importante entraîne un énorme travail de remisage disque (*swapping*), ce qui produit l'effet inverse (cela ralentit le traitement).

Pour vous aider à connaître la valeur la plus appropriée, utilisez la commande `time make -j 10 bzImage` puis faites varier la valeur.

Si vous rencontrez des problèmes pour charger les modules après les avoir générés, la raison est sans doute à chercher au niveau du fichier nommé *modules.dep*. Ce fichier décrit les dépendances et il peut ne plus être à jour. Il n'est pas pour autant nécessaire d'aller modifier le fichier à la main. Utilisez la commande `depmod -a 2.2.x` pour générer un nouveau fichier (*2.2.x* étant le numéro de version du nouveau noyau).

Si vous jonglez avec plusieurs versions de noyau sur le disque dur, vous pouvez rencontrer un message du genre *Warning: /boot/System.map has an incorrect kernel version*. Il faut savoir qu'au départ, vous pouvez gérer deux versions de *System.map* : une dans */boot/* et une seconde dans */usr/src/linux/*. Mais Debian GNU/Linux propose une solution complète. En effet, le script **/etc/init.d/sysklogd** lance au démarrage **klogd**. Au début de ce script, vous pouvez fournir dans la variable KLOGD le paramètre **-k /boot/System.map- $(uname -r)**. Cela permet de charger un fichier *System.map* depuis */boot/* adapté à la version du noyau choisie. Après la génération, vous devez évidemment copier le fichier dans le répertoire */boot/* et le renommer en fonction de la version du noyau. La solution la plus élégante pour y parvenir est celle-ci :

```
cp /usr/src/linux/System.map /boot/System.map-'uname -r'
```

Voici un exemple de script qui cherche des noyaux dans */boot/* puis génère un fichier *lilo.conf* approprié désignant le nouveau noyau en standard.

```
#!/bin/bash

umask 772
kernel_dir=/boot

# LILO suppose que l'image par défaut est dans lilo.conf. Nous trions
# donc les images en ordre inverse, ce qui explique que le plus grand
# N° de version sera le N° par défaut.
# Rappel : la barre oblique inverse ci-après est uniquement employée
dans le livre images='cd $kernel_dir && ls -1 vmlinuz-* \
  | egrep "vmlinuz-([0-9]+).([0-9]+).([0-9]+)[^-]*$" | sort -rn'

cp -f /etc/lilo.conf.static /tmp/lilo.conf
```

```
# Trois lignes par entrée, 3 x 19 images = 57
( for img in $images ; do
  label='echo $img | sed 's/vmlinuz/linux/ ; s/-//g ; s/\.//g''
  echo "image=$kernel_dir/$img"
  echo "label=$label"
  echo ""
done ) | head -57 >> /tmp/lilo.conf

if /sbin/lilo -C /tmp/lilo.conf ; then
  mv -f /etc/lilo.conf /etc/lilo.conf.last
  cp -f /tmp/lilo.conf /etc/lilo.conf
  echo Installation réussie du nouveau chargeur.
  rm -f /tmp/lilo.conf
  exit 0
else
  echo Aïe, lilo s'est fourvoyé
  rm -f /tmp/lilo.conf
  exit 1
fi
```

Si vous voulez exploiter un noyau récent (2.3.x ou 2.4.x) avec une version 2.2 de Debian GNU/Linux, vous devez insérer la ligne suivante dans le fichier */etc/fstab* :

```
none /var/shm shm defaults 0 0
```

En effet, à partir de la version 2.3.51 du noyau, le système de fichiers de mémoire partagée "Shared-Memory" est utilisé.

Linux en multiprocesseurs SMP

De nos jours, les cartes mère capables de supporter plusieurs processeurs sont devenues abordables. Debian GNU/Linux les supporte évidemment. Dès la version 2.0.x, le noyau sait gérer plusieurs processeurs. La version 2.2.x a encore amélioré ce support. Il n'est pas pour autant nécessaire de procéder à la mise à jour.

Noyau 2.0

Pour générer un noyau 2.0.x avec le support SMP, vous devez décommenter la ligne du fichier make qui se lit `# SMP=1` (autrement dit enlever le signe #). Le nombre de processeurs n'a pas à être précisé. Seule la fonction est activée. Linux reconnaît les processeurs automatiquement.

Noyaux à partir de 2.2

A partir de la version 2.2.x, le support SMP a été étendu, ce qui permet d'activer l'option SMP pendant la configuration du noyau. Il n'est plus nécessaire de modifier le fichier make. Dans tous les scripts de configuration tels que `make config`, `make menuconfig` ou `make xconfig`, vous pouvez activer le paramètre.

Les fichiers des paquets

Les paquets nouvellement générés peuvent être installés un à un avec la commande `dpkg -i paket.deb`, mais mieux vaut insérer les paquets dans la structure de gestion des paquets Debian pour que toutes les informations correspondantes soient disponibles *via* l'outil de gestion de paquets. Vous mettez ainsi à disposition des paquets sur le réseau, paquets qui seront automatiquement mis à jour sur tous les systèmes qui en font usage.

Les informations requises sont contenues dans les paquets et doivent en être extraites. Le serveur qui propose le paquet rassemble les informations dans un fichier nommé *Packages*. Ce fichier est lu lors des mises à jour par **apt** ou **dselect**.

Vous générez un fichier *Packages* au moyen du programme **dpkg-scanpackages**. Voici comment procéder pour un paquet appartenant par exemple au groupe **misc** :

```
dpkg-scanpackages misc override.woody.main.gz dists/woody/main/ \
  binary-all/ > Packages
```

Vous trouverez le fichier *override.woody.main.gz* sur le serveur STP Debian dans le sous-répertoire */indices/*. S'il n'existe aucun arbre de répertoire complet, vous pouvez spécifier le chemin d'accès comme ici, sur la ligne de commande.

Pour mettre en place les paquets sur un serveur, il faut encore ajouter une entrée dans le fichier */etc/apt/sources.list*. L'exemple suivant donne une combinaison satisfaisante:

```
% cd /lieu/stockage/des/paquets
% dpkg-scanpackages . /dev/null > Packages && gzip -9c Packages > \
  Packages.gz
```

Ces commandes génèrent un fichier *Packages* puis une version compressée par gzip. L'entrée correspondante dans le fichier *sources.list* doit dans ce cas être la suivante :

```
deb http://www.mon.serveur.nome.domaine/lieu/stockage/des/paquets ./
```

Les référentiels Debian

Un référentiel Debian est une collection de paquets qui sont organisés de telle manière (grâce à des fichiers supplémentaires) qu'il devient possible d'installer des paquets sélectivement depuis la structure. Les quelques fichiers supplémentaires sont d'abord des fichiers d'index et des fichiers contenant des sommes de contrôle pour les paquets. En ajoutant un référentiel au fichier */etc/apt/sources.list*, tous les fichiers contenus deviennent aisément visualisables et installables au moyen des outils fournis.

Un référentiel peut être en ligne (sur un serveur FTP ou http) ou hors ligne (par exemple sur CD-ROM). Le référentiel comprend au minimum un index des paquets Debian et un fichier *Packages.gz* (pour un référentiel binaire) ou bien *Sources.gz* (pour un référentiel de code source).

Le fichier *Packages.gz* de chaque paquet contient les informations indiquant son nom, son numéro de version, sa taille, sa description abrégée et sa description complète, toutes les dépendances par rapport aux autres paquets et des informations complémentaires. Vous pouvez afficher ces informations *via* les installateurs (**dselect**, **apt-cache** ou encore **aptitude**).

Le fichier *Sources.gz* indique le nom, le numéro de version et les dépendances permettant de compiler le code source (*build dependencies*). Ces informations sont exploitées par **apt-source** et les outils équivalents.

Enfin, le fichier *Release* (qui n'est pas obligatoire) donne quelques informations au sujet du référentiel, qui sont requises par le *pinning* des paquets (nous en avons parlé au Chapitre 4).

A côté de cette forme simplifiée des référentiels, vous pouvez créer des référentiels gérant plusieurs plates-formes matérielles. Dans ce cas, APT trouve automatiquement les paquets adaptés à l'architecture pour les installer. Vous pouvez même regrouper des paquets pour produire des domaines tels que **main**, **contrib** et **non-free**.

Du point de vue de l'utilisateur comme de celui de l'administrateur, il existe donc deux sortes de référentiels. Ceux qui sont faciles d'emploi sont difficiles à préparer par l'administrateur. Inversement, ceux dont la structure reste simple ne facilitent pas l'utilisation. Les référentiels multi-architectures sont de préférence basés sur le format complexe. Cela permet à l'utilisateur de les exploiter un peu plus aisément, quitte à ce que cela demande plus d'efforts de la part de l'administrateur.

Les référentiels complexes

La structure de répertoires d'un référentiel complexe (ou automatique) prend l'aspect suivant pour gérer différentes architectures et domaines Debian :

```
(Racine du référentiel)
|
+-dists
|
|-stable
| |-main
| | |-binary-alpha
| | |-binary-arm
| | |-binary-...
```

```
| | +-source
| |-contrib
| | |-binary-alpha
| | |-binary-arm
| | |-binary-...
| | +-source
| +-non-free
| |-binary-alpha
| |-binary-arm
| |-binary-...
| +-source
|
|-testing
| |-main
| | |-binary-alpha
| | |-binary-arm
| | |-binary-...
| | +-source
| |-contrib
| | |-binary-alpha
| | |-binary-arm
| | |-binary-...
| | +-source
| +-non-free
| |-binary-alpha
| |-binary-arm
| |-binary-...
| +-source
|
+-unstable
|-main
| |-binary-alpha
| |-binary-arm
| |-binary-...
| +-source
|-contrib
| |-binary-alpha
| |-binary-arm
| |-binary-...
| +-source
+-non-free
|-binary-alpha
|-binary-arm
|-binary-...
+-source
```

Les paquets régis par une licence libre (voir les *Debian Free Software Guidelines* au Chapitre 15) sont réunis dans le domaine **main**. Les logiciels non libres se trouvent dans le domaine **non-free**. Le domaine **contrib** contient les paquets libres basés sur des paquets non libres. Parmi la vaste gamme d'architectures matérielles supportée par Debian, seules certaines sont montrées dans l'exemple.

Chaque sous-répertoire *binary-...* contient un fichier d'index *Packages.gz* et un fichier facultatif *Release*. Les paquets eux-mêmes ne doivent pas être situés dans le répertoire du fichier d'index, car les chemins menant à ces paquets sont indiqués dans le fichier d'index. C'est ce qui permet de créer des réservoirs de paquets "Package-Pools". Le nombre d'architectures et de domaines n'est pas limité.

Référentiels simples

Un référentiel simple comprend un répertoire racine et un certain nombre de sous-répertoires. Les utilisateurs doivent pouvoir désigner le répertoire racine aussi bien que les sous-répertoires par des chemins d'accès relatifs. La structure est donc libre. Tous les fichiers peuvent être réunis dans le répertoire racine (les index et les paquets). Voici un référentiel très simple contenant deux sous-répertoires :

```
 (Répertoire racine du référentiel)
|
|-binary
+-source
```

Génération d'un fichier d'index

La génération des fichiers d'index pour les paquets binaires est réalisée par le programme **dpkg-scanpackages** (ou **dpkg-scansources** pour les codes sources). Par défaut, ces deux outils envoient leurs résultats sur la sortie standard. Il faut donc les rediriger vers un fichier. Pour compresser directement les fichiers, vous pouvez recourir à **gzip**. Voici par exemple comment générer les fichiers d'index pour les paquets binaires et de code source d'un référentiel simple :

```
$ cd chemin/vers/referentiel
$ dpkg-scanpackages binary /dev/null | gzip -9c > binary/Packages.gz
$ dpkg-scansources source /dev/null | gzip -9c > source/Sources.gz
```

Consultez la documentation des deux outils pour tout détail au sujet de leur utilisation.

Génération des fichiers Release

Les opérations de *pinning* des paquets ne sont possibles que s'il existe un fichier *Release* dans chaque répertoire contenant un fichier d'index. Les fichiers *Release* sont des fichiers texte qui obéissent à la structure suivante :

```
Archive: archive
Component: composant
Origin: auteur
Label: Référentiel Debian de la société Truc
Architecture: architecture
```

Entrées dans le fichier Release

Archive Nom de la distribution concernée par les paquets, par exemple "stable", "testing" ou encore "unstable".

Component Domaine d'accueil des paquets. Peut être "main", "nonfree" ou "contrib".

Origin Nom de la personne ayant généré le référentiel.

Label Titre du référentiel.

Architecture Architecture matérielle cible des paquets, par exemple "i386", "powerpc", "alpha" ou encore "sparc".

Vérifiez que les valeurs des entrées **Archive** et **Architecture** sont correctes. Elles sont toujours utilisées pour le *pinning* des paquets. Les autres entrées sont sans effet.

Les réservoirs de paquets Paket-Pools

Dans un référentiel complexe, la structure de répertoires devient presque inextricable, et l'espace disque occupé augmente beaucoup. De nombreux paquets, notamment la documentation, sont les mêmes dans toutes les architectures. Il est inutile de dupliquer ces paquets dans le référentiel.

Les réservoirs de paquets appelés "Package Pools" constituent la solution à ce problème. Un réservoir est un répertoire spécial sous le répertoire racine du référentiel qui reçoit tous les paquets (les binaires pour toutes les architectures, toutes les distributions et tous les domaines, ainsi que le code source). En employant des fichiers de remplacement "override-files" et quelques scripts, il est possible d'éviter des duplications inutiles. Un bon exemple d'utilisation de ce concept de pool est le référentiel Debian lui-même.

Pour générer les fichiers d'index d'un tel référentiel, nous vous conseillons de revoir la description de l'outil **apt-ftparchive** au Chapitre 4 (paquet **apt-utils**). Dans le cas d'un référentiel simple, voyez **apt-move**, également au Chapitre 4.

Téléchargement d'images de CD ou de DVD

Les responsables du projet Debian mettent à disposition des images ISO pour graver des CD ou des DVD. Si vous avez déjà essayé de télécharger plusieurs centaines de Mo depuis le Web, vous connaissez sans doute le problème des fichiers qui arrivent défectueux, notamment en raison de ruptures de connexion.

Les CD et DVD d'une distribution contiennent des paquets Debian tout à fait classiques. Une solution a donc été imaginée, qui permet de générer les fichiers images ISO à partir d'un petit modèle, et des paquets. Les paquets eux-mêmes peuvent provenir de n'importe quel serveur (avec un accès rapide) ou d'une structure de répertoires locale. Cela permet ensuite de télécharger les fichiers au moyen d'un outil tel que Jigdo pour produire l'image à graver.

Une autre approche consiste à recourir à BitTorrent. Dans ce cas, les différents fichiers sont téléchargés depuis plusieurs machines reliées sous forme d'un réseau *peer-to-peer*.

Jigdo

Jigdo est l'abréviation de *Jigsaw Download*, qui signifie "téléchargement chaotique". Cet outil permet un téléchargement très efficace des fichiers images. Quelle que soit la taille des fichiers, Jigdo saura les télécharger. Nous nous limiterons aux images ISO de la distribution Debian qui nous intéresse ici. Jigdo installe deux programmes complémentaires appelés **jigdo-file** (pour préparer une image avant téléchargement sur le serveur) et **jigdo-lite** (pour faire télécharger les fichiers par l'utilisateur).

Jigdo ne génère pas d'images : vous devez les générer avec **debian-cd** ou **mkisofs**.

Installation de Jigdo

Installez le paquet nommé **jigdo-file**, par exemple avec la commande `apt-get install jigdo-file`.

Téléchargement avec Jigdo

Le fichier *.jigdo* et les modèles sont disponibles actuellement pour les releases "stable" et "testing" de Debian.

- Les fichiers officiels de Jigdo pour la release "stable" sur CD sont disponibles à l'adresse *http://non-us.cdimage.debian.org/jigdo-area/3.0_r2/jigdo*. Le répertoire comprend les images CD normales et les images pour les CD de mise à jour de rev0- à rev2.
- Les fichiers officiels de Jigdo pour la distribution "testing" sur CD pour toutes les architectures sont disponibles à l'adresse *http://gluck.debian.org/cdimage/testing/cd/jigdo-area*.
- Les fichiers officiels Jigdo pour la distribution "testing" sur DVD pour toutes les architectures sont à l'adresse *http://gluck.debian.org/cdimage/testing/dvd/jigdo-area*.

L'étape suivante consiste à charger au minimum les fichiers obligatoires d'une image. Les noms des fichiers suivent ces modèles :

```
distro-arch-n.jigdo
distro-arch-n.template
```

Les noms de fichiers réels peuvent par exemple être *sarge-i386-1.jigdo* et *sargei386-1.template*. La version Sarge s'étend actuellement sur 12 CD ou 2 DVD. Pour récupérer le jeu complet d'images, il faut donc télécharger tous les fichiers *.jigdo* et *.template*.

Vous pouvez ensuite lancer **jigdo-lite** pour télécharger les images :

```
fr@sushi:/home/fr/sarge-cd$ jigdo-lite sarge-i386-1.jigdo

Jigsaw Download "lite"
Copyright 2001-2003 by Richard Atterer <jigdo@atterer.net>
Loading settings from '/home/fr/.jigdo-lite'

-----------------------------------------------------------------
Images offered by 'sarge-i386-1.jigdo':
  1: 'Debian GNU/Linux testing "Sarge" - Official Snapshot i386 Binary-1'
(sarge-i386-1.iso)

Further information about 'sarge-i386-1.iso':
Generated on Sat, 21 Feb 2004 18:04:03 -0700

-----------------------------------------------------------------
If you already have a previous version of the CD you are
downloading, jigdo can re-use files on the old CD that are also
present in the new image, and you do not need to download them
again. Mount the old CD ROM and enter the path it is mounted under
(e.g. '/mnt/cdrom').
Alternatively, just press enter if you want to start downloading
the remaining files.

You can also enter a single digit from the list below to
select the respective entry for scanning:
  1: /var/cache/apt/archives/
  2: /mnt/cdrom
Files to scan:
```


Mise à jour des fichiers d'images

Les images de CD et de DVD Debian sont de temps à autre mises à jour. Cette opération est moins fréquente pour la version stable la plus récente. En revanche, elle se produit souvent pour les versions en cours de développement ("testing"), parfois plusieurs fois par semaine. Jigdo permet de mettre à jour les images existantes ou de prendre en compte des fichiers se trouvant sur des CD disponibles.

S'il existe encore une ancienne image sur le disque, vous devez monter ce disque par le périphérique de boucle locale **loopback** (`mount -o loop <imageiso> /cdrom`). Si les fichiers sont sur un CD, il suffit de le monter sur le système de fichiers.

Fournissez ensuite un chemin d'accès local dans lequel fichiers et paquets vont être recherchés. Il peut s'agir d'un CD ou d'un DVD monté sur le système ou du répertoire cache d'APT (dans lequel il peut parfois être utile d'aller chercher).

Si vous validez à ce stade en appuyant sur la touche **Entrée**, tous les fichiers sont récupérés depuis un serveur réseau.

```
-----------------------------------------------------------------
The jigdo file refers to files stored on Debian mirrors. Please
choose a Debian mirror as follows: Either enter a complete URL
pointing to a mirror (in the form
'ftp://ftp.debian.org/debian/'), or enter any regular expression
for searching through the list of mirrors: Try a two-letter
country code such as 'de', or a country name like 'United
States', or a server name like 'sunsite'.
Debian mirror [ftp://wasabi/debian/]: ftp://ftp.de.debian.org/debian/
```

Vous pouvez indiquer à ce moment un des serveurs Debian officiel (la liste se trouve à l'adresse *http://www.debian.org/mirror/list*) ou un serveur interne.

Jigdo stocke la sélection dans un fichier nommé *~/.jigdo-lite*.

Jigdo tente alors de récupérer tous les paquets requis depuis le serveur indiqué pour produire un fichier image.

```
-----------------------------------------------------------------
Merging parts from 'file:' URIs, if any...
Found 0 of the 1175 files required by the template
Copied input files to temporary file 'sarge-i386-1.iso.tmp' - repeat command
and supply more files to continue
--11:36:53--
ftp://ftp.de.debian.org/debian/pool/main/k/kdegraphics/kpovmodeler_3.1.
➥4-1_i386.deb
=>
'sarge-i386-1.iso.tmpdir/ftp.de.debian.org/debian/pool/main/k/ \
  kdegraphics/kpovmodeler_3.1.4-1_i386.deb'
Resolving ftp.de.debian.org... 141.76.2.4
Connecting to ftp.de.debian.org[141.76.2.4]:21... connected.
Logging in as anonymous ... Logged in!
==> SYST ... done. ==> PWD ... done.
==> TYPE I ... done. ==> CWD /debian/pool/main/k/kdegraphics ... done.
==> PASV ... done. ==> RETR kpovmodeler_3.1.4-1_i386.deb ... done.
Length: 1,793,206 (unauthoritative)
100%[==================================================================>]
1,793,206
225.86K/s ETA 00:00
```

```
11:37:03 (223.98 KB/s) -
'sarge-i386-1.iso.tmpdir/ftp.de.debian.org/debian/pool/main/k/ \
  kdegraphics/kpovmodeler_3.1.4-1_i386.deb'
saved [1793206]
```

L'opération peut prendre un certain temps, selon la bande passante disponible. Si tous les paquets ne sont pas disponibles sur le serveur, vous pouvez spécifier par la suite un autre serveur. Les paquets déjà transmis ne le seront pas à nouveau. Pour finir, un message doit confirmer que l'image a bien pu être générée.

```
FINISHED --13:32:58--
Downloaded: 7,469,872 bytes in 9 files
Found 9 of the 9 files required by the template
Successfully created 'sarge-i386-1.raw'
-----------------------------------------------------------------
Finished!
The fact that you got this far is a strong indication that 'sarge-i386-1.raw'
was generated correctly. I will perform an additional, final check,
which you can interrupt safely with Ctrl-C if you do not want to wait.
OK: Checksums match, image is good!
```

BitTorrent

BitTorrent (*http://bitconjurer.org/BitTorrent*) est un programme d'échange poste à poste qui permet de récupérer des images Debian depuis plusieurs serveurs réseau. Les fichiers nécessaires se trouvent dans le paquet Debian nommé **bittorrent**.

En complément du programme, vous devez disposer également d'un fichier Torrent. Dans le cas des images Debian, un tel fichier se trouve à l'adresse *http://cdimage.debian.org/pub/weekly/torrents*. Vous lancez le téléchargement au moyen du programme **btdownloadheadless** en fournissant une adresse URL, comme ceci :

```
fr@wasabi:/home/fr/$ btdownloadheadless --url \
http://cdimage.debian.org/pub/weekly/torrents/i386/sarge-i386-1.iso.torrent

saving: sarge-i386-1.iso (647.0 MB)
percent done: 0.0
time left:
download to: /home/fr/CoreBiz-Client/mirror/zander/sarge-i386-1.iso
download rate: 0.00 kB/s
upload rate: 0.00 kB/s
download total: 0.0 MiB
upload total: 0.0 MiB
```

Vous pouvez suivre la progression du téléchargement. Après celui-ci, le fichier traité est rendu disponible aux autres membres du réseau BitTorrent. C'est la raison pour laquelle vous pouvez voir une valeur non nulle dans la ligne **upload rate**.

6

Administration système

Au sommaire de ce chapitre :

- ✔ Le chargeur d'amorce (Bootloader)
- ✔ Les scripts d'initialisation Init-Scripts
- ✔ Les alternatives
- ✔ Horloge système
- ✔ Gestion des fichiers de configuration
- ✔ Administration centralisée avec Webmin
- ✔ Disquettes d'installation et de secours
- ✔ Outils spécifiques aux portables (notebooks)
- ✔ Debian et les assistants personnels PDA

Le chargeur d'amorce (*Bootloader*)

Avant le démarrage du noyau Linux, le chargeur d'amorce lance un petit programme qui permet de choisir quel système d'exploitation démarrer. Les chargeurs d'amorce les plus utilisés sous GNU/Linux sont LILO et GRUB (sur machines i386). Vous trouverez un aperçu des chargeurs à la page suivante :

http://www.metrowerks.com/MW/Develop/Embedded/Linux/bootloaders.htm

A partir de la version Sarge (version 3.1), Debian utilise GRUB à la place de LILO.

Sur d'autres architectures matérielles, vous disposez d'autres chargeurs. Par exemple, sur ia64, c'est **elilo** et sur PowerPC, c'est **yaboot**.

LILO

Jusqu'à la version 3.1 de Debian, le chargeur d'amorce utilisé était LILO.

Configuration de LILO

LILO (*http://lilo.go.dyndns.org*) est un chargeur polyvalent, puisqu'il permet de démarrer Linux mais également tout autre système compatible avec les normes de démarrage en vigueur sur PC. La configuration du chargeur est réunie dans le fichier nommé */etc/lilo.conf*.

Lorsque vous effectuez une modification dans ce fichier, vous devez toujours lancer ensuite le programme LILO en tant que super-utilisateur pour que les modifications soient prises en compte. La seule modification du fichier ne suffit pas !

Dans ce fichier, les lignes principales sont celles qui commencent par **image** et par **other**, ainsi que les lignes qui les suivent. Ces deux mots clés peuvent être utilisés plusieurs fois. Chacune des lignes commençant par l'un de ces deux mots désigne un système qui doit pouvoir être démarré par LILO. Le paramètre désigne une partition qui contient un noyau, une partition racine ou un système autre que Linux. L'ordre dans lequel les lignes se présentent est significatif. C'est le premier système rencontré qui est démarré au bout du temps d'attente (option de configuration **delay**), sauf si vous sortez de l'attente à l'aide des touches **Haut** ou **Bas** du curseur. Après la première installation, il n'existe qu'une seule entrée qui permet de démarrer le système Linux que vous venez d'installer. Cependant, si l'installateur Debian a détecté d'autres systèmes d'exploitation sur d'autres partitions, les entrées correspondantes ont été aménagées dans le fichier du chargeur.

Voici par exemple comment ajouter quelques lignes dans le fichier */etc/lilo.conf* pour pouvoir démarrer un deuxième système Linux :

```
image=/boot/vmlinuz.neu
label=neu
append='mcd=0x320,11'
read-only
```

Seules les deux premières lignes sont obligatoires. Vous en apprendrez plus sur les lignes suivantes dans la documentation de LILO.

LILO et les autres systèmes d'exploitation

Pour démarrer un système autre que Linux depuis LILO, employez le mot clé **other** :

```
other=/dev/hda1
label=win
```

Juste après, pensez à lancer LILO en tant que super-utilisateur pour mettre à jour la configuration. Vous pouvez ensuite saisir la commande **win** pour démarrer le système qui se trouve sur la partition */dev/hda1*.

Le chargeur GRUB

GRUB est l'acronyme de *GRand Unified Bootloader* (*http://www.gnu.org/software/grub/grub.html*). Il a les mêmes usages que LILO, mais il est plus polyvalent, ce qui explique qu'il ait dorénavant la préférence des utilisateurs. Le système d'exploitation qui est démarré initialise tous les matériels au moyen des pilotes appropriés. Lorsqu'un système n'est pas directement supporté par GRUB, il reste possible de démarrer depuis GRUB au moyen d'un mécanisme appelé **Chain-Bootloader**. Les éléments correspondants sont fournis dans le paquet GRUB pour les systèmes d'exploitation les plus répandus.

Un des principaux avantages de GRUB est qu'il est capable d'accéder directement aux fichiers du système de fichiers. Il en découle que GRUB peut réussir un démarrage sans savoir exactement où se trouve le noyau à charger sur le disque dur. Vous pouvez ainsi générer un nouveau noyau sans avoir à réinstaller à chaque fois GRUB dans l'enregistrement MBR du disque dur. Il n'est plus nécessaire de créer des entrées dans le fichier de configuration du chargeur pour chacune des versions de noyau générées. Depuis GRUB, vous pouvez lancer n'importe quel noyau d'un disque dur, simplement en tapant une commande.

Installation de GRUB

L'installation de GRUB sous Debian s'appuie sur la commande classique `apt-get install grub`. Si le paquet LILO est présent, pensez à le supprimer, car il n'est plus utile.

Pour installer les fichiers *Stage-1* et *Stage-2* du chargeur d'amorce dans l'enregistrement MBR du disque dur, servez-vous du programme **grub-install**. Si vous l'appelez sans option, vous obtenez un rappel des options possibles :

```
debian:~# grub-install
install_device not specified.
Usage: grub-install [OPTION] install_device
Install GRUB on your drive.
```

```
-h, --help              print this message and exit
-v, --version           print the version information and exit
--root-directory=DIR    install GRUB images under the directory DIR
                        instead of the root directory.
--grub-shell=FILE       use FILE as the grub shell.
--force-lba             force GRUB to use LBA mode even for a buggy BIOS.
--recheck               probe a device map even if it already exists.
INSTALL_DEVICE can be a GRUB device name or a system device filename.
Reports bugs to <bug-grub@gnu.org>.
```

Dans la plupart des cas, il suffit de désigner le périphérique sur lequel les fichiers doivent être installés. Dans le cas d'un disque dur IDE, il s'agit normalement de */dev/hda* :

```
surimi:/home/fr# grub-install /dev/hda
Installation finished. No error reported.
This is the contents of the device map /boot/grub/device.map.
Check if this is correct or not. If any of the lines is incorrect,
fix it and re-run the script `grub-install'.
(fd0) /dev/fd0
(hd0) /dev/hda
(hd1) /dev/hdb
```

GRUB est alors utilisable. Il est cependant conseillé de définir un menu pour ne pas obliger l'utilisateur à saisir les paramètres du périphérique de démarrage et du noyau. Le plus simple consiste à partir du fichier d'exemple fourni et à le copier à l'endroit approprié.

Configuration de GRUB

Vous pouvez configurer GRUB manuellement, en chargeant le fichier dans un éditeur ou à l'aide de l'outil **update-grub**.

update-grub

Cet outil fait partie du paquet GRUB. Il génère un fichier de configuration s'il n'en existe pas encore. Dans ce fichier, il crée des entrées pour le noyau et les images de disque virtuel du répertoire */boot/*. Pour chaque noyau détecté, il insère deux entrées, une pour le démarrage normal et une seconde pour le démarrage en mode maintenance (un seul utilisateur) :

```
wasabi:~# update-grub
Searching for GRUB installation directory ...
found: /boot/grub .
Testing for an existing GRUB menu.list file...

Could not find /boot/grub/menu.lst file. Would you like one
generated for you? (y/N) y
Updating /boot/grub/menu.lst ... done
```

```
Please note that configuration parameters for GRUB are stored in
/boot/grub/menu.lst . You must edit this file in order to set the options
which GRUB passes to the kernel, as well as the drive which GRUB looks in to
for the kernel.

Everything on the line after "kopt=" is passed to the kernel as parameters,
and "groot=" must be set to the partition(in GRUB terms, such as "(hd0,0)")
which GRUB will load the kernel from.
After you have edited /boot/grub/menu.lst , please re-run 'update-grub'.
```

Vous pouvez bien sûr modifier cette configuration initiale automatique. Remarquez notamment, dans le fichier de configuration, la section qui commence par ces termes :

```
### BEGIN AUTOMAGIC KERNELS LIST
```

Vous pouvez modifier les entrées correspondantes. Ne supprimez jamais les signes de commentaires (#) au début des lignes. La ligne suivante :

```
# kopt=root=/dev/hda1 ro
```

peut être transformée ainsi :

```
# kopt=root=/dev/hda1 ro apm=on ide2=0x180,0x386
```

Les paramètres qui ont été ajoutés sont transmis au noyau au démarrage. Après cette modification, il faut appeler **update-grub** pour reporter les modifications à la fin du fichier de configuration.

Configuration manuelle

Si vous installez un fichier nommé *menu.lst* dans le sous-répertoire */boot/grub/*, GRUB va afficher au prochain démarrage un menu à partir des données trouvées de ce fichier. Vous trouverez un exemple d'un tel menu de démarrage dans le fichier */usr/share/doc/grub/examples/menu.lst*. Voici comment le réutiliser :

```
debian:~# cp /usr/share/doc/grub/examples/menu.lst /boot/grub/
```

Ce fichier d'exemple contient des entrées pour plusieurs systèmes d'exploitation ainsi que quelques compléments accessibles à GRUB. Voici un exemple de configuration minimale fonctionnelle :

```
timeout 10
default 0

# Pour démarrer Linux
title Debian GNU/Linux
root (hd0,0)
kernel /vmlinuz root=/dev/hda1
```

Si vous utilisez un paquet de noyau, pensez qu'il lui faut normalement disposer d'un disque virtuel d'initialisation **initrd**. Voici une entrée qui tient compte de ce besoin du disque virtuel :

```
title GNU/Linux 2.4.6 SMP
root (hd0,6)
kernel /vmlinuz-2.4.6-686-smp root=/dev/hda1
read-only
initrd /initrd-2.4.6-686-smp
```

Le précédent exemple s'appuie sur un noyau multiprocesseurs SMP et une distribution des partitions disques spécifique, mais le principe est le bon.

Ecran d'accueil (splashscreen)

Le recours à un écran d'accueil graphique affiché au démarrage n'est pas une extension officielle de GRUB. Il est cependant très apprécié car l'aspect du chargeur de démarrage est ainsi plus convivial ; de nombreuses distributions Linux l'ont déjà adopté. Cette extension est apparue en 2001 sur un forum de discussion GRUB. A partir de la version 1.0 de GRUB, elle sera intégrée au code source officiel de GRUB.

Le paquet Debian de GRUB a déjà incorporé cette extension. Pour l'utiliser, il faut réaliser quelques aménagements dans le fichier de configuration.

Les anciennes versions du paquet GRUB n'en disposaient pas encore. Lors d'une mise à jour de GRUB, il faut donc obligatoirement lancer la commande **grub-install**.

Vous devez disposer d'un fichier graphique au format compressé XPM, employant au maximum 14 couleurs et aux dimensions standard VGA 640 × 480. Vous pouvez générer un tel fichier à partir d'un fichier JPEG de la manière suivante :

```
$ convert -colors 14 -geometry 640x480 grubsplash.jpg grubsplash.xpm
$ gzip grubsplash.xpm
```

Vous trouverez plusieurs exemples utilisant des logos Debian à l'adresse *http://sloth.voxel.net/~joshk/d-i-logos*.

Voyons la retouche à réaliser dans le fichier de configuration de GRUB. Pour charger le fichier image, il faut indiquer, dans le fichier de configuration */boot/grub/menu.lst*, l'endroit où se trouve ce fichier. Dans la mesure où GRUB peut lire directement dans le système de fichiers, il n'est pas nécessaire de stocker l'image sur la partition qui contient le fichier de configuration GRUB. Voici un exemple :

```
splashimage=(hd0,5)/boot/grub/grubsplash.xpm.gz
```

Après redémarrage, vérifiez l'aspect. Il peut être nécessaire de retoucher les couleurs pour assurer une bonne lisibilité du texte.

Désignation des partitions de disques

Vous avez peut-être remarqué l'étrange convention employée pour désigner les partitions des disques dans le fichier de configuration de GRUB. Si ces conventions sont spécifiques, elles ne sont pas pour autant complexes.

Toutes les désignations de périphériques sont indiquées entre parenthèses. Tandis que sous Linux, on utilise des lettres minuscules (par exemple **hda**), avec GRUB, les disques durs sont numérotés à partir de zéro. Autrement dit, **hda** correspond à **hd0**. Les partitions sont numérotées en commençant par 0 et avec une virgule séparatrice. De ce fait, `/dev/hda1` devient `(hd0,0)`.

Les autres périphériques recourent au même principe : (**fd0**) correspond à la disquette et (**sd0**) à un disque dur SCSI. GRUB permet également un démarrage depuis le réseau, *via* PXE ou en montant le système de fichiers racine *via* NFS (dans ce cas, le périphérique s'écrit **nd**).

La ligne de commande de GRUB

Un des points fort de GRUB est sa ligne de commande intégrée. Rappelons qu'au moment où cette possibilité vous est offerte, aucun noyau ni système n'est encore chargé ! Si le menu de démarrage que vous avez configuré ne fonctionne pas, vous arrivez automatiquement sur cette ligne de commande GRUB. Vous pouvez y exécuter toutes les commandes d'un interpréteur, en utilisant les descriptions de périphérique et les noms de fichiers. Vous disposez même de la fonction de terminaison de nom (touche [Tab]).

Si un menu de démarrage est affiché, vous pouvez le quitter en appuyant sur la touche [C] afin de lancer un autre noyau par une ligne de commande. Vous pouvez modifier une entrée du menu de démarrage en la sélectionnant puis en appuyant sur la touche [E]. Notez que la modification est temporaire ; vous devez ensuite la reporter dans le fichier */boot/grub/menu.lst*.

Test d'un nouveau noyau avec GRUB

GRUB possède une option qui permet de démarrer un noyau une seule fois puis de redémarrer avec le noyau par défaut. Cette fonction est très pratique lorsqu'un système fait partie d'un centre de calcul ou lorsque vous ne disposez pas des droits d'accès de super-utilisateur (qui seraient nécessaires pour résoudre un problème au démarrage du nouveau noyau). Le chargeur d'amorce LILO possède également une option équivalente (**-R**).

Si vous vous servez de **update-grub** pour configurer GRUB, aucune modification de la configuration n'est nécessaire. Démarrez l'interpréteur de ligne de commande de GRUB (en lançant GRUB) puis saisissez la commande suivante :

```
savedefault --default=N --once
```

La lettre N doit correspondre au numéro de l'entrée dans le fichier de configuration (à partir de 0). Au prochain démarrage, c'est le nouveau noyau qui sera démarré. Au démarrage suivant, vous pourrez redémarrer avec le noyau défini par défaut dans le fichier de configuration. Le script d'exemple suivant vous évite d'avoir à saisir la commande dans l'interpréteur GRUB. Il suffit de choisir l'entrée souhaitée.

```
#!/bin/sh

if [ `id -u` != 0 ] ; then
  echo "you must be root!"
else
  if [ ! $1 ] ; then
    echo "Usage: "$0" kernelnumber"
  else
    echo "setting kernel "$1" once"
    grub --batch <<EOT
    savedefault --default=$1 --once
    quit
  EOT
  fi
fi
```

Autres informations

Vous trouverez d'autres informations concernant GRUB sur votre système dans */usr/share/ doc/grub-doc/* (le paquet de documentation **grub-doc** doit être installé). Voyez également la page du projet GRUB :

http://www.gnu.org/software/grub/grub.en.html

Les scripts d'initialisation Init-Scripts

Une fois que le noyau Linux a été chargé, le premier programme qui est lancé est **init**. Il se charge de lancer tous les autres programmes définis dans les scripts du sous-répertoire */etc/init.d/* (à partir du paquet **sysv-rc**). En fonction du niveau d'exécution Runlevel choisi, des liens différents désignent les scripts à démarrer.

Vous pouvez ajouter et supprimer automatiquement des liens lors de l'installation des services correspondants. Tout service installé sur un système Debian est automatiquement démarré. Vous pouvez ajouter ou supprimer des liens à la main, mais Debian propose des outils qui facilitent ces opérations.

rcconf

L'outil **rcconf** permet d'activer ou de désactiver des services dans les scripts Init. Vous ne pouvez cependant pas décider du niveau d'exécution Runlevel.

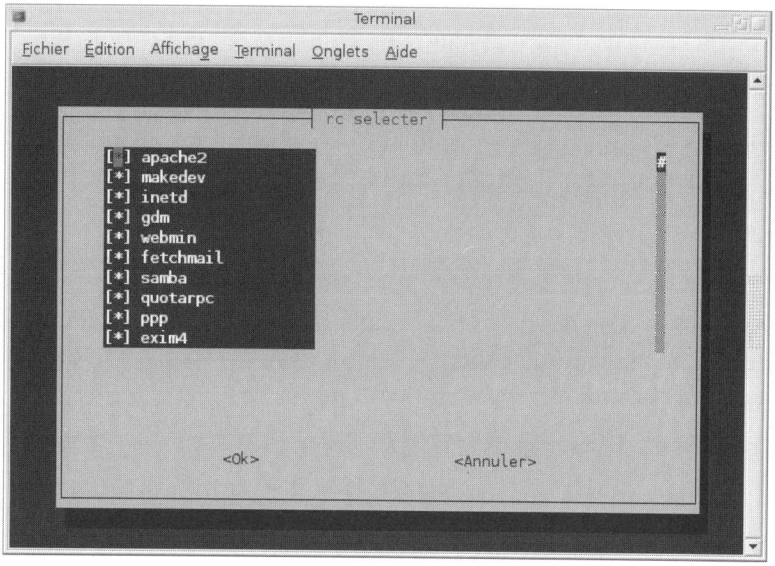

Figure 6.1
rcconf.

update-rc.d

Les possibilités sont plus nombreuses avec l'outil **update-rc.d**. Nous vous conseillons de le démarrer avec l'option **-n** dans un premier temps, afin de voir quelles actions doivent être réalisées sans modifier réellement les liens.

```
usage: update-rc.d [-n] [-f] <basename> remove
    update-rc.d [-n] <basename> defaults [NN | sNN kNN]
    update-rc.d [-n] <basename> start|stop NN runlvl [runlvl] [...] .
        -n: not really
        -f: force
```

En général, vous indiquez toujours le nom du paquet dont vous voulez modifier le script Init. L'option **remove** permet de supprimer tous les liens correspondant à un script. **update-rc.d** vérifie que le script a bien été supprimé d'abord et abandonne s'il ne l'a pas encore été. Vous pouvez cependant forcer la suppression des liens au moyen de l'option **-f** même si le script est encore là.

Les options **start**, **stop** et **defaults** permettent respectivement de créer, supprimer et restaurer des liens. Vous pouvez spécifier un ou plusieurs niveaux d'exécution Runlevel pour adapter les liens aux besoins de l'administrateur.

file-rc

Vous pouvez recourir au paquet **file-rc** à la place des scripts Init System V. Ce paquet permet de centraliser la configuration du démarrage système dans un seul fichier. Dans la mesure où il ne peut y avoir qu'un seul mécanisme de gestion du démarrage du système, des messages sont affichés en début d'installation pour vous demander de confirmer que vous désirez effectivement abandonner l'autre mécanisme.

Installez le paquet par la commande classique :

```
wasabi:~# apt-get install file-rc
```

La centralisation des accès aux scripts Init des services par **file-rc** suppose que tous les liens symboliques (qui étaient gérés par **sysv-rc**) soient supprimés et qu'un seul fichier nommé */etc/runlevel.conf* soit mis en place.

```
# This file was automatically generated by /usr/share/file-rc/
rclink2file.sh.
# You can use your favourite editor or update-rc.d(8) to modify it.
# Read runlevel.conf(5) man page for more information about this file.
#
# Format:
# <sort> <off-> <on-levels>  <command>
01      0,1,6   -            /etc/init.d/gdm
02      -       S            /etc/init.d/mountvirtfs
05      -       1            /etc/init.d/single
05      -       S            /etc/init.d/bootlogd
05      -       S            /etc/init.d/initrd-tools.sh
05      -       S            /etc/init.d/keymap.sh
10      -       2,3,4,5      /etc/init.d/sysklogd
10      -       S            /etc/init.d/checkroot.sh
11      0,1,6   -            /etc/init.d/cron
11      -       2,3,4,5      /etc/init.d/klogd
14      -       2,3,4,5      /etc/init.d/ppp
18      -       2,3,4,5      /etc/init.d/portmap
18      -       S            /etc/init.d/hwclockfirst.sh
19      0,6     -            /etc/init.d/setserial
20      0,1,6   2,3,4,5      /etc/init.d/exim4
20      0,1,6   2,3,4,5      /etc/init.d/fam
20      0,1,6   2,3,4,5      /etc/init.d/inetd
20      0,1,6   2,3,4,5      /etc/init.d/lpd
20      0,1,6   2,3,4,5      /etc/init.d/makedev
20      0,1,6   2,3,4,5      /etc/init.d/ssh
20      -       0,6          /etc/init.d/sendsigs
20      -       S            /etc/init.d/modutils
21      -       2,3,4,5      /etc/init.d/nfs-common
```

```
25    0,6      -          /etc/init.d/hwclock.sh
30    -        0,6        /etc/init.d/urandom
30    0,6      S          /etc/init.d/etc-setserial
30    -        S          /etc/init.d/checkfs.sh
30    -        S          /etc/init.d/procps.sh
31    -        0,6        /etc/init.d/umountnfs.sh
32    -        0,6        /etc/init.d/portmap
35    -        0,6        /etc/init.d/networking
35    -        S          /etc/init.d/mountall.sh
36    -        S          /etc/init.d/discover
36    -        S          /etc/init.d/mountvirtfs
38    -        S          /etc/init.d/pppd-dns
39    -        S          /etc/init.d/dns-clean
39    -        S          /etc/init.d/ifupdown
40    -        0,6        /etc/init.d/umountfs
40    -        S          /etc/init.d/hostname.sh
40    -        S          /etc/init.d/hotplug
40    -        S          /etc/init.d/networking
43    -        S          /etc/init.d/portmap
45    -        S          /etc/init.d/mountnfs.sh
46    -        S          /etc/init.d/setserial
48    -        S          /etc/init.d/console-screen.sh
50    -        S          /etc/init.d/hwclock.sh
55    -        S          /etc/init.d/bootmisc.sh
55    -        S          /etc/init.d/urandom
70    -        S          /etc/init.d/nviboot
70    -        S          /etc/init.d/screen-cleanup
70    -        S          /etc/init.d/xfree86-common
79    0,1,6    -          /etc/init.d/nfs-common
81    1        -          /etc/init.d/portmap
86    0,1,6    -          /etc/init.d/ppp
89    0,1,6    2,3,4,5    /etc/init.d/atd
89    0,1,6    -          /etc/init.d/klogd
89    0,6      -          /etc/init.d/hotplug
89    -        2,3,4,5v   /etc/init.d/cron
90    0,1,6    -          /etc/init.d/sysklogd
90    -        0          /etc/init.d/halt
90    -        6          /etc/init.d/reboot
99    -        2,3,4,5v   /etc/init.d/gdm
99    -        2,3,4,5    /etc/init.d/rmnologin
99    -        2,3,4,5    /etc/init.d/stop-bootlogd
# THE LAST LINE IS NEVER READ!
```

Les alternatives

Les alternatives sont des processus qui visent à simplifier la vie de l'administrateur de système Debian. Les programmes les plus employés (comme l'éditeur **vi**) peuvent être remplacés par des alternatives (comme **vim**). Aucune entrée n'est à créer dans un fichier de configuration.

Une distribution Debian typique réunit plusieurs milliers de programmes, souvent avec plusieurs variantes pour la même fonction. Pour choisir un programme parmi plusieurs programmes équivalents, l'utilisateur peut saisir le nom du programme sur la ligne de commande (ou bien le choisir dans un menu). Grâce aux alternatives, l'administrateur peut définir une équivalence valable pour tous les utilisateurs.

Voyons cela avec l'exemple de l'éditeur **vi**. Voyons d'abord où se trouve le fichier exécutable du programme **vi** au moyen de la commande suivante :

```
wasabi:/home/fr# ls -l `which vi`
lrwxrwxrwx 1 root root 20 24. Feb 13:47 /usr/bin/vi -> /etc/
alternatives/vi
```

Pour saisir les apostrophes obliques qui entourent le paramètre dans la commande précédente, appuyez sur les touches **Alt Gr** et **è** du clavier.

Visualisons le lien :

```
wasabi:/home/fr# ls -l /etc/alternatives/vi
lrwxrwxrwx 1 root root 12 20. Mär 08:15 /etc/alternatives/vi -> /usr/bin/vim
```

Actuellement, il pointe sur le programme **vim**. Vous pouvez bien sûr gérer ces liens avec les commandes standard d'Unix mais il existe un outil spécifique dans Debian.

Cet outil se nomme **update-alternatives**. Il permet à l'administrateur de gérer la configuration des alternatives. Vous pouvez choisir parmi les alternatives possibles et adopter la suggestion qui vous est faite quant au programme le plus approprié à chaque besoin.

```
update-alternatives: need --display, --config, --install,
--remove or --auto

Debian update-alternatives 1.9.20.
Copyright (C) 1995 Ian Jackson.
Copyright (C) 2000,2001,2002 Wichert Akkerman
This is free software; see the GNU General Public Licence
version 2 or later for copying conditions. There is NO warranty.

Usage: update-alternatives --install <link> <name>
       <path> <priority>
       [--slave <link> <name> <path>] ...
update-alternatives --remove <name> <path>
update-alternatives --auto <name>
update-alternatives --display <name>
update-alternatives --config <name>
<name> is the name in /etc/alternatives.
<path> is the name referred to.
<link> is the link pointing to /etc/alternatives/<name>.
<priority> is an integer; options with higher numbers are chosen.
```

```
Options: --verbose|--quiet --test --help --version
         --altdir <directory> --admindir <directory>
```

Au moyen de l'option **--display**, vous pouvez afficher l'état des alternatives pour un programme :

```
wasabi:/home/fr# update-alternatives --display vi
vi - status is manual.
link currently points to /usr/bin/vim
/usr/bin/nvi - priority 30
slave vi.1.gz: /usr/share/man/man1/nvi.1.gz
/usr/bin/vim - priority 120
slave vi.1.gz: /usr/share/man/man1/vim.1.gz
Current `best' version is /usr/bin/vim.
```

Dans l'exemple, il existe deux programmes pour remplir les fonctions de l'éditeur système **vi** : **nvi** et **vim**. Les priorités ne sont pas les mêmes pour les deux programmes. La version dont la priorité est supérieure sera utilisée de préférence. C'est celle indiquée dans la dernière ligne comme suggestion.

Avec l'option **--config**, vous pouvez modifier la configuration actuelle.

Horloge système

De nos jours, tous les ordinateurs disposent d'un circuit horloge intégré doté d'une pile de sauvegarde. Lors du démarrage, le système d'exploitation lit l'heure et la date actuelle. Vous affichez cette heure au moyen de la commande **date** :

```
bash-2.03$ date
Sat Jan 22 17:54:00 CET 2000
```

En temps normal, l'horloge de la machine est suffisamment précise. Au bout de quelques mois ou quelques années, il est cependant conseillé de remplacer la pile sur la carte mère de la machine.

La commande **date** indique l'abréviation du jour, du mois, le quantième, l'heure, le fuseau horaire et l'année.

La deuxième commande qui accède à l'horloge système est la commande **time**. Elle n'affiche pas l'heure comme vous pourriez le croire, mais sert à chronométrer des événements :

```
time sleep 60

real 1m0.057s
user 0m0.000s
sys 0m0.000s
```

L'exemple précédent montre que la commande **sleep** a duré 60 secondes. **time** chronomètre la durée d'exécution de la commande. Vous pouvez par exemple vous servir de cette commande pour mesurer les performances d'un nouvel ordinateur en lançant la génération d'un nouveau noyau GNU/Linux. Rappelons que les performances dépendent des pilotes liés au noyau et de la version du noyau à générer. Mais c'est un autre sujet.

date

Pour régler l'horloge système, utilisez la commande **date** en tant que super-utilisateur. La commande dispose de très nombreuses options et vous pouvez définir la date et l'heure dans un grand nombre de formats. Voici les options :

```
bash-2.03$ date --help

Usage: date [OPTION]... [+FORMAT]
  or:  date [-u|--utc|--universal] [MMJJhhmm[[CC]AA][.ss]]
Afficher la date courante selon le FORMAT spécifié, ou
initialiser la date du système.

  -d, --date=CHAINE         afficher la date selon la description donnée
                            par la CHAINE,
                            excluant le mot réservé "now"
  -f, --file=FICHIER        identique à --date pour chaque ligne du
                            FICHIER de dates
  -ITIMESPEC, --iso-8601[=SPECS-TEMPS]
                            produire un format de sortie date/heure
selon la norme ISO-8601
                            SPECS-TEMPS= "date" pour la date seulement,
                            "hours", "minutes" ou "seconds" pour la date
et l'heure
                            à la précision voulue
                             --iso-8601 sans TIMESPEC par défaut utilise
                            "date".
  -r, --reference=FICHIER   utiliser la date de modification du FICHIER
                            comme date de référence
  -R, --rfc-2822            afficher la date selon le format respectant
                            les spécifications du RFC-822
  -s, --set=CHAINE          initialiser la date selon la CHAINE fournie
  -u, --utc, --universal    afficher ou initialiser selon le système de
                            temps universel (TU)
      --help     afficher l'aide-mémoire
      --version  afficher le nom et la version du logiciel

FORMAT contrôle l'affichage.  Seule l'option valide de la seconde forme
s'applique au système de temps UCT.  Les séquences interprétées sont:
```

```
%%   le caractère %
%a   les noms abrégés localisés des jours de la semaine (Dim..Sam)
%A   les noms complets localisés des jours de la semaine
     de longueurs variables (Dimanche..Samedi)
%b   les noms abrégés localisés des mois (Jan..Déc)
%B   les noms complets localisés des mois de longueurs variables
     (Janvier..Décembre)
%c   la date et l'heure localisées (Sam 04 Nov 12:02:33 EDT 1989)
%C   le siècle (année divisée par 100 et tronquée en un entier) [00-99]
%d   jour du mois (01..31)
%D   date (mm/jj/aa)
%e   jour du mois, précédé d'un blanc ( 1..31)
%F   identique à %Y-%m-%d
%g   l'année sur 2 chiffres correspondant au numéro de semaine %V
%G   l'année sur 4 chiffres correspondant au numéro de semaine %V
%h   identique à %%b
%H   heure (00..23)
%I   heure (01..12)
%j   jour numérique de l'année (001..366)
%k   heure ( 0..23)
%l   heure ( 1..12)
%m   mois (01..12)
%M   minute (00..59)
%n   saut de ligne
%N   nanosecondes (000000000..999999999)
%p   indicateur localisé AM ou PM en majuscules (blanc dans plusieurs
     ➥localisations)
%P   indicateur localisé am ou pm en minuscules (blanc dans plusieurs
     ➥localisations)
%r   heure au format 12-heure (hh:mm:ss [AP]M)
%r   heure au format 24-heure (hh:mm)
%s   secondes depuis « 00:00:00, 1970-01-01 UTC » (une extension de GNU)
%S   secondes (00..60); le 60 est nécessaire pour accommoder la sec.
     ➥bissextile
%t   tabulation horizontale
%T   heure, 24-heure (hh:mm:ss)
%u   jour de la semaine (1..7);  1 représente le lundi
%U   numéro de la semaine dans l'année, avec le dimanche
     comme premier jour de la semaine (00..53)
%V   numéro de la semaine dans l'année, avec le lundi
     comme premier jour de la semaine (01..52)
%w   jour de la semaine (0..6);  0 représente le dimanche
%W   numéro de la semaine dans l'année, avec le lundi
     comme premier jour de la semaine (00..53)
%x   représentation localisée de la date (mm/jj/aa)
%X   représentation localisée de l'heure (%%H:%%M:%%S)
%y   les deux derniers chiffres de l'année (00..99)
%Y   année (1970...)
%z   fuseau horaire au format numérique selon le RFC-2822 (-0500)
     (une extension non standard)
%Z   fuseau horaire (càd EDT) ou nul si aucun fuseau horaire
     ne peut être déterminé
```

```
Par défaut, les champs numériques de dates sont complétés par des zéros.
"GNU date" reconnaît les modificateurs suivants entre "%" et une
➥directive numérique.

  " - " (tiret) ne pas compléter le champ
  " _ " (souligné) compléter le champ par des blancs

Rapporter toute anomalie à <bug-coreutils@gnu.org>.
```

Dans la pratique, il est rarement nécessaire de modifier l'heure système.

rdate

Lorsque vous disposez d'une connexion Internet, vous pouvez régler l'horloge *via* un programme tel que **rdate**, qui récupère l'heure depuis un serveur de référence (délivrant un signal DCF77).

Vous pouvez insérer ce genre de commande dans les scripts qui servent à établir la connexion à Internet. Si l'ordinateur est relié en permanence à Internet, vous pouvez même appeler **rdate** depuis le programme **cron** en intégrant la commande dans le fichier *crontab* du super-utilisateur. Pour accéder à ce fichier, lancez la commande **crontab** avec l'option **-e** pour passer en mode édition :

```
bash-2.03$ su
Password:
linux:/home# crontab -e
```

Il suffit d'ajouter la ligne suivante dans le fichier :

```
10 01 * * * /usr/sbin/rdate time.fu-berlin.de > /dev/null
```

Cette ligne permet de régler l'heure toutes les nuits à une heure dix à partir du serveur *time.fu-berlin.de*. Choisissez un serveur proche de votre localisation géographique. Renseignez-vous auprès de votre fournisseur d'accès.

Vous pouvez également utiliser **rdate** directement sur la ligne de commande de la manière suivante:

```
linux:/home# /usr/sbin/rdate time.fu-berlin.de
Sun Jan 23 10:49:22 2000
```

Gestion des fichiers de configuration

Presque tous les paquets installés sur un système Linux sont accompagnés de fichiers de configuration appropriés. Les membres de l'équipe Debian fournissent à ce niveau un excellent travail et préparent soigneusement les fichiers de configuration des paquets. Ces fichiers sont prévus pour s'adapter à presque tous les cas d'utilisation.

Cela simplifie énormément le travail de l'administrateur, dans la mesure où les logiciels qu'il installe sont quasiment toujours exploitables directement sans paramétrage. Mais il n'est pas toujours possible de se contenter de la configuration initiale. C'est à cet effet qu'il existe des programmes de configuration. L'outil **debconf** vu dans un chapitre précédent constitue une base de données centralisée, accessible *via* l'annuaire LDAP en réseau. Ce genre de base réunit tous les paramètres de configuration.

Dans un réseau de grande taille, il peut être utile de mettre en place un système unifié de gestion des fichiers de configuration, doté éventuellement d'un processus de suivi des versions. Dans ce genre d'environnement, il est souvent nécessaire de préparer des paquets Debian personnalisés. Mais le système de gestion de paquets Debian empêche les mises à jour des fichiers de configuration. L'outil **dpsyco** permet cependant de remédier à ce problème.

dpsyco

dpsyco (*Debian Packages of System Configurations*) est un outil qui permet de créer et d'administrer des paquets de configuration Debian. Un tel paquet peut être installé comme un paquet Debian classique de façon à modifier ou remplacer les fichiers de configuration qui se trouvent dans les paquets Debian classiques.

Un paquet **dpsyco** peut remplacer ou corriger un fichier de configuration d'un paquet Debian ou y ajouter des utilisateurs ou des groupes. Plusieurs paquets accompagnent l'outil **dpsyco** :

```
sushi:/home/fr# apt-cache search dpsy
dpsyco - Debian packages of system configurations
dpsyco-base - Base package for the debian packages of system
configurations
dpsyco-cfengine - Automate applying of cfengine configs
dpsyco-devel - Tools to create configuration packages
dpsyco-doc - Documentation for the debian packages of system
configurations
dpsyco-lib - Libraries for the debian packages of system configurations
dpsyco-mysql - Automate administration of access to mysql
dpsyco-patch - Automatically patch the debian file-system
dpsyco-samba - Automate administration of access to samba
dpsyco-skel - Automatically install a add-on skeleton
dpsyco-ssh - Automate administration of access via ssh
dpsyco-sudo - Automate administration of sudo privileges
```

Vous devez d'abord installer le paquet **dpsyco** manuellement. Cela provoque automatiquement l'installation des deux paquets **dpsyco-base** et **dpsyco-lib** :

```
sushi:/home/fr# apt-get install dpsyco
```

Lors de vos premiers essais, utilisez les commandes **dpsyco-delhome** et **dpsyco-restorehome**, qui permettent de supprimer un répertoire principal d'utilisateur puis de le recréer. Etudiez ensuite les paramètres du fichier */etc/dpsyco/adduser.conf*.

Administration centralisée avec Webmin

Nombreux sont les administrateurs qui considèrent que la configuration de leur système ne doit se faire qu'avec l'éditeur **vi**. Nous n'allons pas entrer dans ce débat. Il est plus intéressant de proposer une alternative qui permet malgré tout de mieux naviguer dans la jungle des nombreux fichiers de configuration.

L'outil nommé **Webmin** (*http://www.webmin.com*) a été conçu par Jamie Cameron en langage Perl. C'est un outil d'administration extensible grâce à des modules. Il est disponible en plus de 15 langues et a été incorporé à Debian dès la version 3.0. Il fonctionne avec de nombreuses variantes d'Unix, et notamment avec GNU/ Linux. Vous pouvez aisément lui ajouter de nouvelles fonctions *via* des modules complémentaires. La création des modules est simplifiée par l'existence d'une interface de programmation API correctement documentée.

Webmin est unique dans le monde Unix. Quasiment pour toutes les fonctions du système, vous disposez d'un accès *via* l'interface unifiée. Il suffit de disposer d'un navigateur Web. L'outil ne gère aucun fichier de configuration spécifique. Toutes les modifications sont apportées aux fichiers de configuration originaux des programmes. Cela vous permet de continuer à effectuer des retouches à ces fichiers au moyen d'un éditeur.

Installation de Webmin

Pour installer l'outil, servez-vous du programme de gestion de paquets standard. En plus du paquet de base nommé **webmin**, vous disposez de toute une série de paquets, dont certains font partie du domaine *non-free* :

```
webmin - Web-based administration toolkit
webmin-apache - apache control module for webmin
webmin-bind8 - bind8 control module for webmin
webmin-core - core modules for webmin
webmin-cpan - CPAN module for webmin
webmin-dhcpd - dhcpd control module for webmin
webmin-exports - NFS exports control module for webmin
webmin-fetchmail - fetchmail mail retrieval module for webmin
webmin-grub - grub control module for webmin
```

```
webmin-inetd - inetd control module for webmin
webmin-lpadmin - printer control module for webmin
webmin-mysql - mysql-server control module for webmin
webmin-nis - NIS clients/servers control module for webmin
webmin-postfix - postfix control module for webmin
webmin-postgresql - postgresql control module for webmin
webmin-ppp - PPP configuration module for webmin
webmin-quota - disk quota control module for webmin
webmin-raid - raid control module for webmin
webmin-samba - samba control module for webmin
webmin-sendmail - sendmail control module for webmin
webmin-software - software control module for webmin
webmin-squid - squid control module for webmin
webmin-status - server and system status control module for webmin
webmin-wuftpd - wu-ftpd control module for webmin
webmin-xinetd - xinetd control module for webmin
webmin-ssl - Web-based administration toolkit
```

Vous installez par exemple les paquets au moyen de `apt-get install` *`nompaquet`*. Installez dans tous les cas les paquets **webmin** et **webmin-status**, ainsi que les modules des services que vous exploitez sur la machine cible.

Lors de l'installation du paquet de base de Webmin, l'utilisateur root de Webmin est créé en récupérant le mot de passe du fichier */etc/shadow*. Sachez que les transferts *via* le protocole HTTP ne sont pas sécurisés. Nous vous conseillons de recourir aux transferts sécurisés HTTPS. Il suffit pour cela d'installer le paquet **webmin-ssl**.

Accès à Webmin

Pour accéder à Webmin, il suffit de lancer un navigateur Web sur une machine ayant accès à la machine administrée (ou sur cette machine elle-même si elle dispose d'une interface graphique). Dans l'adresse cible, il faut indiquer le numéro du port qu'utilise Webmin (10 000). Dans le cas d'une machine cible située par exemple à l'adresse *monsite.fr*, l'adresse à indiquer sera `http://monsite.fr:10000`. Vous pouvez administrer en local en donnant l'adresse `http://localhost:10000`. Si vous avez opté pour les communications sécurisées, remplacez **http** par **https**.

Commencez par ouvrir une session en tant qu'utilisateur *root* puis accédez à la page d'accueil de Webmin.

Webmin distribue les modules de configuration en catégories. A chaque catégorie correspond un onglet dans la partie supérieure de la fenêtre. Le nombre d'onglets proposés dépend du nombre de modules Webmin installés. Notez que les utilisateurs de

Webmin (catégorie **Webmin**) ne sont pas les utilisateurs du système GNU/Linux que vous administrez.

Avant de vous pencher sur les modules, modifiez la configuration pour adapter Webmin à votre pays. Dans la catégorie **Webmin**, accédez à **Configuration de Webmin** puis à **Langue**.

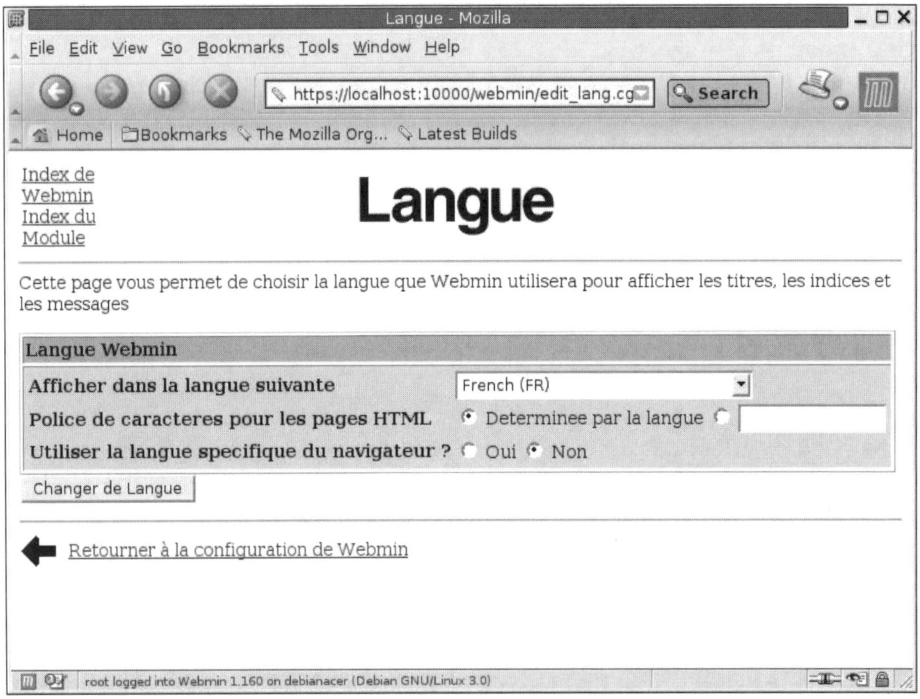

Figure 6.2

Choix de la langue dans Webmin.

Catégorie principale Webmin

Cette catégorie réunit les options de configuration de Webmin qui peuvent être différentes pour chaque utilisateur. Elle donne aussi accès à la visualisation des journaux (*logfiles*) de Webmin et au choix de la langue de l'interface.

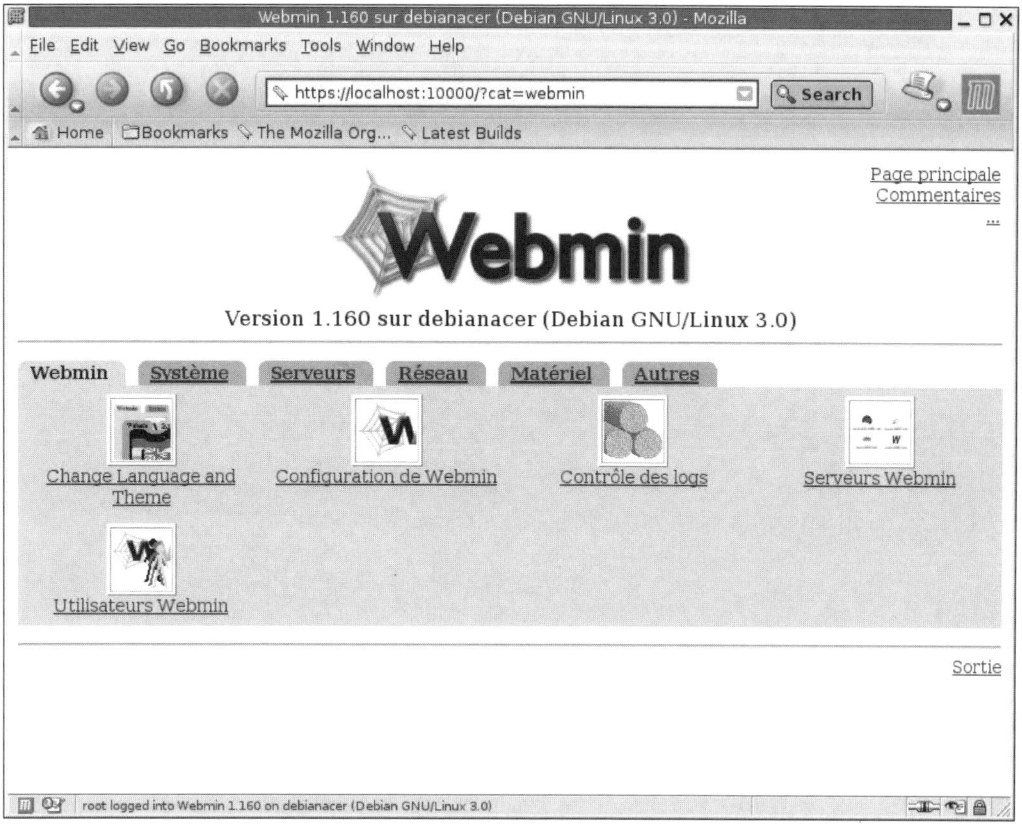

Figure 6.3

Menu principal de la catégorie Webmin.

Webmin/Contrôle des logs

Cette page permet de chercher des actions dans les journaux de Webmin en choisissant comme critère un utilisateur, un module ou une date.

Webmin/Utilisateurs Webmin

Lors de l'installation de Webmin, un utilisateur est créé d'office : l'utilisateur *root* auquel est associé le mot de passe déjà défini dans */etc/shadow*. Cette page sert à définir d'autres utilisateurs et à régler les possibilités d'accès aux différents modules pour chaque utilisateur. Au bas de la page, vous pouvez définir des groupes d'utilisateurs et choisir les modules auxquels les membres de ce groupe auront accès.

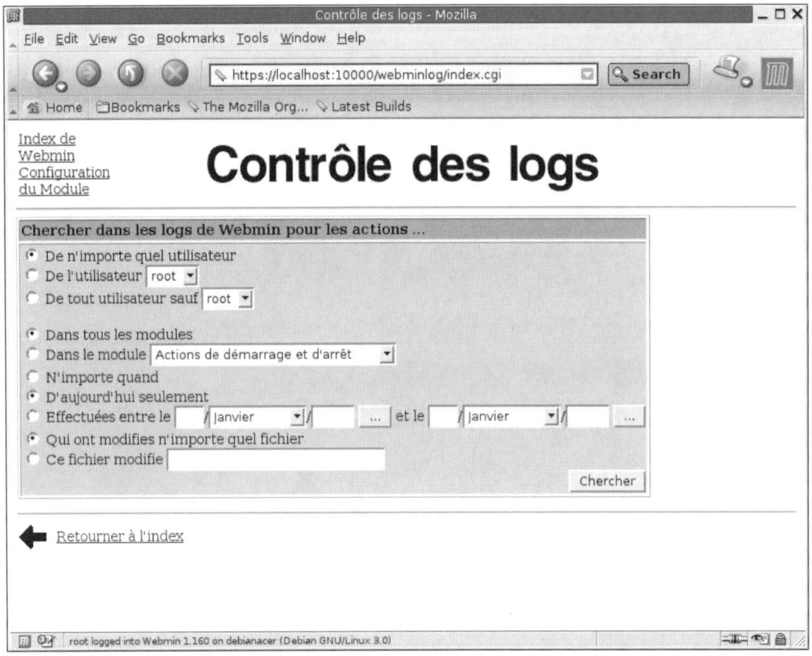

Figure 6.4

Catégorie Webmin/Contrôle des logs.

Figure 6.5

Catégorie Webmin/ Utilisateurs Webmin.

Webmin/Configuration de Webmin

Cette page donne accès à un grand nombre de modules de configuration. Vous pouvez limiter l'accès à certaines machines du réseau, sélectionner certaines cartes réseau, ajouter des modules (mais il est préférable de procéder pour ce faire avec le gestionnaire de paquets Debian), choisir la langue, choisir un thème pour les fenêtres Webmin, etc.

Figure 6.6

Configuration de Webmin – Page principale.

Configuration de Webmin – Contrôle d'accès par adresse IP

Cette page sert à configurer le serveur Webmin pour bloquer les requêtes en provenance de certaines adresses IP et n'autoriser que celles en provenance des adresses stipulées. Vous pouvez indiquer des adresses de serveurs du style *toto.fr* et des adresses réseau comme `10.254.3.0` ou `10.254.1.0/255.255.255.128`. Pensez à mettre en place un tel filtrage d'accès au serveur, surtout s'il est accessible depuis Internet.

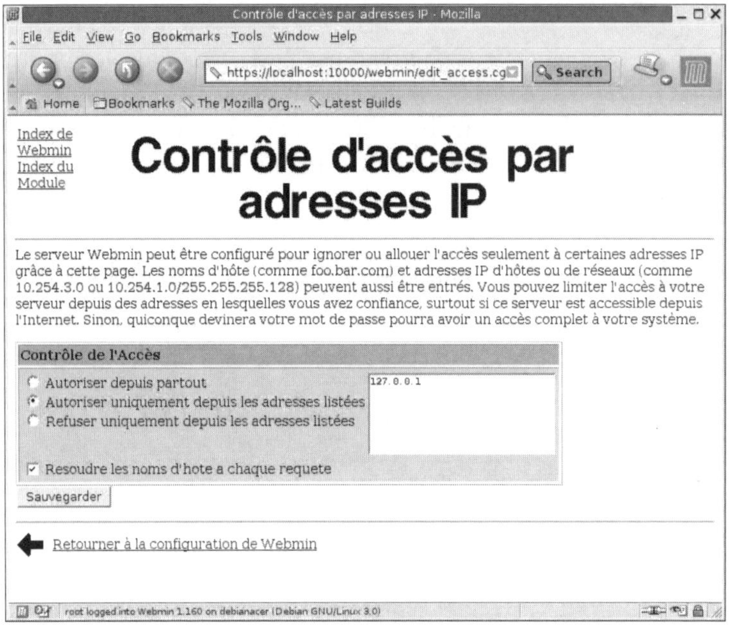

Figure 6.7

Configuration de Webmin – Contrôle d'accès par adresses IP.

Configuration de Webmin – Port et adresse

Consultez le texte explicatif au début de cette page.

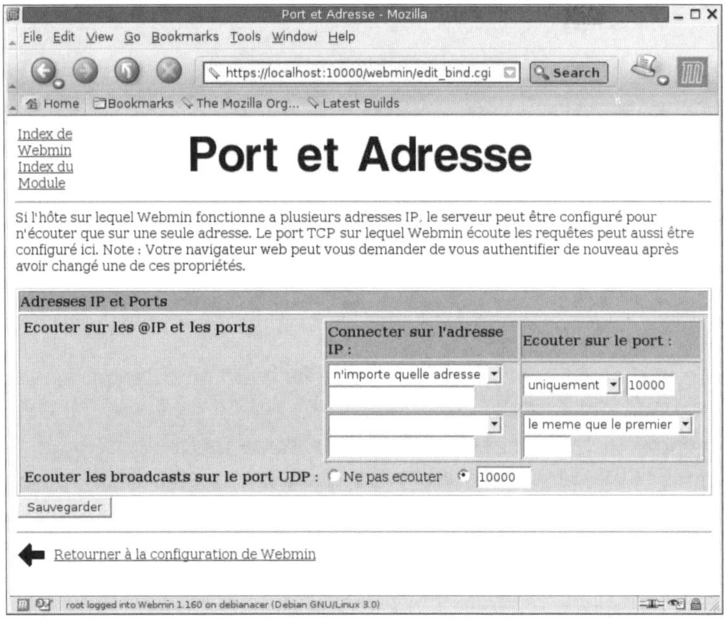

Figure 6.8

Configuration de Webmin – Port et adresse.

Configuration de Webmin – Audit

Consultez le texte explicatif au début de cette page.

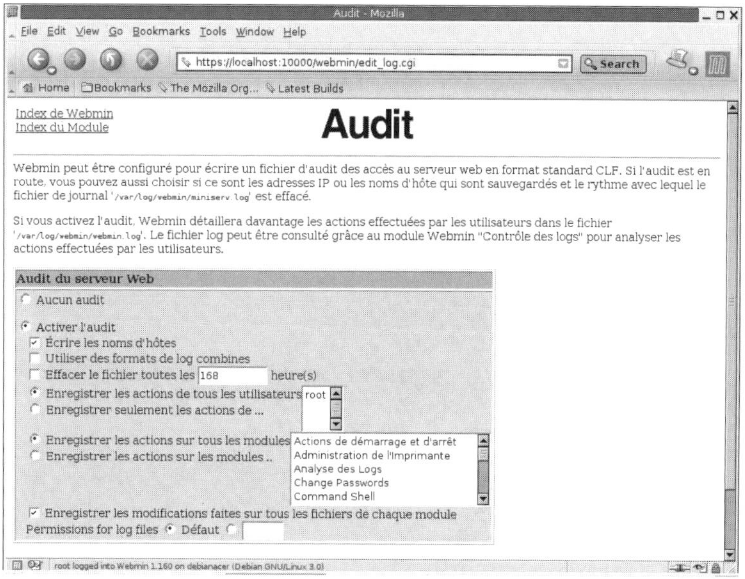

Figure 6.9

Configuration de Webmin – Audit.

Configuration de Webmin – Proxy

Consultez le texte explicatif au début de cette page.

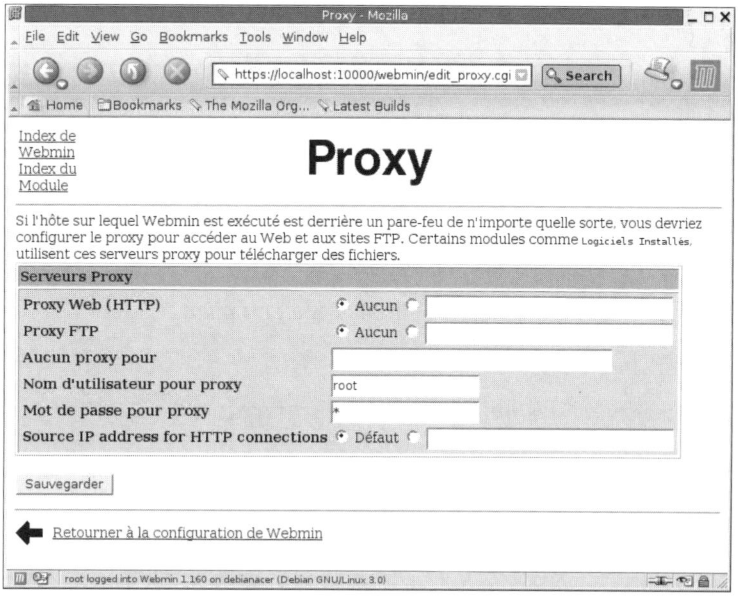

Figure 6.10

Configuration de Webmin – Proxy.

Configuration de Webmin – Interface utilisateur

Consultez le texte explicatif au début de cette page.

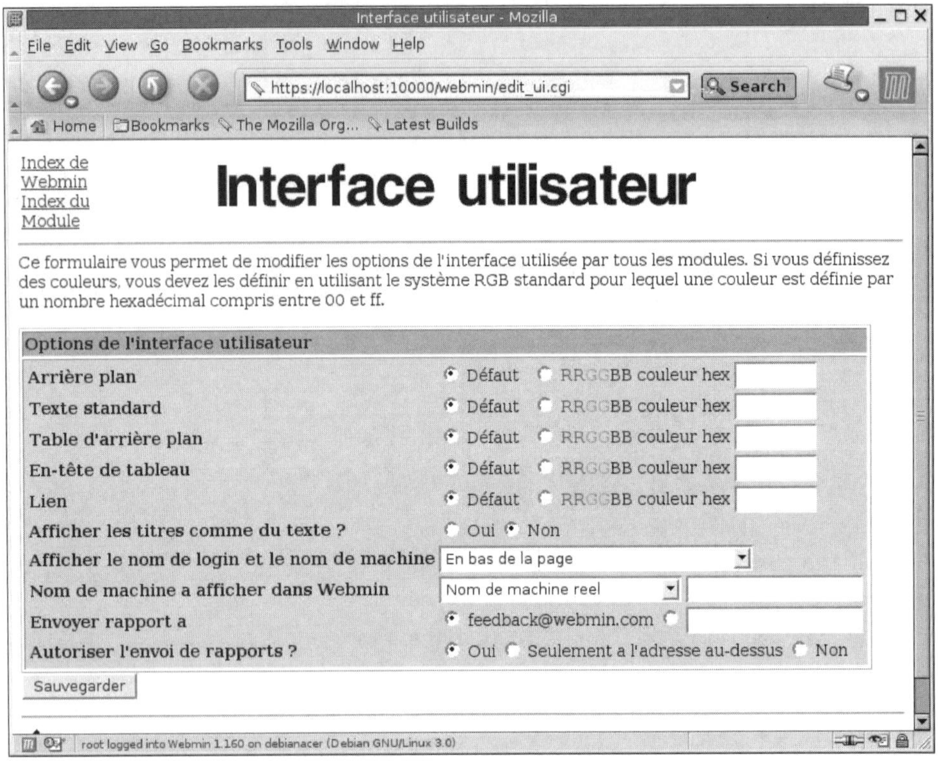

Figure 6.11

Configuration de Webmin – Interface utilisateur.

Configuration de Webmin – Modules Webmin

Consultez le texte explicatif au début de cette page.

Configuration de Webmin – Système d'exploitation

Consultez le texte explicatif au début de cette page.

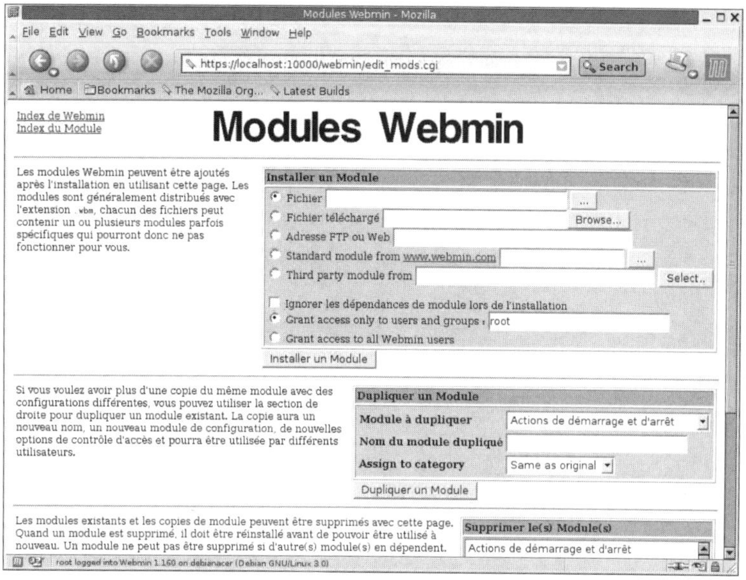

Figure 6.12
Configuration de Webmin – Modules Webmin.

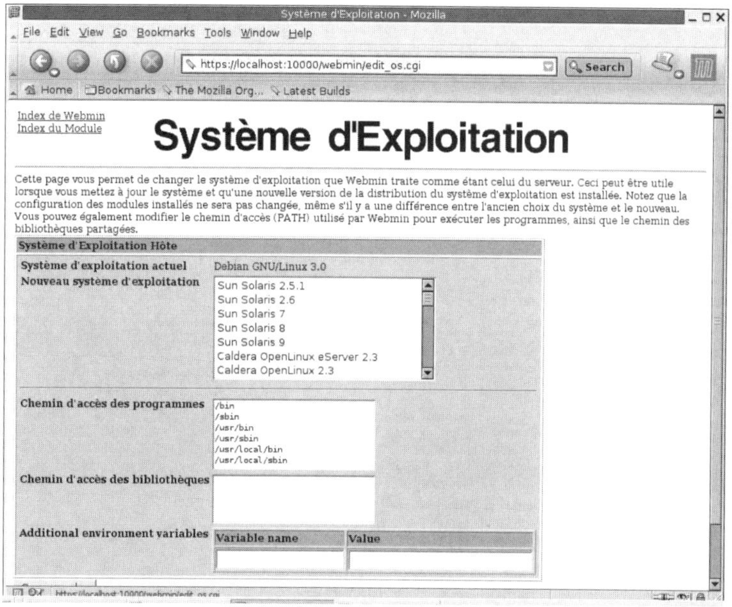

Figure 6.13
Configuration de Webmin – Système d'exploitation.

Configuration de Webmin – Langue

Notez que les modules pour lesquels il n'existe pas encore de version localisée (traduite) sont affichés en anglo-saxon.

Figure 6.14

Configuration de Webmin – Langue.

Configuration de Webmin – Options de la page d'accueil

Vous définissez ici les options présentées à chaque utilisateur sur la première page. Une catégorie par défaut affiche tous les modules pour lesquels un accès a été attribué pour chaque utilisateur.

Figure 6.15

Configuration de Webmin – Options de la page d'accueil.

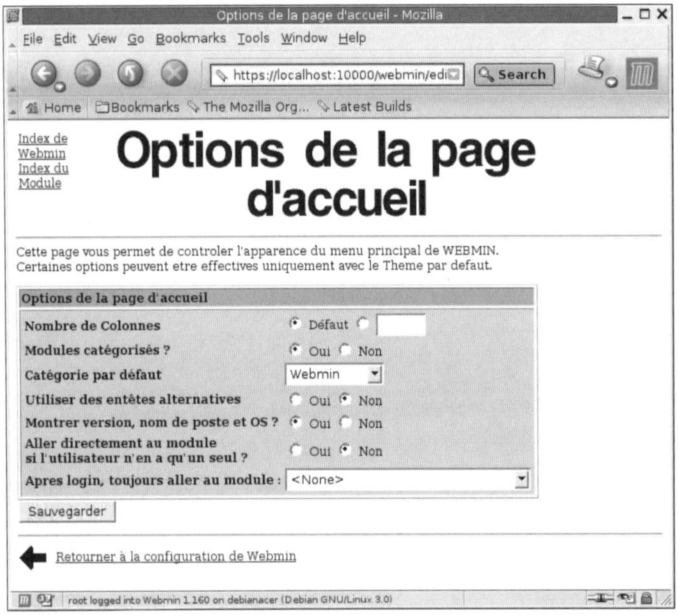

Configuration de Webmin – Mise à jour de Webmin

Consultez le texte explicatif au début de cette page. Rappelons que pour maintenir la cohérence de votre système, il est fortement conseillé de ne procéder aux mises à jour de Webmin qu'avec le logiciel habituel de gestion de paquets de Debian.

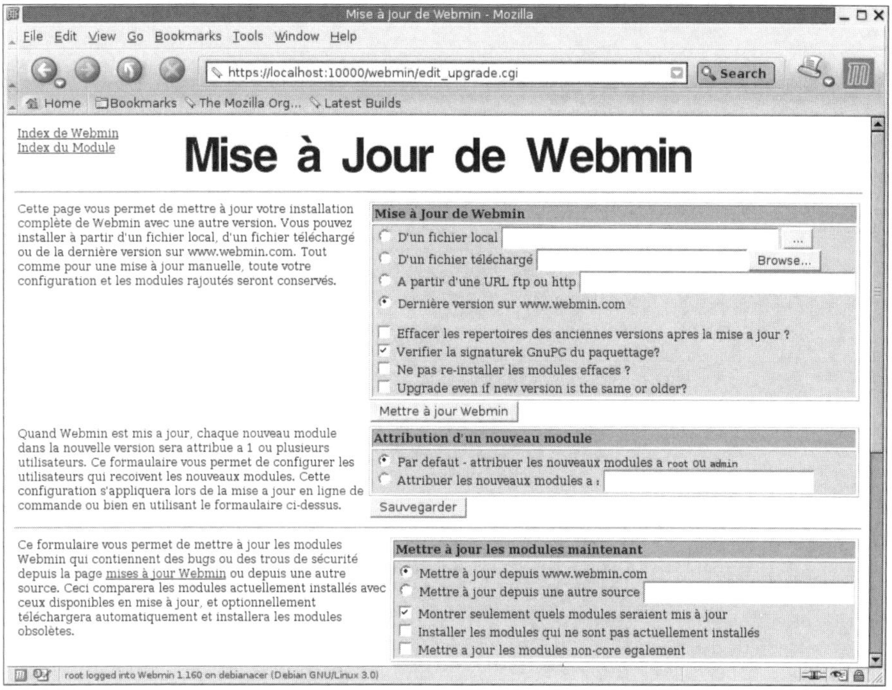

Figure 6.16

Configuration de Webmin – Mise à jour de Webmin.

Configuration de Webmin – Authentification

Consultez le texte explicatif au début de cette page.

Configuration de Webmin – Réaffectation des modules

Consultez le texte explicatif au début de cette page.

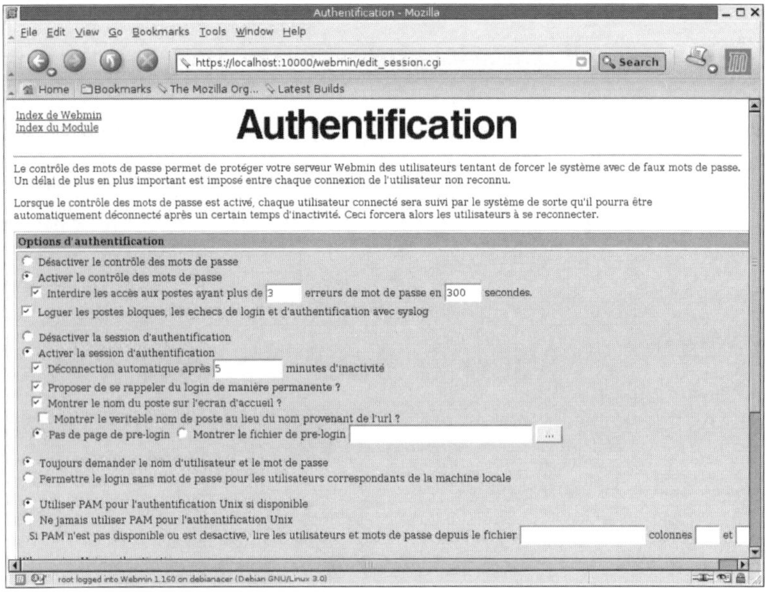

Figure 6.17

Configuration de Webmin – Authentification.

Figure 6.18

Configuration de Webmin – Réaffectation des modules.

Configuration de Webmin – Editer les catégories.

Consultez le texte explicatif au début de cette page.

Figure 6.19

Configuration de Webmin – Editer les catégories.

Configuration de Webmin – Les thèmes de Webmin

La partie supérieure propose une liste déroulante pour choisir votre thème. La partie inférieure sert à télécharger et à installer un nouveau thème.

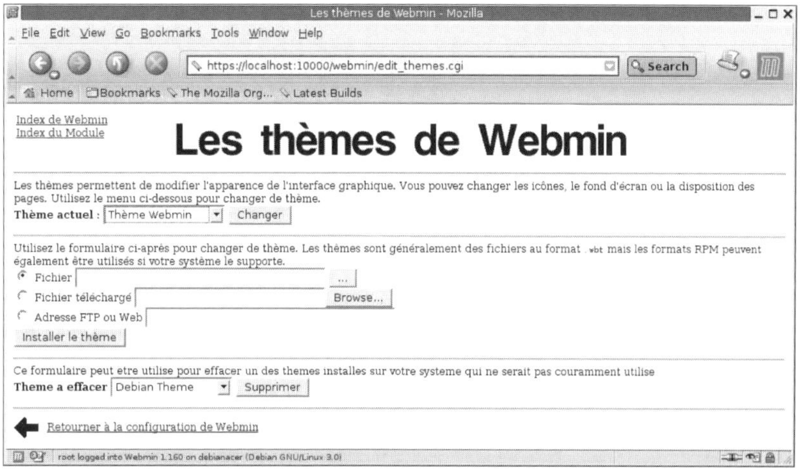

Figure 6.20

Configuration de Webmin – Les thèmes de Webmin.

Configuration de Webmin – Référents de confiance

Consultez le texte explicatif au début de cette page.

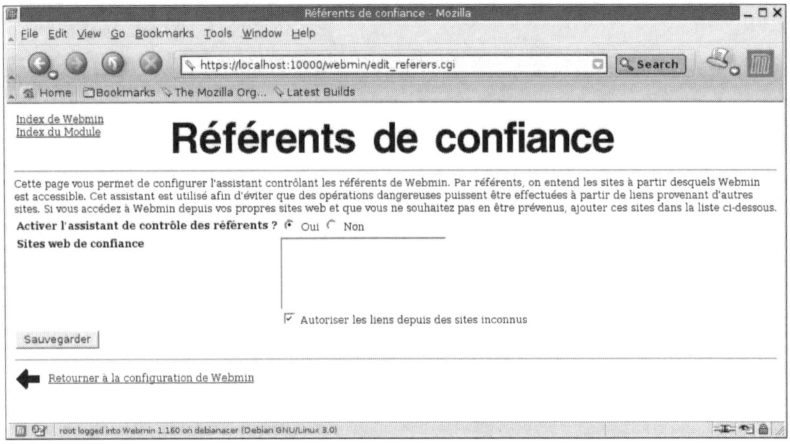

Figure 6.21

Configuration de Webmin – Référents de confiance.

Webmin/Serveurs Webmin

Cette page permet de chercher les serveurs exécutant Webmin. Vous pouvez indiquer l'adresse d'un serveur particulier, lancer une recherche globale *via* un message *Broadcast Request* et définir un sous-réseau.

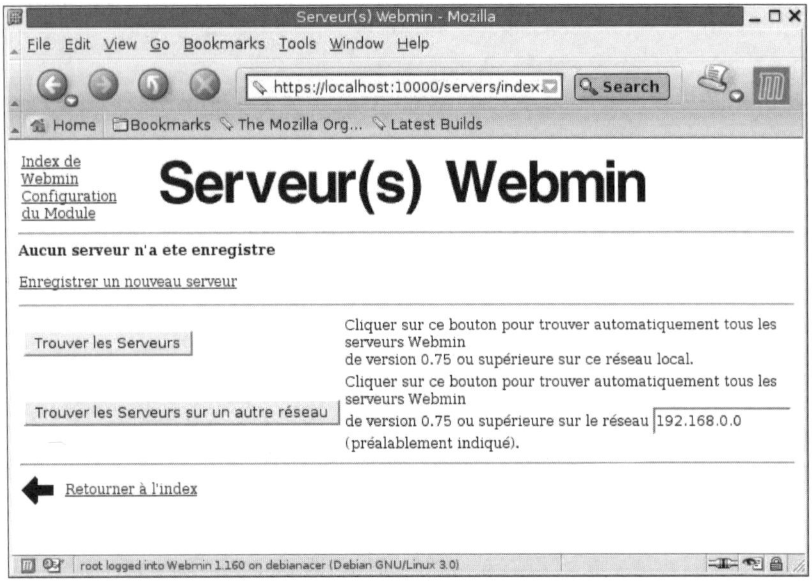

Figure 6.22

Configuration de Webmin – Serveurs Webmin.

Catégorie principale Système

Cette catégorie réunit les options d'administration du système : gestion des utilisateurs et des groupes, des systèmes de fichiers locaux et réseau, contrôle de la phase d'initialisation, etc.

Notez également le lien texte intitulé **Sortie** en bas à droite. Il permet de vous reconnecter à Webmin sous un nouvel identifiant, ce qui évite d'avoir à arrêter et à relancer l'interface.

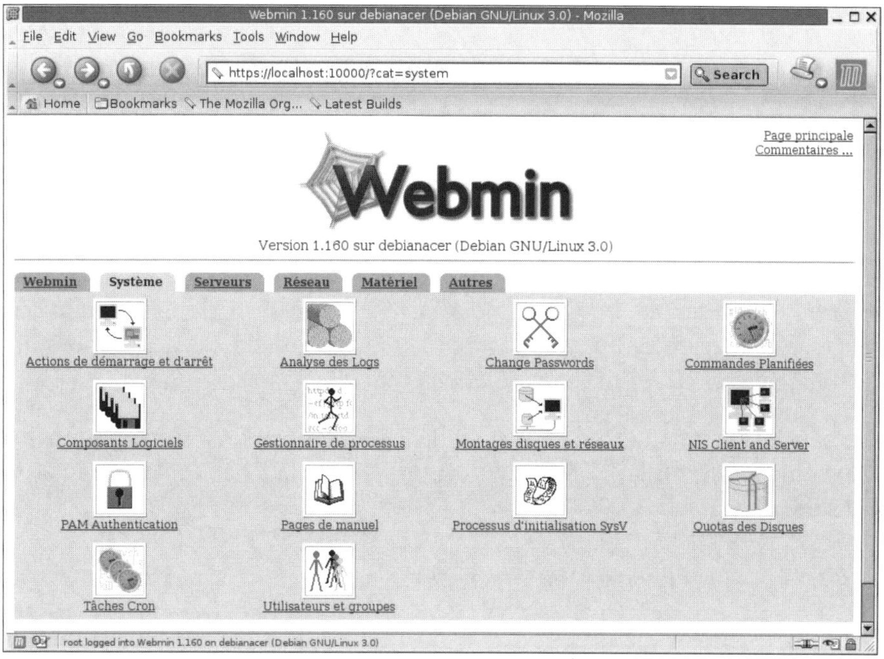

Figure 6.23

Menu principal de la catégorie Système.

Utilisateurs et groupes

Cette page est structurée en trois parties : deux longues listes d'utilisateurs et de groupes (au sens large, incluant les nombreux processus déclarés comme utilisateurs) et une fonction d'interrogation **Afficher les sessions d'ouverture par**.

Vous cliquez sur un identifiant dans chacune des deux listes pour éditer l'utilisateur ou le groupe. Le lien **Créer un utilisateur** offre une interface similaire, mais en mode création.

Figure 6.24

Catégorie Système – Utilisateurs et groupes.

Le lien **Créer, modifier et supprimer des utilisateurs d'un fichier batch** permet d'automatiser une séquence d'édition portant sur les droits d'accès ou les options par défaut de toute une série d'utilisateurs (ou de groupes).

Il suffit de saisir l'identifiant d'un utilisateur dans le champ associé au bouton **Afficher les sessions par** puis de cliquer sur le bouton pour obtenir la liste des dernières sessions de cet utilisateur.

Change Passwords (Modifier les mots de passe)

Cette page sert à intervenir sur les mots de passe des utilisateurs. Vous indiquez d'abord un identifiant puis vous saisissez deux fois le nouveau mot de passe.

Tâches Cron

Vous administrez ici les tâches programmées qui sont gérées par l'outil Cron pour chaque utilisateur. La partie supérieure liste les utilisateurs pour lesquels il existe des tâches Cron. Cliquez sur une tâche pour l'éditer. Un lien sous la liste sert à créer de nouvelles tâches ("**Créer une nouvelle tâche Cron programmée**").

Le lien "**Contrôler l'accès aux utilisateurs des tâches Cron**" sert à limiter l'utilisation des tâches en interdisant et autorisant l'exécution pour chaque utilisateur. Mais en général, les tâches sont autorisées sans contrainte.

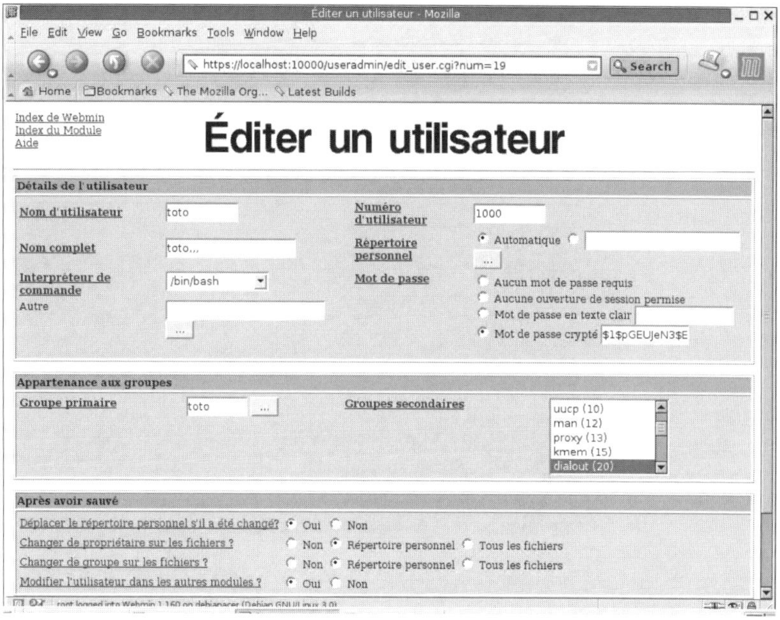

Figure 6.25

Catégorie Système – Utilisateurs et groupes – Editer un utilisateur.

Figure 6.26

Catégorie Système – Utilisateurs et groupes – Exécuter fichier batch.

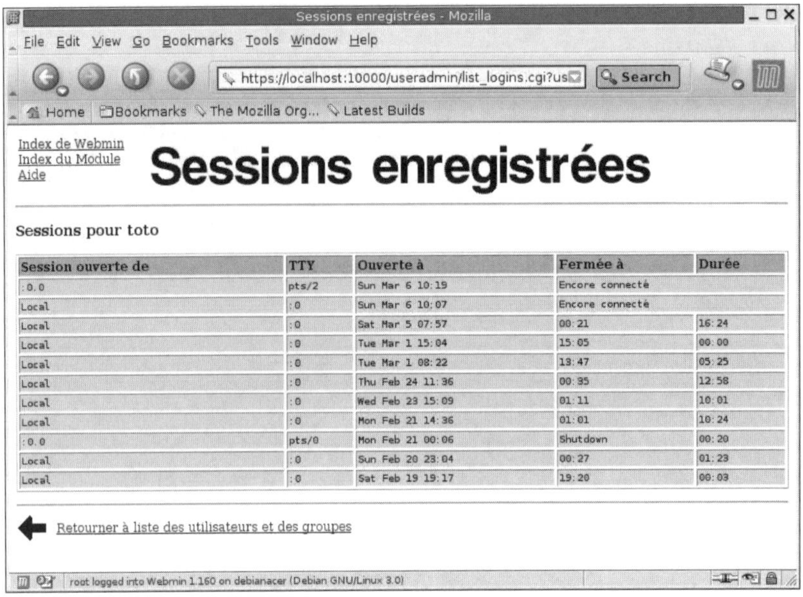

Figure 6.27

Catégorie Système – Utilisateurs et groupes – Sessions enregistrées.

Gestionnaire de processus

Ce module affiche tous les processus en cours. Le menu du haut permet d'influer sur l'ordre de tri (par numéro PID, par propriétaire, par mémoire ou par processeur). Vous pouvez faire une recherche par processus (lien "**Recherche**").

Cliquez sur un numéro de processus pour accéder à ses détails (propriétaire, taille, temps d'exécution, etc.). Vous pouvez lui envoyer un signal (KILL, HUP, QUIT, etc.). Les sous-processus éventuels sont affichés dans une seconde liste interactive.

Montages disques et réseaux

Cette liste présente tous les systèmes de fichiers actuellement montés. Ceux indiqués comme permanents sont définis dans le fichier système */etc/fstab*.

Authentification PAM

PAM est l'acronyme de *Pluggable Authentication Modules*. C'est un système de centralisation des authentifications des services logiciels. Cette page sert à gérer les droits pour chaque service (par exemple GDM ou Samba). Cliquez sur un service pour accéder à sa configuration PAM.

Voici par exemple la page de configuration PAM pour le service GDM.

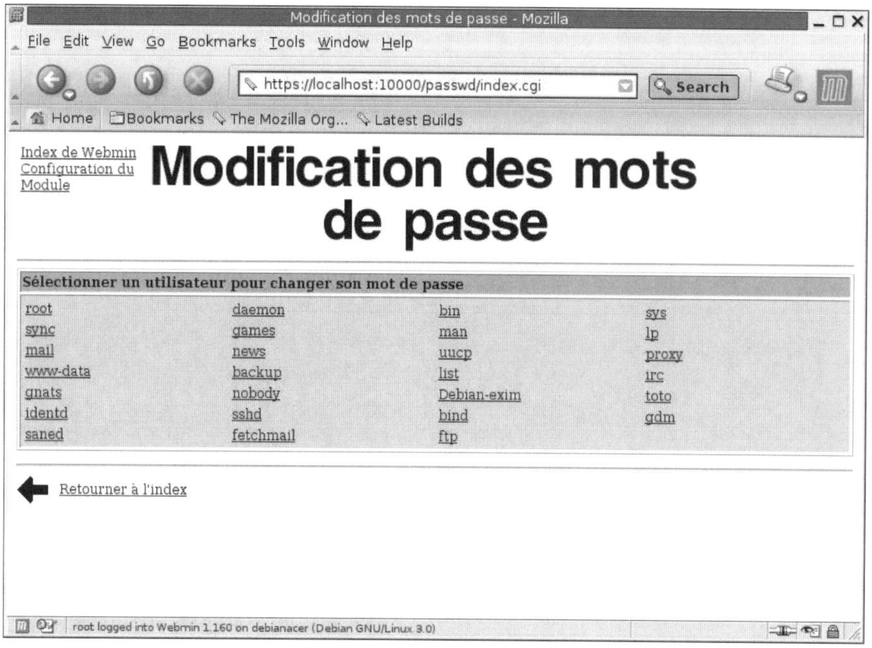

Figure 6.28

Catégorie Système – Modification des mots de passe.

Catégorie principale Serveurs

Cette catégorie regroupe les options des logiciels serveurs installés sur la machine. Le nombre de modules proposés dépend du nombre de serveurs installés.

Serveur Web Apache

La configuration d'Apache est distribuée en plusieurs domaines qui coïncident avec les sections de ses fichiers de configuration. La page d'accueil correspond à la configuration globale (ressources système, adresse, modules, etc.) et permet de gérer les serveurs virtuels (grâce auxquels vous pouvez exploiter plusieurs serveurs avec la même adresse IP).

Serveur Web Apache – Limites et processus

Cette page sert à modifier les paramètres limites d'Apache. En général, les valeurs usine sont satisfaisantes. Il peut être utile de les retoucher si la mémoire vive du système est insuffisante ou si le serveur est très sollicité.

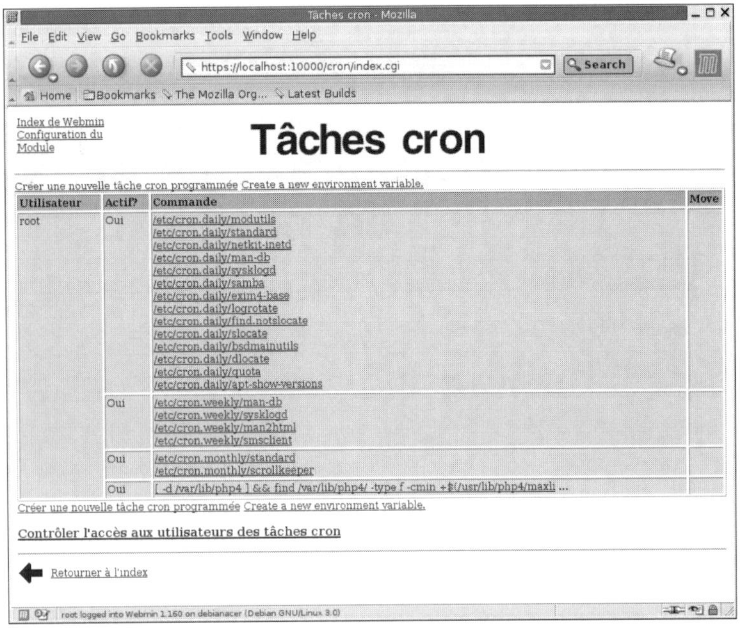

Figure 6.29

Catégorie Système – Tâches Cron.

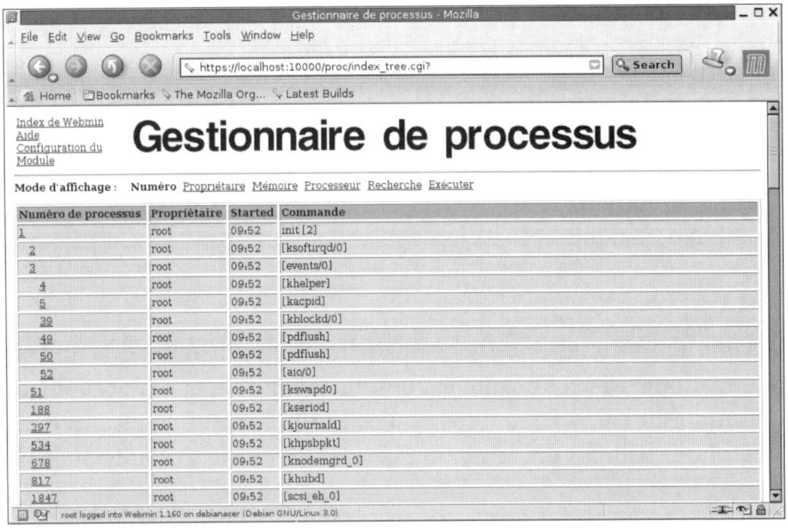

Figure 6.30

Catégorie Système – Gestionnaire de processus.

- **En-têtes maximums dans une requête** : influe sur la valeur du paramètre de configuration *LimitRequestFields* (dans le fichier de configuration d'Apache).
- **Taille maximum d'en-tête de requête** : influe sur la valeur du paramètre de configuration *LimitRequestFieldsize*.

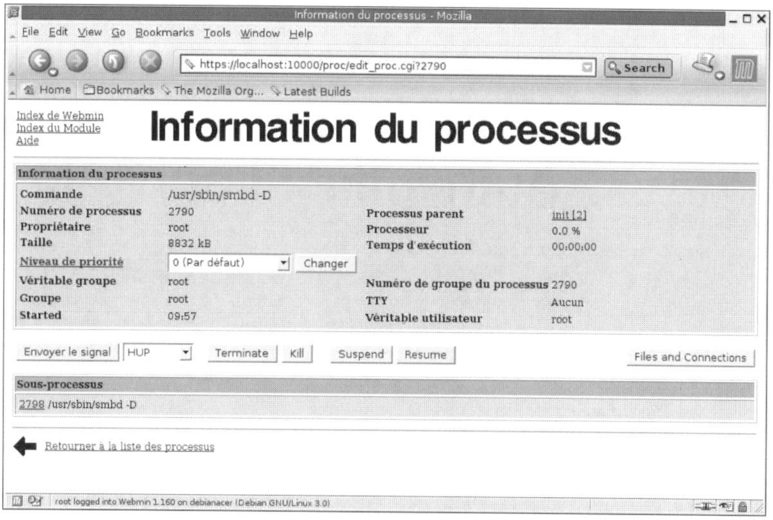

Figure 6.31

Catégorie Système – Information de processus.

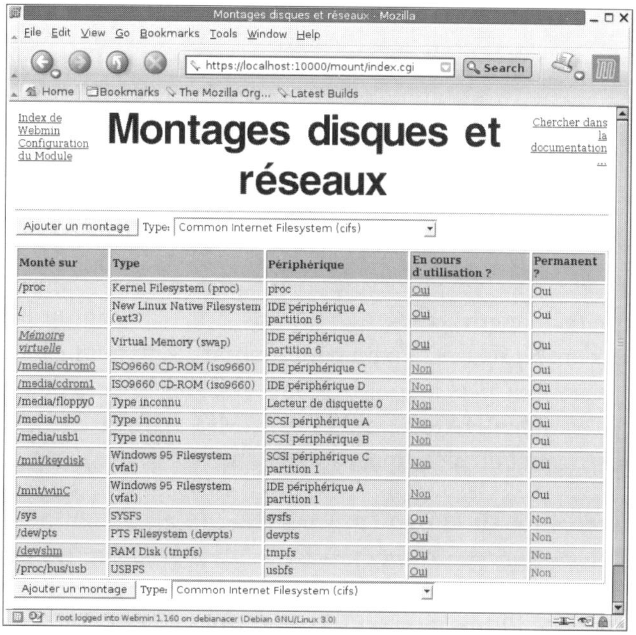

Figure 6.32

Catégorie Système – Montages disques et réseaux.

- **Taille maximum d'une ligne de requête** : longueur maximale d'une ligne de requête HTTP. La valeur doit suffire à accéder à chacune des pages proposées sur le serveur (y compris celles qui nécessitent une interrogation de base de données). Correspond au paramètre de configuration *LimitRequestLine*.

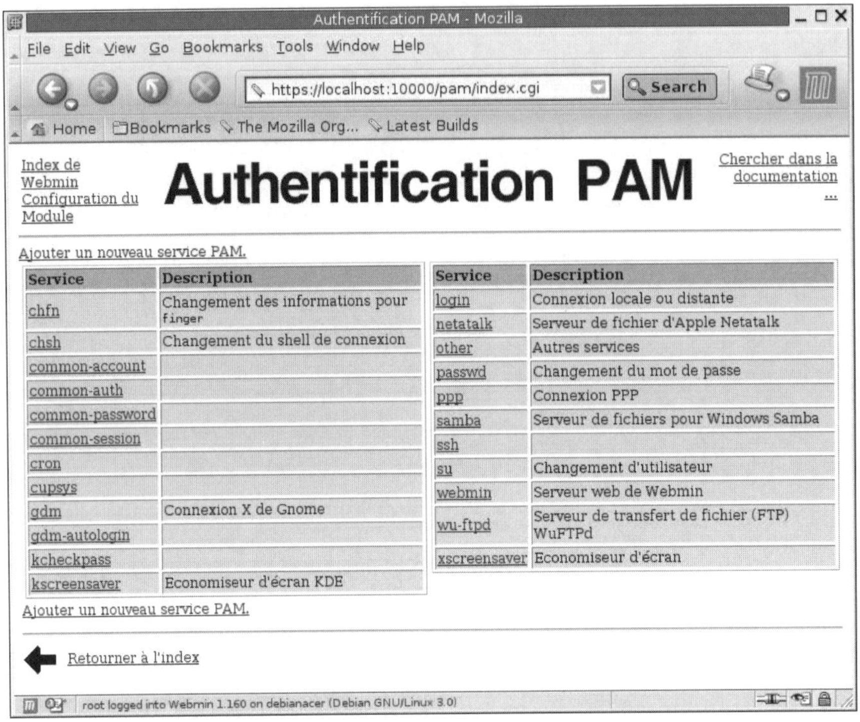

Figure 6.33
Catégorie Système – Authentification PAM.

- **Requêtes concurrentes maximums** : pour chaque nouvelle requête est lancé un processus Apache. Ce paramètre définit le plafond de processus. Correspond à la variable *MaxClients*. Pour exploiter une valeur supérieure à 256, vous devez modifier la variable HARD_SERVER_LIMIT dans le fichier source d'Apache nommé *httpd.h*, avant de recompiler le serveur.
- **Requêtes maximums par processus du serveur** : nombre maximal de requêtes acceptées par un même processus avant son redémarrage. Cette configuration permet de régler le problème de l'apparition de trous d'espace mémoire inutilisables au cours de l'utilisation du serveur. Sans cette option, tous les processus resteraient en mémoire sans tentative d'optimisation. Correspond au paramètre de configuration *MaxRequestsPerChild*.
- **Nombre maximum de processus en attente** : indique le nombre maximal de processus inutilisés, mais conservés pour usage ultérieur, ce qui permet de répondre

Figure 6.34

Catégorie Système – Edition d'un service PAM.

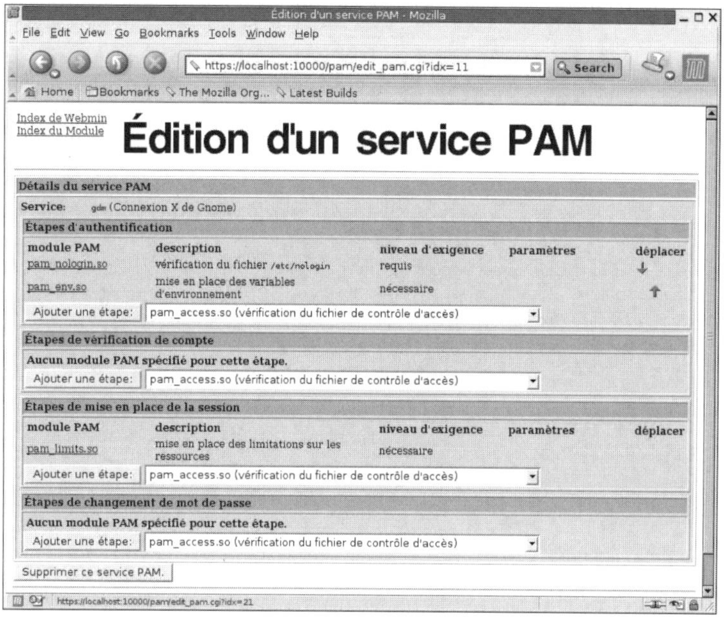

Figure 6.35

Catégorie principale Serveurs.

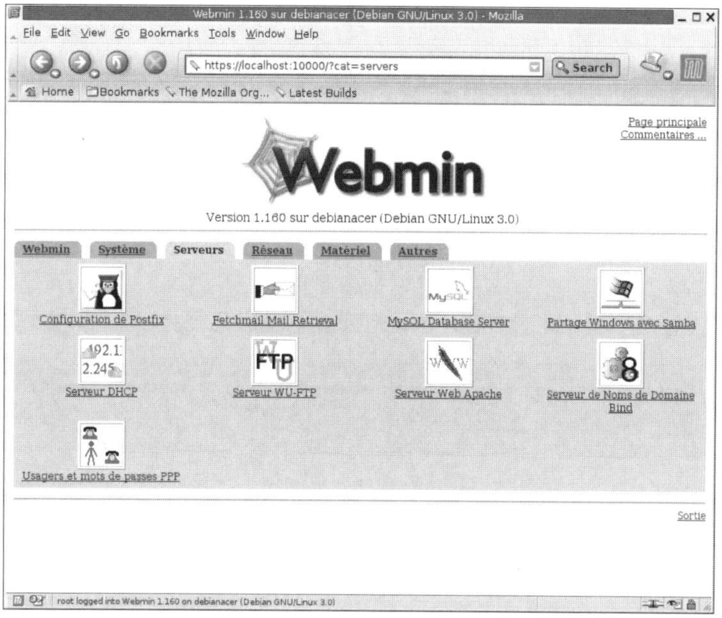

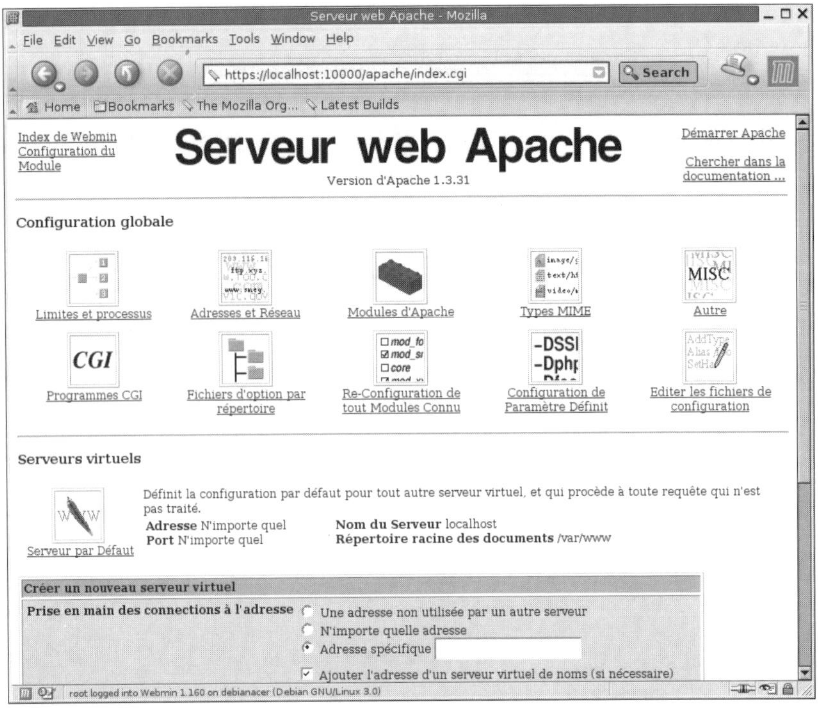

Figure 6.36

Catégorie Serveurs – Page d'accueil de Serveur Web Apache.

Figure 6.37

Serveur Web Apache – Limites et processus.

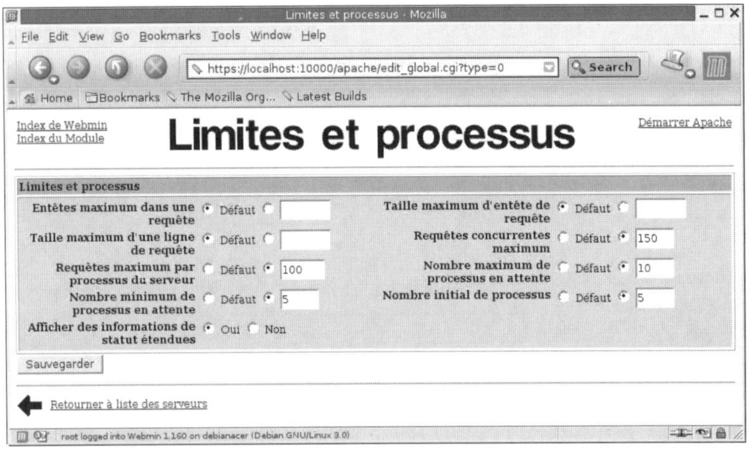

sur-le-champ aux prochaines requêtes entrantes sans subir le temps de chargement de l'exécutable depuis le disque. Correspond au paramètre de configuration *MaxSpareServers*.

- **Nombre minimum de processus en attente** : seuil complémentaire du plafond régi par le paramètre précédent. Correspond au paramètre de configuration *MinSpareServers*.
- **Nombre initial de processus** : nombre de processus à lancer au démarrage du démon. Correspond au paramètre de configuration *StartServers*.
- **Afficher les informations de statut étendues** : donne des détails de statut. Correspond au paramètre de configuration *ExtendedStatus*.

Serveur Web Apache – Adresses et réseau

Cette section sert à définir les adresses des cartes réseau et les numéros des ports qu'utilisera Apache. Vous y définissez aussi les droits d'accès, les délais de *timeout*, etc.

Figure 6.38

Serveur Web Apache – Adresses et réseau.

- **Ecouter sur les adresses et les ports** : cette page sert à définir les adresses et ports du serveur Apache. Le numéro de port standard est 80 et toutes les adresses IP sont servies. Ces choix conviennent presque toujours. Vous pouvez exécuter plusieurs instances d'Apache avec des réglages différents (configuration, adresses, ports). Ces options correspondent aux sections **Listen** et **Port** de la configuration Apache.

- **Requêtes multiples par connexion** : si l'option **KeepAlive** est active, vous pouvez indiquer ici le nombre maximal de requêtes clients. Correspond au paramètre de configuration *MaxKeepAliveRequests*.

- **Délai de Keep-alive** : ce délai exprimé en secondes contrôle le temps d'attente du serveur Apache avant de fermer une connexion. Correspond au paramètre de configuration *KeepAliveTimeout*.

- **Longueur de la file d'écoute** : c'est la longueur de la file dans laquelle attendent les requêtes entrantes non servies. Vous réduirez cette valeur si le serveur est victime d'une attaque par saturation *TCP-SYN-Flood*. Correspond au paramètre de configuration *ListenBacklog*.

- **Adresses des serveurs virtuels basés sur les noms** : vous indiquez ici les adresses des serveurs virtuels à utiliser. Ces serveurs étant basés sur des noms, vous pouvez exploiter plusieurs noms de domaines ou de machines sur la même machine physique. Rappelons qu'il faut dans ce cas également adapter le serveur de noms DNS en conséquence. Correspond au paramètre de configuration *NameVirtualHost*.

- **Taille du tampon d'envoi TCP** : définit la taille du tampon d'émission de paquets TCP. Ne modifiez pas cette valeur. Correspond au paramètre de configuration *SendBufferSize*.

- **Délai maximum de requête** : exprimé en secondes, c'est le délai d'attente du serveur après établissement de la connexion. Correspond au paramètre de configuration *TimeOut*.

Serveur Web Apache – Modules d'Apache

Le serveur Apache est conçu de façon modulaire, ce qui permet d'en augmenter les possibilités selon les besoins, tout en conservant un noyau de serveur compact et uniquement les fonctions dont vous avez besoin. Cette page de configuration permet de choisir les modules.

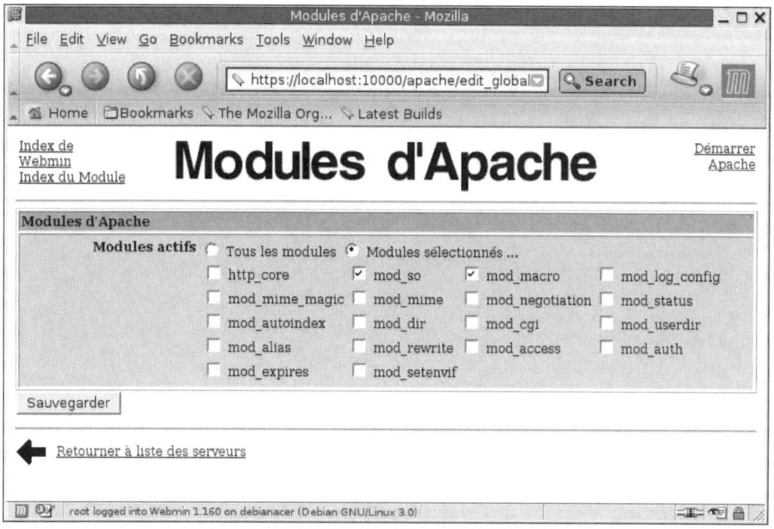

Figure 6.39

Serveur Web Apache – Modules d'Apache.

Le premier module appelé **mod_so** incarne la fonction essentielle qui permet de charger d'autres modules pendant l'exécution du serveur. Tous les autres modules font ou non partie du serveur, selon vos choix. Par exemple, le module **mod_php4** n'est disponible que si le paquet PHP4 a été installé.

La documentation du serveur Apache décrit tous les modules.

Serveur Web Apache – Types MIME

Les types MIME servent à connaître les mécanismes que doit utiliser un serveur Web et les clients, afin d'exploiter les contenus des fichiers selon le format de ces fichiers. En général, ces informations sont surtout utiles aux logiciels clients, car elles leur permettent de savoir quoi faire de chaque fichier, le serveur se contentant de transmettre les fichiers et les informations MIME associées. MIME (*Multipurpose Internet Mail Extensions*) est un standard conçu au départ pour le traitement des pièces jointes des messages électroniques dans d'autres formats que le simple texte ASCII (images JPEG, GIF, TIFF, séquences vidéo MOV, etc.). MIME est devenu un standard d'identification des formats de fichiers, et n'est pas limité au domaine de la messagerie.

Cette page de configuration sert à modifier les types MIME et à en définir de nouveaux (lien en fin de page).

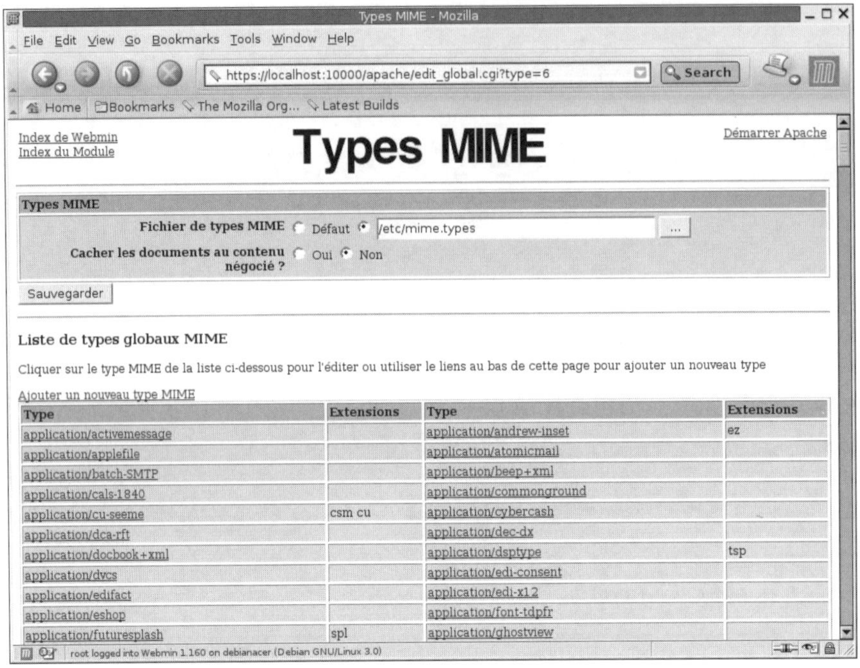

Figure 6.40
Serveur Web Apache – Types MIME.

Pour d'autres détails concernant les types MIME, cherchez sur le Web. Voyez par exemple la page d'Earl Hood qui contient des liens vers les documents RFC et une foire aux questions :

http://www.oac.uci.edu/indiv/ehood/MIME/MIME.html

http://www.faqs.org/faqs/mail/ mime-faq/mime0

Serveur Web Apache – Autre

Cette page réunit diverses options dont vous aurez rarement à vous soucier au quotidien.

- **Répertoire de Core Dump** : désigne le répertoire dans lequel seront écrites les données de vidage mémoire Core Dump lorsque le serveur Apache se bloque. Par défaut, ces données sont envoyées dans le sous-répertoire racine du serveur, mais vous n'avez normalement pas accès en écriture à ce répertoire. Il faut donc indiquer un répertoire accessible en écriture. Les vidages mémoire servent au débogage. Correspond au paramètre de configuration *CoreDumpDirectory*.

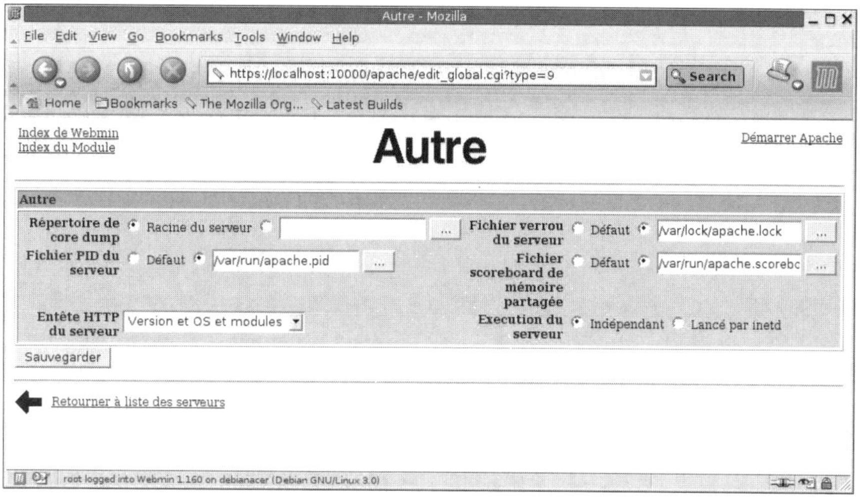

Figure 6.41

Serveur Web Apache – Autre.

- **Fichier verrou du serveur** : désigne le fichier de verrouillage du serveur grâce auquel un processus qui démarre peut savoir qu'un autre processus ayant le même but est déjà en cours. En temps normal, ce constat entraîne l'arrêt immédiat du processus inutile. Si plusieurs serveurs tournent sur le même système (avec des numéros de processus PID différents), des fichiers verrous différents doivent être utilisés. Correspond au paramètre de configuration *LockFile*.
- **Fichier PID du serveur** : désigne le fichier mémorisant le numéro PID du processus serveur concerné. Correspond au paramètre de configuration *PidFile*.
- **Fichier scoreboard de mémoire partagée** : dans certaines architectures, des fichiers doivent être mis en place pour permettre aux processus enfants de communiquer avec leurs processus parents. Correspond au paramètre de configuration *ScoreBoardFile*.
- **En-tête HTTP du serveur** : permet de définir des données complémentaires à insérer dans les en-têtes HTTP. Correspond au paramètre de configuration *ServerTokens*.
- **Exécution du serveur** : décrit le mode de démarrage du serveur. Le choix `Standalone` démarre le serveur en tant que démon et le choix `Run from inetd` le démarre *via* le mécanisme **inetd**. Correspond au paramètre de configuration *ServerType*.

Serveur Web Apache – Programmes CGI

CGI (*Common Gateway Interface*) est un mécanisme qui permet de générer des contenus dynamiques pour des pages Web. Les programmes CGI peuvent être écrits dans de nombreux langages de programmation (Perl, PHP, Python, Java, C, bash et tous les autres langages de script et shell-script). Ils servent à exploiter les fonctions CGI depuis le serveur Apache.

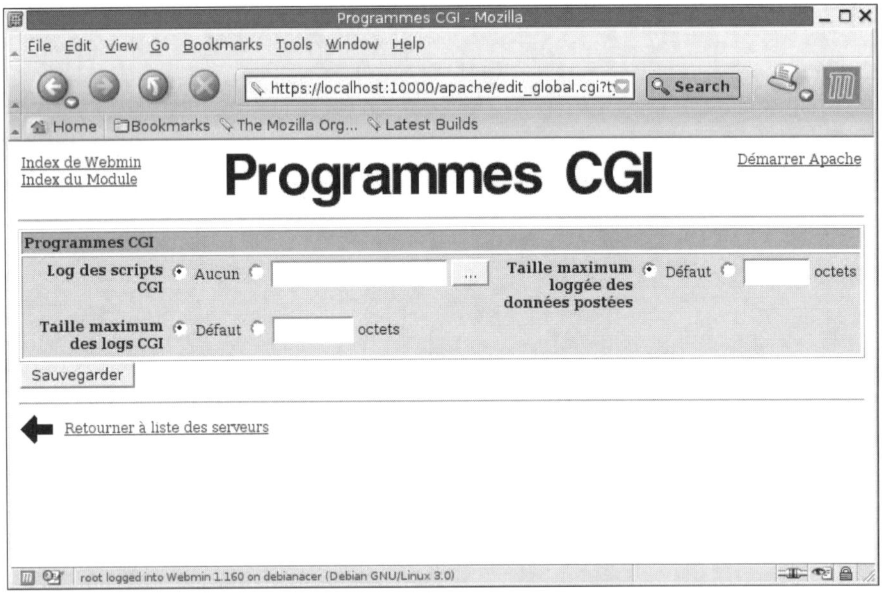

Figure 6.42

Serveur Web Apache – Programmes CGI.

- **Logs des scripts CGI** : désigne le répertoire recevant les journaux d'erreurs des scripts CGI. Si rien n'est indiqué, ces journaux ne sont pas générés. Correspond au paramètre de configuration *ScriptLog*.
- **Taille maximum des données postées** : les données des requêtes GET et PUT des scripts CGI sont renvoyées en cas d'erreur dans un fichier journal. Mais le volume de données pouvant être important, il est utile de pouvoir définir un plafond pour ce volume journalisé. La valeur par défaut est égale à 1024 octets. Correspond au paramètre de configuration *ScriptLogBuffer*.

- **Taille maximum des logs CGI** : définit la taille limite de l'ensemble des fichiers journaux CGI. Lorsque la valeur est atteinte, plus rien n'est écrit dans les journaux. Correspond au paramètre de configuration *ScriptLogLength.*

Serveur Web Apache – Fichiers d'option par répertoire

La configuration du serveur Apache comprend des options globales qui peuvent être personnalisées dans un deuxième temps pour certains sous-répertoires du serveur ou pour des serveurs virtuels. Le module de configuration de Webmin permet d'adapter ces paramètres. Pour personnaliser des options pour un répertoire, vous devez indiquer le chemin d'accès et le nom de fichier avant de cliquer sur le lien "**Créer un fichier d'options**". Par convention, ces fichiers sont nommés *.htaccess*, mais vous pouvez configurer cela. Ces fichiers permettent de mettre en place une authentification simplifiée.

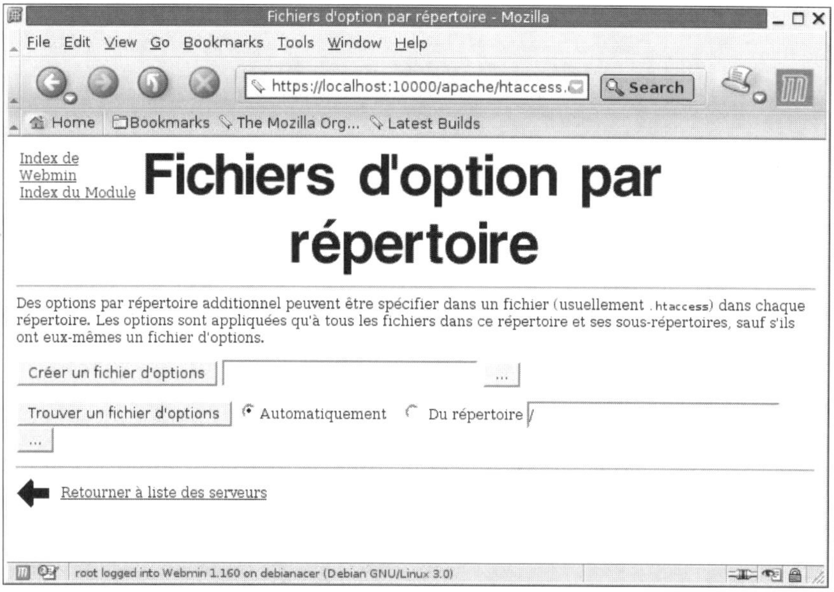

Figure 6.43
Serveur Web Apache – Fichiers d'option par répertoire.

Les options applicables selon le répertoire sont détaillées à la page *http://httpd.apache.org/docs/mod/core.html#options.*

Serveur Web Apache – Reconfiguration de tout module connu

Cette page sert à reconfigurer les modules. La liste présente tous les modules que Webmin a détectés. Ceux qui sont installés sont marqués. Si vous utilisez des modules à chargement dynamique, vous pouvez les sélectionner ici.

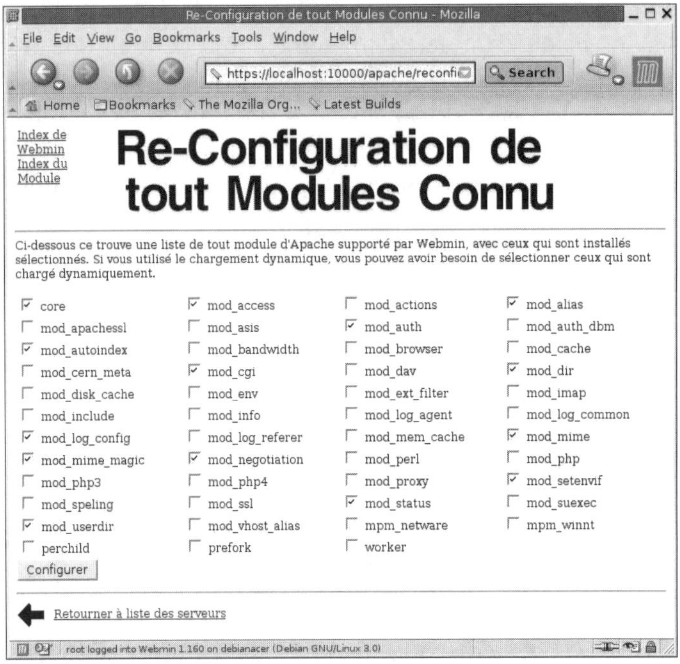

Figure 6.44

Serveur Web Apache – Reconfiguration de tout module connu.

Serveur Web Apache – Configuration de paramètre défini

L'option de démarrage d'Apache **-D** permet de transmettre une option spécifique. Ces paramètres pouvant évidemment influer sur les directives stockées dans les fichiers de configuration, Webmin doit en être informé.

Le serveur DHCP

Un serveur DHCP permet de gérer les paramètres d'un réseau de façon centralisée. Il fournit aux clients qui en font la demande toutes les informations réseau requises (adresse IP, masque réseau, adresse de la passerelle et noms d'hôtes et de domaines). Ces données peuvent être générées dynamiquement (pour certaines de manière aléatoire) ou en les associant de manière figée à l'adresse MAC physique de chaque client.

Figure 6.45

Serveur Web Apache – Configuration de paramètre défini.

La partie supérieure de la page sert à définir les masques de sous-réseaux et la partie inférieure à définir les adresses IP des machines et des réseaux.

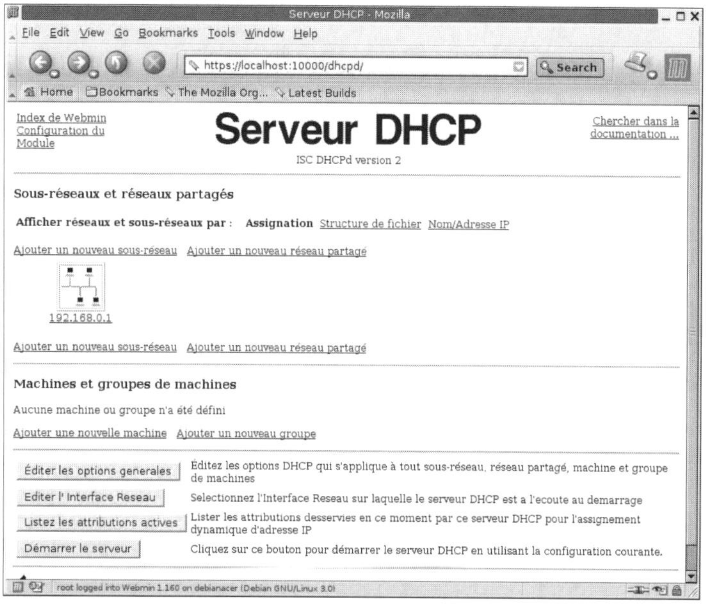

Figure 6.46

Page principale de Serveur DHCP.

Pour configurer un sous-réseau, il suffit de cliquer dessus. Des liens permettent de créer et de supprimer un sous-réseau *via* une page de détails.

Certaines options concernent des paramètres relatifs à **bootp**.

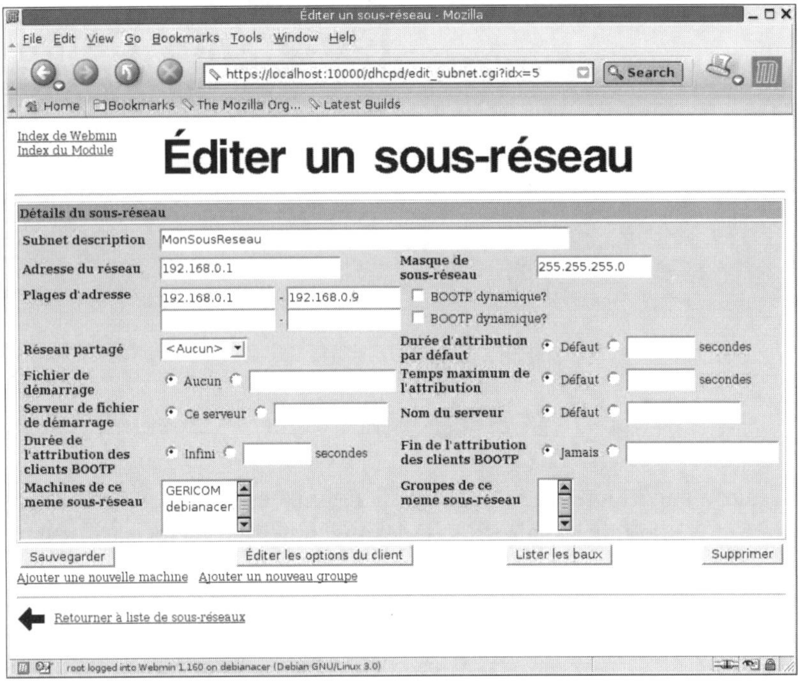

Figure 6.47 *Serveur DHCP – Editer un sous-réseau.*

En cliquant sur l'icône d'une machine, vous accédez à la page d'édition de ses paramètres. Si vous employez des adresses IP fixes, il faut indiquer ici l'adresse physique MAC de la carte réseau. Les autres entrées concernent le protocole **bootp**.

Le bouton **Editer les options générales** de la page principale donne accès à une page de réglages valables pour toutes les machines, tous les réseaux et tous les groupes.

Le bouton **Lister les attributions actives** affiche la liste des adresses IP statiques et dynamiques actuellement attribuées. La page qu'elle affiche comprend un bouton intitulé **Lister tous les baux actifs et expirés** qui permet de revoir les anciennes attributions d'adresses.

Figure 6.48

Serveur DHCP – Editer une machine.

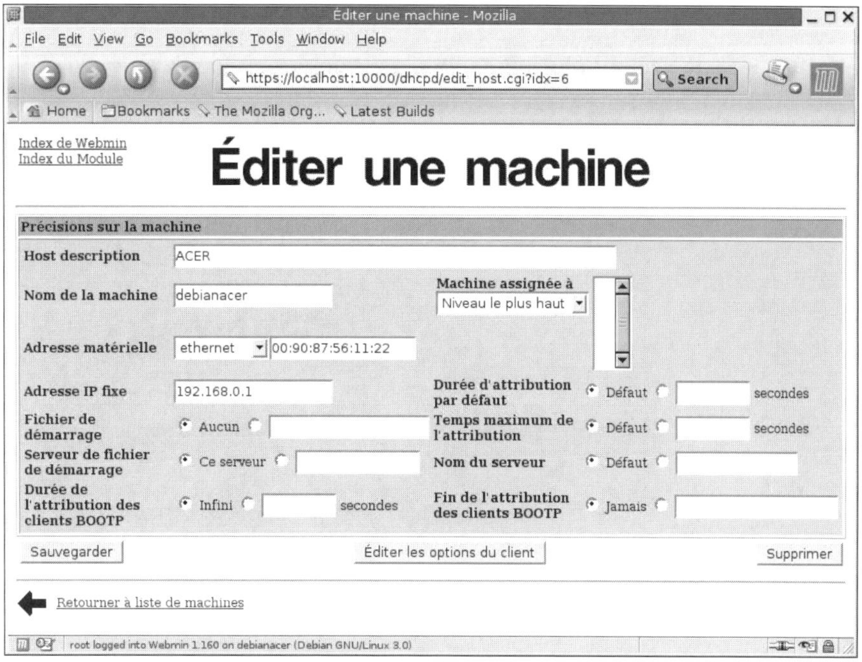

Figure 6.49

Serveur DHCP –Editer les options générales.

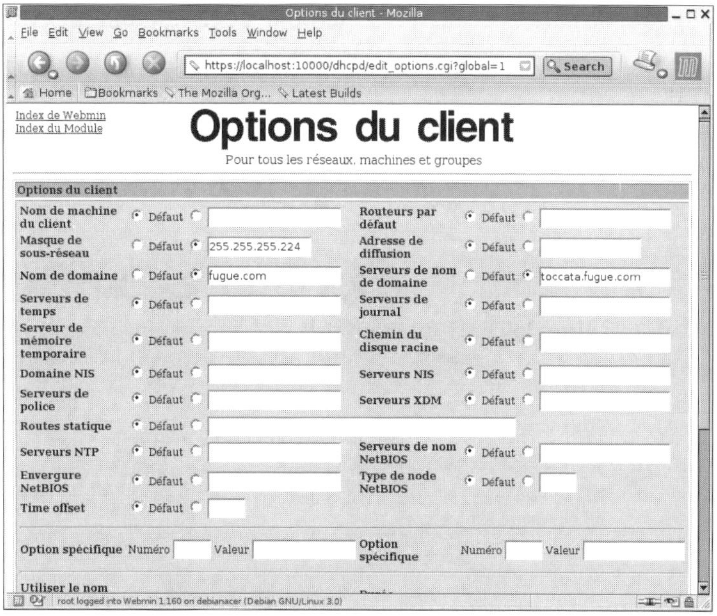

Catégorie principale Réseau

Cette catégorie réunit plusieurs modules spécifiques au réseau local.

Figure 6.50

Menu principal de la catégorie Réseau.

L'icône **Configuration réseau** donne accès à plusieurs modules, parmi lesquels ceux des paramètres des interfaces réseau, de la configuration de la passerelle, du routeur et du client DNS.

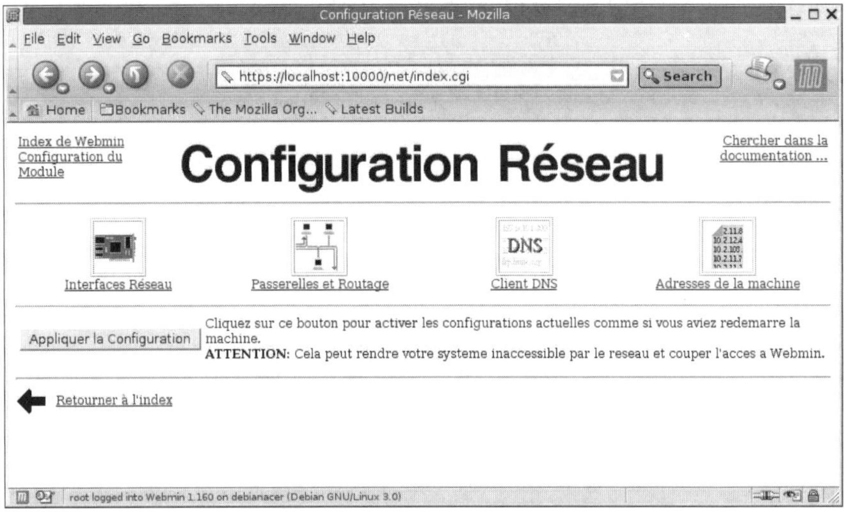

Figure 6.51

Page principale de la Configuration Réseau.

Voici la page des détails des interfaces réseau.

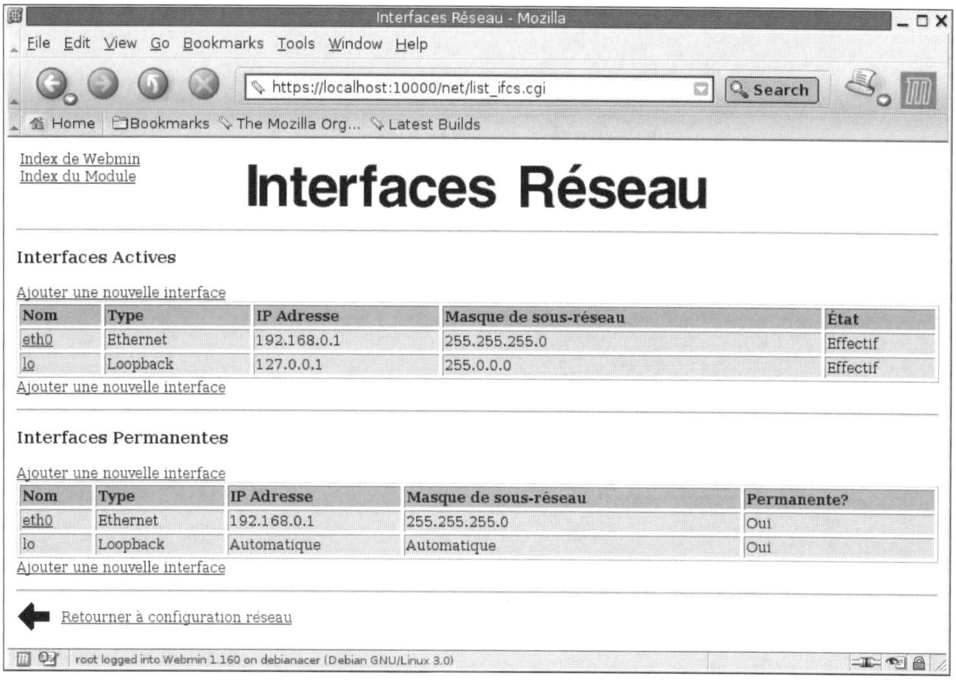

Figure 6.52

Catégorie Réseau - Interfaces réseau.

Catégorie principale Matériel

Cette catégorie réunit les options concernant l'infrastructure matérielle du système (partitions disque, points de montage, chargeur LILO ou GRUB, mécanisme RAID et heure système).

Partitions sur disques locaux

Cette page sert d'interface pour les outils **fdisk** et **hdparm**. Vous pouvez créer, modifier et supprimer des partitions. Vous disposez d'un accès à un éditeur du fichier */etc/fstab* dans lequel vous définissez des points de montage semi-automatique.

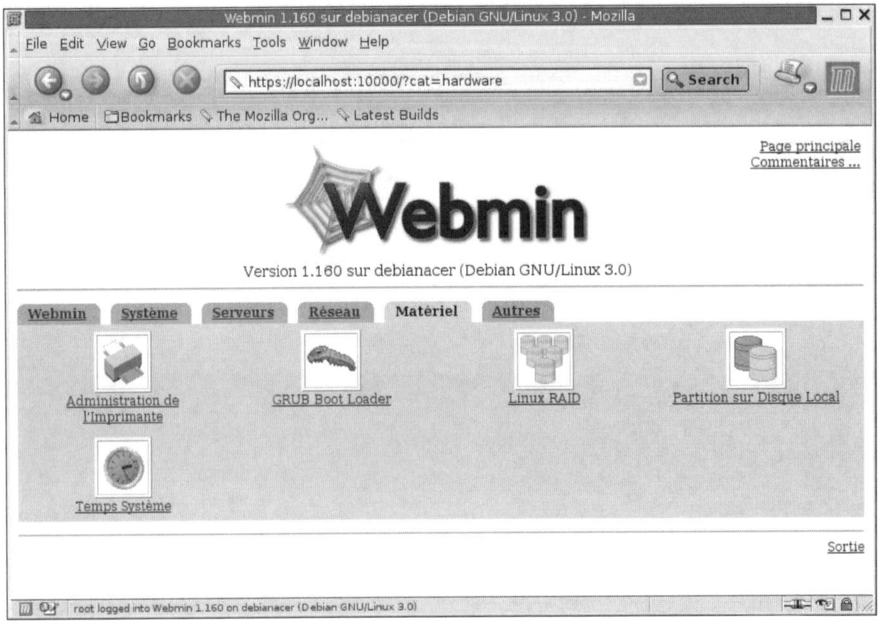

Figure 6.53
Menu principal de la catégorie Matériel.

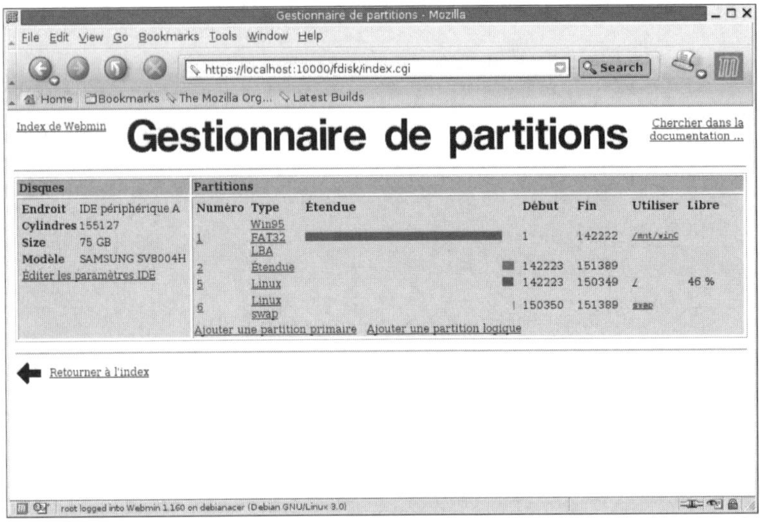

Figure 6.54
Catégorie Matériel – Gestionnaire de partitions.

Le lien "**Editer les paramètres IDE**" permet par exemple de modifier le mode DMA d'un disque.

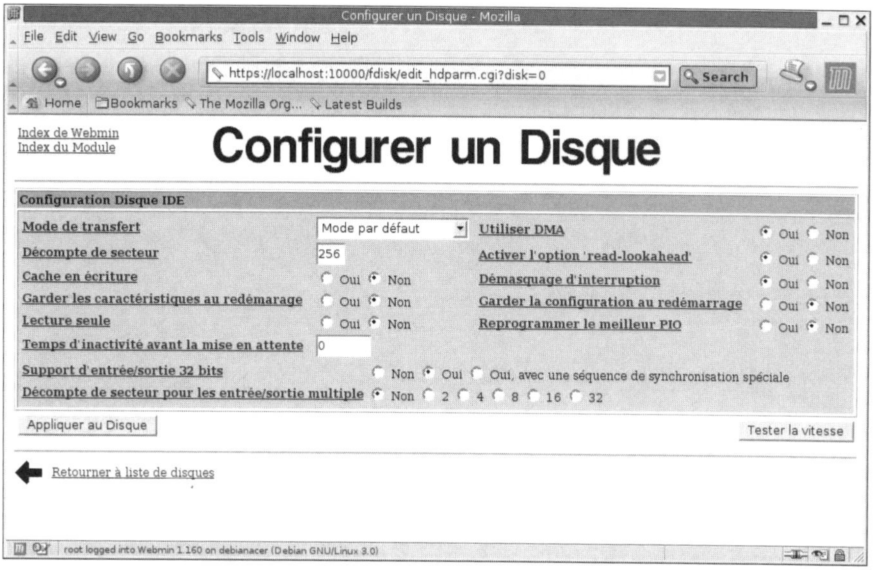

Figure 6.55

Catégorie Matériel – Editer les paramètres IDE.

La page d'édition des paramètres IDE permet de modifier les mêmes paramètres que ceux manipulés par l'outil **hdparm**. Pour un disque IDE, il est conseillé d'activer le mode DMA et les accès sur 32 bits. Voyez la documentation de **hdparm** pour tout détail.

Les choix **Ajouter une partition primaire** et **Ajouter une partition logique** servent à créer de nouvelles partitions.

En cliquant sur une entrée dans la colonne **Utiliser**, vous accédez à l'édition du point de montage correspondant. Vous pouvez y modifier son point d'ancrage dans la hiérarchie du système de fichiers racine et demander un test au démarrage.

Le lien **Options avancées de montage** permet d'intervenir sur les droits d'accès et de décider du comportement à adopter en cas d'erreur.

Figure 6.56

Catégorie Matériel – Créer une partition.

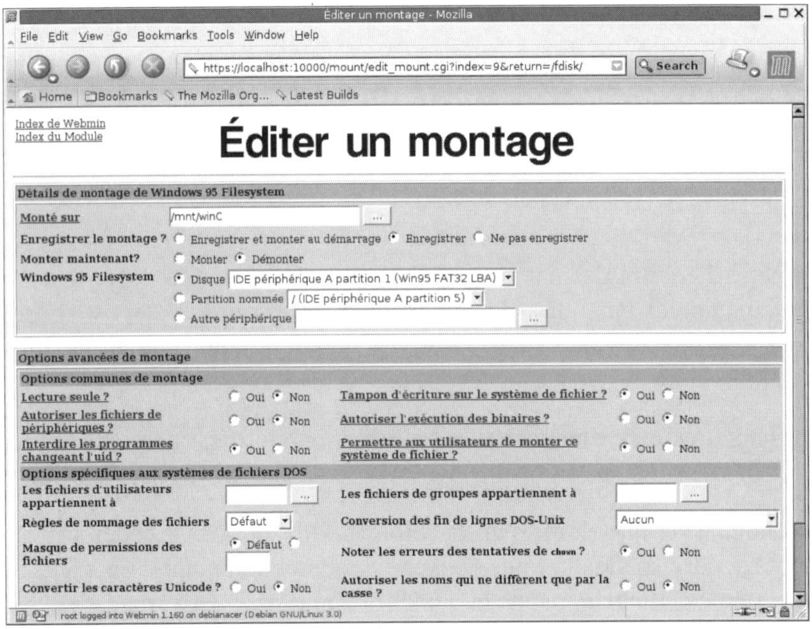

Figure 6.57

Catégorie Matériel – Editer un montage.

GRUB

Cette section concerne le chargeur d'amorce GRUB qui remplace LILO depuis la version 3.1 de Debian. GRUB sait démarrer d'autres systèmes que Linux, par exemple

GNU Hurd. Cliquez sur une icône pour éditer le système correspondant. Le lien "**Add a new boot option**" sert à ajouter une entrée. Le bouton **Edit global options** sert à modifier les paramètres généraux. Enfin, le bouton **Install GRUB** remet à jour ou installe le chargeur sur le disque.

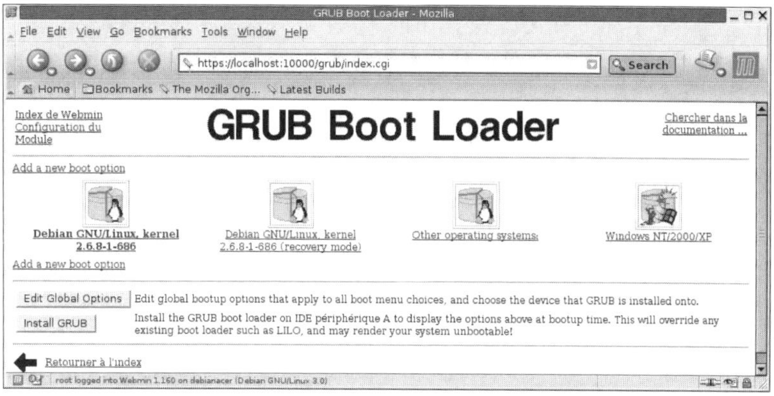

Figure 6.58

Catégorie Matériel – Page principale de GRUB.

A chaque entrée correspond un titre que vous choisissez librement. Vous pouvez décider de la partition contenant le système à démarrer à l'aide de la liste déroulante.

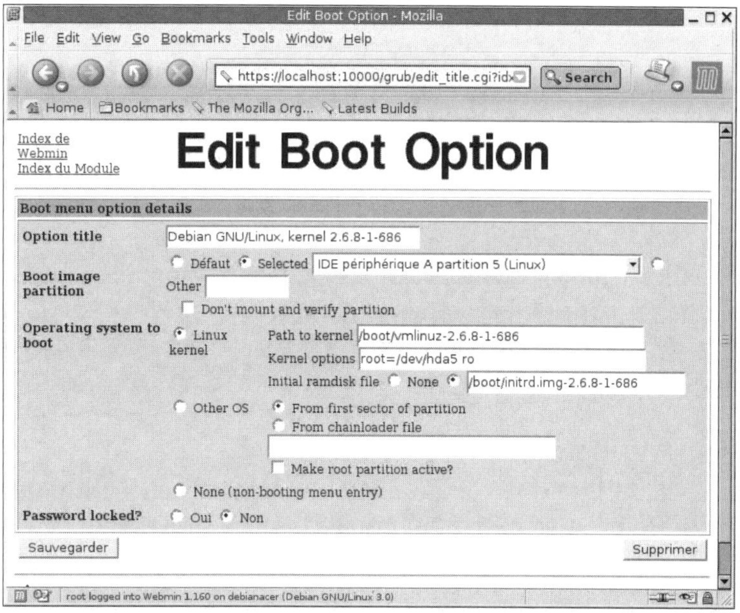

Figure 6.59

GRUB - Edit Boot Option.

Dans le cas du système Linux, vous devez indiquer le nom et le chemin d'accès menant à l'image du noyau. Un champ permet d'indiquer des options à transmettre à ce noyau. En général, vous y indiquez la partition racine à utiliser, mais vous pouvez aussi fournir des paramètres tels que le numéro d'IRQ ou une plage IO.

Pour démarrer un autre système depuis GRUB, vous pouvez choisir de le chercher sur le premier secteur de la partition ou d'utiliser un fichier "Chainloader" et de choisir cette partition comme partition active.

Vous pouvez enfin créer une entrée qui ne servira pas à démarrer un système, mais à modifier par exemple les couleurs du menu GRUB, ou à demander l'installation de GRUB.

Les champs correspondants sont dans ce cas vides au départ.

Figure 6.60

GRUB – Global Options.

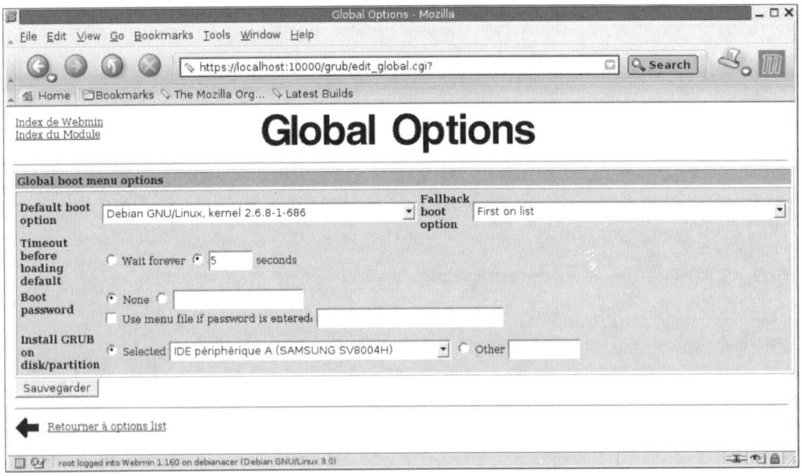

Les options globales concernent les paramètres non liés à une entrée en particulier : nom de la partition par défaut et de la partition de secours, délai d'attente avant démarrage automatique de la partition par défaut, disque et partition d'installation de GRUB.

LILO

Le module LILO n'est proposé que si vous avez choisi d'installer LILO au lieu de GRUB. Dorénavant, GRUB est installé d'office sur Debian.

Temps système

Cette page sert à régler l'horloge système et l'horloge matérielle de la machine, ainsi qu'à les synchroniser. Vous pouvez également définir un serveur de référence temporelle.

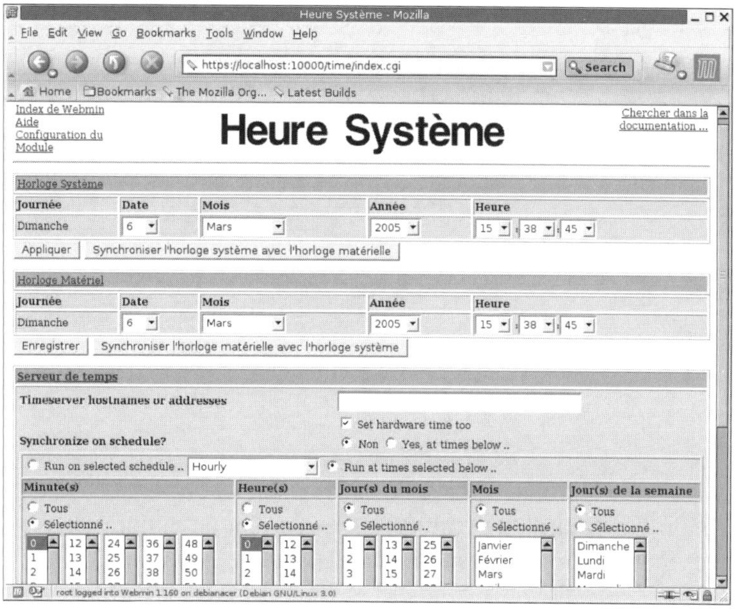

Figure 6.61

Catégorie Matériel – Temps système.

Catégorie principale Divers

Cette dernière catégorie réunit des outils qui n'entrent dans aucune des autres catégories.

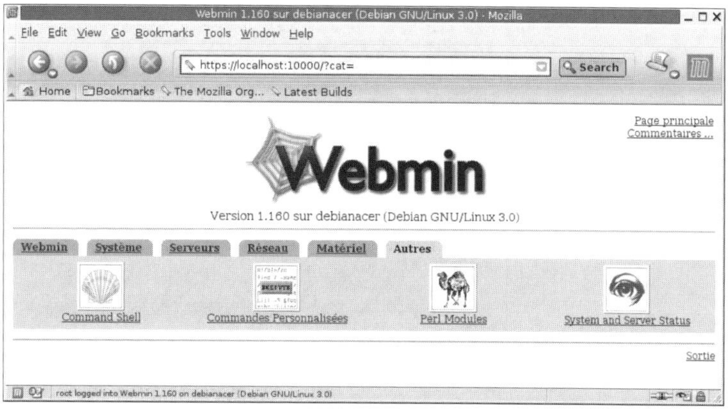

Figure 6.62

Menu principal de la catégorie Divers.

Commande shell permet de lancer l'exécution d'une commande de l'interpréteur depuis Webmin, les résultats étant affichés dans le navigateur. La commande **cd** permet de choisir le répertoire de travail de la commande à émettre ensuite.

Figure 6.63

Catégorie Divers – Commande shell.

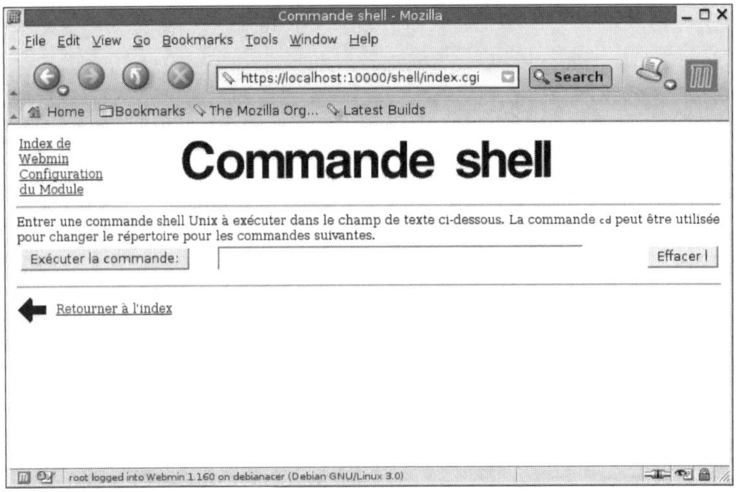

L'option **Commandes personnalisées** permet de définir des commandes qui pourront être exécutées par d'autres utilisateurs, comme la purge régulière des fichiers de vidage mémoire *Core Dump*.

Figure 6.64

Catégorie Divers – Créer une commande.

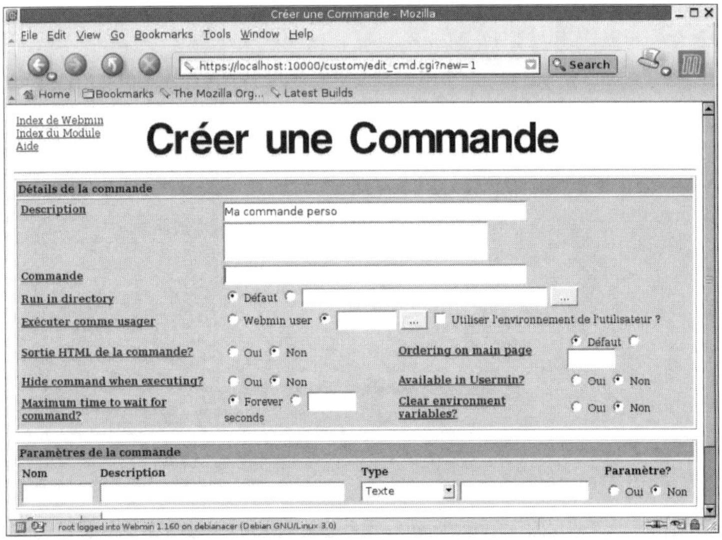

Enfin, vous pouvez afficher l'état général des serveurs en cours d'exécution.

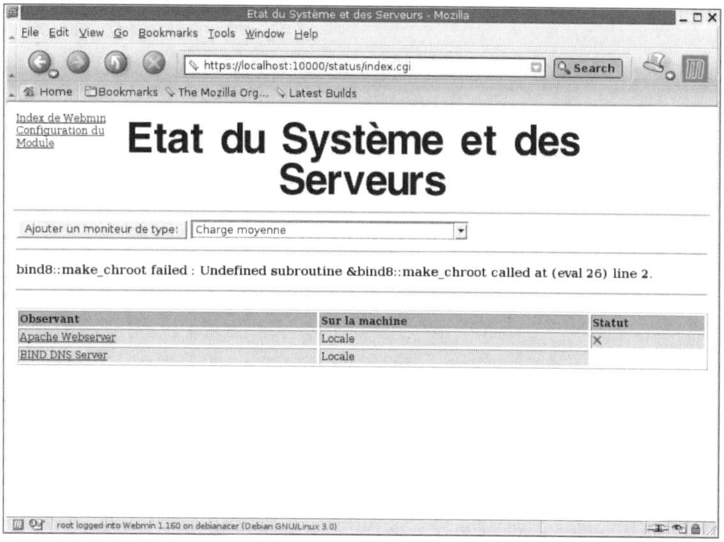

Figure 6.65

Catégorie Divers – Etat du système et des serveurs.

Thèmes

Vous pouvez personnaliser l'aspect de l'interface de Webmin en installant un autre thème.

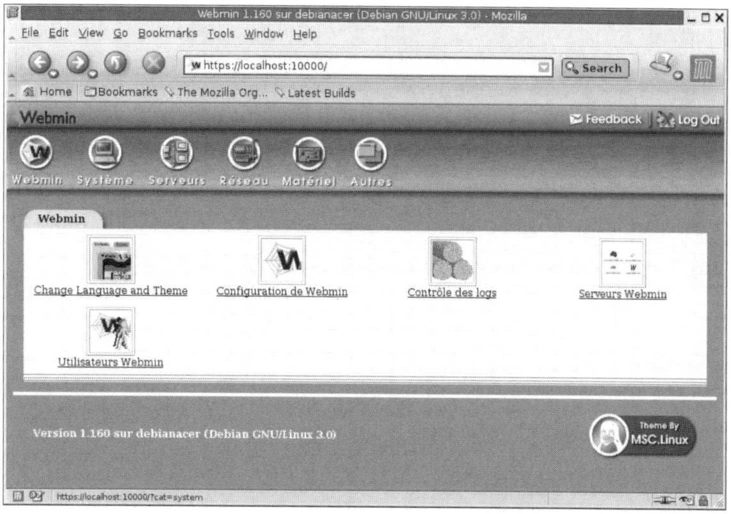

Figure 6.66

Webmin affiché avec un autre thème.

Pour créer un thème, vous devez d'abord créer un sous-répertoire dans */usr/share/webmin/* puis y stocker au minimum un fichier nommé *theme.info* contenant au moins une entrée **desc** pour décrire le thème (le texte est affiché dans la liste de sélection de thème).

La syntaxe de toutes les entrées du fichier *config* se base sur le format `nom=valeur`.

Visitez le site de Webmin pour tout détail sur la création d'un thème Webmin.

Disquettes d'installation et de secours

Les disquettes ou le CD de démarrage peuvent servir à réparer votre système. Cela peut s'avérer nécessaire dans de rares cas, par exemple dans le cas d'un arrêt brutal du système suite à une panne secteur. Il arrive aussi qu'une modification d'un fichier dans */etc* soit incorrecte ou que le noyau que vous venez de générer ne démarre pas. Vous pouvez enfin avoir oublié le mot de passe du super-utilisateur. La disquette ou le CD de démarrage deviennent alors incontournables pour éviter de tout réinstaller.

En cas d'urgence, insérez la disquette ou le CD et redémarrez, mais au lieu d'accepter le lancement d'une installation, utilisez l'invite de démarrage pour spécifier des paramètres. Vous pouvez retrouver les options grâce à certaines touches de fonction. Nous nous limiterons ici à deux cas précis.

Lorsque la reconfiguration de LILO est défectueuse ou lorsque le noyau régénéré ne démarre plus, les fichiers de la partition racine sont tout de même intacts. Vous pouvez donc démarrer avec le noyau de la disquette puis monter le système de fichiers racine du disque dur. Voici un exemple de commande adéquate :

```
rescue root=/dev/hda1
```

Vous adapterez la désignation à la partition réelle de votre système. Une fois le noyau chargé depuis la disquette, le système démarre normalement, ce qui vous permet d'ouvrir une session pour corriger le problème. Si c'est la configuration de LILO qui pose problème, connectez-vous en tant que super-utilisateur, corrigez le fichier de configurations puis mettez LILO à jour par la commande **lilo**.

Il peut arriver qu'un défaut dans la partition du système de fichiers racine empêche le démarrage. Vous pourrez souvent vous en sortir sans disquette de secours si le système vous permet de fournir le mot de passe *root*. Vous pourrez alors réparer le système de fichiers.

Vous pouvez aussi démarrer depuis la disquette de secours et débuter l'installation. Sélectionnez le clavier puis passez à la troisième console *via* la combinaison **ALT+F3**.

Dès que vous appuyez sur la touche **Entrée**, vous avez accès à une invite de commande. Vous pouvez alors réparer le système de fichiers manuellement avec la commande suivante :

```
e2fsck /dev/hda1
```

Adaptez le nom de périphérique à votre cas précis. Il ne reste plus qu'à redémarrer.

Code source

Le code source correspondant à la génération des disquettes de d'installation se trouve dans le paquet **boot-floppies**.

La disquette de secours

Cette disquette contient un système de fichiers MS-DOS qui la rend exploitable sur tout système supportant le système de fichiers DOS. Le noyau Linux est dans le fichier *linux*. Le fichier nommé *root.bin* est l'image compressée par gzip d'un système de fichiers Minix de 1,44 Mo. Il est chargé en mémoire sur le disque virtuel RAM-Disk et remplace ensuite le système de fichiers racine.

Remplacement du noyau

Pour changer le noyau sur la disquette de secours, vous devez configurer le nouveau noyau afin de lui incorporer les fonctions suivantes (non pas en tant que modules externes) :

- le support de disque virtuel "Initial RAM disk" ;
- le support des systèmes de fichiers MSDOS, Minix et ext2 ;
- le support du format d'exécutable ELF.

L'image du nouveau noyau (*zImage* ou *bzImage*) est alors copiée sur la disquette sous le nom *linux*. Vous lancez ensuite le script shell nommé *rdev.sh*, qui se trouve aussi sur la disquette. Il applique quelques retouches supplémentaires au nouveau noyau Linux.

Les disquettes de base

Les disquettes du système de base comprennent un en-tête de 512 octets puis une partie du fichier archive tar compressé avec gzip. En supprimant les en-têtes puis en raboutant les parties de l'archive, on obtient l'archive tar complète.

Cette archive contient le système de base qui est copié pendant l'installation sur votre disque dur. Ce système assure les fonctions essentielles d'un système Debian GNU/ Linux, mais de nombreux programmes en sont absents. Une fois l'archive installée, il faut configurer le système *via* l'option **Configure the Base System**. D'autres choix de menus permettent d'installer et de configurer les fonctions réseau, le noyau du système et ses modules. Vous pouvez ensuite exploiter le système.

Outils spécifiques aux portables (*notebooks*)

Les ordinateurs portables deviennent de plus en plus puissants et abordables. Leur mode de fonctionnement suppose que des composants matériels et logiciels spécifiques soient utilisés et administrés.

Debian GNU/Linux propose plusieurs outils intéressants pour les portables. Le premier d'entre eux est le paquet d'ensemble **task-laptop**. Il réunit les principaux paquets utiles à un ordinateur portable, notamment **apmd** (gestion de l'énergie), **pcmcia-cs** (pilotes PCMCIA génériques) et **anacron** (extension de **cron** tenant compte de l'état de veille en décalant les tâches).

Citons également les paquets **netenv** (choix entre plusieurs configurations réseau au démarrage), **irda-tools**, **irda-common** (interfaces infrarouges) et **toshutils** (outils spécifiques aux machines Toshiba).

Pour des informations générales sur Linux et les ordinateurs portables, visitez d'abord la page suivante :

http://tuxmobil.org/lang_french.html

Pour des conseils d'optimisation de votre portable, lisez le Mini-HOWTO à l'adresse :

http://linuxdoc.org/HOWTO/mini/Battery-Powered.html.

divine

L'outil **divine** se sert des fichiers de configuration pour deviner la configuration réseau à utiliser. Vous branchez le portable au réseau, vous l'allumez et le tour est joué !

wmbattery

L'outil **wmbattery** sert à afficher en pourcentage le niveau de charge de l'accumulateur du portable. Il se place dans le "Dock" du gestionnaire de fenêtres (WindowMaker ou autre).

Pour que vous puissiez profiter de **wmbattery**, le BIOS de la machine doit supporter le mécanisme APM (*Advanced Power Management*), et vous devez l'activer dans le noyau Linux (dans "Character Devices").

netenv

Le paquet **netenv** permet de choisir une configuration réseau au démarrage, selon le lieu où vous vous trouvez. Le processus de démarrage est suspendu pour que vous puissiez choisir un profil. Le même outil permet de changer de gestionnaire de fenêtres ou d'imprimante.

cardinfo

L'outil **cardinfo**, qui fait partie du paquet **pcmcia-cs**, permet d'obtenir des informations au sujet des cartes PCMCIA détectées et d'en assurer la gestion.

Debian et les assistants personnels PDA

Les assistants personnels (PDA, *Personal Digital Assistant*) sont de plus en plus répandus. Bon nombre de ces machines fonctionnent sous le système PalmOS, notamment les machines de 3Com (PalmPilot, PalmPilot Pro, Palm III, Palm IIIx, Palm V, Palm Vx, Palm VII) et des machines compatibles produites sous licence par IBM. Nous ne verrons pas dans cette section comment installer Linux sur un assistant PalmPilot (le portage est en cours). Nous nous limiterons à citer quelques programmes utilisables pour connecter un assistant Palm à un système Debian.

Vous visiterez la page suivante pour tout détail au sujet des assistants et de GNU/Linux :

http://tuxmobil.org/pda_linux.html

Le principal paquet qui concerne les assistants personnels et Debian se nomme **pilot-link**. Il se charge des communications entre le Palm Pilot et votre système et peut être utilisé sur ligne de commande, par exemple pour effectuer des sauvegardes régulières du contenu de votre assistant.

Afin de simplifier l'utilisation des programmes pour gérer votre assistant, nous vous conseillons de créer un lien symbolique entre le pseudo-fichier du périphérique concerné et le pseudo-fichier générique nommé */dev/pilot*. Si la station d'accueil de l'assistant ("cradle") est par exemple connectée au second port série, le lien est créé par la commande suivante :

```
ln -s /dev/ttyS1 /dev/pilot
```

7

Accès aux réseaux

Au sommaire de ce chapitre :

- ✔ Les cartes réseau
- ✔ Cartes réseau PCMCIA
- ✔ Paramétrage TCP/IP

Dès que plusieurs ordinateurs sont présents, la question se pose de les interconnecter en créant un petit réseau local, afin d'échanger des données et de partager les périphériques (disques, imprimantes, numériseurs, etc.).

Une autre raison de pratiquer la mise en réseau est apparue depuis quelques années : faire profiter plusieurs ordinateurs de l'accès à Internet de l'une d'entre elles, ce qui n'est envisageable dans la pratique que si cet accès est à haut débit.

Les cartes réseau sont devenues très bon marché (moins de 15 euros) et presque tous les ordinateurs actuels en sont dotés dès le départ. On trouve dans le commerce des kits constitués de deux cartes réseau 10/100 Mbits et d'un câble adéquat.

Le nouveau standard qui se répand actuellement multiplie les performances par 10. C'est le Gigabit Ethernet (1 000 Mbits). Les cartes appropriées sont à peine plus chères que les précédentes, mais les câbles doivent être choisis en conséquence. Il s'agit nécessairement de paires torsadées TP (*Twisted Pair*) de qualité supérieure. Vous devez bien distinguer les câbles croisés des câbles droits. Lorsque les machines sont connectées *via* un équipement réseau intermédiaire, qui peut être un hub (concentrateur), un switch (commutateur) ou un routeur, les câbles doivent être de type droit. Un câble croisé ne sert que pour connecter directement un ordinateur à un autre (réseau minimal de deux postes). Pour les ordinateurs portables, vous pouvez choisir entre carte réseau PCMCIA et carte USB (dès 40 euros).

Après avoir installé le matériel réseau dans la machine, il reste à le faire détecter par le système Debian GNU/Linux en installant le pilote approprié et en configurant le protocole TCP/IP et le routage. Si ce paramétrage n'a pas été réalisé pendant l'installation du système (ce qui est la solution la plus simple), il vous faut installer les pilotes explicitement.

Les cartes réseau

Faire fonctionner une carte réseau est en général fort simple. Il suffit de demander le chargement d'un module complémentaire au noyau. Vous gagnerez du temps en installant une carte dont le fabricant et le modèle sont connus (par exemple 3Com, Intel, etc.), d'autant que le modèle et la référence sont souvent indiqués sur le circuit imprimé. Si votre carte est générique ou sans marque, vous aurez peut-être plus de soucis. Tâchez de lire la référence que porte le plus gros des circuits intégrés de la carte pour noter le fournisseur (le fondeur) et le modèle.

Les cartes PCI existent en deux types principaux. Celles compatibles NE2000 sont exploitées par le module **ne2k-pci**. Celles dotées d'un circuit RealTek utilisent le module **rtl8139** pour le noyau 2.2 et le module **8139too** pour le noyau 2.4.

On trouve encore d'anciennes cartes sur bus ISA ; elles sont généralement compatibles NE2000, mais il faut opter pour le module **8390** (chargé automatiquement par **modprobe** avec le pilote approprié) ainsi que le module nommé **ne**. Souvent, vous aurez à spécifier quelques autres paramètres au module. La commande `modprobe ne io=0x300` suffit généralement, mais vous pouvez essayer les valeurs `io 0x280`, `0x320`, `0x340`, etc. Dans de rares cas, il faut aussi spécifier le numéro d'interruption, comme dans `modprobe ne irq=7 io=0x300`. Vous connaîtrez les interruptions déjà utilisées *via* la commande `cat /proc/interrupts`.

Une fois que vous avez vérifié que vos paramètres sont corrects, vous pouvez les reporter dans le fichier */etc/modules* pour les rendre permanents.

Il reste encore à configurer la carte réseau et à définir le routage en aménageant le fichier */etc/network/interfaces* :

```
# /etc/network/interfaces -- configuration file for ifup(8), ifdown(8)

# The loopback interface
iface lo inet loopback

# The first network card - this entry was created during the Debian
# installation (network, broadcast and gateway are optional)
```

```
iface eth0 inet static
  address 192.168.1.1
  netmask 255.255.255.0
  network 192.168.1.0
  broadcast 192.168.1.255
```

Le précédent exemple utilise des adresses non routées et peut donc être aisément exploité dans un réseau local fermé. Pour rendre ces paramètres effectifs, employez **ifup** suivi du nom de l'interface réseau (en tant que super-utilisateur), comme dans `ifup eth0`. Pour désactiver une interface réseau, utilisez **ifdown**. Ces deux commandes offrent toute une gamme d'options que vous affichez par l'option **--help :**

```
linux:~# ifup --help
Usage: ifup -anvsh -i<file> <ifaces...>
-a --all      de/configure all interfaces automatically
-s --scheme SCHEME use SCHEME as scheme
-h --help      this help
-i --interfaces FILE use FILE for interface definitions
-n --no-act      print out what would happen, but don't do it
-v --verbose      print out what would happen before doing it
```

Voyez la page **man** des outils pour d'autres détails.

Cartes réseau PCMCIA

Si vous n'avez pas installé et configuré de carte réseau PCMCIA sur votre ordinateur portable dès l'installation du système, servez-vous de l'outil **pcnetconfig** pour réaliser ces opérations (vous devez être super-utilisateur).

L'outil vous guide à travers les étapes de la configuration. Préparez les paramètres requis avant de lancer le processus : adresse IP de l'interface, masque de sous-réseau, adresse de multidiffusion, adresse de la passerelle et nom du domaine (nous expliquons ces termes plus loin).

La configuration est stockée dans le fichier nommé */etc/pcmcia/network.opts*. Lorsque vous insérez ensuite la carte dans le connecteur PCMCIA, elle est alors reconnue et prête à fonctionner.

Paramétrage TCP/IP

Le couple de protocoles TCP/IP est devenu en quelques années le standard en matière de réseaux, notamment en raison de la généralisation d'Internet. Au niveau physique, Internet accepte de nombreux médias de communication, de la paire téléphonique analogique RTC aux liaisons Ethernet ou ATM. Dans tous les cas, c'est TCP/IP qui régit les échanges, ce qui permet de bénéficier des nombreux services tels que le Web, la messagerie, les forums de news, les transferts FTP ou les messageries instantanées IRC.

Découvrons les principes de ces protocoles. Ces concepts ne vous sont pas indispensables mais en les maîtrisant, vous disposerez d'un bagage suffisant pour pousser votre étude plus loin.

Les adresses IP

Tout terminal au sens large (ordinateur ou autre) relié à Internet (ou à tout autre réseau IP) est identifié de manière unique par une adresse IP écrite sur quatre octets. L'adresse IP est normalement représentée sous forme de quatre nombres décimaux séparés par des points. Voici quelques exemples :

```
127.0.0.1
192.168.0.5
240.250.240.250
```

La lecture d'une adresse IP permet de déterminer le réseau dont la machine fait partie et cette machine elle-même, ce qui correspond aux parties réseau et hôte de l'adresse.

Dans la partie hôte (celle de droite), deux valeurs spéciales sont définies : si tous les bits valent 0, il s'agit de l'adresse du réseau lui-même (adresse réseau, 0) ; si tous les bits valent 1, l'adresse concerne tous les hôtes de ce réseau, ce qui permet d'envoyer les mêmes données à toutes les machines en multidiffusion (adresse Broadcast, 255).

Configuration de l'interface IP

Au départ, votre interface réseau ne possède qu'une adresse physique (adresse MAC). Un paramétrage est requis pour qu'elle obtienne une adresse logique (son adresse IP) et d'autres paramètres. Hormis pendant l'installation du système, ce paramétrage est réalisé manuellement.

L'outil **ifconfig** permet de configurer une interface réseau, qu'il s'agisse d'une carte réseau ou d'un modem ADSL ou autre.

- **Loopback** : interface virtuelle de boucle locale permettant de se connecter à soi-même. Cette adresse vaut toujours 127.0.0.1. L'interface est **lo**.
- **Ethernet** : une carte réseau est requise dès que vous devez faire dialoguer deux ordinateurs. Le standard en la matière est Ethernet. Les interfaces sont **eth0**, **eth1**, **eth2**, etc.
- **Token ring** : l'anneau à jeton (d'origine IBM) est un autre standard de réseau local. Les interfaces correspondantes sont **tr0**, **tr1**, **tr2**, etc.

- **PPP** (*Point-to-Point Protocol*) : interface destinée aux connexions par port série telles que celles utilisées par les anciens modems analogiques du réseau téléphonique commuté RTC et les modems Numéris. Les interfaces sont **ppp0**, **ppp1**, etc.
- **Dummy** : pseudo-interface destinée aux machines sans connexion réseau. Les interfaces sont **dummy**, **dummy0**, **dummy1**, etc.

Intéressons-nous au cas des interfaces Ethernet, de loin les plus répandues.

Si le noyau ne détecte pas votre carte réseau au démarrage, vous devez essayer de charger le module approprié au moyen d'un des outils **insmod** ou **modprobe**. Dès que le module convenable est trouvé, reportez la ligne de chargement dans le fichier */etc/modules* ou */etc/conf.modules*. Dans le cas d'une carte compatible NE2000, la ligne à insérer s'écrira `alias eth0 ne` (dans */etc/conf.modules*).

La commande **ifconfig** sert à attribuer une adresse IP à la carte. Si vous lancez la commande sans paramètre ni option, elle affiche les interfaces existantes :

```
# /sbin/ifconfig
lo    Link encap:Local Loopback
      inet addr:127.0.0.1 Bcast:127.255.255.255 Mask:255.0.0.0
      UP BROADCAST LOOPBACK RUNNING MTU:3584 Metric:1
      RX packets:18584 errors:0 dropped:0 overruns:0 frame:0
      TX packets:18584 errors:0 dropped:0 overruns:0 carrier:0
      Collisions:0
```

L'interface Loopback (**lo**) est normalement configurée dans tous les cas.

Lancez **ifconfig** en spécifiant l'identifiant de l'interface (par exemple **eth0** pour la première carte, **eth1** pour la deuxième), suivi de l'adresse IP voulue, puis vérifiez le résultat :

```
# /sbin/ifconfig eth0 192.109.42.23
# /sbin/ifconfig
lo    Link encap:Local Loopback
      inet addr:127.0.0.1 Bcast:127.255.255.255 Mask:255.0.0.0
      UP BROADCAST LOOPBACK RUNNING MTU:3584 Metric:1
      RX packets:18584 errors:0 dropped:0 overruns:0 frame:0
      TX packets:18584 errors:0 dropped:0 overruns:0 carrier:0
      Collisions:0
eth0  Link encap:Ethernet HWaddr 00:00:F7:C3:45:1B
      inet addr:192.109.42.23 Bcast:192.109.42.255 Mask:255.255.255.0
      UP BROADCAST RUNNING MULTICAST MTU:1500 Metric:1
      RX packets:55 errors:0 dropped:0 overruns:0 frame:0
      TX packets:5 errors:0 dropped:0 overruns:0 carrier:0
      Collisions:7
      Interrupt:10 Base address:0x300
```

Vous voyez que **ifconfig** affiche dorénavant les paramètres de la carte Ethernet **eth0**. Certaines valeurs ont été choisies par le programme (masque réseau, adresse Broadcast, etc.). Voici comment choisir le masque réseau :

```
# /sbin/ifconfig eth0 192.109.42.23 netmask 255.255.255.240
```

Pour désactiver une interface, vous procédez ainsi avec l'option **down** :

```
# /sbin/ifconfig eth0 down
```

Mais si la carte a été détectée lors de l'installation de Debian GNU/Linux, tout doit fonctionner sans action supplémentaire. Voici le contenu du fichier */etc/network/interfaces* :

```
# /etc/network/interfaces -- configuration file for ifup(8), ifdown(8)

# The loopback interface
iface lo inet loopback

# The first network card - this entry was created during the Debian
# installation (network, broadcast and gateway are optional)
iface eth0 inet static
    address 192.109.42.18
    netmask 255.255.255.240
    network 192.109.42.16
    broadcast 192.109.42.16
    gateway 192.109.42.17
```

Certaines variables de ce fichier sont lues par le programme **ifup**.

C'est à vous de créer et d'aménager ce fichier si vous installez une interface après l'installation du système.

Calcul des informations réseau

Même un administrateur expérimenté peut avoir du mal à déterminer les informations manquantes à partir d'un nombre restreint de données initiales, ce qui peut entraîner des erreurs. Vous disposez d'un outil pour vous aider dans ce travail : **sipcalc** (*http://www.routemeister.net/projects/sipcalc*).

```
wasabi:~# sipcalc 192.168.1.1/24
-[ipv4 : 192.168.1.1/24] - 0

[CIDR]
Host address - 192.168.1.1
Host address (decimal) - 3232235777
Host address (hex) - C0A80101
Network address - 192.168.1.0
Network mask - 255.255.255.0
Network mask (bits) - 24
Network mask (hex) - FFFFFF00
Broadcast address - 192.168.1.255
```

```
Cisco wildcard - 0.0.0.255
Addresses in network - 256
Network range - 192.168.1.0 - 192.168.1.255
Usable range - 192.168.1.1 - 192.168.1.254
```

Le routage IP

Après avoir paramétré la carte, il reste à indiquer au noyau Linux comment les paquets de données doivent être acheminés à leur destination. Pour certaines cartes réseau, cette partie du travail peut devenir délicate...

Le noyau mémorise les données de routage qui servent à savoir quelles machines et quels autres réseaux sont accessibles *via* quelle machine ou quel réseau dans une table de routage (*routing table*). La commande **route** sert à afficher cette table. Si la seule interface d'une machine est la boucle locale, la table se présente ainsi :

```
# /sbin/route
Table de routage IP du noyau
Destination Gateway Genmask       Indic  Metric Ref    Use  Iface
127.0.0.0   *       255.0.0.0     U      0      0        2  lo
```

La dernière ligne signifie que tous les paquets (le trafic) destinés au réseau 127 doivent transiter par l'interface Loopback (**lo**).

Si vous installez une carte réseau, la table doit accueillir une ligne supplémentaire :

```
# /sbin/route add -net 192.109.42.0
# /sbin/route
Table de routage IP du noyau
Destination   Gateway  Genmask        Indic Metric Ref Use  Iface
127.0.0.0     *        255.0.0.0      U     0      0     2  lo
192.109.42.0  *        255.255.255.0  U     0      0   137  eth0
```

Grâce à cette ligne, tous les paquets destinés au réseau de classe C possédant l'adresse IP 192.109.42.xxx transitent par l'interface **eth0**. Si vous ne gérez qu'une partie de ce réseau, il faut définir un masque de sous-réseau (*netmask*) :

```
# /sbin/route add -net 192.109.42.16 netmask 255.255.255.240
```

Le précédent exemple définit seize adresses IP de **.16** à **.31**, ce qui suffit à un petit réseau local. Si vous voulez relier deux réseaux, vous devez définir une passerelle (*gateway* ou routeur).

Pour n'accéder qu'à un réseau *via* cette nouvelle interface, et si vous connaissez l'adresse de la passerelle ou du routeur de ce réseau, il suffit de modifier la table de routage à l'aide de l'option **-net** :

```
# route add -net 193.174.1.0 gw 192.109.42.17
```

Dans la précédente commande, le réseau 193.174.1.0 (de classe C) est accessible *via* la passerelle ayant l'adresse 192.109.42.17. Cela suppose qu'une autre ligne indique comment accéder au réseau 192.109.42.x.

Une autre technique consiste à renvoyer tous les paquets IP non destinés à une des adresses de la table de routage vers la passerelle qui joue dans ce cas le rôle de route par défaut :

```
# route add default gw 192.109.42.17
```

Suite à cette action, la table de routage de l'exemple prend l'aspect suivant :

```
Table de routage IP du noyau
Destination    Gateway        Genmask         Indic Metric Ref Use
Iface
127.0.0.0      *              255.0.0.0       U     0        0   2  lo
192.109.42.16  0.0.0.0        255.255.255.240 U     0        0   0  eth0
0.0.0.0        192.109.42.17  0.0.0.0         UG    1        0   0  eth0
```

Etudions ces lignes une à une : la première concerne la boucle locale Loopback (adresse 127.0.0.0, lo). Avec les noyaux récents, elle n'apparaît même plus.

Revenons maintenant au fichier */etc/network/interfaces* :

```
# /etc/network/interfaces -- configuration file for ifup(8), ifdown(8)

# The loopback interface
iface lo inet loopback

# The first network card - this entry was created during the Debian
# installation (network, broadcast and gateway are optional)
iface eth0 inet static
    address 192.109.42.18
    netmask 255.255.255.240
    network 192.109.42.16
    broadcast 192.109.42.16
    gateway 192.109.42.17
```

Si vous modifiez la valeur des variables définies dans ce fichier, vous les faites entrer en vigueur au moyen de la commande `ifup eth0`. Voyons la section qui suit celle de la boucle locale.

Dans ce fichier, ce sont des adresses IP qui sont employées. Souvenez-vous : l'affichage de la table de routage montrait des noms de machines et de réseaux. Pour afficher des adresses IP dans la table, ajoutez l'option **-n** pour la commande **route**.

Le fichier */etc/hosts* définit les noms des machines hôtes locales et le fichier */etc/networks* les noms des réseaux. Les systèmes qui ne sont pas mentionnés dans le fichier

/etc/hosts sont normalement trouvés *via* le mécanisme de serveur de noms DNS (décrit ci-après).

Le serveur de noms de domaines DNS

Toute machine ou tout réseau local connecté à Internet et utilisant le protocole IP possède au moins une adresse IP qui sert au routage des données reçues et émises. Mais il est malaisé de mémoriser les adresses numériques. C'est pourquoi il est possible d'associer un nom à chaque adresse IP. Vous l'aurez déjà remarqué lors de l'installation de Debian GNU/Linux, puisqu'un nom de machine hôte vous est demandé.

Ce nom est stocké à plusieurs endroits. La commande **hostname** lit le fichier */etc/hostname* pour l'afficher. Si vous faites des essais sur une machine connectée en permanence à Internet, ce nom comprend plusieurs parties séparées par des points, comme dans *linux.monserveur.fr*.

Seule la première partie correspond au nom de la machine hôte (*linux*), la suite étant le nom du domaine (dans l'exemple, c'est *monserveur.fr*). Cette subordination du nom d'hôte au nom de domaine permet de baptiser plusieurs machines avec le même nom sans risque de conflit, puisque le nom de domaine qualifie le nom d'hôte. Bien des machines sur terre portent le nom "Linux".

Au sein d'un domaine (d'un groupe de machines en réseau local), une seule personne est généralement désignée pour gérer les noms de machines. C'est elle qui assure la mise à jour de la base de données DNS (*Domain Name Service*). Cette base est comparable à un annuaire téléphonique. Vous cherchez un nom de machine et obtenez en retour son adresse IP.

Avant la mise en place du mécanisme DNS, il fallait noter les adresses IP de toutes les machines pour pouvoir naviguer sur Internet. Les noms ne concernaient que de petits réseaux et les mêmes pouvaient être exploités sur plusieurs réseaux. Ces noms locaux étaient stockés dans le fichier */etc/hosts*. Vous pouvez toujours utiliser cette approche, qui est d'ailleurs mise en place à l'installation de Debian GNU/Linux. Le fichier contient au départ le nom de la machine locale et l'adresse IP correspondante.

DNS étant un vaste sujet à lui seul, nous nous limiterons ici à ce qu'en voit l'utilisateur (le poste client).

Lorsqu'une machine sous Debian GNU/Linux a besoin de connaître l'adresse IP d'une autre machine (par exemple pour lui envoyer un message ou en lire une page Web), c'est un composant de la librairie de fonctions C qui permet de récupérer des informations. Il s'agit du **résolveur**. Il commence par scruter le fichier */etc/nsswitch.conf* (ce que vous pouvez faire manuellement), qui indique où chercher l'adresse IP. Trois types d'entrées sont possibles dans ce fichier. Elles sont considérées dans l'ordre d'apparition :

- **files** : tente de trouver le nom d'hôte dans le fichier */etc/hosts*.
- **dns** : tente d'effectuer une requête auprès du serveur de noms.
- **nis** : interroge une base de données NIS.

Voici une entrée souvent trouvée dans le fichier */etc/nsswitch.conf* :

```
hosts: files dns
```

Elle demande au résolveur de chercher le nom de machine d'abord dans le fichier */etc/hosts* puis auprès du serveur de noms DNS (défini dans */etc/resolv.conf*).

Le fichier */etc/resolv.conf* contient, en plus de la ou des entrées pour les serveurs de noms, le nom du domaine local :

```
domain monserveur.fr
nameserver 194.25.2.129
nameserver 192.168.22.33
```

La première ligne du fichier déclare que le domaine local stipulé sera ajouté à la fin du nom de la machine hôte (*hostname*), si ce nom de machine est spécifié sans être qualifié par un nom de domaine. Les autres lignes donnent les adresses IP du ou des serveurs de noms (accessibles d'un point de vue technique IP). Ici, indiquez dans tous les cas des adresses IP numériques, et non le nom de la machine hébergeant le serveur DNS.

Tous les programmes qui auront besoin d'accéder au réseau (comme votre navigateur Web) demanderont d'office une adresse IP lorsque vous fournirez un nom de machine. Vous pouvez vérifier le mécanisme en demandant manuellement la conversion. Le paquet de Debian GNU/Linux nommé **dnsutils** contient un programme appelé **nslookup** que vous pouvez employer en mode interactif pour émettre des requêtes. Il suffit de faire suivre le nom de commande du nom de la machine concernée :

```
# nslookup www.debian.org

Server:     194.25.2.129
Address:  194.25.2.129#53

Non-authoritative answer:
Name:   www.debian.org
Address: 198.186.203.20
```

Après le nom du serveur interrogé apparaît, plus bas, l'adresse IP du serveur voulu.

Le fichier resolv.conf

Pour conclure, revenons sur le fichier */etc/resolv.conf* avec un second exemple :

```
domain monserveur.fr
search monserveur.fr debianserveur.fr debian.org
nameserver 194.25.2.129
nameserver 192.168.22.33
```

Notez la nouvelle deuxième ligne. Elle n'est pas obligatoire, mais elle simplifie votre travail. Si vous n'indiquez que le nom de la machine hôte, la commande scrute les domaines à la recherche de ce nom et renvoie le nom qualifié par le nom de domaine.

8

Services réseau

Au sommaire de ce chapitre :

- ✔ Le serveur Web Apache
- ✔ Serveurs FTP
- ✔ Le protocole DHCP
- ✔ Linux et Windows : Samba
- ✔ Netatalk

Le serveur Web Apache

En 1995, le logiciel serveur NCSA basé sur le protocole HTTP (*HyperText Transfer Protocol*) était le plus utilisé pour le réseau WWW (*World Wide Web*). Il a été créé par Rob McCool au centre national américain NCSA (*National Center for Supercomputing Applications*) de l'université de l'Illinois, d'où son nom. A cette époque, le développement en était stoppé, car Rob McCool avait quitté le NCSA depuis un an déjà. Mais de nombreux webmestres (responsables de sites Web) avaient entre-temps commencé à créer des extensions et à corriger eux-mêmes les erreurs qu'ils détectaient. Plusieurs de ces membres actifs se sont regroupés et ont décidé de coordonner leurs efforts en préparant des correctifs (des "patchs").

L'accumulation d'un grand nombre de patchs a fini par donner son nom au logiciel : "A PAtCHy sErver", d'où Apache (*http://www.apache.org*).

C'est en partant de la version 1.3 de NCSA httpd enrichie de tous les correctifs disponibles à ce moment qu'a été lancée en avril 1995 la première version officielle 0.6.2 du serveur Apache, suivie dès décembre 1995 de la version 1.0, après une refonte interne complète. Un an après son lancement, le serveur Apache comptait plus d'exemplaires installés que son prédécesseur NCSA.

Vous pouvez installer un serveur Web même si votre machine n'est pas connectée en permanence au Web par une liaison rapide. Cela vous permet de tester en conditions réelles vos pages Web dès qu'elles sont générées, sans avoir à les transférer d'abord sur le serveur Web de votre fournisseur d'accès. C'est encore plus valable lorsque vous concevez des pages dynamiques dont le contenu est généré par des scripts CGI.

INFO

LAMP

LAMP est l'acronyme de Linux, Apache, MySQL et PHP. La page Web *http://www.dotdeb.org* tient à disposition la plus récente version des quatre paquets Apache, PHP et MySQL au format Debian.

Installation et configuration d'Apache

L'installation d'Apache est classique puisqu'elle s'appuie sur l'outil **apt-get**. Le paquet comprend un script de configuration exécuté pendant l'installation. Pour reconfigurer Apache par la suite, vous utilisez le programme **apacheconfig**.

```
sushi:~# apt-get install apache
```

En fin d'installation, indiquez votre adresse de messagerie. Elle sera proposée par la suite sur les pages Web comme lien permettant de contacter le webmestre.

```
Do you want to manually choose which modules to load? [y/N]
```

Le script d'installation vous demande ensuite quels modules vous voulez activer pour définir le périmètre fonctionnel du serveur Web. Vous pouvez dans un premier temps laisser le script installer les seuls modules indispensables au fonctionnement du serveur.

```
Working magic...........................................done.

# LoadModule vhost_alias_module /usr/lib/apache/1.3/mod_vhost_alias.so
# LoadModule env_module /usr/lib/apache/1.3/mod_env.so
LoadModule config_log_module /usr/lib/apache/1.3/mod_log_config.so
LoadModule rewrite_module /usr/lib/apache/1.3/mod_rewrite.so
# LoadModule mime_magic_module /usr/lib/apache/1.3/mod_mime_magic.so
LoadModule mime_module /usr/lib/apache/1.3/mod_mime.so
LoadModule negotiation_module /usr/lib/apache/1.3/mod_negotiation.so
LoadModule status_module /usr/lib/apache/1.3/mod_status.so
# LoadModule info_module /usr/lib/apache/1.3/mod_info.so
```

```
# LoadModule includes_module /usr/lib/apache/1.3/mod_include.so
LoadModule autoindex_module /usr/lib/apache/1.3/mod_autoindex.so
LoadModule dir_module /usr/lib/apache/1.3/mod_dir.so
LoadModule cgi_module /usr/lib/apache/1.3/mod_cgi.so
# LoadModule asis_module /usr/lib/apache/1.3/mod_asis.so
# LoadModule imap_module /usr/lib/apache/1.3/mod_imap.so
# LoadModule action_module /usr/lib/apache/1.3/mod_actions.so
# LoadModule speling_module /usr/lib/apache/1.3/mod_speling.so
LoadModule userdir_module /usr/lib/apache/1.3/mod_userdir.so
# LoadModule proxy_module /usr/lib/apache/1.3/libproxy.so
LoadModule alias_module /usr/lib/apache/1.3/mod_alias.so
LoadModule access_module /usr/lib/apache/1.3/mod_access.so
LoadModule auth_module /usr/lib/apache/1.3/mod_auth.so
# LoadModule anon_auth_module /usr/lib/apache/1.3/mod_auth_anon.so
# LoadModule dbm_auth_module /usr/lib/apache/1.3/mod_auth_dbm.so
# LoadModule db_auth_module /usr/lib/apache/1.3/mod_auth_db.so
# LoadModule digest_module /usr/lib/apache/1.3/mod_digest.so
# LoadModule cern_meta_module /usr/lib/apache/1.3/mod_cern_meta.so
LoadModule expires_module /usr/lib/apache/1.3/mod_expires.so
# LoadModule headers_module /usr/lib/apache/1.3/mod_headers.so
# LoadModule usertrack_module /usr/lib/apache/1.3/mod_usertrack.so
LoadModule unique_id_module /usr/lib/apache/1.3/mod_unique_id.so
LoadModule setenvif_module /usr/lib/apache/1.3/mod_setenvif.so
# LoadModule sys_auth_module /usr/lib/apache/1.3/mod_auth_sys.so
# LoadModule put_module /usr/lib/apache/1.3/mod_put.so
# LoadModule throttle_module /usr/lib/apache/1.3/mod_throttle.so
# LoadModule auth_ldap_module /usr/lib/apache/1.3/auth_ldap.so
# LoadModule allowdev_module /usr/lib/apache/1.3/mod_allowdev.so
# LoadModule pgsql_auth_module /usr/lib/apache/1.3/mod_auth_pgsql.so
# LoadModule cvs_module /usr/lib/apache/1.3/mod_cvs.so
# LoadModule define_module /usr/lib/apache/1.3/mod_define.so
# LoadModule eaccess_module /usr/lib/apache/1.3/mod_eaccess.so
# LoadModule roaming_module /usr/lib/apache/1.3/mod_roaming.so

Pondering.........................................done.

Save these changes to the configuration files? [Y/n]
```

Les paramètres sont stockés dans le sous-répertoire */etc/apache/*. Vous constatez ci-dessus que de nombreuses lignes sont neutralisées (présence du signe # de mise en commentaires en début de ligne). Il suffira de supprimer ce signe pour les modules que vous souhaitez activer, puis de redémarrer le serveur. Certains modules nécessitent d'autres aménagements de la configuration. Nous donnons ici quelques exemples ; vous vous reporterez à la documentation d'Apache pour tout détail.

```
Rotated `/etc/apache/httpd.conf' at Sun Jan 23 19:25:42 CET 2000.
Rotated `/etc/apache/srm.conf' at Sun Jan 23 19:25:42 CET 2000.
```

```
Restart Apache now? [Y/n]
Stopping apache with apachectl ...
Waiting for apache to terminate ...done.
/usr/sbin/apachectl start: httpd started
```

Une fois le serveur Web installé, ouvrez une fenêtre de navigateur et accédez à l'adresse *http://localhost/*. Pendant l'installation a été mise en place une page d'accueil générique qui doit s'afficher. Les fichiers correspondants se trouvent dans */var/www/*. Vous pouvez ajouter d'autres pages dans ce même sous-répertoire.

Si vous comptez étudier le serveur Apache en détail, pensez à installer son paquet de documentation **apache-doc**.

Les fichiers de configuration

Sous Debian GNU/Linux, les fichiers de configuration d'Apache sont réunis dans le sous-répertoire */etc/apache/*. Apache en exploite trois :

- *httpd.conf* : informations régissant le comportement du serveur ;
- *srm.conf* : informations concernant les types de documents ;
- *access.conf* : informations décrivant les modalités d'accès aux documents.

Pendant l'installation d'Apache, Debian GNU/Linux exécute l'outil **apacheconfig** pour aménager ces fichiers (notamment *httpd.conf*). Vous pouvez relancer **apacheconfig** à tout moment en tant que super-utilisateur.

Les fichiers journaux

Apache rend compte de toutes les actions qu'il effectue dans deux fichiers journaux (*logs*) qui résident dans */var/log/apache/* :

- *error_log* : messages d'erreurs ;
- *access_log* : noms des fichiers transmis.

Démarrage et arrêt d'Apache

Vous démarrez et arrêtez Apache en tant que super-utilisateur avec le script **/etc/init.d/apache**.

```
linux:/home/fr# /etc/init.d/apache
Usage: /etc/init.d/apache {start|stop|reload|reload-modules|
    force-reload|restart}
```

```
linux:/home/fr# /etc/init.d/apache restart
Restarting apache daemon... done.
```

Il faut toujours redémarrer Apache après une modification de sa configuration. Si le redémarrage échoue, vous devez corriger l'erreur dans les fichiers de configuration.

Programmes CGI

Les programmes CGI (*Common Gateway Interface*) sont exécutés sur le serveur pour générer des données HTML qui sont ensuite transmises au navigateur sur le poste client. Le cas le plus simple correspond à un script shell, mais vous pouvez écrire vos programmes CGI dans un des nombreux langages de programmation supportés. La principale utilisation des scripts CGI est l'extraction de données depuis une base, les langages de prédilection étant le Perl et le PHP.

Une fois que vous avez écrit un programme CGI, il faut le mettre en place dans le sous-répertoire */usr/lib/cgi-bin/*. Si le fichier se nomme par exemple **test.sh**, il est accessible depuis le navigateur à l'adresse *http://localhost/cgi-bin/test.sh*. Voici un exemple simple de programme CGI nommé *test.sh* :

```
#!/bin/sh

# disable filename globbing
set -f

echo Content-type: text/plain
echo

echo CGI/1.0 test script report:
echo

echo argc is $#. argv is "$*".
echo

echo SERVER_SOFTWARE = $SERVER_SOFTWARE
echo SERVER_NAME = $SERVER_NAME
```

N'oubliez pas de modifier les drapeaux d'attributs du fichier pour qu'il puisse être considéré comme exécutable (bien qu'il s'agisse d'un fichier contenant du texte), au moyen de la commande `chmod u+x test.sh`. Voici le résultat de ce script dans la fenêtre de votre navigateur :

```
CGI/1.0 test script report:

argc is 0. argv is .

SERVER_SOFTWARE = Apache/1.3.12 (Unix) Debian/GNU
SERVER_NAME = surimi
```

Vous pouvez transmettre des paramètres à un programme CGI, en les indiquant après un point d'interrogation à la fin de l'adresse URL. Le script compte les paramètres reçus et envoie la chaîne en sortie. Par exemple, la chaîne d'adresse paramétrée suivante :

http://localhost/cgi-bin/test.sh?Fabuleux!

affiche ceci en deuxième ligne dans le navigateur :

```
argc is 1. argv is Fabuleux!.
```

Configurer et optimiser Apache

Le serveur Apache offre de nombreuses fonctions. Nous allons en découvrir quelques-unes.

Correction des adresses URL

Le serveur Apache sait corriger automatiquement la plupart des erreurs d'URL qui font que le fichier demandé est introuvable sur le serveur. Il trouve les fichiers pour lesquels vous avez oublié de saisir une lettre et ceux pour lesquels vous avez confondu majuscules et minuscules (bas de casse). Le principe consiste à confronter le nom défectueux à chacun des noms des fichiers gérés par le serveur. Dès qu'un fichier convient, l'adresse URL est corrigée pour en permettre l'accès et l'affichage. Si plusieurs fichiers semblent convenir, le serveur en affiche la liste.

Pour bénéficier de cette fonction, il faut décommenter la ligne du module correspondant (supprimer le signe #) : `# LoadModule speling_module /usr/lib/apache/1.3/mod_speling.so` dans le fichier */etc/apache/httpd.conf* et donner la valeur on à l'option "**CheckSpelling**". Voici les deux extraits correspondants du fichier :

```
...
LoadModule speling_module /usr/lib/apache/1.3/mod_speling.so
...

...
CheckSpelling on
...
```

Vous devez ensuite redémarrer le serveur par la commande `/etc/init.d/apache reload`.

Répertoires à accès protégés

Vous pouvez protéger l'accès à certains répertoires du serveur *via* un mot de passe. Il suffit de créer un fichier nommé *.htaccess* dans chaque répertoire à protéger. Voici son contenu typique :

```
AuthUserFile /home/user007/www/.passwd
AuthName "user007"
AuthType Basic

<Limit GET POST>
require valid-user
</Limit>
```

Il reste à créer le fichier contenant le mot de passe sous forme cryptée. Assurez-vous que ce fichier ne sera jamais accessible depuis une page publique ! Vous générez par exemple le fichier */home/user007/www/.passwd* avec le contenu suivant :

```
user007:gfrzGZ98bsd8
```

Pour crypter le fichier, utilisez l'outil **mkpasswd**.

Inclusions SSI

Les inclusions du côté serveur ou SSI (*Server Side Includes*) permettent de traiter des pages Web avant de les transmettre au navigateur client. Des instructions spéciales incorporées à la page permettent de manipuler des variables, de prendre des décisions (*if then*, etc.) ou de modifier des paramètres de fonctionnement.

Pour disposer de ce mécanisme SSI, vous devez charger au démarrage ou incorporer par recompilation le module nommé **mod_include**. Les pages à traiter doivent porter l'extension de nom de fichier *.shtml* et leur traitement doit être activé dans la configuration :

```
AddType text/html .shtml
AddHandler server-parsed .shtml
```

La première des deux lignes associe l'extension *.shtml* au type MIME **text/html**. La seconde ligne stipule que ces fichiers doivent être analysés (*parsed*) par le serveur.

Il reste encore à activer le processus en ajoutant la ligne suivante dans le fichier */etc/apache/httpd.conf* :

```
Options +Includes
```

Vous pouvez aussi l'indiquer dans un fichier de protection *.htaccess* du répertoire concerné du serveur (dans ce cas, il faut aussi activer l'option **AllowOverride**).

Les commandes à interpréter doivent être incorporées au code HTML en tant que commentaires SGML selon la syntaxe suivante :

```
<!--#element attribut=valeur attribut=valeur ... -->
```

Les valeurs sont en général délimitées par des guillemets, plus rarement pas des apostrophes. Notez bien la présence d'un espace avant la séquence fermante de fin de ligne (**-->**) !

Les principaux éléments employés sont **config**, **echo**, **exec**, **fsize**, **flastmod**, **printenv**, **set** et **include**. Reportez-vous à la documentation pour tout détail. Voyons de plus près l'élément nommé **include**.

L'élément **include** sert à insérer un bloc de texte tiré d'un autre fichier dans le fichier à traiter. Chaque fichier externe ainsi lié est régi par les droits d'accès du répertoire hôte. Si vous avez activé l'option **IncludesNoExec** pour le domaine considéré, les fichiers scripts CGI ainsi insérés sont ignorés. Dans le cas contraire, les scripts CGI sont exécutés et c'est leur résultat qui est intégré.

L'élément **include** attend d'autres attributs pour indiquer où se trouve le fichier à incorporer :

- **file** : cet attribut est suivi d'un chemin d'accès relatif menant au fichier. La valeur ne doit jamais être un chemin absolu (depuis la racine) ni mener à un répertoire de niveau supérieur (par **../**).
- **virtual** : cet attribut permet de spécifier une adresse URL relative au document à traiter. Il est interdit de mentionner un nom de machine (*hostname*). Si l'adresse URL ne commence pas par le signe /, elle est considérée comme chemin relatif au document courant.

Vous disposez enfin de quelques variables à utiliser directement ou en relation avec les commandes **echo**, **if** ou **elif** :

`DATE_GMT` Heure courante du méridien de Greenwich.

`DATE_LOCAL` Heure courante du fuseau horaire en vigueur.

`DOCUMENT_NAME` Nom du document sans chemin d'accès.

`DOCUMENT_URI` Adresse URL complète menant au document (ce n'est pas l'adresse du document courant dans les fichiers à insérer).

`LAST_MODIFIED` Date et heure de la dernière modification du document.

Voici un bref exemple d'utilisation. Supposons un serveur Web gérant un grand nombre de pages. Il nous faut en retoucher l'aspect visuel, mais modifier chaque fichier tour à tour est très coûteux en temps. La solution consiste à créer un fichier HTML qui détermine l'aspect visuel général de toutes les pages. Vous ajoutez dans sa balise BODY les entrées suivantes :

```
<!--#if expr="\"$DOCUMENT_URI\" = \"/foo/file.html\"" -->
in foo
<!--#elif expr="\"$DOCUMENT_URI\" = \"/bar/file.html\"" -->
in bar
<!--#else -->
in neither
<!--#endif -->
```

Avec cet exemple, le fichier de corps inséré dans la balise BODY est différent selon l'adresse URL demandée. Il n'est pas nécessaire de copier le fichier principal dans les autres fichiers, puisque les liens suffisent. En pratique, vous pouvez enrichir la liste des pages à traiter. Toute modification d'aspect HTML réalisée dans l'en-tête du fichier est répercutée systématiquement dans toutes les pages affichées.

Redirections

Il est parfois indispensable de pouvoir rediriger quelques pages Web ou même la totalité d'un serveur d'une adresse à une autre, par exemple suite à un changement d'hébergeur ou en cas de modification de la structure de stockage du serveur.

Pour rediriger tout un serveur qui a par exemple changé de nom, il suffit d'activer le module **mod_alias** puis d'ajouter une ligne dans le fichier */etc/apache/httpd.conf* :

```
Redirect  /  http://www.nouveauserveur.fr/
```

Vous indiquez comme adresse cible celle du nouveau serveur (*http://www.nouveauserveur.fr* dans l'exemple).

Mais ce n'est pas toujours le but recherché, notamment lorsqu'il s'agit de rediriger seulement certaines pages. Dans ce cas, mieux vaut intercepter toutes les requêtes entrantes pour convertir seulement les adresses sélectionnées.

Il faut utiliser à cet effet le module **mod_rewrite** et ajouter deux lignes à la configuration :

```
RewriteEngine On
RewriteRule /.* http://www.monserveur.fr/ [R]
```

Dans cet exemple extrême, toutes les requêtes sont redirigées.

Messages d'erreurs

Vous êtes bien sûr déjà tombé sur une faute de page Web introuvable (l'erreur 404 : "Page Not Found"). Cette erreur peut être la conséquence d'un changement d'adresse d'une page déjà visitée et cela arrivera sans doute aussi à votre serveur. Le serveur Apache permet de gérer une à une les erreurs et d'afficher une page de secours ou de remplacement lorsque l'erreur se produit.

En standard, sans rien configurer, le navigateur reçoit une page d'erreur.

Vous pouvez varier la réaction à adopter selon le numéro d'erreur. Les lignes comprennent le numéro d'erreur, suivi de l'adresse de la page de secours à afficher ou d'un message. Les adresses peuvent commencer par le signe / pour désigner des pages locales au serveur, mais vous pouvez aussi renvoyer sur un autre serveur :

```
ErrorDocument 500 http://foo.example.com/cgi-bin/tester
ErrorDocument 404 /cgi-bin/bad_urls.pl
ErrorDocument 401 /subscription_info.html
ErrorDocument 403 "Désolé, pas d'accès aujourd'hui"
```

Serveurs FTP

Le protocole FTP (*File Transfer Protocol*) est depuis des années le standard pour transférer des fichiers *via* un réseau (et notamment Internet). Un des logiciels serveurs les plus répandus pour remplir ce rôle se nomme **WU-FTPD**. Il est disponible en tant que paquet Debian. Nous vous proposons d'en découvrir un autre, **ProFTPD**, qui présente l'avantage d'être simple à configurer et d'offrir un bon niveau de sécurité grâce à une approche plus moderne.

Vous devez d'abord installer le paquet **proftpd**. Le fichier de configuration à aménager est mis en place dans le répertoire */etc/* et se nomme *proftpd.conf*.

Une routine de configuration vous simplifie la mise en place :

```
+------------------------- Configuring Proftpd -------------------------+
|                                                                       |
| This option will create a 'ftp' user if needed, and set up ProFTPD to |
| allow anonymous ftp access to /home/ftp.                              |
|                                                                       |
| Enable anonymous ftp access?                                          |
|                                                                       |
|                    <Yes>                     <No>                     |
|                                                                       |
+-----------------------------------------------------------------------+

Editing /etc/proftpd.conf ...
Starting professional ftp daemon: proftpd.
```

A cette étape, vous choisissez si votre domaine FTP (en standard, c'est le répertoire */home/ftp/*) doit être accessible aux visiteurs anonymes. En situation réelle, vous répondrez par la négative pour plus de sécurité.

Etudions le fichier de fichier de configuration qui en résulte :

```
# This is a basic ProFTPD configuration file (rename it to
# 'proftpd.conf' for actual use. It establishes a single server
# and a single anonymous login. It assumes that you have a user/group
# "nobody" and "ftp" for normal operation and anon.

ServerName          "ProFTPD"
ServerType          standalone
DeferWelcome          off

ShowSymlinks          on
MultilineRFC2228      on
DefaultServer         on
ShowSymlinks          on
AllowOverwrite        on

TimeoutNoTransfer     600
TimeoutStalled        600
TimeoutIdle        1200

DisplayLogin                welcome.msg
DisplayFirstChdir           .message
LsDefaultOptions            "-l"

# Port 21 is the standard FTP port.
Port         21

# Umask 022 is a good standard umask to prevent new dirs and files
# from being group and world writable.
Umask        022

# Set the user and group that the server normally runs at.
User       root
Group      root

# A basic anonymous configuration, no upload directories.

<Anonymous ~ftp>
  User         ftp
  Group          nogroup
  # We want clients to be able to login with "anonymous" as well as "ftp"
  UserAlias      anonymous ftp
```

```
    RequireValidShell   off
  ##
    # Limit the maximum number of anonymous logins
    MaxClients   10

    # We want 'welcome.msg' displayed at login, and '.message' displayed
    # in each newly chdired directory.
    DisplayLogin         welcome.msg
    DisplayFirstChdir      .message

    # Limit WRITE everywhere in the anonymous chroot
    <Directory *>
      <Limit WRITE>
        DenyAll
      </Limit>
    </Directory>
  ##
  # <Directory incoming>
  #     <Limit READ WRITE>
  #     DenyAll
  #     </Limit>
  #     <Limit STOR>
  #     AllowAll
  #     </Limit>
  # </Directory>

  </Anonymous>
```

Si vous avez déjà travaillé sur la configuration du serveur Apache, vous serez en terrain connu.

Cela termine la configuration de base. Pour autoriser les accès, il reste à modifier le fichier nommé */etc/hosts.deny*. Pour bloquer totalement le serveur, vous y ajoutez la mention **ALL**. Il est en effet plus simple de tout bloquer, puis d'ajouter des autorisations serveur par serveur dans le fichier complémentaire appelé */etc/hosts.allow*.

Insérez la ligne suivante si vous autorisez l'accès à votre serveur FTP depuis le monde entier :

```
ftpd: ALL
```

Pour autoriser l'accès depuis le seul domaine *monbureau.fr*, insérez la ligne suivante :

```
ftpd: .monbureau.fr
```

L'accès peut même être contrôlé pour chaque serveur en spécifiant son adresse IP :

```
ftpd: 198.186.203.20
```

Dès que vous modifiez les fichiers de configuration de ProFTPD, il faut relancer le démon avec la commande `/etc/init.d/proftpd reload` pour qu'il en tienne compte.

Le paquet ProFTPD est accompagné de quatre utilitaires pratiques qui sont **ftpcount**, **ftpwho**, **ftpstats** et **ftpshut** :

ftpcount affiche le nombre de connexions à chaque serveur.

ftpwho affiche les données des processus des connexions actives.

ftpstats affiche des statistiques d'utilisation.

ftpshut arrête tous les processus serveurs ProFTPD à l'heure indiquée.

Les pages de documentation man de ces outils donnent d'autres détails. Visitez aussi la page de référence de ProFTPD à l'adresse *http://www.proftpd.net*.

Le protocole DHCP

DHCP est un protocole très répandu qui sert à automatiser la configuration de l'accès au réseau des ordinateurs. Il implique la mise en place d'un serveur DHCP que les clients (les postes de travail) vont interroger pour obtenir leur adresse IP, leur masque réseau et l'adresse du serveur de noms.

Commencez par installer le paquet **dhcp**. La configuration du serveur DHCP correspond au fichier */etc/dhcpd.conf*.

Dans l'exemple qui suit, le fichier */etc/dhcpd.conf* attribue une adresse IP fixe à chaque poste client. L'adresse est attribuée à partir de l'adresse physique MAC de la carte réseau.

```
# dhcpd.conf
#

option domain-name "monbureau.fr";
option domain-name-servers gateway.monbureau.fr;

option subnet-mask 255.255.255.240;
default-lease-time 600;
max-lease-time 7200;

subnet 192.168.1.0 netmask 255.255.255.0 {
  range 192.168.1.10 192.168.1.255;
  option broadcast-address 192.109.42.16;
  option routers gateway.monbureau.fr;

}
```

```
host imac {
  hardware ethernet 08:00:07:26:c0:a5;
  fixed-address sushi.monbureau.fr;
}
```

Dans l'exemple précédent, nous exploitons un réseau non reroute, ce qui conviendra parfaitement à un réseau domestique. Les neuf premières adresses ne sont pas utilisées. Les machines qui demandent leur configuration *via* DHCP obtiendront de ce fait des adresses dans la plage commençant à 192.168.0.10.

Il faut prévoir une entrée pour chaque machine gérée par DHCP (voir l'entrée "imac" dans l'exemple). Si vous ne connaissez pas l'adresse MAC (**hardware ethernet**) de la machine, lisez la suite en laissant vide ce paramètre. Vous pourrez récupérer cette adresse en lisant ultérieurement le fichier journal du serveur.

Vous devez donner à la variable **run_dhcp** du fichier */etc/init.d/dhcp* la valeur **1**. Vous pouvez ensuite activer le serveur par la commande `/etc/init.d/dhcp start`.

Démarrez un des postes clients utilisant DHCP. Si l'adresse physique n'est pas encore connue, cherchez-la dans le fichier journal *via* (en tant que super-utilisateur) la commande `tail -f /var/log/messages`. Ajoutez ensuite l'adresse dans le fichier de configurations et redémarrez le serveur DHCP par `/etc/init.d/dhcp stop` suivi de `/etc/init.d/dhcp start`. Si le logiciel du côté client a abandonné entre-temps, redémarrez-le aussi.

Vous pouvez aussi réitérer une requête DHCP avec la commande **pump**.

Voici un exemple de configuration plus complet qui s'appuie sur une attribution dynamique des adresses et requiert l'utilisation d'une adresse IP fixe pour une machine :

```
# option definitions common to all supported networks...
option domain-name "monbureau.fr";
option domain-name-servers ns.monbureau.fr;

#option subnet-mask 255.255.255.224;
default-lease-time 600;
max-lease-time 7200;

subnet 192.168.1.0 netmask 255.255.255.0 {
  range 192.168.1.20 192.168.1.255;
  option domain-name-servers 192.168.1.6;
  option domain-name "monbureau.fr";
  option routers 192.168.1.6;
  option subnet-mask 255.255.255.0;
  option broadcast-address 192.168.1.255;
  default-lease-time 600;
  max-lease-time 7200;
}
```

```
host surimi {
  hardware ethernet 00:60:08:78:c3:67;
  fixed-address surimi;
}
```

Voyons maintenant deux cas particuliers d'exploitation de DHCP.

Portables sous GNU/Linux comme clients DHCP

La configuration DHCP d'un ordinateur portable fonctionnant sous Debian GNU/Linux est très simple. Il suffit d'utiliser **pcnetconfig** comme plus haut en choisissant la méthode 2, "Use the dhcpcd or dhclient program" :

```
sushi:/home/fr# pcnetconfig
This program will create a basic /etc/pcmcia/network.opts file, the
pcmcia-cs package's network adapter configuration file, based on
choices
that you make.

A sample network.opts file is supplied in pcmcia-cs; you can edit this
file to match your local network setup. Refer to the PCMCIA-HOWTO
(usually in /usr/doc/HOWTO/PCMCIA-HOWTO.gz) for a detailed description
of this file's contents.

Before continuing with this program, ensure that you know your host's
network configuration.

Do you want to continue? [y]

Choose a method for obtaining the host's IP address and routing
information

1) Use the BOOTP protocol
2) Use the dhcpcd or dhclient program
3) Use /sbin/pump
4) Use netenv (from the netenv package)
5) Specify the IP address now (default)
2

In addition to the usual network configuration parameters, the
network.opts script can specify extra actions to be taken after
an interface is configured, or before an interface is shut down.
If network.opts defines a shell function called start_fn, it will be
invoked by the network script after the interface is configured, and
the
interface name will be passed to the function as its first (and only)
argument. Similarly, if it is defined, stop_fn will be invoked before
shutting down an interface. Refer to the PCMCIA-HOWTO for more details.
```

```
This program will now write the network.opts file. Please take care
not to overwrite a previously configured version of this file.

Do you want to write /etc/pcmcia/network.opts? [y] y
```

Acceptez ensuite la sauvegarde de la modification.

Machines sous Mac OS X comme clients DHCP

Une machine tournant sous Mac OS X peut devenir client DHCP sans opération particulière : vous branchez la prise réseau. En effet, Mac OS X cherche automatiquement à détecter un serveur DHCP.

Linux et Windows : Samba

Samba est un mécanisme logiciel qui sert à réunir deux mondes : d'un côté le monde Unix (et donc Debian GNU/Linux), de l'autre le monde MS-Windows. Grâce à Samba, vous pouvez exploiter des ressources Windows (fichiers, imprimante) accessibles *via* un réseau local. Samba tire son nom du protocole SMB de Microsoft (*Server Message Block*). Aucune modification n'est à prévoir sur les machines Windows et aucun logiciel supplémentaire ne doit y être installé.

Cette facilité de mise en place est liée au protocole fédérateur CIFS (*Common Internet File System*). Un des composants essentiels de CIFS est justement le protocole SMB. Samba est donc une implémentation de CIFS.

Samba a été porté sur d'autres systèmes qu'Unix, notamment sur VMS, AmigaOS et NetWare.

Bref historique de Samba

Voici quelques années, les sociétés IBM et Sytec ont développé conjointement un système de réseau simplifié destiné aux petits réseaux locaux : NetBIOS (*Network Basic Input Output System*). Microsoft a par la suite enrichi ce standard pour permettre d'accéder à des disques situés sur d'autres machines du même réseau. Cette variante a été baptisée SMB puis CIFS.

NetBIOS était à l'origine limité aux petits réseaux locaux, mais l'emploi de TCP/IP a permis de s'affranchir de cette contrainte de portée. L'astuce a consisté à convertir les noms sur 16 octets de NetBIOS en adresses IP, ce qui permettait aux paquets de données de trouver leur chemin sur les réseaux IP avec routage. (Le principe a été expliqué dans les spécifications RFC 1001 et 1002.) Les évolutions de Windows ont nécessité l'ajout de deux fonctions : la navigation à la recherche de services réseau et une procédure d'authentification et d'autorisation centralisée, qui s'appelle "Windows NT Domain Control".

Fonctions principales de Samba

Samba est constituée des deux programmes principaux **smbd** et **nmbd**, qui incarnent les fonctions majeures de CIFS :

- services d'accès aux fichiers et d'impression ;
- services d'authentification et d'autorisation ;
- résolution des noms ;
- inventaire des ressources partagées (*browsing*).

Les services les plus importants de CIFS sont les deux premiers : partage de fichiers et d'imprimantes. Ils sont gérés par le composant **smbd**, qui est le démon SMB. **Smbd** supporte en outre le mécanisme d'authentification et d'autorisation partagé dans les deux modes "Shared mode" et "User mode", qui permettent de protéger l'accès aux ressources partagées *via* des mots de passe. Le mode partagé "Shared" est le plus simple : vous associez un mot de passe à chaque disque, répertoire ou imprimante. Mais comme tous les utilisateurs doivent connaître le même mot de passe, l'approche n'est pas très sûre. Il est préférable d'adopter l'approche par utilisateur, à savoir le mode "User". Dans ce cas, c'est l'administrateur qui décide pour chaque utilisateur quelles sont les ressources auxquelles il aura accès.

Le mécanisme de contrôleurs de domaines introduit dans Windows NT permet d'être encore plus rigoureux en centralisant l'authentification de chaque utilisateur, qui n'a plus qu'à décliner son identité une fois pour avoir accès à toutes les ressources réseau qui lui sont offertes. Le système NT centralise cela au moyen d'un serveur qui joue le rôle de contrôleur de domaine. Chaque domaine NT (à ne pas confondre avec les domaines DNS) est un groupe d'ordinateurs gérés par le même contrôleur. Les deux autres services de CIFS (résolution de noms et inventaire) sont supportés par le composant **nmbd**.

La résolution des noms peut s'effectuer selon l'approche *broadcast* ou l'approche point à point, ou en combinant les deux. La méthode *broadcast* est celle qui s'inspire le plus de l'ancienne fonction NetBIOS : la machine qui cherche un service lance un appel général sur le réseau et attend une réponse. Cette approche entraîne un surcroît de trafic réseau, mais ce n'est pas gênant dans un petit réseau local.

La seconde approche se fonde sur un serveur NBNS (*NetBIOS Name Service*), qui correspond sous Windows au mécanisme WINS (*Windows Internet Name Service*). Selon cette approche, chaque client transmet son nom NetBIOS et son adresse IP au serveur NBNS, qui mémorise ces données dans une base. Lorsqu'un client veut dialoguer avec un autre, il transmet le nom du client en question au serveur NBNS, qui lui renvoie l'adresse IP.

Les clients de plusieurs sous-réseaux peuvent partager le même serveur NBNS. La méthode *broadcast* n'est ainsi pas limitée à un réseau local. NBNS peut dans ce sens se comparer à DNS puisque la liste de noms de NBNS est totalement dynamique. Quasiment aucun contrôle n'est réalisé pour vérifier si un client est autorisé à exploiter le serveur de noms, ce qui peut rapidement faire apparaître des conflits.

Il reste à aborder la fonction d'inventaire *browsing*, qui consiste à établir la liste des disques et imprimantes réseau partagés.

Dans un réseau local, un arbitrage permet de désigner une machine comme LMB (*Local Master Browser*). Ce LMB obtient un nom supplémentaire et se charge de maintenir à jour la liste des ressources partagées (celle qui s'affiche dans la catégorie *Voisinage réseau* sous Windows).

En complément des LMB, il existe des DMB (*Domain Master Browsers*) qui organisent les listes entre les différents domaines NT et réseaux locaux. Une machine LMB peut utiliser le serveur NBNS pour connaître son DMB afin d'échanger les listes et les compléter. C'est ce qui permet à tous les membres d'un domaine NT de disposer de toutes les listes. Mais il faut parfois compter une heure avant qu'une modification dans un sous-réseau ne soit répercutée partout.

Outils Samba

Le paquet Samba contient une série d'outils et d'autres forment un paquet additionnel.

- **smbclient** : outil très simple qui ressemble à ftp et permet d'établir une connexion entre une machine sous GNU/Linux et un disque ou une imprimante gérés par SMB, puis de transmettre des données.
- **nmblookup** : logiciel client du serveur de noms NetBIOS qui permet de découvrir les adresses IP et les noms des autres machines du réseau.
- **SWAT** : outil d'administration de Samba fonctionnant dans un navigateur Web.

Systèmes de fichiers SMB

Samba fonctionne dans les deux sens, puisque vous pouvez, depuis un poste sous Windows, accéder aux ressources partagées d'une machine sous Linux de façon transparente, comme s'il s'agissait de ressources locales. Par exemple, vous pouvez utiliser comme lecteur **N:** un sous-répertoire d'un système de fichiers distant.

Dans le sens inverse, le système de fichiers réseau **smbfs** permet d'accéder à des disques partagés d'une machine Windows. Vous pouvez par exemple créer un répertoire */mnt/win/* et y monter un disque Windows. Toutes les opérations locales sont possibles si vous disposez des droits suffisants (lecture, écriture, suppression, etc.).

Configuration et administration de Samba

La configuration de Samba est centralisée dans le fichier */etc/smb.conf*, un fichier texte ASCII classique, comme souvent sous Debian GNU/Linux. La syntaxe est proche de celle des fichiers *.ini* sous Windows, ce qui facilite sa compréhension pour les administrateurs de réseaux Windows. L'enrichissement fonctionnel de Samba a entraîné l'augmentation du nombre de paramètres réunis dans le fichier de configuration. Tout est bien documenté, ce qui permet un paramétrage très précis.

La documentation se trouve dans */usr/doc/samba/* et le site de référence est *http://samba.org*.

Vous disposez d'outils à interface graphique pour administrer Samba, notamment de **tkchooser**.

SWAT

SWAT (*Samba Web Administration Tool*) est une interface d'administration qui utilise un navigateur Web. SWAT fait partie de la distribution Samba mais prend la forme d'un paquet distinct sous Debian GNU/Linux. Pour l'exploiter, il faut avoir installé un serveur Web (Apache, Roxen ou autre). Démarrez le navigateur et demandez à voir la page *http://localhost:901*. Si vous accédez à SWAT depuis une autre machine, notez que les mots de passe sont véhiculés sans cryptage. Les paramètres sont décrits dans la documentation de Samba.

Gnosamba

Gnosamba est une interface graphique pour la configuration de Samba (*http://www.open-systems.com/gnosamba.html*). Elle permet de lire un fichier de configurations puis de le modifier avant de l'enregistrer sous le même nom (ou sous un autre pour faire des tests).

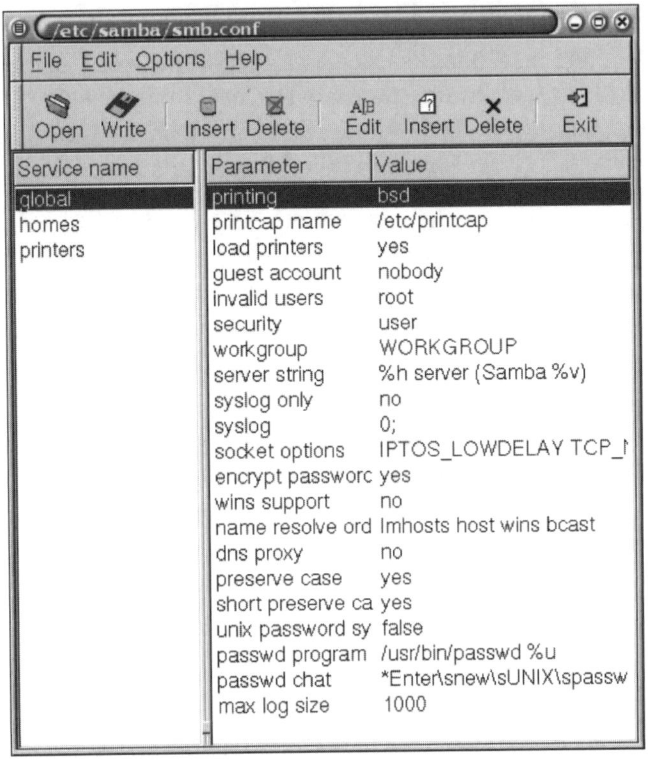

Figure 8.1
Aspect général de Gnosamba.

Gnosamba étant encore en cours de développement, il est conseillé de faire une sauvegarde des fichiers de configuration de Samba d'abord. Les fonctions de haut niveau telles que le support des PDC (*Primary Domain Controller*) ne sont pas encore en place.

Mac OS X en tant que client Samba

Une fois que le serveur Samba est correctement configuré, les répertoires partagés sont accessibles à tous les clients Linux, mais aussi à des machines sous Mac OS X.

Il suffit de choisir la commande de connexion à un serveur dans le Finder.

Netatalk

Netatalk (*http://netatalk.sourceforge.net*) est une version du protocole AppleTalk pour les machines Unix. La version actuelle supporte EtherTalk Phase I et II, DDP, RTMP, NBP, ZIP, AEP, ATP, PAP, ASP et AFP.

Comme avec Samba, vous pouvez recourir à Netatalk pour accéder à des disques et des imprimantes réseau. AppleTalk est disponible en standard sur tous les Macintosh.

La première configuration de Netatalk est très simple sous Debian GNU/Linux. Vous installez le paquet nommé Netatalk et pouvez directement (si la configuration réseau est correcte) accéder depuis votre Mac à votre répertoire de travail Linux. Les fichiers de configuration (*papd.conf*, *AppleVolumes.default*, *AppleVolumes.system*, *afpd.conf* et *atalkd.conf*) se trouvent dans le répertoire */etc/netatalk/*. Voici un exemple de configuration définissant deux groupes de travail dans le fichier *AppleVolumes.default* :

```
~/ "Home Directory"
/home/public "public" access=fr,bea
/home/macuser/grafik "Grafik" access=bea
/home/macuser/design "Grafik" access=bea
/home/macuser/Web "Grafik" access=fr,bea
```

9

Interfaces utilisateur graphiques

Au sommaire de ce chapitre :

- ✔ Le sous-système X11
- ✔ L'environnement GNOME
- ✔ GDM (GNOME Display Manager)
- ✔ L'environnement KDE

Le sous-système X11

Nous l'avons indiqué en ouvrant le Chapitre 2, la distribution Debian n'est pas installée d'office avec une interface utilisateur graphique, à la différence de la plupart des autres distributions. Debian est en effet souvent choisie pour mettre en place des machines serveurs qui n'ont pas besoin d'une telle interface. Mais cela ne simplifie pas la prise en mains des débutants. Nous allons donc voir comment installer l'interface graphique après avoir installé le système de base.

Comme les autres distributions Linux, Debian GNU/Linux se base pour son interface graphique sur un sous-système de gestion des sorties graphiques (affichages) et des entrées événementielles (souris et clavier), sous-système appelé **X-Window** (sans *s* final). X-Window a été conçu à l'origine pour les stations de travail graphiques sous Unix. Les pilotes qui servent à la gestion des cartes vidéo utilisées sur les micro-ordinateurs ont été développés par l'équipe XFree86-Team (*http://www.xfree86.org*). XFree86 est une implémentation libre du système X-Window. La mention "86" laisse deviner que ces logiciels sont conçus pour les machines basées sur un processeur compatible Intel (486/586, Pentium). Mais XFree86 est dorénavant disponible pour d'autres familles de processeurs. Quelle que soit l'infrastructure matérielle, tout utilisateur de Debian GNU/Linux peut dorénavant bénéficier d'une interface graphique.

X11 (le nom exact de X-Window) est apparu en 1986 : il était l'aboutissement d'efforts préalables sur les projets V et W. Les protocoles fondamentaux ont été enrichis tout en restant compatibles avec ceux des anciennes versions. En 1992 est apparue la première version de X11 pour ordinateurs compatibles PC. Le projet XFree86 a démarré à partir d'un serveur de référence pour PC conçu et mis à disposition par Thomas Röll (chez Xi Graphics maintenant).

La version actuelle de XFree86 est la version 4. Elle est livrée avec Debian depuis la distribution **woody**, c'est-à-dire la Debian GNU/ Linux 3.0. L'ancienne version de XFree 3.3.6 reste toutefois disponible, ce qui permet de gérer les cas dans lesquels les pilotes de la version XFree 4 ne détectent plus un matériel vidéo devenu obsolète.

Installation de XFree86 4.x

Avant de commencer l'installation d'un sous-système aussi complexe que X-Window, il est indispensable de réunir des informations sur les périphériques que le logiciel devra détecter et piloter. Il existe dans le commerce un grand nombre de cartes vidéo (cartes graphiques) et d'écrans. Il n'est pas toujours simple de savoir quelle est la référence du matériel qui équipe une machine, surtout s'il s'agit d'une machine de début de gamme sans carte vidéo dédiée (le circuit vidéo se trouve sur la carte mère). Nous vous conseillons de bien lire les notices livrées avec le matériel et de dresser un inventaire papier ou bien de recourir à un outil d'inventaire et de mesure de performances sous Windows. Tous les circuits vidéo supportés par la version 4 de XFree86 sont listés dans les *Release Notes* sur le site *http://www.xfree86.org*. Notez que ce sont les circuits contrôleurs vidéo qui sont cités, et non les cartes qui sont conçues autour de ces circuits. Il vous faudra parfois ouvrir la machine pour y lire la référence du circuit sur la carte vidéo.

A partir de la version 4 de XFree86, il n'existe plus qu'un serveur X-Server, dont on adapte les caractéristiques fonctionnelles en chargeant des modules de pilotes, sur le même principe que le noyau Linux.

Pour installer les paquets, vous pouvez recourir à **tasksel** en choisissant le paquet de tâches "**X window system**". Vous pouvez aussi faire appel à **apt-get**, mais il faut dans ce cas connaître les noms des quelques paquets à installer ensemble, au minimum **xserver-common** et **xserver-xfree86**, **xfonts-base** (mais vous pouvez installer d'autres paquets de polices à volonté), et bien sûr un gestionnaire de fenêtres *Window-Manager* et un environnement graphique *Desktop*, comme dans cet exemple :

```
debian:~# apt-get install xserver-xfree86 xserver-common xfonts-base \
gnome-core gnome-panel gnome-control-center sawfish-gnome gnome-session \
gnome-terminal
```

A compter de la version 3.0 de Debian, la configuration de tous les paquets ou presque se base sur l'outil **debconf**, ce qui permet de demander tous les paramètres manquants à l'administrateur avant l'installation du paquet. C'est le cas des paquets de XFree-4.

L'administrateur système peut toujours réaliser ses paramétrages manuellement, ce qui est obligatoire dans certains cas particuliers. Le fichier à aménager se nomme */etc/X11/XF86Config-4*. Dans la procédure guidée d'installation, les deux premiers écrans permettent justement d'en décider. Si vous répondez par "Yes", vous faites gérer les fichiers de configuration du script Xwrapper par **debconf**. Xwrapper détermine quelle version de XFree doit être installée et avec quels paramètres (vous pouvez en effet installer simultanément les versions 3.x et 4.x).

Nous avons vu qu'à partir de la version 4 de XFree86, il n'existe plus qu'un noyau de serveur X-Server ; les pilotes adaptés au matériel sont chargés sous forme de modules complémentaires. Vous choisissez le pilote vidéo à la première étape.

Pour lancer la procédure de configuration après l'installation du système Debian, exécutez la commande suivante :

```
dpkg-reconfigure  xserver-xfree86
```

<wXFree 4.x Installation – Choix du pilote vidéo.

Si vous ne savez pas quel pilote choisir, abandonnez l'installation ou ouvrez une fenêtre de terminal sur une autre console et lancez le programme **lspci**.

```
surimi:# lspci
00:00.0 Host bridge: Intel Corp. 440BX/ZX - 82443BX/ZX Host bridge (rev 03)
00:01.0 PCI bridge: Intel Corp. 440BX/ZX - 82443BX/ZX AGP bridge (rev 03)
00:07.0 ISA bridge: Intel Corp. 82371AB PIIX4 ISA (rev 02)
00:07.1 IDE interface: Intel Corp. 82371AB PIIX4 IDE (rev 01)
00:07.2 USB Controller: Intel Corp. 82371AB PIIX4 USB (rev 01)
00:07.3 Bridge: Intel Corp. 82371AB PIIX4 ACPI (rev 02)
00:0b.0 Multimedia audio controller: Ensoniq ES1371 [AudioPCI-97] (rev 06)
00:0d.0 SCSI storage controller: Advanced Micro Devices [AMD]
        53c974 [PCscsi] (rev 10)
00:0f.0 Ethernet controller: Realtek Semiconductor Co., Ltd. RTL-8029(AS)
00:11.0 Multimedia video controller: Brooktree Corporation Bt848 TV
        with DMA push (rev 12)
00:13.0 Unknown mass storage controller: Triones Technologies, Inc.
        HPT366 / HPT370 (rev 01)
```

```
00:13.1 Unknown mass storage controller: Triones Technologies, Inc.
        HPT366 / HPT370 (rev 01)
01:00.0 Display controller: ATI Radeon 9500 Pro
```

Vous devrez éventuellement installer d'abord ce paquet **lspci**. Vous pouvez aussi employer la commande Unix standard `cat /proc/pci`, mais l'affichage de **lspci** est plus lisible. Dans le précédent exemple, c'est la dernière ligne qui nous intéresse. Cherchez une mention du style "Display..." ou "VGA...". Les indications doivent suffire à déterminer le modèle de la carte vidéo (dans l'exemple, c'est une ATI Radeon 9500 Pro). Même si une carte très récente n'est pas répertoriée, cela ne signifie pas qu'elle ne pourra pas être exploitée avec un des pilotes XFree existants, grâce à la compatibilité ascendante des cartes.

Si votre carte est sur bus AGP, l'identification sera possible aussi avec **lspci**. Le noyau Linux ne fait pas de différence.

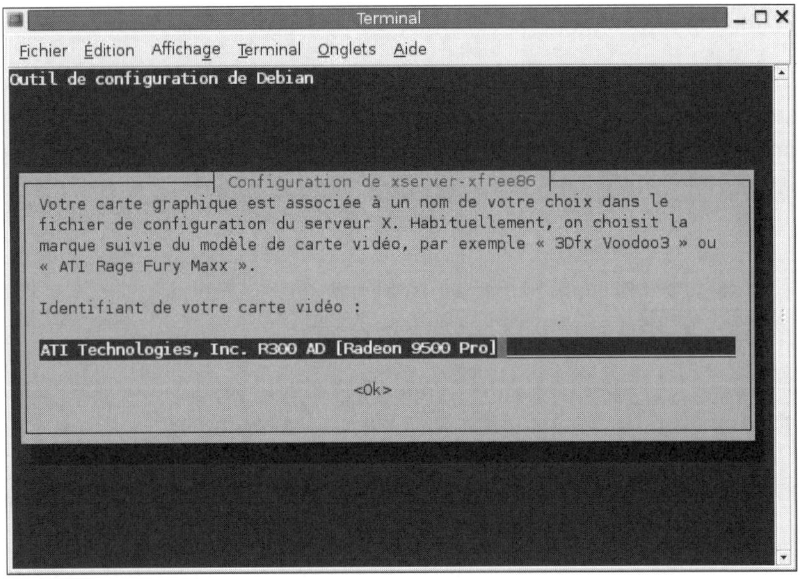

Figure 9.2

Installation de XFree-4.x - Activation du Framebuffer.

Dans l'étape suivante, facultative, vous décidez d'utiliser ou non la zone mémoire appelée *Framebuffer*. Cette option ne sera proposée que si vous n'avez pas trouvé de référence à la carte vidéo dont est dotée votre machine. Cherchez le terme "framebuffer" sur le Web pour tout détail.

Dans certaines architectures, vous devez saisir ou confirmer l'identificateur du bus de la carte.

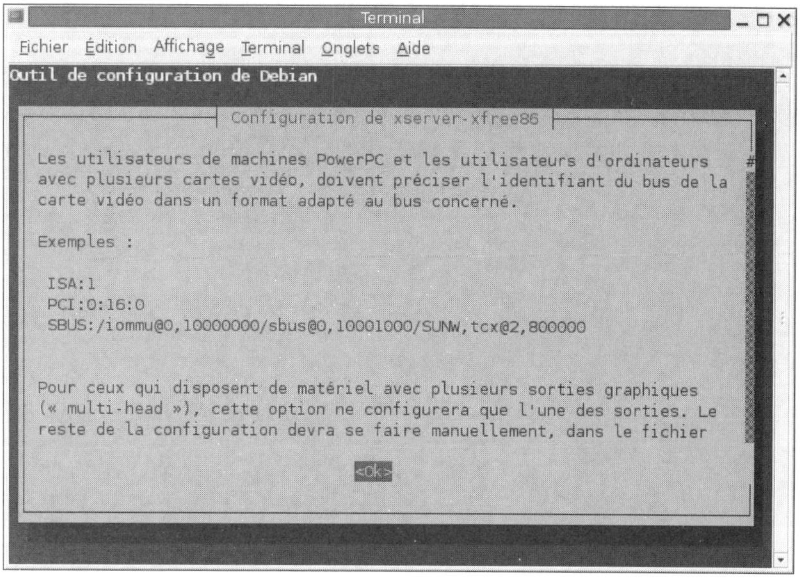

Figure 9.3

Installation de XFree-4.x - Identification du bus.

Comme la version 4.x de XFree supporte de nombreuses architectures matérielles, le type de clavier doit être sélectionné dans une liste. En général, la suggestion fournie par le programme conviendra.

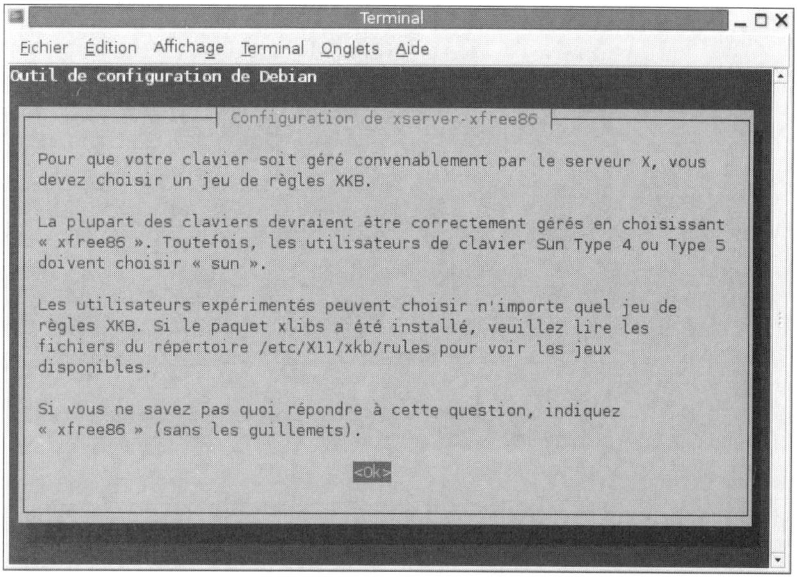

Figure 9.4

Installation de XFree-4.x - Clavier, introduction.

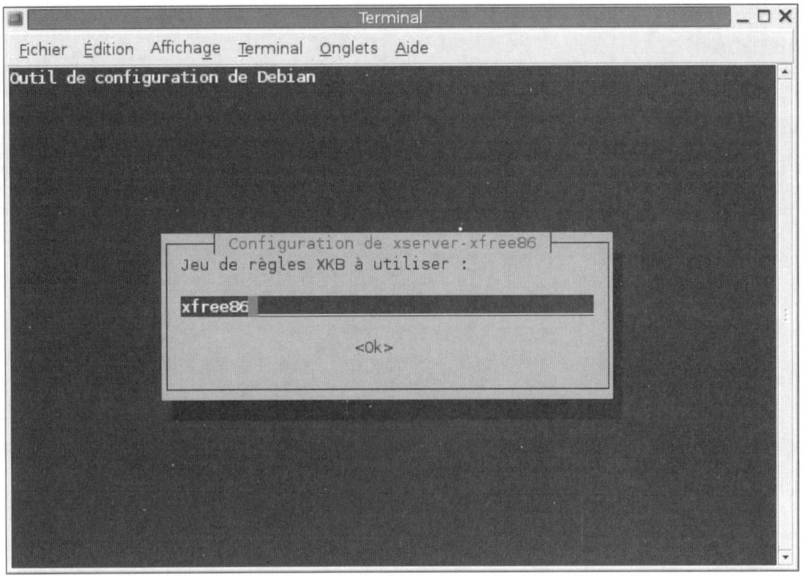

Figure 9.5

Installation de XFree-4.x - Clavier, étape 1.

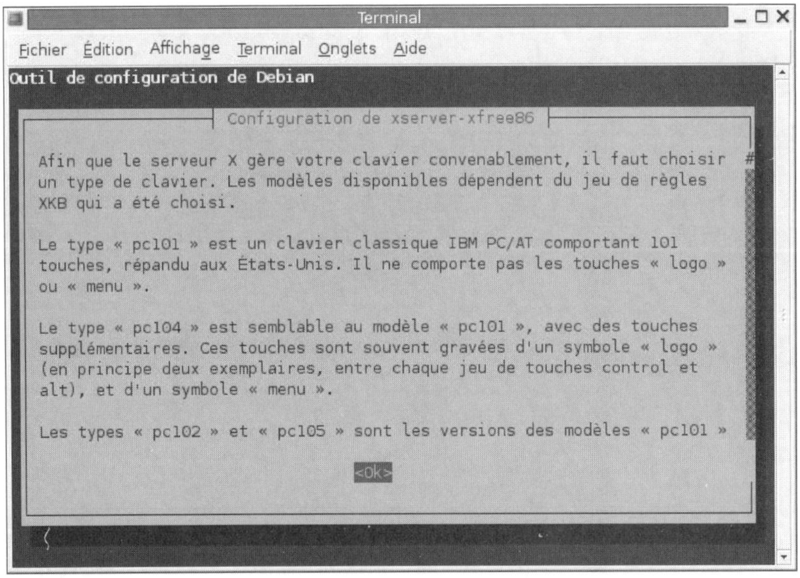

Figure 9.6

Installation de XFree-4.x - Clavier, étape 2.

La deuxième étape de configuration du clavier rappelle les identifiants clavier les plus usités, avec quelques exemples.

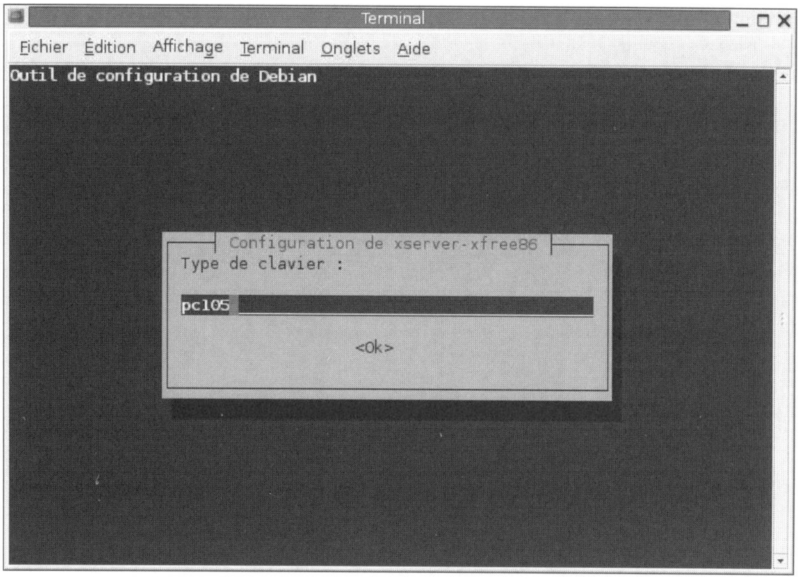

Figure 9.7
Installation de XFree-4.x - Clavier, étape 3.

Vous saisissez l'identifiant de type de clavier ou acceptez celui qui est proposé.

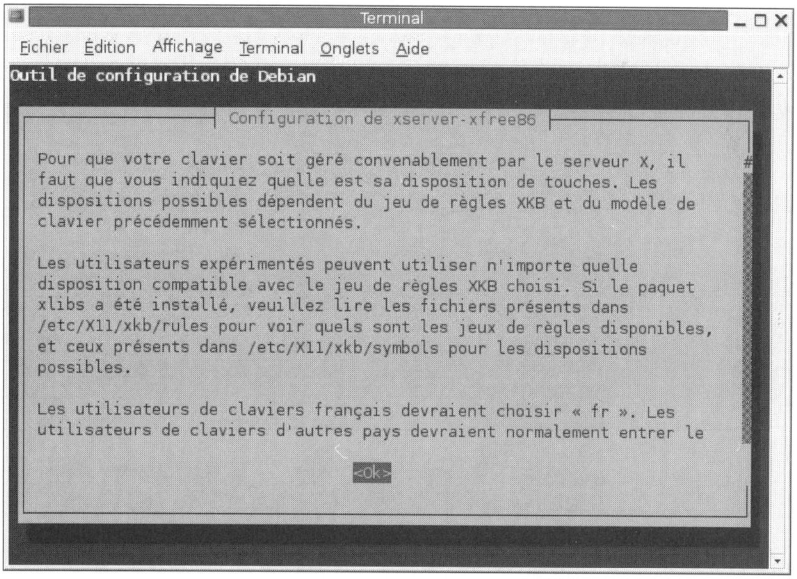

Figure 9.8
Installation de XFree-4.x - Clavier, étape 4.

Vous choisissez ensuite la configuration des touches du clavier, en l'occurrence **fr** pour la langue française.

Figure 9.9

Installation de XFree-4.x - Clavier, étape 5.

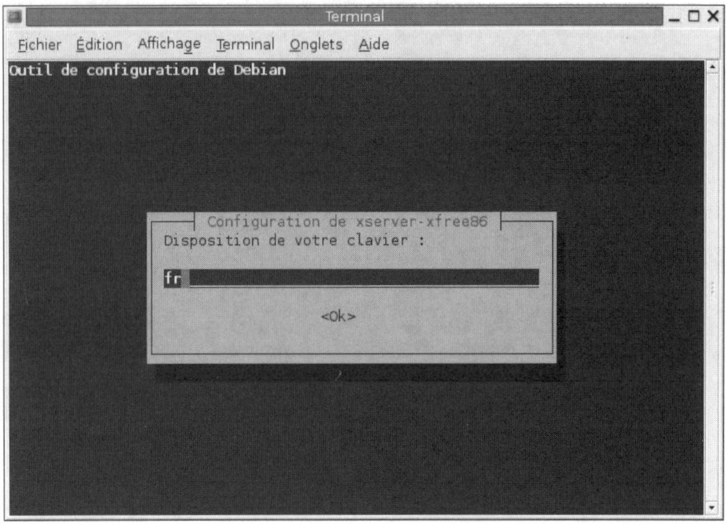

Vous choisissez ensuite une configuration particulière pour la gestion des accents (acceptez directement).

Figure 9.10

Installation de XFree-4.x - Clavier, étape 6.

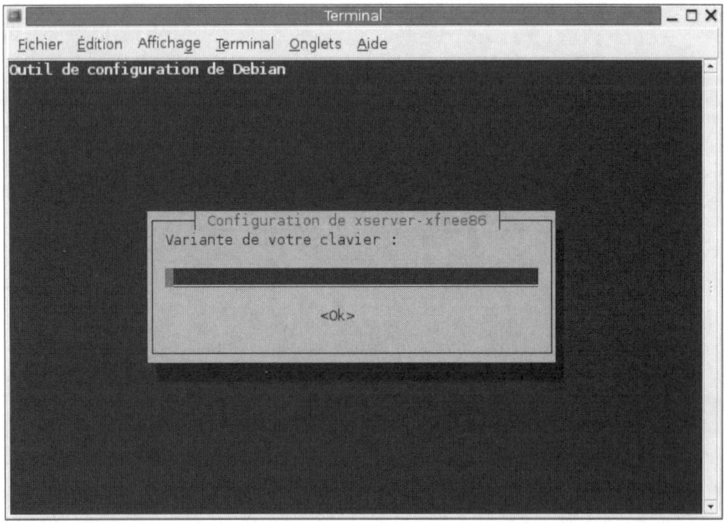

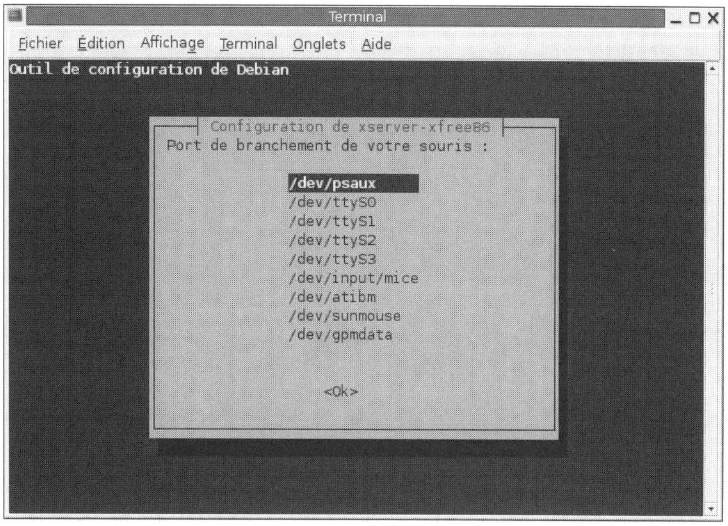

Figure 9.11

Installation de XFree-4.x - Choix du port souris.

Après une page d'introduction, nous passons à la configuration du périphérique de pointage, qui est en général une souris (mais ce peut être une tablette graphique). Choisissez d'abord l'interface. Pour un port série (connecteur à 9 broches), les ports sont ceux qui commencent par **tty**. Pour une souris PS/2 (connecteur rond à 5 broches) c'est le port **psaux**. Enfin, les récentes souris USB qui utilisent un connecteur rectangulaire correspondent aux ports commençant par **usb**.

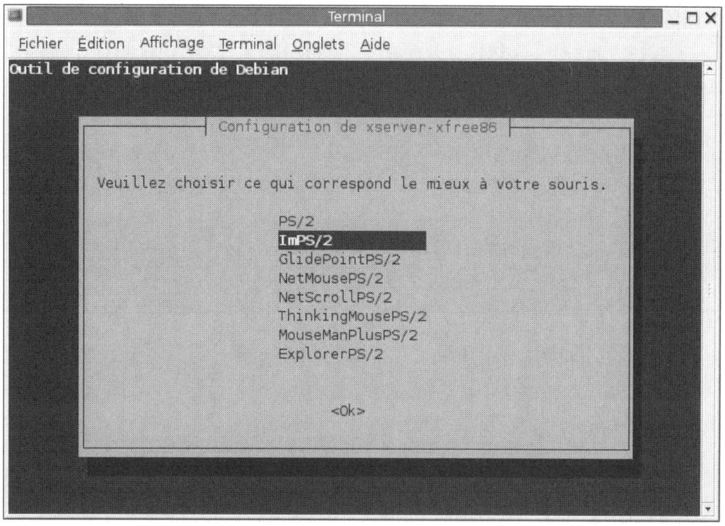

Figure 9.12

Installation de XFree-4.x - Choix du protocole souris.

Vous devez ensuite choisir le protocole souris. Si la détection automatique semble ne pas convenir, cherchez une référence sur le dessous de la souris ou dans sa notice. Vous pouvez aussi sans risque trouver le protocole par tâtonnements.

Après quelques écrans qui vous demandent de confirmer si vous souhaitez simuler une souris à trois boutons et simuler la molette (le cas échéant), vous passez à la configuration du périphérique d'affichage, c'est-à-dire de l'écran (ou moniteur).

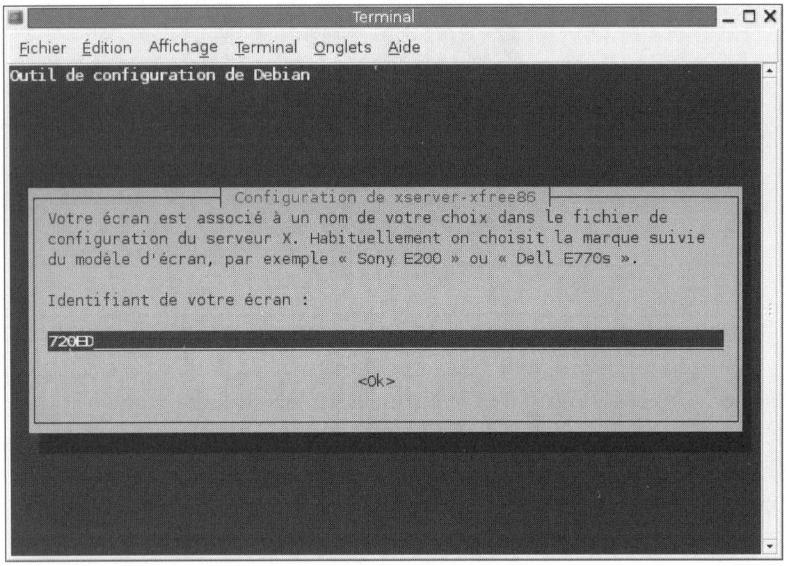

Figure 9.13
Installation de XFree-4.x - Confirmation du modèle d'écran.

Vous choisissez ensuite un niveau de configuration parmi trois propositions. Le niveau Moyen est conseillé. Il donne un minimum de contrôle sur les paramètres sans vous obliger à paramétrer tous les détails. Vous confirmez ensuite la meilleure paire taux de rafraîchissement-résolution maximale puis confirmez la plus haute résolution supportée par la carte et l'écran.

Vous pourrez changer de résolution pendant l'utilisation parmi celles sélectionnées ici.

La dernière étape importante concerne le nombre de couleurs.

Les cartes vidéo modernes savent toutes gérer les 24 bits de profondeur nécessaires pour les applications de traitement d'images.

Selon les paramètres fournis, le configurateur peut vous poser quelques questions concernant les modules additionnels (GLCore, etc.) et les sections Files et DRI. Acceptez les suggestions pour terminer la configuration.

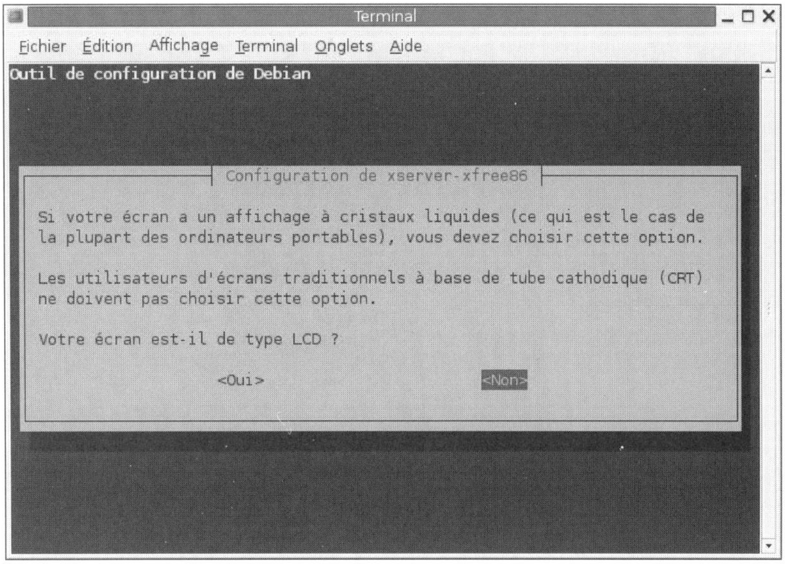

Figure 9.14

Installation de XFree-4.x - Choix du type d'écran LCD ou CRT.

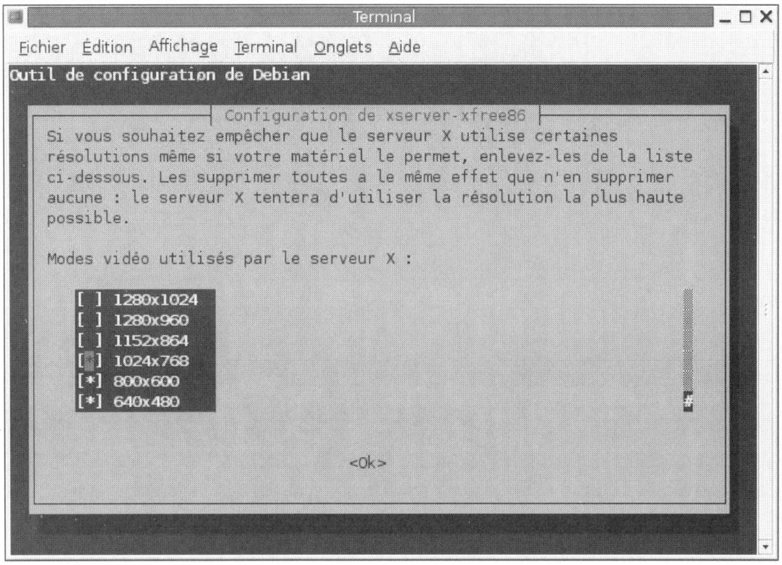

Figure 9.15

Installation de XFree-4.x - Choix de la meilleure résolution.

Les paramètres sont stockés dans la base interne *via* **debconf**. Vous pouvez à volonté relancer la commande comme indiqué en début de section.

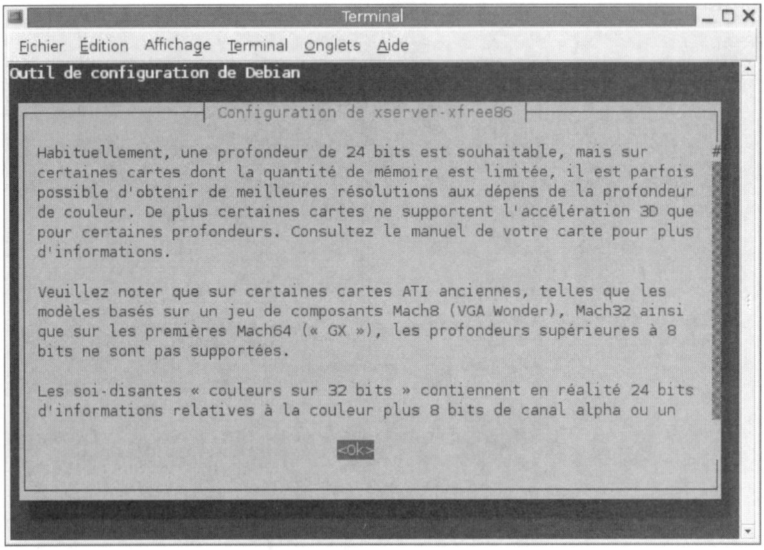

Figure 9.16

Installation de XFree-4.x - Explications concernant la profondeur de couleurs.

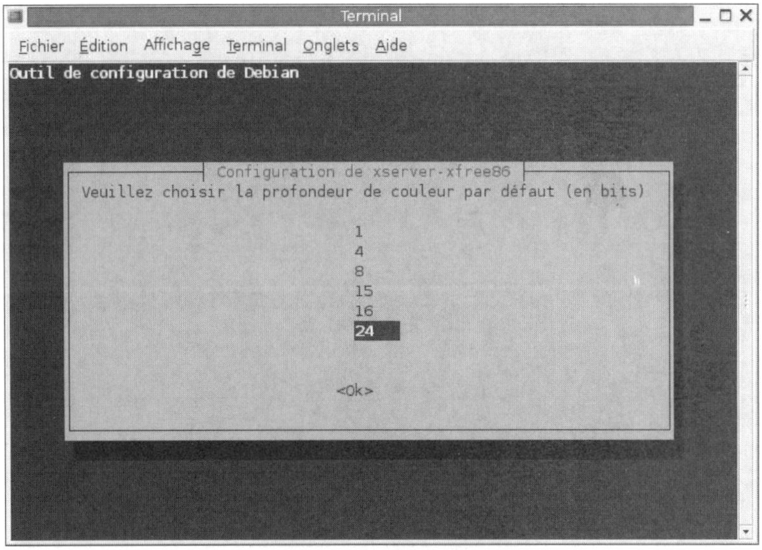

Figure 9.17

Installation de XFree-4.x - Profondeur de couleurs de l'écran.

dexconf

Si vous avez apporté des modifications à la configuration de XFree86 et qu'elles ne donnent pas les résultats escomptés, ou si vous avez supprimé par mégarde un des fichiers concernés, tout n'est pas perdu.

Vous pouvez régénérer un fichier à partir de la base avec l'outil **dexconf**. Mais cet outil ne permet pas de modifier les fichiers. Pour ce faire, réutilisez la méthode habituelle basée sur **dpkg-reconfigure**.

Le simple lancement de **dexconf** génère le fichier principal nommé */etc/X11/XF86Config-4* en y insérant les valeurs lues dans la base. Vous pouvez continuer l'adaptation à la main ou recourir à l'un des programmes présentés ci-après.

xf86cfg

Comme les précédentes, la version 4 de XFree86 est fournie avec un outil d'administration indépendant. Sachez qu'une telle configuration XFree n'est ensuite plus accessible pour **debconf**.

L'outil appelé **xf86cfg** a été mis à jour pour gérer les plus récentes fonctions de XFree86 4. Il reconnaît de très nombreux écrans et cartes graphiques et plusieurs périphériques d'entrées branchés en même temps (comme une souris et une tablette graphique).

Au premier démarrage, **xf86cfg** lit la configuration et affiche les valeurs trouvées.

Mode texte

Vous lancez le mode texte avec la commande `xf86cfg -textmode`. L'aspect est proche de celui de l'installateur Debian : un menu permet d'entrer dans une des sections de paramétrage. Vous pouvez ajouter et ôter des périphériques.

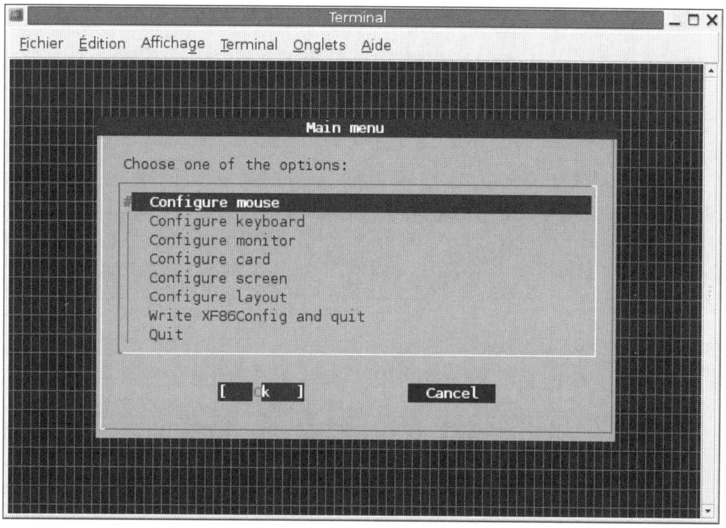

Figure 9.18
xf86cfg démarré en mode texte.

Mode graphique

Si vous lancez **xf86cfg** sans paramètre, il démarre en mode graphique, en lançant si nécessaire un serveur X. Si la souris n'est pas encore opérationnelle, une sous-fenêtre permet de naviguer au clavier parmi les options. Notez que les périphériques nouveaux sont placés dans le coin supérieur gauche, au risque de masquer l'icône qui s'y trouve. Utilisez la souris pour déplacer les icônes.

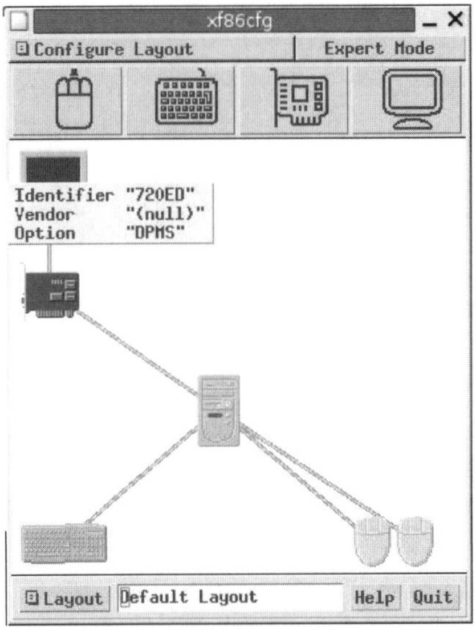

Figure 9.19
xf86cfg démarré en mode graphique.

Vous insérez un nouveau périphérique au moyen d'une des icônes du bord inférieur de la fenêtre. Une fois les paramètres du périphérique réglés, il ne reste plus qu'à le relier au système en tirant un trait entre son icône et celle de l'unité centrale.

Démarrage du serveur X

A supposer que vous ayez installé un gestionnaire de fenêtres ou un environnement graphique complet, vous pouvez démarrer le serveur avec la commande **startx**. En effet, si vous démarrez le serveur sans client graphique, vous basculez en mode graphique mais ne pouvez rien faire d'autre. Nous présentons les gestionnaires de fenêtres plus loin. Pour la plupart des gestionnaires, vous pouvez basculer de l'un à l'autre sans redémarrer le système, ni même le serveur d'affichage.

Si au bout de quelques secondes, l'écran n'affiche rien d'intéressant, forcez la fin d'exécution du serveur X en combinant les trois touches CTRL+ALT+RETOUR ARR (ou CTRL+ARRET sur Macintosh). Il faut dans ce cas corriger la configuration du serveur X.

Pour démarrer l'ordinateur directement en mode graphique, il faut installer un des paquets **login.app**, **gdm** ou **xdm**. Auparavant, vérifiez que le serveur X est correctement configuré. Vous pourriez ne plus réussir à utiliser votre système si l'affichage est défectueux !

xdm

XDM (*X-Display-Manager*) est le plus ancien outil de gestion d'interface graphique et le plus répandu sur les diverses plates-formes Unix. XDM est fréquemment utilisé en réseau, pour travailler à distance depuis un terminal graphique ou un autre système d'exploitation disposant d'un émulateur X11, en accédant à un système Unix distant.

XDM peut bien sûr être exploité localement, mais il existe de nombreux autres programmes bien plus riches et plus esthétiques pour remplir ce rôle : les gestionnaires de fenêtres, que nous découvrons plus loin.

login.app

login.app (*http://largo.windowmaker.org/Login.app*) n'est pas un gestionnaire d'affichage comme **xdm** ou **gdm**. C'est un simple outil d'ouverture de session (*login*) en mode graphique. Il ne peut être utilisé que localement.

Figure 9.20
Login.app

Vous pouvez arrêter votre système depuis **login.app** en saisissant comme identifiant un des mots clés **halt**, **reboot** ou **suspend**, suivi du mot de passe du super-utilisateur.

Gestionnaires de fenêtres

Il ne suffit pas d'installer un serveur d'affichage X-Window sur un système Debian GNU/Linux pour en tirer un quelconque usage en mode graphique. Entre les applications prévues pour le mode graphique et le serveur d'affichage s'intercale un programme fédérateur appelé **gestionnaire de fenêtres** (*Window Manager*). C'est le gestionnaire qui fournit aux applications les fonctions de contrôle habituelles (déplacement des fenêtres à la souris, ouverture de listes et de menus, etc.) ; à charge pour lui de solliciter le serveur X-Window sous-jacent pour afficher les données et lui transmettre les actions de la souris et les frappes au clavier.

Vous disposez d'un grand choix de gestionnaires de fenêtres pour Debian GNU/Linux. Les gestionnaires se classent en deux catégories : ceux qui proviennent du monde Unix et ceux conçus dès le départ pour Linux. Chacun possède sa personnalité et son esthétique. Vous pouvez même en personnaliser certains avec des thèmes qui en déterminent l'apparence.

Vous pouvez changer de gestionnaire de fenêtres sans redémarrer les applications en cours. Découvrons quelques gestionnaires avant de présenter l'environnement GNOME, qui est actuellement le standard sous Debian, puis KDE, son concurrent.

fvwm

fvwm (*http://www.fvwm.org*) est un classique. Dans sa version actuelle, la version 2, il est souvent désigné par **fvwm2**. Une des variantes les plus répandues est **fvwm95**, qui s'inspire fortement du système d'exploitation Windows 95.

WindowMaker

WindowMaker (*http://windowmaker.org*) est un gestionnaire qui s'inspire de l'interface graphique NeXTStep des stations de travail NeXT.

Enlightenment

Enlightenment (*http://www.enlightenment.org*) a été conçu dès le départ pour offrir une très grande souplesse dans la personnalisation. Vous disposez ainsi d'un grand nombre de thèmes visuels et de modules pour modifier son mode d'interaction avec l'utilisateur.

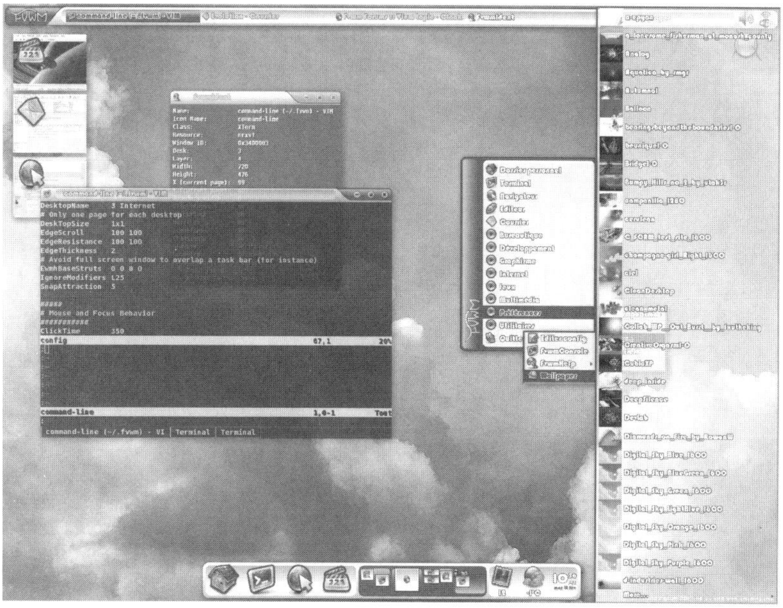

Figure 9.21

Le gestionnaire de fenêtres fvwm.

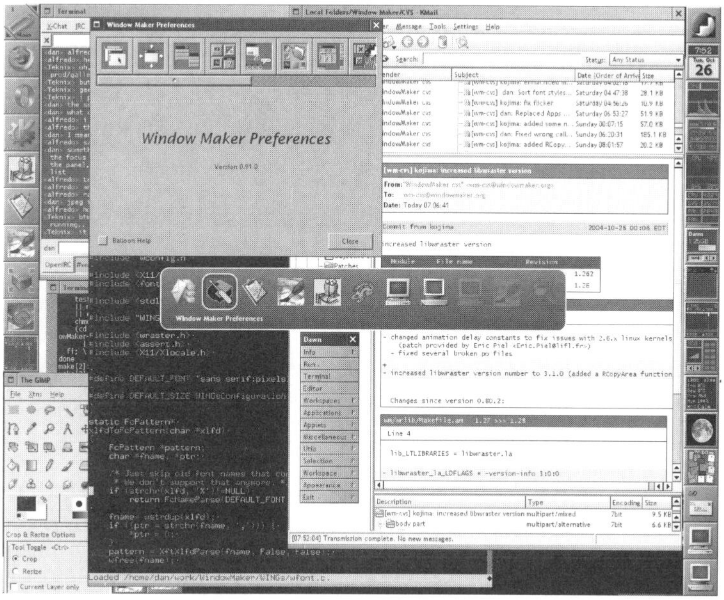

Figure 9.22

Le gestionnaire de fenêtres Window-Maker.

Figure 9.23

Le gestionnaire de fenêtres Enlightenment.

L'environnement GNOME

On distingue les environnements graphiques des simples gestionnaires de fenêtres par leur richesse fonctionnelle. Autour du gestionnaire de fenêtres proprement dit gravitent plusieurs outils fondamentaux spécifiquement conçus pour l'environnement : un gestionnaire de fichiers, un outil de configuration centralisée, des modules de personnalisation de l'arrière-plan, des économiseurs d'écrans, un sous-système d'impression, un gestionnaire de connexions réseau, etc.

Sous Debian, l'environnement le plus usité est GNOME. Dans Debian 3.1 "Sarge", la version de GNOME est la version 2.6. Découvrons-en les principales caractéristiques.

Figure 9.24

Le logo de GNOME.

Installation

L'installation de GNOME est souvent réalisée en même temps que celle du système. Dans le cas contraire, il suffit d'installer le paquet **gnome** pour disposer de l'environnement minimal. Si le serveur X-Window n'est pas encore présent, il faut l'installer aussi, ainsi que le jeu de polices de base. Voici un exemple :

```
wasabi:~# apt-get install gnome xserver-xfree86 x-window-system-core
```

Pour ouvrir directement vos sessions dans l'interface graphique, il faut installer le paquet **gdm**, mais attendez d'avoir correctement mis en place le serveur X-Window (nous décrivons **gdm** plus loin). Tant que **gdm** n'est pas en place, vous démarrez GNOME avec la commande **startx**.

Le bureau de GNOME (*Desktop*)

Dès le premier démarrage, le bureau de GNOME présente quelques icônes et une barre de menus en haut, ainsi qu'une barre de tâches en bas, vide au départ. De petits outils (les applets) sont démarrés si la configuration le stipule.

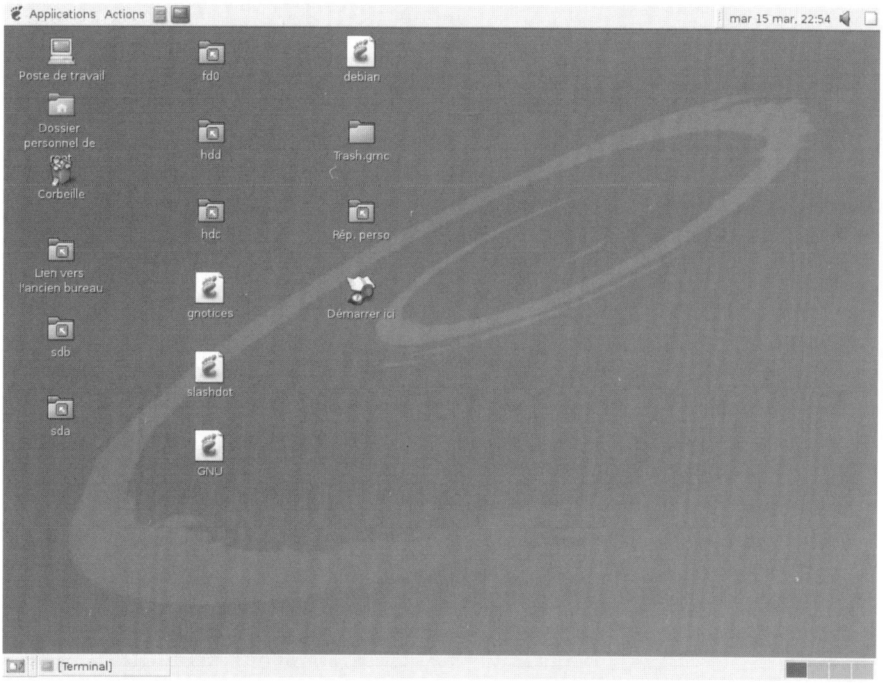

Figure 9.25

Aspect général du bureau de GNOME.

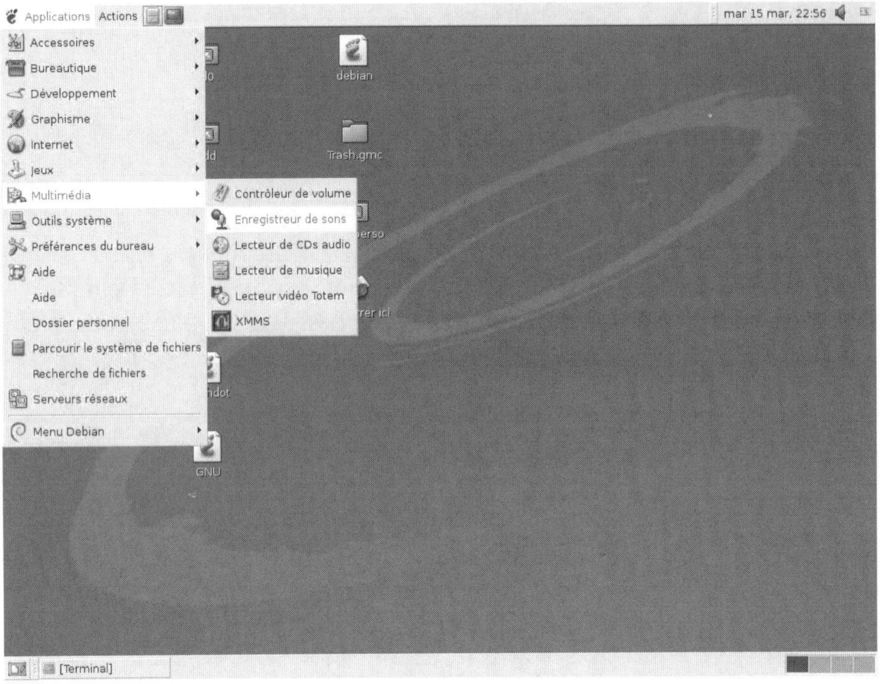

Figure 9.26

Le menu principal de GNOME.

Le navigateur de fichiers Nautilus

Un des outils essentiels d'un environnement graphique est le programme qui permet de naviguer parmi les répertoires du système de fichiers. Dans GNOME, cet outil se nomme **Nautilus**. La taille et la position de chaque fenêtre que vous ouvrez sont mémorisées : les fenêtres reprennent leur dernier aspect. La commande **Edition/Préférences** permet d'adapter l'utilisation du navigateur à vos préférences.

Faites un clic droit sur une icône pour ouvrir le menu local. Cela permet par exemple d'ouvrir le contenu d'un sous-répertoire dans une autre fenêtre. Vous refermez une fenêtre avec le raccourci **CTRL+W**. En y associant la touche **MAJ**, vous refermez toutes les fenêtres en une fois.

Le volet gauche du navigateur présente une liste d'options qui servent à contrôler ce qui y est affiché. L'option **Tree** permet de visualiser les dossiers sous forme de structure arborescente.

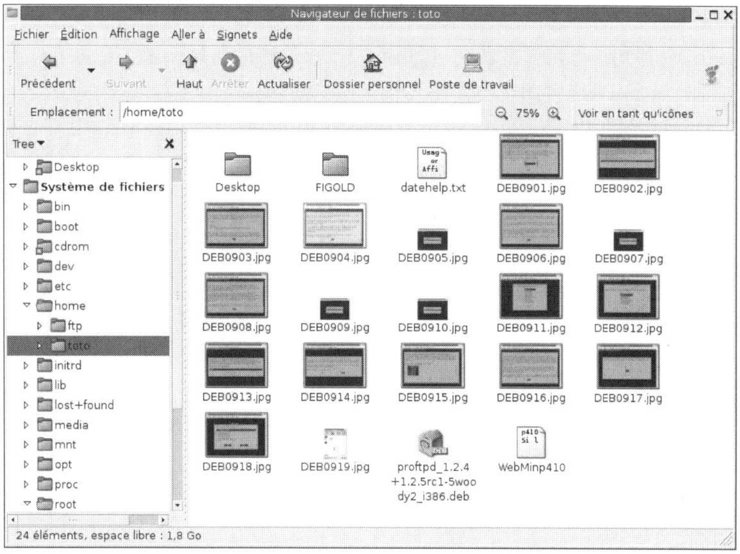

Figure 9.27

Le gestionnaire de fichiers Nautilus de GNOME.

Nautilus supporte les disques réseau et les ressources distantes *via* les protocoles SMB, FTP, SFTP, SSH et WebDAV. Les mots de passe nécessaires peuvent être mémorisés pour plus de confort.

Le navigateur peut être piloté au clavier grâce aux lettres actives dans les noms des commandes de menus. Vous pouvez définir des modèles pour les nouveaux documents. L'affichage en vue Liste est entièrement configurable, ainsi que les icônes symbolisant les différents types de fichiers (appelés *emblèmes*).

Nautilus sait gérer directement la gravure d'un CD ou d'un DVD. Il suffit d'ouvrir une fenêtre sur le support vierge ou réinscriptible puis d'y glisser-déposer les fichiers à graver. Il ne reste plus ensuite qu'à lancer la gravure.

Boîtes de dialogues standard des fichiers

Dans GNOME, les boîtes standard que l'environnement met à disposition dans les applications pour désigner un fichier à ouvrir ou à enregistrer affichent les mêmes données que le navigateur. Vous pouvez même définir un signet pour retrouver un répertoire plus rapidement.

Arrière-plan du bureau

Par un clic droit dans une zone vide du bureau, vous ouvrez un menu local qui présente une commande intitulée **Changer l'arrière-plan du bureau**. Dans la boîte de dialogue qui apparaît, cliquez sur le bouton Ajouter un papier peint et choisissez un fichier. Les fichiers d'arrière-plan peuvent être rassemblés dans */usr/share/backgrounds/*.

Les préférences du bureau GNOME

Si vous cliquez sur l'icône du bureau intitulée **Démarrez ici**, vous ouvrez une fenêtre offrant plusieurs options. Double-cliquez sur l'icône **Préférences du bureau** pour accéder dans une sous-fenêtre aux modules de configuration qui permettent de personnaliser l'aspect et le comportement de votre environnement GNOME.

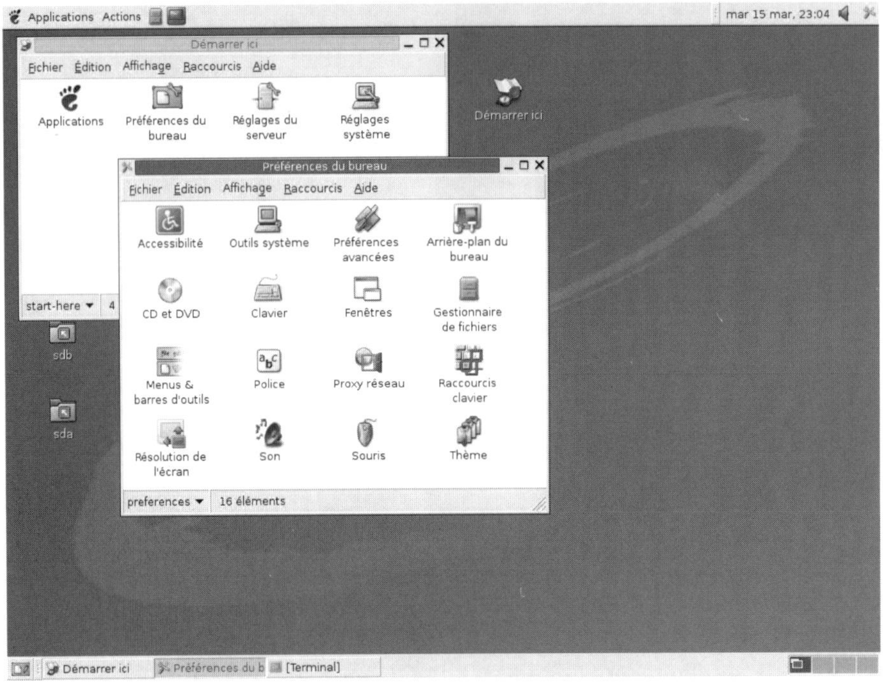

Figure 9.28

La fenêtre des paramètres du bureau de GNOME.

Depuis la version 2.6 de GNOME, vous pouvez aisément basculer entre plusieurs configurations clavier, ce qui est très pratique pour rédiger des documents ou des messages avec certains passages dans une autre langue. Vous activez cette possibilité *via* une applet du tableau de bord ou *via* un raccourci clavier (par exemple en maintenant les deux touches MAJ).

Vous pouvez d'ailleurs définir des raccourcis clavier pour de nombreuses actions au niveau du bureau, par exemple pour passer d'une fenêtre à une autre ou pour régler le volume des haut-parleurs.

Applets

Les applets sont de petits utilitaires qui restent actifs en permanence et sont accessibles sur la partie droite de la barre de menus. Certains applets se limitent à afficher l'heure ou la météo, tandis que d'autres servent par exemple à contrôler le trafic réseau.

Navigateur Web Epiphany

GNOME 2.6 est doté d'un navigateur Web appelé **Epiphany**, qui propose quelques fonctions originales ; vous êtes ainsi averti lorsqu'une fenêtre affichant un formulaire est refermée avant que tous les champs aient été saisis. Mais vous disposez aussi du navigateur Mozilla.

Sortie de GNOME

Pour quitter l'environnement GNOME, ouvrez le menu **Actions** et choisissez **Clore la session**.

GDM (*GNOME Display Manager*)

L'outil **gdm** permet de bénéficier d'un affichage graphique pour la séquence d'ouverture de session, et d'un menu pour choisir entre GNOME, KDE et d'autres environnements. Par défaut, **gdm** fonctionne en mode semi-graphique.

La configuration de **gdm** passe par la commande **Configurer le gestionnaire de connexions** dans le menu **Actions**. (Il faut fournir le mot de passe *root*.) Vous pouvez afficher une image spécifique en fond d'écran et modifier diverses options.

Figure 9.29
GDM – Standard.

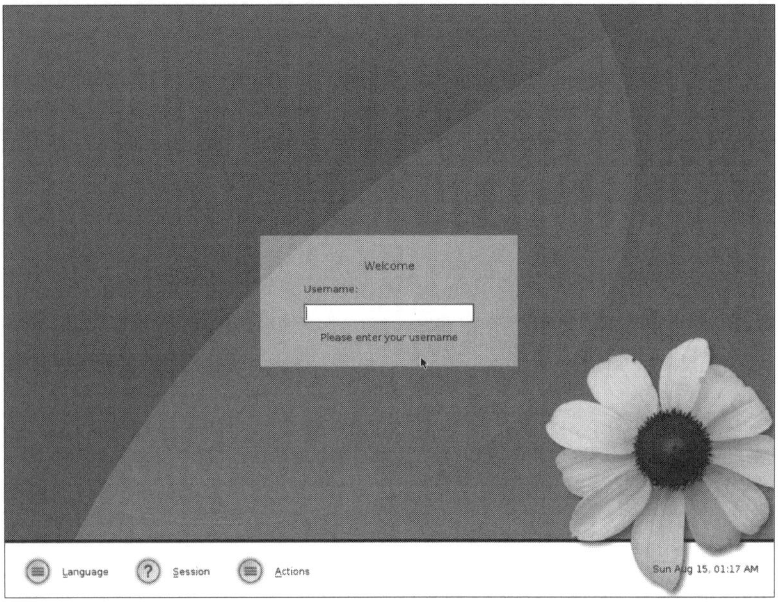

Figure 9.30
GDM – Graphique.

L'environnement KDE

Voyons pour conclure l'autre grand environnement graphique disponible sous Debian : KDE. Il est disponible dans sa version 3.2 sous Debian GNU/Linux.

La version 3.3 de KDE a été lancée fin 2004. KDE est disponible en plus de 40 langues, du breton au catalan, en passant par le chinois et l'arabe ! Les paquets Debian correspondant à KDE sont nombreux, mais vous pouvez opter pour les tâches de paquets standard, parmi lesquelles la tâche de base **kde**, qui installe les programmes indispensables.

KDE et Debian

Pendant longtemps, KDE n'était pas bienvenu sous Debian GNU/Linux et aucun paquet Debian pour KDE n'était disponible. En effet, l'équipe Debian est très à cheval sur le principe qui consiste à n'incorporer dans la distribution que des logiciels libres sans restriction. Bien que KDE et ses accessoires soient conformes à cet esprit, l'environnement est basé sur une série de librairies de fonctions (la bibliothèque Qt de la société Troll Tech) qui ne sont pas régies par la licence GPL.

Avec l'avènement de la version 2.0 de Qt, Troll Tech a modifié les conditions de licence, ce qui a rendu KDE "spirituellement compatible" avec Debian.

L'installation de KDE 3.2 sous Debian-Sarge emploie classiquement l'outil **apt** :

```
apt-get install kde
```

Pour utiliser KDE à la place de GNOME, vous devez sélectionner l'environnement au moment de l'ouverture de session (dans **gdm**), en ouvrant le menu **Session**.

Voici une vue générale de l'environnement KDE :

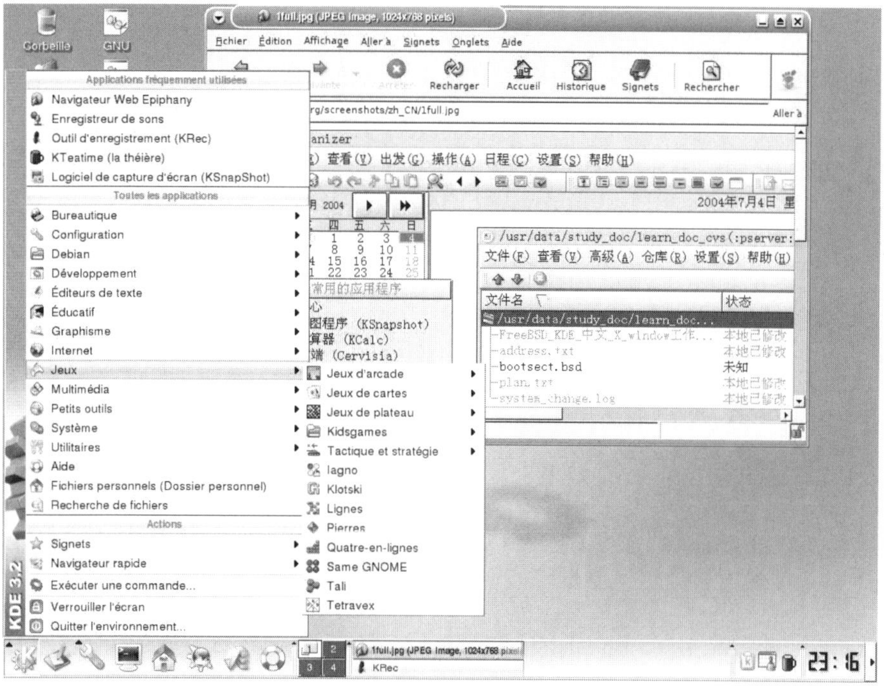

Figure 9.31

Aspect général de l'environnement graphique KDE.

La plupart des programmes et utilitaires disponibles dans les environnements GNOME et KDE sont présentés aux Chapitres 12 et 13.

10

Internet

Au sommaire de ce chapitre :

- ✔ Accès à Internet
- ✔ Navigateur Web
- ✔ Courrier électronique
- ✔ Transfert de fichiers
- ✔ Page d'accueil personnelle
- ✔ Chiffrement

Si Internet n'existait pas, le développement du noyau Linux ou même d'une distribution comme Debian aurait été fortement compromis. La communication entre développeurs ou entre ceux-ci et les utilisateurs ne serait pas pensable sans le courrier électronique. La distribution des tâches et programmes par d'autres moyens qu'Internet, tels les services postaux ou des médias amovibles, provoquerait aussi un accroissement considérable des délais de développement. Avec **apt**, Debian dispose d'un outil puissant d'installation de paquets qui accepte aussi les procédures *via* le réseau local ou Internet. Ce chapitre décrit la façon de configurer une connexion Internet par modem, RNIS ou DSL, et présente aussi quelques applications qui permettent d'exploiter divers services réseau.

Accès à Internet

Une connexion à Internet peut être établie de différentes façons. La technologie la plus appréciée actuellement est DSL : elle a non seulement l'avantage d'offrir un prix forfaitaire, mais elle propose également des débits de transmission élevés. L'inconvénient est qu'elle n'est pas disponible partout. Une autre méthode d'accès économique, toutefois plus lente que la précédente, est le RNIS. Finalement, il y a la possibilité d'utiliser un modem, mais les débits pratiqués sont les plus faibles. Nous commencerons notre état des lieux en reprenant cette énumération en sens inverse, afin de mieux apprécier les évolutions de ces dernières années.

Modem

Pour accéder à Internet au moyen d'un modem, vous disposez de l'outil **pppconfig**, qu'il vous faudra exécuter en tant que super-utilisateur, car tous les paramètres concernant le modem sont valides pour l'ensemble du système. Tout d'abord, vous devez vous procurer auprès de votre FAI les informations – essentielles – suivantes :

- votre identifiant d'utilisateur pour la connexion ;
- le mot de passe qui lui est associé ;
- le numéro de téléphone du serveur d'accès du FAI.

D'autres informations vous seront demandées durant la procédure, mais celles-ci suffisent généralement dans la plupart des situations.

```
+---------------------------| Menu principal |---------------------------+
|                                                                         |
| Bienvenue dans l'utilitaire de configuration PPP. Il ne vous connecte pas |
| à votre ISP : il configure PPP pour que vous puissiez le faire avec pon. |
| Vous devrez indiquer vos nom et mot de passe utilisateur, et le numéro de |
| téléphone que vous a communiqué votre FAI. Si votre FAI utilise PAP ou |
| CHAP, ce sont les seules informations qu'il vous faut. Si vous devez   |
| utiliser un script de CHAT, vous devrez savoir de quelle manière votre FAI |
| vous demande vos nom et mot de passe. Si vous ne savez pas ce que votre |
| FAI emploie, essayez PAP. Utilisez les touches fléchées de déplacement |
| vertical pour vous déplacer dans les menus. Pressez Entrée pour        |
| sélectionnez une option. Utilisez la touche de tabulation pour passer de |
| OK à Annuler, et vice versa. Quand vous êtes prêt à passer au prochain |
| menu, placez-vous sur OK et appuyez sur Entrée. Pour revenir au menu   |
| principal, placez-vous sur Annuler et appuyez sur Entrée.              |
| +-----------------------------------------------------------------+   |
| |                                                                 |   |
| |                  Create Créer une connexion                     |   |
| |                  Change Modifier une connexion                  |   |
| |                  Delete Supprimer une connexion                 |   |
| |                  Quit   Sortir de ce programme                  |   |
| |                                                                 |   |
| +-----------------------------------------------------------------+   |
|                                                                         |
|                                 <Ok>                                    |
+-------------------------------------------------------------------------+
```

Avec **ppconfig**, vous pouvez créer une seule configuration pour plusieurs fournisseurs d'accès. L'outil n'établit toutefois pas de connexion ; vous pourrez pour cela utiliser le programme **pon**.

```
+-------------------------------| Nom du FAI |--------------------------------+
|                                                                              |
| Veuillez indiquer le nom que vous affectez à ce fournisseur d'accès. Il      |
| est probable que vous attribuerez la valeur par défaut ("provider") à        |
| votre FAI principal. De cette façon, vous pourrez l'appeler simplement avec  |
| la commande "pon". Donnez aux FAI supplémentaires des noms uniques. Par      |
| exemple, votre employeur pourrait être appelé "travail" et votre             |
| université "fac". Vous pourrez alors vous connecter chez votre FAI avec      |
| la commande "pon", chez votre employeur avec "pon bureau", et à              |
| l'université avec "pon fac". Veuillez noter que le nom ne doit pas           |
| comprendre d'espaces.                                                        |
| MonFAI_____________________________________________________________________  |
|                                                                              |
|                  <Ok>                        <Annuler>                       |
|                                                                              |
+------------------------------------------------------------------------------+
```

L'utilitaire vous demande en premier lieu le nom de votre FAI, qui sera aussi celui de la configuration spécifique en cours. Vous pouvez choisir n'importe quel nom. Cette information vous sera utile plus tard pour établir une connexion au moyen du programme précité : `pon MonFAI`. Si vous créez plusieurs configurations, chacune pour un FAI différent, vous pourrez ainsi établir simplement vos connexions en utilisant le nom approprié.

```
+----------------| Configurer les serveurs de noms (DNS) |-----------------+
|                                                                           |
| Veuillez choisir une méthode pour la configuration des serveurs de noms.  |
| Dans la méthode "statique", les serveurs de noms sont les mêmes à         |
| chaque connexion à ce FAI. Les adresses IP des serveurs de noms vous      |
| seront ensuite demandées. Dans la méthode "dynamique", pppd               |
| récupérera automatiquement les informations relatives aux serveurs de noms|
| à chaque connexion à ce FAI. "Aucune" indique que la résolution des noms  |
| est gérée autrement, par exemple si vous utilisez BIND ou si vous         |
| préférez modifier vous-même /etc/resolv.conf.                             |
|                                                                           |
|   (*) Static   Statique                                                   |
|   ( ) Dynamic  Dynamique                                                  |
|   ( ) None     Aucune                                                     |
|                                                                           |
|                  <Ok>                        <Annuler>                    |
|                                                                           |
+---------------------------------------------------------------------------+
```

Vous devez maintenant déterminer de quelle manière la ou les adresses des serveurs DNS doivent être fournies. Avec l'option de configuration statique (*Static*), vous devrez indiquer, plus loin dans la procédure, au moins une adresse IP de serveur DNS. Avec l'option de configuration dynamique (*Dynamic*), les adresses appropriées doivent être communiquées lors de la connexion au FAI. C'est l'option à choisir lorsque vous comptez utiliser différents FAI. Vous avez finalement la possibilité de ne choisir aucune des deux options précédentes (*None*) : vous gérerez alors vous-même l'information pour votre système, par exemple dans */etc/resolv.conf*, ou installerez votre propre serveur de noms (paquet **bind**).

```
+-----------------------------| Adresse IP |--------------------------------+
|                                                                           |
| Veuillez indiquer l'adresse IP de votre serveur de noms principal.        |
|                                                                           |
| 194.25.2.129______________________________________________________        |
|                                                                           |
|                                                                           |
|                                                                           |
|                                                                           |
|                    <Ok>                          <Annuler>                |
|                                                                           |
+---------------------------------------------------------------------------+
```

Dans cet exemple, le serveur DNS est configuré de manière statique. Vous devez dans ce cas vous être déjà procuré auprès de votre FAI la ou les adresses adéquates.

```
+---------------| Méthode d'authentification pour MonFAI |------------------+
|                                                                           |
| Veuillez choisir la méthode d'authentification qui sera utilisée pour     |
| cette connexion. PAP est généralement la méthode utilisée par Windows 95 :|
| si votre FAI vous indique qu'il accepte les connexions du client d'accès  |
| réseau à distance de Windows 95 ou Windows NT, essayez PAP.               |
| La méthode actuellement choisie est CHAT.                                 |
|                                                                           |
|         PAP          Peer Authentication Protocol                         |
|         Chat         Utiliser "chat" pour une authentification            |
|         CHAP         Crypto Handshake Auth Protocol                       |
|                                                                           |
|         Previous     Retour au menu précédent                             |
|         Quit         Sortir de ce programme                               |
|                                                                           |
|                    <Ok>                          <Annuler>                |
|                                                                           |
+---------------------------------------------------------------------------+
```

Si la connexion nécessite la communication d'un identifiant et d'un mot de passe, la procédure d'authentification dépendra du protocole utilisé. En cas de doute, vous devrez tester les trois possibilités.

```
+------------------------------| Identifiant |------------------------------+
|                                                                           |
| Veuillez indiquer l'identifiant ("login") communiqué par votre FAI.       |
|                                                                           |
| hoshi____________________________________________________________________ |
|                                                                           |
|                                                                           |
|                                                                           |
|                                                                           |
|                     <Ok>                         <Annuler>                |
|                                                                           |
+---------------------------------------------------------------------------+
```

Indiquez maintenant le nom d'utilisateur qui vous a été communiqué par votre FAI. Dans la plupart des cas, vous l'aurez choisi vous-même.

```
+----------------------------| Mot de passe |-----------------------------+
|                                                                         |
| Veuillez indiquer le mot de passe fourni par votre FAI.                 |
|                                                                         |
| motdepasse_____________________________________________________________ |
|                                                                         |
|                                                                         |
|                                                                         |
|                                                                         |
|                                                                         |
|                     <Ok>                         <Annuler>              |
|                                                                         |
+-------------------------------------------------------------------------+
```

Spécifiez ensuite le mot de passe, également convenu avec le FAI, en faisant attention à la différence entre les lettres minuscules et majuscules.

```
+-------------------------------| Vitesse |--------------------------------+
|                                                                          |
| Veuillez indiquer la vitesse (en bits par seconde) du port de votre modem |
| (p. ex. 9600, 19200, 38400, 57600, 115200). Vous devriez conserver la     |
| valeur par défaut de 115200 bps.                                          |
|                                                                          |
| 115200__________________________________________________________________ |
|                                                                          |
|                                                                          |
|                                                                          |
|                                                                          |
|                                                                          |
|                     <Ok>                         <Annuler>               |
|                                                                          |
+--------------------------------------------------------------------------+
```

Choisissez ici la vitesse de l'interface, qu'il ne faut pas confondre avec le débit nominal du modem. Elle concerne le port série auquel vous aurez connecté votre modem. Les modems les plus récents sont capables de compresser les données véhiculées sur la liaison entre votre ordinateur et le serveur du FAI. Il est par conséquent possible d'indiquer une valeur élevée pour ne pas ralentir la communication entre l'ordinateur et le modem.

```
+-------------------------| Par impulsion ou vocale |----------------------- +
| Veuillez choisir la méthode de composition des numéros de téléphone. La    |
| numérotation vocale est désormais très répandue et vous devriez éviter de  |
| modifier ce réglage, à moins d'être sûr d'avoir besoin de la numérotation  |
| par impulsions. Les touches fléchées haut et bas vous permettent de        |
| naviguer parmi les options possibles. La barre d'espacement permet de      |
| choisir une entrée. Quand vous avez terminé, veuillez utiliser la          |
| touche TAB pour choisir <OK>, et "Entrée" pour passer au menu suivant.     |
|                                                                            |
|    (*) Tone                                                                |
|    ( ) Pulse                                                               |
|                                                                            |
|                                                                            |
|                                                                            |
|                  <Ok>                          <Annuler>                   |
|                                                                            |
+----------------------------------------------------------------------------+
```

Cette page concerne le type de numérotation, généralement par fréquence vocale (tonalité), ou sinon par impulsion. Il est toutefois rare que cette dernière soit utilisée. Optez pour cette option uniquement si vous rencontrez des problèmes avec les fréquences vocales.

```
+-------------------------| Numéro de téléphone |--------------------------+
|                                                                          |
| Veuillez indiquer le numéro de téléphone à  composer. N'utilisez pas de  |
| tirets. Veuillez consulter le manuel de votre modem si vous avez besoin de |
| paramètres particuliers, par exemple pour téléphoner via un central      |
| téléphonique.                                                            |
|                                                                          |
| 0157487576______________________________________________________________ |
|                                                                          |
|                                                                          |
|                                                                          |
|                                                                          |
|                  <Ok>                          <Annuler>                 |
|                                                                          |
+--------------------------------------------------------------------------+
```

Indiquez à présent le numéro de votre FAI à composer lors de la connexion. Si votre modem est relié à un autocommutateur, il est possible que vous deviez composer un 0 ou tout autre préfixe pour accéder au réseau public. Si votre modem ne peut numéroter *via* l'autocommutateur, consultez la documentation accompagnant votre modem. Il existe pour chaque modem une option vers laquelle l'équipement se tourne lorsqu'il ne reçoit pas de tonalité. C'est souvent le cas avec les autocommutateurs qui emploient un signal de tonalité différent de celui du réseau téléphonique public (RTC).

```
+-------------------| Méthode de configuration du modem | -------------------+
|                                                                            |
| Choisissez cette option pour rechercher automatiquement le port sur lequel |
| est connecté votre modem. Plusieurs secondes sont nécessaires pour         |
| effectuer les tentatives sur chaque port série. Ne validez pas cette       |
| option si vous préférez indiquer vous-même le port série.                  |
|                                                                            |
|                                                                            |
|                                                                            |
|                                                                            |
|                                                                            |
|                  <Oui>                         <Non>                        |
|                                                                            |
+----------------------------------------------------------------------------+
```

Vous pouvez demander au programme de rechercher les interfaces séries de votre ordinateur. A l'étape suivante, vous obtiendrez une liste des ports identifiés et à partir desquels vous pourrez choisir celui auquel votre modem est relié.

```
+----------------------| Choisir le port du modem |------------------------+
|                                                                            |
| Vous trouverez ci-après la liste des ports série qui semblent disposer    |
| de matériel permettant d'utiliser PPP. Celui d'entre eux auquel semble    |
| raccordé un modem a été choisi par défaut. Si aucun modem n'est détecté,  |
| l'option "Manuel" est présélectionnée. Pour accepter la présélection,     |
| veuillez utiliser les touches TAB puis "Entrée". Les touches fléchées     |
| haut et bas vous permettent de naviguer parmi les options possibles.      |
| La barre d'espacement permet de choisir une entrée.                       |
|                                                                            |
|    (*) /dev/ttyS0                                                          |
|    ( ) /dev/ttyS1                                                          |
|    ( ) Manual        Choisir le port vous-même                             |
|                                                                            |
|                                                                            |
|                                                                            |
|                                                                            |
|                                                                            |
|                  <Ok>                         <Annuler>                     |
|                                                                            |
+----------------------------------------------------------------------------+
```

Choisissez maintenant le port approprié. Soyez attentif lors de votre choix, les ports COM-1 et COM-2 étant respectivement désignés par */dev/ttyS0* et */dev/ttyS1*.

```
+-----------------------| Réglages pour MonFAI |---------------------------+
|                                                                          |
|      Number   0157487576           Numéro de téléphone                   |
|      User     hoshi                Identifiant chez le FAI               |
|      Password motdepasse           Mot de passe chez le FAI              |
|      Speed    115200               Vitesse du port                       |
|      Com      /dev/ttyS0           Port de communication du modem        |
|      Method   PAP                  Méthode d'authentification            |
|                                                                          |
|      Advanced Options avancées                                           |
|                                                                          |
|      Finished Sauvegarder la configuration et revenir au menu principal  |
|      Previous Retour au menu précédent                                   |
|      Quit     Sortir de ce programme                                     |
|                                                                          |
|                                                                          |
|                                                                          |
|                                                                          |
|                 <Ok>                         <Annuler>                   |
|                                                                          |
+--------------------------------------------------------------------------+
```

L'écran récapitulatif vous permet de vérifier vos décisions avant de valider. Si vous avez d'autres configurations à créer, vous pouvez choisir l'option de retour au menu principal (*Finished*). Votre configuration sera enregistrée et vous reviendrez au premier écran.

Si vous choisissez de quitter le programme, vous pouvez maintenant tester une connexion, comme introduit plus haut, à l'aide de `pon MonFai`. Les messages générés lors de l'établissement de la liaison seront consignés dans le fichier */var/log/messages*. Vous pourrez les consulter au moyen de la commande `tail -f /var/log/messages`. En cas de problème, ils vous aideront à identifier la cause, par exemple la saisie d'un mot de passe erroné.

L'option **-f** entraîne la lecture en continu du fichier journal et l'affichage des entrées successives. Vous pouvez à tout moment mettre fin à cette commande avec la combinaison Ctrl + C . Si ces informations ne suffisent pas, vous obtiendrez des données détaillées dans le fichier */var/log/ppp.log*, qui peut également être consulté à l'aide de `tail -f`.

Pour vérifier que la connexion a été établie avec succès, utilisez la commande **ifconfig**. Le périphérique *ppp0* devrait être affiché. Pour tester la liaison et l'envoi correct de paquets, exécutez par exemple `ping www.germany.fsfeurope.org/`.

Finalement, pour mettre fin à la connexion, utilisez la commande **poff**.

Wvdial

Le programme Wvdial est une solution de remplacement simple pour **pppconf**. Il permet de choisir entre différents fournisseurs d'accès sans avoir à apporter de modifications au fichier de configuration. A l'instar de **pppconf**, Wvdial fonctionne en mode caractère et peut se passer d'une interface graphique.

La configuration associée à Wvdial est très simple. Vous disposez pour cela d'un programme nommé **wvdialconf**, qui recherche automatiquement le port du modem et d'autres informations techniques afin de générer un fichier de configuration enregistré sous */etc/wvdial.conf*. Ce fichier est valable pour tous les utilisateurs du système.

Il faut ensuite indiquer dans ce fichier le numéro d'accès du FAI (*Phone* =), l'identifiant d'utilisateur (*Login* =) et le mot de passe (*Password* =) du compte. Le programme peut maintenant être démarré avec la commande **wvdial**. Là aussi, la combinaison Ctrl + C mettra fin à la connexion.

Pour démarrer **Wvdial** sans les droits d'administrateur, un utilisateur doit être inscrit dans le groupe **dip**, afin de pouvoir accéder au fichier de périphérique du modem.

INFO

Fichier de configuration

Outre le fichier */etc/wvdial.conf*, il est possible de créer un fichier de configuration pour chaque utilisateur. Les paramètres sont alors enregistrés dans un fichier *~/.wvdialrc*. L'utilisateur doit naturellement avoir accès au fichier de périphérique. Pour cela, l'administrateur doit l'inscrire dans le groupe **dip**.

Dans la section *[Dialer Defaults]* du fichier de configuration */etc/wvdial.conf* figure une connexion à un FAI qui est activée lorsque le programme est démarré sans paramètres additionnels.

Si l'on souhaite ajouter un fournisseur supplémentaire, lequel pourra être spécifié sur la ligne de commande lors de l'appel du programme, il suffit d'insérer une nouvelle section, par exemple `[Dialer WeekEnd]`, d'y copier les données de la section *[Dialer Defaults]*, puis de modifier le numéro de téléphone, le nom utilisateur et le mot de passe. En principe, il n'est pas nécessaire de s'occuper des autres paramètres du fichier.

Vous trouverez dans la documentation de *wvdial.conf* (`man wvdial.conf`) des informations détaillées sur chaque paramètre.

Autres tâches de configuration

Il peut être judicieux de créer un lien employant un nom explicite pour les fichiers de périphériques qui sont fréquemment exploités. Par exemple, après avoir identifié le fichier auquel le modem est associé, vous pourriez créer un lien "modem" de la façon suivante : `ln -s /dev/ttyS1 /dev/modem` (en utilisant bien sûr le nom de fichier de périphérique approprié). Vous pourrez ensuite accéder à `/dev/modem` à partir de n'importe application sans avoir à vous préoccuper du nom réel du fichier.

Si vous éprouvez des difficultés à identifier le fichier de périphérique correspondant au port série, aidez-vous du tableau d'équivalents suivant : il reprend le nom des ports série sous DOS, celui des fichiers sous Linux, et la commande de création de lien appropriée.

DOS	*Linux*	*Befehl*
`COM1`	`/dev/ttyS0`	`"ln -s /dev/ttyS0 /dev/modem"`
`COM2`	`/dev/ttyS1`	`"ln -s /dev/ttyS1 /dev/modem"`
`COM3`	`/dev/ttyS2`	`"ln -s /dev/ttyS2 /dev/modem"`
`COM4`	`/dev/ttyS3`	`"ln -s /dev/ttyS3 /dev/modem"`

RNIS

Vous faites peut-être partie des lecteurs qui possèdent une connexion RNIS (ou ISDN). Le service RNIS offre en général trois numéros de téléphone et deux canaux porteurs, ou *canaux B*, lesquels peuvent être exploités en même temps et tout en ayant une conversation téléphonique. Le débit offert est de 64 Kbit/s par canal. Certains fournisseurs supportent l'agrégation des deux canaux, portant ainsi le débit à 128 Kbit/s, ce qui entraîne par ailleurs un doublement du coût de la communication.

Pour la configuration d'une carte RNIS, il faut tout d'abord que certains modules soient chargés. Il n'est pas nécessaire de compiler un nouveau noyau car tous les modules requis ont été copiés lors de l'installation du noyau Debian. Essayez d'abord de charger le module manuellement. Une fois que vous aurez obtenu les paramètres associés, inscrivez-les, par exemple, dans le fichier */etc/modules*.

N'oubliez pas que les modules ne peuvent être chargés qu'avec les droits du super-utilisateur (*root*). Chargez le module **isdn** au moyen de la commande `modprobe isdn`. Vérifiez ensuite que le chargement avec **lsmod** a réussi. Notez la présence du module **slhc**, qui aura été chargé en plus, automatiquement. N'oubliez pas de le prendre en compte ultérieurement, lors de la configuration dans le fichier */etc/modules*.

Vous pouvez également suivre le chargement à partir d'une autre fenêtre, ou d'une autre console, avec la commande `tail -f /var/log/syslog`. Ce procédé est également très utile pour d'autres modules ou pour rechercher une erreur. En ce qui concerne les modules **slhc** et **isdn**, vous devriez obtenir des informations semblables à celles-ci dans le fichier */var/log/syslog* :

```
Mar 7 09:57:16 debian kernel: CSLIP: code copyright 1989 Regents of the
University of California
Mar 7 09:57:16 debian kernel: ISDN subsystem Rev: 1.93/1.80/1.95/1.60/
1.17/1.3 loaded
```

C'était la partie la plus simple. Une étape plus complexe est celle du chargement du pilote pour la carte RNIS. Les cartes actives haut de gamme, comme AVM B1, proposent leur propre pilote. Consultez dans ce cas la documentation pour savoir comment charger le pilote approprié.

Pour les cartes passives plus répandues, vous disposez du module **hisax**. Vous devez lui attribuer un paramètre approprié pour lui indiquer la carte que vous utilisez.

Vous pouvez, par exemple, utiliser une carte Creatix ou Teles dans un slot d'extension ISA et l'associer à l'aide des paramètres suivants :

```
modprobe hisax type=1 protocol=2 io=0wf80 mem=0xd0000 irq=9
```

Pour une carte PCI AVM Fritz, par exemple, il faudrait la ligne suivante :

```
modprobe hisax type=5 io=0x340 irq=10 protocol=2
```

Vous devez naturellement sélectionner une IRQ (ligne d'interruption) libre. Les IRQ déjà exploitées peuvent être identifiées dans le fichier */proc/interrupts*. Pour les paramètres d'autres cartes, consultez la documentation.

Lorsque le module a été chargé avec succès, le fichier */var/log/syslog* doit contenir des entrées semblables à celles-ci :

```
Mar 7 10:49:12 debian kernel: HiSax: Linux Driver for passive ISDN cards
Mar 7 10:49:12 debian kernel: HiSax: Version 3.3c (module)
Mar 7 10:49:12 debian kernel: HiSax: Layer1 Revision 2.36
Mar 7 10:49:12 debian kernel: HiSax: Layer2 Revision 2.20
Mar 7 10:49:12 debian kernel: HiSax: TeiMgr Revision 2.13
Mar 7 10:49:12 debian kernel: HiSax: Layer3 Revision 2.10
Mar 7 10:49:12 debian kernel: HiSax: LinkLayer Revision 2.40
Mar 7 10:49:12 debian kernel: HiSax: Approval certification valid
Mar 7 10:49:12 debian kernel: HiSax: Approved with ELSA Quickstep series
                                     cards
Mar 7 10:49:12 debian kernel: HiSax: Approval registration numbers:
Mar 7 10:49:12 debian kernel: HiSax: German D133361J CETECOM ICT Services
                                     GmbH
```

```
Mar 7 10:49:12 debian kernel: HiSax: EU (D133362J) CETECOM ICT Services
                                     GmbH
Mar 7 10:49:12 debian kernel: HiSax: Approved with Eicon Technology Diva
2.01 PCI cards
Mar 7 10:49:12 debian kernel: HiSax: Total 1 card defined
Mar 7 10:49:12 debian kernel: HiSax: Card 1 Protocol EDSS1 Id=HiSax (0)
Mar 7 10:49:12 debian kernel: HiSax: Teles 8.0/16.0 driver Rev. 2.11
Mar 7 10:49:12 debian kernel: HiSax: Teles 16.0 config irq:9 mem:0xD0000
                                     cfg:0xF80
Mar 7 10:49:12 debian kernel: Teles0: ISAC version (60): 2085 V2.3
Mar 7 10:49:12 debian kernel: Teles0: HSCX version A: V2.1 B: V2.1
Mar 7 10:49:12 debian kernel: Teles 16.0: IRQ 9 count 0
Mar 7 10:49:12 debian kernel: Teles 16.0: IRQ 9 count 5
Mar 7 10:49:12 debian kernel: HiSax: DSS1 Rev. 2.21
Mar 7 10:49:12 debian kernel: HiSax: 2 channels added
Mar 7 10:49:12 debian kernel: HiSax: MAX_WAITING_CALLS added
```

Vous devez à présent installer quelques programmes qui se trouvent dans le paquet **isdnutils** et procéder à quelques adaptations dans les fichiers de configuration. Le plus simple est d'employer la commande `apt-get install isdnutils`.

```
debian:/home/fr# apt-get install isdnutils
Reading Package Lists... Done
Building Dependency Tree... Done
The following NEW packages will be installed:
isdnutils
0 packages upgraded, 1 newly installed, 0 to remove and 0 not upgraded.
Need to get 0B/1184kB of archives. After unpacking 2556kB will be used.
Selecting previously deselected package isdnutils.
(Reading database ... 5587 files and directories currently installed.)
Unpacking isdnutils (from .../net/isdnutils_3.0-17.deb) ...
Setting up isdnutils (3.0-17) ...
Starting isdn services :.
```

Après l'installation, les divers programmes requis seront automatiquement lancés. Si vous avez déjà configuré une fois votre système RNIS, il est alors prêt à l'emploi. Il faut sinon entreprendre quelques modifications.

Le paquet **isdnutils** contient un programme de configuration nommé **isdnconfig**. Il sert à générer les fichiers de configuration (en réalité, ils sont simplement copiés à certains endroits).

```
Isdnutils configuration
=======================
1  network devices
2  synchronous ppp daemon
3  modem emulation
4  isdnlog configuration
5  voice box configuration
```

```
Q  Quit

Your choice :1
```

Démarrez maintenant **isdnconfig**. Dans le cas le plus simple, vous n'aurez besoin que des deux premières options. Si vous avez besoin de fonctions comme l'agrégation de canaux ou l'émulation de modem, ou d'un répondeur, consultez la documentation.

Choisissez l'option 1.

```
Isdnutils configuration network interfaces
====================== ------------------
Searching for existing configuration files...
Found : NONE

Devices should be named :
- rawip interface isdn0 isdn1 ...
- synchronous ppp interface ippp0 ippp1 ...

Name for new interface : ippp0
Installed new config file /etc/isdn/device.ippp0 .
This file is only an example.
You have to edit this file for it to work.
Press [Enter]
```

Par l'intermédiaire de la première option de menu, vous pouvez activer l'interface réseau voulue. Il suffit, pour le début, d'utiliser l'interface **ippp0**. N'oubliez pas qu'un seul fichier a été installé et qu'il doit être encore adapté à vos besoins. Voici comment faire à cet égard :

```
Isdnutils configuration synchronous ppp daemon
====================== ----------------------
Searching for existing configuration files...
Found : ippp0
Normal setup : one ipppd for all devices: /dev/ippp0 /dev/ippp1 ...
     All ippp* network interfaces are handled by a single ipppd
     process using a single config file.

Special setup : one ipppd for each device: /dev/ippp0 /dev/ippp1 ...
     Each ippp* network interface is handled by its own ipppd
     process, using a specific config file for each.
     You need to use pppbind on each network interface to select
     which /dev/ippp* device will be used.

Usually only a single ippp interface is used (for connecting to an ISP), so
the above isn't really relevant to most users.

Name for new configuration (ippp0 ippp1 ...) : ippp0
```

Derrière la deuxième option de menu se cachent des scripts complémentaires pour les divers fichiers de périphériques. Là aussi, il suffira d'insérer une entrée pour **ippp0** seulement.

Quittez à présent le programme de configuration. Tous les fichiers requis ont été installés dans le répertoire */etc/isdn/* et doivent encore être modifiés. Commencez par le fichier *ipppd.ippp0*. Il faut supprimer la quatrième ligne, celle qui commence par "`echo...`", pour que le fichier soit accepté par les scripts RNIS.

```
#!/bin/sh

# REMOVE the next line once configuration is complete ######################
echo "Warning! $0 not configured yet! Aborting..."; exit 1
# REMOVE the above line once configuration is complete ######################
```

La ligne qui doit être éliminée est clairement signalée dans le script.

Il n'y a rien de plus à faire pour ce fichier. Si vous souhaitez obtenir des informations relatives aux autres entrées du fichier, voyez dans la documentation.

Chargez maintenant le fichier *device.ippp0* dans un éditeur et supprimez-y également la ligne précitée.

D'autres modifications doivent être entreprises dans ce fichier. Les sections importantes sont signalées par la chaîne `XXX_`. Cherchez la ligne commençant par `LOCALMSN`. Substituez au numéro par défaut celui que vous souhaitez assigner à votre carte RNIS.

Selon le même modèle, modifiez l'entrée `RMOTEMSN` en indiquant le numéro de votre fournisseur.

```
LOCALMSN=30987654321
REMOTEMSN=30191011
```

Si votre fournisseur n'accepte pas l'authentification par numéro de téléphone, recherchez de plus amples renseignements dans la documentation.

Examinez l'entrée `DIALMODE` située un peu plus bas dans le fichier. La valeur par défaut est **auto**. Elle provoque une tentative d'établissement de liaison avec le fournisseur pour chaque accès au réseau. Dans certaines circonstances, cela pourrait se révéler coûteux. Vous pouvez choisir à la place la valeur **manual**, ce qui nécessite que l'établissement de la liaison soit confirmé. Cela peut être résolu au moyen du script suivant, enregistré sous le nom */bin/i* :

```
#!/bin/sh
case "$1" in
 start)
  /usr/sbin/isdnctrl dialmode ippp0 auto
```

```
    echo "ISDN on"
     ;;
   stop)
    /usr/sbin/isdnctrl dialmode ippp0 off
    echo "ISDN off"
     ;;
   *)
    echo "Usage: $0 {start|stop}"
    exit 1
  ;;
  esac
  exit 0
```

Veillez à permettre l'exécution du script (avec `chmod +x /bin/i`). Il suffit ensuite d'une commande **i start** pour permettre la connexion RNIS. Après **i stop**, aucune connexion RNIS n'est plus possible. Vous pouvez ainsi être sûr qu'aucun comportement sauvage d'un programme ou d'une page Web s'actualisant périodiquement n'entraînera une augmentation incontrôlée de vos coûts de communication.

La configuration est à présent terminée. Vous devez encore redémarrer le sous-système RNIS pour que les modifications dans la configuration soient prises en compte :

```
debian:/etc/isdn# /etc/init.d/isdnutils stop
Stopping isdn services : interfaces.
debian:/etc/isdn# /etc/init.d/isdnutils start
Starting isdn services : interfaces.
```

N'oubliez pas qu'il est nécessaire d'indiquer le serveur DNS à utiliser dans le fichier */etc/resolv.conf* pour permettre la résolution des noms d'ordinateurs. Si vous ne l'avez pas encore fait, c'est le moment d'y remédier. Vous obtiendrez les informations auprès de votre fournisseur. Vous trouverez davantage d'informations sur la configuration de ce fichier au Chapitre 7.

Une méthode pratique, mais qui nécessite quelques efforts, consiste à intégrer automatiquement dans le fichier *resolv.conf* les informations transmises par le fournisseur.

Tout d'abord, dans le fichier */etc/isdn/ippd.ippp0*, activez l'entrée `ms-get-dns`, qui est par défaut mise en commentaire. Cela permet de définir les variables d'environnement `MS_DNS1` et `MS_DNS2` avec les valeurs fournies par le fournisseur. Pour plus d'informations, consultez la page `man ipppd(8)`.

Il faut maintenant autoriser l'écriture de ces données dans le fichier */etc/resolv.conf*. Pour cela, ajoutez les lignes suivantes dans le fichier */etc/ppp/ip-up.d/00-ipppd* aux endroits appropriés (par exemple une ligne au-delà des caractères ;;) :

```
echo "search local"          > /etc/resolv.conf
echo "nameserver $MS_DNS1"   >> /etc/resolv.conf
echo "nameserver $MS_DNS2"   >> /etc/resolv.conf
```

Il faut en outre ajouter l'entrée suivante dans */etc/ppp/ip-down.d/99-ipppd* :

```
echo "" > /etc/resolv.conf
```

Cette ligne a pour effet de permettre la suppression de l'entrée lorsqu'il n'existe aucune connexion à Internet.

Vous pouvez vérifier, à l'aide des commandes **route** et **ifconfig**, que les interfaces RNIS sont disponibles :

```
debian:/etc/isdn# route
Kernel IP routing table
Destination     Gateway      Genmask          Flags Metric Ref  Use Iface
10.0.0.2        *            255.255.255.255 UH    0      0      0 ippp0
localnet        *            255.255.255.240 U     0      0      0 eth0
default         *            0.0.0.0         U     0      0      0 ippp0

debian:/etc/isdn# ifconfig
ippp0     Link encap:Point-to-Point Protocol
          inet addr:10.0.0.1 P-t-P:10.0.0.2 Mask:255.255.255.255
          UP POINTOPOINT RUNNING NOARP MTU:1500 Metric:1
          RX packets:0 errors:0 dropped:0 overruns:0 frame:0
          TX packets:0 errors:0 dropped:0 overruns:0 carrier:0
          collisions:0 txqueuelen:30
```

D'autres interfaces peuvent éventuellement être affichées, par exemple lorsqu'une autre carte réseau est présente dans l'ordinateur.

Vous pouvez à présent tester la liaison à partir d'une console ou d'une fenêtre de terminal avec `ping www.debian.org`. Vous pouvez aussi directement essayer de naviguer sur Internet en ouvrant votre Mozilla favori.

Agrégation de canaux

Grâce à l'agrégation de canaux (*multilink*), les deux canaux RNIS peuvent être associés pour autoriser des transferts de données plus rapides. Dans le meilleur des cas, les temps de téléchargement peuvent alors être réduits de moitié, si toutefois le serveur possède aussi la liaison adéquate. Il s'ensuit néanmoins généralement une augmentation des coûts de communication, qui peuvent être multipliés par deux.

Il est nécessaire de disposer d'une configuration valide (pour un canal), par exemple pour exclure tout risque d'erreur lors de l'authentification. Une sauvegarde de la configuration est en outre recommandée.

Toutes les interventions décrites ci-après sont exécutées dans le fichier */etc/isdn/*. Faites d'abord une copie du fichier *device.ippp0* et nommez-la *device.ippp1*.

La seule modification à apporter est l'ajout de l'entrée `+mp` dans le fichier *device.ippp0*.

Il ne reste plus qu'à lire l'intégralité du fichier *README.MPPP.*

Le système RNIS doit ensuite être redémarré en exécutant successivement `/etc/init.d/isdnutils stop` et `/etc/init.d/isdnutils start`. Veillez à ce que le deuxième canal ne soit pas activé automatiquement mais manuellement, avec la commande `isdnctrl dial ippp1`. La commande `isdn hangup ippp1` permettra de mettre fin à la liaison du deuxième canal.

DSL

Dans de nombreuses zones géographiques, il est maintenant possible de disposer d'un accès Internet à haut débit pour un coût raisonnable. Malheureusement, cette technologie n'est pas disponible partout.

La configuration d'une connexion DSL avec un fournisseur d'accès est très simple. Il faut avoir soit une carte réseau dotée du splitter DSL, au cas où il faudrait aussi recourir à un raccordement téléphonique RNIS, soit une connexion directe au modem DSL. Les câbles utiles ainsi que la documentation sont généralement fournis.

Si vous devez utiliser un réseau local, il faudra une carte réseau supplémentaire.

Une installation DSL offre une connexion directe au réseau. Malheureusement, celle-ci ne gère pas directement le protocole IP. Sur la liaison locale, il faut utiliser un protocole point à point, à savoir, PPPoE (*PPP over Ethernet*). Il existe pour cela un paquet Debian spécial, ainsi qu'un script de configuration et un outil de surveillance.

```
pppoe - PPP over Ethernet driver
pppoeconf - configures PPPoE/ADSL
pppstatus - console-based PPP status monitor
```

Installez les paquets à l'aide de `apt-get-install pppoe pppoeconf pppstatus`. Dans ces trois paquets, seul **pppoe** est obligatoire. Le paquet **pppoeconf** facilite la configuration et **pppstatus** peut être utile pour vérifier la connexion et l'état de la liaison.

Programme ppoeconf

Après l'installation des paquets, il faut faire appel au programme **pppoeconf** pour générer les fichiers de configuration. Après son démarrage, il recherche les cartes réseau déjà configurées. Pour les modèles courants, il existe déjà un pilote intégré au noyau Debian. Pour les autres, il faut charger le pilote adéquat sous forme de module. Cela peut être réalisé manuellement avant le démarrage de **pppoeconf** ou au moyen de **modconf**.

A ce stade devrait au moins apparaître une carte réseau **eth0**. Si ce n'est pas le cas, il faut encore charger le module approprié. Si dans la boîte de dialogue qui apparaît, vous choisissez "No", il est possible d'incorporer un module au moyen de **modconf**. Si plus de deux cartes réseau apparaissent sur cet écran, c'est que l'ordinateur est probablement prévu pour être utilisé en tant que routeur pour un réseau local.

A l'étape suivante, les cartes identifiées sont analysées pour détecter la présence d'une connexion DSL (modem DSL). Si aucune connexion n'est détectée, contrôlez votre câblage. Il est aussi possible que la connexion du côté du fournisseur ne soit pas encore activée. Vous obtiendrez davantage de détails sur la recherche d'erreurs dans la documentation. En revanche, si une connexion DSL est décelée, le programme vous donne la possibilité de la configurer. Si un fichier de configuration existe déjà, un message apparaît pour vous permettre de vérifier que vous en détenez une copie de sauvegarde.

Si avant l'utilisation de la connexion DSL, le protocole PPP a été utilisé, par exemple avec un modem analogique, il peut arriver que certaines valeurs usuelles soient déjà configurées autrement. Les valeurs importantes peuvent alors être vérifiées ou corrigées à cette étape.

La plupart des fournisseurs envoient les informations de login nécessaires par la poste. Certains les choisissent d'une manière particulière, en supposant que l'utilisateur les saisira dans le programme d'installation fourni. Il s'agit en fait de noms d'utilisateurs et de mots de passe PPP ordinaires que vous pouvez effectivement spécifier dans la fenêtre de configuration du nom d'utilisateur.

Dans l'écran suivant, il faut indiquer le mot de passe convenu avec le fournisseur. Attention, il apparaît en texte clair à l'écran. Vérifiez donc que personne ne peut lire par-dessus votre épaule.

La configuration du serveur de noms, dans le fichier */etc/recolv.conf*, peut se faire automatiquement lors de l'établissement de la liaison. Vous êtes ainsi sûr de toujours pouvoir disposer d'un serveur accessible, même lorsque la configuration du fournisseur est modifiée.

Dans l'écran suivant, vous pouvez modifier la taille admise du paquet IP. Certains routeurs peuvent créer des problèmes lorsque celle-ci est laissée sur 1 500 octets.

Lors de chaque démarrage du système, une liaison peut être automatiquement établie avec le fournisseur. Notez que les frais de communication qui s'ensuivent peuvent devenir conséquents dans le cas d'une liaison facturée au temps.

Une fois la configuration achevée, vous pouvez tenter votre première connexion directe à Internet.

Programme pppstatus

Outre les outils usuels qui servent à vérifier les connexions Internet (**ping**, **host**, **tcpdump**, etc.), vous disposez d'un programme spécial intitulé **pppstatus** (voir Figure 10.1).

Il permet d'obtenir des informations sur les interfaces utilisées, le débit de transmission maximal et le volume de données transféré. Dans la moitié supérieure, un diagramme à barres renseigne sur le débit de transmission.

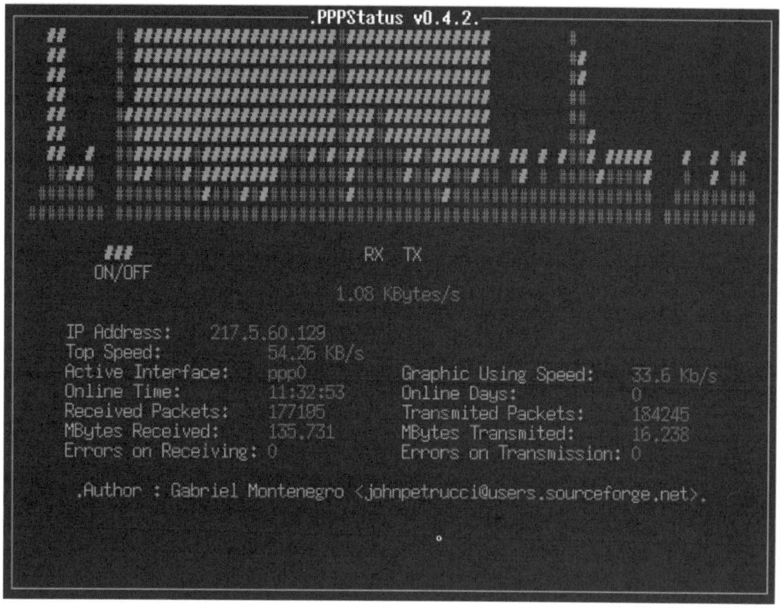

Figure 10.1
Informations d'état de la liaison PPP.

Interruptions de connexion

Les heureux propriétaires d'un abonnement DSL forfaitaire (facturation fixe sans limite de temps et de volume de données transféré) connaissent le problème. Il arrive de temps à autre que la liaison DSL ne soit pas correctement maintenue. Il faut alors s'assurer que des données en cours de transfert sont régulièrement transmises, sinon le fournisseur coupe la liaison après quelques minutes. Les fournisseurs ont aussi l'habitude de couper les connexions DSL après 24 heures d'utilisation en continu. Il n'est pas vraiment difficile d'obtenir une transmission de données régulière ; il suffit par exemple d'émettre une commande **ping** ou de récupérer son courrier.

Pour déclencher régulièrement une tâche répétitive sur un système Unix, vous pouvez faire appel au programme **cron**. Une tâche Cron peut être créée par n'importe quel utilisateur.

Utilisez à cet effet la commande `crontab -e` (*edit*). Voici un exemple d'entrée pour déclencher la réception de courrier au moyen de **fetchmail**.

```
***** fetchmail -a -s
```

Par ailleurs, il peut arriver que le démon PPP (**pppd**) employé pour la connexion DSL ne fonctionne plus. Sous Debian, cela s'explique par le fait que le démon est démarré au moyen d'un script (dans */etc/init.d*). Or il est programmé pour toujours tenter d'établir une nouvelle connexion après une interruption. Si cela échoue souvent, il arrête totalement de fonctionner.

Il est ainsi préférable de le démarrer par l'intermédiaire du programme **init**. Pour cela, ajoutez la ligne suivante dans le fichier */etc/inittab* :

```
D0:2345:respawn:/usr/sbin/pppd nodetach call dsl-provider
```

Le paramètre **nodetach** est important. Il a pour effet de permettre le redémarrage du démon par **init** en cas de besoin.

Navigateur Web

Après avoir établi avec succès une connexion à Internet, vous pouvez exploiter les différents services Internet (WWW, FTP, News, etc.). Chacun de ces services, parmi lesquels WWW est sans aucun doute le plus populaire, peut être exploité au moyen d'un programme individuel. Certains programmes peuvent également interroger plusieurs de ces services. Sous Debian, vous avez le choix, pour chaque service, entre divers programmes.

Mozilla

L'histoire de Mozilla a commencé le 22 janvier 1998, le jour où la société Netscape Communications a annoncé que son produit phare, le navigateur Netscape Communicator, serait désormais gratuit. Le code source du produit alors en cours de développement, Netscape Communicator 5.0 – ce dernier n'a d'ailleurs jamais été publié –, allait de plus être rendu public en tant que logiciel libre.

Il devenait donc nécessaire de coordonner le développement et la maintenance du code désormais disponible. L'ensemble des correctifs et des améliorations apportés par les utilisateurs, les développeurs et sociétés du monde entier, allait devoir être géré et intégré dans un flux cohérent d'activités de développement.

Le navigateur n'était plus le projet exclusif de la société Netscape, mais un projet de logiciel libre, au même titre que le noyau Linux, le projet GNU ou le serveur HTTP

Apache. N'importe quelle société ou personne devait pouvoir prendre part au développement et utiliser le navigateur ou l'une de ses parties dans un de ses programmes.

Pour atteindre ces objectifs, la société Netscape créa le projet Mozilla, lequel s'est chargé depuis du développement du navigateur libre, rebaptisé Mozilla, indépendamment de l'activité de la société autour de son produit Netscape. Pour information, Mozilla était le nom de code en interne de Netscape Navigator depuis la version 1.0.

Afin de se familiariser avec le code et de poser des bases solides pour le développement du navigateur, les programmeurs commencèrent à examiner le code. Après six mois, ils convinrent qu'il était vain de partir du code de Netscape. La société se basait encore sur le code de Mosaic, le premier navigateur Web avec interface graphique ; or au fil des années, le code était devenu volumineux et confus. Les développeurs décidèrent de ne pas se servir de ce code et de construire Mozilla en partant de zéro.

Le noyau de Mozilla est constitué du moteur de rendu Gecko, à l'origine nommé Raptor. Celui-ci a été développé avec un soin particulier quant à l'espace mémoire requis, la rapidité d'affichage des pages et la conformité aux standards Web officiels du W3C. Pour doter Mozilla de la plus grande modularité possible, le modèle de composants XPCOM a été développé. Il s'agit d'une variation du modèle COM de Microsoft. Avec XPCOM, il est possible, par exemple, d'écrire son propre navigateur et d'utiliser Gecko comme moteur de rendu. La Figure 10.2 illustre le navigateur Mozilla.

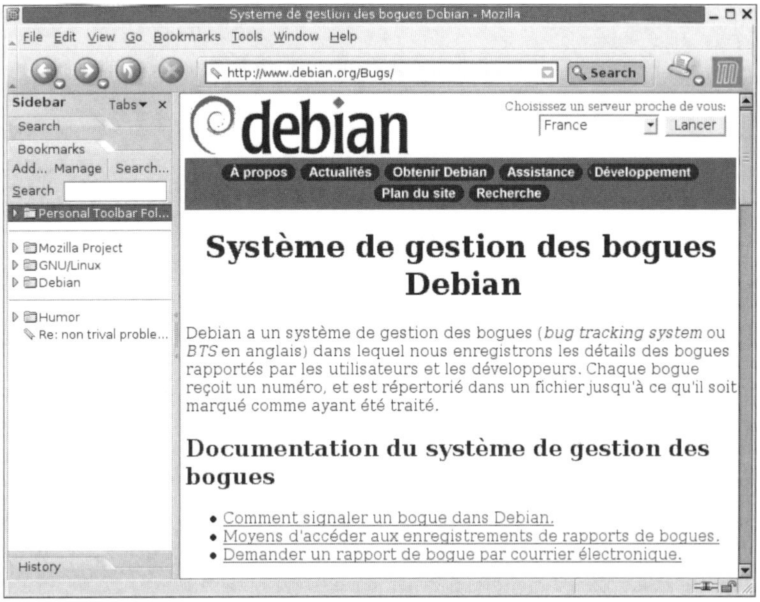

Figure 10.2

Le navigateur Web Mozilla.

Mozilla se compose de différents paquets qui ne doivent pas tous être installés.

```
mozilla-psm - Mozilla Web Browser - Personal Security Manager (PSM)
mozilla-dev - Mozilla Web Browser - development files
mozilla-js-debugger - JavaScript debugger for use with Mozilla
mozilla-browser - Mozilla Web Browser - core and browser
mozilla-mailnews - Mozilla Web Browser - mail and news support
mozilla-chatzilla - Mozilla Web Browser - irc client
mozilla-dom-inspector - A tool for inspecting the DOM of pages in
Mozilla.
mozilla - Mozilla Web Browser - dummy package
mozilla-xmlterm - Mozilla Web Browse - XML enabled
```

Il existe un paquet **mozilla** *dummy* (factice) qui permet d'obtenir rapidement une version fonctionnelle. Vous pouvez bien sûr préférer installer directement le paquet **mozilla-browser**, qui peut être complété par des composants additionnels, comme pour la messagerie et les news (**mozilla-mailnews**).

Galeon

Galeon (*http://galeon.sourceforge.net*), un navigateur Web pour l'environnement graphique GNOME, est distribué sous licence GPL. Pour l'affichage des pages, il utilise le moteur de rendu Gecko de Mozilla. Galeon est portable et se laisse compiler sur toutes les plates-formes Unix sur lesquelles GNOME peut être exécuté – par exemple sur GNU/Linux ou FreeBSD. La Figure 10.3 présente le logo de Galeon.

Figure 10.3
Le logo de Galeon.

L'objectif des développeurs de Galeon a été de créer un navigateur qui respecte les standards tout en étant léger. Il est important de souligner que Galeon a été prévu pour n'être qu'un navigateur (voir Figure 10.4) : à la différence de Mozilla, il ne dispose pas de client de messagerie ou de news. Pour envoyer un courrier, vous avez cependant la possibilité de définir un client de messagerie (Evolution, Mutt, KMail, Balsa, etc.). Vous n'avez pas besoin de copier l'adresse e-mail pour le mettre dans le client de messagerie – comme c'est le cas avec Mozilla –, ni de recourir à un outil du genre Muttzilla lorsque vous souhaitez employer un autre programme de messagerie que Mozilla-Mail.

Figure 10.4

Le navigateur Galeon.

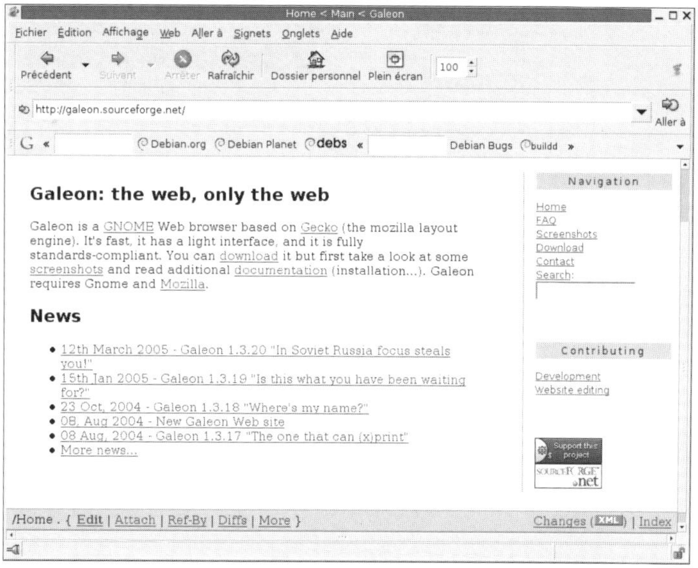

Galeon peut lui-même se charger des téléchargements ou recourir pour cela à un programme externe. Il est possible de le configurer pour utiliser, par exemple, GTM (*Gnome Transfer Manager*) ou même wget (exécuté depuis un terminal) comme gestionnaire de téléchargement.

Installation

Galeon s'installe facilement : il suffit d'exécuter `apt-get install galeon`.

INFO

Fonction SSL

Sous Debian, le "Mozilla Personal Security Manager" (le module Mozilla responsable de la fonction SSL) est placé dans un paquet distinct, **mozilla-psm**. Pour pouvoir utiliser SSL dans Galeon, il faut installer ce paquet.

Galeon dispose d'un éditeur de signets (*bookmarks*) que vous pouvez lancer en sélectionnant Signets, Editer les signets (voir Figure 10.5).

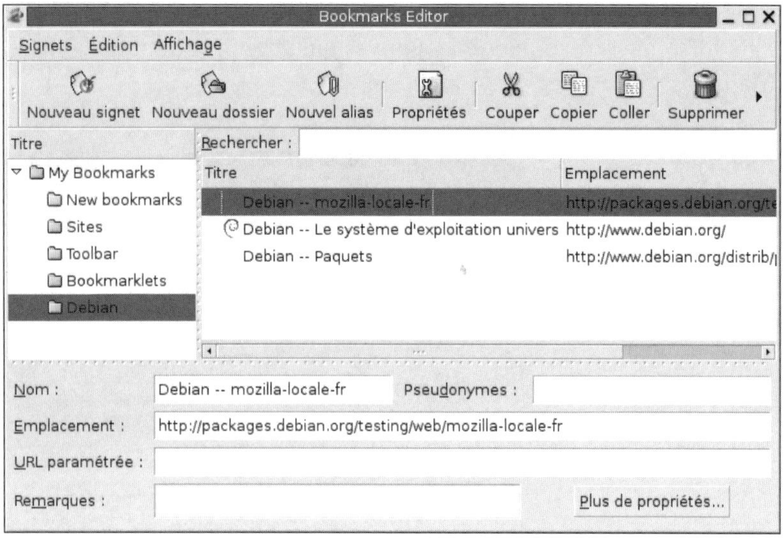

Figure 10.5
L'éditeur de signets.

Dans le menu Signets, l'option Importer offre différentes possibilités, dont l'importation de signets Netscape et Mozilla (voir Figure 10.6).

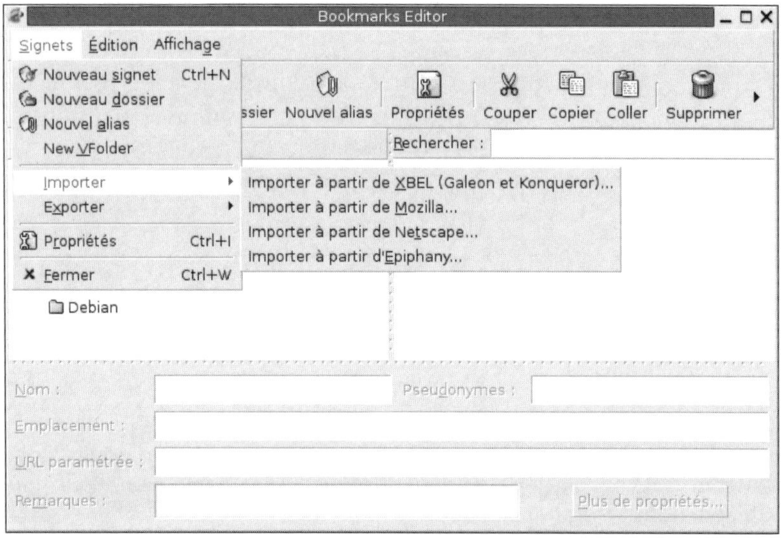

Figure 10.6
L'option d'importation de signets.

Si vous sélectionnez un navigateur pour lequel vous souhaitez importer les signets, par exemple Netscape, un assistant d'importation démarre automatiquement (voir Figure 10.7).

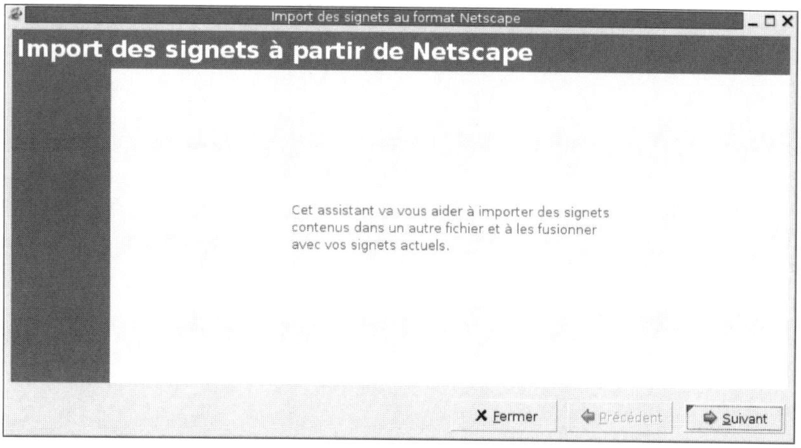

Figure 10.7

L'assistant d'importation de signets de Netscape.

Vous pouvez personnaliser Galeon par l'intermédiaire d'une fenêtre de configuration des Préférences (voir Figure 10.8)

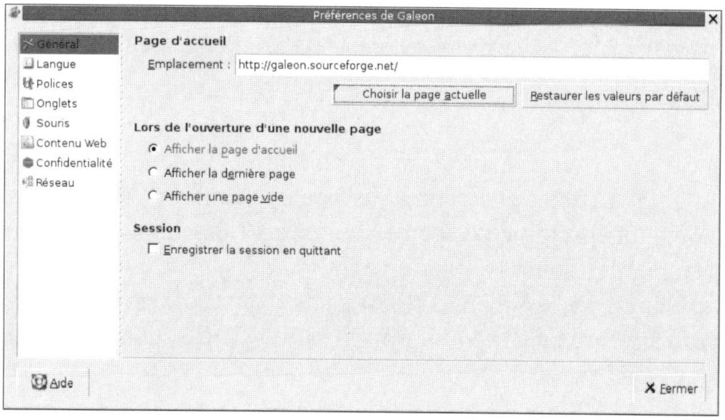

Figure 10.8

Configuration des préférences.

Si vous utilisez un proxy, vous pouvez le configurer dans la section Réseau des préférences (voir Figure 10.9).

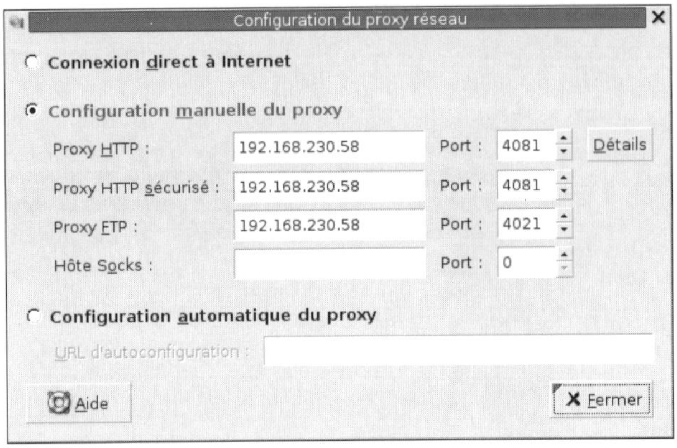

Figure 10.9
Accès Internet via un proxy.

Vitesse de navigation

Une particularité intéressante de Galeon est qu'il est incontestablement le navigateur le plus rapide sur Unix.

Supprimer les anciens fichiers de Galeon

Lorsqu'une version précédente de Galeon est déjà installée, il faut supprimer ses anciens fichiers de configuration avant de travailler avec une nouvelle version. Pour cela, faites appel à la commande `galeon-config-tool --clean`. Cette précaution permet à Galeon de fonctionner nettement plus rapidement. Lorsque des signets ont été enregistrés dans Galeon, veillez à les sauvegarder au préalable. Les signets se trouvent dans le fichier *~/.galeon/bookmarks.xml*.

Lorsque l'on observe l'interface graphique de Galeon, il en ressort une impression d'ordre et de netteté, et les boutons peuvent paraître un peu tristes. Galeon possède néanmoins un ensemble de thèmes qui permet de changer l'apparence des boutons du navigateur et des boutons d'incrémentation/décrémentation situés sur le côté droit de la barre d'outils. Si les thèmes fournis ne vous suffisent pas, visitez la page *http://galeon.sourceforge.net/themes*, qui propose d'autres choix ainsi qu'une guide pour en créer vous-même.

Terminaison automatique de saisie d'URL

A l'instar de tout navigateur moderne, Galeon peut terminer automatiquement la saisie d'un URL. Cela dit, cette fonction ne fait pas l'unanimité, et certains la trouvent gênante. Il est possible de s'en passer ou de ne l'utiliser que partiellement, la fin de la saisie pouvant alors être choisie *via* la touche de Tab, comme dans le GNU-Shell.

Zoom

La barre d'outils du navigateur contient, outre les boutons usuels (Précédent, Suivant, Arrêter, etc.), un bouton qui sert à contrôler la valeur de grossissement de l'affichage. A l'instar de Mozilla et au contraire d'Opera, ces commandes n'influent que sur le texte, pas sur les images.

Une fonction très utile, que ne possède pas encore Mozilla, est l'affichage en plein écran, que vous pouvez activer par l'intermédiaire du menu Affichage ou de la touche F11, touche bascule qui permet également de revenir à l'affichage normal.

Une fonction intéressante que propose la section Général des préférences (Edition, Préférences) est la possibilité d'enregistrer la session en quittant. Vous pouvez ainsi mémoriser la totalité d'une session avec toutes les fenêtres, onglets ou autres pages ouvertes dans un fichier. Il suffit en cas de besoin d'ouvrir le fichier pour retrouver les éléments que vous aviez consultés.

Superposition de contenus

A l'instar d'Opera, Galeon peut afficher plusieurs pages dans une fenêtre de navigation sous forme d'onglets superposés. L'ouverture d'un nouvel onglet est lancée par la combinaison Ctrl + T. Il est possible de demander au navigateur d'ouvrir les fenêtres de type pop-up ou de contenus invoqués par des liens activés, dans un nouvel onglet. Sur un écran d'ordinateur portable, par exemple, ces onglets offrent une meilleure visibilité que plusieurs fenêtres de navigation. Un onglet requiert moins de ressources systèmes qu'une autre instance de navigateur avec sa propre fenêtre.

Signets

Les signets sont sans conteste l'une des fonctionnalités les plus importantes d'un navigateur. Galeon les enregistre dans un format XML propre, dans le fichier *~/.galeon/bookmarks.xml*. L'importation de signets en provenance de Netscape ou Mozilla est gérée directement par le navigateur au moyen de l'éditeur de signets. Pour les signets d'autres navigateurs, tels qu'Internet Explorer, il existe des outils qui permettent de les convertir dans le format de signet de Galeon.

Les signets peuvent être gérés directement à partir du menu Signets ou à partir de l'éditeur de signets. Ce menu est bien pensé. Vous pouvez facilement créer des dossiers et des sous-dossiers de signets ; chaque dossier est accessible à partir du menu et présente son contenu sous forme d'un sous-menu. Un clic droit permet d'accéder rapidement aux options à partir d'un menu contextuel. Il est aussi possible de demander l'ouverture d'un dossier complet dans des onglets ou des fenêtres.

Pour l'instant, il n'est encore pas possible de classer les signets dans l'ordre alphabétique. Excepté ce petit défaut, Galeon dispose d'une gestion de signets exemplaire.

Signets intelligents

Les signets intelligents de Galeon sont des champs de saisie figurant sur la barre d'outils qui permettent d'indiquer le critère de recherche à soumettre au moteur de recherche visé (Google, la recherche de paquets de Debian). Après activation, Galeon affiche directement la page avec le résultat de la recherche.

Historique

L'historique des sessions de navigation peut également être affiché. Il peut apparaître dans une fenêtre distincte ou dans un panneau latéral sur le côté gauche de la fenêtre du navigateur.

Toutes les pages Web déjà visitées peuvent êtres groupées d'après le nom de domaine (par exemple, *http://www.debian.org*). Pour ne pas tout afficher simultanément, il est possible de ne demander que l'historique d'une période donnée : aujourd'hui, hier, avant-hier, semaine ou mois.

Gestion des cookies et des images

Galeon offre des fonctionnalités très utiles pour se protéger contre les éléments indésirables de pages Web tels que cookies, images ou fenêtres pop-up.

La section Confidentialité des préférences permet de configurer l'acceptation des cookies et d'accéder à un gestionnaire de cookies. Vous visualisez tous ceux qui se trouvent déjà sur l'ordinateur et les supprimez au besoin, et pouvez aussi demander le blocage des cookies provenant de certaines pages.

De même, dans la section Contenu Web, vous pouvez configurer le type de chargement souhaité pour les images et accéder au gestionnaire d'images. Comme les cookies, les images peuvent être bloquées. Vous pouvez ainsi vous protéger contre les "Web bugs", ces graphiques transparents que certaines pages cachent pour permettre l'élaboration de profils d'utilisateurs.

SSL, Java et Flash

Tant que la maintenance de Mozilla SSL est assurée, la communication SSL fonctionnera également sans problème dans Galeon puisque c'est sur cette fonction qu'il s'appuie pour les connexions sécurisées.

Galeon a malheureusement encore quelques problèmes avec Java. Certains sites ne fonctionnent pas du tout, et d'autres peuvent carrément provoquer le plantage du programme.

Heureusement, avec les images animées de Flash, cela va mieux. Galeon utilise le plug-in figurant dans le répertoire des plug-in de Mozilla et fonctionne sans problème.

Lynx

Lynx (voir Figure 10.10) est un navigateur dépourvu d'interface graphique et de possibilités d'affichage d'éléments graphiques. Il peut fonctionner sur des systèmes n'exécutant pas X Window et fonctionne totalement en mode caractère. Il est capable d'afficher des tableaux et de gérer les cadres (*frames*), ces derniers avec d'énormes limitations toutefois. Sur les anciens systèmes 386 ou m68k, il est souvent l'unique navigateur utilisable.

Sur les systèmes puissants, Lynx a aussi des adeptes, car les temps de chargement des pages Web sont bien plus courts sans graphiques. Pour les personnes en quête d'informations pures seulement, ils sont donc superflus. Si vous créez vous-même vos pages Web, veillez à ce qu'elles soient également présentables sur ce navigateur. Renoncez si possible à l'emploi des cadres et faites un emploi modéré des tableaux.

Figure 10.10

Le navigateur Lynx.

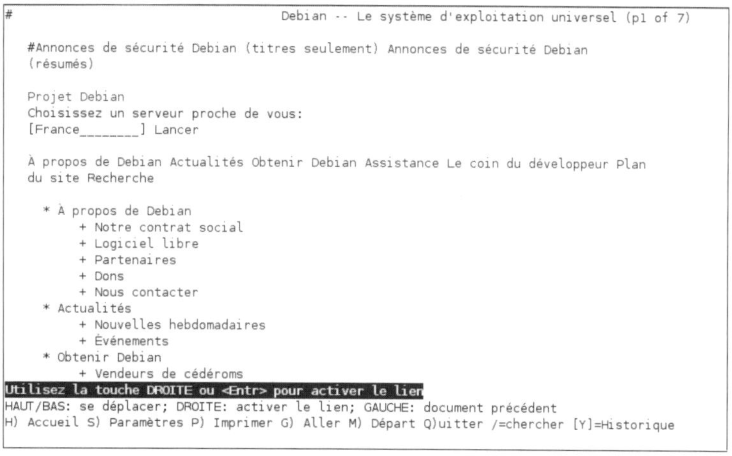

Pour démarrer le navigateur, exécutez **lynx** depuis la ligne de commande. Vous pouvez saisir immédiatement après l'URL voulu en tant qu'option. Dans les deux lignes au bas de l'écran s'affichent les commandes importantes que vous pouvez lancer au clavier. Vous pouvez naviguer à travers la page avec les touches de déplacement vertical [↑] et

[↓] du curseur. Les liens apparaissent dans une couleur différente de celle du texte. Vous pouvez les sélectionner avec la touche de déplacement vers la droite S et la touche [Entrée]. Pour revenir à la page précédente, servez-vous de la touche de déplacement vers la gauche A. Lorsque vous utilisez Lynx dans un écran X-Terminal, vous pouvez normalement employer la souris pour faire vos sélections. Pour pouvoir exploiter cette fonction à la console, vous devez installer le paquet **gpm**.

Voici quelques-unes des touches de commande les plus importantes :

[h] Affiche l'aide en ligne.

[o] Options avec lesquelles vous pouvez définir vos préférences.

[p] Imprime la page en cours.

[g] Ouvre une nouvelle URL.

[m] Revient à la page de départ.

[q] Quitte le programme.

[/] Recherche dans la page en cours une chaîne de caractères.

Lorsque le navigateur n'affiche pas les couleurs, vérifiez les paramètres de votre émulation de terminal. Les émulations simples, comme **vt100**, ne peuvent présenter du texte en couleur. Choisissez plutôt une émulation comme **linux** (la configuration standard pour la console), **xterm-color** ou **xterm-debian**. Celles-ci sont capables de le faire. En outre, vous pouvez forcer l'affichage en couleur avec l'option **-color**.

Pages multilingues

Les webmestres qui souhaitent toucher le lectorat le plus vaste possible peuvent créer leur site en plusieurs langues. De multiples liens renvoient alors aux pages en question et la page d'accueil est généralement conservée en anglais.

Certains webmestres emploient également la fonctionnalité de **content negotiation** sur leurs pages. Elle donne à l'utilisateur la possibilité de configurer dans son navigateur la langue préférée pour obtenir directement les pages dans la langue voulue lorsqu'elles sont disponibles.

La configuration diffère selon le navigateur employé. Lorsque vous utilisez Lynx, ajoutez dans le fichier *~/.lynxrc* (dans votre répertoire d'accueil) la variable `preferred_language=fr` (ou la valeur de votre choix).

Vous pouvez également modifier ce paramètre avec la touche [O].

Lorsqu'une page n'existe pas dans la langue préférée, vous pouvez demander l'affichage des pages dans une autre langue en la configurant de la manière suivante :

```
preferred_language=fr; q=1.0, en; q=0.7, de; q=0.3
```

En l'absence de pages en français, vous obtiendrez, par ordre de priorité, des pages en anglais, et sinon en allemand.

Si vous utilisez Netscape Communicator (à partir de la version 4.0), sélectionnez Edition, Préférences, et cliquez sur Navigator, puis sur Ajouter. Sélectionnez la langue voulue et cliquez sur OK.

Vous pouvez tester votre configuration sur le site du projet Debian à l'adresse *http://www.debian.org*. Si tout fonctionne, vous devriez obtenir les pages dans la langue choisie.

Courrier électronique

Le courrier électronique, ou e-mail, est très certainement le service le plus important et le plus apprécié sur Internet. Il compte aussi parmi les services les plus anciens de la toile. Pour pouvoir envoyer et recevoir du courrier avec votre système Linux, il suffit, dans le plus simple des cas, d'indiquer les paramètres appropriés dans Netscape Communicator. Pour un système un peu plus sophistiqué, il faudra prendre quelques minutes de plus pour configurer un vrai serveur de courrier.

Comme vous l'avez probablement remarqué lors de l'installation du système de base, vous ne pouvez passer outre la demande d'installation d'un agent de transfert de courrier, un MTA (*Mail Transfer Agent*). Dans la configuration standard, Debian utilise le programme **exim**. Vous pouvez néanmoins vous servir de **smail**, **qmail** ou **sendmail** si le cœur vous en dit. Lors de l'installation du programme, le choix le plus simple était le point 5, "pas de configuration". Ce n'est pas si grave, il ne fonctionnera simplement pas dans cet état non configuré.

L'installation d'un serveur de courrier sur votre ordinateur a l'avantage de vous permettre d'envoyer à n'importe quel moment les messages que vous écrivez. Envoyez-les simplement à votre serveur local, et lors de votre prochaine connexion à votre FAI, ils seront livrés. Ainsi, vous n'avez pas besoin d'établir une liaison pour chaque message que vous souhaitez envoyer. Il suffit pour cela de configurer **exim** différemment.

Démarrez le programme **eximconfig** :

```
hoshi:/# eximconfig
You already have an exim configuration. Continuing with eximconfig
will overwrite it. It will not keep any local modifications you have made.
```

```
If that is not your intention, you should break out now. If you do continue,
then your existing file will be renamed with .O on the end.
[---Press return---]
```

Un message d'avertissement apparaît pour vous indiquer qu'un fichier de configuration existe déjà et que si vous poursuivez, aucune modification locale effectuée ne sera préservée. Si vous continuez, le fichier existant sera renommé */etc/exim.conf.O*.

```
==============================================================================

You must choose one of the options below:

(1) Internet site; mail is sent and received directly using SMTP. If
    your needs don't fit neatly into any category, you probably want to
    start with this one and then edit the config file by hand.

(2) Internet site using smarthost: You receive Internet mail on this
    machine, either directly by SMTP or by running a utility such as
    fetchmail. Outgoing mail is sent using a smarthost. optionally with
    addresses rewritten. This is probably what you want for a dialup
    system.

(3) Satellite system: All mail is sent to another machine, called a "smart
    host" for delivery. root and postmaster mail is delivered according
    to /etc/aliases. No mail is received locally.

(4) Local delivery only: You are not on a network. Mail for local users
    is delivered.

(5) No configuration: No configuration will be done now; your mail system
    will be broken and should not be used. You must then do the
    configuration yourself later or run this script, /usr/sbin/eximconfig,
    as root. Look in /usr/share/doc/exim/example.conf.gz

Select a number from 1 to 5, from the list above.
Enter value (default='1', 'x' to restart): 2
```

Vous devez maintenant choisir l'une des cinq options. L'option 5 ne crée aucun fichier de configuration. C'est l'option la moins intéressante, car votre système n'expédiera aucun message. L'option 4 ne sert qu'aux systèmes sans connexion réseau, c'est-à-dire sans carte réseau, ni modem ou connexion RNIS. Laissons aussi ce point de côté (un ordinateur Debian sans réseau n'est pas un vrai ordinateur ;-). L'option 3 permet de livrer tout le courrier à une machine spéciale appelée un Smarthost, généralement un ordinateur du FAI qui dispose d'une liaison de qualité et d'un serveur de messagerie avec une configuration cohérente. Néanmoins, aucun courrier n'est livré aux utilisateurs (excepté à *root* et *postmaster*), ce n'est donc pas une option souhaitable.

Il nous reste les options 1 et 2. L'option 1 doit être sélectionnée quand aucune des autres options ne répond à vos besoins. Dans ce cas, tous les messages sont envoyés directement à leur destinataire, ou si ce n'est pas possible, à son serveur de courrier. Une telle configuration n'est pas intéressante pour un débutant car il faut apporter manuellement de nombreuses modifications.

Dans la plupart des cas, l'option 2 est optimale et c'est elle qui sera présentée ici.

```
======================================================================
What is the 'visible' mail name of your system? This will appear on
From: lines of outgoing messages.
Enter value (default='localhost', 'x' to restart): hoshi.openoffice.de
```

La première question se rapporte au nom "visible" du système. Il s'agit normalement du nom complet de l'ordinateur, également accessible par les autres systèmes *via* le réseau. Il ne doit pas forcément être identique à une partie de votre adresse de courrier. En cas de doute, vérifiez auprès de votre FAI.

```
======================================================================
Does this system have any other names which may appear on incoming
mail messages, apart from the visible name above (hoshi.openoffice.de) and
localhost?
By default all domains will be treated the same; if you want different
domain names to be treated differently, you will need to edit the config
file afterwards: see the documentation for the "domains" director
option.
If there are any more, enter them here, separated with spaces or commas.
If there are none, say 'none'.
Enter value (default='none', 'x' to restart):
```

A cet endroit, vous pouvez indiquer d'autres noms de votre système qui peuvent apparaître dans les messages entrant. Cela peut être le cas, par exemple, si vous avez modifié le nom de votre ordinateur mais n'avez pas encore communiqué la nouvelle adresse aux personnes concernées, ou lorsque vous exploitez plusieurs domaines sur un système. Mais normalement, vous n'aurez rien à indiquer.

```
======================================================================
All mail from here or specified other local machines to anywhere on
the Internet will be accepted, as will mail from anywhere on the
Internet to here.
Are there are any domains you want to relay mail for---that is, you
are prepared to accept mail for them from anywhere on the Internet, but
they are not local domains.
If there are any, enter them here, separated with spaces or commas. You
can use wildcards. If there are none, say 'none'. If you want to relay
mail for all domains that specify you as an MX, then say 'mx'
Enter value (default='none', 'x' to restart):
```

Cette question concerne la fonction de relais de message, c'est-à-dire la retransmission de courrier non destiné à votre ordinateur. Normalement, cette étape ne vous concerne pas non plus.

```
=====================================================================
Obviously, any machines that use us as a smarthost have to be excluded
from the relaying controls, as using us to relay mail for them is the
whole point.
Are there any networks of local machines you want to relay mail for?
If there are any, enter them here, separated with spaces or commas. You
should use the standard address/length format (e.g. 194.222.242.0/24)
If there are none, say 'none'.
You need to double the colons in IPv6 addreses (e.g. 5f03::1200::836f::::/48)
Enter value (default='none', 'x' to restart):
```

Il vous est ici demandé si vous souhaitez relayer les messages destinés à d'autres ordinateurs de votre réseau, c'est-à-dire assurer le rôle de Smarthost. Ici aussi, nous allons simplement sauter l'étape – si vous souhaitez approfondir le sujet, je vous invite à lire la documentation concernant le MTA concerné.

```
=====================================================================
You may want to filter out unsolicited commercial email, (UCE, also known
as spam). Unfortunately it is difficult keeping up with all the spamming
sites and abused relays.
The Realtime Blackhole List is a spam filter that someone else maintains
(see http://maps.vix.com/rbl). They are very quick to add sites, so
if you bounce on this you may occasionally miss legitimate mail. Adding
a header is an alternative---then individual users can choose what to do
with RBL mail using their personal filter files.
Note that the RBL only works if you receive mail directly. If it is stored
for you at your ISP, the RBL won't work as it depends on the IP address the
connection comes from.
Would you like to use the RBL? ('f'ilter, 'r'eject, or 'n'o)?
Enter value (default='n', 'x' to restart):
```

Cette section concerne les messages indésirables, baptisés *spams*. Vous avez la possibilité de les filtrer. Cela ne fonctionne toutefois que lorsque le système reçoit directement du courrier de l'extérieur. Si vous récupérez votre courrier par POP3, sautez ce point.

```
=====================================================================
Which machine will act as the smarthost and handle outgoing mail?
Enter value ('x' to restart): mail.openoffice.de
Names are localhost:hoshi.openoffice.de!
```

Cette question concerne le serveur de messagerie de votre FAI qui doit être utilisé en tant que Smarthost. Indiquez le nom approprié. Si vous n'êtes pas certain, vérifiez auprès de votre fournisseur. Il s'agit souvent d'un nom de la forme : *mail.domaine.suffixe*, mais pas nécessairement.

```
==========================================================================
Mail for the 'postmaster' and 'root' accounts is usually redirected
to one or more user accounts, of the actual system administrators.
By default, I'll set things up so that mail for 'postmaster' and for
various system accounts is redirected to 'root', and mail for 'root'
is redirected to a real user. This can be changed by editing /etc/aliases.
Note that postmaster-mail should usually be read on the system it is
directed to, rather than being forwarded elsewhere, so (at least one of)
the users you choose should not redirect their mail off this machine.
Which user account(s) should system administrator mail go to ?
Enter one or more usernames separated by spaces or commas . Enter
'none' if you want to leave this mail in 'root's mailbox - NB this
is strongly discouraged. Also, note that usernames should be lowercase!
Enter value ('x' to restart): fr
```

Indiquez ici le nom de l'utilisateur qui doit recevoir les notifications d'erreurs que le système envoie par courrier. Normalement, ce sont les utilisateurs *root* et *postmaster* qui reçoivent ces messages.

```
==========================================================================
You already have an /etc/aliases file. Do you want to replace this with
a new one (the old one will be kept and renamed to aliases.O)? (y/n)
Enter value (default='y', 'x' to restart):
```

Dans le fichier */etc/aliases*, vous pouvez définir les abréviations à l'échelle du système. Le programme **eximconfig** y inscrit également l'utilisateur choisi précédemment sous un nom d'alias, de façon qu'il puisse recevoir les messages d'erreurs.

Si vous souhaitez, par exemple, que l'utilisateur **fr** possédant l'adresse fr@openoffice.de reçoive également les messages adressés à frank.ronneburg (adresse complète : frank.ronneburg@openoffice.de, mais ce n'est qu'un exemple, n'envoyez aucun courrier à cette adresse !), insérez les lignes suivantes dans le fichier */etc/aliases* :

```
frank.ronneburg: fr
The following configuration has been entered:
==========================================================================
Mail generated on this system will have 'hoshi.openoffice.de' used as
the domain part (after the @) in the From: field and similar places.
The following domain(s) will be recognised as referring to this system:
➥localhost, hoshi.openoffice.de
Mail for postmaster, root, etc. will be sent to fr.
Local mail is delivered.
Outbound remote mail is sent via mail.openoffice.de.
Is this OK ? Hit Return or type 'y' to confirm it and install, or 'n'
➥to make changes (in which case we'll go round again, giving you your
➥previous answers as defaults). (y/n) y
```

La procédure se termine par un récapitulatif avant que la configuration ne soit écrite dans le fichier :

```
Keeping previous /etc/exim.conf as /etc/exim.conf.O
Keeping previous /etc/aliases as /etc/aliases.O
Keeping previous /etc/mailname as /etc/mailname.O
Configuration installed.
```

La procédure est terminée. Vous pouvez maintenant tenter d'envoyer du courrier. Essayez tout d'abord en local, sur l'ordinateur, en envoyant des messages à divers utilisateurs. Si cela fonctionne, testez la communication à travers le réseau.

En outre, il faut ajouter une entrée dans le fichier */etc/email-addresses* pour chaque utilisateur qui doit pouvoir envoyer du courrier vers l'extérieur. Cela permet que chaque occurrence de votre adresse locale soit convertie en une adresse acceptée par votre FAI. La syntaxe des entrées est la suivante :

```
utilisateur: utilisateur-e-mail@fournisseur
```

Soit, par exemple, `root: matt.schmitt00@gmx.de`.

Nombreux sont les fournisseurs à demander que le courrier soit collecté avant que le courrier sortant puisse être envoyé. Voyez plus loin la section "Programme fetchmail".

Examinons à présent quelques programmes avec lesquels vous pouvez traiter votre courrier.

Programme Mutt

Le programme Mutt (voir Figure 10.11), développé par Michael R. Elkins, est un agent de courrier, ou MUA (*Mail User Agent*), qui succède au programme Elm dont le développement est maintenant arrêté. Mutt offre toutes les fonctions imaginables et est complètement configurable.

Il est doté d'une interface en mode texte, vous n'aurez donc pas besoin de souris. Cela n'est pas une lacune, puisque vous saisissez de toute façon du texte pour écrire un message. Avec peu de commandes, et vos doigts sur le clavier, vous pouvez utiliser Mutt rapidement et efficacement. Pour commencer, le point d'interrogation (?) sera vraisemblablement la commande la plus importante puisqu'elle permet d'afficher l'aide en ligne. A ce propos, notez que toutes les modifications que vous effectuez concernant les touches de commande de Mutt sont immédiatement prises en compte dans l'aide.

Comme indiqué précédemment, le programme dispose d'une configuration détaillée, mais il serait impossible ici de décrire toutes les options disponibles. La plupart des utilisateurs collectent leur courrier à partir d'un serveur POP3.

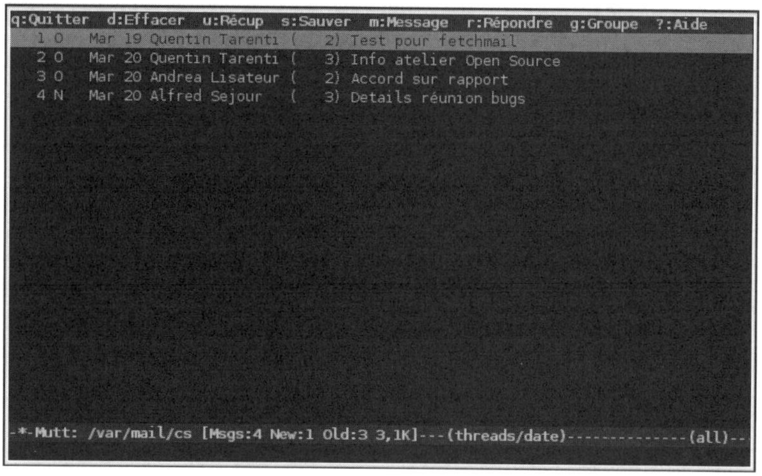

Figure 10.11
Le programme Mutt.

Le répertoire *~/.mutt/*

Mutt recherche d'abord le fichier de configuration central *.muttrc* dans le répertoire d'accueil (~/) de l'utilisateur. Si aucun fichier de configuration ne s'y trouve, il le recherche ensuite dans le répertoire *~/.mutt/*. D'autres fichiers peuvent également être lus à partir du fichier *.muttrc* (par exemple *.muttpersonal* ou *.mutt-gpg*). Pour une meilleure visibilité, ces fichiers devraient tous se trouver dans le répertoire *~/.mutt/*.

Voici les entrées nécessaires dans le fichier *~/.muttrc* :

```
set pop_host=pop3.openoffice.de
set pop_user=nompop
set pop_delete
```

Vous devez naturellement adapter le nom du serveur de courrier ainsi que le nom de l'utilisateur. L'entrée `set pop_delete` demande au serveur POP de supprimer le courrier reçu. Comme nous procédons à des essais, vous pouvez omettre cette entrée pour l'instant. Vous recevrez à nouveau vos messages lors de la prochaine collecte. Appuyez sur la touche G. Mutt établit alors la liaison avec le serveur et transmet vos messages.

Vous devriez être en mesure d'envoyer et de recevoir du courrier.

Mutt et GnuPG

Pour signer ou chiffrer du courrier avec GnuPG, quelques modifications dans le fichier *~/.muttrc* suffisent. Vous devez tout d'abord installer GnuPG et générer quelques clés.

Les étapes nécessaires sont traitées plus loin, à la section "Chiffrement". Pour plus d'informations sur Mutt, visitez le site *http://www.mutt.org*.

Signature en fonction du destinataire

Mutt possède toute une panoplie de fonctions utiles qui sont disponibles après quelques adaptations. Par exemple, une signature peut être organisée différemment selon le destinataire. Pour cela, il faut ajouter des entrées comme dans l'exemple suivant :

```
send-hook . set signature=~/.signature
send-hook Untel set signature=~/.signature-untel
```

Cette configuration permet d'associer une signature spécifique au destinataire Untel et une signature générique pour tout autre destinataire.

Programme Fetchmail

Le programme Fetchmail sert à la réception et la retransmission de courrier distant au-dessus d'une liaison TCP/IP point à point, par exemple, comme avec SLIP et PPP. Il reçoit le courrier du serveur de messagerie distant et le relaye au serveur de messagerie local afin d'en permettre le traitement au moyen de n'importe quel programme de courrier normal, tel Elm ou Mutt.

Fetchmail supporte tous les protocoles de réception de courrier usuels : POP2, POP3 (y compris POP3 avec l'authentification par mot de passe unique du RFC 1938), RPOP, APOP, KPOP, POP3 de Compuserve avec RPA, NTLM de Microsoft, Démon Internet SDPS, toutes les variantes d'IMAP (IMAP4rev1 inclus avec l'authentification Kerberos-v4 du RFC 1731 ou CRAM-MD5), et ESMTP ETRN. Fetchmail supporte également le chiffrement de bout en bout à l'aide d'OpenSSL.

Avant d'utiliser Fetchmail sous Debian, vous devez d'abord installer le paquet, le plus simple étant d'exécuter `apt-get install fetchmail`. L'installation n'est pas terminée : il faut d'abord générer le fichier *~/.fetchmail.rc*. Vous trouverez dans la documentation un script qui réalisera la configuration à votre place. Vous pouvez l'appeler en tant que super-utilisateur ou avec la commande suivante :

```
su -c "sh /usr/doc/fetchmail/contrib/fetchsetup"
```

Il vous sera demandé d'indiquer votre mot de passe d'administrateur.

Voici un exemple de configuration avec le protocole POP3 standard :

```
bash-2.04$ su -c "sh /usr/doc/fetchmail/contrib/fetchsetup"
Password:

# Fetchsetup is a shell script for creating a .fetchmailrc file,
```

```
# that will be used by the program "fetchmail" to connect to your
# mail domain and retrieve your mail.
# This script is linux specific, so it may not work on another system.
# Kent Robotti <krobot@erols.com> (3-31-99)

Continue? (Y/n) :

Remote mail site?: pop.boo.com <Your service providers mail domain name>
Remote mail site?: mail.openoffice.de

Protocol?: pop3 <My service provider uses the 'pop3' mail protocol>
Protocol?: auto <If not sure put: auto>
Choices: apop auto etrn imap imap-gss imap-k4 kpop pop2 pop3 rpop sdps
Protocol?: pop3

Remote username?: jerry <My username or login is jerry>
Remote username?: hoshi
Remote password?: ? <What's the password for?: hoshi>
Remote password?: XXXXXXX

Create /root/.fetchmailrc file? (Y/n) :

This is your /root/.fetchmailrc file.

poll "mail.openoffice.de"
protocol pop3
username "hoshi"
password "aa"
mda "/usr/bin/procmail -d %s"

Fetchmail will retrieve your mail and put it in:
/var/spool/mail/fr

I put that (m)ail (d)elivery (a)gent in .fetchmailrc
because i found it on your system, this doesn't mean
it's correct or the one you want to use.

The first time you run fetchmail, you should run it
this way: # fetchmail -k
```

Notez que le mot de passe demandé sera affiché et enregistré aussi dans le fichier en texte clair, c'est-à-dire non crypté. Veillez à ce que les droits d'accès soient définis de façon appropriée afin que personne ne puisse en prendre connaissance.

Si vous souhaitez créer, comme nous l'avons vu précédemment, un fichier *.fetchmailrc* pour un utilisateur ordinaire, vous devrez ensuite le copier dans le répertoire approprié et le définir avec les droits qui conviennent.

Voici le contenu du fichier créé :

```
poll "mail.openoffice.de"
protocol pop3
```

```
username "hoshi"
password "XXXXXX"
mda "/usr/bin/procmail -d %s"
```

La structure du fichier est très simple et vous pouvez même en créer un rapidement à l'aide d'un simple éditeur de texte, sans passer par le programme de configuration. Outre les entrées pour le serveur de courrier (**poll**), le protocole (**protocol**), le nom de l'utilisateur (**username**) et le mot de passe (**password**), une entrée est introduite par le mot clé **mda** en fin de fichier. Elle sert à indiquer le chemin et le nom de la commande ainsi que des options supplémentaires pour définir la façon dont le MDA (*Mail Delivery Agent*) utilisé doit être exécuté. L'exemple s'appuie sur le programme Procmail, qui offre de nombreuses possibilités pour traiter le courrier à partir de la boîte aux lettres avant sa lecture ou son envoi.

Si vous n'avez pas installé Procmail, Fetchmail utilise alors Smail, Sendmail ou Exim.

Une fois la première configuration de Fetchmail terminée, vous pouvez procéder à un premier test en exécutant `fetchmail -k`. Cette commande tente de récupérer tous les messages à partir du serveur de courrier indiqué et de les copier dans les boîtes à lettres locales. Avec l'option **-k**, les messages ne sont pas supprimés du serveur. Pour vos premières tentatives, il est conseillé de faire de même.

Fetchmail dispose d'une grande quantité d'options que vous pouvez examiner à l'aide de l'option **--h** :

```
usage:  fetchmail [options] [serveur ...]
  Les options sont les suivantes :
  -?, --help        afficher l'aide
  -V, --version     informations sur la version courante
  -c, --check       vérifier les messages sans les récupérer
  -s, --silent      travail silencieux
  -v, --verbose     travail verbeux (informations de diagnostic)
  -d, --daemon      démarrer en démon toutes les n secondes
  -N, --nodetach    ne pas lancer de processus démon
  -q, --quit        terminer le processus démon
  -L, --logfile     spécifier le nom du fichier de traces
      --syslog      utiliser syslog(3) pour les messages, en mode démon
      --invisible   ne pas écrire de 'Received' et y activer le spoofing
  -f, --fetchmailrc spécifier un autre fichier de contrôle
  -i, --idfile      spécifier un autre fichier contenant les UID
      --postmaster  spécifier le destinataire en dernier ressort
      --nobounce    rediriger les rebonds vers le maître de poste
  -I, --interface   spécifier l'interface requise
  -M, --monitor     surveiller l'activité d'une interface
      --ssl         permettre les sessions cryptées SSL
      --sslkey      fichier de clé SSL privée
      --sslcert     certificat de session SSL
      --sslproto    forcer le protocole ssl (ssl2/ssl3/tls1)
```

```
    --plugin      spécifier la commande externe pour ouvrir la connexion
    --plugout     spécifier la commande externe pour ouvrir la connexion smtp
-p, --protocol    spécifier le protocole de récupération (voir la page man)
-U, --uidl        forcer l'utilisation des UIDL (uniquement pop3)
-P, --port        port TCP/IP auquel se connecter
    --auth        type d'authentification (mot de passe/kerberos/ssh/otp)
-t, --timeout     temps d'attente d'une réponse du serveur
-E, --envelope    en-tête de l'adresse d'enveloppe
-Q, --qvirtual    préfixe à soustraire à l'id locale d'utilisateur
    --principal   service mail principal
    --tracepolls  ajoute des informations de trace concernant la réception
                  aux en-têtes reçus
-u, --username    spécifier le 'login' de l'utilisateur sur le serveur
-a, --all         récupérer les messages anciens et nouveaux
-K, --nokeep      supprimer les nouveaux messages après récupération
-k, --keep        conserver les nouveaux messages après récupération
-F, --flush       supprimer les anciens messages du serveur
-n, --norewrite   ne pas récrire les adresses d'en-têtes
-l, --limit       limite maximale de la taille des messages à récupérer
-w, --warnings    intervalle entre les notifications de courrier
-S, --smtphost    spécifier l'hôte SMTP pour la réexpédition
    --fetchdomains récupérer le mail pour les domaines indiqués
-D, --smtpaddress spécifier le domaine de délivrance SMTP à utiliser
    --smtpname    forcer le nom complet SMTP nom@domaine
-Z, --antispam    configurer les valeurs de réponse 'anti-spam'
-b, --batchlimit  limiter le nombre de messages pour chaque connexion SMTP
-B, --fetchlimit  limiter les récupérations pour les connexions au serveur
    --fastuidl    faire une recherche binaire pour les UIDL
-e, --expunge     limiter le nombre des suppressions entre deux purges
-m, --mda         spécifier le MDA à utiliser pour la réexpédition
    --bsmtp       spécifier le fichier de sortie BSMTP
    --lmtp        utiliser LMTP (RFC2033) pour la délivrance
-r, --folder      spécifier le nom du dossier distant
    --showdots    afficher des points de progression, même dans le journal
```

Lorsqu'au démarrage de Fetchmail vous indiquez des paramètres sur la ligne de commande, ces valeurs viennent écraser celles qui figurent dans le fichier de configuration. Dans la commande, vous pouvez indiquer plusieurs serveurs à partir desquels le courrier doit être récupéré. De même, plusieurs entrées peuvent être spécifiées dans le fichier pour définir ces serveurs.

Configuration

Les paramètres de configuration peuvent être prévus dans un fichier de configuration ou spécifiés sur la ligne de commande. Si les fonctions suivantes doivent être modifiées, il faut alors indiquer le mot clé dans le fichier de configuration.

`-V --version` – Affiche des informations sur la version de Fetchmail installée ainsi que celle du noyau Linux. Seuls des renseignements sont affichés, aucune transmission de courrier n'est exécutée. Au lieu de cela, toutes les options pour chaque serveur spécifié dans le fichier de configuration sont affichées. Voici un exemple de configuration :

```
Ceci est fetchmail, version 6.2.5+NTLM+SDPS+SSL+NLS
Fallback MDA: (none)
Linux prd5 2.4.27-1-386 #1 Fri Sep 3 06:24:46 UTC 2004 i686 GNU/Linux
Lecture des options sur la ligne de commande  et /root/.fetchmailrc
Le fichier des identificateurs est /root/.fetchids
Fetchmail affichera des points de progression, même dans le journal
Fetchmail réexpédiera les messages "multidrop" mal aiguillés vers postmaster.
Options pour la réception depuis cs@prd4.freensof.com:
  Le vrai nom du serveur est prd4.freensof.com.
  Le protocole est POP3.
  Toutes les méthodes d'authentification vont être essayées.
  Le délai d'attente d'une réponse du serveur est de 300 secondes (par défaut).
  La boîte aux lettres par défaut est sélectionnée.
  Tous les messages seront reçus (--all on).
  Tout message récupéré ne sera pas conservé sur le serveur (--keep off).
  Tout ancien message ne sera pas éliminé avant relève du courrier
  ➥(--flush off).
  La réécriture des adresses locales est activée (--norewrite off).
  La suppression des retours chariots est inactivée (stripcr off).
  Le forçage des retours chariots est inactivé (forcecr off).
  L'interprétation des « Content-Transfer-Encoding » est activée
  ➥(pass8bits off).
  Le décodage MIME est inactivé (mimedecode off).
  L'inoccupation après la réception est inactivée (idle off).
  Les lignes « Status » non vides seront conservées (dropstatus off).
  Les lignes « Delivered-To » non vides seront conservées (dropdelivered off).
  Fetch message size limit is 100 (--fetchsizelimit 100).
  Do binary search of UIDs during 9 out of 10 polls (--fastuidl 10).
  Les messages seront réexpédiés via SMTP vers : localhost (par défaut)
  Mode « single-drop » : 1 nom(s) local(aux) reconnu(s).
  Aucun UID n'a été enregistré sur cet hôte.
```

Cette option est très utile lors de la recherche d'une erreur.

-c --check : retourne un code d'état à partir duquel il est possible de savoir s'il y a du courrier à récupérer du serveur. Là encore, il ne s'agit que de renseignements ; aucun message n'est transféré ni supprimé du serveur. Cette option active le mode démon. Elle ne fonctionne pas avec le protocole ETRN (RFC 1985) et pose parfois problème avec nombre de sites. La valeur d'état est négative lorsque des messages ont été lus mais laissés sur le serveur et que le protocole ne peut différencier ceux-ci des nouveaux messages arrivés. Cette option fonctionne très bien avec IMAP, avec la plupart des serveurs POP3, mais elle ne fonctionne pas avec POP2.

-s --silent : supprime toutes les informations relatives à l'état ou à la progression d'une transaction – ces messages sont normalement envoyés sur la sortie standard d'erreurs. Cela n'empêche pas les messages d'erreurs d'y être toujours envoyés. Cette option peut être supplantée par l'option **--verbose**.

-v --verbose : envoie tous les messages de contrôle échangés entre Fetchmail et le serveur de courrier sur la sortie standard d'erreurs. Cette option supplante l'option **--silent**. Si l'option est répétée (**-v -v**), elle envoie alors des informations détaillées.

-a --all (mot clé : **all**) : collecte tous les messages du serveur, anciens déjà lus et nouveaux. Normalement, seuls les messages non lus sont récupérés. Lorsque POP3 est utilisé, Fetchmail utilise la commande **RETR** au lieu de **TOP**. Quant à POP2, il se comporte toujours comme si cette option était activée. Avec ETRN, la fonction est sans effet.

-k --keep (mot clé : **keep**) : demande au serveur de conserver les messages récupérés. Normalement, ceux-ci sont supprimés pour éviter qu'ils ne soient à nouveau collectés lors d'une prochaine transaction. Cette option ne fonctionne pas avec ETRN.

-K --nokeep : supprime les messages du serveur une fois qu'ils ont été récupérés. C'est le comportement par défaut de la commande. Vous pouvez recourir à cette option en ligne de commande si l'option **-k** a été spécifiée dans le fichier de configuration.

-F --flush : n'est active qu'avec les protocoles POP3 et IMAP. Elle provoque la suppression des anciens messages sur le serveur avant que ne commence la transmission des nouveaux messages. Cette option ne fonctionne pas avec ETRN. Notez que si votre client de messagerie plante pendant une transmission et que Fetchmail soit interrompu, les messages seront supprimés lors du prochain appel du programme, même ceux que vous n'avez jamais eus. Il est préférable d'employer l'option **-K**.

-p --protocol (mot clé : **proto[col]**) : permet de spécifier le protocole de communication utilisé par le serveur de messagerie. Si aucun protocole n'est défini, la valeur **AUTO** est utilisée. Cette option accepte les valeurs suivantes :

- **AUTO :** essaye les protocoles IMAP, POP3 et POP2. Les protocoles non disponibles sont ignorés.
- **SDPS :** utilise le protocole POP3 avec les extensions du Démon Internet SDPS.

-U --uidl (mot clé : **uidl**) : avec POP3 seulement, force l'emploi d'UIDL (unique ID listing, RFC 1725). C'est le client qui doit se charger du contrôle des nouveaux messages. Employée conjointement avec l'option **-k**, elle permet d'exploiter une boîte aux lettres pour un groupe d'utilisateurs.

-P --port (mot clé : **port**) : permet d'indiquer un numéro de port autre que celui connu pour le protocole exploité.

-t --timeout <*secondes*> (mot clé : **timeout**) : définit un délai de temporisation pendant lequel Fetchmail attendra une réponse du serveur.

--plugin <*commande*> (mot clé : **plug-in**) : permet de faire appel à un programme externe pour établir une connexion TCP. Cela peut être utile lors de l'emploi d'un pare-feu. Le programme recevra les deux paramètres **nom de serveur** et **numéro de port** ; Fetchmail écrira sur la sortie standard et lira sur l'entrée standard du plug-in.

Si vous êtes satisfait de vos paramètres, vous pouvez incorporer l'appel de Fetchmail dans les scripts chargés d'établir les connexions avec votre FAI. Malheureusement, les scripts **ip-up** et **ip-down** sous Debian ne sont pas suffisamment standardisés pour que le programme d'installation de Fetchmail puisse réaliser cette tâche à votre place. Il vous faudra donc recourir à une procédure manuelle. Dans le répertoire */user/doc/fetchmail/*, vous trouverez les exemples de scripts **fetchmail-up** et **fetchmail-down**. Incorporez **fetchmail-up** dans le fichier */etc/init.d/ip-up*, à un endroit où la liaison IP est déjà en place, afin que tout le courrier puisse être automatiquement rapatrié après l'établissement de la liaison. Et placez le script **fetchmail-down** de manière appropriée avant que la liaison soit libérée, de façon que tout nouveau message puisse être encore collecté avant que la connexion soit définitivement terminée.

Evolution

Nombreux sont les particuliers et les entreprises qui utilisent Outlook pour communiquer, gérer leurs rendez-vous, leur agenda, etc. Le groupement de ces fonctions essentielles à l'intérieur d'un programme a contribué à sa vaste diffusion. La société Ximian a créé un programme appelé Evolution (voir Figure 10.12) qui se rapproche d'Outlook sur le plan des fonctionnalités comme de l'apparence. Ces similitudes facilitent le passage à Linux sur les ordinateurs de bureau.

Lors du premier démarrage d'Evolution, les données existantes telles que des messages ou des adresses peuvent être reprises dans le logiciel. Un assistant vous assiste dans la procédure (voir Figure 10.13).

Figure 10.12
Ecran de démarrage d'Evolution.

Figure 10.13
Assistant d'Evolution.

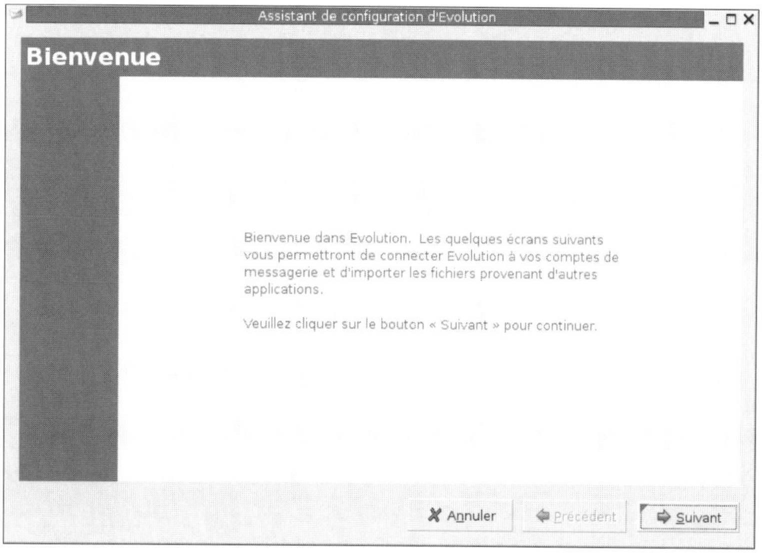

Dans l'écran suivant (voir Figure 10.14), indiquez vos nom, prénom et adresse e-mail.

Il existe différentes façons de collecter du courrier. Si celui-ci doit être récupéré directement depuis le serveur du fournisseur, ce sont les protocoles POP3 ou IMAP qui interviendront. En revanche, si un programme externe est utilisé, tel Fetchmail, il est aussi possible d'accéder à un fichier local (voir Figure 10.15).

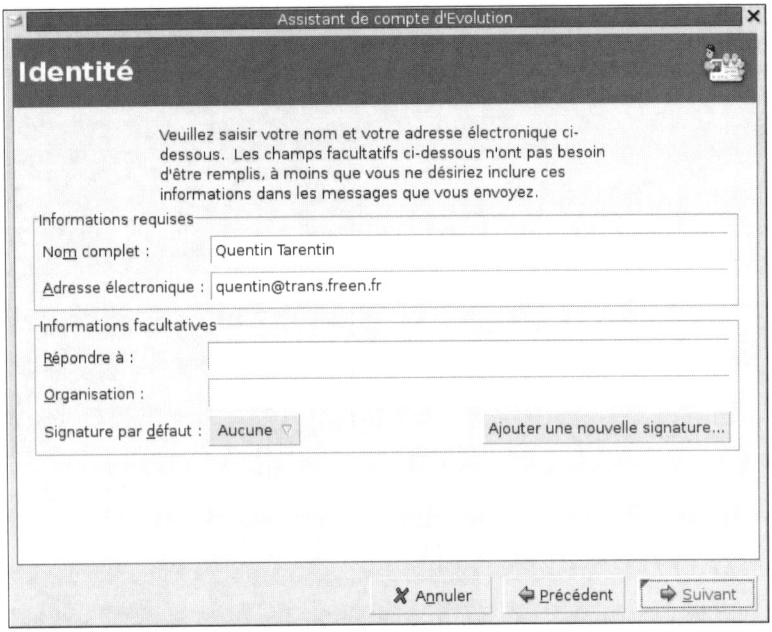

Figure 10.14
Informations concernant l'utilisateur.

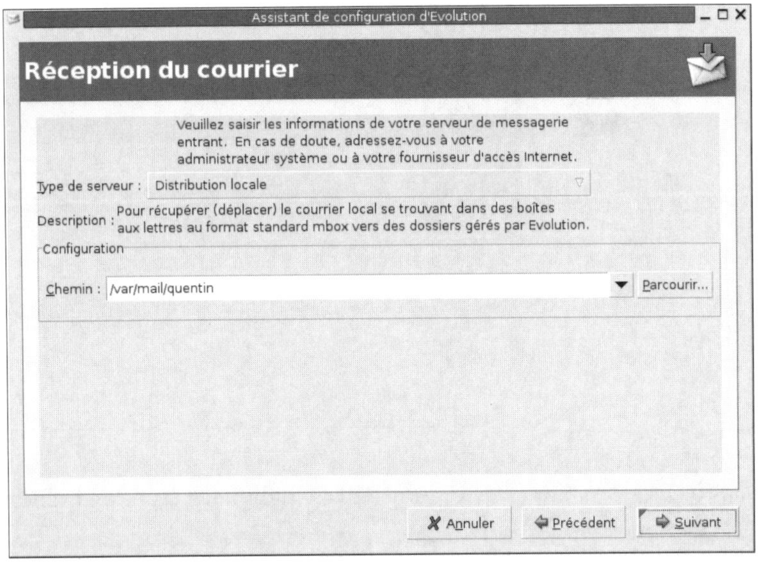

Figure 10.15
Réception de courrier : choix du type de distribution.

Ensuite, vous pouvez indiquer l'intervalle d'attente avant chaque collecte de nouveaux messages (voir Figure 10.16).

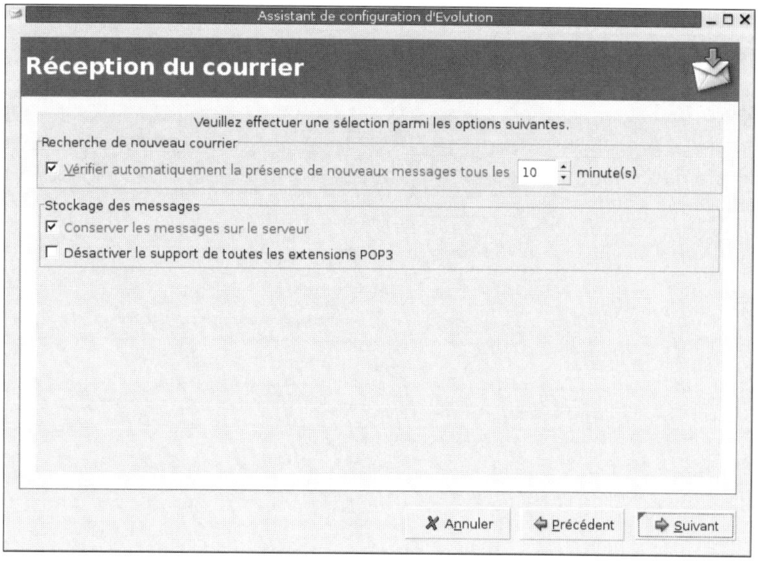

Figure 10.16

Réception de courrier : fréquence de collecte.

Pour pouvoir envoyer un message, il faut qu'un serveur de courrier soit configuré. Vous obtiendrez les données nécessaires auprès de votre fournisseur (voir Figure 10.17).

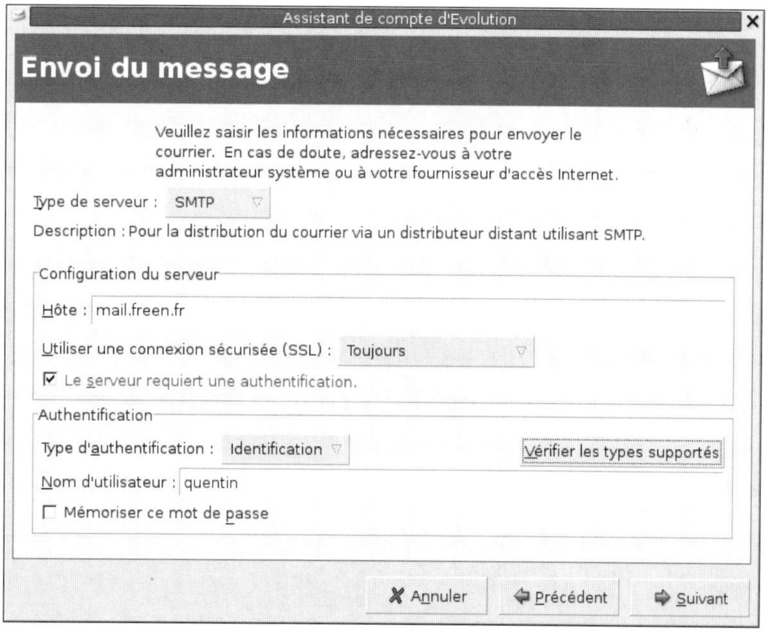

Figure 10.17

Envoi de courrier : définition du serveur de messagerie.

Evolution peut gérer l'accès à différents fournisseurs. Vous pouvez configurer Evolution pour définir un compte par défaut (voir Figure 10.18).

Figure 10.18
Définition du compte par défaut.

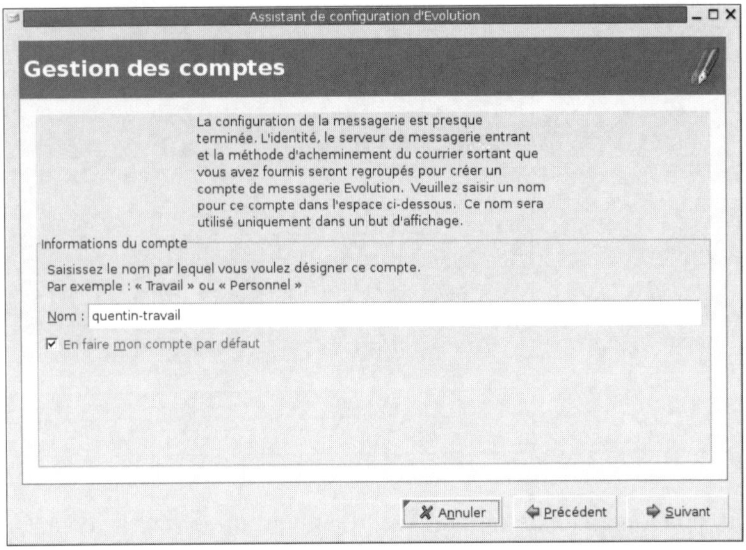

Dans l'écran suivant, choisissez un fuseau horaire en faisant un clic gauche sur une région. Un clic droit rétablira l'affichage global.

Figure 10.19
Choix d'un fuseau horaire.

Lorsque toutes les données nécessaires ont été spécifiées (voir Figure 10.20), cliquez sur le bouton Appliquer pour valider votre configuration et démarrer Evolution.

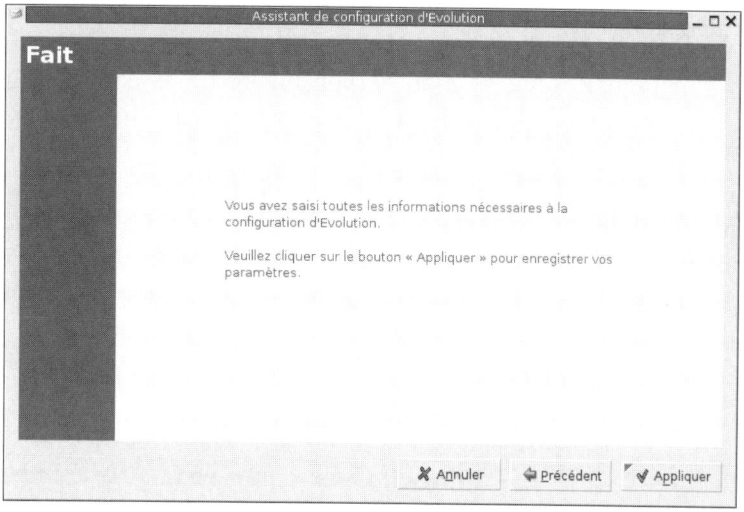

Figure 10.20
Ecran de fin de configuration.

Outre la barre de menus au sommet de l'écran, vous disposez sur le côté gauche d'un panneau permettant d'accéder aux différents composants d'Evolution (voir Figure 10.21).

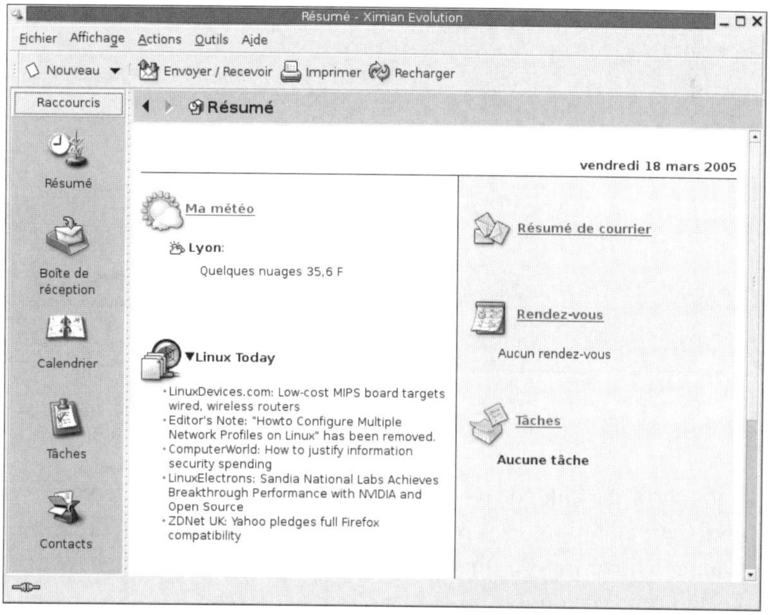

Figure 10.21
Fenêtre principale d'Evolution.

La fenêtre principale s'ouvre sur le Résumé. C'est un aperçu rapide du nombre de nouveaux messages, des rendez-vous et des tâches en cours, de la température extérieure, etc. Ici aussi, il suffira de cliquer sur une des icônes pour accéder au composant.

Le composant Résumé de courrier (voir Figure 10.22) contient plusieurs sections. Dans la zone supérieure apparaissent les messages reçus. Si vous ouvrez un message, son contenu apparaît dans la partie inférieure de l'écran. Evolution peut gérer les pièces jointes. Elles apparaissent à la fin du message et peuvent être facilement ouvertes en cliquant sur le bouton fléché en regard. Il est possible de créer plusieurs dossiers et d'y classer le courrier lu. En vous servant de filtres – d'ailleurs simples à créer puisqu'on peut les définir automatiquement à partir d'un message –, vous aurez un meilleur aperçu de vos messages si vous avez des volumes importants à gérer. Evolution peut aussi afficher les messages dans des "fils de discussion", et gère le chiffrement des messages au moyen de PGP ou GnuPGP.

Figure 10.22
Gestion du courrier.

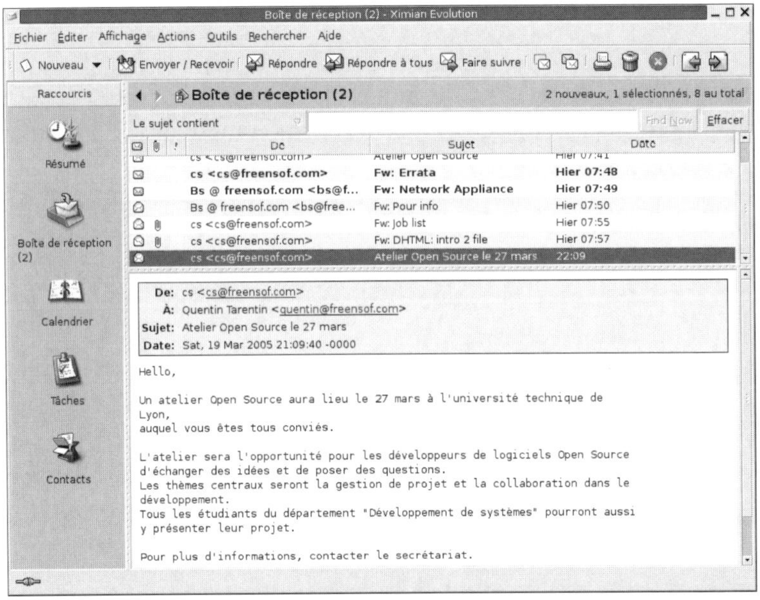

La fonction de calendrier (voir Figure 10.23) offre différentes vues : Jour, Semaine travail (jours ouvrés), Semaine (entière), et Mois. Un double-clic sur une période entraîne l'ouverture d'une nouvelle fenêtre dans laquelle vous pouvez définir un nouveau rendez-vous.

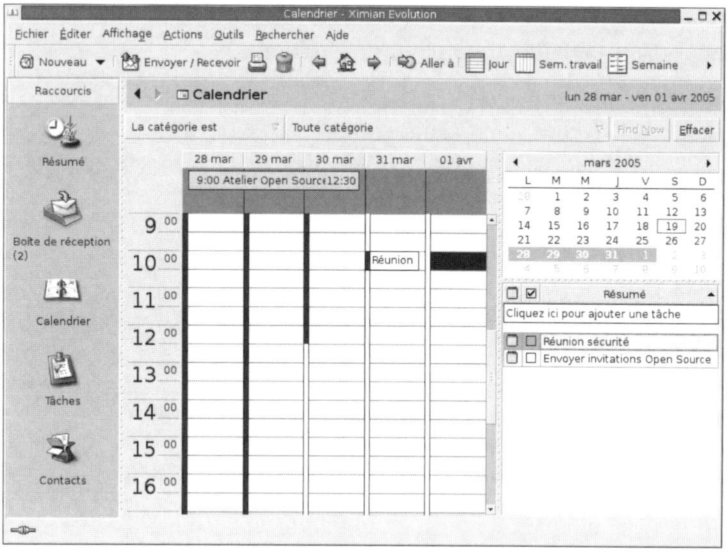

Figure 10.23

Calendrier de gestion des rendez-vous.

Transfert de fichiers

Le transfert de fichiers figure aussi parmi les services les plus utilisés d'Internet. Il existe différents programmes qui permettent de télécharger des données. Le protocole le plus important à cet égard est le protocole FTP, hérité de la suite TCP/IP.

Protocole FTP

Le protocole FTP (*File Transfer Protocol*) a été développé pour permettre l'échange de fichiers entre deux ordinateurs distants. Pour ne pas compliquer les choses, la commande permettant de réaliser le transfert a été baptisée de la même manière, **ftp**. Vous connaissez certainement déjà la fonction de téléchargement à partir d'un navigateur. Il suffit souvent d'un simple clic pour débuter le téléchargement d'un fichier. Il est toutefois très fréquent que ces liens renvoient directement à un serveur FTP.

Sous Debian, vous pouvez copier un fichier téléchargé depuis un serveur dans un fichier de shell. La commande **ftp** n'est pas très pratique, mais elle remplit sa fonction. Vous pouvez aussi installer le programme **ncftp**, qui simplifie les étapes de la procédure de téléchargement.

Nous présentons ci-après un exemple de téléchargement *via* programme ftp pour nous procurer un nouveau correctif du noyau.

Démarrez le programme en tapant la commande suivie du nom du serveur à partir duquel vous souhaitez récupérer des fichiers.

```
fr@debian:~$ ftp ftp.kernel.org
Connected to zeus.kernel.org.
220 ProFTPD 1.2.0pre10 Server (ProFTPD) [zeus.kernel.org]
Name (ftp.kernel.org:fr): ftp
331 Anonymous login ok, send your complete e-mail address as password.
Password:
230-             Welcome to the
          LINUX KERNEL ARCHIVES
             ftp.kernel.org
          "Much more than just kernels"
       IF YOU'RE ACCESSING THIS SITE VIA A WEB BROWSER
       PLEASE USE THE HTTP URL BELOW INSTEAD!

...
```

Vous pouvez aussi exécuter la commande sans spécifier de serveur. Dans ce cas, il faut employer ensuite l'instruction **open** ***<nom_serveur>*** (par exemple `open ftp.kernel.org`) pour établir une connexion. Après un court instant, vous êtes invité à saisir votre identifiant d'utilisateur. Si vous disposez d'un compte sur le serveur ciblé et souhaitez télécharger un fichier à partir d'une zone non publique, indiquez ici le nom de l'utilisateur du compte, puis le mot de passe. N'oubliez pas que le protocole FTP ne gère aucun chiffrement. Vos informations d'identification sont donc envoyées en texte clair sur le réseau et peuvent éventuellement être capturées par un attaquant. Pour transférer des fichiers d'une zone non publique, il est préférable d'utiliser à la place la commande **scp** (*Secure Copy*) du paquet **ssh**.

Lors d'un accès à un serveur FTP public, vous pouvez toujours employer "ftp" ou "anonyme" comme nom d'utilisateur et votre adresse de courrier comme mot de passe.

Après un login réussi, vous recevez un message indiquant, dans ce cas précis, qu'il s'agit d'un serveur Unix et d'un transfert en mode binaire. Un téléchargement dans le mode texte (ASCII) n'est adéquat que dans de rares cas ; vous pouvez de toute façon télécharger sans problème des fichiers texte en mode binaire.

Vous pouvez ensuite exploiter un grand nombre des commandes du shell Unix, dont les suivantes :

```
ftp> ls
200 PORT command successful.
150 Opening ASCII mode data connection for file list.
lrwxrwxrwx  1 hpa     ftpadmin  18 Nov 5 1999 debian ->
                                               pub/mirrors/debian
```

```
lrwxrwxrwx  1 hpa      ftpadmin  21 Nov 9 1999 debian-cd ->
                                          pub/mirrors/debian-cd
dr-xr-x---  2 mirrors  ftpadmin  4096 Oct 12 1999 for_mirrors_only
drwxr-xr-x  7 korg     korg      4096 Aug 11 10:19 pub
lrwxrwxrwx  1 hpa      ftpadmin  18 Nov 8 1999 redhat ->
                                           pub/mirrors/redhat
lrwxrwxrwx  1 root root          10 Oct 28 1999 welcome.msg ->
                                           pub/README
226 Transfer complete.
ftp> cd /pub/linux/kernel
250 CWD command successful.
ftp> ls
200 PORT command successful.
150 Opening ASCII mode data connection for file list.
-r--r--r--   1 korg   korg     18458 Mar 12 1994 COPYING
-r--r--r--   1 korg   korg     36981 Sep 16 1996 CREDITS
drwxr-xr-x   4 korg   korg      4096 Oct 5 1999 Historic
-r--r--r--   1 korg   korg     12056 Sep 16 1996 README
drwxr-xr-x   2 korg   korg      4096 Apr 14 11:55 SillySounds
drwxr-xr-x   4 korg   korg      4096 Jul 10 02:34 crypto
drwxr-xr-x  18 korg   korg      4096 Aug 7 08:04 people
drwxr-xr-x   4 korg   korg      4096 Mar 7 10:38 ports
drwxr-xr-x   3 korg   korg     12288 Aug 17 23:40 testing
drwxr-xr-x   2 korg   korg      4096 Oct 5 1999 v1.0
drwxr-xr-x   2 korg   korg     16384 Oct 5 1999 v1.1
drwxr-xr-x   2 korg   korg      4096 Oct 5 1999 v1.2
drwxr-xr-x   2 korg   korg     28672 Oct 5 1999 v1.3
drwxr-xr-x   2 korg   korg     12288 Oct 5 1999 v2.0
drwxr-xr-x   2 korg   korg     36864 Oct 5 1999 v2.1
drwxr-xr-x   2 korg   korg      4096 Jun 28 10:52 v2.2
drwxr-xr-x   2 korg   korg     16384 May 23 15:51 v2.3
drwxr-xr-x   2 korg   korg      4096 Aug 9 19:26 v2.4
226 Transfer complete.
ftp> cd v2.4
250 CWD command successful.
```

Vous constatez que les commandes **ls** et **cd** fonctionnent comme à l'accoutumée. Vous pouvez naturellement utiliser aussi les caractères génériques (*wildcard*) avec **ls** :

```
ftp> ls L*
200 PORT command successful.
150 Opening ASCII mode data connection for file list.
-rw-r--r-- 1 korg korg                0 Aug 9 19:16 LATEST-IS-2.4.0-test6
ftp> ls *test6*
200 PORT command successful.
150 Opening ASCII mode data connection for file list.
-rw-r--r-- 1 korg korg        0 Aug 9 19:16 LATEST-IS-2.4.0-test6
-rw-r--r-- 1 korg korg 18106527 Aug 9 19:16 linux-2.4.0-test6.tar.bz2
-rw-r--r-- 1 korg korg      248 Aug 9 19:16 linux-2.4.0-test6.tar.bz2.sign
-rw-r--r-- 1 korg korg 22299559 Aug 9 19:16 linux-2.4.0-test6.tar.gz
-rw-r--r-- 1 korg korg      248 Aug 9 19:16 linux-2.4.0-test6.tar.gz.sign
-rw-r--r-- 1 korg kor  g 450477 Aug 9 19:16 patch-2.4.0-test6.bz2
-rw-r--r-- 1 korg korg      248 Aug 9 19:16 patch-2.4.0-test6.bz2.sign
```

```
-rw-r--r-- 1 korg korg   537149 Aug 9 19:16 patch-2.4.0-test6.gz
-rw-r--r-- 1 korg korg      248 Aug 9 19:16 patch-2.4.0-test6.gz.sign
226 Transfer complete.
ftp> hash
Hash mark printing on (1024 bytes/hash mark).
ftp> get patch-2.4.0-test6.bz2
local: patch-2.4.0-test6.bz2 remote: patch-2.4.0-test6.bz2
200 PORT command successful.
150 Opening BINARY mode data connection for patch-2.4.0-test6.bz2
(450477 bytes).
#########
...
```

Vous voyez apparaître dans cet exemple plusieurs autres commandes : **hash** active l'affichage d'informations de progression du téléchargement, un caractère dièse (#) étant affiché tous les 1 024 octets. Si vous ne voulez télécharger qu'un fichier, par exemple le fichier `patch-2.4.0-test6.bz2`, servez-vous plutôt de la commande **get** suivie du nom du fichier. Pour transférer sur votre ordinateur plusieurs fichiers, employez la commande **mget**, au besoin également avec des caractères génériques.

Vous pouvez naturellement réaliser des téléchargements montants, de votre ordinateur vers un serveur, au moyen de la commande **put**, ou **mput** pour plusieurs fichiers. Notez que vous ne pouvez pas écrire dans n'importe quel répertoire sur un serveur FTP. Ce type de transfert est conditionné par l'emploi de droits d'accès appropriés.

Après avoir travaillé un peu avec le programme **ftp**, vous remarquerez rapidement qu'il est peu pratique. Vous pouvez utiliser à la place d'autres solutions telles que **ncftp**, qui fonctionne en mode texte, ou un programme offrant une interface graphique.

Paquet ncftp

Le paquet **ncftp**, riche en fonctionnalités, remplace avantageusement le rudimentaire **ftp**. Outre le programme principal de téléchargement, il se compose aussi des programmes **ncftpget**, **ncftpput** et **ncftpls**, ainsi que de **scftpbookmark** pour la gestion de signets et de **ncftpbatch** pour l'organisation de gros téléchargements complexes.

ncftp

Ce programme offre bien sûr toutes les fonctions de **ftp**. Une fonctionnalité pratique est la possibilité de terminer automatiquement une saisie de nom de fichier à l'aide de la touche de tabulation – comme il est possible de le faire à partir du shell standard de Debian –, ainsi que le rappel de commandes précédentes à l'aide des touches de mouvement du curseur, que vous pouvez ensuite modifier.

Lorsque vous démarrez **ncftp**, vous pouvez obtenir des informations sur les commandes disponibles à l'aide de la commande **help**. Vous pouvez saisir à la suite de **help** la commande souhaitée. La commande `help showall` affiche quelques commandes supplémentaires.

ncftpput et ncftpget

Ces deux commandes constituent une interface pour **ncftp** et peuvent être contrôlées à partir de scripts. Elles permettent respectivement de réaliser un téléchargement vers et depuis un serveur FTP.

ncftpls

Ce programme permet de lister le contenu du serveur FTP sans avoir à démarrer un programme interactif.

Programme gFTP

A la place de **ftp**, vous pouvez recourir au programme **gFTP** (voir Figure 10.24), une solution graphique puissante. Vous n'avez pas besoin de vous occuper des commandes disponibles : il suffit de procéder comme pour un gestionnaire de fichiers pour copier des fichiers ou des répertoires.

gFTP est capable de gérer plusieurs connexions FTP à la fois (*en multithread*), ce qui évite d'avoir à attendre la fin d'un premier téléchargement pour en débuter un autre. Vous pouvez également échanger des fichiers avec des serveurs FTP ou HTTP (Web). De plus, ce programme accepte le transfert de répertoires complets et les transmissions interrompues peuvent être reprises.

Voici quelques-unes de ses caractéristiques principales :

- gestion de signets et accès rapide au serveur ;
- mise en cache de répertoires ;
- support du glisser-déposer ;
- connexion en ligne de commande : `gftp` *`utilisateur`*`:`*`mot-de-passe`*`@`*`site-ftp`*`:`*`port`*`/`*`répertoire`* ;
- affichage et modification de fichiers sur le serveur distant ;
- interface utilisateur multilingue.

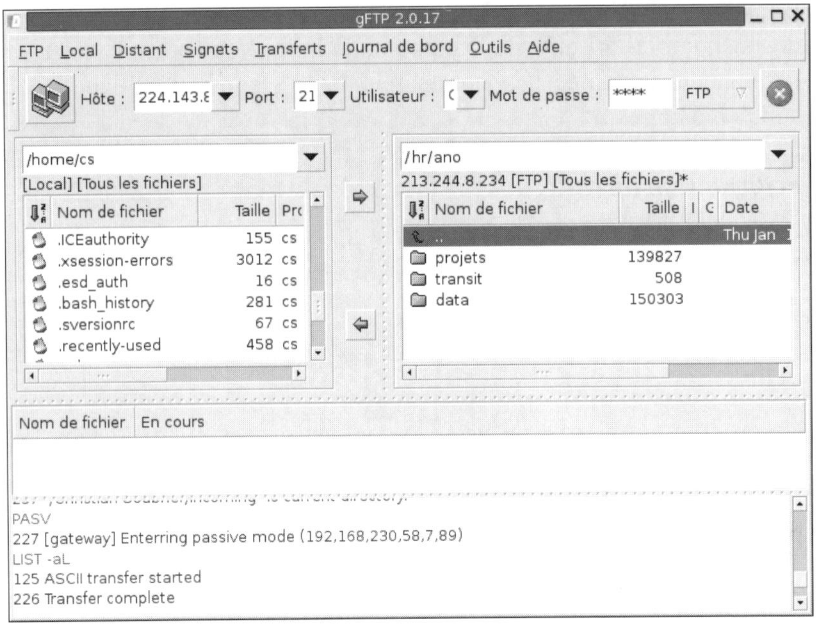

Figure 10.24
L'interface de gFTP.

Page d'accueil personnelle

Nombreux sont les fournisseurs qui offrent à leurs clients quelques mégaoctets d'espace disque pour leur page Web personnelle. Comme vous le savez, le langage véhiculaire du Web employé pour ces pages est le HTML. Les noms des fichiers se terminent habituellement par *.html* et ceux-ci peuvent être modifiés avec n'importe quel éditeur de texte.

Aujourd'hui, il est utile de posséder des rudiments de HTML. Vous trouverez une référence en ligne sur le site : *http://fr.selfhtml.org*. Elle existe également sous la forme d'un paquet Debian nommé **selfhtml**.

Si vous n'êtes pas plus que cela intéressé par les mécanismes internes du HTML, vous pouvez recourir à l'un des éditeurs décrits ci-après.

Bluefish

Bluefish (voir Figure 10.25) affiche le code source HTML des documents édités. Il vous faut donc connaître les bases du HTML. Voici quelques-unes de ses caractéristiques :

- création des pages et de leur contenu (tableaux, cadres, etc.) guidée par des assistants ;

- ouverture de fichiers directement depuis le Web ;
- génération de graphiques en vignettes et des liens associés renvoyant aux graphiques originaux ;
- création de barres d'outils personnelles ;
- gestion de projets ;
- création de boîtes de dialogue CSS ;
- référence pour PHP3, SSI et RXML ;
- mise en valeur de la syntaxe.

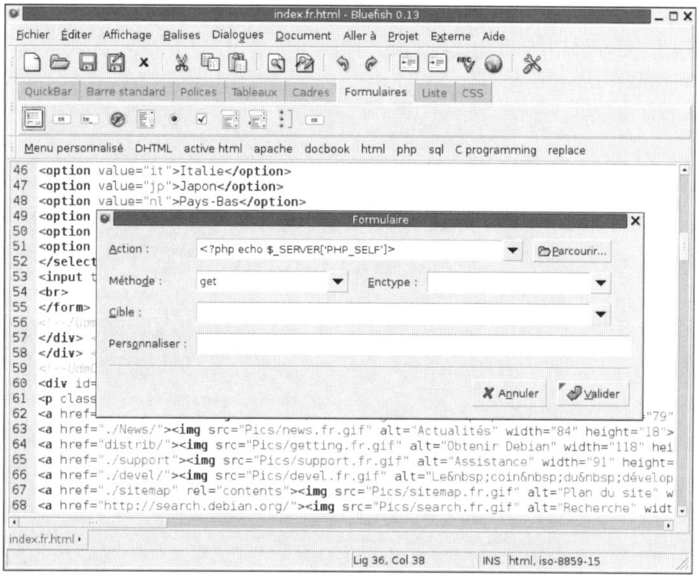

Figure 10.25
L'éditeur HTML Bluefish.

Le site de Bluefish est *http://bluefish.openoffice.nl*.

Lorsque vous marquez du texte et sélectionnez une fonction, il se retrouve encadré par le code HTML correspondant à votre sélection. Si aucun texte n'est sélectionné, le code est simplement inséré à la position du curseur, celui-ci se retrouvant entre le début et la fin du code.

A l'aide du menu, vous pouvez insérer n'importe quel caractère spécial du standard HTML 3.2 en un clic de souris. En revanche, cela n'est pas possible avec le HTML 4.0

car ce standard autorise un nombre illimité de caractères spéciaux. Les feuilles de styles CSS (*Cascading Style Sheet*) sont supportées dans la version 1. CSS2 n'est pas géré par la plupart des navigateurs.

Bluefish mémorise les couleurs, les URL, et les polices selon le projet créé. Lorsque vous ouvrez un projet existant, vous retrouvez tous les paramètres de la précédente session, lesquels peuvent être modifiés au moyen de l'éditeur de projets.

Netscape Composer

Avec Netscape Composer (voir Figure 10.26), vous vous trouvez au niveau supérieur dans l'édition de pages Web. Il fonctionne tel un traitement de texte et permet de modifier directement le contenu des pages dans le mode WYSIWYG. Vous avez un aperçu réel du résultat sans avoir à démarrer le navigateur.

Si vous avez déjà travaillé avec un traitement de texte, vous vous familiariserez rapidement avec ce programme et pourrez très rapidement construire une page personnelle.

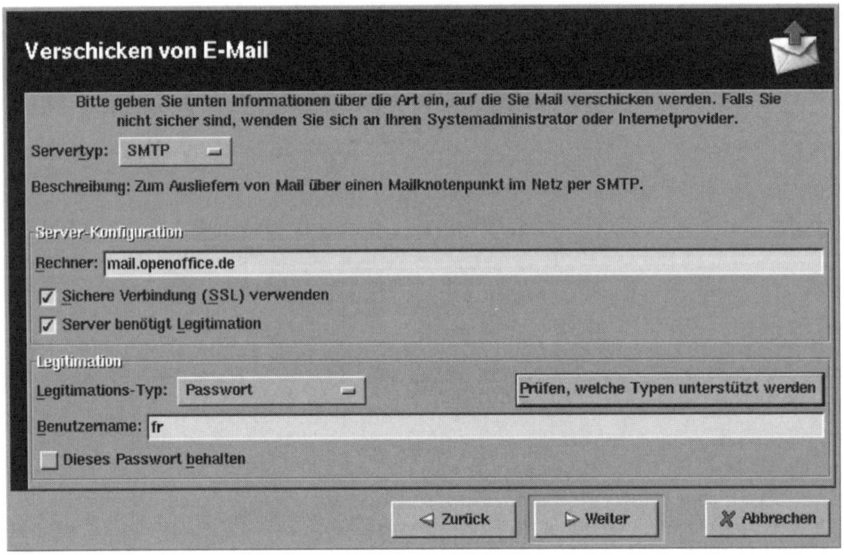

Figure 10.26
Netscape Composer.

Screem

Screem (voir Figure 10.27) est un programme de création et de gestion de pages Web. Les balises HTML peuvent être facilement insérées au moyen d'une liste, et des outils vous assistent dans la génération de tableaux et de styles. Ce programme utilise des plug-in et ses fonctionnalités peuvent être facilement étendues. Il est basé sur GNOME et GTK+.

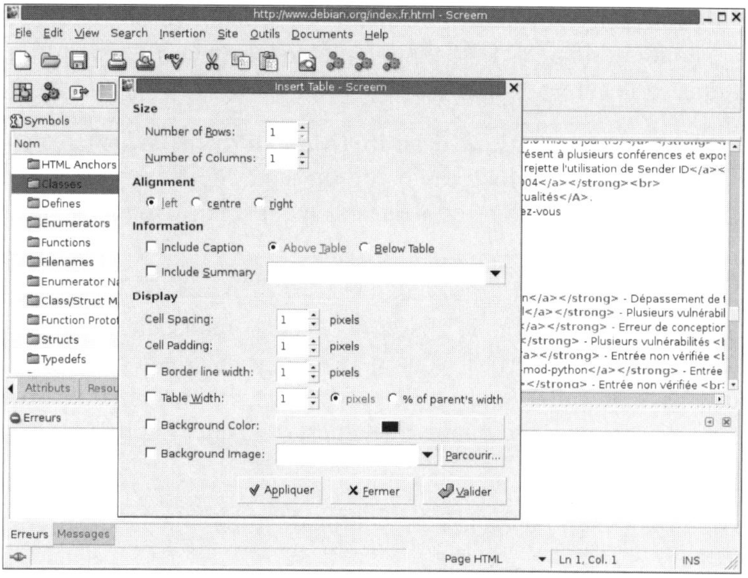

Figure 10.27
Screem.

L'éditeur

L'éditeur intégré dispose d'une variété de fonctions qui simplifient le travail de l'auteur.

- **Mise en valeur de la syntaxe.** Les balises HTML sont codées en couleur, ce qui permet de repérer facilement les balises de début et de fin. Les balises sont groupées et vous pouvez utiliser une couleur d'avant-plan et d'arrière-plan pour chaque groupe.
- **Balisage en ligne.** Au cours de la saisie d'une balise, un menu flottant apparaît avec les valeurs possibles, balise ou attribut de balise. Pour faire apparaître ce menu lorsque vous en avez besoin, placez-vous juste avant le caractère de fin (>) d'une balise et appuyez sur la barre d'espacement. Le menu disparaît après votre sélection. Si l'option est désactivée, vous pouvez la configurer dans la fenêtre des préférences.
- **Menu contextuel.** Un clic droit n'importe où dans l'éditeur permet d'ouvrir un menu contextuel. Vous pouvez enregistrer une page, en générer une nouvelle, copier/coller des éléments, etc. Lorsque la souris se trouve dans une balise, le nom de la balise apparaît dans le menu telle une option. Elle donne accès à une liste des

attributs valides (voir le point précédent), et chacun des attributs donne aussi accès à un menu qui présente les attributs de la balise pouvant être modifiés. Lorsque vous chargez un document Java, un menu approprié apparaît.

- **Remplissage automatique (*Auto completion*).** Lorsque vous tapez le caractère "signe inférieur" (<), l'éditeur tente de terminer la saisie jusqu'à ce que vous introduisiez le caractère de fin (>).
- **Insertion automatique d'entité (*Auto entity insertion*).** Lorsque vous saisissez des caractères qui ne font pas partie du jeu ASCII normal, comme un tréma, ils sont automatiquement convertis dans la syntaxe HTML appropriée.

Glisser-déposer

Screem gère la fonction de glisser-déposer à l'intérieur du programme, mais aussi avec des programmes externes. Vous pouvez ainsi facilement cliquer sur un élément et le faire glisser jusqu'à l'endroit de votre choix. Par exemple, si vous glissez-déposez un fichier à partir du gestionnaire de fichiers, vous insérez un nom de fichier relatif dans la page en cours.

Si vous déposez un objet avec le bouton du milieu, vous disposez d'options supplémentaires :

- **Insertion du nom de fichier relatif.** Convertit le nom de chemin complet du fichier en un nom relatif à la position du document actuel.
- **Insertion du nom de fichier absolu.** Le chemin complet est inséré dans la page.
- **Insertion d'une balise.** Cette option ajoute une balise HTML dépendante du type de fichier. S'il s'agit d'un fichier HTML, un lien est généré. Avec un graphique, une balise image est insérée. Lorsque le type de fichier n'est pas reconnu, le programme génère un lien.
- **Insertion d'attribut de balise.** Lorsque, par exemple, vous choisissez une couleur à partir de la palette et la faites glisser dans une balise, le programme insère l'attribut **color=** avec le code de couleur approprié.
- **Insertion en ligne.** Cette option insère directement le contenu du fichier dans la page.

Prévisualisation

Screem peut afficher directement la page en cours de développement. Vous n'avez pas besoin de programme externe. Actuellement, le programme utilise GtkXmHtml, un composant de GTK+. Malheureusement, ce composant utilise davantage HTML 3.2 et pas complètement HTML 4.0. Il sera probablement modifié pour Mozilla dans le futur, ce qui réglera le problème. En attendant, vous pouvez aussi recourir à un programme externe.

Navigateur externe

Pour prévisualiser votre page au moyen d'un navigateur externe, vous devez d'abord enregistrer vos modifications.

Vous avez la possibilité de configurer trois navigateurs externes à partir de la fenêtre des préférences du menu d'édition, en plus du navigateur standard de GNOME. La première fois, vous devez spécifier les noms des programmes voulus et leur emplacement. Si vous décidez ultérieurement de modifier un choix, il suffira de faire un clic droit sur l'icône appropriée dans la barre d'outils.

Arborescence de fichiers

L'arborescence de fichiers n'est utilisée que lorsque vous travaillez sur un site composé de plusieurs fichiers et non sur une seule page personnelle. Vous pouvez ainsi charger les fichiers dans l'éditeur ou y accéder au moyen de programmes externes. Vous pouvez également copier, renommer et déplacer des fichiers.

Lorsque vous travaillez sur un projet et modifiez des liens (en renommant un fichier, par exemple), vous n'avez pas besoin de fouiller dans tous vos fichiers pour rechercher tous les liens concernés : le programme s'en charge pour vous et apporte la modification dans tous les fichiers du site.

Si vous faites un clic droit dans l'arborescence, vous obtenez un menu par l'intermédiaire duquel différentes actions peuvent être exécutées : génération d'une nouvelle page, modification de noms, suppression de fichiers et de répertoires, et même ouverture de fichiers.

Arborescence de balises

A l'aide de cette option, vous pouvez rapidement accéder à toutes les fonctions du langage HTML. Si vous avez installé Bluefish, vous pourrez aussi accéder à celles de PHP3, RXML et SSI.

Les entrées de cette liste sont lues à partir du fichier */usr/lib/screem/screem.tagtree*. Vous pouvez compléter celui-ci à l'aide de l'éditeur. Si vous créez un fichier *~/.screem/.tagtree* et y apportez des modifications, elles seront prises en compte dans la liste.

Lorsque vous cliquez sur une fonction, le programme l'insère et le curseur est placé directement entre les caractères de marquage. Si du texte a été sélectionné avant, il est inclus dans le marquage.

Assistant de téléchargement

A l'aide de l'assistant de téléchargement, vous pouvez facilement actualiser vos pages sur Internet. Vous devez pour cela indiquer l'adresse, la méthode de transfert, le chemin, l'identifiant et le mot de passe utilisateur. Pour procéder au transfert, l'assistant utilise le programme Sitecopy. Notez que les fichiers requis seront aussi copiés dans le répertoire *~/.sitecopy.*

Assistant d'images

L'assistant d'images vous aide lors de l'insertion de graphiques ou d'autres types d'images dans vos pages. Le programme offre une prévisualisation de l'image et indique sa taille (en pixels ou en octets). Le programme peut également automatiquement réduire la taille du fichier graphique et le placer à l'endroit voulu dans le système de fichiers.

Assistant de galerie

Cet outil sert à générer une galerie d'images à partir d'un répertoire contenant les fichiers appropriés. Vous pouvez indiquer le nombre de lignes et de colonnes qui doivent apparaître sur une page. Au besoin, plusieurs pages seront automatiquement créées et les liens adéquats seront générés. Une version réduite est créée pour chaque image et un clic de souris permet d'afficher l'image dans sa taille originale.

Vous pouvez utiliser cette fonction sans avoir ouvert de page ni de projet.

Chiffrement

PGP (*Pretty Good Privacy*)

Le logiciel PGP a été pendant de nombreuses années le standard de prédilection pour le chiffrement. Il a été principalement utilisé pour le cryptage du courrier, même si d'autres données peuvent également en bénéficier. Son fonctionnement se fonde sur l'emploi de clés numériques et permet ainsi un échange sûr de données, même entre personnes qui ne se sont jamais rencontrées auparavant. En raison de la disponibilité de son code source, PGP a été porté par des programmeurs du monde entier sur pratiquement toutes les plates-formes.

PGP emploie les algorithmes IDEA et RSA, qui ont malheureusement été longtemps protégés par des brevets. De ce fait, des solutions de remplacement totalement libres vu le jour, et leur développement a depuis été tellement poussé que nous avons choisi de renoncer à la description de PGP, au profit du programme GnuPG. Dans l'intervalle, le brevet de RSA a expiré et GnuPG peut ainsi exploiter cet algorithme.

GnuPG

GnuPG (*GNU Privacy Guard*) est une solution complète et libre qui remplace PGP. L'algorithme IDEA n'est pas utilisé, car ainsi GnuPG peut être exploité sans limite. GnuPG implémente le standard OpenPGP, qui a été développé à partir des formats de PGP 5.x et 6.x. La page d'accueil du programme est *http://www.gnupg.org*.

GnuPG se distingue par les caractéristiques suivantes :

- Solution qui remplace totalement PGP.
- Aucun processus sous brevet n'est utilisé.
- Diffusé dans le cadre de la licence GNU GPL.
- Utilisation possible en tant que programme de filtrage.
- Implémentation complète d'OpenPGP.
- Fonctionnalités de sécurité étendues par rapport à PGP.
- Cryptage et décryptage de données au format PGP 5.x.
- ElGamal (signature et chiffrement), DSA, 3DES, Blowfish, Twofish, CAST5, MD5, SHA-1.
- RIPE-MD-160 et TIGER sont supportés.
- Implémentation simple de nouveaux processus au moyen de modules d'extension.
- Identifiant d'utilisateur généré au format standard.
- Fonction de péremption des clés.
- Introduction en plusieurs langues (anglais, français, allemand, italien, polonais, portugais du Brésil, russe et espagnol).
- Aide en ligne.
- Destinataire anonyme.

- Support intégré pour l'utilisation d'un serveur de clés (*http://wwwkeys.pgp.net*).

Pour échanger des messages chiffrés, vous devez d'abord générer une paire de clés, l'une privée et l'autre publique. Il faut vous aussi utiliser un programme de courrier approprié, qui doit accepter le chiffrement de messages à l'aide de PGP/GnuPG, par exemple Mutt ou Spruce. Lorsque vous souhaitez communiquer avec une personne, demandez-lui sa clé publique et envoyez-lui la vôtre.

Vous pouvez ensuite envoyer des messages en les chiffrant au moyen de la clé publique du destinataire et en les signant avec votre clé privée. Seul le destinataire pourra lire vos messages car seule sa clé privée pourra décoder le message chiffré avec sa clé publique. Votre clé publique lui sert à vérifier votre signature et garantit que vous êtes bien l'expéditeur.

Ce processus ne vous prémunit toutefois pas contre les clés falsifiées. Pour être sûr qu'une clé publique provient réellement de la personne voulue, il faut disposer d'un moyen permettant de vérifier l'identité de la personne. L'idée est de faire signer sa clé publique par différentes personnes. Pour cela, vous devez rencontrer des personnes utilisant GnuPG/PGP et leur remettre votre clé publique (sur disquette) en prouvant votre identité. Si vous ne connaissez personne qui utilise GnuPG/PGP, tournez-vous vers un groupe d'utilisateurs Linux à proximité de chez vous. Vous trouverez certainement quelqu'un pour qui la sécurité des communications est importante.

Génération d'une paire de clés

Avec la commande `gpg --gen-key`, vous générez une nouvelle paire de clés :

```
prd5:~# gpg --gen-key
gpg (GnuPG) 1.2.4; Copyright (C) 2003 Free Software Foundation, Inc.
This program comes with ABSOLUTELY NO WARRANTY.
This is free software, and you are welcome to redistribute it
under certain conditions. See the file COPYING for details.
gpg: /root/.gnupg: répertoire créé
gpg: nouveau fichier de configuration '/root/.gnupg/gpg.conf' créé
gpg: le porte-clés '/root/.gnupg/secring.gpg' a été créé
gpg: le porte-clés '/root/.gnupg/pubring.gpg' a été créé
Sélectionnez le type de clé désiré:
   (1) DSA et ElGamal (par défaut)
   (2) DSA (signature seule)
   (4) RSA (signature seule)
Votre choix ?
```

Vous pouvez choisir ici entre différentes clés, les valeurs proposées étant tout à fait adéquates. Acceptez simplement ces options :

```
La paire de clés DSA fera 1024 bits.
Préparation à la génération d'une nouvelle paire de clés ELG-E.
```

```
            la taille minimale est  768 bits
            la taille par défaut est 1024 bits
        la taille maximale conseillée est 2048 bits
Quelle taille de clé désirez-vous ? (1024)
```

Vous pouvez choisir la longueur de la clé à générer. Une clé plus longue est plus difficile à forcer, mais elle allonge les temps de traitement lorsque l'on travaille avec. Une longueur de 1024 bits est raisonnable.

```
La taille demandée est 1024 bits
Spécifiez combien de temps cette clé devrait être valide.
         0 = la clé n'expire pas
      <n>  = la clé expire dans n jours
      <n>w = la clé expire dans n semaines
      <n>m = la clé expire dans n mois
      <n>y = la clé expire dans n années
La clé est valide pour ? (0)
```

GnuPG possède une fonction de péremption des clés. Par exemple, si des employés sont engagés pour une durée temporaire, vous pouvez souhaiter qu'ils ne puissent plus utiliser leur clé une fois leur contrat terminé. Normalement, vous n'avez pas besoin de cette fonction pour une clé privée.

```
La clé n'expire pas du tout
Est-ce correct (o/n) ? o

Vous avez besoin d'un nom d'utilisateur pour identifier votre clé; le
programme le construit à partir du nom réel, d'un commentaire et d'une
adresse e-mail de cette manière:
   « Heinrich Heine (Der Dichter) <heinrichh@duesseldorf.de> »

Nom réel: Quentin Tarentin
Adresse e-mail: quentin@prd4.freen.fr
Commentaire:
Vous avez sélectionné ce nom d'utilisateur:
    "Quentin Tarentin <quentin@prd4.freen.fr>"

Changer le (N)om, le (C)ommentaire, l'(E)-mail ou (O)K/(Q)uitter ? o
```

Indiquez au moins votre nom et votre adresse e-mail. Vous avez à présent besoin d'un mot de passe pour protéger votre clé privée. Indiquez-le.

```
Un grand nombre d'octets aléatoires doit être généré. Vous devriez faire
autre chose (taper au clavier, déplacer la souris, utiliser les disques)
pendant la génération de nombres premiers ; cela donne au générateur de
nombres aléatoires une meilleure chance d'avoir assez d'entropie.
+++++++++++++++...+++++..++++++++++.+++++++++++++++++++++++++..
+++++++++++++++++++++++++..+++++++++++++++++++++++++.++++++++++...
+++++++++++++++>++++++++++...............................+++++
Un grand nombre d'octets aléatoires doit être généré. Vous devriez faire
autre chose (taper au clavier, déplacer la souris, utiliser les disques)
pendant la génération de nombres premiers; cela donne au générateur de
```

```
nombres aléatoires une meilleure chance d'avoir assez d'entropie.
++++++++++.+++++.+++++++++++++++..++++++++++.++++++++++++++++++++++++.
++++++++++.+++++++++++++++...++++++++++.++++++++++.++++++++++..+++++..
+++++.......................>+++++.................+++++^^^^^^^^^^^
gpg: /root/.gnupg/trustdb.gpg: base de confiance créée
Les clés publique et secrète ont été créées et signées.
Clé marquée comme ayant une confiance ultime.
pub  1024D/6DCAD389 2005-03-18 Quentin Tarentin <quentin@prd4.freen.fr>
 Empreinte de la clé = B77E F241 2415 34BD 1A8E  076A CF20 D2F7 6DCA D389
sub  1024g/C99CBBCE 2005-03-18
```

GnuPG a généré la paire de clés à partir des informations indiquées et les place dans le répertoire *~/.gnupg*, dans votre répertoire d'accueil. Voilà qui termine la création des clés.

Gestion des clés

Cette section présente les étapes fondamentales de la gestion de clés. Pour plus d'informations, rendez-vous sur la page *http://www.gnupg.org/(fr)/documentation/guides.html*.

Echange de clés

Nous l'avons vu précédemment, si vous voulez communiquer avec une personne, vous et cette personne devez procéder à un échange mutuel de clés publiques. Cela peut se faire par e-mail, par l'entremise d'un serveur de clés, ou par transfert direct de personne à personne. Pour obtenir une liste des clés qui composent votre trousseau, utilisez l'option de commande **--list-keys**. Toutes vos clés seront affichées. La recherche peut être limitée par l'emploi d'un nom.

```
prd5:~# gpg --list-keys
pub  1024D/6DCAD389 2005-03-18 Quentin Tarentin <quentin@prd4.freen.fr>
sub  1024g/C99CBBCE 2005-03-18

pub  1024D/C9DC8EE0 2005-02-18 Jules Ejimme <je@prd5.freen.fr>
sub  1024g/803E44E8 2005-02-18
```

La liste peut être longue lorsque l'on a déjà distribué plusieurs clés publiques ou ajouté divers identifiants.

Exportation d'une clé publique

Pour envoyer une clé publique à quelqu'un, vous devez d'abord l'exporter à l'aide de l'option **--export**. Pour identifier la clé, il faut utiliser l'identifiant ou n'importe quelle partie de l'identifiant de l'utilisateur.

```
prd5:~# gpg --output tarentin.gpg --export Tarentin
```

La clé est normalement exportée au format binaire, ce qui parfois n'est pas souhaitable – si l'on souhaite la communiquer par e-mail ou sur une page Web. GnuPG possède une option **--armor** qui permet de générer la clé au format ASCII. D'une manière générale, toute sortie générée par GnuPG – des clés, des documents chiffrés ou des signatures, par exemple –, peut être représentée au format ASCII au moyen de cette option.

```
prd5:~# gpg --armor --export Tarentin
-----BEGIN PGP PUBLIC KEY BLOCK-----
Version: GnuPG v1.2.4 (GNU/Linux)

mQGiBEI6xDIRBACsJI9P64JlyAEPWDd1E3/uu5SaoJA7x/LLdqKPXcxgr6KtON0E
EUYtoC3zLgyIULoe7eRoPZoTl3aHC++U2tdEY91k7b2snRwIN+WJ7i70YoMfM7kn
8ixbJfw28MjX8QSW2FjnuIjdw8BBUpHZQ5RFI7r2bW+4XGeskFzt4wyGZwCg4pa9
Hio2aL03yDzev1wO3sVdLYEEAKeEiMeNbVwXYcFdqS8FEYmLbDuoW9Yw6LZ6eJSi
MDNmdBgfo25/nksdgmG0WW4h7uV7JHZ33ruCsM3CnbgJvGl0KMeOImhgbV3xeo5r
5/nvTJW8mE5+rvuZGuk5XU8jBo/1Wz+FBo1hIeyR7gpw+YGqvVoqENTEhK9Z0Kbs
VwgmBACSdqSanhQjKMv70U7D4RJnGy/7dqoMqajhQUFBMNXZcTRgFkfFNMVp2PJ4
aKdHlAJjAsfKN6JS7/jpG2YKPaiWK17qqa4bAAZEgM//GNEzLMQ4nGtUBqrakPWl
zgCfFJ7/KWpJnwyHx3am02LvuGMiSpVJod+pwALJhqQ5zrVq8rYAAABGUXVlbnRp
biBUYXJlbnRpbiAoUGFzIGQnb21lbGV0dGUgc2FucyBjYXNzZXIgZGVzIG9ldWZz
KSA8cXVlbnRpbkBwcmQ0PoheBBMRAgAeBQJCOsQyAhsDBgsJCAcDAgMVAgMDFgIB
Ah4BAheAAAoJEM8g0vdtytOJF+UAoMcwv5Isw0eRGwxZnHqk/dzewP0uAJ4xwH2D
uJqmkotP90fp5XB23lPaWbkBDQRCOsQ0EAQApuJrAKg8lExipp7kKC/SeNqFj9cF
4qJHtD1r742WVYMgq6T+b2SKyx7KWUIDVLmdyE5/ufYNglPYsGkh2P8yF55dc3U2
CKkJV/lJOcgigBAjrcQiepzSNyPHLtGXhRb5LePpekOEIsX3HOiY+L6Fy11eLbWH
QEXumdOfNhVE/6cABA0D/3Woba6Rjw19c+6lWpN9y9gwWs1zBxb8FFVd9p3H9cmp
62mS2K1tmZARdVvfRP1+hSCr4P5eM9/0UZCKW03hJJgIS7HqnzMyPIgIui72GJBV
Hcnjm4XGWHPJSK272R9WZ4cZAxKZaV8/lhrhx+ZdWw1gh9OQioU5dKXoKhrt1Fvx
iEkEGBECAAkFAkI6xDQCGwwACgkQzyDS923K04l5qgCfVhIMcR8g/LjfHgmanLMb
eKl1HKAAoJx2UxIZmxY62Crz/UDZ18eFXtzA
=U+vW
-----END PGP PUBLIC KEY BLOCK-----
```

Importation d'une clé publique

Une clé publique peut être ajoutée à votre trousseau de clé avec l'option **--import**.

```
prd5:~$ gpg --import /tmp/frank.gpg
gpg: clé 88F88F8F: clé publique importée
gpg:        Quantité totale traitée: 1
```

Lorsque vous importez une clé, il faut en vérifier l'authenticité. GnuPG fonctionne avec un modèle de confiance souple qui ne vous demande pas d'authentifier personnellement toutes les clés importées. Cela peut néanmoins être nécessaire pour quelques clés. Pour authentifier une clé, il faut contrôler l'empreinte de la clé puis signer la clé pour en confirmer la validité. L'empreinte d'une clé peut être vérifiée à l'aide de l'option **--fingerprint**, et la clé sera validée au moyen de l'option **--edit-key**.

```
prd5:~# gpg --edit-key ejimme
gpg (GnuPG) 1.2.4; Copyright (C) 2003 Free Software Foundation, Inc.
```

```
This program comes with ABSOLUTELY NO WARRANTY.
This is free software, and you are welcome to redistribute it
under certain conditions. See the file COPYING for details.

pub  1024D/C9DC8EE0  créée: 2005-03-18 expire: jamais     confiance: -/q
(1). Jules Ejimme <je@aiv.pce.com>

Commande> fpr
pub  1024D/C9DC8EE0 2005-03-18 Jules Ejimme <je@aiv.pce.com>
 Empreinte de la clé : F561 586D 9CBF 42CA 4104  B259 7EB3 6A62 C9DC 8EE0
```

Pour contrôler une empreinte, vous devez contacter le propriétaire de la clé concernée et la comparer avec la sienne. Cela peut se faire par n'importe quel moyen, téléphone ou autre, tant que vous êtes sûr qu'il s'agit de la bonne personne. Si les empreintes concordent, vous pouvez alors être sûr que vous détenez une copie identique de sa clé publique.

Après cette vérification, vous pouvez signer la clé pour valider l'authentification. Etant donné que la vérification de clé représente un point faible en matière de cryptographie par clé publique, montrez la plus grande prudence et vérifiez toujours l'empreinte avec le propriétaire avant de signer une clé.

```
Commande> sign

pub  1024D/C9DC8EE0  créée: 2005-03-18 expire: jamais     confiance: u/u
 Empreinte de la clé : F561 586D 9CBF 42CA 4104  B259 7EB3 6A62 C9DC 8EE0

     Jules Ejimme <je@aiv.pce.com>

Avec quel soin avez-vous vérifié que la clé que vous allez signer
appartient réellement à la personne susnommée ? Si vous ne savez
quoi répondre, entrez "0".

   (0) Je ne répondrai pas. (par défaut)
   (1) Je n'ai pas vérifié du tout.
   (2) J'ai un peu vérifié.
   (3) J'ai vérifié très soigneusement.

Votre sélection ? (entrer '?' pour plus d'informations): 2
Etes-vous vraiment sûr(e) que vous voulez signer cette clé
avec la vôtre : "Quentin Tarentin <quentin@prd4.freen.fr>" ? (6DCAD389)

Signer réellement ?
```

Vous pouvez à tout moment contrôler une signature que vous avez faite. Chaque utilisateur identifié possède une ou plusieurs certifications, ainsi qu'une signature de chaque utilisateur qui a authentifié la clé.

```
Befehl> check
uid Jules Ejimme <je@aiv.pce.com>
sig!  887EB817 2000-12-12  [auto-signature]
sig!  9B668109 2001-01-26  P. Lambert <drig@via.cpe.com>
```

```
sig!  801EA932 2001-04-02  Martin Talle <martt@technu.tap.com>
sig!  13282FF2 2000-12-18  Didier Rassel <rassel@informa.com>
```

Distribution d'une clé

L'idéal est de remettre personnellement une clé à un correspondant. Dans la pratique, les clés sont souvent communiquées par e-mail ou un autre moyen de communication électronique. Une distribution de clé par e-mail est tout à fait acceptable s'il s'agit de quelques correspondants seulement. Pour diffuser une clé à plus grande échelle, vous pouvez le faire sur une page Web. Cela suppose toutefois que les correspondants doivent savoir où se procurer votre clé.

Pour résoudre ce problème, il existe des serveurs de clés qui conservent les clés publiques et les distribuent. Une nouvelle clé publique est alors ajoutée dans la base de données du serveur ou associée à une clé éventuellement déjà présente. Lorsqu'une demande de clé est reçue, le serveur recherche dans la base de données et envoie dans sa réponse la clé voulue si sa recherche a abouti.

Pour envoyer une ou plusieurs clés à un serveur de clés, vous pouvez utiliser l'option **--send-keys**. L'option attend un identifiant de clé ou d'utilisateur en argument, puis transmet la clé. Le serveur est spécifié avec l'option **--keyserver**. Et pour obtenir une clé d'un serveur, il faut employer l'option **--recv-key**. Vous devez dans ce cas indiquer l'identifiant de la clé voulue.

Voici un exemple de commande pour envoyer une clé publique sur un serveur :

```
prd5:~$ gpg --keyserver wwwkeys.eu.pgp.net --send-key 6DCAD389
```

Et voici comment demander une clé existante :

```
prd5:~$ gpg --keyserver wwwkeys.eu.pgp.net --recv-key 86574ACA
```

Il existe de nombreux serveurs de clés dans le monde, outre celui cité dans l'exemple. Les plus grands serveurs se synchronisent mutuellement. Le mieux est de choisir un serveur sur Internet avec une bonne accessibilité, et de changer régulièrement les clés.

GnuPG et Mutt

Si vous vous aidez du fichier d'exemple, l'association de GnuPG au programme de courrier Mutt est simple à réaliser. Si vous n'avez pas besoin de paramètres individuels, il suffit d'ajouter la ligne suivante dans le fichier *~/.muttrc* :

```
source /usr/share/doc/mutt/examples/gpg.rc
```

Vous pouvez également faire une copie du fichier d'exemple dans votre répertoire d'accueil et adapter les valeurs à vos besoins.

11

Impression

Au sommaire de ce chapitre :

- ✔ CUPS
- ✔ Impression de polices True Type
- ✔ Imprimante de réseau

De la longue histoire du développement d'Unix sont nés deux systèmes d'impression importants : LPD (*Line Printer Daemon*) de Berkeley et LP (*Line Printer*) d'AT&T. Tout au long de ces années, d'autres systèmes ont aussi vu le jour, comme LPRng, mais ils n'ont pas introduit de réels changements par rapport aux fonctionnalités de base.

Les anciens systèmes d'impressions posaient parfois problème en raison de leurs fonctionnalités limitées. Pour pallier les difficultés, certains programmeurs prenaient l'initiative de leur greffer des extensions, mais le problème de fond restait le même.

Puis est apparu CUPS (*Common Unix Printing System*), développé par la société Easy Software Products et distribué sous licence GPL (LGPL pour l'API). CUPS s'appuie sur le protocole IPP (*Internet Printing Protocol*) et présente les habituels outils en ligne de commande de System V et Berkeley qui servent à l'impression, tout en apportant un lot de fonctionnalités performantes.

Il est bien entendu toujours possible de mettre en œuvre l'un des systèmes d'impression traditionnels dont la configuration peut être réalisée au moyen de divers programmes.

CUPS

Les anciens systèmes évoqués précédemment (LPD est décrit dans le RFC 1179), conçus dans les années 1970, répondaient aux exigences des techniques d'impression de l'époque (imprimantes matricielles, par exemple). Les différents fabricants de versions commerciales d'Unix leur ont occasionnellement incorporé quelques fonctionnalités supplémentaires, mais rien de significatif.

D'autres systèmes ont naturellement été développés depuis, pour tenter de les remplacer, tels LPRng, Palladin ou PLP, mais ils n'ont pas non plus apporté de modifications ou d'améliorations fondamentales.

Nous avons assisté ces dernières années à diverses tentatives de définition de nouvelles interfaces standard, parmi lesquelles le standard POSIX de l'IEEE (*Institute of Electrical and Electronics Engineers*), également intitulé IEEE 1387.4, ou encore le protocole IPP (*Internet Printing Protocol*), émanant du groupe de travail PWG (*Printer Working Group*) de l'IETF (*Internet Engineering Task Force*). POSIX intègre, entre autres fonctionnalités, des outils en ligne de commande ainsi qu'une interface en C pour la gestion de l'impression et des travaux (*jobs*).

Le protocole IPP définit des extensions au protocole HTTP 1.1 (RFC 2616) pour permettre d'imprimer en réseau. La version 1.0 du protocole a été acceptée en tant que RFC d'expérimentation par l'IETF (en octobre 1999). Depuis, le groupe de travail PWG a élaboré une spécification étendue pour la version 1.1, laquelle est recommandée comme norme par l'IETF. A l'inverse de POSIX, IPP jouit du soutien de l'industrie dans le monde entier et semble réussir à s'imposer en tant que solution d'impression en réseau pour tous les systèmes d'exploitation.

Parmi les interfaces matérielles qu'il gère, CUPS (*Common Unix Printing System*) accepte IPP 1.1 et constitue ainsi un système d'impression complet et moderne pour les systèmes de la famille Unix. Il bénéficie aussi d'un vaste support du secteur industriel et prend même en charge les périphériques et protocoles les plus récents, tout en assurant une compatibilité avec les applications existantes. C'est un logiciel libre qui peut être exploité selon les termes de la GPL et de la LGPL.

Paquets

Voici les paquets Debian relatifs à CUPS :

cupsys Serveur CUPS.

cupsys-bsd Commandes BSD pour CUPS.

cupsys-client Commandes System V pour CUPS.

qtcups Administration CUPS basée sur Qt.

cupsys-driver-gimprint Pilote d'imprimante gimp-print pour CUPS.

gtklp Administration CUPS basée sur GTK.

kups Administration CUPS basée sur KDE.

Il existe d'autres paquets dépendant de ceux précités qui concernent principalement des bibliothèques.

Après l'installation des paquets appropriés vous disposez d'un système d'impression CUPS déjà pratiquement prêt à l'emploi. Il faut penser à accorder un accès administratif aux utilisateurs voulus en les ajoutant au groupe **lpadmin** qui aura été créé lors de l'installation.

Dans la configuration de base, seuls sont autorisés les accès administratifs depuis le système local, ceci pour des raisons de sécurité. Ce comportement peut être modifié dans le fichier */etc/cups/cupsd.conf*. Vous trouverez les restrictions d'accès en fin de fichier. Veillez à n'autoriser les accès qu'à partir de systèmes autorisés ou activez un mécanisme d'authentification.

Pilotes

Le paquet CUPS contient les pilotes pour les imprimantes LaserJet ou DeskJet HP, ainsi que Stylus Color et Stylus Photo d'Epson.

Intégration avec Samba

Il est possible de faire collaborer Samba et CUPS pour mettre à la disposition des clients Windows le système d'impression et les imprimantes associées. Il y a deux façons de configurer ce type d'accès.

Samba peut utiliser le système d'impression System V. Cette solution impose que l'on modifie le fichier de configuration de Samba */etc/samba/smb.conf* de la manière suivante :

```
[global]
  printing = sysv
  printcap name = lpstat

[printers]
  lpq command = /usr/bin/lpstat %p
  lprm command = /usr/bin/cancel %p-%j
  print command = /usr/bin/lp -d%p -oraw %s ; /bin/rm -f %s
```

Pour que la configuration fonctionne, le paquet **cupsys-client** doit être installé.

L'autre solution tire parti du fait que les versions récentes de Samba peuvent directement gérer les impressions *via* CUPS. Le fichier de configuration de Samba doit alors être modifié ainsi :

```
[global]
  printing = cups
  printcap name = /etc/printcap.cups
```

Connexions indésirables

CUPS supporte le processus d'exploration, ou *browsing*, dont le fonctionnement se fonde sur l'envoi de requêtes broadcast (utilisant une adresse broadcast) pour découvrir les autres serveurs et imprimantes CUPS du réseau, afin de les présenter aux clients. L'inconvénient de cette fonction est qu'elle peut entraîner l'activation involontaire de la fonction Dial-On-Demand et l'établissement d'une connexion par numérotation lors de l'envoi de messages avec l'adresse broadcast globale (255.255.255.255), ce qui provoquera inévitablement une augmentation considérable des coûts de communication. Cette fonction est donc par défaut désactivée. Si vous souhaitez l'utiliser, choisissez l'adresse de broadcast appropriée pour votre LAN.

Lorsque vous utilisez l'instruction **enable** du paquet **cupsys-client**, il peut se produire un conflit avec la commande du même nom de l'interpréteur **bash**. Pour éviter ce problème, vous pouvez recourir à la commande **cupsenable**, dont le comportement est similaire. Pour préserver la cohérence avec celle-ci, il existe aussi les commandes **cupsdisable**, **cupsaccept** et **cupsreject**.

Conception

A l'instar des autres systèmes d'impression, CUPS bénéficie également d'un processus central qui gère les tâches d'impression, prend en charge les commandes administratives et relaye les informations d'état (voir Figure 11.1).

Planificateur

Le planificateur CUPS est un serveur qui propose une interface graphique basée sur HTTP 1.1, laquelle, d'une part, prend en charge les tâches d'impression, et d'autre part, offre des fonctions de gestion et la possibilité de surveiller le système d'impression.

Il permet d'administrer la liste des imprimantes disponibles sur le réseau et d'organiser la gestion des filtres et des diverses interfaces matérielles (*backends*) pour les différentes imprimantes.

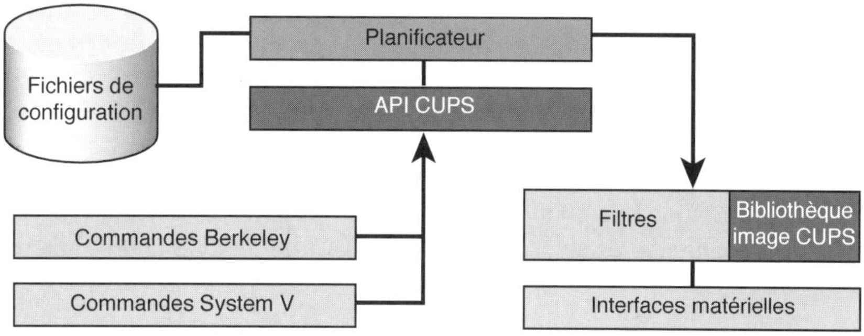

Figure 11.1
Schéma organisationnel de CUPS.

Fichiers de configuration

Les fichiers de configuration traitent plusieurs aspects du système :

- configuration du serveur HTTP de CUPS ;
- définitions des imprimantes et des classes ;
- informations sur les types MIME et les conversions ;
- fichiers de description d'imprimantes, ou PPD (*PostScript Printer Description*).

La configuration du serveur HTTP pour CUPS ressemble à celle du serveur HTTP Apache et permet de spécifier les paramètres d'accès ainsi que les caractéristiques du serveur.

Le rôle de la définition des imprimantes se passe d'explication. Il est également possible de spécifier des classes qui regroupent des imprimantes. Les tâches d'impression envoyées à une classe sont alors traitées à tour de rôle à chaque fois qu'une imprimante se libère.

La liste des types MIME définit tous les types de données gérés, par exemple *text/plain*, *application/poscript*, etc., ainsi que quelques règles dites "magiques" pour déterminer le type d'un fichier. Cette liste est utilisée par le serveur CUPS HTTP pour identifier le type de contenu (*content-type*) des requêtes GET et HEAD, comme le fait d'ailleurs le gestionnaire IPP.

Les informations de conversion renseignent sur les filtres disponibles. Le rôle d'un filtre est de convertir les données en provenance d'un programme dans un format compréhensible par une certaine imprimante.

Les fichiers PPD décrivent les caractéristiques des imprimantes et ne se limitent pas aux modèles PostScript. Le fichier PPD d'une imprimante non PostScript contient des fonctions de filtrage supplémentaires (introduites par le mot clé **cupsFilter**) qui optimisent le support offert.

Commandes Berkeley et System V

CUPS gère les commandes connues des versions Unix Berkeley et System V relatives à l'impression. Les commandes **lpstat** et **lpc status** affichent des informations sur une imprimante en réseau (*imprimante@serveur*) lorsque le *browsing* est activé.

Les commandes d'administration de System V peuvent être employées pour gérer les imprimantes et les classes. L'utilitaire **lpc** de Berkeley n'est supporté que dans le mode lecture seule.

Programme filtre

Un programme filtre lit des données en provenance de l'entrée standard, ou d'un fichier lorsqu'un nom de fichier est fourni. Tous les filtres doivent accepter un jeu de commandes commun, notamment pour indiquer le nom de l'imprimante, l'identifiant d'un travail d'impression, le nom de l'utilisateur, l'intitulé du travail soumis, le nombre de copies souhaité. Toutes les informations sont envoyées sur la sortie standard.

Les filtres sont disponibles pour différents formats de fichiers et peuvent au besoin être combinés pour obtenir un résultat particulier.

Le filtre PostScript se base sur Ghostscript 5.50.

Administration

L'administration de CUPS peut se faire à partir de différentes interfaces. Outre les programmes en ligne de commande habituels, CUPS offre une interface orientée Web.

Administration en ligne de commande

Notions de base

Chaque imprimante utilisée par l'intermédiaire de CUPS est contactée par l'intermédiaire d'un périphérique logique (semblable aux fichiers de périphériques) qui, dans le cas de CUPS, est référencé au moyen d'une URI (*Uniform Resource Identifier*) – pour notre propos, considérez le rôle de l'URI comme étant semblable à celui des URL (*Uniform Resource Locator*) que vous avez l'habitude de taper dans votre navigateur. Le premier port parallèle sous Linux correspond à l'URI suivante :

```
parallel:/dev/lp1
```

Vous obtiendrez une liste complète des fichiers périphériques de votre système avec la commande `lpinfo -v` :

```
surimi:~# lpinfo -v
    file file
    network socket
    network http
    network ipp
    network lpd
    direct parallel:/dev/lp1
    serial serial:/dev/ttyS1?baud=115200
    serial serial:/dev/ttyS2?baud=115200
    direct usb:/dev/usb/lp0
    network smb
```

Le premier mot clé de chaque ligne donne le type de l'interface, suivi de l'URI (ou d'une autre méthode d'accès).

En outre, à chaque imprimante utilisée par CUPS correspond un fichier PPD qui en définit les caractéristiques, pour des imprimantes PostScript comme non PostScript.

Ajout d'une imprimante

Pour ajouter une imprimante, employez la commande **lpadmin** de la façon suivante :

```
lpadmin -p <imprimante> -E -v <périphérique> -m <ppd>
```

Par exemple, l'instruction ci-après ajoute une imprimante HP DeskJet reliée au port parallèle :

```
lpadmin -p DeskJet -E -v parallel:/dev/lp1 -m deskjet.ppd
```

Voici un autre exemple pour une LaserJet HP disposant d'une connexion réseau (JetDirect) et ayant reçu l'adresse IP 11.22.33.44 :

```
lpadmin -p LaserJet -E -v socket://11.22.33.44 -m laserjet.ppd
```

Pour avoir un aperçu des fichiers PPD disponibles et des imprimantes qu'ils permettent d'exploiter, consultez le document suivant : *file:///usr/share/doc/cupsys/online-docs/sam.html* lorsque CUPS est déjà installé. Cette liste contient uniquement les pilotes d'impression de l'environnement standard de CUPS. Si vous avez installé d'autres spécifiques, ils n'y apparaîtront pas.

Modification d'une imprimante

Pour modifier la configuration d'une imprimante à partir de la ligne de commande, vous pouvez également recourir à **lpadmin** de la façon suivante :

```
lpadmin -p <imprimante> <options>
```

Voici les options qui peuvent être indiquées :

- **-c *classe* :** ajoute l'imprimante à la classe (groupe) spécifiée. Si la classe n'existe pas, elle est créée.
- **-i *interface* :** copie le script d'interface spécifié vers l'imprimante. Les scripts d'interfaces ne sont utilisés que par les pilotes d'impression System V. Etant donné que tous les autres filtres seront désactivés, ce procédé ne devrait être employé que lorsque aucun autre pilote n'est disponible.
- **-m *modèle* :** désigne le pilote d'impression standard pour une imprimante ; il s'agit normalement d'un fichier PPD. Pour obtenir une liste de tous les modèles disponibles, faites appel à la commande **lpinfo -m**. L'installation du paquet **cupsys-driver-gimprint** copie une grande quantité de pilotes sur le système :

```
surimi:~# lpinfo -m
bjc-30.ppd.gz CANON BJC 30, CUPS+GIMP-print v4.1.7
bjc-50.ppd.gz CANON BJC 50, CUPS+GIMP-print v4.1.7
bjc-55.ppd.gz CANON BJC 55, CUPS+GIMP-print v4.1.7
bjc-80.ppd.gz CANON BJC 80, CUPS+GIMP-print v4.1.7
bjc-85.ppd.gz CANON BJC 85, CUPS+GIMP-print v4.1.7
bjc-1000.ppd.gz CANON BJC 1000, CUPS+GIMP-print v4.1.7
bjc-2000.ppd.gz CANON BJC 2000, CUPS+GIMP-print v4.1.7
bjc-3000.ppd.gz CANON BJC 3000, CUPS+GIMP-print v4.1.7
bjc-4300.ppd.gz CANON BJC 4300, CUPS+GIMP-print v4.1.7
bjc-4400.ppd.gz CANON BJC 4400 photo, CUPS+GIMP-print v4.1.7
bjc-6000.ppd.gz CANON BJC 6000, CUPS+GIMP-print v4.1.7
bjc-6100.ppd.gz CANON BJC 6100, CUPS+GIMP-print v4.1.7
bjc-6200.ppd.gz CANON BJC 6200, CUPS+GIMP-print v4.1.7
bjc-6500.ppd.gz CANON BJC 6500, CUPS+GIMP-print v4.1.7
...
pcl-3.ppd.gz HP LaserJet III series, CUPS+GIMP-print v4.1.7
laserjet.ppd HP LaserJet Series CUPS v1.1
pcl-P1000.ppd.gz HP PhotoSmart P1000, CUPS+GIMP-print v4.1.7
pcl-P1100.ppd.gz HP PhotoSmart P1100, CUPS+GIMP-print v4.1.7
lexmark-3200.ppd.gz LEXMARK 3200, CUPS+GIMP-print v4.1.7
lexmark-4076.ppd.gz LEXMARK 4076, CUPS+GIMP-print v4.1.7
lexmark-z31.ppd.gz LEXMARK Z31, CUPS+GIMP-print v4.1.7
lexmark-z52.ppd.gz LEXMARK Z52, CUPS+GIMP-print v4.1.7
okidata9.ppd OKIDATA 9-Pin Series CUPS v1.1
okidat24.ppd OKIDATA 24-Pin Series CUPS v1.1
```

- **-r *classe* :** supprime une imprimante de la classe. S'il s'agit de la dernière imprimante de la classe, celle-ci est également supprimée.
- **-v *uri-périphérique* :** désigne le fichier de périphérique utilisé pour la communication avec une imprimante. Si un job d'impression existe déjà pour l'imprimante, il est relancé et envoyé au nouveau périphérique.

- **-D *info* :** donne des informations relatives à l'imprimante, par exemple "Imprimante du bureau de M. Torvalds".
- **-E :** active l'imprimante. L'effet de cette option est identique à celui des commandes **enable**(1) et **accept**(8).
- **-L *emplacement* :** spécifie l'emplacement de l'imprimante.
- **-P *fichier-ppd* :** nom du fichier PPD à employer.

Suppression d'une imprimante

Pour supprimer une imprimante, il faut recourir à l'option **-x**. Par exemple, pour retirer une LaserJet :

```
lpadmin -x LaserJet
```

Spécification d'une imprimante par défaut

```
lpadmin -d LaserJet
```

Démarrage et arrêt d'une imprimante

Les commandes **enable** et **disable** permettent respectivement de démarrer et d'arrêter l'imprimante spécifiée :

```
enable LaserJet
disable LaserJet
```

Une imprimante arrêtée continue d'accepter des tâches en file d'attente, lesquelles seront exécutées une fois l'imprimante réactivée. Il est ainsi possible de résoudre un problème avec l'imprimante sans que les travaux se perdent.

```
accept LaserJet
reject LaserJet
```

Ces commandes permettent d'imprimer des travaux en attente sans en accepter d'autres. Lorsqu'une imprimante doit être indisponible pendant une longue durée, elle peut être ainsi désactivée.

Administration par l'intermédiaire du Web

Il est également possible d'administrer CUPS à l'aide d'un navigateur. L'interface HTTP d'administration est active sur le port 631. Pour des raisons de sécurité, son accès est par défaut limité au système local. Voici en local l'URL à utiliser : *http://localhost:631*.

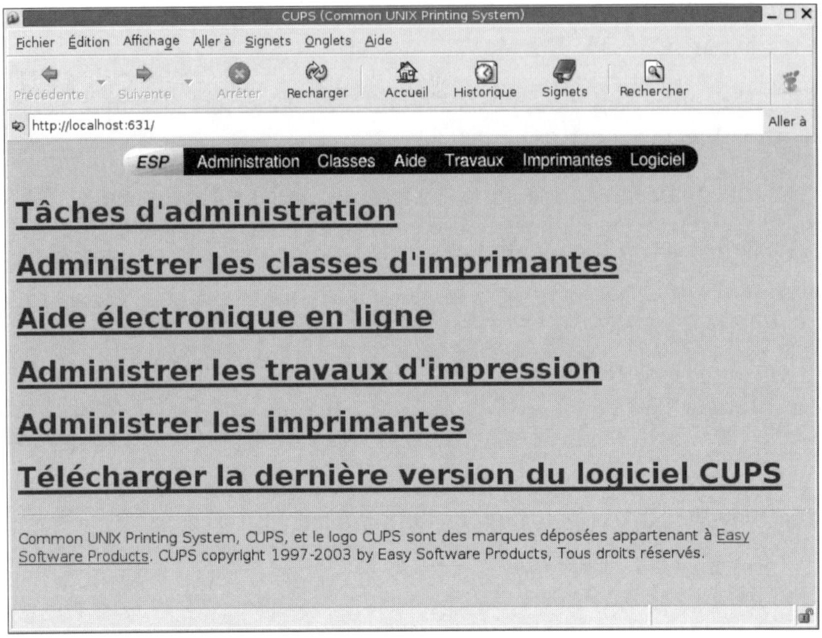

Figure 11.2
L'interface Web d'administration de CUPS.

Toutes les sections par l'intermédiaire desquelles une modification de la configuration est possible ne sont accessibles qu'après indication d'un nom d'utilisateur et du mot de passe associé. L'administration peut naturellement se faire sous une session super-utilisateur (*root*).

L'interface graphique est divisée en plusieurs sections accessibles depuis la page de départ ou depuis n'importe quelle page à partir du menu situé au sommet de la page.

Administration

Cette option donne accès aux sections Classes, Travaux d'impression et Imprimantes.

Classes

Cette section permet de définir les groupes d'imprimantes. Lorsqu'un travail d'impression est envoyé à un groupe, la première imprimante qui se libère le prend en charge. Ce comportement est particulièrement utile dans une grande entreprise et évite d'imposer aux travaux des attentes prolongées.

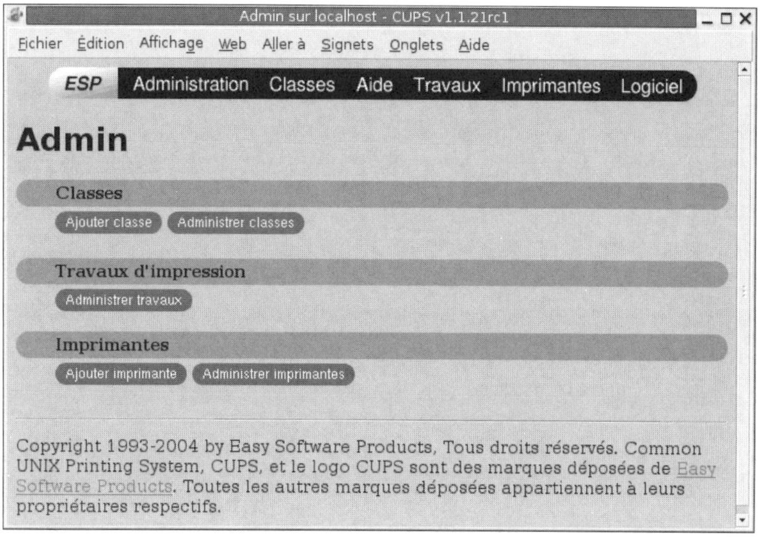

Figure 11.3 *Administration de CUPS : vue d'ensemble.*

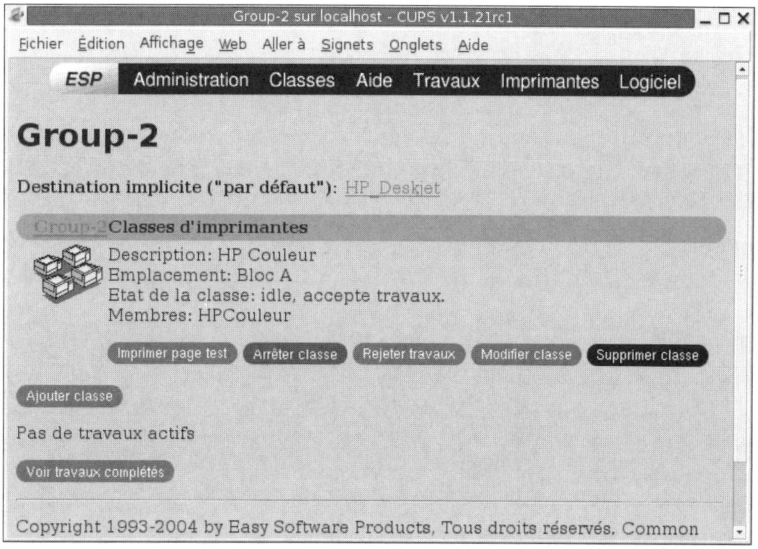

Figure 11.4 *Administration de CUPS : classes.*

Aide

Selon l'état de la localisation, vous obtiendrez dans cette section des documents d'aide en français ou en anglais.

Travaux d'impression

Cette section permet de gérer les jobs d'impression.

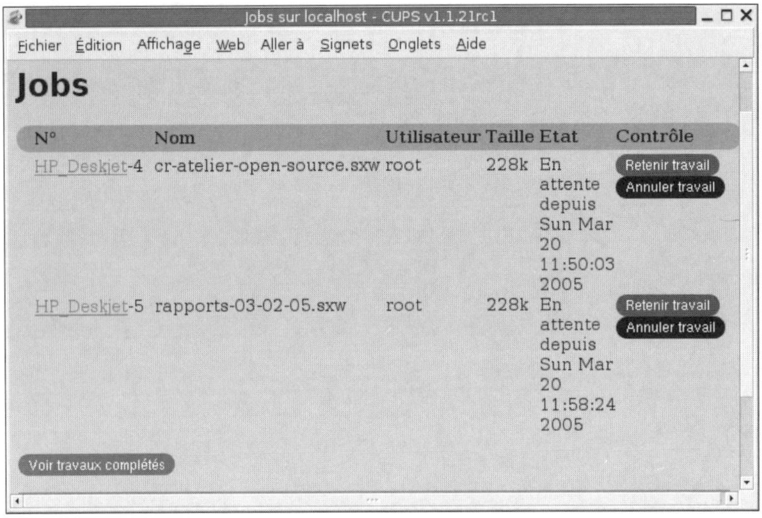

Figure 11.5

Administration de CUPS : travaux d'impression.

Imprimantes

Une section importante puisqu'elle permet de gérer vos périphériques d'impression. Vous pouvez ajouter ou modifier une imprimante à partir de cette page.

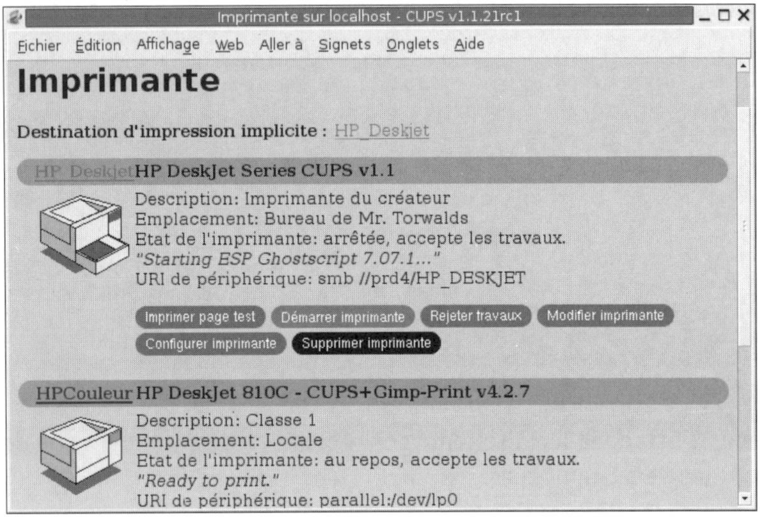

Figure 11.6

Administration de CUPS : imprimantes.

Après l'installation de CUPS, cette page est normalement vierge. Pour débuter la configuration d'un périphérique, cliquez sur l'option Ajouter imprimante.

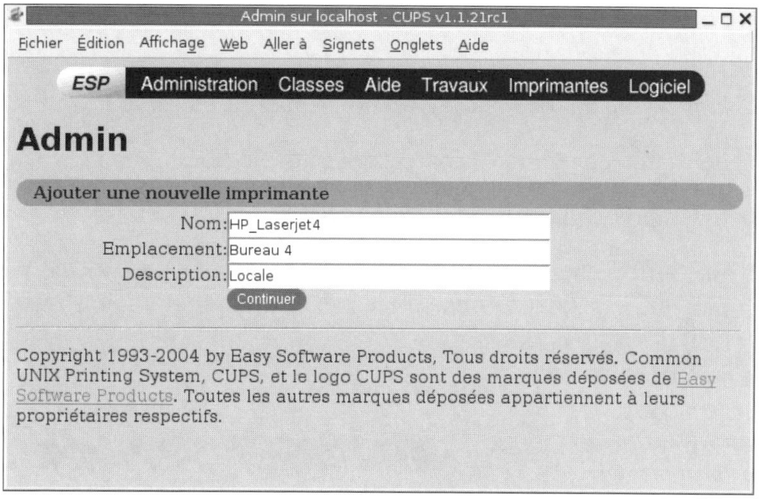

Figure 11.7

Administration de CUPS : ajout d'une imprimante.

Dans la première page qui apparaît, indiquez le nom de l'imprimante, son emplacement et une description.

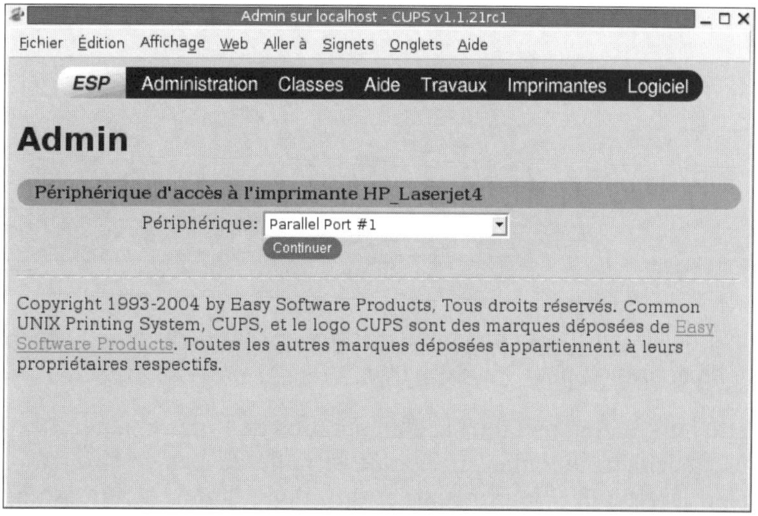

Figure 11.8

Administration de CUPS : indication d'une interface.

Dans la page suivante, vous pouvez spécifier l'interface par laquelle l'imprimante est accessible, par exemple le port parallèle si elle est directement connectée au système sur lequel vous travaillez.

CUPS offre d'autres possibilités de configuration pour les périphériques non installés en local :

- *http* envoie un travail d'impression au port d'un serveur CUPS.
- *ipp* soumet une impression via le protocole IPP.
- *ipd* imprime via une file d'attente d'IPP.
- *smb* utilise une imprimante partagée connectée à un système Windows. Pour cela, il faut que le paquet **samba** soit installé car le programme **sbmspool** est requis.

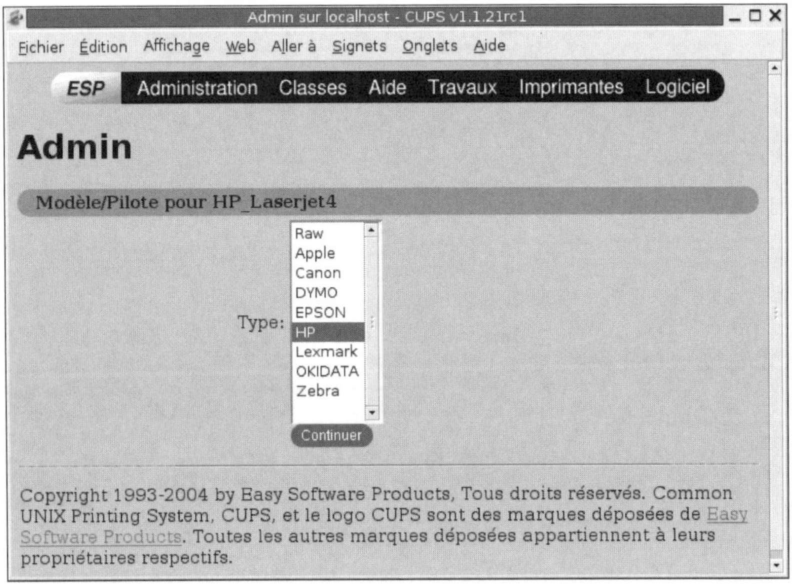

Figure 11.9
Administration de CUPS : constructeur de l'imprimante.

Vous devez ensuite indiquer le constructeur de l'imprimante, puis choisir le pilote CUPS approprié pour l'imprimante.

Cette information met fin à la configuration de l'imprimante. Il existe d'autres paramètres également importants, tels que la taille du papier et la résolution d'impression. Selon le type de l'imprimante et du pilote, d'autres options sont disponibles. Pour chaque travail d'impression, il est possible d'imprimer une page de début et de fin.

Figure 11.10

Administration de CUPS : choix du pilote d'impression.

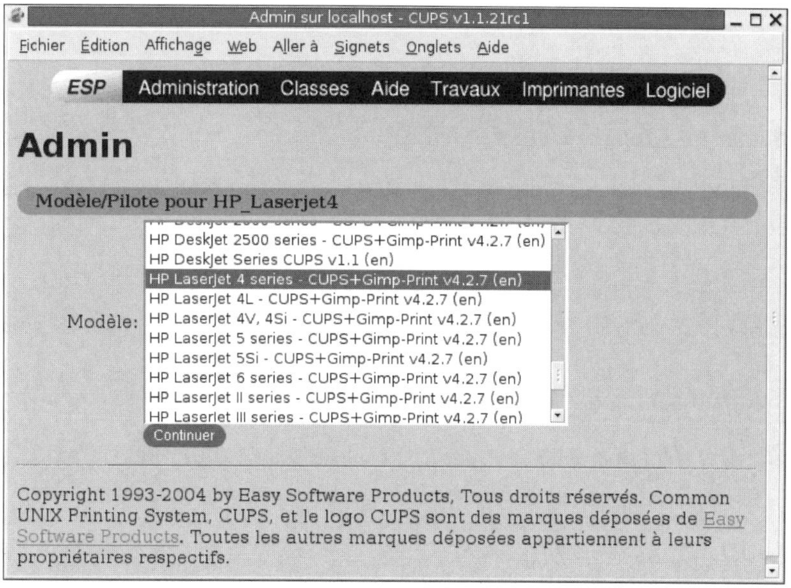

Figure 11.11

Administration de CUPS : configuration d'une imprimante.

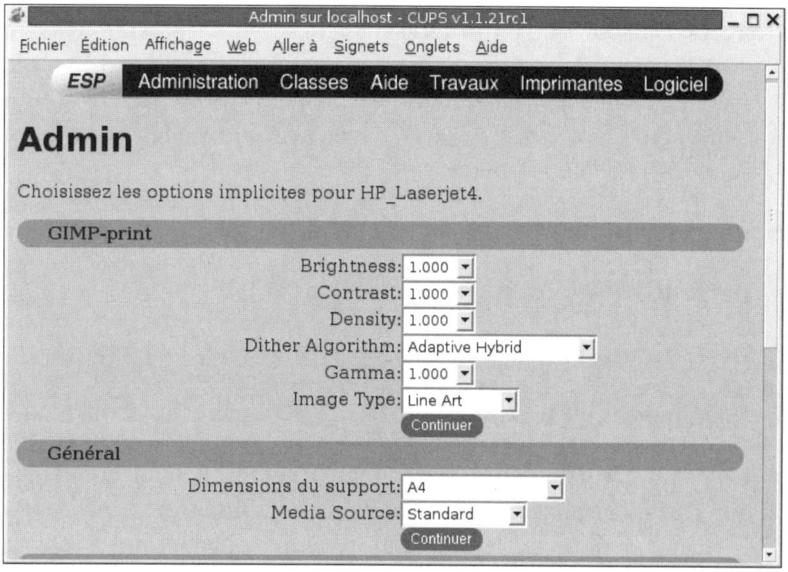

Logiciel

Cette option permet de joindre le site *http://www.cups.org*.

Fichier de configuration de CUPS

Les fichiers de configuration pour CUPS se situent dans le répertoire */etc/cups/*. Normalement, il n'est pas nécessaire d'y apporter des modifications. Cette section présente les entrées du fichier */etc/cups/cupsd.conf*. Si vous connaissez déjà la structure du fichier de configuration du serveur Apache, vous n'aurez pas de difficulté à vous familiariser avec celui-ci.

Identité du serveur

- *ServerName myhost.domain.com* Nom du serveur ; par défaut, celui de l'hôte.
- *ServerAdmin root@your.domain.com* Adresse e-mail de l'administrateur ; par défaut root@<*nom_hôte*>.

Options du serveur

- **AccessLog /var/log/cups/access_log** Chemin et nom du fichier journal pour consigner les accès au serveur. Lorsque aucune barre oblique (/) ne précède le chemin spécifié, le fichier se situe relativement au répertoire racine du serveur (ServerRoot). Vous pouvez recourir à la constante spéciale **syslog** pour demander l'envoi des données au démon **syslogd**.
- **DataDir /usr/share/cups** Répertoire des fichiers de données pour CUPS.
- **DefaultCharset utf-8** Jeu de caractères utilisé.
- **DefaultLanguage en** Langue employée.
- **DocumentRoot /usr/share/cups/doc** Répertoire des documents HTML.
- **ErrorLog /var/log/cups/error_log** Chemin et nom du fichier journal pour les messages d'erreurs. Lorsque aucune barre oblique (/) ne précède le chemin spécifié, le fichier se situe relativement au répertoire racine du serveur (ServerRoot). Vous pouvez utiliser la constante spéciale **syslog** pour demander l'envoi des données au démon **syslogd**.
- **FontPath /usr/share/cups/fonts** Répertoire des polices de caractères.

- **LogLevel info** Contrôle la quantité d'informations consignées dans le fichier journal **ErrorLog**. Les valeurs autorisées sont les suivantes :

```
debug2   Enregistre tout.
debug    Enregistre presque tout.
info     Enregistre toutes les requêtes et les changements d'états.
warn     Enregistre les messages d'erreurs et d'avertissements.
error    N'enregistre que les messages d'erreurs.
none     N'enregistre rien.
```

- **MaxLogSize 0** Taille maximale de chaque fichier journal à partir de laquelle le contenu du fichier sera copié et compressé. La valeur par défaut est 1 048 576 octets (1 Mo). La valeur 0 désactive cette fonction.

- **PageLog /var/log/cups/page_log** Chemin et nom du fichier journal PageLog pour les messages d'erreurs. Lorsque aucune barre oblique (/) ne précède le chemin spécifié, le fichier se situe relativement au répertoire racine du serveur (ServerRoot). Vous pouvez utiliser la constante spéciale **syslog** pour demander l'envoi des données au démon **syslogd**.

- **PreserveJobHistory Yes** Définit si la liste des jobs d'impression doit être enregistrée.

- **PreserveJobFiles No** Définit si les fichiers des jobs d'impression doivent être conservés une fois traités.

- **AutoPurgeJobs No** Supprime automatiquement les jobs d'impression lorsqu'ils sont limités par un quota.

- **MaxJobs 0** Nombre maximal de jobs (actifs et traités) conservés en mémoire. La valeur 0 indique qu'il n'y a aucune limite.

- **Printcap /etc/printcap** Chemin et nom du fichier *printcap*. Aucune indication n'empêche la génération du fichier.

- **RequestRoot /var/spool/cups** Répertoire d'enregistrement temporaire des fichiers d'impression.

- **RemoteRoot remroot** Identifiant assigné à un utilisateur non authentifié provenant d'un système distant.

- **ServerBin /usr/lib/cups** Répertoire des programmes requis.

- **ServerRoot /etc/cups** Répertoire racine du programme.

Chiffrement

- **ServerCertificate /etc/cups/ssl/server.crt** Fichier du certificat numérique du serveur.
- **ServerKey /etc/cups/ssl/server.key** Fichier de la clé du serveur.

Options de filtres

- **User lp** et **Group sys** Informations d'utilisateur et de groupe sous lesquelles le serveur s'exécute.
- **RIPCache 8m** Quantité de mémoire par RIP (*Raster Image Processor*) disponible pour l'enregistrement intermédiaire de l'image d'impression. La valeur peut être suivie de "k", "m" ou "g" pour kilo-octet, mégaoctet ou gigaoctet, respectivement.
- **TempDir /var/spool/cups/tmp** Répertoire des fichiers temporaires. Ce répertoire doit être accessible en écriture pour l'utilisateur défini plus haut.
- **FilterLimit 0** Nombre maximal de filtres par travail d'impression. Un job nécessite habituellement au moins la valeur 200 ; la valeur 0 indique qu'il n'y a aucune limite.

Options de réseau

- **Port 631** Port sur lequel le démon est actif.
- **Listen hostname** Adresse à laquelle le démon est actif.
- **HostNameLookups On** Active les requêtes de résolution de noms lors des accès.
- **KeepAlive On** Autorise le maintien d'une connexion.
- **KeepAliveTimeout 60** Intervalle après lequel une connexion est libérée.
- **MaxClients 100** Nombre maximal de connexions client concurrentes.
- **MaxRequestSize 0** Taille maximale des requêtes HTTP et des fichiers d'impression. La valeur 0 indique qu'il n'y a aucune limite.
- **Timeout 300** Intervalle en secondes après lequel une demande n'est plus valide.

Options d'exploration (browsing)

- **Browsing On** Active le processus de découverte d'informations d'imprimantes à l'échelle du réseau.
- **BrowseAddress x.y.z.255** Adresse de broadcast pour le processus de *browsing*.

- **BrowseShortNames Yes** Emploi de noms courts pour les imprimantes : par exemple, "laserjet" au lieu de "laserjet@host.domain.de".
- **BrowseAllow** et **BrowseDeny** Définissent les adresses des systèmes autorisés à accéder au serveur *via* un navigateur. Les notations suivantes sont acceptées :

```
All
None
*.domaine.com
.domaine.com
hôte.domaine.com
nnn.*
nnn.nnn.*
nnn.nnn.nnn.*
nnn.nnn.nnn.nnn
nnn.nnn.nnn.nnn/mm
nnn.nnn.nnn.nnn/mmm.mmm.mmm.mmm
```

- **BrowseInterval 30** Période entre deux actualisations.
- **BrowseOrder allow,deny** ou **BrowseOrder deny,allow** Ordre de traitement des autorisations ou des refus spécifiés.

Actualisation

- **BrowsePoll address:port** Serveurs interrogés pour connaître les imprimantes disponibles.
- **BrowsePort 631** Port auquel les demandes doivent être adressées.
- **BrowseRelay source-address destination-address** Action de relayer des demandes entre réseaux/adresses.
- **BrowseTimeout 300** Intervalle après lequel une imprimante est supprimée de la liste si elle ne répond pas.
- **ImplicitClasses On** Activation des classes implicites. Dans ce cas, des imprimantes de même nom forment un groupe implicite. Les travaux d'impression envoyés à une de ces imprimantes sont alors traités comme s'ils étaient envoyés à un groupe.

Options de sécurité

- **SystemGroup lpadmin**Nom du groupe des utilisateurs autorisés à administrer le système d'impression.

- **AuthType Basic** Type d'authentification à utiliser. Les valeurs suivantes sont admises :

```
None     Aucune authentification n'est réalisée.
Basic    Authentification HTTP selon la méthode de base.
Digest   Authentification HTTP selon la méthode Digest.
```

- **AuthClass System** Catégorie d'autorisations. Les valeurs possibles sont **Anonymous**, **User** ou **System** (pour les utilisateurs du groupe `SystemGroup`).

- **AuthGroupName System** Nom du groupe à authentifier.

Répertoires

Les accès aux répertoires nécessaires à l'administration de CUPS peuvent être restreints (une autre similitude avec la configuration d'Apache). Vous disposez des directives suivantes :

- **Allow** et **Deny** Ces directives permettent respectivement d'autoriser et d'interdire les accès. L'ordre dans lequel elles sont traitées peut être défini par la directive **Order**. Voici les notations qu'elles acceptent :

```
All
None
*.domaine.com
.domaine.com
hôte.domaine.com
nnn.*
nnn.nnn.*
nnn.nnn.nnn.*
nnn.nnn.nnn.nnn
nnn.nnn.nnn.nnn/mm
nnn.nnn.nnn.nnn/mmm.mmm.mmm.mmm
```

  Pour pouvoir utiliser les notations qui incluent *hôte* ou *domaine*, il faut que l'option **HostNameLookups** soit activée.

- **Encryption** Ce paramètre accepte les valeurs suivantes :

```
Always        Applique toujours le chiffrement (SSL).
Never         N'applique jamais le chiffrement.
Required      Applique le chiffrement TLS.
IfRequested   Applique le chiffrement si le serveur le demande.
```

- **Location /** Les différents répertoires peuvent être indiqués. Les valeurs précitées peuvent être employées pour chaque entrée.

```
<Location /classes>
Order Deny,Allow
```

```
Deny From All
Allow From 127.0.0.1
</Location>
```

Dans l'exemple précité, les accès au répertoire */classes* sur l'ordinateur local sont limités.

Impression de polices True Type

L'impression de fichiers sous Debian est toujours réalisée à l'aide du programme **ghostscript**. La distribution en propose deux versions, l'une du domaine "main" et l'autre du domaine "non-free", acceptant toutes deux les polices True Type. Si vous souhaitez pouvoir imprimer ces polices, vous devez installer un serveur de polices pour X11 qui les supporte.

Commencez par générer une liste des polices True Type disponibles pour alimenter la liste **ghostscript** avec la commande `xfstt --gslist --sync>>/etc/gs.Fontmap`.

Modifiez le fichier */etc/gs.Fontmap* de manière appropriée, comme dans l'exemple suivant.

Nous partons de :

```
(Arial)               (/usr/share/fonts/truetype/arial.ttf) ;
(Arial Bold Italic)   (/usr/share/fonts/truetype/arialbi.ttf) ;
```

Nous obtenons après modification :

```
/MS-Arial               (/usr/share/fonts/truetype/arial.ttf) ;
/MS-Arial-Bold-Italic   (/usr/share/fonts/truetype/arialbi.ttf) ;
(Arial Bold Italic)     /MS-Arial-Bold-Italic ;
/Arial /MS-Arial ;
```

Ces modifications garantissent que toutes les polices True Type seront disponibles sous un nom explicite. Il revient ensuite à **ghostscript** d'utiliser les polices True Type à la place des polices standard.

Pour que **ghostscript** remplace, par exemple, la police Helvetica par la police True Type Arial, insérez les lignes suivantes :

```
/Helvetica               /MS-Arial ;
/Helvetica-Oblique       /MS-Arial-Italic ;
/Helvetica-Bold          /MS-Arial-Bold ;
/Helvetica-BoldOblique   /MS-Arial-Bold-Italic ;
```

Pour vérifier que les polices seront également correctement imprimées par **ghostscript**, créez un script avec le contenu suivant et enregistrez-le sous le nom de fichier *printfont* :

```
#!/bin/sh

set -e
IFS= ')'

while read fontname rest
do
     cat << EOM | lpr
%!PS
(/usr/lib/ghostscript/5.50/prfont.ps) run
$fontname) DoFont
EOM
done
```

Ce script génère une liste de toutes les polices que connaît **ghostscript**, puis les imprime. Si vous ne souhaitez imprimer que quelques polices ou une police donnée, vous pouvez aussi recourir au script suivant :

```
#!/bin/sh

set -e
while read -p "Font name, or ^D to exit: " fontname
do
    cat << EOM | lpr
%!PS
(/usr/lib/ghostscript/5.50/prfont.ps) run
$fontname DoFont
EOM
done
```

Appelez ensuite l'un de ces scripts à l'aide de la commande `xfstt --gslist --sync | printfont`.

Imprimante de réseau

Si vous possédez au moins deux ordinateurs ou un petit réseau, il est probable que vous n'avez pas une imprimante connectée à chaque machine. Debian offre également la possibilité de lancer des impressions à travers le réseau. Il faut bien sûr disposer d'une imprimante avec une configuration opérationnelle (lisez à ce sujet la section sur **apsfilter**), mais aussi d'un réseau composé d'au moins deux ordinateurs.

Pour utiliser ensuite l'imprimante à partir d'un ordinateur exploitant Debian, la configuration est très simple. Il faut tout d'abord prévoir, sur la machine connectée à l'imprimante, un accès libre pour l'autre ordinateur. Pour cela, modifiez le fichier */etc/hosts.equiv* comme suit :

```
hoshi.mondomaine.fr
sushi.mondomaine.fr
192.168.22.33
```

Ces entrées dans le fichier de configuration autorisent l'accès à l'imprimante par le réseau à partir des machines *hoshi* et *sushi* du domaine *mondomaine.fr*, ainsi qu'à une machine non nommée dont l'adresse IP est 192.168.22.33. Il faut ensuite configurer l'imprimante distante sur les autres ordinateurs en modifiant le fichier */etc/printcap* :

```
lp|Remote printer entry:\
         :lp=:\
         :rm=linux.mondomaine.fr:\
         :rp=lp:\
         :sd=/var/spool/lpd/remote:\
         :mx#0:\
         :sh:
```

Employez bien sûr les noms d'ordinateurs et de domaines qui correspondent à votre environnement et démarrez le démon d'impression avec */etc/init.d/lpd restart neu.*

Pour plus d'informations sur l'emploi d'une imprimante distante, consultez aussi les sections sur Samba et Netatalk.

12

Suite bureautique OpenOffice.org

Au sommaire de ce chapitre :

- ✔ OpenOffice.org
- ✔ GNOME Office
- ✔ KDE-Office

Une suite bureautique regroupe divers composants spécialisés. Les deux applications principales de ce type d'ensemble sont le traitement de texte et le tableur, mais il existe aussi des programmes de dessin et de présentation. Les programmes de courrier électronique font aujourd'hui également partie des outils de bureau. La définition n'est pas stricte et il est évident que deux suites bureautiques peuvent présenter des différences dans leur composition.

Les composants individuels d'une telle suite peuvent être regroupés en un paquet ou en un projet, ou se présenter sous la forme d'une seule application. Sous GNU/Linux, les paquets les plus connus dans ce domaine sont OpenOffice.org, GNOME Office et KOffice.

OpenOffice.org

OppenOffice.org (voir Figure 12.1) est un projet open source dont l'objectif est de développer une suite bureautique de premier plan, exécutable sur les principales plates-formes et offrant un accès à des fonctionnalités et des données par l'intermédiaire d'interfaces transparentes et d'un format de fichier basé sur XML.

Figure 12.1
Logo OpenOffice.org.

OpenOffice.org se fonde sur les codes sources de StarOffice 5.1 mis à la disposition par Sun open source. L'ensemble a été simplement nommé "OpenOffice" (StarOffice était un autre produit) et regroupe un traitement de texte, un tableur (classeur), un outil de dessin et un programme de présentation. Malheureusement, tous les composants de StarOffice n'ont pas été incorporés en tant que logiciels libres dans OpenOffice car certains ont été acquis auprès de fabricants tiers. Il s'agit pour l'essentiel de la correction orthographique et du système d'impression. Ces deux fonctionnalités ont toutefois été ajoutées depuis par l'intermédiaire de composants du domaine libre et la suite est désormais totalement fonctionnelle.

Installation

Depuis la version 3.1 de Debian, la suite OpenOffice.org fait partie intégrante de la distribution. Du fait de sa popularité, elle était toutefois déjà disponible sur certains CD de distribution Debian ou sur un CD supplémentaire. Elle a été naturellement intégrée à la gestion de paquets et l'on peut installer les paquets que l'on souhaite de la même manière, quelle que soit la source.

Les paquets Debian d'OppenOffice.org sont maintenus par une équipe de développeurs et sont également disponibles pour d'autres architectures qu'Intel.

Le site *http://fr.openoffice.org* vous propose des informations et des ressources supplémentaires, ainsi que des liens vers différents sites miroirs de téléchargement pour la version française de la suite.

OppenOffice.org a été réparti en plusieurs petits paquets qui permettent de cibler plus finement les composants voulus. Voici par exemple ce que **apt-cache** renvoie :

```
tt@prd5:~$ apt-cache search openoff
openoffice.org-hyphenation-en-us - English (US) hyphenation pattern for  OpenOffice.org
openoffice.org-hyphenation-en-gb - English (GB) hyphenation pattern for OpenOffice.org
```

```
openoffice.org-hyphenation-de - German hyphenation pattern for OpenOffice.org
gramps - Genealogical Research and Analysis Management Program
dictionaries-common - Common utilities for spelling dictionary tools
libspreadsheet-writeexcel-perl - Perl5 module to create Excel spreadsheets
myspell-ru - The Russian dictionary for myspell
myspell-nb - Norwegian bokmÃ¥l dictionary for myspell
myspell-nn - Norwegian nynorsk dictionary for myspell
myspell-es - The Spanish dictionary for myspell
myspell-ca - Catalan dictionary for myspell
myspell-fr-gut - The French dictionary for myspell (GUTenberg version)
myspell-de-at - Austrian (German) dictionary for myspell
myspell-de-de - German dictionary for myspell
myspell-de-ch - Swiss (German) dictionary for myspell
myspell-lt - Lithuanian (LT) dictionary for myspell
tex4ht - LaTeX and TeX for Hypertext (HTML)
myspell-en-gb - English (GB) dictionary for myspell
myspell-en-us - English (US) dictionary for myspell
myspell-it - Italian dictionary for myspell
openoffice.org - high-quality office productivity suite
openoffice.org-bin - OpenOffice.org office suite binary files
openoffice.org-l10n-en - English (US) language package for OpenOffice.org
openoffice.org-l10n-af - Afrikaans language package for OpenOffice.org
openoffice.org-l10n-ar - Arabic language package for OpenOffice.org
openoffice.org-l10n-ca - Catalan language package for OpenOffice.org
openoffice.org-l10n-cs - Czech language package for OpenOffice.org
openoffice.org-l10n-cy - Welsh language package for OpenOffice.org
openoffice.org-l10n-da - Danish language package for OpenOffice.org
openoffice.org-l10n-de - German language package for OpenOffice.org
openoffice.org-l10n-el - Greek language package for OpenOffice.org
ttf-opensymbol - The OpenSymbol TrueType font
openoffice.org-l10n-es - Spanish language package for OpenOffice.org
openoffice.org-l10n-fr - French language package for OpenOffice.org
openoffice.org-l10n-he - Hebrew language package for OpenOffice.org
openoffice.org-l10n-it - Italian language package for OpenOffice.org
openoffice.org-l10n-ja - Japanese language package for OpenOffice.org
openoffice.org-l10n-ko - Korean language package for OpenOffice.org
openoffice.org-l10n-nb - Norwegian Bokmal language package for OpenOffice.org
openoffice.org-l10n-nn - Norwegian Nynorsk language package for OpenOffice.org
openoffice.org-l10n-pl - Polish language package for OpenOffice.org
openoffice.org-l10n-pt-br - Portuguese (Brazil) language package for OpenOffice.org
openoffice.org-l10n-ru - Russian language package for OpenOffice.org
openoffice.org-l10n-sv - Swedish language package for OpenOffice.org
openoffice.org-l10n-th - Thai language package for OpenOffice.org
openoffice.org-l10n-tr - Turkish language package for OpenOffice.org
openoffice.org-l10n-zh-cn - Chinese Simplified language package for OpenOffice.org
openoffice.org-l10n-zh-tw - Chinese Traditional language package for OpenOffice.org
openoffice.org-mimelnk - OpenOffice.org MIME bindings for KDE
openoffice.org-thesaurus-en-us - English (US) Thesaurus for OpenOffice.org
openoffice.org-l10n-nl - Dutch language package for OpenOffice.org
openoffice.org-debian-files - Debian specific parts of OpenOffice.org
```

```
openoffice.org-help-de - OpenOffice.org office suite help (German)
openoffice.org-help-el - OpenOffice.org office suite help (Greek)
openoffice.org-help-en - OpenOffice.org office suite help (English)
openoffice.org-help-es - OpenOffice.org office suite help (Spanish)
openoffice.org-help-fr - OpenOffice.org office suite help (French)
openoffice.org-help-it - OpenOffice.org office suite help (Italian)
openoffice.org-help-ja - OpenOffice.org office suite help (Japanese)
openoffice.org-help-ko - OpenOffice.org office suite help (Korean)
openoffice.org-help-sv - OpenOffice.org office suite help (Swedish)
openoffice.org-help-zh-cn - OpenOffice.org office suite help (simplified Chinese)
openoffice.org-help-zh-tw - OpenOffice.org office suite help (traditional Chinese)
ooqstart-gnome - OpenOffice.org QuickStarter applet for GNOME 2
oooqs-kde - OpenOffice.org QuickStarter applet for KDE
myspell-sv-se - Swedish (SE) dictionary for myspell
fig2sxd - convert XFig files to OpenOffice.org format
myspell-pt-br - The Brazilian Portuguese dictionary for myspell
```

Comme vous pouvez le constater, de nombreux paquets commencent par "openoffice.org-l10n-". Ils servent à la localisation de l'interface utilisateur. Vous pouvez donc installer le paquet de l'interface française. Les paquets incontournables sont **openoffice.org** et **openoffice.org-bin**, qui correspondent aux applications. D'autres paquets utiles sont **openoffice.org-help-fr** (fichiers d'aide) et **myspell-fr-gut** (un dictionnaire pour la correction orthographique).

Pour installer les paquets requis, exécutez par exemple : `apt-get install openoffice.org openoffice.org-bin openoffice.org-l10n-fr`, et ainsi de suite.

Configuration

Lorsque vous ouvrez pour la première fois l'application, un programme de configuration est démarré. Vous pouvez sinon afficher la fenêtre de configuration en sélectionnant Outils, Options. Vous pouvez notamment configurer des paramètres individuels comme le nom d'utilisateur ou l'adresse. Les choix sont ensuite enregistrés dans le fichier *~/.sversionrc* ainsi que dans le répertoire *~/.openoffice*. Des liens sont également créés dans ce répertoire, lesquels permettent de rappeler à tout moment le programme d'installation en exécutant *~/.openoffice/[version]/setup*. Si celui-ci a déjà été exécuté une fois, vous aurez alors la possibilité de réparer ou de supprimer la configuration.

La fenêtre de configuration (voir Figure 12.2) permet aussi d'accéder à de nombreux autres paramètres essentiels.

OpenOffice.org possède aussi un programme de configuration d'imprimante appelé **spadmin** (voir Figure 12.3). Cet utilitaire permet de définir une imprimante. Il est également possible de définir une configuration pour enregistrer sur disque des fichiers au format PDF ou utiliser une fonction de télécopieur.

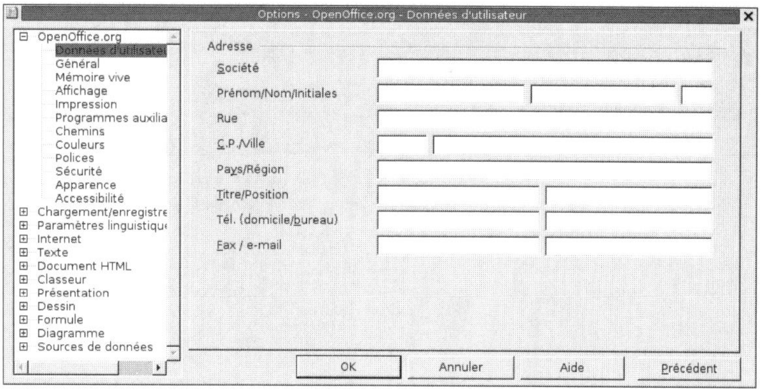

Figure 12.2
Options de configuration d'OpenOffice.org.

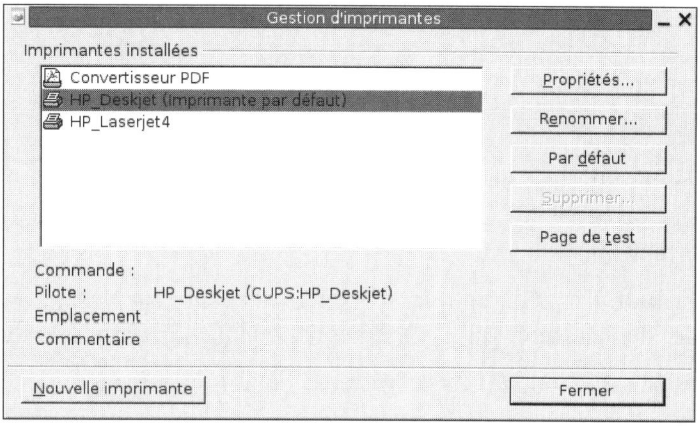

Figure 12.3
Gestionnaire de configuration d'imprimante.

Une fois les options de configuration voulues choisies, OpenOffice.org peut être démarré au moyen de la commande **openoffice**. Tous les composants OpenOffice.org sont également accessibles à partir du système de menus Debian *via* une option de l'environnement graphique (GNOME ou KDE).

Traitement de texte

L'application la plus importante de la suite est probablement le traitement de texte. Si vous appelez OpenOffice.org depuis la ligne de commande comme indiqué précédemment, c'est lui qui s'ouvre par défaut (voir Figure 12.4). Vous pouvez sinon l'afficher directement à partir du menu approprié du bureau en sélectionnant l'option OpenOffice.org qui lui correspond (Writer).

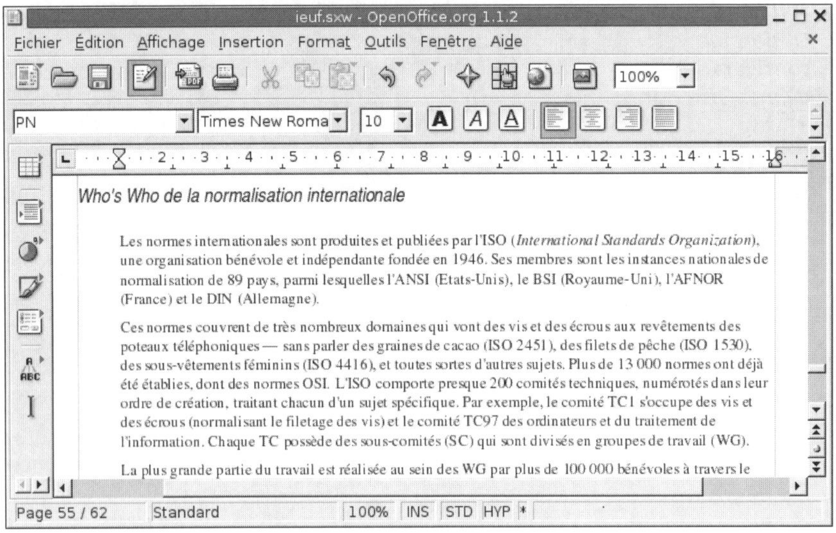

Figure 12.4

Le traitement de texte de la suite OpenOffice.org.

Les fonctions de l'application sont accessibles par l'intermédiaire de menus ou de barres d'outils. Selon le composant activé (tableur, programme de dessin, etc.), le contenu de ces barres sera naturellement différent. Voici les différents éléments composant la barre de menus :

- **Fichier.** Contient, entre autres options, celles relatives à l'ouverture et la fermeture des fichiers, ainsi qu'à leur enregistrement et à leur impression.
- **Edition.** Figurent dans ce menu les options concernant la manipulation et la modification du contenu, telles que pour couper, copier, insérer, rechercher du texte, etc.
- **Affichage.** Donne accès aux options d'affichage des divers éléments graphiques de l'interface tels que les barres d'outils ou les règles, mais aussi à l'affichage de certains caractères normalement masqués.
- **Insertion.** Permet d'insérer des caractères spéciaux : symboles, éléments de structuration du document, etc.
- **Format.** Menu spécifique à l'apparence des paragraphes et de leur contenu.
- **Outils.** Vous y trouverez les fonctionnalités accessoires telles que la correction orthographique, les différents types de numérotation ou les options de configuration.
- **Fenêtre.** Pour la gestion et le choix des fenêtres.
- **Aide.** Comme son nom l'indique, c'est ici que vous serez secouru en cas de besoin. La fenêtre fournit une option de recherche.

Un autre outil pratique est le Styliste (voir Figure 12.5). Vous pouvez l'afficher en pressant la touche F11 ou en passant par le menu Format.

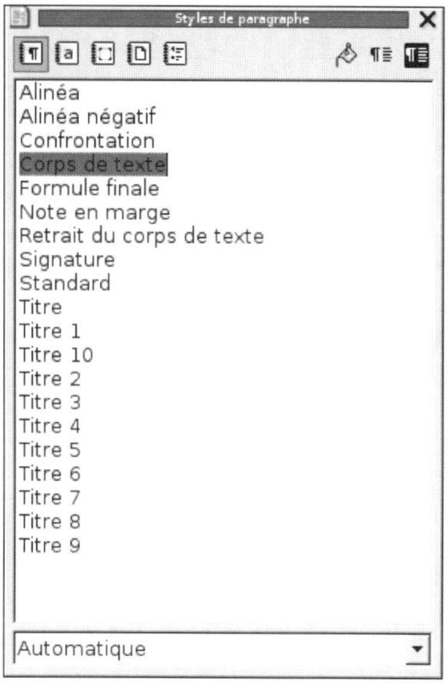

Figure 12.5

Composant Styliste du traitement de texte.

Tableur

La deuxième application importante de la suite est le tableur (voir Figure 12.6), également appelé *classeur*.

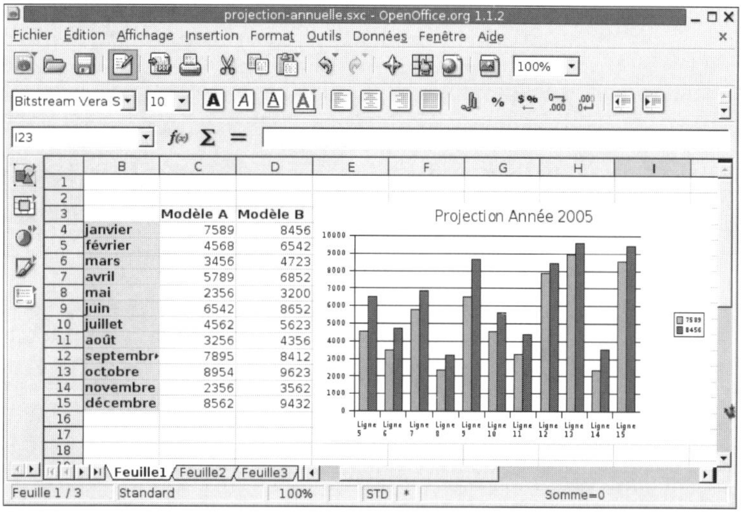

Figure 12.6

Le tableur de la suite OpenOffice.org.

Liens OpenOffice.org

Vous trouverez différents sites relatifs à la suite OpenOffice.org, dont le site officiel *www.openoffice.org* et le site français du projet *http://fr.openoffice.org*.

GNOME Office

Cette appellation désigne un ensemble de composants individuels émanant du projet GNOME Office : Gnumeric, AbiWord, Balsa, Evolution, GFax, Galeon, Gimp, Eye of GNOME, Sodipodi, Sketch, Guppi, Dia, Achtung, GnuCash, MrProject, Toutdoux et GNOME-DB.

Les composants de ce projet sont installés par l'intermédiaire du paquet **gnome-office**, qui contient toutes les informations nécessaires sur les dépendances des différents programmes.

KDE-Office

KOffice, ou KDE-Office, a été formé à partir des programmes du projet KDE : KWord, KSpread, KPresenter, Kivio, Kontour, Krita, Kugar et KChart. Le paquet d'installation est **koffice**.

13

Multimédia

Au sommaire de ce chapitre :

- ✔ Carte audio
- ✔ XMMS
- ✔ Zinf
- ✔ Gqmpeg
- ✔ Grip
- ✔ Edition de films vidéo
- ✔ Cartes TV
- ✔ Lecteur vidéo
- ✔ Vidéoconférence
- ✔ CD-ROM et DVD

Le multimédia a déjà fait son entrée sur les systèmes GNU/Linux depuis longtemps. Parmi les sujets d'intérêt du domaine, outre les cartes audio, figurent les cartes TV, les cartes vidéo, les DVD, et l'édition vidéo.

Carte audio

Pour activer une carte audio sous Debian, il faut avoir chargé le pilote approprié en tant que module, ou l'avoir intégré dans le noyau lors de sa compilation. Il n'y a toutefois aucune raison de ne pas le charger sous la forme d'un module, ses fonctionnalités n'étant pas nécessaires au démarrage du système.

GNU/Linux gère une grande quantité de cartes audio. La première tâche sera donc d'identifier le type de carte installée sur votre ordinateur. A cet effet, il est souvent utile d'examiner les indications portées sur la carte. Vous ne trouverez toutefois pas de carte si vous utilisez une carte mère comprenant un circuit audio intégré ou avez installé le système d'exploitation sur un notebook.

Nombre de cartes et de chipsets audio sont compatibles avec les cartes Soundblaster, très répandues, lesquelles emploient le module de kernel **sb**. Beaucoup de cartes utilisent le module **es1371**, telles que les cartes Soundblaster haut de gamme.

Pour toutes les cartes audio, vous devez d'abord charger le module **soundcore**. Le moyen le plus simple est d'exécuter la commande `modprobe soundcore`. Ce module offre des fonctionnalités qui sont employées par tous les pilotes audio. Chargez ensuite le module du pilote approprié, par exemple avec `modprobe es1371`. Si le chargement réussit, vous le constaterez dès l'exécution de la commande. Sinon, un examen du fichier */var/log/syslog* vous donnera davantage de détails.

Si vous possédez une ancienne carte audio utilisant un bus ISA, vous devrez éventuellement passer certains paramètres lors du chargement du module, comme la ligne d'interruption (IRQ) utilisée par la carte. Cela n'est pas utile avec les cartes PCI plus récentes.

L'installation de la carte est maintenant terminée. Si vous souhaitez tirer parti d'autres fonctionnalités offertes par votre carte, par exemple de l'interface MIDI, il sera nécessaire de charger d'autres modules.

Les capacités fonctionnelles de votre carte et du pilote peuvent être facilement déterminées à partir de la ligne de commande. Même les cartes audio sont accessibles par l'intermédiaire d'un fichier de périphérique. Avec la commande **cat**, vous pouvez envoyer un fichier audio à votre carte *via* le fichier de périphérique */dev/audio*. La plupart du temps, un ou plusieurs fichiers audio sont déjà copiés sur le système lors de l'installation de Debian. Vous pouvez en rechercher un au moyen de la commande `locate .wav`. Voici un exemple qu'il faudra adapter à votre environnement :

```
fr@linux:~$ locate .wav
/usr/share/sounds/logout.wav
/usr/share/sounds/panel/slide.wav
```

```
/usr/share/sounds/phone.wav
...
fr@linux:~$ cat /usr/share/sounds/logout.wav > /dev/audio
```

Si la lecture du fichier audio réussit, vous pouvez passer aux tests des programmes présentés dans les sections suivantes.

XMMS

Le programme XMMS (*X Multimedia Sound System*) est riche en fonctionnalités et peut lire des CD audio et une variété de formats de fichiers musicaux. Ses fonctionnalités peuvent de plus être étendues au moyen de plug-in, certains pouvant même afficher des données vidéo. Son interface ressemble au panneau de contrôle d'un lecteur de cassettes ou d'un magnétoscope, ce qui en facilite l'apprentissage.

Sur la ligne de nom du programme figurent trois boutons de contrôle. Le bouton de gauche réduit le lecteur, celui du milieu affiche la ligne de titre, et celui de droite met fin au programme. Les différents états (lecture, pause ou arrêt) et le temps de lecture du morceau en cours sont affichés dans la fenêtre.

Habillage

L'apparence de XMMS peut être modifiée par l'intermédiaire de *skins* (revêtements) dont vous trouverez quelques exemples à télécharger sur le site **www.xmms.org**. Copiez-les dans le répertoire *~/.xmms/Skins/*. Vous n'avez pas besoin de les extraire de l'archive, XMMS peut également les gérer dans cet état. Pour cela, le programme **unzip** doit néanmoins être installé. Ensuite, démarrez le programme. La combinaison Alt+S affiche une fenêtre à partir de laquelle vous pouvez choisir le skin voulu. XMMS enregistre le dernier sélectionné dans le fichier *~/.xmms/config*. Vous pouvez aussi demander que l'habillage du lecteur soit modifié pour chaque nouveau morceau.

Lorsque vous enregistrez les skins dans votre répertoire utilisateur (*~/.xmms/Skins/*), vous êtes le seul à pouvoir en disposer. Vous pouvez aussi installer l'archive (en tant que super-utilisateur) dans */usr/share/xmms/Skins/* pour la mettre à la disposition de tous les utilisateurs. Notez au passage que XMMS peut également utiliser les skins du programme Winamp.

Fenêtre principale

Lorsque vous cliquez dans la zone de l'analyseur de spectre, il est possible de modifier l'apparence du lecteur. Sur le côté gauche figurent les lettres O A I D V disposées verticalement. Chacune d'elles donne accès à un menu ou déclenche une action si vous cliquez dessus.

A droite de ces lettres apparaissent le titre du morceau en cours de lecture, son temps de lecture, sa position dans la liste de lecture (*playlist*), ainsi que les éléments d'information suivants :

- débit MP3 en Kbit/s (kilobit par seconde), souvent de 128 ou 112 Kbit/s ;
- débit d'échantillonnage en kHz, souvent de 44 kHz ;
- stéréo ou mono.

Le lecteur propose deux curseurs pour le volume et la balance, ainsi qu'un bouton intitulé EQ (*Equalizer*), qui lance l'égaliseur et un bouton PL (Playlist) qui affiche la liste de lecture.

Le gros curseur au-dessous de la fenêtre principale (voir Figure 13.1) se déplace vers la droite pendant la lecture d'un titre et indique où en est la lecture. Vous pouvez le positionner à n'importe quel endroit du titre.

On peut contrôler XMMS à partir du clavier :

[z] Saute au dernier morceau

[x] Lecture

[c] Pause

[v] Arrêt

[b] Morceau suivant

[l] Ouvre la boîte de sélection de fichier

[j] Passe à un autre morceau d'une sélection de titres

[Ctrl] + [l] Ouvre une sélection pour insérer une URL

[Ctrl] + [p] Préférences

[Ctrl] + [v] Plug-in de visualisation

[Ctrl] + [r] Temps de lecture restant

[Ctrl] + [a] Toujours en haut

[Ctrl] + [w] N'affiche qu'une petite ligne du programme

[Ctrl] + [d] Double taille

[Ctrl] + [j] Saute à un moment particulier d'un morceau

[Ctrl] + – Saute au début d'une liste

[Maj] + [Ctrl] + [w] Ouvre/ferme la liste de lecture

[Alt] + [g] Ouvre/ferme l'égaliseur

[Alt] + [s] Ouvre le sélecteur de skin

Figure 13.1
La fenêtre principale de XMMS.

Liste de lecture (*playlist*)

Pour afficher l'écran Playlist (voir Figure 13.2), cliquez sur le bouton PL de la fenêtre principale. Il permet d'organiser et d'enregistrer une liste de titres choisis.

A la base de cet écran se trouvent cinq boutons de contrôle ouvrant sur un petit menu. Il faut pour cela cliquer dessus et maintenir la pression.

Voici les cinq menus en partant de la gauche vers la droite.

Figure 13.2
Liste de lecture.

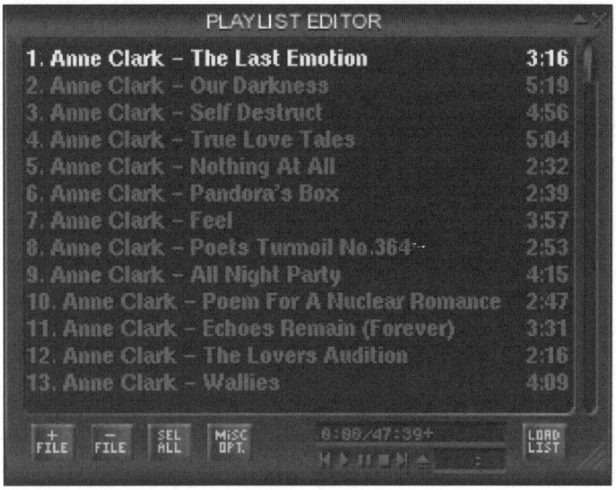

+FILE

- +URL Insère une URL.
- +DIR Insère un répertoire de manière récursive (avec tous les sous-répertoires).
- +FILE Insère un fichier.

–FILE

- –MISC Supprime les fichiers sélectionnés.
- –ALL Supprime tous les fichiers.
- –CROP Supprime les fichiers à l'exception de ceux qui sont sélectionnés.

SEL. ALL

- INV SEL. Inverse la sélection actuelle.
- SEL ZERO Ne sélectionne aucun fichier.
- SEL ALL Sélectionne tous les fichiers.

MISC. OPT.

- SORT LIST Ouvre un menu avec des options de tri.

- FILE INF Informations de fichier.
- MISC. OPT. Options supplémentaires.

LOAD LIST

- NEW LIST Génère une nouvelle liste.
- SAVE LIST Enregistre la liste actuelle.
- LOAD LIST Charge une liste à partir du disque dur ou d'Internet.

Egaliseur

L'écran de l'égaliseur (voir Figure 13.3) apparaît lorsque vous cliquez sur EQ.

Figure 13.3
Egaliseur XMMS.

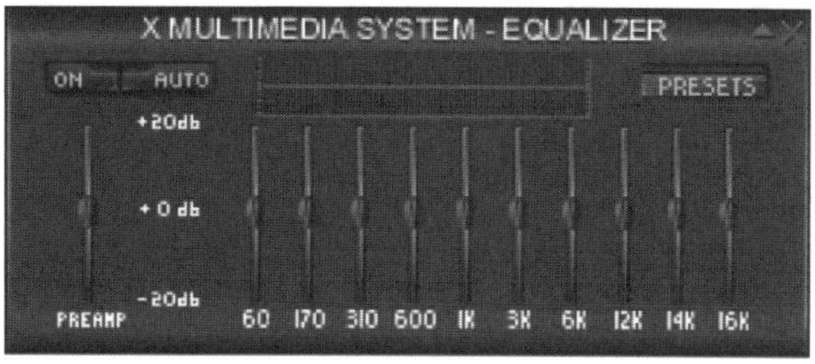

Pour activer l'égaliseur, cliquez sur le bouton ON. Les choix configurés ici seront aussi enregistrés dans le fichier *~/.xmms/config* lorsque vous quitterez XMMS. Le bouton PRESETS permet de charger divers paramètres, et ici aussi, Winamp est supporté.

Configuration des préférences

Le menu des préférences est affiché en sélectionnant O (Options), Préférences, ou à l'aide de la combinaison Ctrl+p. Les divers paramètres sont répartis dans les quatre zones E/S Audio, Plug-in d'effets, Plug-in généraux, Plug-in de visualisation, et Options.

E/S Audio

Dans cette rubrique se trouvent les plug-in destinés à divers médias et formats. Vous pouvez choisir et configurer différents plug-in d'entrée :

- Lecteur de CD audio. Indiquez ici le lecteur auquel votre lecteur de CD-ROM est relié. Vous pouvez également régler le volume.

Pour pouvoir lire un CD audio (ou CD-DA dans la littérature technique) avec ce plug-in, le fichier de périphérique adéquat (la plupart du temps */dev/cdrom*) doit être ajouté par l'intermédiaire du menu +FILE. L'affichage du titre peut intervenir automatiquement si l'ordinateur est connecté à Internet. Par défaut, le site *http://www.freedb.org* ou un autre serveur miroir est utilisé.

- **Lecteur de MPEG couche 1/2/3.** Vous pouvez configurer la taille de tampon et l'utilisation d'un serveur proxy, ainsi que l'enregistrement des données provenant d'Internet.
- **Lecteur Wave.** Pas de configuration possible.
- **Lecteur Id Software Cin.** Egalement sans configuration possible. Il sert au format Quake-II.

Parmi tous les plug-in de sortie disponibles, un seul peut être actif en même temps.

- **Pilote OSS.** Ce plug-in se charge de l'envoi à la carte audio des données requises. Si vous possédez plusieurs cartes audio sur votre ordinateur, vous pouvez en choisir une ici. De plus, vous pouvez définir ici la quantité de mémoire à utiliser pour la mise en tampon des données.
- **eSound.** Si vous avez installé le plug-in eSound, vous pouvez choisir ici le serveur qu'il doit utiliser.
- **Ecriture sur disque.** Avec ce plug-in, vous pouvez enregistrer au format WAV n'importe quelle donnée audio lue par un plug-in d'entrée.
- **Plug-in d'effets et plug-in généraux.** Ces sections permettent de sélectionner une variété de plug-in, par exemple pour contrôler XMMS à l'aide d'une manette de jeu ou d'une interface infrarouge. Echo est un plug-in assez drôle, essayez-le !

Plug-in de visualisation

Cette section offre également un ensemble de plug-in étonnants qui vous permettront de profiter pleinement de votre écoute... d'une manière graphique ! Le plus impressionnant est celui d'OpenGL (voir Figure 13.4). Vous pouvez alors utiliser les touches z, x, c, v, b, comme dans la fenêtre principale. De plus, les touches fléchées permettent de modifier les axes x et z, et les touches q et w permettent de manipuler l'axe y. Avec la touche Retour, vous revenez sur la valeur antérieure.

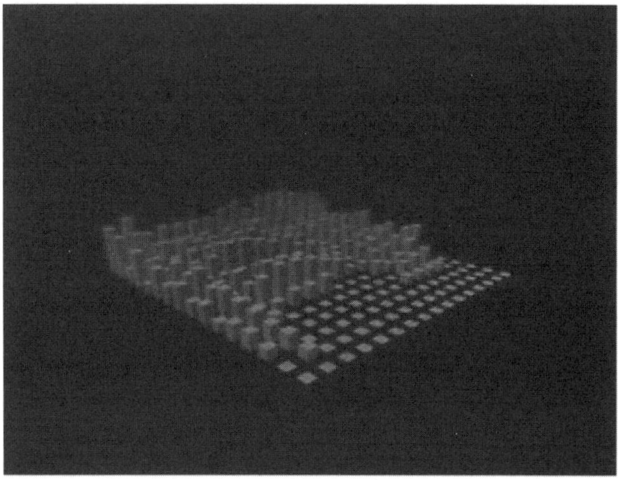

Figure 13.4
Plug-in OpenGL de XMMS.

Options

Cet onglet offre une profusion d'options de configuration, dont certaines influent sur l'apparence ou le comportement de XMMS.

XMMS depuis la ligne de commande

La plupart du temps, vous piloterez XMMS par l'intermédiaire de son interface graphique. Le programme propose toutefois quelques options de commande utiles. Lorsque vous exécutez XMMS avec un ou plusieurs noms de fichiers à partir de la ligne de commande et que le programme est déjà démarré, la liste de lecture en cours est complétée par les fichiers spécifiés.

L'option **--help** vous donnera un aperçu des fonctions admises en ligne de commande :

```
Usage: xmms [options] [fichiers] ...
Options:
-h, --help              Affiche le texte et quitte.
-n, --session           Sélectionne la session XMMS (par défaut : 0).
-r, --rew               Recule dans la liste de lecture.
-p, --play              Commence la lecture de la liste courante.
-u, --pause             Met le titre actuel en pause.
-s, --stop              Arrête le titre actuel.
-f, --fwd               Avance dans la liste de lecture.
-e, --enqueue           Ajoute le fichier dans la liste actuelle.
-m, --show-main-window  Affiche la fenêtre principale.
-v, --version           Affiche le numéro de version et quitte.
```

La plupart des options sont explicites. L'option **-e** est utile pour insérer les fichiers spécifiés dans la liste de lecture en cours.

Formats

La majorité des formats de XMMS ont déjà été évoqués. L'énumération suivante apportera quelques informations complémentaires concernant les formats acceptés : flux MP2 et MP3, format WAV/AU, divers formats de modules (mod, xm, s3m, med, it, 669, amf, dsm, far gdm, imf, m15, mtm, stm, stx, ult, uni), CD audio, Shout et Icecast, Spectrum Analyzer, support de skins WinAmp-2.0 (fichiers wsz), gestionnaires de fenêtrage Afterstep ou WindowMaker, souris avec molette de défilement, etc.

XMMS et Netscape

Vous pouvez utiliser XMMS directement à partir de Netscape pour écouter la radio. Pour cela, configurez dans l'écran des applications (voir Figure 13.5) un nouveau type MIME **audio/x-scpls** et associez-le à l'application "xmms %s" (avec le chemin complet jusqu'au programme). Ce procédé fonctionne, par exemple, avec le serveur *http://www.shoutcast.com*.

Pour les fichiers MP3 du serveur *http://www.mp3.com*, utilisez la valeur de type **audio/x-mpegurl**, le suffixe **m3u**, et bien sûr **xmms %s** pour l'application.

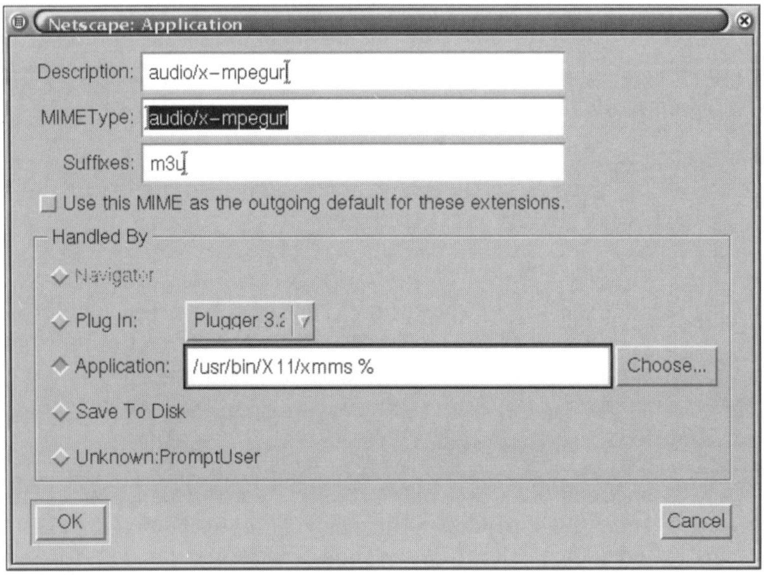

Figure 13.5
Utilisation de XMMS/Netscape.

Zinf

Zinf (voir Figure 13.6) est un lecteur audio extensible pour différentes plates-formes. Il emploie une version optimisée du décodeur MPEG Xing, ce qui fait de lui l'un des lecteurs les plus rapides offrant le meilleur rendu sonore. Sur la page d'accueil du logiciel, *http://www.zinf.org*, vous trouverez une variété de thèmes.

Figure 13.6
Le lecteur audio Zinf.

Voici quelques-unes des fonctions exceptionnelles du programme :

- lecture de tous les fichiers codés en MPEG1, MPEG2 et MPEG2.5 ;
- support de la technologie de codage VBR (*Variable Bit Rate*) de Xing ;
- lecture de fichiers musicaux depuis un serveur de streaming HTTP unicast, du type SHOUTcast ou Icecast ;
- enregistrement des flux SHOUTcast et Icecast sur le disque dur ;
- éditeur de liste de lecture ;
- tampon configurable par l'utilisateur pour les ordinateurs manquant de puissance.

La version Linux du logiciel offre de plus les caractéristiques suivantes :

- support pour le démon ESD (*Enlightened Sound Daemon*) ;
- interpréteur en ligne de commande et interface **ncurses**.

Gqmpeg

Le logiciel Gqmpeg est une interface graphique pour le programme Mpg123. Par l'intermédiaire de sa configuration, vous pouvez agir sur toutes les options accessibles en ligne de commande avec Mpg123. Il peut gérer une liste de lecture et se laisse commander par l'intermédiaire du clavier. Voici les raccourcis possibles :

[p] Lecture

[s] Arrêt

[n] Lecture du titre suivant

[b] Lecture du titre précédent

[l] Ouverture de la liste de lecture

[m] Démarrage du mixeur

[i] Affichage d'informations sur le titre en cours

[-] Diminution du volume

[+] ou [=] Augmentation du volume

[Ctrl] + [-] Balance à gauche

[Ctrl] + [+] Balance à droite

[Ctrl] + [t] Affichage du temps

[Ctrl] + [o] Paramètres

[Ctrl] + [i] Réduction de la taille de fenêtre

[Ctrl] + [q] Quitter le programme

Sur le plan visuel, le programme dans sa version standard ne peut rivaliser avec d'autres lecteurs. Son apparence peut toutefois être changée par l'intermédiaire de *skins*. La Figure 13.7 illustre le programme avec trois habillages différents.

Figure 13.7

Le programme Gqmpeg.

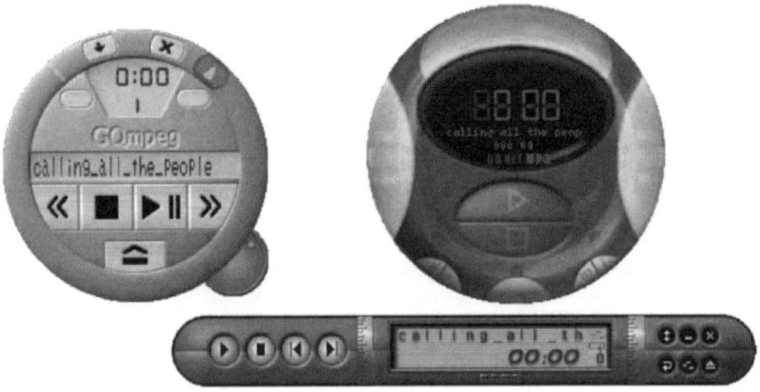

Grip

Le programme Grip (voir Figure 13.8) est un lecteur de CD qui offre également une fonction d'extraction. Vous pouvez ainsi créer des fichiers MP3 à partir de vos CD audio. Il comprend toutes les fonctions de Cdparanoia mais peut également utiliser des programmes externes. Par exemple, Cdda2wav convient également. Grip offre un support pour la base de données Freedb (*http://www.freedb.org*). Celle-ci renferme des informations sur des milliers de CD musicaux. Vous n'avez pas besoin de taper un titre d'album, Grip extrait automatiquement toutes les informations nécessaires.

Figure 13.8

Grip et sa liste de titres.

Grip fonctionne aussi avec DigitalDJ (*http://nostatic.org/ddj/ddj.html*), une interface frontale de lecture de fichiers MP3 qui s'appuie sur une base de données SQL pour la gestion des titres.

En raison de problèmes de licences, aucun codeur MP3 n'est compris dans Debian. Grip est toutefois déjà configuré de manière à vous faciliter la tâche d'installation. Vous pouvez par exemple vous procurer le code source de Lame (*http://lame.sourceforge.net*) ou Bladeenc (*http://bladeenc.mp3.no*), le compiler et l'installer.

Cela paraît plus compliqué que ça ne l'est en réalité. Par exemple, avec les commandes suivantes en tant que super-utilisateur, vous pouvez installer Bladeenc (les messages en sortie ont été abrégés) :

```
debian:/home/fr# tar xvfz bladeenc-0.92.0-src-stable.tar.gz
bladeenc-0.92.0/
```

```
bladeenc-0.92.0/Makefile.in
bladeenc-0.92.0/README
bladeenc-0.92.0/stamp-h.in
...
bladeenc-0.92.0/bladeenc/docs/en/index-5.html
bladeenc-0.92.0/bladeenc/docs/en/index-6.html
bladeenc-0.92.0/bladeenc/docs/en/index.html

debian:/home/fr# cd bladeenc-0.92.0
debian:/home/fr/bladeenc-0.92.0# ./configure
creating cache ./config.cache
checking for a BSD compatible install... /usr/bin/install -c
checking whether build environment is sane...
...
creating bladeenc/docs/Makefile
creating bladeenc/docs/en/Makefile
creating config.h

debian:/home/fr/bladeenc-0.92.0# make
make all-recursive
make[1]: Entering directory `/home/fr/bladeenc-0.92.0'
Making all in bladeenc
...
make[2]: Entering directory `/home/fr/bladeenc-0.92.0'
make[2]: Leaving directory `/home/fr/bladeenc-0.92.0'
make[1]: Leaving directory `/home/fr/bladeenc-0.92.0'

debian:/home/fr/bladeenc-0.92.0# make install
Making install in bladeenc
make[1]: Entering directory `/home/fr/bladeenc-0.92.0/bladeenc'
Making install in docs
make[2]: Entering directory `/home/fr/bladeenc-0.92.0/bladeenc/docs'
...
make[2]: Nothing to be done for `install-data-am'.
make[2]: Leaving directory `/home/fr/bladeenc-0.92.0'
make[1]: Leaving directory `/home/fr/bladeenc-0.92.0'
```

Après cela, vous pouvez faire appel à Grip pour créer des fichiers MP3. Pour cela, faites un clic droit sur les titres voulus dans l'onglet Pistes. Sélectionnez ensuite l'onglet Extraction et cliquez sur le bouton Extraction + codage (voir Figure 13.9).

Les pistes sont alors lues sur le CD et enregistrées dans des fichiers WAV qui sont ensuite convertis en MP3. Ces deux dernières étapes sont exécutées en parallèle. L'avancée de ces deux étapes peut être contrôlée au moyen des deux barres de progression. L'URL du site du programme est *http://www.nostatic.org/grip*.

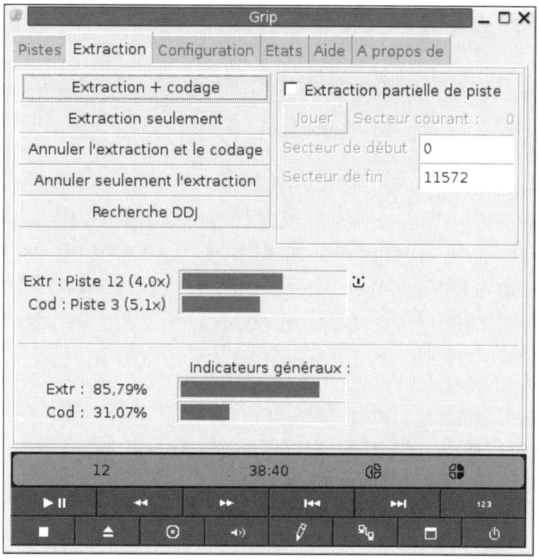

Figure 13.9

L'onglet d'extraction de Grip.

Edition de films vidéo

L'édition de films vidéo est maintenant également possible sur les systèmes GNU/ Linux. Pendant longtemps, les applications appropriées ont fait défaut, et les fabricants de produits commerciaux ne se sont pas empressés d'y remédier, même à l'heure actuelle, à l'exception de la société Mainconcept, avec son produit MainActor. Heureusement, il s'est trouvé des programmeurs de ce segment de marché pour offrir des solutions en tant que logiciels libres. La section suivante en présente quelques-unes.

Nous ne nous intéresserons ici qu'à la vidéo numérique, bien que ces programmes puissent également gérer des films analogiques convertis par acquisition numérique, processus que nous n'aborderons pas ici.

Interface iLink, alias FireWire, alias IEEE1394

L'interface série officiellement baptisée IEEE1394 est intégrée aujourd'hui à de nombreux Caméscopes numériques. Le débit exceptionnellement rapide qu'elle offre (400 Mbit/s) convient bien pour le transfert de grosses quantités de données, ce qui est le cas dès que l'on travaille sur des images vidéo. Sur les systèmes Apple, l'interface est appelée FireWire, et elle est intégrée aux modèles avec processeurs G3, G4 ou G5, ainsi qu'à l'iMac DV et aux PowerBook. Sur les notebooks de la marque Sony, elle est nommée iLink. Ces différentes désignations commerciales renvoient toutes à l'interface IEEE 1394.

Pour transférer des images vidéo d'une caméra à un système GNU/Linux, les deux équipements doivent être équipés d'une interface 1394. Si votre ordinateur n'en est pas doté, il existe des cartes d'extension PCI qui combleront à peu de frais ce manque.

Sur GNU/Linux, le kernel utilisé doit incorporer le pilote nécessaire à la communication avec l'interface. Il en existe pour la version 2.2.x du kernel, mais il est recommandé de passer à la version 2.4. Le paquet pour le kernel Debian version 2.4 fournit les pilotes requis sous la forme de modules. Les modules requis sont **ieee1394** (pilotes IEEE1394), **ohci1394** (support du chipset) et **raw1394** (accès bas niveau). Ils peuvent être chargés comme à l'accoutumée, à l'aide de **modprobe**. Il faut éventuellement un pilote de chipset supplémentaire qui dépend du matériel utilisé, par exemple **aic5800**.

```
wasabi:~# lsmod |grep 1394
raw1394 6416 0 (unused)
ohci1394 15008 0 (unused)
ieee1394 24584 0 [raw1394 ohci1394]
```

Les équipements qui respectent la spécification d'interface IEEE 1393 peuvent être reliés ou déconnectés à chaud (*hot-plug*). Vous pouvez également consulter les détails concernant le processus dans le journal Syslog.

```
Jul 9 12:27:21 inari kernel: ieee1394: registered ohci1394 driver,
                                       ➥initializing now
Jul 9 12:27:21 inari kernel: ohci1394: looking for Ohci1394 cards
Jul 9 12:27:21 inari kernel: ohci1394_0: remapped memory spaces reg
                                         ➥0xc48bf000
Jul 9 12:27:21 inari kernel: ohci1394_0: allocated interrupt 9
Jul 9 12:27:21 inari kernel: ohci1394_0: soft reset finished
Jul 9 12:27:21 inari kernel: ohci1394_0: max packet size = 2048 bytes
Jul 9 12:27:21 inari kernel: ohci1394_0: 4 iso contexts available
Jul 9 12:27:21 inari kernel: ohci1394_0: Receive DMA ctx=0 initialized
Jul 9 12:27:21 inari kernel: ohci1394_0: Receive DMA ctx=1 initialized
Jul 9 12:27:21 inari kernel: ohci1394_0: AT dma ctx=0 initialized
Jul 9 12:27:21 inari kernel: ohci1394_0: AT dma ctx=1 initialized
Jul 9 12:27:21 inari kernel: ohci1394_0: Receive DMA ctx=2 initialized
Jul 9 12:27:21 inari kernel: ohci1394_0: resetting bus on request and
                                         ➥attempting to become root
Jul 9 12:27:21 inari kernel: ieee1394: detected 1 ohci1394 adapter
Jul 9 12:27:21 inari kernel: ohci1394_0: PhyControl: 800301FF
Jul 9 12:27:21 inari kernel: ohci1394_0: SelfID process finished (phyid 0,
                                         ➥root)
Jul 9 12:27:21 inari kernel: ohci1394_0: selfid packet 0x807f8056 rcvd
Jul 9 12:27:21 inari kernel: ieee1394: including selfid 0x56807f80
Jul 9 12:27:21 inari kernel: ohci1394_0: This node self-id is 0x807f8056
Jul 9 12:27:21 inari kernel: ohci1394_0: calling self-id complete
Jul 9 12:27:21 inari kernel: ohci1394_0: Got phy packet ctx=0 ... discarded
```

Dvgrab

Le programme Dvgrab (*http://kino.schirmacher.de*) peut enregistrer les données audio et vidéo en provenance d'un Caméscope numérique sous la forme de fichiers AVI qui pourront ensuite être édités au moyen du logiciel de votre choix.

Dvgrab présente quelques options de contrôle. Par exemple, à l'aide de la commande `dvgrab film`, vous pouvez enregistrer des données vidéo entrantes dans des fichiers AVI numérotés en séquences : *film_001.avi*, *film_002.avi*, etc. La taille de chaque fichier est limitée à environ un gigaoctet.

Pour n'enregistrer qu'un nombre donné d'images, vous pouvez faire appel à la commande `dvgrab --frames 750 film`. Dans cet exemple, 750 images correspondent à 30 secondes de film d'un Caméscope au format PAL. Vous trouverez dans la documentation des informations sur les autres paramètres et options du programme.

Kino

Kino (voir Figure 13.10) est un programme simple d'édition vidéo. La possibilité d'enregistrer directement sur disque des images en provenance d'une caméra permet de se passer des commandes en ligne de Dvgrab. Sur le côté droit de la fenêtre figurent différentes options : Montage, Capture, Timeline, Effets, ou Exporter.

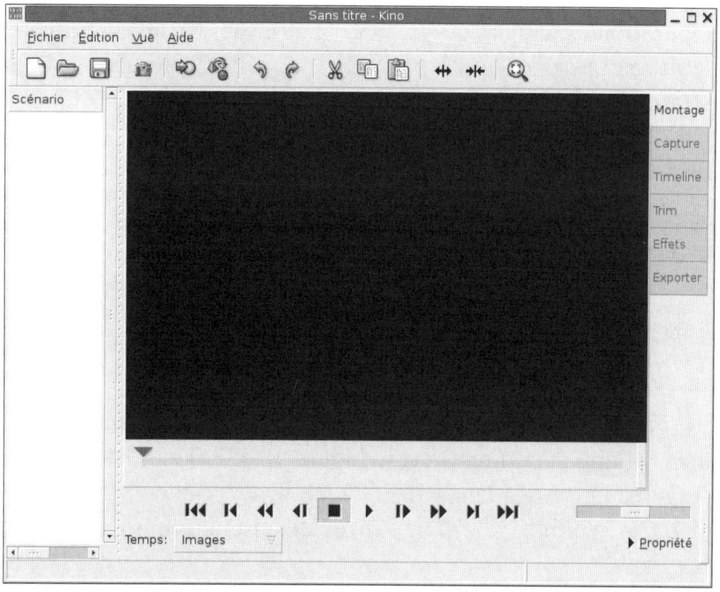

Figure 13.10
L'éditeur de films vidéo Kino.

Le bouton Montage donne accès aux commandes qui permettent d'éditer vos séquences. Une fois le film édité, vous pouvez visualiser le résultat au moyen de l'option Capture. Le format de fichier employé pour l'enregistrement sur disque est AVI.

Cartes TV

Le chipset Brooktree bt848/bt878 est largement répandu car de nombreux fabricants de cartes TV l'intègrent dans leurs produits. Pour utiliser une telle carte, il faut d'abord charger les modules appropriés :

```
modprobe videodev
modprobe i2c
modprobe bttv pll=1 card=1
```

Les paramètres utiles pour le module **bttv** diffèrent selon la carte utilisée. Pour trouver le pilote qui convient à votre équipement, consultez le fichier */usr/src/linux/Documentation/video4linux/bttv/CARDLIST*. Ce fichier fait partie intégrante des codes sources du kernel. Pour plus d'informations sur les pilotes pour **bttv**, rendez-vous sur la page de Gerd Knorr (*http://bytesex.org/bttv*).

Xawtv

Pour obtenir une image de téléviseur sur votre écran d'ordinateur, il faut l'application adéquate. Sous Debian, vous pouvez utiliser Xawtv. Pendant l'installation, un fichier de configuration est généré et tous les canaux sont traités au moyen d'un balayage. Xawtv a été développé par Gerd Knorr. Les paquets Debian actuels sont disponibles sur son site (*http://bytexex.org/xawtv*).

Alevt

A l'aide du paquet **alevt** (*http://www.goron.de/~froese*), vous pouvez afficher des pages de vidéotexte.

Lecteur vidéo

Xine

Xine (*http://wine.sourceforge.net*) est un lecteur vidéo sous licence GPL pour Unix, Linux et d'autres systèmes (voir Figure 13.11). Voici les différents formats supportés : MPEG-1 audio et vidéo, MPEG-2 audio et vidéo, MP3, AVI (divers formats, dont DivX), Ogg Vorbis, QuickTime (avec des limitations).

Figure 13.11
Xine.

Le programme peut lire des données audio et vidéo sous la forme d'un flux. Selon le format du flux, les performances matérielles nécessaires seront différentes. La puissance minimale pour un flux MPEG-2 au débit maximal est celle d'un processeur Pentium II à 400 MHz. Xine peut directement lire des CD, des SVCD et des DVD. Malheureusement, la lecture des DVD protégés est réglementée dans de nombreux pays, raison pour laquelle Xine ne possède pas de fonctionnalités qui lui permettent de lire ce type de média.

Le programme peut être lancé à partir d'une option de l'environnement graphique ou d'un terminal. Depuis la ligne de commande, il peut lire directement les CD vidéo (`xine vcd://1`) ou les DVD (`xine dvd://VTS_01_1.VOB`). Le plug-in standard pour les DVD ne propose pas de menus et, nous l'avons déjà indiqué, n'offre pas de support pour les DVD protégés. Il existe des plug-ins pour DVD plus performants, tels que Xine-dvdnav, Xine-dmd et Xine-d5d.

Vidéoconférence

GnomeMeeting

GnomeMeeting (voir Figure 13.12) est un client pour les applications de vidéoconférence et de téléconférence par téléphone ; il supporte les communications au standard H.323 avec des clients Microsoft NetMeeting.

Figure 13.12

L'écran standard de GnomeMeeting.

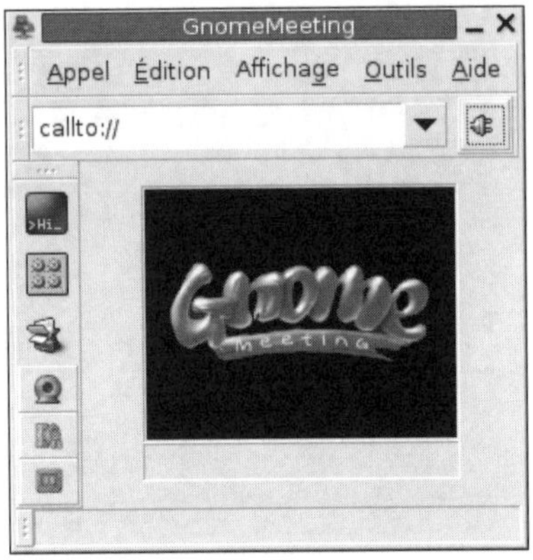

Lors du premier démarrage, il affiche directement un assistant de configuration (voir Figure 13.13).

Figure 13.13

Assistant de configuration.

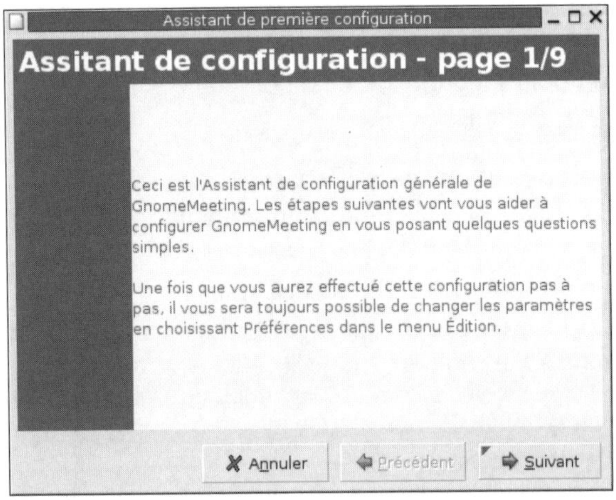

Exécutez la procédure et indiquez vos données personnelles dans les différents écrans successifs (voir Figures 13.13 à 13.16).

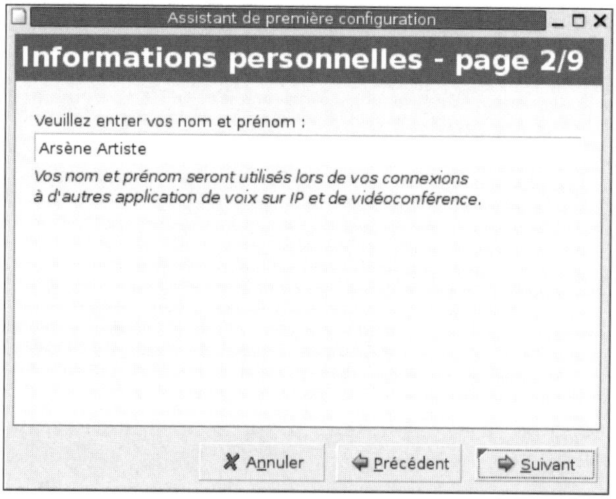

Figure 13.14

Configuration : saisie de vos nom et prénom.

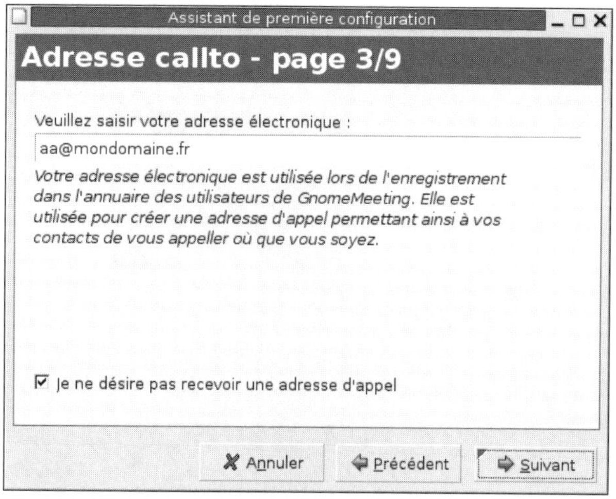

Figure 13.15

Configuration : saisie de votre adresse électronique avec l'option de contact activée.

Ces informations peuvent être enregistrées sur un serveur public pour que d'autres utilisateurs puissent vous contacter. Si vous ne souhaitez pas qu'une adresse d'appel soit créée pour que l'on puisse vous appeler, vous pouvez désactiver la demande dans la fenêtre d'adresse électronique.

Figure 13.16

Configuration : choix du type de liaison.

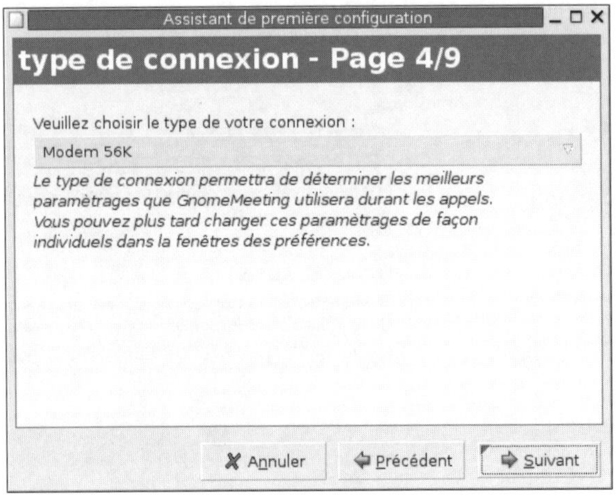

Dans sa configuration standard, l'application n'offre qu'une fenêtre réduite (voir Figure 13.12). Vous pouvez ajouter des éléments supplémentaires tels qu'une zone de chat ou une zone de contrôles vidéo par l'intermédiaire du menu (voir Figure 13.17).

Figure 13.17

Fenêtre étendue avec zone de chat et de contrôles vidéo.

Le programme dispose également d'une fenêtre de configuration dans laquelle vous choisissez manuellement certains paramètres : proxy, codecs ou autres périphériques audio ou vidéo à utiliser.

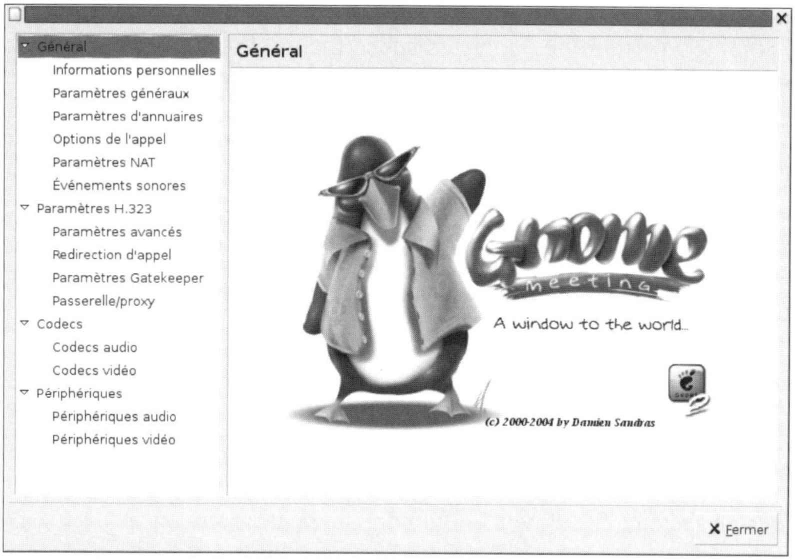

Figure 13.18
Fenêtre de configuration.

Sur la ligne d'URL, vous pouvez indiquer l'adresse IP du partenaire de communication. Si un logiciel correspondant est actif sur son système et s'il répond, vous devriez voir apparaître une image vidéo.

CD-ROM et DVD

Si vous possédez un graveur de CD ou de DVD, vous pouvez également l'utiliser sous Debian. Avant de vous présenter les différentes applications, quelques préparations sont nécessaires.

Matériel

Les graveurs de CD ou de DVD sont commercialisés avec une interface SCSI ou IDE. Si vous n'en possédez pas encore, il est préférable, si possible, d'opter pour un modèle SCSI : il sera plus rapide et le surcoût n'est pas très élevé. Pour des raisons techniques, le processus de gravure nécessite que le flux de données en entrée soit continu. Pour pallier les fluctuations, les graveurs sont dotés d'un tampon intermédiaire. Des interruptions peuvent néanmoins se produire lorsque le système ne peut fournir les données suffisamment rapidement, et la session de gravure peut échouer. Pour ce genre de situation, les modèles SCSI ont un avantage sur leurs homologues IDE.

Avant l'achat, consultez la liste des équipements supportés par Cdrecord, le programme chargé de l'écriture des données sur le média. Pour la gravure de DVD+, vous aurez besoin du paquet **dvdplusrw**.

Une fois votre périphérique acquis et branché, vous pouvez vérifier, à l'aide de la commande `dmesg | more`, qu'il est détecté. Recherchez les lignes commençant par **scsi:**. Sur un système équipé d'un graveur IDE, accessible *via* une émulation SCSI, vous obtiendrez à peu de choses près les messages suivants :

```
scsi0 : SCSI host adapter emulation for IDE ATAPI devices
scsi : 1 host.
  Vendor: GoldStar Model: CD-ROM CRD-8241B Rev: 2.03
  Type:   CD-ROM                           ANSI SCSI revision: 02
Detected scsi CD-ROM sr0 at scsi0, channel 0, id 0, lun 0
scsi : detected 1 SCSI generics 1 SCSI cdroms total.
*sr0: scsi3-mmc drive: 1x/24x cd/rw xa/form2 cdda tray
```

Pour un système SCSI, vous obtiendrez le résultat suivant :

```
scsi0 : Tekram DC390/AM53C974 V2.0d 1998/12/25
scsi : 1 host.
DC390: Target 4: Sync transfer 10.0 MHz, Offset 15
  Vendor: TEAC Model: CD-R58S    Rev: 1.0G
  Type:   CD-ROM                 ANSI SCSI revision: 02
Detected scsi CD-ROM sr0 at scsi0, channel 0, id 4, lun 0
sr0: scsi3-mmc drive: 24x/24x writer cd/rw xa/form2 cdda tray
```

Les désignations de l'équipement et les adresses dépendent naturellement de votre configuration. Si votre équipement n'est pas reconnu, vous devrez charger le module adéquat ou compiler un nouveau kernel.

Kernel

Pour pouvoir utiliser un nouveau CD ou un nouveau DVD, il est important de connaître l'interface utilisée.

Interface SCSI

Si vous possédez déjà un périphérique SCSI, vous avez très certainement déjà chargé le pilote requis pour le contrôleur. Le kernel Debian standard rassemble pratiquement tous les pilotes nécessaires. Si vous avez généré votre propre kernel, vérifiez que le contrôleur SCSI est bien reconnu.

Il est ensuite nécessaire de charger le module générique **sg** pour le pilote SCSI. Pour cela, la commande `modprobe sg` suffit.

Vous pouvez également intégrer le module au kernel (voir Figure 13.19).

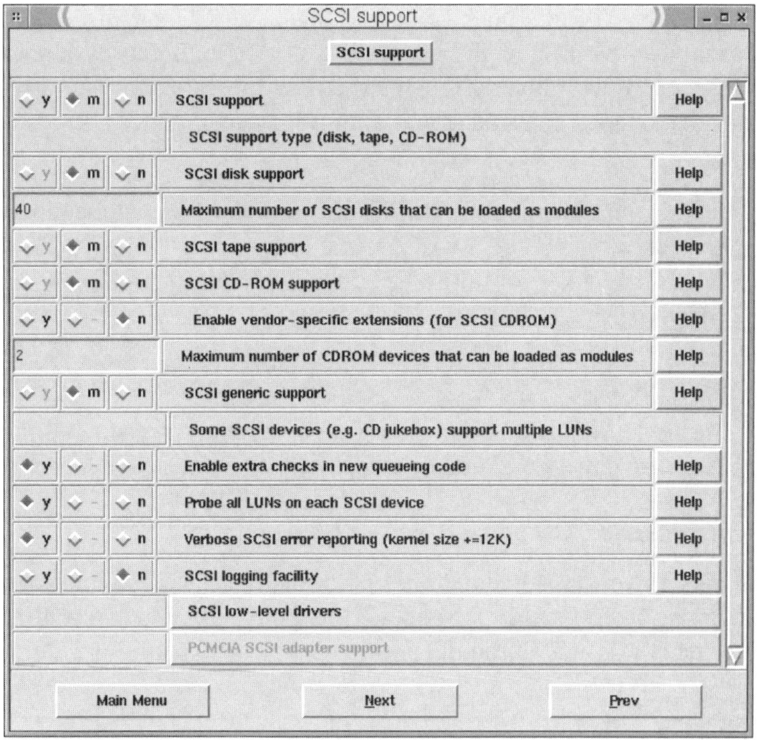

Figure 13.19
Support SCSI du kernel.

Selon que vous choisissiez de charger le pilote en tant que module ou de l'intégrer dans le kernel, vous sélectionnerez ici M ou Y. Compilez un nouveau kernel et redémarrez le système. Vous en avez ainsi terminé avec les étapes préliminaires d'installation pour un graveur SCSI.

Interface IDE

Dans le cas d'une interface IDE, la configuration du kernel est plus difficile. Sélectionnez le menu pour les périphériques par bloc et désactivez l'option de support pour CD-ROM IDE. Activez à la place l'émulation SCSI. Revenez à l'écran principal de la configuration du kernel et activez le support dans le menu SCSI – ceci est correct pour un périphérique IDE également. Dans le même menu, activez le support pour CD-ROM SCSI et le support générique SCSI. Enregistrez la configuration et compilez un nouveau kernel.

Logiciels de gravure

Les environnements graphiques sous GNU/Linux font en général appel à des programmes comme Mkisofs pour créer une image de CD sur disque, et à Cdrecord pour la graver ensuite sur un média vierge. Il existe de nombreuses applications avec interface graphique. Vous trouverez sur Internet des sites donnant un vaste aperçu des applications disponibles, mais aucune n'atteint les performances de ces deux programmes de base.

Quoi qu'il en soit, pour le travail au quotidien, les applications décrites dans cette section sauront répondre à vos besoins. Pour plus d'informations sur la création de CD sous GNU/Linux, consultez le document *http://en.tldp.org/HOWTO/CD-Writing-HOWTO.html.*

Mkhybrid

A l'instar de Mkisofs, Mkhybrid est un programme de génération d'images de CD qui peuvent être gravées à l'aide de Cdrecord.

Génération de CD à partir d'un shell

Si vous n'avez pas forcément besoin d'une interface graphique ou souhaitez créer des CD à partir d'un script personnel, vous pouvez bien sûr recourir aux programmes en ligne de commande introduits plus haut.

Vérifier une image avant la gravure

Avant de débuter la gravure, vous avez la possibilité de vérifier votre image. A l'aide du périphérique de bouclage (*loopback device*) du kernel, vous pouvez monter n'importe quel fichier avec l'option **-o loop** de la commande **mount**, par exemple : `mount moncd.raw /cdrom -o loop`. Vous pouvez ensuite retirer l'image comme avec n'importe quel système de fichiers, *via* la commande **umount**.

Si l'image vous satisfait, vous pouvez passer à la gravure au moyen de la commande **cdrecord**. Les options essentielles pour cette commande sont **dev** (le périphérique utilisé) et **speed** (la vitesse à laquelle le CD peut être gravé). Pour plus d'informations sur les autres options, consultez la documentation du programme.

Vous pouvez naturellement vous passer de la vérification et dans la même foulée demander la gravure du fichier. Il suffit pour cela de renvoyer la sortie de l'image vers le programme de gravure au moyen d'une redirection (*pipe*) (|) :

```
mkisofs -R /cdrom/ | cdrecord dev=0,2,0 speed=8 -fs=8m -eject -v
```

Veillez à indiquer le bon argument pour le paramètre **dev**, sinon cela pourrait vous coûter l'intégralité d'un disque dur !

Si vous débutez, il est préférable de recourir à un programme doté d'une interface graphique (comme ceux présentés dans les sections suivantes).

X-CD-Roast

Le programme X-CD-Roast (voir Figure 13.20) est l'un des premiers programmes de création de CD sous Unix à avoir proposé une interface graphique. Pour connaître l'état actuel de son développement, visitez le site : *http://www.xcdroast.org*.

Cette application se distingue par les caractéristiques suivantes :

- interface graphique simple à commander ;
- reconnaissance automatique des périphériques SCSI et IDE ;
- génération de CD ISO9660 et *mastering* ;
- génération de CD audio ;
- copie rapide de CD (pour l'audio et les données).

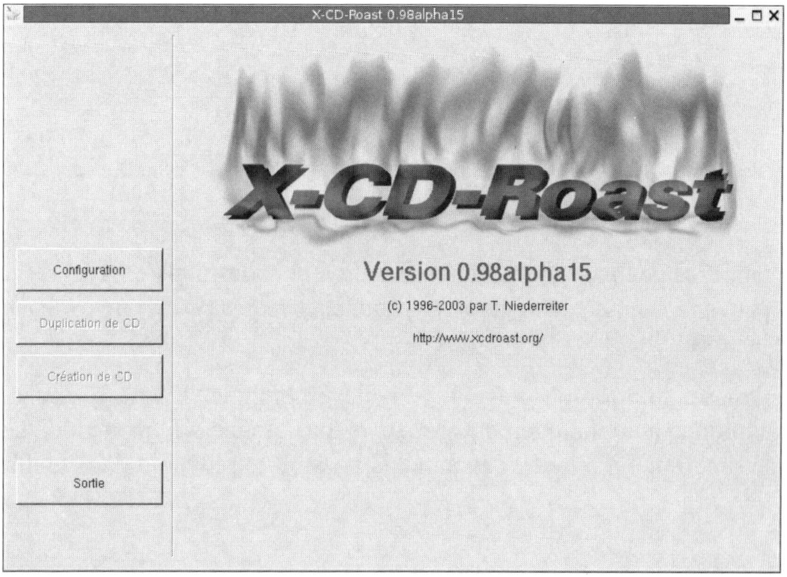

Figure 13.20
L'écran d'accueil de X-CD-Roast.

Le programme supporte aussi bien les périphériques SCSI que IDE et vous pouvez au besoin alterner leur utilisation. La plupart des graveurs commercialisés sont reconnus automatiquement par le programme. Lors du premier démarrage, il vous sera demandé de vérifier la configuration ou de la générer à nouveau (voir Figure 13.21). La plupart des paramètres sont très simples, mais soyez attentif lors de l'indication des partitions ou des chemins dédiés au stockage intermédiaire des données. Vous pouvez à cet effet employer des partitions complètes non utilisées, ou si vous n'en disposez pas, un répertoire de votre système.

Figure 13.21

L'écran de configuration.

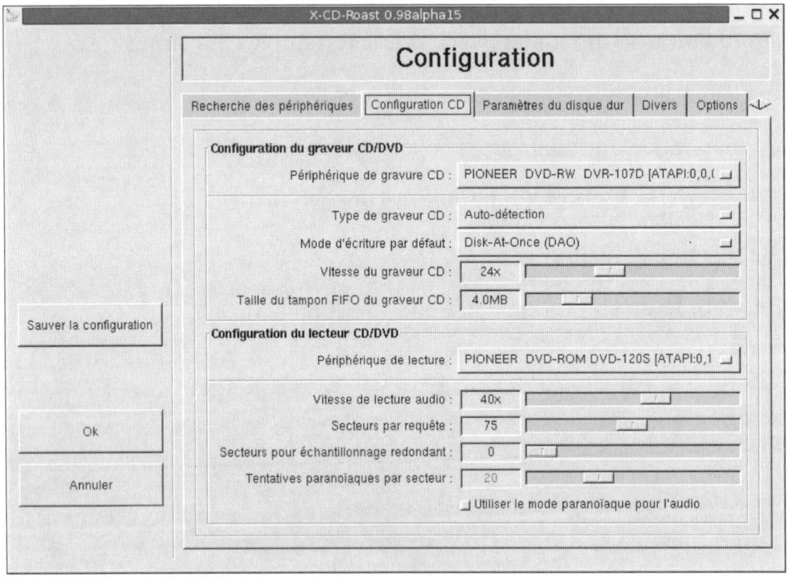

Si vous ne voulez pas seulement copier un CD audio mais en générer un vous-même, vous pouvez également configurer les paramètres requis pour votre carte audio. Vous aurez ainsi la possibilité d'écouter le titre.

Dans la configuration du graveur, vous devez indiquer la vitesse car elle ne peut être communiquée automatiquement. Ne soyez pas étonné si vous ne pouvez indiquer une vitesse supérieure à 8x, vous en aurez la possibilité plus loin dans le menu de gravure, directement lors de la procédure.

Copie de CD

Si vous disposez d'un graveur de CD mais pas de lecteur supplémentaire pour lire les données, vous devez tout d'abord créer une image du CD sous la forme d'un fichier enregistré sur disque. Vérifiez que vous avez bien la place nécessaire, la taille du fichier avoisinant les 700 Mo. Si vous disposez d'un vaste espace libre, vous pourrez stocker plusieurs images par avance et les graver ensuite au besoin. La Figure 13.22 illustre l'écran de duplication de CD.

Figure 13.22
L'écran de duplication.

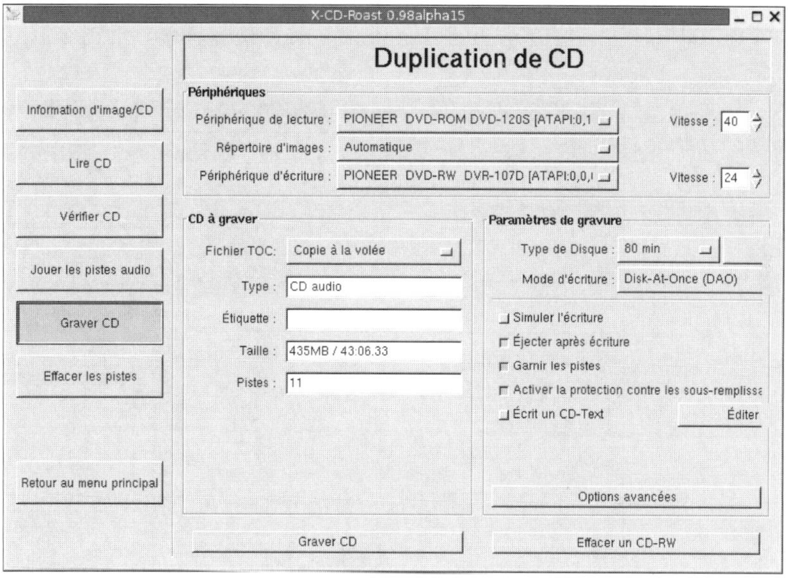

Il est aussi possible de dupliquer directement un CD à la volée, sans passer par la création d'une image sur disque. Il est important que le lecteur puisse lire les données au moins deux fois, voire trois fois, plus rapidement que le graveur ne peut les graver. Lors de la gravure, les données doivent être écrites sans interruption. Les graveurs disposent de 1 à 4 Mo de tampon intermédiaire pour réduire le risque d'interruption. Par exemple, si le CD original comporte des éraflures qui nécessitent la relecture d'une zone, il peut s'ensuivre un ralentissement du débit d'entrée et une interruption si le lecteur n'est pas assez rapide.

Naturellement, le plus sûr consiste à passer par une image sur disque même si vous disposez d'un lecteur en plus du graveur.

CD de données

La création de CD (voir Figure 13.23) est une procédure simple avec X-CD-Roast. Vous pouvez au besoin, selon le type de CD, inscrire des informations concernant notamment le titre. Dans le cas d'un CD de données, vous devez commencer par spécifier le répertoire source dans lequel les données à graver doivent être lues. Choisissez ensuite le type de CD voulu. Le programme gère différents formats, mais sous GNU/Linux, vous devriez en principe utiliser le format ISO9660, qui peut être lu par d'autres systèmes d'exploitation. Si vous prévoyez une lecture ultérieure du CD à partir d'un système Microsoft Windows, vous disposez d'un format spécial Windows 98/NT. Des paramètres spécifiques peuvent être ajoutés pour compléter les valeurs initiales.

Figure 13.23

L'écran de création de CD-ROM.

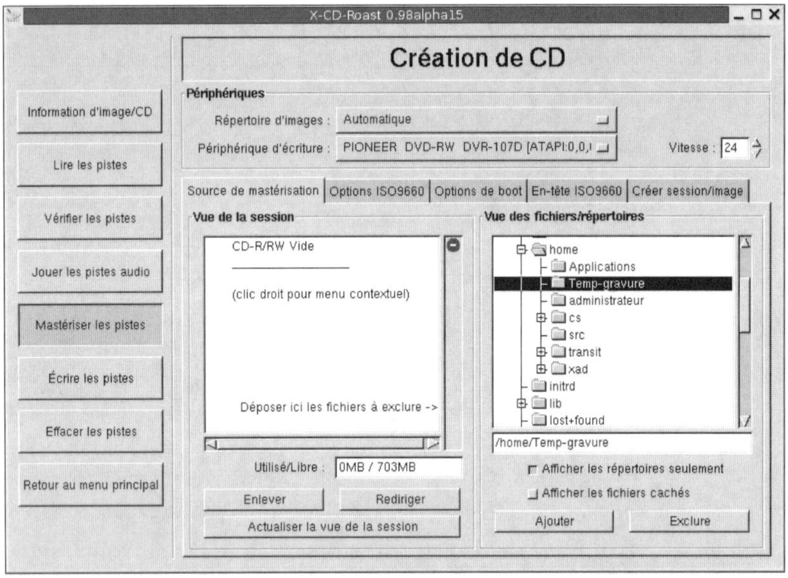

Une fois les différents paramètres requis spécifiés, vous pouvez créer une image sur disque si vous le souhaitez avant de passer à la gravure.

Il arrive parfois que l'on génère un CD pour s'apercevoir trop tard qu'il ne convient pas. Pour éviter ce genre de mésaventure, vous pouvez examiner par avance le contenu du futur CD. Nous l'avons vu plus haut, le kernel Linux dispose d'un périphérique spécial de bouclage (*loop device*), avec lequel vous pouvez monter un fichier, donc une image de CD également, de la même manière que n'importe quel système de fichier. En tant que super-utilisateur, vous pouvez par exemple exécuter la commande suivante, en l'adaptant avec le nom exact du fichier image :

```
sushi:~# mount linux-cd.raw /mnt -o loop
```

Vous pouvez ensuite accéder au contenu du CD avec vos programmes habituels, comme dans n'importe quelle zone du système de fichiers, afin d'en contrôler le contenu. Une fois que vous êtes satisfait de votre image, vous pouvez en ordonner la gravure. Utilisez ensuite **umount** pour démonter le fichier.

CD audio

La procédure de copie de la totalité d'un CD audio (bouton Duplication de CD) ou de pistes individuelles (bouton Création de CD) est très simple, mais tous les CD-ROM ou graveurs ne la supportent pas de façon optimale (voir Figure 13.24). Pour générer des CD de la meilleure qualité possible, il est préférable de copier d'abord les données sur le disque.

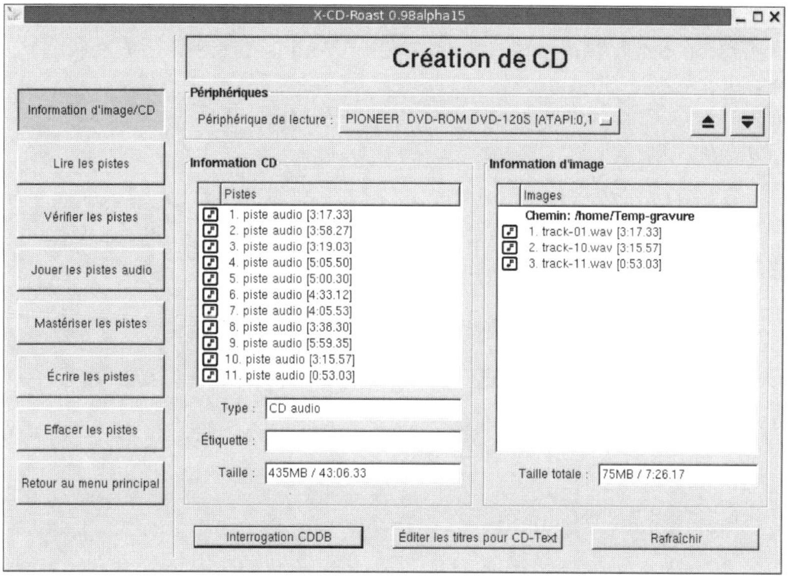

Figure 13.24
Création de CD audio.

Insérez tout d'abord le CD audio à lire. Au besoin, lors d'un changement de CD, cliquez sur Rafraîchir.

Si vous avez opté pour une copie de pistes individuelles, sélectionnez-les dans la zone Information CD. Pour la meilleure qualité, ne configurez pas une vitesse de lecture trop rapide. Si vous rencontrez un problème lors de la lecture, ou avez le sentiment que la qualité n'est pas optimale, réitérez la lecture, mais cette fois en utilisant le graveur.

Si vous employez un périphérique IDE, vous pouvez configurer le mode de lecture audio avec la valeur ATAPI. D'autres valeurs peuvent aussi être indiquées. Vous obtiendrez davantage d'informations à ce sujet en lisant la documentation du programme.

Cliquez sur Lire les pistes, ou le cas échéant, sur Lire les pistes sélectionnées, afin d'extraire les pistes et les copier sur disque. Une fois le transfert effectué, et si vous disposez d'une carte audio sur votre ordinateur, vous pouvez cliquer sur le bouton Jouer les pistes audio pour effectuer une dernière vérification de la qualité avant d'initier la gravure. Dans l'écran qui apparaît, vous pouvez choisir les titres (fichiers WAV sur disque) et en commander la lecture.

Une fois votre contrôle de qualité réalisé, vous pouvez passer à la phase de gravure en cliquant sur le bouton Ecrire les pistes. Dans l'écran qui apparaît, choisissez les pistes à partir des images sur disque. Vous pouvez déterminer ainsi l'ordre d'apparition des titres sur le CD de destination. Sur certains lecteurs, il est nécessaire d'activer l'option d'inversion de l'ordre des octets Audio. Vous saurez dès la gravure du premier CD si vous en avez besoin ou pas.

Gcombust

Gcombust (*http://www.abo.fi/~jmunsin/gcombust*) est une interface graphique frontale (voir Figure 13.25) pour les programmes Mkisofs, Mkhybrid, Cdda2wav, Cdrecord et cdlabelgen. Ses principales fonctionnalités sont les suivantes :

- Copie de CD à la volée sans image sur disque, CD audio inclus.
- Bulles de conseils et d'aide qui réagissent à la position de la souris.
- Création d'images ISO. Vous pouvez organiser le CD sans avoir à créer de répertoire avec des liens sur le disque.
- Génération de CD audio.
- Conversion du format WAV vers le format Audio, et *vice versa*.
- Impression de jaquettes de CD par l'intermédiaire du programme cdlabelgen.
- Support pour la gravure multisession.
- Génération de CD bootables.
- Chargement et enregistrement de répertoires, par exemple pour les sauvegardes.
- Support pour NLS (*National Language Support*) et de la fonction glisser-déposer (*Drag and Drop*).

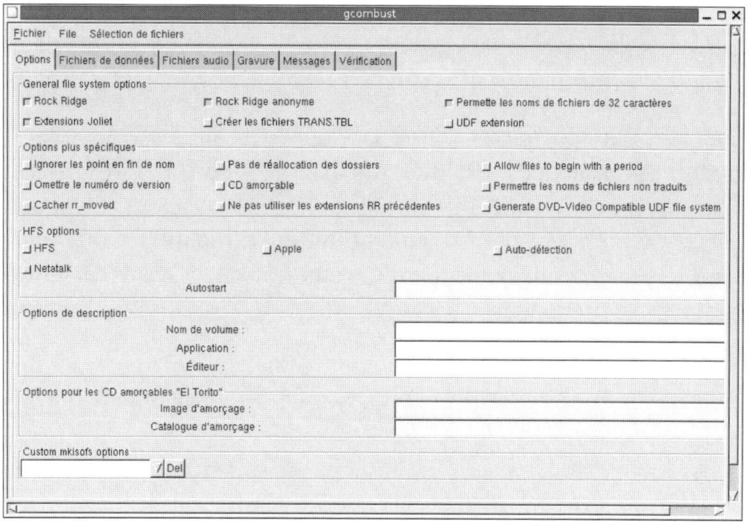

Figure 13.25
Ecran principal de Gcombust.

DVD+RW

La gravure de données sur un DVD suit en principe les mêmes procédures que celles décrites précédemment. Bien sûr, il faut d'abord avoir installé un périphérique approprié. Dans le cas d'un modèle IDE, il faut, lors du redémarrage, indiquer le paramètre de kernel `hdX=ide-scsi` (où X est la lettre correspondant au périphérique). Après le démarrage, le périphérique IDE n'est accessible qu'à travers l'émulation SCSI, et par l'intermédiaire du fichier de périphérique */dev/scd0*. Si de réels périphériques SCSI existent sur le système, leur numéro change en fonction.

L'étape suivante concerne le formatage du DVD vierge. Pour cela, exécutez la commande `dvd+rw-format /dev/scd0` (qui provient du paquet **dvdplusrw**).

Pour graver une image sur disque, il faut utiliser la commande `growisofs -Z /dev/scd0=image`.

14

Sécurité du système

Au sommaire de ce chapitre :

- ✔ Le paquet task-harden
- ✔ Manuel de sécurisation de Debian
- ✔ Possibilités supplémentaires

Nous expliquons dans ce chapitre comment améliorer la sécurité d'un système Debian et prévenir les accès non autorisés. La distribution Debian dispose à cet effet de quelques paquets qui peuvent être installés et configurés avec peu d'efforts.

Tout d'abord, lors de l'installation, vous devez déjà avoir répondu par l'affirmative à la question concernant l'utilisation des mots de passe cachés (fichier *shadow*) et aussi à celle relative à leur codage MD5.

D'une manière générale, on peut dire que tout service exécuté sur un système Unix constitue un risque pour la sécurité. Installez donc uniquement ceux qui sont requis.

L'équipe de Debian prend la sécurité très au sérieux. Lorsque des vulnérabilités logicielles sont signalées, elles sont immédiatement corrigées, et des versions actualisées des paquets sont mises à disposition sur leurs serveurs FTP. Pour pouvoir accéder aux mises à jour de sécurité, insérez la ligne suivante dans le fichier */etc/apt/sources.list* :

```
deb http://security.debian.org/ stable/updates main contrib non-free
```

Le paquet task-harden

Pour vous assurer qu'aucun paquet implémenté ne comprend de failles de sécurité, installez le paquet **task-harden**. Il réunit divers paquets de tâches (*task packages*) qui recensent des dépendances logicielles. Les paquets nommés **harden-*** sont constamment actualisés et les logiciels qui présentent des risques pour la sécurité y sont répertoriés sous la forme de dépendances appropriées qui permettent de les exclure du système.

Il est toujours possible que l'installation d'un tel paquet provoque la suppression d'un service nécessaire. La position de l'équipe de Debian à cet égard est qu'il est préférable de se passer d'un service pendant un certain temps plutôt que d'offrir une porte d'accès à un attaquant.

Le paquet **task-harden** contient aussi des dépendances pour d'autres paquets pouvant être installés séparément. Ceux-ci couvrent de petites zones du système et permettent de cibler individuellement certains services, ou systèmes, pour mieux les protéger. Il s'agit des paquets suivants :

```
harden - Renforce le système.
harden-3rdflaws - Evite les paquets qui compromettent la sécurité.
harden-clients - Evite les clients recensés comme mal sécurisés.
harden-development - Outils de création de programmes mieux sécurisés.
harden-doc - Documentation sur la sécurisation d'un système Debian.
harden-environment - Renforce l'environnement du système.
harden-localflaws - Evite les paquets comportant des vulnérabilités.
harden-nids - Système de détection d'intrusion de réseau.
harden-remoteaudit - Audit du système à partir de l'hôte actuel.
harden-remoteflaws - Evite les paquets comportant des vulnérabilités.
harden-servers - Evite les serveurs recensés comme mal sécurisés.
harden-surveillance - Contrôle automatiquement des services et/ou des serveurs.
harden-tools - Outils d'amélioration ou d'analyse de la sécurité du système local.
```

Les modifications entreprises par l'intermédiaire de ces paquets s'appuient sur des actions décrites dans le document original "Securing Debian HOWTO".

Manuel de sécurisation de Debian

Dans le manuel de sécurisation de Debian, ou "Securing Debian HOWTO" (*http://www.debian.org/doc/manuals/securing-debian-howto*), vous trouverez des informations sur les parties d'un système Debian susceptibles d'être renforcées. Nous nous limiterons donc dans cette section à quelques aspects fondamentaux.

Tout d'abord, un système sécurisé à 100 % serait un système sur lequel aucun service ne serait offert *via* le réseau, ou qui ne serait doté d'aucune interface réseau. Autant dire que ce serait utopique aujourd'hui.

Il faut également savoir que les exigences de sécurité dépendent totalement du type de mise en œuvre de l'ordinateur concerné, et un particulier sera confronté à d'autres besoins qu'un administrateur de système de pare-feu. Les nombreux paramètres qui améliorent la protection ne simplifient pas nécessairement l'exploitation du système, et il faudra trouver un compromis, ou un équilibre, entre aspect pratique et sentiment de sécurité (ou paranoïa !).

Même efficaces, les paramètres logiques qui améliorent la protection d'un système ne peuvent toutefois pas empêcher un accès physique. Lorsque l'on parle d'un système totalement sécurisé, il faut également prendre en compte son emplacement physique. Un intrus pouvant physiquement approcher un système pourra, par exemple, le démarrer au moyen d'un CD-ROM ou d'une disquette de démarrage. De même, un mot de passe au niveau du BIOS ou de LILO ne pourra pas non plus empêcher le vol du disque dur. Pour qu'un système soit complètement sécurisé, il faut donc aussi qu'il se trouve derrière une porte pouvant être verrouillée.

D'une manière générale, les points suivants doivent être considérés :

1. Choisissez les services requis et limitez-vous-y. Ceux qui ne sont pas utiles ne doivent pas être installés ou doivent être désactivés. Les ports utilisés doivent être accessibles par l'intermédiaire d'un pare-feu, ou *firewall*, et celui-ci doit bloquer l'accès aux ports de services non employés.

2. Les services actifs doivent être sécurisés de telle façon que même si une attaque réussit, elle ne devra pas permettre à l'attaquant de compromettre l'intégralité du système, par exemple par l'emploi d'un environnement **chroot**.

3. Seuls les comptes d'utilisateurs nécessaires doivent être créés et activés. Ils doivent de plus être sécurisés au moyen de restrictions adéquates (droits d'accès Unix, Quota, ACL).

4. Utilisez des programmes qui permettent de détecter les accès frauduleux et, le cas échéant, d'émettre une alerte pour que des mesures adéquates soient prises.

Avant et pendant l'installation

Quelques mesures de protection peuvent déjà précéder l'installation. Le programme d'installation de Debian recense certaines zones dont la sécurité peut être améliorée.

Paramètres du BIOS

Avant d'installer un système d'exploitation, il faut créer un mot de passe au niveau du BIOS et choisir les paramètres d'amorçage du système de manière à l'empêcher de démarrer à partir d'une disquette. Et après l'installation, il faut également interdire le démarrage à partir d'un CD-ROM.

L'autre avantage d'une telle configuration dans le cadre de l'exploitation d'un serveur dans un centre de calcul, avantage non lié à la sécurité, est de se prémunir contre un démarrage raté du système en raison d'un média amovible oublié dans un lecteur, surtout si l'accès au centre de calcul nécessite un déplacement en voiture.

Partitions de disque dur

La division de l'espace disque disponible dépend du type d'utilisation du système. Les points suivants devront être observés :

- Chaque zone à laquelle un utilisateur peut accéder en écriture doit se trouver dans une partition distincte, par exemple les sections */home* et */tmp*. Cela évite qu'un utilisateur puisse, pour quelque raison, rendre le système de fichiers racine (/) inutilisable et provoquer ainsi l'instabilité du système. Il reste naturellement un espace réservé à l'administrateur (la plupart du temps de 5 %, valeur qui peut être adaptée avec **tunefs**). Et même ainsi, il est possible d'empêcher les autres utilisateurs de travailler avec le système.
- Il faut aussi prévoir une partition pour chaque zone recevant automatiquement des données, par exemple le répertoire */var* (et en particulier */var/log*). Sur les systèmes Debian, le répertoire */var* devrait recevoir une partie importante de l'espace disque. Lorsqu'une installation est réalisée par l'intermédiaire du réseau, des paquets sont temporairement copiés dans le répertoire */var/cache/apt/archives*, et le répertoire */var/lib/dpkg* contient aussi de nombreux fichiers nécessaires à la gestion des paquets.
- Lorsque des logiciels qui ne sont pas contenus dans la distribution Debian sont installés, ils doivent également être placés dans leur propre partition. Cela évite qu'ils soient écrasés lors d'une nouvelle installation du système. D'après le standard FHS (*File Hierarchy Standard*), sont concernés les répertoires */opt* ou */usr/local*.

Mot de passe de l'administrateur

Lors de l'installation, le programme demande un mot de passe pour le compte de l'administrateur (*root*). Un compte d'utilisateur ordinaire est aussi créé avec un mot de passe. Même s'il est possible ici d'utiliser un mot de passe simple, évitez de le faire. De nombreux sites Web indiquent comment choisir un bon mot de passe ; il suffit de respecter certaines règles simples.

En principe, sur chaque système, il faut créer, en plus du compte administrateur, un compte utilisateur ne disposant pas de tous les droits. Celui-ci devra être employé pour tous les logins et l'exécution de travaux sur le système. Et lorsque les droits ne suffisent pas pour réaliser une certaine tâche, vous pouvez changer d'identité au moyen de la commande **su**. Une fois le travail terminé, il faut immédiatement revenir au compte utilisateur précédent.

Fichier shadow et mots de passe MD5

Pendant l'installation, le système demande si les mots de passe cachés (*shadow*) doivent être activés. Si vous répondez par l'affirmative, ils seront alors enregistrés cryptés dans le fichier */etc/shadow*. Ce fichier ne pourra être lu que par l'administrateur et les membres du groupe **shadow** ; ainsi, tout autre utilisateur ne pourra lire les mots de passe et tenter de les découvrir en force (au moyen d'un programme avec dictionnaire, par exemple). Ce choix peut toujours être annulé par la suite à l'aide du programme **shadowconfig**.

Il est aussi possible d'enregistrer les mots de passe avec un codage MD5. Cette option sera un obstacle de plus lors d'une éventuelle intrusion et elle offre la possibilité d'user de mots de passe longs.

Services activés

Comme indiqué précédemment, seuls les services requis doivent être activés. Chaque service supplémentaire a un potentiel de vulnérabilité, lequel peut se transformer plus tard en un réel problème pour la sécurité. Lorsque des services ne sont que rarement utilisés, ils peuvent être ponctuellement activés et désactivés au moyen de la commande **update** (par exemple **update-inetd**).

Listes de diffusion

Consultez les listes de diffusion de Debian sur la sécurité. Vous trouverez des informations sur les listes disponibles à la page *http://lists.debian.org*. Y figurent également des indications sur la façon de demander ou d'annuler son inscription à une liste. Les failles de sécurité ainsi que les correctifs logiciels sont annoncés sur la liste **debian-security-announce**, et vous obtiendrez également des renseignements relatifs à la sécurité sur la liste **debian-security**. Si vous souhaitez obtenir les annonces par e-mail, envoyez un message (**mailto://debiansecurity-announce-request@lists.debian.org**) avec le mot "subscribe" dans le champ d'objet. L'inscription à cette liste est aussi possible sur la page *http://www.debian.org/MailingLists/subscribe*.

Sur cette liste de diffusion, vous ne recevrez que très peu de messages mais serez très rapidement notifié des problèmes que posent certains paquets et de l'adresse Internet à laquelle une version corrigée d'un paquet pourra être obtenue.

Après l'installation

Lorsque vous aurez implémenté tous les paquets utiles sur un système, vous pourrez encore améliorer la sécurité à l'aide de quelques actions supplémentaires.

Sécurité du bootloader

Chaque personne qui peut accéder au clavier du système peut obtenir un shell administrateur et, par exemple, modifier tous les mots de passe en saisissant, à l'invite de commande : `fichier-du-noyau-de-démarrage init=/bin/sh`. Pour éviter cela, il est possible de prévoir un mot de passe pour le *bootloader*. Il peut être configuré pour toutes les images de démarrage ou de manière individuelle.

Lorsque LILO est utilisé, le fichier */etc/lilo.conf* doit recevoir en plus les entrées **password** et **restricted** :

```
image=/boot/2.2.14-vmlinuz
  label=Linux
  read-only
  password=hackme
  restricted
```

Il faut ensuite à nouveau exécuter **lilo**. Veillez à ce que le fichier */etc/lilo.conf* ne puisse être lu que par l'administrateur car le mot de passe n'est pas chiffré. Pour cela, exécutez la commande `chmod 600/etc/lilo.conf`. L'option **restricted** provoque la demande d'un mot de passe seulement lorsque l'utilisateur tente d'indiquer des paramètres supplémentaires à l'invite de commande. Il reste possible de choisir différents noyaux déjà spécifiés dans la configuration. Si l'entrée **restricted** est omise, LILO demande dans tous les cas un mot de passe.

Les entrées précitées peuvent être spécifiées au début du fichier de configuration et être valides pour tous les noyaux, ou à l'intérieur d'une section dédiée à un noyau donné.

Si GRUB est employé, les lignes suivantes doivent être ajoutées dans le fichier */boot/grub/menu.lst* :

```
timeout 3
password hackme
```

L'option **timeout** permet que l'entrée standard soit démarrée après l'intervalle de temps indiqué.

Démarrage à partir d'une disquette

Le MBR (*Master Boot Record*) installé par les versions de Debian antérieures à 2.2 autorise un démarrage du système à partir d'une disquette, même si celui-ci a été désactivé. Pour savoir si un tel MBR a été installé, procédez comme suit :

- Durant la phase de démarrage, appuyez sur la touche *.
- Appuyez ensuite sur la touche **F** pour que le système démarre à partir de la disquette. Il est possible d'obtenir ainsi un accès administrateur.

Ce comportement peut être modifié de la manière suivante :

```
lilo -b /dev/hda
```

où **hda** doit être adapté à votre environnement.

Les disquettes de démarrage à partir de la version 2.2 de Debian installent LILO directement dans le MBR. La vulnérabilité ne se présente pas ici.

Montage de systèmes de fichiers

Lors du montage (association d'un système de fichier) de partitions au format **ext2**, il existe diverses options qui peuvent être ajoutées à la commande **mount** ou directement incorporées au fichier */etc/fstab*. Voici un exemple d'entrée possible :

```
/dev/hda7 /tmp ext2 defaults,nosuid,noexec,nodev 0 2
```

Les options se situent dans la quatrième colonne. L'option **nosuid** ignore les indicateurs SUID et GUID de la partition indiquée. L'option **noexec** empêche l'exécution de programmes présents sur cette partition et **nodev** ignore les fichiers de périphériques. Ce faisant, gardez à l'esprit les points suivants :

- Cela ne concerne que les systèmes de fichiers **ext2**.
- Ces options peuvent être également facilement contournées.

Voici un exemple :

```
fr@sushi:/tmp# mount | grep tmp
/dev/hda3 on /tmp type ext2 (rw,noexec,nosuid,nodev)
fr@sushi:/tmp# ./date
bash: ./date: Non autorisé
fr@sushi:/tmp# /lib/ld-linux.so.2 ./date
Sun Jul 29 14:40:32 CEST 2001
```

De nombreux outils exploités par les pirates tentent de créer des fichiers dans le répertoire */tmp* et de les exécuter. L'option **noexec** permet néanmoins de compliquer la tâche des attaquants.

Mises à jour de sécurité

Dès qu'une vulnérabilité dans un paquet, ou dans le logiciel d'un paquet, est connue, une mise à jour est rapidement mise à la disposition des utilisateurs, généralement en l'espace de quelques heures ou d'une journée. Le paquet corrigé est alors disponible sur la page *http://security.debian.org*.

Pour permettre aussi la recherche automatique des mises à jour de sécurité lors d'une actualisation du système, il faut insérer la ligne suivante dans le fichier */etc/apt/sources.list* :

```
deb http://security.debian.org/debian-security stable/updates \
  main contrib non-free
```

Dans les pays n'interdisant pas l'importation de logiciels de cryptage, la ligne suivante peut aussi être ajoutée :

```
deb http://security.debian.org/debian-non-US stable/non-US \
  main contrib non-free
```

Des lignes **deb-src** appropriées peuvent naturellement être prévues pour autoriser l'accès aux sources concernées. Il suffit ensuite d'une commande `apt-get update` suivie d'une commande `apt-get upgrade` pour actualiser le système.

Modules PAM (Pluggable Authentication Modules)

Les modules d'authentification PAM permettent à un administrateur de choisir la manière dont différents programmes doivent réaliser l'authentification. Pour cela, chaque programme doit être adapté à l'utilisation des PAM. C'est le cas pour la plupart des programmes depuis la version Debian 2.2, et il existe un fichier de configuration pour chaque programme dans le répertoire */etc/pam.d*. Les versions plus anciennes n'emploient pas cette forme d'authentification.

Les PAM autorisent l'exécution de plusieurs étapes d'authentification de façon transparente pour l'utilisateur. Il est ainsi possible d'authentifier l'utilisateur au moyen d'une base de données ou d'un fichier */etc/passwd*.

De nombreuses restrictions peuvent aussi être imposées, de même qu'il est possible de laisser le système grand ouvert, créant ainsi des brèches dans la sécurité. Soyez donc très attentif lorsque vous modifiez les paramètres des PAM. Une ligne de configuration typique contient, dans la deuxième colonne, un champ de contrôle. Celui-ci devrait recevoir la valeur **required** pour éviter qu'un login soit possible en cas d'erreur dans un module.

Tout d'abord, le codage MD5 des mots de passe doit être activé pour que les mots de passe ne puissent pas être trop facilement découverts au moyen d'un programme. Les lignes suivantes doivent être insérées dans tous les fichiers du répertoire */etc/pam.d/* pour autoriser l'accès de **login** et **ssh**, par exemple, au système.

```
password required pam_cracklib.so retry=3 minlen=12 difok=3
password required pam_unix.so use_authtok nullok md5
```

La première entrée charge le module **Cracklib-PAM**, lequel impose de fortes restrictions lors de la création des mots de passe. Ceux-ci doivent avoir au moins 12 caractères, et lors de leur modification, trois caractères au moins doivent être différents. De plus, seules trois tentatives de login sont permises.

La deuxième ligne emploie la méthode d'authentification standard du système Unix avec un codage MD5 et accepte aussi les mots de passe vierges. L'option **use_authtok** est requise pour pouvoir reprendre le mot de passe du module précédent.

Pour forcer l'utilisateur *root* à ouvrir une session uniquement à partir d'un terminal, la ligne suivante doit être placée dans le fichier */etc/pam.d/login*.

```
auth requisite pam_securetty.so
```

Les terminaux à partir desquels l'administrateur doit pouvoir accéder au système doivent être spécifiés dans le fichier */etc/security/access.conf*. Pour imposer également certaines limitations, par exemple dans le nombre de sessions simultanées, la ligne suivante doit être activée :

```
session required pam_limits.so
```

Il faut ensuite modifier la première ligne dans le fichier */etc/pam.d/passwd*. L'option **md5** doit être ajoutée pour pouvoir utiliser les mots de passe codés MD5. La longueur minimale des mots de passe peut aussi être portée de 4 à 6 caractères et, si nécessaire, une longueur maximale peut aussi être indiquée. La ligne ressemblera finalement à ceci :

```
password required pam_unix.so nullok obscure min=6 max=11 md5
```

Lorsque la commande **su** doit être protégée de cette manière, de façon à ne pouvoir être exécutée que par certains utilisateurs, il faut créer un nouveau groupe sur le système. Il est habituel d'employer pour cela le groupe **wheel**. Celui-ci n'existe généralement pas encore et il est peu probable qu'il y ait déjà des fichiers qui lui appartiennent. Ajoutez dans ce groupe l'utilisateur *root*, ainsi que tous les comptes d'utilisateurs qui doivent pouvoir exécuter la commande **su**. Dans le fichier */etc/pam/su*, il faut ensuite ajouter l'entrée suivante :

```
auth required pam_listfile.so item=user sense=allow \
  file=/etc/sshusers-allowed onerr=fail
```

Enfin, ajoutez les lignes suivantes dans le fichier */etc/pam.d/other* :

```
auth      required  pam_securetty.so
auth      required  pam_unix_auth.so
auth      required  pam_warn.so
auth      required  pam_deny.so
account   required  pam_unix_acct.so
account   required  pam_warn.so
account   required  pam_deny.so
password  required  pam_unix_passwd.so
password  required  pam_warn.so
password  required  pam_deny.so
session   required  pam_unix_session.so
session   required  pam_warn.so
session   required  pam_deny.so
```

Ce sont des paramètres utiles car ils interdisent d'une manière générale tous les accès PAM.

Vous devriez également examiner attentivement le fichier */etc/security/limits.conf* car les ressources des utilisateurs y sont spécifiées.

Adaptations du fichier /etc/inetd.conf

Nous l'avons déjà maintes fois souligné, les services non requis doivent être désactivés car ils constituent un risque pour la sécurité. Cela concerne, par exemple, les services **echo**, **charges**, **discard**, **daytime**, **time**, **talk**, **ntalk**, ainsi que les commandes dites "**r**", extrêmement peu sécurisées, telles que **rsh**, **rlogin** et **rcp**. A la place de ce dernier, il est préférable de recourir aux commandes **ssh** et **scp**.

Après la désactivation des services, vérifiez si le service **inetd** est utile. Les services peuvent être démarrés en tant que démons au lieu de recourir à **inetd**. Les attaques par déni de service, ou DoS (*Denial of Service*), peuvent cibler **inetd** et provoquer l'accroissement de la charge du serveur. Si vous ne souhaitez cependant pas renoncer à son emploi, envisagez la mise en œuvre d'un autre programme offrant une configuration plus détaillée, tel que **xinetd** ou **rlinetd**.

Les modifications du fichier */etdc/inetd.conf* peuvent être entreprises manuellement. Debian offre une alternative à cette méthode. Avec le programme **update-inetd**, il est possible de configurer individuellement les services. Par exemple :

```
/usr/sbin/update-inetd --disable telnet
/etc/init.d/inetd restart
```

Après chaque modification, inetd doit être redémarré.

La commande **update-inetd** possède de nombreuses options, comme la possibilité de supprimer une entrée :

```
sushi:/home/fr# update-inetd

Usage: update-inetd [OPTION] MODE ARGUMENT
Options:
--version                   affiche les infos de version et quitte
--help                      affiche cette aide et quitte
--verbose                   explique l'action en cours
--debug                     autorise le mode de débogage
--multi                     autorise les suppressions/désactivations multiples
--file NOMFICHIER           emploie NOMFICHIER au lieu de /etc/inetd.conf
--group NOMGROUPE           ajoute une entrée à la section NOMGROUPE
--comment-chars CARACTERES  emploie CARACTERES comme car. de commentaires
--pattern CRITERE           emploie CRITERE pour sélectionner un service
Modes:
--add ENTREE                ajoute ENTREE dans /etc/inetd.conf
--remove ENTREE             supprime ENTREE (expression régulière)
--enable SERVICE            active SERVICE dans /etc/inetd.conf
--disable SERVICE           désactive SERVICE dans /etc/inetd.conf
```

Fichier /etc/login.defs

Ce fichier concerne les paramètres de configuration générale ainsi que les logins utilisateurs.

```
FAIL_DELAY 10
```

Vous devriez assigner à cette variable une valeur plus élevée, afin de rendre plus difficile une attaque en force à partir d'un terminal. Lorsqu'un mauvais mot de passe est indiqué, l'utilisateur doit attendre 10 secondes avant qu'une nouvelle tentative de login ne soit possible, ce qui entraîne un certain délai gênant pour un attaquant qui tente de découvrir un mot de passe. Ce paramètre n'est valide que lorsque **getty** est utilisé. Avec **mingetty**, par exemple, la configuration suivante reste sans effet :

```
FAILLOG_ENAB yes
```

Cette variable permet normalement d'enregistrer dans le journal les tentatives de login qui ont échoué, ce qui est important lorsque vous voulez consigner les cas d'attaques en force.

```
LOG_UNKFAIL_ENAB yes
```

Lorsque la variable `FAILLOG_ENAB` est configurée avec la valeur **yes**, veillez à ce que la variable précitée reçoive aussi la valeur **yes**. Ce paramètre provoque également l'enregistrement dans le journal des noms d'utilisateurs inconnus lors des tentatives logins. Il faut veiller à ce que les fichiers de journaux ne soient pas lisibles par tous les utilisateurs car il arrive souvent que ceux-ci tapent le mot de passe à la place de leur nom. Pour cela, il faut configurer les droits d'accès avec la valeur 640, par exemple.

```
SYSLOG_SU_ENAB yes
```

Ce paramètre interdit l'emploi de la commande **su** dans Syslog.

```
SYSLOG_SG_ENAB yes
```

Ce choix a le même effet que la configuration précédente, mais pour la commande **sg** (exécution d'une commande avec l'identifiant d'un autre utilisateur).

```
MD5_CRYPT_ENAB yes
```

Comme mentionné auparavant, les mots de passe codés avec MD5 diminuent le risque qu'un mot de passe ne soit découvert au moyen d'un programme spécialisé. S'il vous faut encore implémenter le système Slink (Debian 2.1), vous devriez consulter la documentation avant d'activer cette option. Cette configuration est sinon réalisée *via* les PAM.

```
PASS_MAX_LEN 50
```

Lorsque les mots de passe MD5 sont activés dans la configuration de PAM, cette variable doit alors être configurée de la même manière.

Fichier /etc/ftpusers

Ce fichier contient une liste des utilisateurs qui ne sont pas autorisés à se connecter par l'intermédiaire du protocole FTP. N'utilisez ce fichier que si vous êtes certain qu'un serveur FTP est actif sur le système, car dans ce cas, les noms d'utilisateurs et les mots de passe sont toujours envoyés en texte clair. Lorsque le démon FTP employé supporte les PAM, l'inclusion et l'exclusion des utilisateurs peuvent aussi y être configurées.

Mise en œuvre d'un TCP Wrapper

Les TCP Wrapper ont été développés avant que les filtres de paquets ne fassent leur apparition. Un TCP Wrapper permet ou interdit à un ordinateur ou un domaine d'utiliser certains services. Pour plus d'informations, consultez la page man **hosts_access(5)**.

L'exemple simple qui suit permet d'enregistrer les tentatives d'intrusion sur un système. Dans tous les cas, il faut installer un pare-feu sur chaque système, en plus d'un TCP Wrapper. Cette entrée dans le fichier */etc/hosts.deny* envoie un message à l'administrateur pour chaque accès non autorisé.

```
ALL: ALL: spawn ( \
echo -e "\n\
TCP Wrappers\: Connection refused\n\
By\: $(uname -n)\n\
```

```
Process\: %d (pid %p)\n\
User\: %u\n\
Host\: %c\n\
Date\: $(date)\n\
" | /bin/mail -s "Connexion à %d bloquée" root)
```

Cet exemple est loin d'être parfait. En effet, dans le cas où de nombreuses tentatives sont faites sur une courte période, beaucoup de messages sont envoyés, ce qui équivaut à une attaque DoS.

Emploi de su

Lorsqu'il est nécessaire de réaliser une tâche en tant qu'administrateur, il est possible de le faire ponctuellement au moyen de la commande **su**, afin d'obtenir les droits nécessaires. Il faut que les utilisateurs soient conscients qu'un travail avec des droits d'administrateurs doit être exceptionnel. En principe, il faut éviter de se connecter sous *root* et plutôt recourir à la commande **su**. Le mieux est de supprimer carrément cette commande et d'employer à la place **sudo**, qui offre une variété d'autres fonctions. La commande **su** est toutefois très connue car elle existe sur beaucoup d'autres systèmes Unix.

Emploi de sudo

La commande **sudo** permet à un utilisateur de se servir de commandes avec l'identifiant d'un autre utilisateur, et le cas échéant, en tant qu'administrateur. Lorsqu'un utilisateur est spécifié dans le fichier */etc/sudoers* et qu'il s'est authentifié, il peut exécuter les commandes indiquées dans ce fichier. Les infractions à cette règle, comme la saisie d'un mauvais mot de passe ou la tentative d'exécution d'un programme non autorisé, seront consignées et l'administrateur (*root*) en sera notifié par e-mail.

Emploi de chroot

La commande **chroot** offre une méthode puissante pour limiter la portée d'un programme, d'un démon ou d'un utilisateur. Cette commande peut être vue comme étant une prison de laquelle il est impossible de s'échapper (normalement, car certains éléments y parviennent parfois). Lorsqu'un utilisateur n'est pas absolument fiable, un environnement **chroot** peut être mis en place pour lui. Cette méthode nécessite un espace disque assez grand lorsque tous les fichiers exécutables et les bibliothèques doivent y être copiés, mais elle permet d'avoir un contrôle sur un utilisateur capable de causer des dégâts.

Voici un bon exemple de mise en œuvre de cette technique. Imaginez une situation où l'authentification n'est pas réalisée au moyen du fichier */etc/passwd*, mais par l'intermédiaire de LDAP ou/et d'une base de données MySQL. Un démon FTP requiert le fichier exécutable et quelques bibliothèques. Un environnement **chroot** apporterait alors une excellente amélioration de la sécurité en cas de faille de sécurité dans le démon. Dans ce cas, seul l'utilisateur du démon FTP serait touché (aucun autre utilisateur du système ne le serait). Bien sûr, de nombreux autres services peuvent aussi profiter d'un tel environnement restreint.

INFO

Jusqu'à présent, aucun environnement **chroot** n'a été utilisé pour des services ou des serveurs d'une distribution Debian.

Fonctionnalités du noyau

De nombreuses fonctionnalités du noyau peuvent être modifiées pendant qu'il est actif, en utilisant par exemple la commande **echo** pour écrire une valeur dans le fichier correspondant, ou la commande **sysctl**. Avec la commande **sysctl -A**, il est possible d'afficher les paramètres pouvant être modifiés ainsi que les options disponibles. Dans de rares cas, c'est une caractéristique en particulier qui doit être modifiée. Par exemple, la sécurité du système peut être améliorée de la façon suivante :

```
/proc/sys/net/ipv4/icmp_echo_ignore_broadcasts = 0
```

Si cette variable est configurée avec la valeur 1, le système se comporte tel un système Windows lorsqu'il est ciblé par une commande **ping**.

```
/proc/sys/net/ipv4/icmp_echo_ignore_all = 0
```

Lorsque les paquets ICMP ne doivent pas être bloqués au niveau du pare-feu, cette variable doit être configurée avec la valeur 0.

```
/proc/sys/net/ipv4/tcp_syncookies = 1
```

L'effet de cette option est spécial : d'une part, elle offre une protection contre l'envoi en masse de paquets TCP SYN (attaque SYN-Flood), d'autre part, elle ne suit pas scrupuleusement les RFC, car elle provoque une occupation identique du système de l'attaquant par l'envoi massif de paquets SYN également. Cette option peut aussi être modifiée dans le fichier */etc/network/options* en affectant la valeur **yes** à l'option **syncookies**.

```
/proc/sys/net/ipv4/conf/all/log_martians = 1
```

Grâce à cette option, les paquets contenant des adresses non autorisées, par exemple en raison d'un routage défaillant, seront consignés dans le journal.

Emploi de svgalib

SVGAlib offre des fonctionnalités appréciées des adeptes de la console. Par le passé, plusieurs vulnérabilités ont toutefois été découvertes. On a ainsi constaté des brèches dans **zgv**, lesquelles permettaient aux attaquants d'obtenir les droits de l'administrateur. Si possible, renoncez à l'emploi de cette bibliothèque.

Transfert sécurisé de fichiers

La transmission entre deux ordinateurs ne devrait en aucun cas être effectuée au moyen des programmes **ftp** ou **rcp** car ils transmettent les noms d'utilisateurs et les mots de passe en clair. Le programme **scp** contenu dans le paquet **ssh** représente une alternative plus sûre. Il permet de chiffrer non seulement ces informations d'authentification, mais aussi les données elles-mêmes.

Utilisation de quotas

Il important de bien définir les quotas d'utilisateurs pour éviter qu'ils ne submergent complètement le système avec leurs données.

En principe, deux systèmes de quotas peuvent être mis en œuvre, pour les utilisateurs ou pour les groupes. Les choix doivent être considérés lors de la planification et il faut veiller aux points suivants :

- Les quotas doivent être choisis suffisamment petits pour que l'espace disque total ne puisse jamais être complètement occupé.
- Ils doivent cependant être suffisamment grands pour ne pas gêner le travail des utilisateurs. Par exemple, le répertoire de spool pour le courrier électronique ne doit pas être trop juste.
- Les quotas doivent être implémentés pour toutes les zones sur lesquelles les utilisateurs peuvent écrire, par exemple pour */home* et */tmp*.

Pour chaque partition ou répertoire dans lequel un utilisateur peut écrire, un quota doit être activé. La valeur assignée doit être évaluée de manière à représenter un bon équilibre entre disponibilité et sécurité.

Pour pouvoir utiliser des quotas, vous devez tout d'abord vérifier que leur prise en charge est bien activée dans le noyau. Il faudra sinon en compiler un nouveau. Il faut ensuite vérifier que le paquet **quota** est installé.

Les quotas sont activés en ajoutant l'option **usrquota** dans la colonne *Options* de l'entrée correspondant au système de fichiers concerné. S'il faut utiliser des quotas de groupes plutôt que des quotas d'utilisateurs, il faut alors insérer l'option **grpquota**. Les deux options peuvent bien sûr être employées en même temps. Il faut aussi créer, dans le répertoire racine (*root*) du système de fichiers, les fichiers vides *quota.user* et/ou *quota.group*.

Le système de quotas doit ensuite être redémarré. Vous disposez pour cela des commandes `/etc/init.d/quota stop` et `/etc/init.d/quota start`. Les valeurs limites peuvent alors être définies.

Pour définir un quota pour un utilisateur, exécutez la commande `edquota -u` *`utilisateur`*. Pour un groupe, ce sera `edquota -g` *`groupe`*. Les valeurs limites pour les paramètres **soft** et **hard**, ainsi que pour les i-nodes, peuvent ensuite être définies.

Droits d'accès pour les fichiers de journaux

Certains fichiers de journaux ne sont pas optimaux après l'installation. En premier lieu, il n'est pas nécessaire que les fichiers */var/log/lastlog* et */var/log/faillog* puissent être lus par tous les utilisateurs. Le fichier *lastlog* contient une liste des utilisateurs qui ont récemment ouvert une session et le fichier *faillog* recense les tentatives de login qui ont échoué. Pour ces deux fichiers, les droits d'utilisateur devraient être définis à 660. Vérifiez que des droits inutiles ne sont pas affectés à certains fichiers. La plupart du temps, il suffit d'octroyer les droits de lecture et d'écriture à l'administrateur et au groupe **adm** ou **root**.

Vérifications setuid

Debian est installé avec une tâche quotidienne Cronjob qui se trouve dans */etc/cron.daily/standard*. L'appel de */usr/sbin/checksecurity* provoque une vérification de tous les fichiers du système pour savoir si l'indicateur **setuid** a été modifié.

Pour activer ce contrôle, la variable `CHECKSECURITY_DISABLE` dans le fichier */etc/checksecurity.conf* doit avoir été configurée sur **FALSE**. C'est d'ailleurs le choix par défaut, aucune modification ne devrait donc être nécessaire.

chattr et lsattr

Ces deux commandes sont très utiles sur un système de fichiers ext2. Les attributs d'un fichier peuvent être affichés au moyen d'**lsattr**, et modifiés avec **chattr**. Les attributs diffèrent des droits d'accès. Comme de nombreux attributs sont utilisables, seuls ceux relatifs à la sécurité seront introduits ici. Il en existe deux qui ne peuvent être définis que par l'administrateur.

Citons en premier lieu l'indicateur **a** (pour *append*). Lorsqu'il est activé, les données ne peuvent être qu'ajoutées à la suite des données présentes dans le fichier. Cet attribut peut être employé pour quelques fichiers dans */var/log*. Soyez attentif au fait que certains fichiers de journaux subissent une rotation dans leur utilisation, ce qui permet leur copie. Dans ce processus, les fichiers de la veille sont compressés, et après un certain temps, la plupart du temps une semaine, les anciens fichiers sont supprimés.

Le deuxième indicateur important est **i** (pour *immutable*). S'il est activé, le fichier ne peut être ni modifié ni supprimé, et ne peut non plus être renommé. De plus, aucun lien ne peut être créé sur le fichier. Si les utilisateurs ne doivent pas pouvoir lire les fichiers journaux, vous pouvez activer cet indicateur et retirer les droits de lecture. Cela améliore quelque peu la protection en ce sens qu'un individu malveillant pourra se demander pourquoi il ne peut supprimer un fichier. Ne vous reposez toutefois pas entièrement sur cette fonction car certains pirates sont au fait de son existence. A ce stade, cela signifierait aussi qu'un intrus se serait déjà introduit sur le système.

Intégrité du système de fichiers

Etes-vous certain que les programmes installés sur un système déjà connecté à Internet depuis des semaines ou des mois sont encore ceux d'origine ? Est-il possible, par exemple, que le programme **/bin/login** ait déjà pu être remplacé par une version modifiée suite à un login d'administrateur passé inaperçu ?

La seule façon de protéger un système contre ce type de changements est de répertorier les fichiers avec un total de contrôle (*checksum*) et de comparer régulièrement – journellement, hebdomadairement ou mensuellement (plus le contrôle est fréquent, moins l'intrus disposera de temps pour réaliser ses méfaits) – le résultat des nouveaux calculs avec les valeurs consignées.

Les paquets qui permettent un contrôle régulier des paquets installés sont **sXid**, **AIDE** (***Advanced Intrusion Detection Environment***) et **Tripwire** (la version actuelle se trouve dans la section "non-free", et une prochaine version sera distribuée sous licence GPL).

Avec le paquet **debsums**, vous pouvez comparer tous les totaux de contrôle MD5 des paquets installés avec les valeurs originales des fichiers de la distribution.

Avec la commande `debsums -a`, tous les totaux de contrôle peuvent être comparés, et vous pouvez le faire pour un paquet en particulier *via* `debsums` *`paquet`*. Notez toutefois qu'il est également possible pour un pirate expérimenté de manipuler ces valeurs. Les totaux de contrôle initiaux des paquets se trouvent dans les fichiers */var/lib/dpkg/info/nom_paquet.md5sums* et peuvent également être manipulés par un attaquant. Le paquet **Tripwire** offre une plus grande sécurité.

Locate et slocate

Pour accroître la sécurité du programme **locate**, il est possible d'employer **slocate** à la place. Il s'agit d'une version améliorée émanant du projet GNU. Si cette dernière est utilisée, un utilisateur ne pourra voir que les fichiers auxquels il a le droit d'accéder. En plus, il est possible par voie de configuration d'exclure individuellement des fichiers ou des répertoires afin qu'ils ne soient pas enregistrés par **locate** dans la base de données.

Services sécurisés

SSH (Secure Shell)

SSH devrait généralement être mis en place pour tous les logins réalisés à distance. Si vous avez opté pour **telnetd**, modifiez cela immédiatement. Il est aujourd'hui très facile de capturer un trafic réseau et d'obtenir ainsi des noms d'utilisateurs et des mots de passe non cryptés. L'emploi de programmes n'autorisant pas le chiffrement des données d'identification est donc hors de question. Même le recours à des équipements d'interconnexion sophistiqués, tels des commutateurs, laisse également la possibilité à des intrus de connaître les ports connectés. La plupart des commutateurs désactivent automatiquement leur processus de commutation lors d'une période de surcharge pour ne plus fonctionner que comme un hub ordinaire. Ne vous reposez donc pas sur ces équipements pour protéger votre réseau mais plutôt sur les actions que vous entreprenez vous-même. Le paquet **ssh** peut être rapidement installé avec la commande `apt-get install`.

Il faut aussi inciter les utilisateurs à recourir uniquement à **ssh** et en aucun cas à **telnet**. Le plus simple, si possible, est de désinstaller ce dernier. Dans ce contexte, ouvrir une session de travail en tant qu'administrateur devrait également être interdit. Pour obtenir les droits d'administrateur, les utilisateurs devront de préférence utiliser **su** ou **sudo**, comme décrit plus haut.

La configuration du démon **ssh** peut améliorer encore davantage la sécurité. La ligne suivante dans le fichier */etc/ssh/sshd_config* interdit un login administrateur par l'intermédiaire de **ssh** :

```
PermitRootLogin No
```

Cette interdiction empêche d'emblée l'obtention d'un login d'administrateur au moyen d'une attaque en force. Les droits d'administrateurs seront donc, comme déjà introduit, obtenus en deux étapes.

```
Listen 666
```

Lorsque le port, sur lequel le démon **ssh** est actif, est modifié, c'est déjà une première complication pour un éventuel attaquant. Il existe cependant une variété d'outils de réseau qui permettent d'obtenir rapidement le port sur lequel un certain service est actif.

```
PermitEmptyPasswords no
```

Les mots de passe vierges doivent également être interdits.

```
AllowUsers alex bea fr
```

Cette option cible les utilisateurs autorisés à effectuer un login au moyen de **ssh**.

```
AllowGroups wheel admin
```

Idem, mais pour certains groupes seulement.

Pour interdire explicitement à certains utilisateurs ou groupes de se connecter à distance, il y a les options **DenyUsers** et **DenyGroups**.

```
PasswordAuthentication no
```

Si cette option reçoit la valeur **no**, seuls seront autorisés à se connecter les utilisateurs dont la clé **ssh** aura été ajoutée dans le fichier *~/.ssh/authorized_keys*. Je vous recommande son emploi. Avec la mise en place d'une clé, le mot de passe n'est plus transmis entre le client et le serveur. L'autorisation sera vérifiée au moyen d'une fonction de hachage et le client se voit accorder ou non l'accès selon le résultat.

Le démon **ssh** doit de plus être configuré de manière à n'utiliser que le protocole de la version 2. La version 1 du protocole est reconnue comme étant vulnérable aux attaques et ne doit plus être employée.

Toutes ces options se réfèrent aux fichiers de configuration d'OpenSSH. Il existe actuellement trois paquets **ssh** en circulation : **ssh1**, **ssh2** et **OpenSSH**, ce dernier ayant été développé par l'équipe d'OpenBSD. OpenSSH est une implémentation complète en distribution libre d'un démon **ssh** qui supporte aussi bien **ssh1** que **ssh2**. Lorsque le paquet **ssh** est installé, le paquet **OpenSSH** est sélectionné.

FTP

Lorsqu'un serveur FTP est actif sur un système, il faut s'assurer que les utilisateurs évoluent dans un environnement **chroot** pour les confiner dans un certain espace, en l'occurrence leur répertoire d'utilisateur. Ils pourraient sinon accéder à tout le système de fichiers. Pour cela, utilisez l'option suivante dans la section globale du fichier */etc/proftpd.conf* :

```
DefaultRoot ~
```

Il faut ensuite prévenir le serveur du changement en le redémarrant au moyen de `/etc/init.d/proftpd restart`.

Applications X en réseau

Pour afficher sur un client des applications X d'un serveur, il faut autoriser sur ce client l'ouverture des applications par l'intermédiaire du serveur. Dans la littérature, il est souvent conseillé d'employer pour cela la commande **xhost +**. Ce conseil n'est pas incorrect, mais il autorise du même coup n'importe quel système à accéder au gestionnaire X. Il est préférable d'autoriser uniquement l'accès aux systèmes voulus en indiquant leur nom en tant qu'option de la commande : `xhost +nom_hôte`.

Néanmoins, une solution nettement plus sûre est de faire passer la totalité de la session dans un tunnel **ssh** pour qu'elle soit entièrement chiffrée. Cela se produit automatiquement lorsqu'une connexion **ssh** est établie avec un système. Si cette fonction doit être désactivée, il faut modifier l'option **X11Forwarding** dans le fichier de configuration de **ssh**.

Si aucun accès au serveur X à partir d'autres systèmes ne doit être autorisé (le choix le plus sûr), cela peut être configuré dès le lancement du serveur X en désactivant le port TCP 6000. Si le serveur X est démarré avec la commande **startx**, il suffit d'exécuter `startx -- -nolisten tcp`.

Gestionnaire d'interface graphique

Lorsque le gestionnaire d'interface graphique (le programme qui présente une fenêtre de login, comme XDM, KDM ou GDM) n'est requis que sur le système local, il faut veiller à ce que XDMCP (*X Display Manager Control Protocol*) soit désactivé. Si le programme **xdm** est utilisé, il faut insérer la ligne suivante dans le fichier */etc/X11/xdm/xdm-config* :

```
DisplayManager.requestPort: 0
```

Le support XDMCP est désactivé par défaut sous Debian pour tous les gestionnaires de fenêtrage lors de l'installation de base.

E-mail

La lecture ou la réception de courrier électronique au moyen de POP3 est la méthode sans chiffrement la plus souvent implémentée. Indépendamment du protocole exploité, POP3 ou IMAP, les noms d'utilisateurs et les mots de passes sont transmis en clair. Une alternative consiste à utiliser ici aussi **ssh** si un compte shell est disponible sur le serveur de courrier.

Au moyen de **fetchmail**, vous pouvez établir une connexion sécurisée *via* **ssh**. Voici un fichier *~/.fetchmailrc* correspondant :

```
poll mon-serveur-courrier-imap.org via "localhost"
with proto IMAP port 1236
user "ref" there with password "hackme" is alex here warnings 3600
folders
.Mail/debian
preconnect 'ssh -f -P -C -L 1236:mon-serveur-courrier-imap.org:143 -l ref
my-imap-mailserver.org sleep 15 < /dev/null > /dev/null'
```

La ligne essentielle est celle de l'entrée *preconnect*. Elle démarre une session **ssh** et met en place un tunnel qui crée automatiquement la liaison cryptée avec le serveur IMAP sur le port 1236. Ce n'est qu'un exemple : une configuration plus simple suffit normalement. Une autre option consiste à utiliser **fetchmail** avec SSL.

Lorsqu'il faut mettre en place un serveur IMAP ou POP3 acceptant le chiffrement, il faut installer le paquet **stunnel**. Les démons doivent alors être démarrés par l'intermédiaire de :

```
stunnel -p/etc/ssl/certs/stunnel.pem -d pop3s -l /usr/sbin/popd
```

Dans la ligne précédente, **-l** et **-d** désignent respectivement le démon et le port voulus. L'option **-p** définit le certificat SSL.

Il existe aussi désormais des serveurs POP et IMAP qui disposent de fonctionnalités de cryptage *via* un tunnel SSL. Un programme serveur pour le protocole POP utilisable dans ce contexte est **apop**.

Serveur de fichiers journaux loghost

Un serveur loghost est un ordinateur central sur lequel les données du démon Syslog de différents ordinateurs sont stockées. Si un intrus pénètre sur un système, il ne peut plus supprimer les traces des fichiers journaux, à moins de forcer également l'accès au système loghost. Un tel système devra par conséquent être bien sécurisé. Pour transformer un ordinateur en serveur loghost, il suffit de démarrer le démon Syslog avec l'option **-r**. Il faut naturellement modifier tous les ordinateurs qui devront envoyer des données de journal au serveur en insérant une ligne de la forme suivante dans leur fichier */etc/syslog.conf* :

```
<dispositif>.<niveau> @<loghost>
```

L'argument *<dispositif>* accepte les valeurs suivantes : **authpriv**, **cron**, **daemon**, **kern**, **lpr**, **mail**, **news**, **syslog**, **user**, **uucp**, ou **local1** jusqu'à **local7**. L'argument *<niveau>* peut recevoir la valeur **alert**, **crit**, **err**, **warning**, **notice** ou **info**. Le symbole @ doit être suivi du nom d'hôte du serveur loghost.

Lorsque toutes les entrées de journal doivent être enregistrées sur le système distant, il suffit d'utiliser la ligne suivante :

```
*.* @loghost
```

L'idéal est de consigner en même temps les données en local et sur le serveur loghost, afin de pouvoir, en cas de besoin, obtenir un résultat plus rapide au moyen d'une comparaison. Vous trouverez davantage d'informations dans les pages man de **syslog(3)**, **syslogd(8)** et **syslog.conf(5)**.

BIND

Sur un système non modifié, le serveur de noms BIND est actif après l'installation, avec les droits de l'utilisateur et du groupe **root**. La configuration BIND peut être facilement changée pour que le service soit exécuté sous un autre compte d'utilisateur. Malheureusement, le serveur ne peut alors plus reconnaître automatiquement les nouvelles interfaces qui sont reliées au réseau durant son exécution, par exemple une carte réseau PCMCIA d'un notebook ou même une interface réseau virtuelle.

Dans le fichier *README.Debian* du serveur de noms, vous trouverez des informations supplémentaires sur la façon dont BIND peut être configuré pour s'exécuter sous un autre compte. Si possible, renoncez à l'emploi de BIND avec les droits d'administrateur.

Pour démarrer BIND avec un autre identifiant d'utilisateur, il faut d'abord créer l'utilisateur et le groupe appropriés. Par exemple, il est possible d'employer le nom d'utilisateur et le nom de groupe *named*.

Il faut recourir aux commandes suivantes :

```
addgroup named
adduser --system --ingroup named named
```

Il faut ensuite rechercher la ligne suivante dans le fichier */etc/init.d/bind* :

```
start-stop-daemon --start
```

Transformez-la en :

```
start-stop-daemon --start --quiet --exec /usr/sbin/named -- -g named -u named
```

Naturellement, BIND doit être redémarré *via* les commandes `/etc/init.d/bind stop` et `/etc/init.d/bind start`. Dans le fichier */var/log/syslog* devraient alors apparaître des entrées semblables à celles-ci :

```
Jul 8 23:21:01 sushi named[12432]: group = named
Jul 8 23:21:01 sushi named[12432]: user = named
```

La modification est alors terminée. L'idéal est aussi d'exécuter le serveur BIND dans un environnement **chroot**.

Snort

Snort est un analyseur de paquets, ou *sniffeur*, qui offre une grande souplesse et permet de détecter différentes attaques, parmi lesquelles les débordements de tampon (*buffer-overflow*), les attaques CGI, les attaques SMB et bien d'autres encore. Snort peut envoyer des alertes en temps réel. Il devrait être installé sur tous les routeurs pour pouvoir surveiller le réseau en permanence. L'installation est réalisée par la commande `apt-get install snort`. Répondez aux questions et examinez les fichiers de journaux.

Avant une intrusion

Mises à jour de sécurité

Après chaque nouvelle installation de Debian, par exemple à partir d'un CD-ROM, vous devriez immédiatement appliquer les nouvelles mises à jour de sécurité. Celles-ci ne sont pas toujours actuelles en raison du temps écoulé depuis la production du CD. Il ne suffit pas non plus d'exécuter une seule fois cette actualisation. C'est un processus qui doit être réalisé à intervalles réguliers pour éviter d'utiliser pendant de longues périodes des logiciels qui contiendraient des vulnérabilités connues.

Remplacement de logiciels

Tous les services réseau fonctionnant avec un mot de passe transmis en clair doivent être désactivés et, le cas échéant, remplacés par des versions acceptant des communications chiffrées. Sont concernés, entre autres, FTP, Telnet, NIS et RPC.

Vous devriez également renoncer à utiliser NIS (*Network Information Service*). En cas de configuration erronée, il est facile de se retrouver avec des failles de sécurité.

Si possible, désactivez aussi le service RPC, qui est connu pour comporter de nombreuses vulnérabilités. Le système NFS est souvent mis en œuvre et il constitue une base importante sur de nombreux réseaux. Là aussi, il s'agira de trouver un compromis entre l'aspect pratique et la sécurité des services réseau. De nombreuses attaques par déni de service distribuées, ou DDoS (*Distributed DoS*), exploitent les failles de RPC pour transformer les systèmes en "agents" ou "gestionnaires".

La désactivation du Portmapper est relativement simple. Comme pour toute solution, diverses voies peuvent être empruntées. Sur un système Debian, le plus simple est certainement d'employer `update-rc.d portmap remove`. Cette commande supprime tous les liens symboliques vers le Portmapper dans */etc/rc${niveau-exécution}.d/*. Une autre méthode de modification des droits d'accès, plus brute, consiste à rendre le script indisponible au moyen de l'instruction `chmod 644 /etc/init.d/portmap`. Cela provoque l'affichage d'un message d'erreur lors du démarrage du système.

Il est naturellement peu sensé de ne transformer qu'une partie des services pour qu'ils utilisent une communication chiffrée. L'administrateur devra par conséquent prendre des mesures cohérentes. Généralement, il faut supprimer les services **ftp**, **telnet**, **pop**, **imap** et **http** et les remplacer par leurs versions qui acceptent les liaisons sécurisées, à savoir **ftp-ssl**, **telnet-ssl**, **pop-ssl** et **https**.

Correctifs du noyau

Certains correctifs pour le noyau disponibles sur Internet ne font pas partie du noyau Linux standard, mais ils en améliorent la sécurité. Avant leur installation, il faut les contrôler individuellement pour savoir si un correctif n'a pas déjà été incorporé dans le noyau actuel. La liste suivante ne se veut pas exhaustive :

- *OpenWall Patch de Solar Designer.* Un ensemble de correctifs qui, entre autres fonctions, limite les liens, empêche les FIFO dans */tmp/*, protège le système de fichiers */proc* et modifie la gestion des descripteurs de fichiers. Actuellement sont supportés les noyaux des séries 2.0, 2.2 et 2.4. Pour des informations détaillées, consultez la page *http://www.openwall.com/linux/*.
- *LIDS (*Linux Intrusion Detection System*) de Huagang Xie et Philippe Biondi.* Ce correctif simplifie la protection des systèmes Linux. Chaque processus peut être limité par la suppression des droits de lecture ou d'écriture. De plus, les capacités de chaque processus peuvent être définies au moyen de "Capabilities". Vous trouverez des informations supplémentaires sur LIDS sur le site *http://www.lids.org*.
- *POSIX Access Control Lists (ACL) pour Linux.* Ce correctif étend le noyau pour autoriser la gestion de listes d'accès, ou ACL (*Access Control List*). Cette fonctionnalité permet de contrôler les accès aux fichiers de façon détaillée, à l'instar de la fonction Schemata. Visitez le site *http://acl.bestbits.at*.
- L*inux trustees.* Ce correctif permet aux systèmes d'ajouter des droits d'accès au noyau. Tous les objets sont conservés dans la mémoire du noyau pour permettre des accès plus rapides.
- I*nternational kernel patch.* Ce correctif implémente un système de fichiers cryptographique dans le noyau. Certains pays prévoient à cet égard des réglementations qu'il faut respecter. Consultez le site *http://www.kerneli.org*.

- *SubDomain.* Ce correctif permet de mettre en place un environnement **chroot** encore plus restreint. Les fichiers nécessaires à l'environnement peuvent être spécifiés individuellement et ne doivent pas être compilés.
- *UserIPAcct.* Ce correctif ne se rapporte pas directement à la sécurité d'un système mais accroît le contrôle des utilisateurs. Il permet de définir des quotas relatifs au trafic réseau. Des statistiques sont également disponibles. Pour plus d'informations : *http://ramses.smeyers.be/homepage/useripacct*.
- *FreeS/WAN.* Ce correctif est nécessaire pour pouvoir utiliser IPSec conjointement avec le noyau Linux. Par son intermédiaire, il est facile d'implémenter un réseau privé virtuel, ou VPN (*Virtual Private Network*), et au besoin, également avec des machines Windows. IPSec représente le standard pour les VPN. Le site officiel est *http://www.freeswan.org*.

Cruft

Une tâche importante de l'administrateur est la surveillance régulière de tous les fichiers du système. Un intrus peut ne pas seulement vouloir voler des données, mais aussi modifier les fichiers système (par exemple créer de nouveaux utilisateurs) ou les fichiers de programmes (les remplacer par des versions modifiées). Mais il n'est possible de découvrir ce type de méfait que si l'état des modifications est connu.

Par l'intermédiaire du système de paquets, Debian supporte la vérification des fichiers installés. Le programme **cruft** peut servir ici en première instance. Il peut examiner la totalité du système de fichiers pour rechercher les fichiers qui ne devraient pas y figurer, ou inversement, qui le devraient mais sont introuvables. Dans ce processus, il accède surtout aux informations des fichiers du répertoire */var/lib/dpkg/info*. Il surveille également d'autres informations, comme celles du type *alternatives*, les répertoires *lost+found* d'un système ext2, et aussi celles du répertoire d'accueil de l'utilisateur.

Possibilités supplémentaires

Les sections qui suivent vous donneront d'autres pistes de réflexion afin de compléter ce que nous vous avons présenté jusqu'ici dans ce chapitre.

Le système des PAM, en raison de sa conception modulaire, a la capacité d'exploiter les différentes méthodes d'authentification disponibles. Qu'en est-il d'un scanner d'empreinte digitale ou d'iris ?

Les données de journalisation sont jusqu'à présent enregistrées également dans des fichiers du système. Ceux-ci peuvent aussi être modifiés ou supprimés par un intrus, même s'ils se trouvent sur un autre ordinateur. Les fichiers de journaux envoyés en sortie sur une imprimante alimentée en continu ne peuvent pas être supprimés.

Pour éviter que des fichiers ne soient supprimés ou modifiés, on peut configurer un système complet puis l'écrire sur un CD-ROM de démarrage. Les attaques du système seront toujours possibles, mais il ne sera plus possible de modifier des données ou d'installer des programmes supplémentaires. C'est par exemple une éventualité vraisemblable dans le cas d'un système pare-feu.

Si possible, tous les pilotes du noyau devraient ne pas être compilés en tant que modules. La capacité de charger des modules peut alors être totalement désactivée. On peut ainsi déjouer de nombreuses attaques. Là aussi, il faudra respecter la règle qui recommande de désactiver les fonctions qui ne sont pas exploitées.

Après une intrusion

Après une intrusion, il n'y a pas grand-chose à faire. Il faut immédiatement récupérer le système à partir d'Internet et le réinstaller. Simple, n'est-ce pas ? Naturellement, il faut trouver de quelle manière l'individu s'est introduit sur le système. Cela doit se dérouler dans un environnement séparé, sans accès réseau pour le système touché. Toutes les données utiles doivent être sauvegardées sur un média approprié à des fins d'analyse. Le cas échéant, une notification pourra être envoyée à une équipe du CERT (*Computer Emergency Response Team*) pour y signaler l'incident. Si des poursuites judiciaires sont prévues, vous devrez demander une assistance professionnelle.

De plus, toutes les précautions décrites précédemment doivent être prises.

Identification d'un rootkit

Après une intrusion sur un système, par exemple au moyen d'un mot de passe capturé sur le réseau, il est fréquent que les attaquants installent des rootkits afin de bénéficier d'un accès avec les droits de l'administrateur (*root*). Tout d'abord, l'attaquant obtient un accès normal en tirant parti d'une vulnérabilité, puis cherche à obtenir progressivement d'autres droits d'accès en exploitant d'autres failles.

Un rootkit se présente sous forme de différents scripts qui peuvent être utilisés de façon modulaire. Il en existe sous diverses formes sur Internet. L'attaquant ne doit pas nécessairement disposer de connaissances étendues sur le système : un mot de passe de compte utilisateur suffit souvent pour installer un rootkit. C'est d'ailleurs pour cela que les attaquants qui utilisent ce type de kit sont souvent appelés des *script kiddies* (gamins du script).

Les rootkits présentent la désagréable particularité de pouvoir automatiser de nombreuses étapes de travail après une intrusion. En premier lieu, des programmes sont installés ou se substituent à des programmes légitimes afin de dissimuler l'activité souterraine. Il est fréquent, par exemple, que **/bin/login** soit remplacé par une autre version modifiée. Celle-ci autorise alors le login d'un utilisateur sans mot de passe ou avec un mot de passe connu. Ces logins n'apparaissent bien sûr dans aucun fichier de journal. Ensuite, les programmes divulguant des informations sur l'activité des utilisateurs sont aussi remplacés par des variantes modifiées. Cela concerne souvent des programmes comme **ls** (affichage des fichiers et des droits d'accès) ou **ps** (affichage des processus d'un utilisateur). Grâce aux nouveaux programmes, les actions de l'attaquant sont masquées.

Pour détecter un tel rootkit, vous pouvez installer le paquet **chkrootkit**. Depuis la version Debian 3.1, cela peut être fait directement *via* APT.

L'appel de ce programme se produit comme à l'accoutumée, à partir de la ligne de commande, en ajoutant éventuellement l'option **-q** pour éviter la génération d'informations sur les tests exécutés. Malheureusement, **chkrootkit** a tendance de temps en temps à émettre une alerte, même lorsqu'aucun rootkit n'est installé. Ce comportement a été observé dans le cas d'interfaces réseau exécutées en mode *promiscuous* (écoute de tout trafic), par exemple lorsque **tcpdump** est utilisé. Il peut aussi se produire avec les noyaux auxquels a été intégré le correctif NPTL (toujours inclus depuis la version 2.6 du noyau), où le programme signale la présence d'un cheval de Troie LKM. En outre, de faux résultats positifs se produisent également sur des ordinateurs très lents.

Outil de détection de Suckit

Le paquet **skdetect** a été spécialement conçu pour la détection du rootkit Suckit. Les tests ont été implémentés avec davantage de précision, mais la reconnaissance reste toutefois incomplète.

15

Informations complémentaires

Au sommaire de ce chapitre :

- ✔ Terminologie et abréviations
- ✔ Erreurs logicielles
- ✔ Contrat social et principes du logiciel libre du projet Debian
- ✔ Licences

Terminologie et abréviations

Dans une documentation technique, il est difficile de se passer de termes anglais ou de termes artificiels provenant d'un jargon communautaire.

Sur Internet, il existe diverses bases de données dédiées aux sigles ou abréviations du domaine informatique. Pour commencer, visitez les sites suivants :

- FOLDOC (*Free On-Line Dictionary of Computing*) : *http://foldoc.doc.ic.ac.uk/foldoc/index.html*.
- Jargon (*The New Hacker's Dictionary*) : *http://www.catb.org/~esr/jargon*.

Voici quelques sigles fréquemment utilisés dans le cadre du projet Debian :

- AM (*Application Maintainer*) : personne assistant un NM selon une procédure NM.
- BOD (*Board of Directors*) : ensemble des membres dirigeants du projet Debian.

- BTS (*Bug Tracking Systems*) : système de gestion des bogues.
- DAD (*Debian Acronym Dictionary*) : répertoire des sigles utilisés dans le projet Debian.
- DAM (*Debian Account Manager*) : développeur Debian responsable de la mise en place de nouveaux comptes utilisateurs.
- DD (*Debian Developer*) : développeur Debian.
- DDP (*Debian Documentation Project*) : projet d'élaboration et de gestion de la documentation du projet.
- DDR (*Debian Developers Reference*) : référence de développement du projet Debian.
- DDTC (*Debian Description Translation Client*) : client impliqué dans le projet DDTP.
- DDTP (*Debian Description Translation Project*) : projet de traduction des descriptions de paquets.
- DDTS (*Debian Description Translation Server*) : serveur dédié au projet DDTP.
- DFSG (*Debian Free Software Guidelines*) : principes du projet Debian définissant un logiciel libre.
- DMUP (*Debian Machine Usage Policies*) : règles d'utilisation des machines de développement.
- DPL (*Debian Project Leader*) : chef du projet Debian.
- DSA (*Debian Security Advisory* ou *Debian System Administration*) : groupe chargé de la sécurité Debian ou de l'administration système.
- DWN (*Debian Weekly News*) : nouvelles hebdomadaires du projet Debian.
- FHS (*File Hierarchy Standard*) : référence pour le système de fichiers utilisé par les développeurs Unix.
- FTBFS (*Failure To Build From Source*) : erreur de compilation à partir du source.
- IANADD (*I Am Not A Debian Developer*) : je ne suis pas un développeur Debian.
- ITA (*Intend to Adopt*) : mainteneur Debian souhaitant créer un nouveau paquet.

- ITO (*Intend to Orphan*) : mainteneur souhaitant prendre en charge un paquet orphelin.
- ITP (*Intend to Package*) : mainteneur souhaitant créer un nouveau paquet (notifié sur la liste de diffusion *debian-devel*). Voir aussi WNPP.
- KCD (*Kernel Cousin Debian*) : compte rendu hebdomadaire des discussions importantes de la liste de diffusion *debian-devel* (disponible sur le site *http://www.kernel-traffic.org*).
- MIA (*Missing in Action*) : mainteneur ne résolvant plus les erreurs ou ne répondant plus aux messages.
- NM (*New Maintainer*) : personne aspirant à devenir mainteneur.
- NMU (*Non Maintainer Upload*) : personne autre que le mainteneur plaçant un paquet sur un serveur.
- OPN (*Open Project Network*) : réseau d'ordinateurs hébergeant le réseau IRC.
- PTS (*Package Tracking System*) : système de suivi de paquets.
- QA (*Quality Assurance*) : assurance qualité.
- QoT (*Quality of Translation*) : qualité de traduction.
- RC (*Release Candidate / Release Critical*) : version respectant les critères requis pour devenir éventuellement une distribution officielle /erreur sévère préjudiciable pour la version.
- RFA (*Request for Adoption*) : développeur souhaitant remettre un paquet et demandant à un mainteneur de le prendre en charge.
- RFB (*Request for Boot*) : demande concernant l'amorçage du système.
- RFH (*Request for Help*) : demande d'aide.
- RFP (*Request for Packaging*) : demande de remise d'un logiciel sous forme de paquet Debian sur un serveur.
- RFS (*Request for Sponsorship*) : demande de soutien ou d'introduction.
- RL (*Real Life*) : *vie réelle*, c'est-à-dire le contraire de la *vie virtuelle* qui se déroule sur Internet dans les canaux IRC, les groupes de discussions et les listes de diffusion.

- RTFM (*Read the Fine Manual*) : renvoi aimable, toutefois immédiat, à la documentation. Parfois traduit par "*Read the Fucking Manual*".
- SPI : sigle de l'organisation Software in the Public Interest, Inc.
- T&S (*Task and Skills*) : liste de tâches et compétences requises.
- UTSL (*Use the Source, Luke*) : tiré du film "Star Wars", invitation à examiner le code source.
- WNPP (*Work-Needing and Prospective Packages*) : liste de paquets nécessitant une plus grande attention.

Erreurs logicielles

Le projet Debian prend très au sérieux le sujet de la sécurité. La plus grande part des problèmes rapportés sont corrigés sous 48 heures.

L'expérience montre que la sécurité par la dissimulation (*security through obscurity*) ne fonctionne pas. Lever le voile, comme le fait la distribution libre du code source de programmes, permet au contraire de trouver plus rapidement de meilleures solutions aux problèmes de sécurité.

Les vulnérabilités sont traitées par le projet Debian jusqu'à ce qu'une version corrigée soit placée dans la distribution. Lorsque vous découvrez un numéro de version plus élevé dans une distribution stable, utilisez cette nouvelle version.

Lorsque vous découvrez vous-même une erreur de programme dans votre distribution Debian, cherchez à savoir si le problème n'est pas déjà connu. Si ce n'est pas le cas, vous pouvez utiliser le programme **bug** pour signaler l'erreur aux développeurs Debian.

Pour toutes les nouvelles informations sur la sécurité de Debian, inscrivez-vous à la liste de diffusion *debian-security-announce*. Vous obtiendrez davantage de renseignements à ce sujet sur le site du projet Debian.

La distribution Debian emploie un système de gestion des bogues qui répertorie les détails d'erreurs signalées par les utilisateurs ou les développeurs. Chaque erreur rapportée reçoit un numéro et reste enregistrée jusqu'à ce qu'elle ait été corrigée.

Vous trouverez une liste de toutes les erreurs connues sur la page *http://www.debian.org/Bugs*.

Contrat social et principes du logiciel libre du projet Debian

Le projet Debian, concepteur du système GNU/Linux Debian, a créé le contrat social de Debian, lequel contient également une partie consacrée aux principes du logiciel libre selon Debian (*Debian Free Software Guidelines, ou DFSG*).

Voici la traduction française de ce contrat, extraite du site *http://www.debian.org/social_contract.fr.html*.

"Contrat social" avec la communauté des logiciels libres

1. Debian demeurera un ensemble logiciel totalement libre.

Nous promettons de maintenir la distribution GNU/Linux Debian en tant qu'ensemble logiciel entièrement libre. Comme il existe de nombreuses définitions du logiciel libre, nous incluons ci-après les principes que nous utilisons pour déterminer si un logiciel est libre. Nous offrirons de l'assistance à nos utilisateurs qui développent et font fonctionner des logiciels non libres sur Debian, mais jamais nous ne ferons dépendre le système d'un élément de logiciel non libre.

2. Nous donnerons en retour à la communauté des logiciels libres.

Lorsque nous écrirons de nouveaux composants du système Debian, nous les licencierons sous forme de logiciels libres. Nous ferons le meilleur système possible, afin que les logiciels libres soient largement distribués et utilisés. Nous signalerons les corrections de bogues, les améliorations, les requêtes des utilisateurs, etc., aux auteurs des logiciels inclus dans notre système.

3. Nous ne cacherons pas les problèmes.

Nous conserverons l'ensemble de notre base de données de rapports de bogue constamment ouverte aux regards du public. Les rapports que les utilisateurs remplissent en ligne seront immédiatement visibles par les autres.

4. Nos priorités sont nos utilisateurs et les logiciels libres.

Les besoins de nos utilisateurs et de la communauté des logiciels libres nous guideront. Nous placerons leurs intérêts en tête de nos priorités. Nous assumerons les besoins opérationnels de nos utilisateurs dans de nombreux types d'environnements informatiques différents. Nous ne nous opposerons pas aux logiciels commerciaux prévus pour fonctionner sur les systèmes Debian, et nous permettrons que d'autres créent des distributions à valeur ajoutée contenant conjointement des logiciels Debian et des logiciels commerciaux, et ceci sans réclamer aucune rétribution. Pour assumer ces objectifs, nous fournirons un système intégré de haute qualité, composé en totalité de logiciels libres, sans restrictions légales qui empêcheraient ce type d'usage.

5. Programmes non conformes à nos standards sur les logiciels libres.

Nous reconnaissons que certains de nos utilisateurs demandent à pouvoir utiliser des programmes qui ne sont pas conformes aux principes du logiciel libre selon Debian (Debian Free Software Guidelines, ou DFSG). Pour ces logiciels, nous avons créé des zones contrib et non-free ("non libre") dans notre archive FTP. Les logiciels dans ces répertoires ne font pas partie du système Debian, bien qu'ils aient été configurés afin d'être utilisés avec Debian. Nous encourageons les fabricants de CD à lire les licences des paquets en question afin de déterminer s'ils peuvent les distribuer dans leurs CD. Ainsi, bien que les logiciels non libres ne fassent pas partie de Debian, nous assumons leur utilisation et fournissons une infrastructure (à l'image de notre système de chasse aux bogues et de nos listes de diffusion) pour des paquets non libres.

Principes du logiciel libre selon Debian

1. Redistribution libre et gratuite.

La licence d'un composant de Debian ne doit pas empêcher un contractant de vendre ou donner le logiciel sous forme de composant d'un ensemble (distribution) constitué de programmes provenant de différentes sources. La licence ne doit requérir ni redevance ni rétribution sur une telle vente.

2. Code source.

Le programme doit inclure le code source, et la diffusion sous forme de code source comme sous forme de programme compilé doit être autorisée.

3. Applications dérivées.

La licence doit permettre les modifications et les applications dérivées, et elle doit permettre à celles-ci d'être distribuées sous les mêmes termes que la licence du logiciel original.

4. Intégrité du code source de l'auteur.

La licence peut défendre de distribuer le code source modifié seulement si elle autorise la distribution avec le code source de fichiers correctifs destinés à modifier le programme au moment de la génération. La licence doit autoriser explicitement la distribution de logiciels générés à partir de code source modifié. Elle peut exiger que les applications dérivées portent un nom ou un numéro de version différent de ceux du logiciel original (ceci est un compromis ; le groupe Debian encourage tous les auteurs à ne restreindre en aucune manière les modifications d'un quelconque fichier, source ou binaire).

5. Aucune discrimination de personne ou de groupe.

La licence ne doit discriminer aucune personne ou groupe de personnes.

6. Aucune discrimination de champ d'application.

La licence ne doit pas défendre d'utiliser le logiciel dans un champ d'application particulier. Par exemple, elle ne doit pas défendre l'utilisation du logiciel dans une entreprise ou pour la recherche génétique.

7. Distribution de licence.

Les droits attachés au programme doivent s'appliquer à tous ceux à qui il est distribué sans obligation pour aucune de ces parties de se conformer à une autre licence.

8. La Licence ne doit pas être spécifique à Debian.

Les droits attachés au programme ne doivent pas dépendre du fait qu'il fasse partie du système Debian. Si le programme est extrait de Debian et est utilisé et distribué sans Debian mais au contraire sous les termes de sa propre licence, toutes les parties auxquelles il est redistribué doivent jouir des mêmes droits que ceux accordés avec le système Debian.

9. La licence ne doit pas contaminer d'autres logiciels.

La licence ne doit pas placer de restrictions sur d'autres logiciels distribués avec le logiciel licencié. Par exemple, la licence ne doit pas exiger que tous les autres programmes distribués sur le même médium doivent être des logiciels libres.

10. Exemples de licences.

Les licences "GPL", "BSD" et "Artistic" sont des exemples de licences que nous considérons "libres".

INFO

Il s'agit d'une traduction française du contrat social de Debian. En cas de doute, c'est le document original anglais qui fait autorité, et que vous pouvez consulter à la page :

http://www.debian.org/social_contract.en.html

Licences

Le développement, la distribution et l'utilisation de Debian bénéficient du cadre légal fixé par les différentes licences protégeant les auteurs et les logiciels libres. En voici quelques-unes qui comptent parmi les principales licences utilisées.

Licence Creative Commons

Creative Commons est une organisation à but non lucratif qui donne aux auteurs et artistes la possibilité de choisir de quelle manière ils souhaitent protéger leurs œuvres et d'assouplir ainsi le cadre juridique fixé. Le principe sous-jacent est de s'éloigner du simple "Tous droits réservés" pour se rapprocher de "Certains droits réservés".

Il existe désormais une licence Creative Commons spécifiquement adaptée au cadre juridique français :

http://creativecommons.org/worldwide/fr/translated-license

GNU GPL (*General Public License*)

La licence GNU GPL a été prévue pour garantir la liberté de partager et de modifier les logiciels libres en s'assurant qu'ils restent libres pour tous leurs utilisateurs. Voici la page de la version anglaise officielle :

http://www.fsf.org/licensing/licenses/gpl.html.

Un projet étudie actuellement l'élaboration d'une traduction française officielle de la GNU GPL adaptée au cadre juridique français. En attendant que les efforts aboutissent, la seule version de la GPL est celle, en anglais, de la FSF.

Pour plus de renseignement, rendez-vous sur le site :

http://www.april.org/gnu/.

Le site *http://fsffrance.org/gpl/gpl.fr.html* propose également différents liens vers des informations complémentaires concernant la GNU GPL.

GNU FDL (*Free Documentation License*)

L'objectif de cette licence est de garantir que quiconque puisse jouir de la liberté de copier et de redistribuer tout type de documentation, manuel ou autre, avec ou sans modification. Elle permet aussi de garantir la paternité d'un document sans que l'auteur soit tenu responsable des modifications subséquentes. Voici la page de la version officielle anglaise de la GNU FDL :

http://www.fsf.org/licensing/licenses/fdl.html.

Une traduction française non officielle est proposée à la page :

http://cesarx.free.fr/gfdlf.html.

Outre les licences précitées, il existe de nombreuses autres licences qui viennent compléter le cadre juridique protégeant la diffusion, l'utilisation et la modification des logiciels libres.

Index

B

I

M

S

T

U

V

dé 75627

W

X

Z

Dépôt légal : mai 2005
IMPRIMÉ EN FRANCE

Achevé d'imprimer le 6 mai 2005
sur les presses de l'imprimerie «La Source d'Or»
63200 Marsat
Imprimeur n° 9861